抗日战争时期
细菌战与防疫战
文献集

张宪文 吕晶 —— 主编

吕晶 王萌 编

日军荣字第一六四四部队

江苏人民出版社

图书在版编目(CIP)数据

日军荣字第一六四四部队 / 吕晶，王萌编. -- 南京：江苏人民出版社，2025. 3. --（抗日战争时期细菌战与防疫战文献集 / 张宪文，吕晶主编）. -- ISBN 978-7-214-29612-2

Ⅰ. K265.606

中国国家版本馆 CIP 数据核字第 2024U46M17 号

抗日战争时期细菌战与防疫战文献集
主　　编　张宪文　吕　晶

书　　名　日军荣字第一六四四部队
编　　者　吕　晶　王　萌
责任编辑　张晓薇
装帧设计　刘葶葶
责任监制　王　娟
出版发行　江苏人民出版社
地　　址　南京市湖南路 1 号 A 楼，邮编：210009
照　　排　江苏凤凰制版有限公司
印　　刷　苏州市越洋印刷有限公司
开　　本　718 毫米×1000 毫米　1/16
印　　张　20.25　插页 4
字　　数　292 千字
版　　次　2025 年 3 月第 1 版
印　　次　2025 年 3 月第 1 次印刷
标准书号　ISBN 978-7-214-29612-2
定　　价　118.00 元

国家社会科学基金抗日战争研究专项工程项目
2021 年度国家出版基金资助项目
“十四五”国家重点出版物出版专项规划项目

总 序

人类使用生物武器的历史由来已久，古代战场上“疫病与战争”的关系对现代战争产生了深远的影响。20世纪以来，随着微生物学和医学等学科的长足发展，通过生物技术人为制造病菌，在军事上削弱并战胜敌军成为重要的战争手段。第二次世界大战时，德、日、美等国均开始研制和使用生物战剂。当时，主要以细菌、老鼠和昆虫为传播媒介。30年代起，日本违背国际公约，在中国东北等地组建细菌部队，针对我国平民实施大规模细菌战。为真实记录这段历史，南京大学牵头组织20余位海内外学者，承担了国家社科基金抗日战争研究专项工程之“日军细菌战海内外史料整理与研究”项目，经过多年艰苦工作，先期推出11卷“抗日战争时期细菌战与防疫战文献集”（简称“文献集”）。

关于抗日战争时期的细菌战与防疫战，既有的研究基本以收集七三一等细菌部队的罪证为主，以之批判侵华日军细菌战暴行的残虐与反人类。在此基础之上，部分学者分别从社会学、心理学、医学、军事学等角度开展跨学科研究，有力地推动了该领域研究的发展。而日本对华细菌战的推行者，并不仅限于臭名昭著的七三一，还包括荣一六四四、甲一八五五、波八六〇四和冈九四二〇等细菌部队，形成了一个完整严密的研究与实战体系。

“文献集”以日本在二战期间发动细菌战为中心，全面发掘梳理战前、战时与战后各阶段所涉及的细菌战战略与战术思想、人体实验、细菌武器攻击，以及战后调查与审判的相关史料。“文献集”以中日两国史料为主，兼及苏联等相关国家或地区的史料,对已发现的重要史料尽可能完整地收录,辅以必要的简介和点评,最大程度地保持史料的原始面貌和可利用性。

"文献集"将细菌战研究置于全球视野之下,从多方视角进行实证分析探讨。一方面追踪七三一等细菌部队隐秘开展的活体实验,深入挖掘其所从事的日常业务,深刻理解军国主义时代日本医学的"双刃剑"性质;另一方面关注国民政府战时在卫生防疫方面的应对策略,以及中日双方开展的攻防战。同时,不能忽视战后美苏两国因各自利益所需,对战时日军在华细菌战罪行的隐匿与揭露,包括1949年末苏联组织军事法庭,针对日军在战争期间准备和使用细菌武器罪行的审判材料,以及美国基于对日军细菌战参与人员长达四年的问讯记录而形成的《桑德斯报告》《汤普森报告》《费尔报告》和《希尔报告》等第三方史料。

"文献集"立足于对日军在华细菌战核心部队、重要事件和关键问题等史实的具体呈现。此次出版的11卷由史料丛编和调研报告组成,其中史料丛编为"文献集"的主体部分,包括几个方面:(1)日本防卫省防卫研究所、国立公文书馆和战伤病者史料馆等机构所藏档案,亚洲历史资料中心的数字资料,以及各类非卖品文献、旧报刊、细菌部队老兵证言等资料;(2)受害国中国当时医疗卫生、传染病调查,以及受到细菌武器攻击后的应对情况方面的资料,考察选收中国大陆重要省份和台北"国史馆"、台北档案管理局的相关史料;(3)苏联时期及部分当代俄罗斯出版的关于细菌战、细菌武器、生化战历史和科学史专题的俄文史料及文献著作;(4)英国、澳大利亚等国家档案馆馆藏有关日本战争罪行的档案。

具体而言,中方史料主要包括日渐被学界关注的国民政府针对日军细菌武器攻击的调查与应对,涉及战时防疫联合办事处、中央卫生署、省卫生处、防疫委员会、医疗防疫队和军方防疫大队等一系列国民政府防疫机构以及中国红十字会总会的相关档案,还有60余种近代报刊中关于抗战前后细菌战与传染病知识的科普与传播、日军具体投放细菌行为的报道,以及战时各地疫情与防疫信息等方面的内容;此外,20世纪50年代新中国审判日本战犯,获得日军甲一八五五部队等部官兵回忆投放细菌及从事人体实验罪行的供词，这些战犯口述笔供中的细菌战相关情报，具有较高的史料价值。

日方史料围绕日本细菌战作战指挥系统、细菌战战略思想、在中国相关地区的细菌武器攻击、以往研究较少涉及的两支重要的细菌部队（荣一六四四部队和冈九四二〇部队）等核心问题，吸纳小川透、近食秀大、山内忠重等细菌部队军医发表的研究报告和学术论文，重新整理、翻译内海寿子、镰田信雄、三尾丰、千田英男、天野良治、沟渊俊美、鹤田兼敏、丸山茂等多名细菌部队老兵证言。其中细菌部队卫生防疫研究报告不仅揭示战时中国地区疫情传播的实相，也反映这些细菌部队的研究课题之侧重所在。尤其是从军事医学、微生物学角度去看，这几支细菌部队依据所在地区特点，“因地制宜”地开展相应研究，为后期作战做了较为充足的准备，由此不难窥见日军细菌战战略的意图和布局。

第三方史料，主要系统地介绍和引进苏联和俄罗斯有关生化战和细菌战的文献资料，包括苏联早期引进的细菌战研究著作、伯力审判材料、《真理报》所刊登关于伯力审判的内容、朝鲜战争中美军生化战报告及其与日本侵华生化战有关的材料、苏联和俄罗斯关于生化战的研究与引进成果、俄安全局档案分局 2021 年解密的日军生化战档案、俄国内对于解密材料的新闻报道等。这些资料呈现了苏联和俄罗斯在历史上与生化战和细菌战之间的关系，以及苏、俄军方及科学界对其认知、研究、防范的变化过程，为中国史学界提供了生化战和细菌战研究的另一视角。

“文献集”另一组成部分是课题组当下采集到的口述资料，即 2018 年前后在浙江衢州江山等县村对当地“烂脚老人”进行田野调查，形成的“日军细菌战创伤记忆口述调研实录”。依据老人证言和地方史志的对照，从时间序列和空间分布上分析，不难发现“烂脚病”的出现与日军细菌战之间有密切关联。在日军实施细菌战之前，衢州等地从未有过此病及相关记载，而在细菌战之后，此病在这些地区频繁出现，且出现病例最多的村落与日军曾经控制的浙赣铁路线高度重合。课题组保存了日本在华细菌战的底层受害者的声音，将受害者的个人记忆与文本文献有机结合，从而在证据链上达到最大程度的充分性、多样性和丰富性。

“文献集”得以顺利出版，首先感谢国家社科基金抗日战争研究专项工程和国家出版基金的支持，在编写和出版过程中得到抗日战争研究专项工程学术委员会各位专家的悉心指导，也感谢中央档案馆、中国第二历史档案馆和台北“国史馆”等合作单位的支持与帮助。课题组相信本系列图书的出版，或将有利于提升抗战时期细菌战与防疫战研究的深度与广度。

“文献集”全面揭露日本发动细菌战的罪行，并非为了渲染仇恨，而是为了维护人类尊严和世界和平，助力中华民族伟大复兴和人类命运共同体建设，以史为鉴，面向未来。兹值“文献集”出版前夕，爰申数语，敬以为序。

目　录

导　言 001

第一章　华中防疫给水工作的前奏 004

一、情报收集 004

二、防疫给水 006

三、医学实验 007

四、卫生调查 012

第二章　细菌部队荣一六四四部队的成立 047

一、人事编制 047

二、部队组织 058

第三章　医学报告所见荣一六四四部队的活动 076

一、防疫报告 076

二、细菌实验 220

第四章　日军荣一六四四部队的解散 231

一、“化整为零” 231

二、罪行揭露 235

第五章　战后各界对荣一六四四部队的揭露 242

一、中俄审判 242

二、士兵证词 308

导　言

日本侵华细菌战，是日本军国主义对中国人民犯下的骇人听闻的战争罪行。1936 年 6 月，日本裕仁天皇发布敕令，扩编关东军防疫给水部，成立七三一部队。随着日本发动全面侵华战争，侵华日军以“防疫给水”的名义，在北京、南京、广州等地相继成立甲字第一八五五部队、荣字第一六四四部队、波字第八六〇四部队等数支细菌部队。

1937 年 12 月 13 日，日军攻占南京后，根据战争的需要，筹谋建立新的细菌部队。次年 4 月，在华中派遣军司令部所在地南京的中央医院，成立华中派遣军防疫给水部。1940 年起，该部队称“荣字第一六四四部队”，在华中沦陷区上海、苏州、常州、杭州、九江、南昌、汉口等城市设 12 个分部。

荣字第一六四四部队在南京建有完整的细菌实验设施和菌剂生产线，自身能够进行人体实验和细菌武器研制工作。这支部队在南京设有霍乱、伤寒、鼠疫等诸种传染病研究部门，以及解剖室、标本室、监禁室等，所建细菌培养工场配备有大量温箱、冰箱、培养箱和培养基等设备。据战后参与接收一六四四部队的南京大学生物系教师朱洪文回忆，当时该部队血清疫苗制造场内留有高压蒸汽锅和几十箱细菌培养皿，仍足以制造出 3 亿毫升有强大杀伤力的细菌武器。在 1949 年苏联召开的伯力军事法庭上，原一六四四部队长佐藤俊二供认，该部队确曾制造细菌武器。

一六四四部队与七三一部队一样惨无人道地用活人进行细菌实验。日军从位于南京老虎桥的江苏第一监狱挑选中国俘虏供一六四四部队用于细菌实验，该部队日军军医解剖被实验者尸体，以观察器官病变程度。除南京本部外，在汉口，一六四四的支部利根部队也从事人体细菌实验。

一六四四部队培育的霍乱、伤寒、鼠疫等传染病菌被侵华日军用于中国战场。该部队生产的细菌战剂和繁殖的带疫跳蚤，配合七三一部队在宁波、常德、浙赣铁路沿线进行了至少三次大规模细菌作战，当年细菌战疑似受害者至今仍承受着“烂脚病”和鼠疫后遗症的身心摧残。

日本战败后，一六四四部队销声匿迹。在远东国际军事法庭上，美国检察官发现南京《首都地方法院检察处奉令调查敌人罪行报告书》中曾提及“敌多摩部队将我被俘虏之人民，引至医药试验室，将各种有毒细菌注射于其体内，观其变化。该部为最秘密之机构，其因此而死亡之确数，无由探悉”，但并未对该部队的罪行加以深究，日军进行人体细菌实验的罪行在美国的庇护下逃脱了战后审判。

战后，经过中外历史学界不懈地查证与揭露，一六四四部队的真相及暴行渐为世人所知。原中国派遣军作战课主任参谋井本雄男的日记、原一六四四部队士兵石田甚太郎的口述、原日军军医山中太木等人的研究报告、卫生兵大快良明的忆述记录，以及日本医疗组织同仁会关于其战地活动的报告等诸史料，都是记载一六四四部队日常活动或战争罪行的存世文献；中国第二历史档案馆和南京市档案馆藏有关于这支部队的重要档案，如在第二历史档案馆所藏国民政府国防部审判战犯军事法庭档案中，存有该部队士兵榛叶修因不愿从事人体实验而逃至国统区后写下的《日军罪行证明书》。此外，美国国家档案馆、国会图书馆、麦克阿瑟纪念馆等馆藏美国情报机关对于细菌战的调查报告及政府部门间往来信函中也涉及该部队的活动。

以上资料表明，南京地区是侵华日军从事细菌武器研制相当活跃的区域，一六四四部队大部分的人体实验、细菌武器研制工作都在这一地区完成。前述该部队总部、实验场所、细菌生产工场、血清疫苗制造工场等，以及老虎桥江苏第一监狱俘虏看守所——为该部队提供被实验者的秘密基地，至今遗迹尚存。尤其值得关注的是，1998 年 8 月，在南京市北京东路九华山一带，曾挖掘出一批战争遇难者骨骸。在市政府的领导与组织下，经法医学专家检测认定为一六四四部队细菌实验遇难者遗骨。这是国内首次，也是迄今为止唯一发现的能够直接揭露侵华日军部队从事人体实验的物证。

20 世纪 90 年代以来，尽管中外学者对侵华日军细菌部队特别是七三一部队进行了较为深入的调查与研究，但比较少见有关荣字第一六四四部队的专题文献集或学术专著，相关资料仍处于分散状态。本卷是在前人研究基础之上，对该部队研究资料进行系统整理后的资料汇编，尝试较为全面地反映一六四四部队成立的背景与目的、人员的组织结构、从事的研究内容、战争末期解散的内幕，以及战后各界对该部队的揭露情况等。

本卷收录的相关档案文献以日方资料为主，分别见于日本防卫省防卫研究所及日本国会国立图书馆所藏日军档案，《大东亚战争陆军卫生史》《陆军军医学校防疫研究报告》等重要已刊文献，《实验医学杂志》《昭和医学会杂志》等日本医学杂志所载论文，以及一些相关老兵证言、军医回忆录。其中肥塚喜一的《江南春秋 从军记》，一六四四部队军医近喰秀太等人的研究论文均是新见资料。除了日方资料，还有 1943 年国民政府新闻机关在海外出版战时中国的卫生医疗情况报告中对日军在华实施细菌武器攻击所进行的及时揭露，以及美国国家档案馆和国会图书馆的“解密日本细菌战档案资料”。

第一章　华中防疫给水工作的前奏

一、情报收集

战前日军对当地防疫情报的收集

资料:「第 5 章 衛生」、「上海及南京付近兵要地誌概説　昭和十二年八月十六日」,防衛省防衛研究所蔵、支那-兵要地誌-69。①

第五章　衛　生

一、概　說

詳細ハ兵要衛生地誌ニ據ルモ概要左ノ如シ

上海及南京ノ文化中心部以外ハ衛生思想未タ低劣ニシテ飲料水ノ不良、便所設備ノ不完全、衛生教育ノ不十分、醫療設備ノ幼稚等各種ノ原因ニ依リ常ニ各種ノ傳染病蔓延シアリ唯僅ニ支那人ハ生水、生物ヲ飲食セサルニ依リ若干傳染病、雜病ヲ免レアルノ程度ナリ

二、人衛生

支那ハ傳染病ノ巣窟トモ云フヘク虎列剌、「ペスト」、痘瘡、腸窒扶斯、「パラ」窒扶斯、細菌性赤痢、「アメーバ」赤痢（俗稱長江赤痢）等ノ常ニ流行スルコトハ人ノ知ルトコロニシテ本地方モ亦同一狀態タルヲ免レス而シテ各流行病中最モ多ク且四時絶ユルコトナキハ腸窒扶斯、赤痢等ノ消化器系傳染病ニシテ痘瘡之ニ次キ虎列剌及「ペスト」ハ一時的流行ニ過キス

「アメーバ」赤痢、麻剌利亞、「クインケー」氏病（急性限局性皮膚浮腫）及「デング」熱ハ揚子江沿岸ノ風土病ナリ

「クインケー」氏病ハ揚子江流域地方ニ多キ皮膚病ニシテ往々喉頭部ニ浮腫ノ發生スルカ為ニ窒息ヲ

一九

---

① 本史料为原文照录,便于读者查找原档,其中"支那"等说法,不代表作者立场,使用时须甄别。

起シ死亡スルモノアルモ其以外ニ死ヲ來スカ如キモノニアラス

「デング」熱ハ八、九月頃南洋馬來地方ヨリ傳來スルモノニシテ死者ヲ出ス如キコトナシ

倚上海附近ニ特有病トシテ四、五月及九、十月頃氣候ノ變化ニ伴ヒ飲食ノ關係ニ依リ惹起スル下痢症アルモ激烈ナルモノニアラス

一般ニ支那人死亡者ノ率ノ特ニ多キハ肺結核ニシテ是住居ノ密集スルト咳嗽不始末ノ結果ニ依ルモノトス罹患者亦多ク北支那ヲ合セハ全世界ノ三分ノ一ヲ占ムト云フ

三、家畜衛生

本地方ニ於ケル家畜ノ種類ハ主トシテ水牛及牛ニシテ其他驢、騾、馬及家禽等ヲ飼養スルモ馬類ハ極メテ少數ナリ而シテ之等ノ家畜ハ到ル處ニ繁殖シ農耕用及交通運搬用ニ使役セラル

家畜ノ衛生殊ニ飼養管理ニ就テハ北支地方ト大差ヲ認メス其飼料ハ全然農家ノ副産物ニ仰キ藁、粟稈、小麥稈、豆稈、甘藷蔓及野草ヲ主食物トシ之ニ若干ノ高粱、大豆、油粕ノ濃厚飼料ヲ混與スルヲ普通トス

獸疫トシテ官憲ノ調査未タ十分ナラサルヲ以テ其種類及發生頭數詳カナラサルモ牛疫ハ一年間常ニ絶ユルコトナク各所ニ流行シ其慘害極メテ大ナルモノアリ其他牛病ニ就テハ牛ノ消化器病、就中皷傷症、胃腸加答兒最モ多ク又牛馬ノ流行性感冒、鼻加答兒、豚丹毒、鷄虎列剌等屡、認ムル所ナリ

之ヲ要スルニ省内家畜一般ノ衛生ニ就テハ何等見ルヘキ施設ナク殊ニ獸疫ノ豫防竝疫病ノ診療ニ就テハ依然トシテ古來ノ因習ヲ踏襲シ迷信的治療ニ任セ甚シキハ之ヲ天災トシテ唯恐レ其豫防ノ方法サヘ講スルコトナキヲ以テ病毒ハ各地ニ散蔓シ病根殆ト絶ユルコトナキ情況ナリ

第六章　宿營、給養

一、要旨

水濠地帶ハ人口稠密、物資豐富ナルヲ以テ宿營力十分ニシテ給養モ亦現地物資ニ依リ概ネ之ヲ充足シ得ヘキモ西方及南方山地地帶ハ人口稀薄ニシテ殆ト物貨ノ蒐集シ得ヘキモノナク追送ニ俟ツヲ要ス

二、住民地

住民地ノ圍壁ハ自然ノ崩壞頽廢ニ委セラレアリ又新興市街ハ之ヲ設ケサルノミナラス從來ヨリ存在スルモノモ之ヲ撤去シテ道路ニ改築シツツアルモノ多シ、然レトモ殘存シアルモノハ北支ニ於ケルモノニ類似シ堅固ニシテ村落防禦ニ適ス

村落ハ一般ニ水路ノ一側若ハ兩側ニ集團スルヲ通常トシ水濠ヲ以テ圍繞シアルモノ多シ從テ村落攻撃ニ方リテハ渡河材料ノ準備ヲ要ス若縣城ニ在リテハ圍壁、水濠兩者ヲ以テ圍繞セラルルモノアリ

二、防疫给水

淞沪会战期间日军防疫给水工作的初步设想

资料：日本陸上自衛隊衛生學校編『大東亜戦争陸軍衛生史』(第一巻)、陸上自衛隊衛生學校、1971年、11-12頁。

第5節　防　疫　給　水

作戦と給水は、作戦と弾薬補給と同等以上必要性をもっているが、従前は野戦給水の装備は経理部担任、鑿井作業は工兵隊の任務とされておったが、迅速的確を期する作戦行動において、良水を給する場合用をなさぬことが多かった。これがため衛生的給水用具を考案し、石井式濾水機が開発されて、これを野戦濾水機として申請されたのが昭和7年であったが、これが正式に野戦用濾水器として採用されたのは昭和11年で、支那事変勃発一年前のことであった。す

すなわち、これが動員部隊用として整備され、上海戦線において防疫給水を行なったのが、衛生部の建軍以来始めての給水で、この時は石井式濾水用自動車と給水要員2百余名によって実施された。クリークの汚濁水が見る見る清澄な浄水に変り、飲用水となる科学的給水能力は将兵の驚異であった。こうした実戦成果が認められ、経理部、工兵隊に代って「上海派遣軍防疫給水部」として名実共に公式機関として認めらるることになった(当時北條円了軍医少佐)。じ後これが嚆矢となり、防疫及び防疫給水業務を専行する部隊が定着することとなり、その科学的、積極的活動は、支那事変、大東亜戦争を通じ、随時随所にその偉大を発揮、軍なかんづく作戦に欠くべからざるものとなった。この防疫給水の着想と、その実地機関の創設は、石井軍医中将の熱意と不屈の努力によるものであって、その功は小泉局長に優るとも劣らぬものであったと思う。「攻撃は優然たる防御に勝ることは当然だが、周到なる防御は、又軽々しき攻撃を制すべし」と。同中将の主宰する細菌学研究機関においては、防疫学の徹底的調査研究を行なうとともに、莫大なる予防、防遏資材を整備した。終戦後その研究所の実想を眼のあたりにし米、ソの専門家が舌を巻いたのも当然といえよう。

砂漠における水資源争奪戦とも称せられたノモンハン事件において、将軍廟に陣取った防疫給水部隊が砲煙弾雨の間、一糸乱れず全軍に浄水補給を行なった活躍振りは、永く青史に輝くものであろう(1日浄水補給量15～20万石)従来より診療機関と防疫機関は作戦地の双壁であったが、特に防疫給水能力をこれに加えた着想は、わが国軍の誇りというべく、古今東西、未だこの挙を見ざるものである。

三、医学实验

侵华日军南京大屠杀期间日本军医在南京的人体实验

资料：池田苗夫「南京攻略戰ニ於ケル支那軍傷兵ノ血液型ニ就テ」、田中明/松村高夫编『七三一部隊作成資料』、不二出版社、1991 年、326—334 頁。

南京攻略戰ニ於ケル支那軍負傷兵ノ
血液型ニ就テ

陸軍軍醫少佐　池　田　苗　夫

關東軍防疫給水部研究報告
第1卷 第3號 別冊
昭和 18 年 9 月
（記事番號 II -21）

南京攻略戰ニ於ケル支那軍負傷兵ノ血液型ニ就テ

陸軍軍醫少佐　池　田　苗　夫

目　　次

1. 緒　　言
2. 實驗日時竝實驗方法
3. 實　驗　成　績
　（1）血 液 型 分 布
　（2）年齢ト血液型トノ關係
　（3）籍貫(原籍)ト血液型トノ關係
　（4）元職ト血液型トノ關係
　（5）階級ト血液型トノ關係
　（6）負傷種類ト血液型トノ關係
　（7）トラホーム罹患者ト血液型トノ關係
4. 結　　言

1. 緒　　言

昭和12年12月南京攻略中，中山門外，中華門内外，水西門外，孝陵園竝西山附近ノ戰闘ニ於ケル支那軍ノ87師，156師竝教導隊ニ屬スル下士官兵ノ負傷者，合計191名竝浮虜20名，民衆25名計45名ニ就キ．年齢，籍貫(原籍)，元職，負傷種類，「トラホーム」罹患者ト血液型トノ關係ヲ調査セシヲ以テ其ノ成績ヲ報告セントス．

2. 實驗日時竝實驗方法

昭和12年自12月23日至同月25日間南京城内軍政部内ニ收容セラレシ支那軍負傷兵 191 名竝浮虜民衆45名ニ對シ毎日午後1時ヨリ4時迄，室温ハ攝氏18度乃至20度ニ保持シ，血液型検査ヲ實施ス，標準血清ハ陸軍軍醫學校製乾燥標準血清ヲ使用セリ．

先ヅ検査準備トシテ，A型及B型乾燥血清封入硝子管各1箇ノ頸部ヲ鑢ニテ切斷シ，箱ノ隅ニアル厚紙ノ穴ニ挿入起立セシム，次ニ生理食鹽水1c.c入硝子管2個ノ各A部，B部ニ鑢目ヲ入レ，先ツA部ヲ折リ，前記A型，及B型血清入硝子管内ニ挿入シ，次テB部ヲ折レハ，食鹽水ハ直チニ硝子管内ニ流下ス，斯シテ之ヲ靜ニ振盪スルコト2乃至3分間ニ至レハ血清ハ乳白色ノ溶液トシテ全ク溶解ス，毛細「ピペツト」ニ「ゴム」帽子ヲ嵌メ無色ノモノハ，A型硝子管ニ，着色ノモノハB型硝子管中ニ挿入シ，血清ハ1滴宛採取，血液型検査ノ用ニ供ス．

血液型検査法トシテハ，豫メ清拭セル物體板1箇ヲ取リ，共兩側ニ各毛細「ピペツト」ニテA型，及B型ノ血清1滴ヲ滴下ス‘被検者ノ耳朶ヲ酒精

（1）

ヲ以テ能ク消毒シタル後，小刀ヲ以テ穿刺シ，湧出スル1滴ノ血液ヲ硝子棒ノ兩端ニ附着セシメ，之ヲ前記A及B型血清中ニ各別ニ混和シタル後，物體板ヲ前後ニ傾斜動搖シツツ肉眼ヲ以テ血球凝集反應ノ發顯スルヤ否ヤヲ検ス，又凝集反應出現時間ノ限度ハ遲クモ5分以内ニ判定セリ．

3. 實　驗　成　績

（1）血 液 型 分 布

被検者 191 名中O型最多ニシテ，98名(51.3±3.62)ヲ占メ，次ハB型44名(23.0±3.05)，AB型34名(17.3±2.76)ニシテA型15名(7.9±1.95)ハ最少ナリ．

血　型	A　型	B　型	O　型	A B 型
實　數	15	44	98	34
%	7.9±1.95	23.0±3.05	51.3±3.62	17.8±2.76

尚浮虜20名，民衆25名，計45名ノ血液型ハ O 型斷然多ク 23 名 (51.1±7.45)，B型10名(23.2±6.29) AB 型 7 名(15.5±5.39)，A 型 5 名(11.1±4.69) ノ順位ニ減少ス，我日本人ノ血液型ト比較スルニ次ノ如シ．

	O　型	A　型	B　型	A B 型	人　數	人種指數	團體指數
日　本　人	31.0	38.2	21.2	9.6	20.297	1.55	1.09
支　那　人	51.3	8.4	22.9	17.4	236	0.64	2.88

日本内地ニ於ケル血液型分布ニテ最多ナル A型ハ，支那南京ニ於ケル支那兵ニ於テハ最少ニシテ，比較的少キ O型ハ却テ最多ナリ，人種指數ハ0.64ニシテ亞細亞，亞弗利加型（Asiatisch-Afrikanischer Typus）．特ニチゴイネル印度人，(0.6)ニ近似ス，亦吾人ノ所謂團體性指數卽$\frac{A}{P}$ノ値ハ2.38ニシテ日本人ノ1.09ニ比較シテ，團體氣質ハ積極的ニシテ，Activ ナルヲ示ス．

（2）年齢ト血液型トノ關係

血型 ＼ 年齢 實數 %		20歳未滿		21—25		26—30		31—35		36—40		41—45		合　計
A　型	%	1	6.7	3	20.0	7	46.7	2	13.3	2	13.3			15
B　型	%	7	15.9	23	52.3	5	11.3	5	11.3	3	6.8	1	2.3	44
O　型	%	16	16.3	42	42.9	26	26.5	5	5.1	7	7.1	2	2.0	98
A B 型	%	6	17.6	8	23.5	11	32.4	5	14.7	4	11.8			34

（2）

名(28.6%)，最高＝シテ AB 型，B型，O型ノ順位＝減率ス.

（5） 階級ト血液型トノ關係

血型 \ 階級 數 %		傭子	2 等兵	1 等兵	上等兵	下士	中士	合計
A 型	%		8 57.1	5 35.7	1 7.1			14
B 型	%	2 4.5	23 52.3	10 22.7	6 13.6	2 4.5	1 2.3	44
O 型	%		54 55.0	19 19.4	19 19.4	3 3.1	3 3.1	98
A B 型	%	1 2.8	16 45.7	12 34.3	5 14.3		1 2.8	35

被檢者 191 名中，階級ハ 2 等兵最多＝シテ 101 名，次ハ 1 等兵46名，上等兵31名ノ順位＝減少ス.

2 等兵中，A 型 8 名 (57.1%) 最高率ヲ示シ，O 型，B 型，AB 型ノ順位＝減率スルモ，各型トモ各階級＝於テ 2 等兵最高率ヲ示ス，1 等兵ハ A 型 5 名(35.7%)最高率＝シテ，AB型，B 型，O 型ノ順位＝減率 O ヲ示ス，上等兵ハ O型19名(19.4%)最高率＝シテ AB 型，B 型，A 型ノ順位＝減率ス.

（6.） 負傷種類ト血液型トノ關係

被檢者 191 名中負傷ノ種類ヲ調査セル＝次ノ如シ.

貫通銃創	112
盲貫銃創	18
擦過銃創	7
破片創(砲彈)	67
爆創(投下爆彈，地雷等)	5
白兵創	2
打撲傷	1

以上ノ如ク銃創最多＝シテ，內貫通銃創最多，砲彈破片創，爆創，白兵創ノ順位＝減少ヲ示ス.

亦被檢者 191 名中單創(1 人＝ 1 箇ノ創ヲ受ケシ者)151 名，複創（1 人＝テ 2 箇以上ノ創ヲ受ケシ者）40名，內

2 創ヲ受ケシ者	36名
2 創以上ヲ受ケシ者	4名

（ 4 ）

331

年齡ト血液型トノ關係ヲ見ル＝，20歲未滿ハ AB 型 6 名(17.6%)，O型，B型，A型ノ順序＝減率ヲ示シ21歲乃至25歲ハ B型23名(52.3%)，O型，AB型，A型＝，26歲乃至30歲ハ A型7名(46.7%)，AB 型，O型，B型＝亦31歲乃至35歲ハ AB 型 5 名(14.7%)，次ハ A型．B型，O型＝36歲乃至40歲ハ A型 2 名(13.3%)，AB 型，O型，B 型ノ順位＝減率ヲ示シ年齡ト血液型トノ間＝ハ別＝相關關係ヲ認メズ.

（3） 籍貫(原籍)ト血液型トノ關係

血型 \ 籍貫 數 %	廣東	廣西	江西	山西	湖南	河北	江蘇	山東	安徽	河南	陝西	甘肅	湖北	四川	貴州	浙江	合計
A 型	5 36.7		1 7.1				1 7.1	1 7.1	3 21.4	1 7.1				1 7.1	1 7.1		14
B 型	18 38.3	2 4.2	1 2.1		2 4.2		6 12.8	2 4.2	9 19.1	2 4.2	1 2.1	1 2.1	1 2.1	2 4.2			47
O 型	22 23.2	2 2.1	1 1.1	1 1.1	7 7.4	3 3.2	9 9.5	3 3.2	26 27.3	11 11.6	3 3.2	1 1.1	2 2.1	1 1.1	1 1.1	2 2.1	95
A B 型	12 34.3	1 2.8	5 14.3				3 8.6	2 5.7	6 17.1	2 5.7	1 2.8		2 5.7	1 2.8			35

被檢者 191 名ノ籍貫ハ，16省＝亘リ內廣東57名，最多＝シテ，安徽44名，江蘇，河南，山東ト順位減少ス.

血液型トノ關係ヲ見ル＝，廣東ハ B 型18名(38.3%)．A 型，AB型，O型ト減率ヲ示シ安徽ハ O型26名(27.3%)，A型，B型，AB型，ト山東ハ A型，AB型，B型，O型ト，江蘇ハ B型，O型，AB型，A型ノ順位＝減率ヲ示シアリ.

（4） 元職ト血液型トノ關係

血型 \ 元職 數 %		農	商	工	學生	合計
A	型	10 71.4	4 28.6			14
B	型	34 77.3	6 13.6	3 6.8	1 2.3	44
O	型	83 84.7	7 7.1	5 5.1	3 3.1	98
A P	型	25 71.4	7 20.0	3 8.6		35

被檢者 191 名中，元職(原職)ハ農業最多＝シテ，商業，工業，學生ノ順位＝減少ス，農業中 O 型83名(84.7%)最多＝シテ，B 型34名(77.3%)，AB型，A 型ノ順位＝減少ス，商業中 A 型 4

（ 3 ）

332

血液型トノ關係ヲ見ルニ一般ニ多キハＯ型ニシテ，Ｂ型，AB 型，Ａ型ノ順位ニ減少ヲ示ス。

負傷種類 ＼ 血液型	A 型	B 型	O 型	A B 型
前額部擦過銃創		1		
右頬部打撲傷				1
右頬部盲貫銃創			1	
右頬部砲彈破片創				1
右頬部貫通銃創				1
左頬部砲彈破片創			1	
前額部擦過銃創兼右足背砲彈破片創		1		
顏面裂部竝右上膊貫通銃創				1
頸部竝左大腿部爆創			1	
顏面軟部竝右手砲彈破片創			1	
頸部胸部顱頂部砲彈破片創				1
右耳擦過銃創兼右下腿爆創	1			
頸部竝左大腿部砲彈破片創	1			
顱頂部砲彈破片創			1	
前頸部砲彈破片創			1	
後頭部砲彈破片創			1	
右顳顬部砲彈破片創			1	
右耳擦過銃創兼頸部胸部顱頂部砲彈破片創			1	
右胸部貫通銃創			2	1
右胸部軟部貫通銃創	1	2		
左胸部軟部貫通銃創		1		1
左胸部盲貫銃創		1		
左胸部貫通銃創			1	1
右胸部爆創				1
右胸部盲貫銃創		1		
左前胸部兼下腿貫通銃創			1	

(5)

左胸部白兵創兼左大腿貫通銃創			1	
左頭部砲彈破片創			1	
頸部砲彈破片創		1		
左上膊兼左大腿部貫通銃創			1	
左上膊盲貫銃創(骨折)	1			
左上膊貫通銃創		3	1	1
左前膊貫通銃創			3	
右上膊貫通銃創(骨折)				1
左上膊兼胸部貫通銃創			1	
左上膊砲彈破片創(骨折)		2	1	
右上膊砲彈破片創				1
右上膊貫通銃創			2	1
右上膊兼右下腿銃創		1		
右前膊貫通銃創			1	1
右前膊砲彈破片創		1		
右前膊兼頭部砲彈破片創			1	
右前膊兼左腰部貫通銃創		1		
左肩胛軟部貫通銃創兼腰背部盲貫銃創		1		
左肩胛部貫通銃創		1	1	
右肩胛部砲彈破片創			1	
左肩胛部兼右足背白兵創		1		
右肩胛部貫通銃創			1	
右手背兼左大腿部盲貫銃創			1	
右手背擦過銃創		1		
左拇指切斷(砲創)	1			
右手掌爆創		1		
左手指爆創		1		
左手指兼左上膊爆創			1	
右手背砲彈破片創				1
右手掌部貫通銃創			1	

(6)

左手掌部貫通銃創			2	
右背部砲彈破片創	1			
右背軟部貫通銃創			1	1
腰背部盲貫銃創				1
胸背部軟部貫通銃創		1	1	
左腰部貫通銃創			2	
右腰部貫通銃創			2	
右腰部砲彈破片創	1			
左臀部貫通銃創			1	
左 臀 部 爆 創			2	
右臀部砲彈破片創	1		1	
左鼠蹊部貫通銃創			1	
兩大腿部貫通銃創			1	
左大腿部軟部貫通銃創	1		3	8
右大腿部貫通銃創		2	5	1
左大腿部盲管銃創	1	3		
左下腿貫通銃創			4	4
左下腿盲貫銃創		2	1	
左下腿兼右拇指砲彈破片創				1
右下腿盲管銃創	1		1	
右下腿兼腰背部砲彈破片創			1	
左大腿部砲彈破片創			1	
右下腿砲彈破片創	1	2	2	
左下腿砲彈破片創	1	2	5	
右下腿貫通銃創	1	6	3	1
右大腿砲彈破片創		1	3	
左下腿大腿肩胛部砲彈破片創			1	
左下腿貫通銃創並右足蹠擦過創			1	
右 下 腿 爆 創	1			
左大腿兼右臀部貫通銃創		1		

(7)

右下腿兼左足砲彈破片創			2	
左下腿兼足跟部砲彈破片創			1	
兩下腿兼右胸部上腹部砲彈破片創			1	
右膝關節部軟部貫通銃創			1	
左右膝關部軟部貫通銃創				1
左膝關部砲彈破片創		1	2	
腹部軟部貫通銃創			1	
腹部砲彈破片創			1	
左上腹部兼左大腿部砲彈破片創		1		
右下腹部貫通銃創			1	
右足貫通銃創兼右手砲彈破片創			1	
右足盲管銃創兼左下腿部貫通銃創			1	
左足背部貫通銃創			1	
右足背部貫通銃創			1	
右足背部砲彈破片創			2	
左足背部砲彈破片創			2	
左足砲彈破片創			1	1
左足跟部擦過銃創		1		
左大腿並右足盲管銃創				1
左手並右上膊砲彈破片創				1
左大腿並臀部砲彈破片創			1	
右足並左下腿貫通銃創			1	
右足盲管銃創(骨折)			1	
合　　計	15	45	98	84

（7）「トラホーム」罹患者ノ血液型トノ關係

程度＼血液型	A型		B型		O型		AB型	
輕症「トラホーム」			5	35.7	7	28.0	4	57.1
中等症「トラホーム」	2	50.0			4	16.0	1	14.3
重症「トラホーム」					2	8.0		
疑似「トラホーム」	1	25.0	9	64.3	12	48.0	1	14.3
「トラホーム」性瘢痕	1	25.0						
急性結膜炎							1	14.8
合計	4		14		25		7	

(8)

「トラホーム」罹患率ハ，疑似「トラホーム」23名，輕症「トラホーム」16名，中等症「トラホーム7名＝シテ，他＝急性結膜炎，「トラホーム」性瘢痕各1名アリ，血液型トノ關係ヲ見ルニ，疑似「トラホーム」ハ，B型9名(64.3%)最モ多ク，次ハO型12名(48.0%)，A型，AB型ノ順位＝減少ス.

輕症「トラホーム」ハ，B型5名(35.7%)最モ多ク，O型5 AB型ノ順位＝減少ヲ示ス.

4. 結　　言

(1) 被檢者236名ノ血液型分布ハ，O型最多＝シテB型，AB型，A型ノ順位＝減少シ，日本內地＝於ケル血液型分布トハ異リ，內地＝テ最多ヲ占ムルA型ハ最少＝シテ，比較的少キO型ハ却ツテ最多ナリ.

(2) 人種指數ハ，0.64＝シテ，亞細亞，亞弗利加型＝屬シ，特＝印度人(0.6)＝近シ,亦言謂團體性指數卽$\frac{A}{P}$ノ値ハ2.88＝シテ日本人ノ1.09＝比較シテ，團體氣質ハ積極＝シテ活動性ナルヲ示ス.

(3) 年齡ト血液型トノ關係ヲ見ルニ，各年齡(各5歲ノ間隔ヲ置ク)＝於テハ，實數＝於テハO型，B型，AB型ノ順位＝減少スルモ，各型ノ總數＝ヨル百分率ヲ見レハ，別＝相關々係ヲ認ムルコト能ハザルナリ.

(3) 籍貫ト血液型ヲ見ルニ，別＝相關々係ヲ見ズ，殆ント大部分ハ廣東出身者ナリ.

(4) 元職(原職)ハ農業最多＝シテ,商業，工業，學生ノ順位＝減少ス，血液型トノ關係ヲ見ルニ，實數＝於テハO型多クA型少シ，各型ノ總數＝ヨル百分率＝於テハ，別＝相關々係ヲ認メ難シ.

(5) 各階級中最多ナルハ,2等兵＝シテ，次ハ1等兵，上等兵ナリ，實數＝於テハO型最多，次ハB型，AB型＝シテ，A型ハ最少ナルモ，各型總數＝於ケル百分率＝於テハ，一定ノ相關々係ヲ認メ難シ.

(6) 負傷種類ハ銃創最多＝シテ,特＝貫通銃創最多ヲ占ム，次ハ盲貫銃創,擦過銃創ナリ，銃創＝次テ多キハ砲彈破片創＝シテ，爆創，白兵創ハ極メテ少シ，又創ノ數ハ單創大部分ヲ占メ，191名中151名，2ツ以上ノ複創ハ40名ナリ.

血液型トノ關係ヲ見ルニ，實數＝於テハO型最多＝シテ，B型，AB型，A型ノ順位＝減少ス.

(7) トラホーム罹患者ハ，疑似トラホーム，輕症トラホーム比較的多ク，實數＝於テハ，O型最多＝シテ，A型最少ナルモ，各型總數＝於ケル百分率ヲ見ルニ，輕症，疑似共＝O型最高率ヲ示ス.

(9)

326

四、卫生调查

同仁会对南京等地卫生状况的考察

资料1：岡崎祇容編「南京市民疾病觀」、『同仁』第12卷第8號、1938年、2—10頁。

南京市民疾病觀

南京同仁會第一診療班長
醫學博士　岡　崎　祇　容

赤門を出たお醫者さんの眼に映じた南京住民の疾病種々相は相當に內地と變つたものがある。

風俗、習慣、氣候が全然異つてゐるので、それだけでも旣に內地との相違は頷けるのであるが、尙支那人特有の漫々的氣質が多くの疾病を放棄するので、一層その相違が著明になる樣である。

我が診療班は診療開始後まだ二ケ月にならないが、各科醫員は知識欲に燃えて、一晩中、石油ランプ式孵卵器の番をするといふ熱心家がゐる。細菌檢査によつて病名を確實にしようとしてゐるのだ。

今各科醫員の收獲中面白いものを聞いて廻はらう。其前に一言したい事がある。

それは各科とも非常に病勢の進んだものが多い事である。此問題は前述したやうな支那人獨特な氣質も一役買つてゐるだらうが、まだその他の事が色々想像される。

少しその例を擧げると、外科で相當の數を觀る創傷などは、六ケ月、一年以上放置してゐるのがザラにある。又支那で特に觀る所謂下腿潰瘍などは廿年も經過したものがある。眼科では殆ど失明狀態になつたトラコーマが相當澤山やつてくる。耳鼻科では鼻茸で五年も十年も治療を加へないので非常に大くなり、出血性鼻茸に變化してゐるのが多い。これなぞは內地では殆ど觀られない代物である。

先づ外科の高博士、高塚學士の言葉を聞かう。

南京では現在主に損傷及び炎症を對象としてゐる。腫瘍機能異常は殘された問題だ。最も患者數の多いのは外損傷で、全患者の約1/3を占める。次に多いのは火傷である。此内面白いのは蝋燭による火傷である。これは顔面では眉毛、口唇、體では腋毛、陰部、女では特に乳房に蝋燭の火の焼跡がある。其部位が特有であるので、一見して強盗による火傷だと診斷し得る。強盗も支那では焼切りでなくて、焼皮強盗であるのには驚いた。

此他に注意したい事は第四性病、癩、放線狀菌症が時々觀られる事だ。放線狀菌は故濱口總理大臣の病氣がこれだつたと云ふので、忽ち有名になつた病菌だ。一例だが馬鼻疽様疾患を發見した。若し本物だつたらとんだ掘り出し物だ。內地では二三例しか報告がない。然し遺憾ながら血清學的には馬鼻疽と異つてゐるが、臨床的には當然慢性馬鼻疽症と思はれるのだ。

上海でも相當觀られる、下腿潰瘍は南京でも全患者の約八%を占める。下腿に生ずる難治の潰瘍で其原因はまだ明瞭でない。好い研究材料である。

次に**內科**（筆者擔任、眞忠學士、吉田學士）へ廻らう。

一般に內科の診察室に居て眼立つ事は結核患者が多い事だ。此點は敢て內地と變らない。今少し詳細に觀ると、新患五三〇名中、結核性疾患者數（肺結核並に結核性肋膜炎を含む）は七六名（一四、三％）あつた。又、此年齢、性別表を作ると左圖の様になる。

一見してすぐ了解出來るが、是れによると、二十歳內外に於て觀る男子の罹患率最高に、女子の罹患率最高が伴はない事である。此說明はまだ例數が少ないので向後注意を續けたい。

第壹表　[內科]

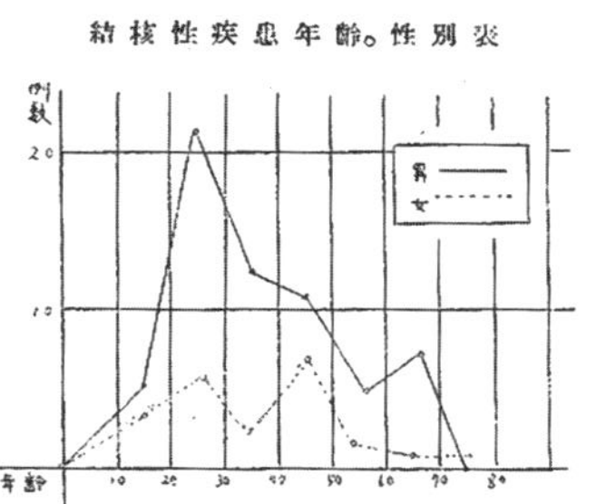

次に眼立つ事は黴毒性疾患の多い事である。少し幾をかけて、黴毒血清反應が陰性であつた事は全くない。そこで內科を訪ねる患者全部の黴毒血清反應を檢査中だ。次にマラリアが多いのに驚く、五月でまだ蚊をあまり觀ないのに、內科患者總數五三〇名中二六名も發見した。餘程蔓延してゐるものらしく、患者の內には、自ら診斷を下して來るのも少くない。多くは三日熱である。即ち隔日に惡寒戰慄の高熱發汗がくる。中には非常型でチフス疾患を疑つたのもあつた。又內地では殆ど觀られないほど脾臟の肥大を伴つたものがあつた。

次に甲狀腺腫を屢々觀る。これは、外科でも氣付いてゐる點だ。是れには養頸、心悸亢進、發汗、眼球突出等の所謂バセドウ氏病に觀るやうな症狀はない。單純性甲狀腺腫か、滿洲方面で多く觀るカシン、ベツク氏病と何等か關係のあるものか、興味を持つ一つの疾患だ。

最後に、長江赤痢だが、楊子江の河岸にある南京では昔から、マラリアとアメーバ赤痢が、南京特有の疾病のやうに言つてゐる。長江赤痢と云ふのは、此アメーバ赤痢をさすらしい。我等は是れに興味を持つて檢査中である。まだ時季が早いので多くの例を得ないから明瞭には言へないが、どうも南京にはアメーバ赤痢はないらしい。細菌性も一つの名稱で取扱はれてゐるらしい。大いに研究すべき問題だ。

次に長江浮腫所謂クインケ氏浮腫の問題だが、是ももうそろ／＼各科に現れた樣だ。が、まだ明確なことは判らない。

次に**小兒科**（渡邊博士）に聞く。

小兒科では、先づ乳兒の榮養相に着眼した。戰亂逃避によつて、南京の現在の乳幼兒は一般に榮養相の退行を觀るものと考へたら、實際は此憶測を裏切て概して榮養正調のものが多いのは意外だ。極端な場合だが、心身の疲勞のため母體衰弱がきてゐる場合でも、乳兒の榮養は正調だ。どういふわけか面白い問題であると同時に、考へさせられる問題だ。然し年齢が長ずるに從ひ幼兒年長兒では乳兒に比較して相當榮養失調に陷つてゐるものが稍々多い。

次に**産科婦人科**（杉江學士）に移らう。

支那人の初經來潮は日本人のそれに比してどうも遲い。統計を取つて觀ると、十六歳（二〇％）十七歳（一九％）十八歳（二三％）是れによると、十七歳に初經來潮がくるものが一番多い。日本人ではそれが十五歳になる。（東大產婦人科教室統計による）然しまだ例數が少いから明確には言へないが、是れが眞實だつたら面白い。支那人の風俗習慣と密接な關係があるのかも知れない。大體今日の學問によると溫帶に住む人間は初經來潮年齢が早く寒帶に住む人間はそれが遲くなると云ふ事になつてゐる。南京は緯度關係から云ふと内地の鹿児島と同じだ。一般内地より温い方になる。すると初経来潮年齢は内地と同等か或はより若い年齢に現れてよい筈だ。

次に**眼科**（大熊學士）へ行かふ。

トラコーマが非常に多い。然もその大多数が重症で失明状態のものがくる。一般に支那人はトラコーマがあつても特別に疼痛があつたり、視力障碍が著しくならぬ限り、多少眼脂がある位では病氣とは認めないらしい。假令無料であつても治療に来ない處を見るとさう考へられる。

又五年十年前から失明状態にある者が、何とかならぬか

第　二　表

年齢	總人員	トラコーマ	同百分率
6	6	3	50.0%
7	13	9	69.2
8	34	17	50.0
9	56	32	57.1
10	106	64	60.4
11	96	64	66.7
12	80	47	58.8
13	43	22	51.2
14	31	14	45.2
15	6	4	66.7
16	2	2	100.0
計	473	278	平均58.8%

と云つてやつて来る。是れは支那の醫者では癒らぬものも、日本の醫者では癒るかも知れんと一縷の望を掛けてくるらしい。然し遺憾ながら、もう手の施し様のない奴が多い。

南京にトラコーマが、どんなに多いか、一つ南京小學児童の統計表を見て下さい。

是れを内地のものと比較すると、昭和十一年の徴兵検査で壮丁のトラコーマ罹患率は八・四％であるから、小學児童の罹患率は是れより更に少からう。

尚ほ支那の江蘇省會公私立小學児童身體缺點百分比較表（民國二十五年）を比較して下さい。

江蘇省會公私立小學児童身體缺點百分比較表

第　三　表　　（民國二十五年）

缺點名稱	人數	百分
總計	11.939	100.00
砂眼	5.366	44.95%
牙齒	4.700	39.40%
營養	2.359	19.76%
扁桃腺	2.058	17.24%
皮膚	1.886	15.80%
淋巴腺	1.675	14.03%
視力	1.350	11.31%
聽力	885	7.41%
耳病	548	4.59%
其他眼病	452	3.79%
呼吸系	257	2.15%
整型外科	186	1.56%
循環系	176	1.47%
有缺點人數	10.528	88.18%
無缺點人數	1.411	11.82%

次に**耳鼻科**竪瀬學士の御話を聞かう。

先づ耳の方では、中耳炎が相當觀られる、然し支那人は中耳炎の急性期に治療を加へる事が少い。左側中耳炎が最近四十數例中の⅔以上を占めた。是れは支那人獨特な手鼻をかむ習慣があるので是れと何等か因果關係があるのではないだらうか。左側ばかりに中耳炎があるのがどうもおかしい。支那人の手鼻と云ふのは右手を用ひ左鼻翼を壓する力が右鼻翼に對するより强く、その結果左側の耳管咽頭開口部により强き壓を加へ、是れを通して左側中耳炎を發來し易いと考へた次第だ。然し是の意見はもう少し例數を集めて、もう一遍考へて見たいと思ふ。

鼻の方では、小兒の鼻炎の多いのは次の表を御覧を乞ふ。

第　四　表

年齢	兒童數	扁桃腺肥大	アデノイド	肥厚性鼻炎
6	5	5	5	3
7	17	15	16	8
8	31	26	28	17
9	49	39	49	30
10	106	77	90	51
11	96	69	71	46
12	78	43	48	23
13	40	25	20	18
14	34	17	17	11
15	5	3	1	1
16	2	2	0	0
計	463	321	345	198
百分率		69.2%	74.5%	42.6%

此の表は又前述の第三表にある、江蘇省の小學児童の百分率と御比較を乞ふ。

次に**皮膚泌尿科**（小野學士）の御意見を聞かう。

診斷方面で非常に心配した事だが組織切片を取たり、或は皮膚反應を拒否するものがないので、研究的診療が可能なので安心した。

患者は多く其の病の何であるかを知つてゐる。然し第四性病は支那人の相當の醫師さへ知らない。黴毒、淋病は非常に多い、その既往を聞くと、賣淫婦から感染したと云ふ者と、妻より感染したと云ふ者と二通りある。後者の場合は我等日本人にはどうも一寸考へられぬ。結婚前に妻が病毒を持つて居て、不幸にもこれと結婚して感染したと云ふなら判る。然し支那人のはこれと違ふ。結婚後妻が病毒を感染して、これを知らずに自分が感染したと云ふ。これで居て夫婦は圓滿なのだ。どうもこの關係は我等内地人の判斷に苦しむ。

次に支那には癩病が多いとはかねがね聞いてゐたが、さて實際にきて見て注意すると、もう八例も出會つた。尤も傳染の恐れの多い結節癩は一例で他は斑紋癩だつた。患者

は癩の不治と云ふ事を知らぬ。癩には自覺的苦痛がないのであまり苦にしない。顏面が醜形となつて始めて驚いて醫者を訪ねると云ふ風だ。

次に疥癬である、是れは中支の到る處に一番多く見られる皮膚病である。內地では準性病であるが、南京では全く關係が違ふ。總ての年齡の者がかゝる。手關節から罹るものが多い。そして手ばかりの者が多い。是等の點から考へて一般生活の不潔が傳染の最大原因らしい。

終りに南京に於ける過去七十年間の痘瘡感染狀態に就て述べさしてもらひたい。

最近南京には痘瘡の大流行を觀ない。然し流行がないと云つて、防疫が完全に行はれ、豫防接種が廣く行き屆いてゐると云ふことを意味しない。

一般に感染免疫の强度は人によりて違ふ。例へばコレラの發生地である印度のガンガ河流域の土民は、コレラ菌に對して强度の免疫を持つて居て、少しもこれに罹らないが、他の者はたやすくこれに冒される。又パナマ運河の工事中外國人は激烈な黃熱に見舞はれたが土民は殆ど罹らない。故に南京の痘瘡を考へるにしても、先づ豫防接種の効果を考へると同時に、かうした感染免疫も考へたい。私は上海上陸以來氣付いた事であるが、痘痕面を持つた支那人が非常に多い。南京でも同樣だ。南京で統計を取つて觀ると、一六六九名中一二一二名(七二・六%)に痘痕面を發見する。此比率を其儘使用すると南京人の約四分の三が痘痕面を持つ事になる。すると此の人間は種痘をしなかつたのかと云ふとさうではない。一六六九名中六二、七%は種痘をやつてゐる事をしらべた。唯々三七、三%の人がやつてゐないだけだ。もう少し是れを研究して觀ると次の樣な表になる。

- 全數 1669
  - 顏面に痘痕あるもの 1212 (72.6%)
    - 上膊に種痘痕なし 痘瘡に罹りし者 557(33.4%)
    - 上膊に種痘痕あり、それにも拘らず痘瘡に罹りし者 655(39.2%)
  - 顏面痘痕なきもの 457(27.4%)
    - 上膊に種痘痕ある者 392(23.5%)
    - 上膊に種痘痕なき者 65(3.9%)

是れによると上膊に立派に種痘痕があるのに、顏面に痘痕を發見する者が相當多い事に氣付く。又反對にこんなに痘瘡患者が多いにも拘らず、上膊に種痘痕なく、しかも顏面に痘痕がない者が五六人もゐるとは面白い。次に顏面に痘痕を持つ者の年齡別表を作ると次の樣になる。

第五表

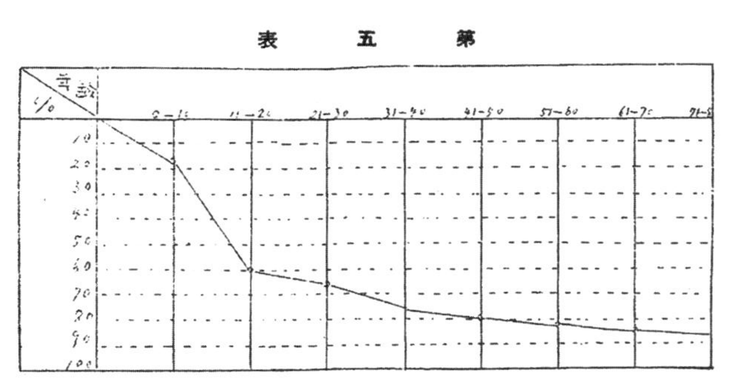

此表によると二十歲以上の者では約その六〇%に痘瘡痕がある三十歲以上では實に約その七五%以上になる。此點から想像すると、南京では今より二三十年前から種痘の接種を始めたらしい。次に痘瘡は何歲位で一番多く罹るかを他の團體で希べて觀ると次の樣なものが出來た。

第六表

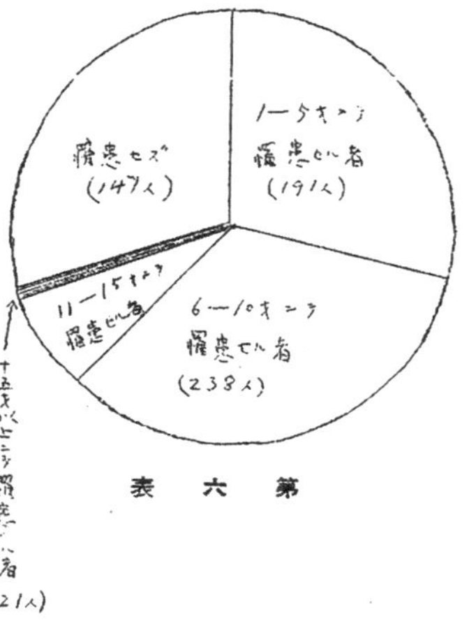

是れによると十歲以下に於ては、種痘接種をやるやらないに拘らず、大部分痘瘡に罹かつて仕舞ふ事が判る。もう少し正確に云ふならば痘瘡は十五歲以下に罹つて仕舞ふ。然らば種痘後何年後に痘瘡に罹るかを他の團體で調査すると次の樣になる。

第七表

種痘後各年數ニ於ケル罹患者數(667人ニテ付調査)

——點線ハ種痘ノ効力期間ヲ示ス——

第七表

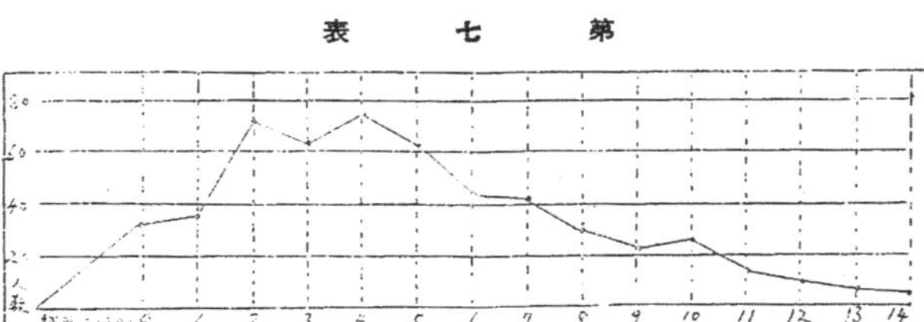

此表によると種痘後二年後には、既に非常に澤山な人が痘瘡に罹つてゐる。四年後に始めて減少してくる。これは既に大部分の人が痘瘡に罹つたから減少するものと考へられる。故に南京人の種痘接種後効力持續は一、二年である事と想像される。

故に南京人の種痘接種はこう云ふ事が結論として言ひ得る。

即ち十五歳以下の人には二年目毎に種痘接種をやれば、南京の痘瘡患者は著しく減少する筈だ。

最後に調査科高田學士の話を聞く。

調査科は元來支那人の風俗習慣は勿論、疾病の調査をも含むのにどうも何にも文献が手に入らないので困る。漸く二三の文献を手に入れたので各科の病類別に對して批判を加へ樣と考へて居る。

然し此問題は單に卓上の論議に過ぎないので、直接行動として、先づ長江赤痢に關して、內科醫の眞忠學士と協同して、その原因的調査を計畫して目下研究中だ。

然し五月の病類別を表示すると次頁の樣なものになる。

是れによると、南京に於ける五月中の患者では、トラコーマが横綱で大關が皮膚科の疥癬だ。關脇が內科の一般呼吸病だ。肺結核も張出關脇格になる。南京並に楊子江沿岸全體の特徴である腸炎はまだ時期が早い爲か前頭格なのも面白い。

以上が大體五月六月に掛けての南京市民疾病觀の概要だ。然し是れは筆者が各科の仕事を特に聞いて集めたので、中には各科主任醫の觀察ばかりでなく筆者が特に簡單に總括して結論を急いだものがある。或は專門醫の意志に反するものがあるかも知れない、又言ひ足らない點も澤山あると思ふ。是れは特に赦して戴きたい。日數を經過するに從ひ、各科からもつと、もつと充實した仕事が得られると思ふ、それを期待する次第だ。切にそれを祈つて筆を擱く。

第八表

同仁會南京醫院ニ於テ診療セル患者數ヲ病類別ニ比較セル圖表

昭和十三年五月四日ヨリ同三十一日ニ至ル一ヶ月間患者總實數千四百六十名

備考

1 中毒(慢性)アルコール中毒……一名

2 痔核……二名

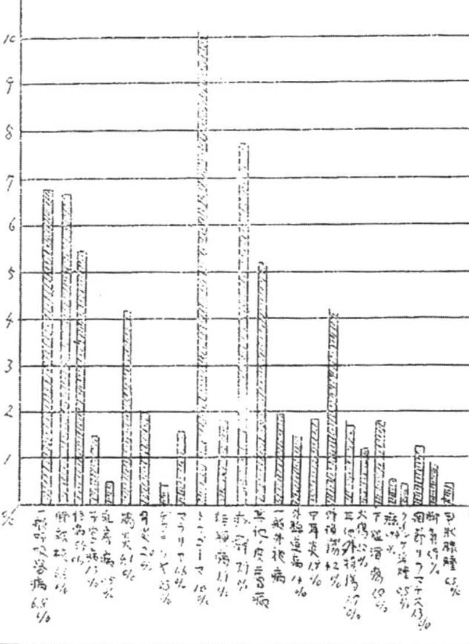

资料 2:岡崎祇容編「南京市民疾病觀」(第 2 號之ノ一)、『同仁』第 13 卷第 1 號、1939 年 1 月,46—75 頁。

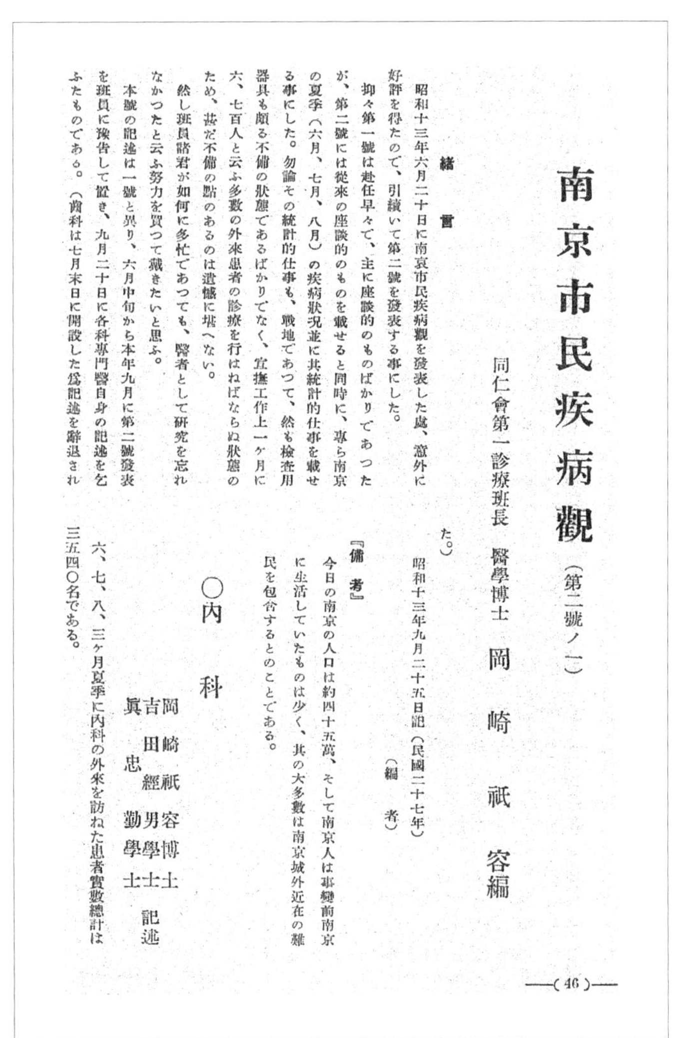

南京市民疾病觀（第二號ノ一）

同仁會第一診療班長　醫學博士　岡崎祇容編

緒言

昭和十三年六月二十日に南京市民疾病觀を發表した處、意外に好評を得たので、引續いて第二號を發表する事にした。

抑々第一號は赴任早々で、主に座談的のものばかりであつたが、第二號には從來の座談的のものを載せると同時に、專ら南京の夏季（六月、七月、八月）の疾病狀況並に其統計的仕事を載せる事にした。勿論その統計的仕事も、戰地であつて、然も檢査用器具も頗る不備の狀態であるばかりでなく、宣撫工作上一ヶ月に六、七百人と云ふ多數の外來患者の診療を行はねばならぬ狀態のため、甚だ不備の點のあるのは遺憾に堪へない。

然し班員諸君が如何に多忙であつても、醫者として研究を忘れなかつたと云ふ努力を買つて戴きたいと思ふ。

本號の記述は一號と異り、六月中旬から本年九月に第二號發表を班員に豫告して置き、九月二十日に各科專門醫自身の記述を乞ふたものである。（内科は七月末日に開設した爲記述を辭退された。）

昭和十三年九月二十五日記（民國二十七年）

（編　者）

『備　考』

今日の南京の人口は約四十五萬、そして南京人は事變前南京に生活していたものは少く、其の大多數は南京城外近在の難民を包含するとのことである。

○内　科

岡崎祇容博士
吉田經男學士
眞　忠勤學士　記述

六、七、八、三ヶ月夏季に内科の外來を訪ねた患者實數總計は三五四〇名である。

——（46）——

是等の疾病を大別すると、呼吸器系疾患、就中肺結核、マラリア、甲状腺肥大症、胃腸疾患就中寄生蟲症、赤痢等が眼立つた。

是等の疾患は何れも興味ある問題であるので特に吉田雜男學士、直患商學士に依頼して分擔記述する事にした。

尚徽毒性疾患も相當認めたが言語の不通其他の事情で正確を期し難いので、南京人一般の徽毒血清反應陽性率を示して詳述を避け、次の機會に發表する事にした。

内科診療上困難を感じた諸事項（編者記述）

(一)言語の問題

南京の言葉は一般に北京語に多少南京特有の訛があると云ふ話だ。だから支那の標準語とも云へる。然し我等に取てはかなり厄介なもので、我等内科醫はどうしても一應既往症を質して病歴を作らねばならないので、非常に苦勞した。

今日までには相當面白い事がある。例へば南京人は一般に貧血する事を黄色になると云ふ。是が判るまでは患者が貧血を訴へてゐる時に醫員は黄疸を考へてゐると云ふ有様だ。

又南京人には我等が日常使用してゐる蕁（ジンビン）と云ふ言葉が何うしても通じない事である。從て知覺異常を伴ふ神經性疾患には非常な努力を要し、然も其結果が甚だ不確實な事は實に遺憾であつた。

此言語の不通は南京人の通譯を介しても屢々失敗した。

(二)嘘を云ふ事

「南京人は嘘を言ふのが平氣だ」とは屢々耳にする問題である。然し我等内科醫が診察室で病歴を問ひ質す時感じた事は、單に内地で「嘘を云ふ」と云ふ言葉は常に「知つて居ても知らない」と云ふ意味しかないが、南京人の言葉には尚此外に衛生思想の缺乏から、全く病的意識が缺けて居る結果、我等はとんでもない嘘を云ふと解釋する場合が多い。

例へば南京人は『マラリア』では發熱した時だけ病的意識があつて、他の現象は病的とは考へない。從て巨大な脾臟を持つていても、今迄『マラリア』に罹された事を完全に忘れてゐる。

そこで『マラリア』の症狀を順を追つて話すと始めて『やつた』と云ふのである。

又此様なのがある。頭痛を主訴として來た患者に下痢の有無を質すと『下痢は無い』と答へる。

然し實際診察して見ると明に下痢をして居る症狀がある。此時患者に確に『下痢がある筈だ』と重ねて質問すると、平氣で『下痢があると云ふのである。此の場合、患者は醫者に嘘を云つた様であるが、實際は此の患者は自分では自分の下痢狀態を病的とは認め

なかつたのかも知れないのである。

此様な事は毎日診察室で繰返へしてゐるので、常に醫員は患者の訴へ並に質問の答ばかりを考へてゐると、とんでもない間違ひを生ずるのである。故に南京人が嘘を云ふ事は必ず知つて置かねばならないのは事實であるかも知れないが、同時に南京人は病的意識が缺けてゐる關係から、嘘を云ふ様に解釋される場合がある事も注意したい。

(三)信　　仰

支那人は從來印度渡來の佛教を始め、幾多の宗教の宣傳に遇ひ、數世紀に亘て教導された關係上、幾多特殊の信仰を持て居る事は誰でも知て居る問題である。然し我等が南京に來て診療上又防疫上、一番困つた問題は輪廻說を信仰して居る事であつた。是れは生物は無始無終に生死の獄を廻つて停止しないものであると云ふのである。南京人は此の觀念から死體の燒却を非常に嫌ふ。そして彼等は死體が存在すれば必ず再生する事が出來ると信仰してゐるのである。

此の信仰は我等醫者にとつて全く閉口した。傳染病患者の死體の取扱ひで何時も問題となつた。此の問題は蔣介石政權が華やかだつた頃、相當無理を押して『傳染病患者の死體は必ず燒却すべし』と云ふ規則を出して居た様だが、なか〳〵實現されなかつたらしい。況や戰後の南京では全く實現性がなかつた。然し諸方面からの注意で、南京警備市政公署も不得已是れを許可して實行する事になつた。偶々八月下旬南京に『コレラ』患者が發生して其内の死亡者の死體の燒却を行つた處が其患者が不幸にも當診療班から防疫班に送つた患者であつたので、民衆は直に市内に宣傳を始めた。診療班に行くと、死體を燒かれると云ふのである。是には勿論警備市政公署の佈告が民衆に徹底して居なかつた爲であらうが、其結果中根診療班の内科、小兒科の患者の減少を見たのであつた。全く困つた問題である。

(四)自家療法

毎日診察室に居ると相當注意を惹く自家療法がある。

先づ第一に擧げるのは撮（ツ）と云ふものである。是は南京人に聞いても特別の名稱を知らない、永年習慣として行つて居るものらしい。

是は拇指と示指とで皮膚を抓み、皮下出血を起さす迄繰返す方法である。外來患者の前頸部皮膚に屢々縱に線狀の紫色部を發見するので始めて注意したのである。

此方法は支那の東部殊に海岸地帶の田舍に廣く流布して居るそうだ。揚子江沿岸では上海より南京附近までが盛で、漢口に行くと漸次少くなるそうだ。

目的は頭痛、腹痛、胃痛の治療に一番廣く應用して居る。そして其疼痛場所が違ふと捋をやる場所も違ふ様である。概ね頭痛では額の兩側に、腹痛では前頸部の兩側に、胃痛には胃部に捋を行ふ。

南京人は此自家療法を非常に有効であると云つて居る。然し皮下出血が少いと、あまり有効でないと云つて此療法の重點を皮下出血に置いて居る事は非常に興味がある。

捋で指を用ひないで數本の針で皮膚を刺し皮下出血を起さして居るのもあつた。

次に腹痛の治療法に面白いものがある。醫學的原理から云ふと、前述の捋と殆ど同じ意味のものであるが、此方法は、拔火罐（バーホークワン）と云つて臍の上に石油を浸した綿をのせ、是に火を點ずる方法である。又少し技工をこらして綿の中に銅貨二三個を入れ、石油綿に火を點ずると同時に底のある丸罐を綿の上に伏せ、不完然燃燒を起さして五分乃至十分間安靜に横臥するのである。勿論皮膚の火傷を起さすのが目的である。此方法を知つたのは外來で屢々腹痛は癒つたが火傷が癒らないと稱して治療を乞ふ者を見出して知つた譯である。全く亂暴な治療法だ。次に食慾の減退に對し、日光浴療法をやつてゐるのを發見した。然し其方法が變つて居る、兩手脊、兩足脊を太陽に直射さし、水泡結成が行はれる迄繼續するのである。一例では此方法を一ヶ月も繼續してゐたのを發見した。

終りに電氣に對し南京人は未だ全く原始的な考へを持つて居る事を發見した。感電したと稱して連れて來た者を診ると、患者の兩足は鐵製の洗面器の上に載せ、左手は鐵製の鍋を伏せたものに載せ、右手には五寸位の鐵棒を持つて胸部全體を摩つて居るのである、實に笑へぬ『ナンセンス』である。

肺結核（肋腹膜炎を含む）に就て

吉　田　經　男學士
直　　　忠　勤學士　記述

先に南京市民疾病觀第一號に於て結核の分布狀態に就て性別、年齢別を記載した時、男性に於ける分布狀態は內地と略々同様であるが、女性に於ては二十歳前後に著明なる數を示さぬ事實を指摘した。其後三ヶ月を經た今日再び此の問題を檢討して見やう。

六、七、八月の三ヶ月間に內科外來を訪れた結核性疾患を有する患者は全數五〇二名である。然して三ヶ月間の外來患者實數總計は三五四〇名であるから結核性患者の百分率は一四・一八%を示して居る。此の百分率では內地の病院外來統計に比較して稍合に低率である。是れによると南京には結核患者が少いと云ふ事になる。此處に問題となる事は、吾々の行つた診斷が單に外來診察に際して既往症を尋ね、打診、聽診の外赤血球沈降速度及マンッウ

反應を參考として『結核』なる診斷を爲したのであつて、（稀に『レントゲン』寫眞を撮る事もあつたが）其の診斷に稍々確實を缺く憾み無しとしないが、現地の狀況上誠に止むを得ざる處である。然し乍ら此を以て其の大略を知るに役立つものと信じて居る。

從來『支那には結核が多い』とは屢々聞く問題である。吾人も亦斯く信じて居たのであるが、今日この問題に直面して檢索して見ると上述の様に意外に少いのに先づ驚く次第である。然し此等患者の病狀は概して重症者が多い。

斯く重症者が比較的多いことが『結核が多い』と云ふ風に誤つた觀念を與へたのではないかと思つて居る。

次に性別、年齢別に之を分類して見様う。

性別＼年齢	一一—二〇	二一—三〇	三一—四〇	四一—五〇	五一—六〇	六一—七〇	七一—八〇	八一—以上	計
男	四二	八〇	六九	六八	三六	一七	三	〇	三一五
女	一七	四〇	四四	四三	三四	八	一	〇	一八七
計	五九	一二〇	一一三	一一一	七〇	二五	四	〇	五〇二

十歳迄は凡て小兒科を訪れるのでその欄を省略した、此表は結核患者五〇二名の各年に齢於ける實數を示したもので比率を意味するものではない、此の結果から觀ると男子は二十一歳から三十歳迄の間で最大多數を示し、女子は二十一歳から五十歳迄の間は殆ど同數で最大多數を示して居る。又男女合計の二十歳から五十歳迄の患者數は大した差がない。

此の結果から判斷すると、南京では二十歳から五十歳迄の間、云ひ換へると殆ど各年齢別では差がなく廣く患者がある様に考へられる。

そして內地の結核患者の年齢別分布狀況と比較して觀ると趣きの異つた點が多い様に考へられる。又此の様に結核が各年齢層に相當分布されて居るにも拘らず、全體としての罹患率が意外に低い事は注目すべき事實である。

是等の事實を判斷する一部の方法として我等はマンッウ反應試驗をやつた。

六月二十二日より內科外來患者四〇一名（二十歳以上）にマンツウ反應を施行した結果は次の通りである。

用ひたる舊『ツベルクリン』液は傳研製二千倍稀釋のもので對照としては、結核菌を培養しないグリセリンブイヨンを舊ツベルクリン調製と同一行程により濃縮した液を二千倍に稀釋したものを用

ひ、便宜上四十八時間後の發赤硬結を觀察した。反應の結果判定に當つては傳研に於て宮川教授が決定せられた標準に從ひ、直經一糎以上の發赤を伴ふ硬結を生じたものを陽性、直經〇・五糎—〇・九糎の發赤を伴ふ硬結を生ぜるものを疑性、直經〇・四糎以下の發赤を伴ふ硬結を生ぜるもの又は全然なきものを陰性とした。其結果は次表に示す如くである。幸ひ手元に傳研にて調べた成績があるから之と對比して見よう。

內科外來患者四〇一名に二千倍實ツベリクリンを使ひたるマンツウ反應成績

支那民衆に於ける成績　←｜→　本邦人に於ける成績傳研調査

疾患別		施行外來患者	結核性疾患	非結核性疾患	結核性疾患	非結核性疾患
施行總數		四〇一	一一一	二九〇	三三四	二二六
陽性	例數	一九五	六六	一三二		
	百分率	四八・六%	五七・二%	四五・五%	七二・〇%	五七・六%
陰性	例數	一四七	三〇	一一七		
	百分率	三六・七%	二七・〇%	四〇・四%	一六・八%	三五・九%
疑性	例數	五九	一八	四一		
	百分率	一四・七%	一五・八%	一四・一%	一一・二%	六・六%

此處に掲げた表で先づ目に付くことは、結核性疾患に施行せるマンツゥ反應の陽性率は五七・二%であつて、內地に於ける日本人の陽性率七二・〇%に比してその間に可成りの差がある事である。

陰性率に於ても亦二七・〇%に對して一六・八%と云ふ違ひのある事である。

第二に氣の付く事は結核性疾患ばかりでなく、非結核性疾患に於ても亦內地のそれに比して陽性率が低く陰性率が高いのみならず、結核性、非結核性疾患の如何を問はず、全被檢患者についても內地に於けるより陽性率は低く陰性率は高くなつてゐる事である。

之れは前述の外來患者實數に對する肺結核患者百分率が一四・一八%で思つたより高くなかつたと云ふ點と、密接な關係がある樣に考へられる。

然し之れには更に進んで何故にマンツゥ反應の陽性率が日本人に於けるよりも、支那人にては低く、陰性率が高いかと云ふ問題を考究せねばならぬ。それは今後の研究に待ちたいと思ふ。

甲狀腺肥大症に就て（編者記述）

南京市街殊に難民の密集地帶又は南京特有の泥棒市場などで屢々甲狀腺肥大を持つて居るものを發見する。然し甲狀腺肥大があ

つても眼球が突出してゐるもの即ちバセドウ氏病を思はせる樣な者は一人も發見しない。

今之れを診察室で觀察してみると、六、七、八の三ヶ月間に內科外來で發見した總數は、一三七名である。此發見率は、三、八%(患者實數總計三五四〇名)である。相當な分布率と云へよう。

是等甲狀線肥大者の何れも、夫を何等氣にして居ない。自覺的苦痛がない證據であるが、外觀上見苦しい點も、我等が心配する程、苦にしてない。例へば手術を奬めても、仲々應じない。それで是程澤山の材料を持ちながら組織學的診斷をつけられないのは遺憾である。

甲狀腺肥大の狀態は、殆ど總てが、偏側性であるが、其形狀が多種多樣で、兩側性か偏側性かを區別する事が出來ないものもあつた。

普通長經五——七糎、短經四——五糎程度の大きさのものが最も多い。硬いのも、軟かいのもあつたが、多くは軟い樣だ。

次に此の性別及年齡別を注意して觀ると表の樣になる。

性別＼年齡	一一—二〇	二一—三〇	三一—四〇	四一—五〇	五一—六〇	六一—七〇	七一—八〇	八一—以上	合計
男性	一	二	一	〇	三	〇	〇	〇	七
女性	一三	三六	三九	二四	一二	五	一	〇	一三〇

即ち一三七名中男性は僅に七名で大部分が女性である事は注目に値する。然も女性でも其年齡的關係が二十歳前に少く、是を過ぎると多數觀られる狀況に注意したい。即ち男性に少くて女性に多い點などは、良く『バセドウ』氏病に類似して居るからである。

それでは南京には『バセドウ』氏病はないかと云ふ疑問が起るが、南京にも『バセドウ』氏病は有る。我等は二例經驗した。

南京で觀る甲狀腺肥大症は大體上述した通りであるが、他に是れと類似のものを探すと、南方支那殊に『ビルマ』國には我等が觀たものと非常に近いものが觀られる樣である。

『ビルマ』では一年の乾燥期には殆ど雨がないため、池は勿論小さい河には水が全然なくなる。從て可成り不潔な水を常用する。此の水が原因して前頸部が腫れるのだと云つて居る相である。滿洲方面に地方病として在る『カシン・ベック』氏病も亦前頸部の腫脹を來すものであつて、又其原因が飲用水にあると云ふ學術的報告と相俟つて南京人の甲狀腺肥大も亦南京の飲用水と關係があるか否かは、向後に遺された興味ある問題である。

南京に於ける『マラリア』に就て（第一報）

吉田經男學士記述

玆に述べるのは六、七、八月の所

謂夏期に於て、本院内科外來を訪れた患者に就てである。そして主として統計的觀察を行ひ、併せて從來國民政府時代に施行された『マラリア』對策（抗瘧工作）の概要を報告し樣と思ふ。

一、患者發見方法

一般に南京の中國人は『マラリア』に就ての智識が普遍化されて居る樣に見受けられる。即ち惡寒發熱があれば患者自身が直ちに『瘧疾』『マラリア』なりと診斷して、單に治療を求むる意味で來院する狀態である。本院の入院患者收容力は種々の要因の爲め可成り限極されて居る今日、此等患者を入院させて詳細に觀察する機會に惠まれない吾々は、單に外來に於て一、二回の診察に滿足せねばならぬのは殘念である。尙六月迄は臨床的に診斷困難な症例にのみ檢鏡を實施して病名を確實ならしめて居たが、七月以降は全『マラリア』樣患者に就て血液塗抹標本を作り染色檢鏡して、檢査成績の正確を期した。

二、臨床所見に就て

特に南京の『マラリア』患者が示す症狀の中多少共特異な點を述べ樣と思ふ。

發作の當初に惡寒戰慄を伴ふ者が大變少い樣に思はれる。このことは今的確な數字を示すことは出來ないが、後にも述る如く、吾々が遭遇した患者には多數の再發例がある事實と重大な關係があるのではないかと思ふ。

次に屢々不定型な熱型を示して果して『マラリア』であるか否かを疑はずには居れない例があつた。此等も後述の不完全なる治療と密接な關係があると思へる。

此の樣な點から患者の訴へと檢鏡の結果が一致せぬ時は檢鏡の方に重きを置いて判定した。

三、患者發生狀況

各月別に外來患者實數と『マラリア』患者とを比較したのが第一表である。外來患者實數とは其の月の最初の來院を唯一度だけ計算して以後何回來院しても算入しないのである。

第一表　患者發生狀況月別表

區分	六月	七月	八月
外來患者實數	七〇八	一、四一四	一、四一八
『マラリア』患者數	七〇	一〇〇	一五七
百分率　%	九・八八%	七・〇七%	一一・〇七%

右表に示す樣に、夏期に於て氣溫最高を示す七月に『マラリア』患者の外來患者全數に對する百分率が減少して居るのは、一體何を意味するかを考へて見ると、此處に興味ある事實がある。一般

に南京に於ては從來盛夏の候には其の前後に比し蚊が減少すると云はれて居た。然し之は果して眞實であらうか。成程唯だ漠然とした感じのみで云へば、吾々も今夏七月には、多少共蚊が減少した樣な感じを抱いた事を想起する。此の事實を示す好個の資料が民國二十五年に南京市衛生事務所によつて發表されて居る。

（註）南京市衛生事務所とは市の衛生方面を擔當する一部門である。

此表は南京市衛生事務所に於て、市內五百三十有餘の地塘に就て每月四回『アノフエレス』蚊幼蟲の發育狀態を調査した報告である。

第二表　撈取幼蟲統計表（民國二十五年）南京市衛生事務所工作報告抄

月別＼星期	一	二	三	四	計
四					〇
五	二六	八		一	三五
六	八〇三	三九七	二三七	一一〇	一、五四七
七	七二二	二八二	一二四	四四	一、一七二
八	一、〇四二	二〇七	四三	八	一、三〇〇
九	六五五	七三	三	九	七四〇
一〇	七四	一			七五
一一					〇

（表頭：瘧蚊幼蟲）

蚊の發生は、天候氣溫等に左右される事は、言を待たないから年々その發生狀態にも相違あるは勿論であるが、此表は明かに暑氣極致の七月に『アノフエレス』蚊幼蟲の發生が減退して居る事を示して居る。此と先に述べた患者發生狀況を比較して見ると、其の間に一脈の相關々係がある樣に思はれるのは面白い事實である。

四、熱型分類及檢鏡陽性率

檢鏡した二七九例に就て、熱型を分つて觀察して見よう。

第三表　熱型分類及檢鏡陽性率

熱型	例數 七月	例數 八月	例數 計	百分率
三日熱型	六七	九四	一六一	五七・七
三日熱型重復感染	一九	三〇	四九	一七・六
四日熱型	四	八	一二	四・三
四日熱型重復感染	一	二	三	一・一
三日熱型及四日熱型混合感染	〇	一	一	〇・三
熱帶型	一	一九	二〇	七・二
未檢出			三三	一・一八
計			二七九	一〇〇・〇

右表に示す樣に大約七五%は、三日熱型に屬し、其中一七・六%は三日熱型重複感染である。臨床的にも亦重複感染の像を示し、發作毎日襲來し、然も其の時間的關係が全く異つた二つの系統に分ち得るものである。

今一つ注目を要するは、七月中僅かに一例を證明するに過ぎなかつた熱帶熱型『マラリア』が八月には十九例に達して居る。九月には益々増加する傾向を見つゝある。

次に吾々の檢査成績を中國側に於て民國二十四、五年になされた業績と比較して見ると次表に示す樣に、檢鏡陽性率に格段の差異あるを認める。卽ち陽性率最高の二十五年八月に就て見ても、五四・三%を示すに過ぎぬが、吾々の檢鏡陽性率は八八・二%を示して居る。

第四表　瘧原蟲及回歸熱螺旋體蟲檢査逐月分類統計表（南京市衛生事務所二作報告）　民國二十五年

年	月次	三日熱	四日熱	熱帶熱	未檢出	回歸熱	共計
二四年	一	一	二	—	一七	—	一九
	二	二	一	—	一八	—	二一
	三	六	三	—	二四	—	三三
	四	三	三	—	一六	—	二二
	五	五	一	—	五七	—	六三
	六	九	五	—	五七	—	七一
	七	一七	一	二	一二二	—	一四二
	八	七	—	—	四〇	—	四七
	九	一一	一	—	三三	—	四五
	一〇	一二	二	四	五〇	—	六八
	一一	八	—	—	四〇	—	四八
	一二	一二	二	二	三二	—	四八
二五年	一	六	五	—	一六	—	二七
	二	一	二	—	五五	二	六〇
	三	四	一	—	四四	—	四九
	四	六	三	—	九七	四	一一〇
	五	七	二	—	一二七	七	一四三
	六	一五	—	—	一四五	一八	一七八
	七	三三	二	三	一五九	九	二〇六
	八	六四	一一	六	一一六	一	一九八
	九	四七	七	一七	九五	—	一六六
	一〇	四七	八	六〇	一六六	—	二八二
	一一	一七	七	二四	七三	—	一二一
	一二	三	四	五	五七	—	六九
計		三四二	七三	一二三	一、六五五	四一	二、二三四

五、既往症と脾腫に就て

南京の樣に濃厚な『マラリア』流行地では一般市民が自ら診斷を下す程度に至る一事を以てしても、『マラリア』が年々相當流行して居る事は想像に難くない。故に外來患者中にも『マラリア』の既往症あるものが可成り多く、六月から七月迄の『マラリア』患

者三二七例中既往症あるもの一一〇例（三三・七%）であつた。

尚八月のみの患者に就て此を見るに、一五七例の『マラリア』患者中脾腫を證明し得た者は五一例（三二・五%）で此五十一例の中『マラリア』の既往症ある者は四七例である。

卽ち少數の例外を除いて脾腫は『マラリア』によると斷定する事が出來ると思ふ。

此事實は果して何を意味するかは興味ある問題である。

今此問題に就て顧るに、不充分な治療又は自然放置の『マラリア』が再發し易い事は自明の事實であるが、一般に中國人は直接の苦痛が消退すると、疾病の全治か否かに拘らず、殆ど醫治を中止して終ふのが常である。

吾々の外來に於ても同樣の事を經驗して居る。一、二回の投藥で解熱すれば再び來院することは皆無である。此が既往症ある者の殆んど凡てに脾腫を證明し得る原因と思はれる。尙かゝる不完全なる治療の下に初感染から脾腫を證明し得る期間に就て吾々が經驗した最短のものは二十七日であつた。目下例數を蒐集中である。

六、治療狀況

先きに述べた通り入院加療と云ふ事が意の如くならぬ上に、中國人が連續して來院しないと云ふ二つの事實が吾々の治療を大いに困難にして居る。

然も吾々は手許に鹽酸『キニーネ』だけしか持合せが無いので、種々の藥劑による比較研究は全く不可能の狀態である。

斯んな狀態であるから、投藥方法も亦自ら變則とならざるを得ない。現在吾々は第一回來院時に、鹽酸『キニーネ』一日量一・〇瓦を二日分投與して居る。最初の內は第一回來院に際しては、檢鏡成績を考慮して他の解熱劑を選んだが、斯る方法を取つても、再來を訪れないことには何等の變化がない。寧ろ吾々の治療手技に疑惑を招く結果になるので、最初から『キニーネ』劑を投與することにしたのである。

此點が學術的醫療と宣撫と云ふ任務にある現在の吾々の醫療との相違する所である。

中國醫師は『マラリア』の治療に際し、金雞納霜なる藥劑を使用して居る。一般投藥としても亦此の名のもとに、廣く市民に知られて居る樣である。此は矢張り『キニーネ』を主劑として二、三の藥物を配合したものらしいが詳細なる點は殘念ながら知る事が出來なかつた。

そして中國醫師の治療狀況を見るに、同樣に一、二回の投藥で治療も中止されて居る樣である。之が南京に於ける『マラリア』再發を多からしめた最大原因で然も其の罪は醫師の側にはなく、患者側にあるものである。此點吾々は今後大いに中國人の『マラリア』に對する考へ方を正當に導く樣に努力しなければならぬと思ふ。

七、事變前中國側に於て行はれた『マラリア』對策の概況

南京は長江沿岸に位する爲に、市内至る處に池沼、クリーク、濕地が多く、然も長江水面との高低の差が少ないために、數時間の驟雨の後にすら池塘氾濫して、主要道路の多少共低い處は雨後數日間俄か造りの池になる状況である。此は下水道の建設半に、事變に見舞はれた南京市には、現在此等の汚水の排泄手段が全く無く、只自然に減水するのを待つと云ふ状態であるから、南京の『マラリア』は特に雨量と密接な關係を示して居る。南京に於ける最近の『マラリア』大流行は昭和六年の長江氾濫の年であつた。今年は六月末に可成り長雨が南京を見舞つたので、今年は昭和六年に次ぐ『マラリア』の多かつた年であると云ふ。

然らば事變前中國側は如何なる『マラリア』對策を實施して居たであらうか！　此を南京市衞生事務所工作報告から抄錄して見よう。南京に於て本格的に『マラリア』對策（抗瘧工作）を實行に移したのは、民國二十五年であつて、南京市大行宮（地名）を中心に直經三支里の圓を描き此の地域内を安全區とし、更に此の圓周の外豫一支里半の地區を護全區と名付け之の中に含まれる大小種々の池塘五三一に對して毎週一回抗瘧工作員を派し、殺虫劑を撒布して蚊の發生を防ぐと共に、池塘の周邊の雜草を刈つて、蚊の棲家を除き、他方無用の池塘に對しては、積極的に埋立を行ひ、又捕蚊所を市内に十二ヶ所設けて蚊の種類及其の分布状態を調査し、併せて池塘中の蚊幼虫の分類、研究を爲す等、その原因的對策に腐心して居たらしい。

一方市衞生事務所内に衞生稽査員を置き二十數名の人員を配屬して、常に抗瘧工作の研究指導に當らしめ、他方衞生特務隊なるものを組織して護全區に隣接する地域よりの抗瘧工作の依頼に應じて出張をなす等、其の報告には見るべきものがあるが扨て南京の現状を直觀する時、果して何の程度迄實行されて居たか、疑惑なしとは云ひ得ないのである。

然し此の報告を見ると如何に當事者が『マラリア』對策に苦心して居たか、其の一斑を窺ふ事が出來ると思ふ。

夏期に於ける胃腸疾患

吉田經男學士
眞忠勤學士　記述

此處に述べる胃腸疾患は、特に夏期に多發する消化器系の傳染病の外胃炎及急性大腸『カタル』を謂ひ、寄生蟲症及消化器の潰瘍や癌腫等の樣に季節的特徴のないものは論じないことにした。

斯樣な理由から以下述べる事項を消化器系の傳染病と、然らざる者に二大別し、先づ第一に胃炎及下痢を主訴とする腸疾患の概略を述べる。

一、患者發生状況

六、七、八月の胃腸疾患に就て、先づ其の發生状況を見よう。下痢だけに重點を置いて發生状況を觀察して見ると次表の樣になる。

（胃腸疾患）

區分 / 月別	胃腸疾患患者數	外來患者數	百分率
六月	一八七	七〇八	二六・四一％
七月	四〇〇	一、四一四	二八・二八％
八月	三六二	一、四一八	二五・五四％

（下痢疾患）

區分 / 月別	下痢患者數	外來患者數	百分率
六月	九六	七〇八	一三・五六％
七月	二五〇	一、四一四	一七・六一％
八月	二二五	一、四一八	一五・七二％

右表に示す如く下痢患者は七月に入り俄然增加し八月にも略同樣の状態である。更に右表を今少しく詳細に觀察すると、外來患者實數は六月に比し七月、八月共に略二倍に增加して居るが、一方下痢患者の增加率の方が大きいのである。即ち氣溫最高を示す七月及此に次ぐ八月には患者實數も全體に對する比率も增加することを示して居る。

區分 / 月別	下痢患者增加率	外來患者實數增加率
七月	二六・〇	二三・五
八月	二三・五	二〇・〇

（六月ノ下痢患者數及ビ外來患者實數ヲソレゾレ一トス。）

次に五月から九月迄逐日の下痢患者發生状況を各々最高氣溫及毎日の外來患者數と對照して觀ると五月から六月に至る間は外來患者數は累增せるにも拘らず下痢患者數は大した增加を示さない。六月下旬から七月初旬に至る期間は外來患者の增加と氣溫の上昇に依り下痢患者數も亦逐次增加して居る。七月から八月下旬迄は氣溫も、外來患者數も、大した變動を示さないのに平行して下痢患者數も大體平均して發生し、然も此の期間の下痢患者總數は非常に多い。

二、胃腸疾患の症狀並に經過

上述した樣な下痢患者は内地で觀る大腸『カタル』と自覺的並に他覺的の臨床上の症狀は變らない。然し其經過が明瞭でないのは遺憾である。多くの場合一回の投藥後再度訪ねてくる事が少いからである。吾々は斯る患者には硫酸『マグネシウム』一五——二〇瓦を一日量として、水藥二日分を投與した。再度訪ねて來たものには、多く水藥を廢し『デルマトール』『タンナルビン』を五

瓦位與へた。

内地と異り我等診療班は南京で唯一の診療機關で、然も無料で診療してをるので、患者が他の醫師を訪問する樣な事はない筈である。此點から下痢は單に硫酸『マグネシゥム』だけで治癒するのかも知れない。又治癒はしなくとも亦支那人獨特の病的意識の少い事から、症狀の輕減で自分勝手に癒つたと考へて平氣でゐるのかも知れない。次に胃疾患であるが、一番多く觀られるのは胃『カタル』であり、胃酸過多症として内地の樣に特別に扱ふ樣なものは非常に少い。丁度我等が日常南京人の食事が脂肪過食で、胃『カタル』を聯想し、又所謂大陸的な南京人の動作はいかにも太い神經の所有者の樣に考へられる。都會人の細い神經の所有者に胃酸過多が多いことは領かれる問題であるから、南京人には夫が少ない筈である。實際診察室でも此樣な想像通りの結果が出る。遇然ではあらうが、全く遇然ばかりとも云へない樣である。

（吉田）

三、夏期に於ける傳染病

夏期と云つても今日迄に調べ得た六月から八月迄の狀況であつて、而も主に内科外來を訪れた支那人傳染病患者を材料としての報告である事を先づ御承知置き願ひたい。吾々が内科で取扱つた患者と云ふものは大部分十五才以上の成年或は高年者であるので十五才以下の小兒は殆んど含まれて居ない。

吾々の取扱つた患者は總て既往症現症一撥狀態より所謂臨床的診斷により傳染病と決定し、この患者を南京市内莫愁路の同仁會防疫班に送つて隔離入院せしめた。

吾々の内科外來を訪れた支那人傳染病患者は六月中には赤痢は僅かに五名しかなく、七月に入り氣温の上昇患者總數の增加と共に赤痢患者數は俄然增加して五十二名となり、八月には更に增へて六十五名となつた。其の他の傳染病としては六月、七月中には『腸チフス』、『パラチフス』A、B各一名、『コレラ』は一名もなく、八月に入つて『パラチフス』一名『コレラ』三名を數へたに過ぎない。

先づ赤痢に就て述べるならば、外來を訪ふ下痢患者には總て『シヤーレ』を與へて便を採らしめ、其便を遠藤又はドリガルスキー培養器に塗つて細菌學的檢査を行ふと共に一方『オブエクト』に新鮮なる粘液若くは、粘液血液部を取り塗抹して、『アメーバ』の檢索を行つた。

粘液血便を有し而も臨床上『アメーバ』赤痢を決定したものは未だ一例もない。赤痢患者は三ヶ月總計百二十二名、内男八十八名、女は三十四名で大部分は男である。月別に見た外來患者實數と赤痢患者數並に其百分率を示せば第一表に示す如くである。

第一表　赤痢患者發生狀況月別表

區分 月別	外來患者總數	赤痢患者實數	百分率
六月	七〇八	五	〇・七一%
七月	一、四一四	五二	三・六八%
八月	一、四一八	六五	四・五八%

この表で解る樣に本病は日本内地に於けると同樣に南京に於ても氣温の最も高い、七月八月が六月に比して、可成り增加してゐる。赤痢の一般症狀は大體内地に於て見たのと變りはないが、唯々支那人は十數回以上の下痢を訴へ、立派な粘液血便を有しながら有熱のものが案外に少ない。（體温三十七度以上の者百二十名中三十六名）

『瀉紅的、瀉白的』（粘液血便）と云ふ語を平氣で使つて、外來を訪れるのが常である。

玆にも支那人の傳染病に對する認識不足を現はして居る。

赤痢菌々型に就ては、吾々は遺憾ながら設備不完全であつたため、正確な事を報告出來ない。然し凝集反應檢査で混合血淸に凝集して、單獨血淸に凝集しないものを相當認めた。是れは南京で觀る赤痢菌研究に對して、興味ある事實を提供するものと思ふ。

又防疫班及び其他の報告を綜合すると、南京には、志賀本型菌も相當發見されて居る。然し内地のものと比較して臨床上豫後が好い事は注目に値する又菌の分布の問題で防疫班では、Y型、F型も殆ど同數に發見できると云つて居るが、他の報告ではY型が特に多いと云つて居る。

最後に『コレラ』の發生狀況であるが、南京に於て『コレラ』が發生したのは、八月十九日前後であつて、發生の場所は城内第一區にあり、一般に夫子廟と呼んで居る處である。其の傳染經路は不明である、三例の内二例は、何れも輕症で普通の外來患者と混じて、内科を訪ひ赤痢又は急性食中毒を思はす樣な患者であつた。他の一例は（Choerra Gravia）の狀態で支那獨特の竹製ベットを擔架にして病院にかつぎ込まれ、立派に『コレラ』症狀を呈し何れも菌檢索の結果眞性と決定した。八月十九日、二十二日、二十三日と三日間に一例づゝ來たのであるが、發生地附近を立入禁止區域となし、防疫班の目覺しい活動と相俟つて防疫陣を堅めた結果其後は外來を訪ふ『コレラ』患者を見出さなかつた事は喜ばしい次第である。

（眞忠）

内科外來患者より見た南京市民の腸内寄生蟲病に就て

眞　忠　勤　學　士　記述

内地を離れて遙々南京へ來て見ると未知の土地であるだけに、

色々な意味で物珍らしく、目新らしい事が多い。一體南京市民にはどんな程度に寄生蟲が分布して居るのであらうかと云ふ事も吾々の興味を唆つた一つであるが、然し此は極めて大きな問題であるので、僅か南京へ着いて半年の短期間の觀察によつて總てを論議し盡す事は差控へねばならぬが、兎に角先づ手始めに吾々に最も手近にある材料即ち内科外來患者と云ふ窓を通じての南京市民の腸内寄生蟲卵の大體の分布を、今日迄の調べ擧げた處に就て御報告する事にする。南京市民と云つても大部分は城内のものであるが、其他に尙下關、又は城外の居住者も混つて居ることは勿論であるし、又内科に限つた領域であるから、小兒は殆ど含まれて居ない點も豫め御諒承を願つて置く。尙小學兒童に就ての檢便成績は別に小學校身體檢査成績に書いてあるから精しくは其を參照せられ度い。

檢査方法としては先づ内科を訪れた患者全部に小罐（コレラワクチン空箱）を渡して再來の時其罐に糞便を入れて携帶せしめ、塗抹方法によつて寄生蟲卵の有無を檢査した。

其成績は第一表に示す如くであるが、檢便を行つた總數三八一名の内一七五名、即ち四五・九％は種類は問はず一種又はそれ以上の寄生蟲卵を有して居た。

其内蛔蟲卵を見出したものは一五三例で、被檢査總數に對して四〇・一五％、十二指腸蟲卵保有者二四例六・二九％、鞭蟲卵保有者、八例二・〇九％、蟯蟲卵保有者四例一・〇五％、東洋毛様線蟲卵保有者三例〇・七九％、肥大吸蟲、糞線蟲卵各一例〇・二六％であつた。

内課		百分率
被檢者總數	三八一	
陽性	一七五	四五・九％
蛔蟲	一五三	四〇・一五％
十二指腸蟲	二四	六・二九％
鞭蟲	八	二・〇九％
蟯蟲	四	一・〇五％
東洋毛様線蟲	三	〇・七九％
肥大吸蟲	一	〇・二六％
糞線蟲	一	〇・二六％

戰禍を受けたりとは云へ、兎に角幼年者ならばいざ知らず、成年者、高年者を調べて然も支那蔣介石の居城たりし南京に於て、斯の様な陽性率が出た事は吾が首都東京のそれに比して一驚を喫せざるを得ない。

先づ最も多いのは内地と同じく蛔蟲であつて、蛔蟲症としての症狀食慾不振、異食症、嘔氣、嘔吐、噯氣、口臭、腹痛等の胃腸症狀や、眩暈、吃逆、頭痛等の中毒性症狀を主訴としてやつて來るのであるが、全然蛔蟲症としての苦訴がなく、然も檢便の結果、蛔蟲卵を見出した例が一五三例の被蛔蟲卵保有者の内一〇〇例と云ふ數に昇つて居る。即ち腸に蛔蟲が寄生して居ながら約三人の内二人迄はそれを知らずに居るか、又例へ症狀があつても、醫師に苦痛として訴へる程苦しくは感じて居ないのであらうと思

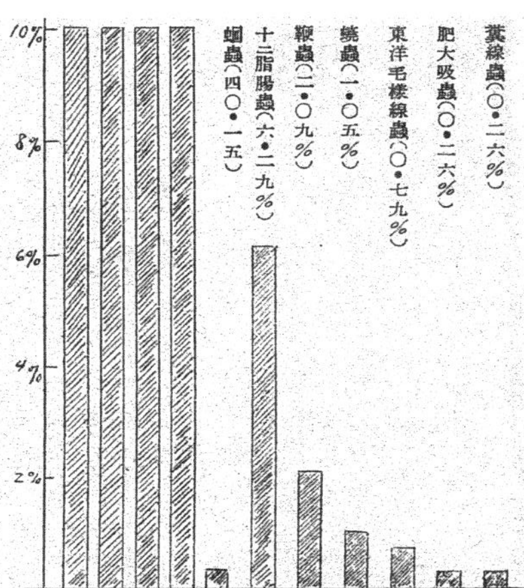

はれる。玆にも支那人が如何に衞生思想に缺けて居るかと云ふ事が窺はれ、又一面支那人は餘程の重症か、相當の苦痛がなければ醫師の手にかゝらないものであることがわかる。

蛔蟲症としての苦訴を全然訴へなかつた一〇〇例の内で多い病氣を拾つて見ると先づ結核次に『マラリア』『氣管支炎』『ロイマチス』等であつて、結核は二八例であつた。蛔蟲症から榮養障碍を起して第二次的に細菌性傳染病に侵され易くなるは當然で、玆に於ても亦結核が主要な役割を演じつゝある事を證明して居る。

次に蛔蟲症として一般内地で觀る症狀は消化管障礙並に之に隨伴したものと考へられる症狀が最も多い。

今内科外來患者の内で胃腸障礙を訴へて來た患者（之には本來の蛔蟲症も含まれて居るが更に其他の胃炎、胃下垂症、腸カタル便秘症等をもすつかり含んで居る事は申す迄もない）九三例の内檢便の結果五二例の蛔蟲卵を見出して居る。即ち胃腸障礙を主訴とする患者の半數以上は蛔蟲卵を有して居る譯である。

内地にあつても檢便を忽せにすべからずとは常に敎へられたことであるが、支那へ來ると、あらゆる疾患特に消化器疾患に於て檢便の必要缺くべからざるものであると云ふ事を、今更の如く痛切に感じたのである。

次に十二指腸蟲卵は二十四例見付けた。其内十八例は男性であつて女性が六例しかない。

一般に内地にあつても男性が多いと云はれて居るのであるが、特に支那婦人は足を見せる事を恥として居ると云ふ習慣のために、感染の機會が少いことも考へられるところである。

肥大吸蟲卵が一例あつたが、之れは結核の患者で檢便の結果偶然見付けたもので肥大吸蟲症と考へられる症狀はなかつた。其後

の經過を見たいと思つたが二度外來を訪れただけで其後どうなつたか精しく調べられないのは殘念である。

要するに内科外來患者を通じての南京市民の腸寄生蟲の狀態を調査した結果は、思つたより以上に腸寄生蟲卵の保有者が多く、特に鉤蟲卵の多いのに驚いた譯であるが、今後も調査の手を緩めず色々の方面から南京市民の腸内寄生蟲の分布狀態を觀察し、一方更に進んで日本人と異なれる生活樣式を營む支那人には、如何にして感染するかと云ふ事をも今後研究して行き度いと思つて居る。

一般外來患者の井出氏反應に就て

吉田經男學士記述

『支那には黴毒が多い』とはよく聞く話である。然し一括して支那と云つても餘りにも廣い地域である。一體南京ではどの程度の分布を示すかは興味ある問題と思ふ。先づ中國側の文獻を眺めて見よう。民國十九年から二十五年迄の七年間に亘る南京市衛生事務所工作報告に依れば次表の通りである。

此表を見て驚くことは民國十九年及二十年度の陽性率が爾餘の年度と比較して、非常に高率を示して居る事である。此の報告には詳細な記載がないので、判然としないが、其の間檢査條件に何等かの差異があるのでは無いかと云ふ疑點がある。一例を示せば吾班が五月から八月迄に内科外來で黴毒を疑つて施行した井出氏反應の成績は、一〇二例中陽性五一例にして五〇・〇%を示して居る。之を後述の第三表と比較する時は格段の差がある。之と同樣の事がこゝで考へられるのではないかと思ふ。

第一表 ワ氏反應及カ氏反應試驗件數統計表（自十九年至二十五年）

年別	總計	陽性	百分率
民國一九	七〇九	三〇九	四三・六%
二〇	一、一〇七	五五七	五〇・三2/3
二一	一、九三五	三七六	二七・〇%
二二	二、一三五	五六三	二〇・四%
二三	三、〇〇三	八〇九	二六・九%
二四	五、〇九五	一、〇九二	二一・六%
二五	七、八八五	一、四九八	一八・九%
共計	二一、八六九	五、二〇四	二三・八%

即ち患者の選び方に疑點が多分にある。故に檢査年度と共に陽性率が低下して居るのを見て直ちに、斯る疑問を解く爲に、吾々は本院を訪れる患者の中、皮膚泌尿器科、婦人科外來患者の如く本來黴毒罹患率の高度なるを豫想される二科を除き、内科外科、眼科、耳鼻咽喉科及齒科に於て、其の外來患者に就て、何等選擇することなく、一律に採血して井出氏反應を試みたのである。

井出氏反應を選んだ理由は唯吾々の手許に此れ以外の施設なく、狀況上止むを得ず、之れのみに依つたのであつて他意はない。其の結果を表示すれば次表の通りである。

第二表 年齡別と性別井出氏反應成績表

年齡	男子（＋）	男子（－）	女子（＋）	女子（－）
〇—一〇	一	一	一	〇
一一—二〇	一	三二	三	一四
二一—三〇	二	二七	二	一三
三一—四〇	五	二八	五	一二
四一—五〇	六	三三	一	二二
五一—六〇	一二	三一	三	二三
六一—七〇	四	一二	〇	七
七一—八〇	〇	三	二	二
八一—以上	〇	〇	〇	〇
計	三一〇			

右表の如く三一〇例中五一例（一六・四五%）に於て井出氏反應陽性を示して居る。此を性別に見れば次のやうである。

第三表

性別	例數	陽性例數	百分率
男子	二〇一	三四	一六・九二%
女子	一〇九	一七	一五・五九%

右の場合ワッセルマン氏反應及カーン氏反應を施行し得れば、一層的確な結果を示し得たであらうが、前述の通り不可能であつた。然し此を以て黴毒陽性率の大勢を推すことが出來ると思ふ。

此の結果は中國側に於て民國二十五年に行つた成績に略々近いものである。（第一表參照）此を見ると南京に於ける黴毒分布は意外に少なく、吾々が屢々耳にする樣に『支那人には黴毒が多い』と云ふ觀念を覆す事になる。

此を按ずるに、元來北支と中南支とは其の風土習慣宗教、思想等可成りの差異あるは明かである。

然も漢民族は常に北方民族の脅威を防壓するに餘念なく、此を力なからしめんが爲に、喇嘛教と共に黴毒を流行させ、民族の低下を計つた事は、歷史の教へる處である。然も中支方面の中國人の男女關係は一部の者が傳へる樣に放從でなく、所謂『七歳にして席を同うせず』なる孔子的思想の影響の爲か、却つて嚴格なる事は少しく觀察する時は諒解せられる所である。此が中支の北支に比べて、陽性率が意外に低い大きな原因と考へられるのである。

從來我國の文化機關は北支及び滿洲國には可成り設置されて居た關係上内地に於て所謂支那人間の疾病として報告に接する多く

のものは北支、満洲のものであるので、中南支の状況と趣を異にするは理の當然と考へられる。此一事より考察しても、中支方面に對する文化機關の設置は支那を正當に認識する上に重要なるは言を待たぬ處である。

○夏期に於ける外科的疾患

高天成博士
高塚太吉學士　記述

六月より八月迄外科を訪れたる新患者總數は一八五八名なり。其等の疾患を大別すれば炎症及び損傷に屬する疾患が最も多く、腫瘍、機構及び機能異常に屬する疾患が遺憾ながら尚少し。就中外傷及び化膿性傳染症が多く見られ、六月七月に於ては外傷が全疾患の首位を占むるも、八月に於ては化膿性傳染症が激增して第一位となり、小兒の化膿球菌性皮膚症の特に多きは注目に價せり。主なる疾患を綜合すれば次の如し。

(一)炎症性疾患

化膿性傳染症最も多く（約3/5）、之に就て細菌學的檢査を試みたり。(附錄參照)

腐敗性傳染症七例（五月の一例と共に八例）ありて（何れも東京に於て殆ど見られず）何れも生命を奪はずんば止まざる水癌にして、其中二例は豫後良好なり、六例は慢性胃腸障害の後に、二例は熱性病後に發生せり。之を年齢別にすれば別表の如し。

第一表（水癌）

住所	年齢	性別	例數
城外	六j	♂	一
市内	三j	♂	二
市内	二j	♂	三
城外	五j	♀	四
城外	五j	♂	五
市内	五j	♂	六
市内	二j	♀	七
城外	三j	♀	八

外科的特異性傳染病中、外科的結核症最も多きに鑑み、南京に於ける結核分布狀態を闡明すべく、六月下旬より新來患者に對し、マンツウ反應を施行せり（第三表）。外科的結核症は全患者の約五%を占め、之を大別すれば第二表の如し。

第二表　外科的結核症

結核種別	例數
淋巴腺	三五
骨及關節	三一
脊椎	三
皮膚	五
腸及腹膜	一
痔瘻	九
泌尿生殖器	六
計	九〇

第三表　マンツウ反應檢査成績（七月末迄）

區分	施行例數	(+)例數	(−)例數	陽性率
外科的結核患者	三七	二九	八	七八・三%
非外科的結核患者	二五三	八〇	一七三	三一・六%
全患者	二九〇	一〇九	一八一	三七・六%

其他の外科的特異性傳染症（第四表參照）には、黴毒最も多く、就中約半數は第三期に屬し、現在東京に於ては殆ど見られざる『ゴム』腫及び『ゴム』腫性骨膜炎等が南京に於て見らるるは、適當なる治療を受けざるか又は放置して治療せざるためなり。第四性病は五例ありて、三例は鼠蹊淋巴肉芽腫症にして、一例は『エスチオメーヌ』、他は炎症性直腸狹窄症なり。其他稀有なるものには『ボトリオミコーゼ』『スポロトリコーゼ』『マヅラ』足等を夫々一例宛經驗せり。

第四表　外科的特異性傳染症

疾患別	例數
黴毒	三四
淋疾	一五
軟性下疳	六
第四性病	五
放線球菌症	二
癩病	三
ボトリオミコーゼ	一
スポロトリコーゼ	一
マヅラ足	一

瓦斯壞疽、脾脱疽及び破傷風等は未だ之を經驗せず、複雜なる外傷患者に對しては、破傷風『アナトキシン』、瓦斯壞疽血清等の注射を行ひ、極力瓦斯壞疽及破傷風の發生豫防に努めたり。

爾他の外科的重要疾患としては、下腿潰瘍五五例(附錄二參照)關節リウマチス一四例、クインケ氏浮腫六例、象皮病五例、特發性脱疽三例、『アクロメガリー』二例、肺性肥大性骨關節症、(ピエル、マリー氏病)一例、纖維性骨炎一例等を夫々經驗したり。

急性蟲様突起炎四例あり、一例のみ支那人にして、果して南京に於て急性蟲様突起炎少なきや否やは、今後調査を要する問題なり。

(二)損傷

外傷に因るもの最も多く、(附錄三參照) 火傷及び湯傷（附錄四參照）の比較的多きは生活様式及び習慣の相違に因るなり。其他刺咬症九例（別表參照）ありて、其中一例は狂犬咬創にして成形手術を施行したる後狂犬病豫防接種を行ひて治療せしめたり。珍奇なる外傷には陰莖剝皮症一例あり、尙最近又陰囊剝皮症一例を經驗し、他日纏めて報告することあるべし。尙強盜に因る外傷にして興味あるものあり(附錄五參照)。

第六表　刺咬症

種別	例數
犬咬創	四
人咬創	二
蛇咬創	一
蜈蚣刺創	一
蠍刺創	一

(三)腫瘍

腫瘍は二五例ありて、悪性腫瘍の內、巨大なる肉腫一例及び結腸S字狀部癌に因る『イレウス』一例を手術したるのみにして、他は手術を欲せざるは遺憾なり(附錄六參照)。尙稀有なるものには男子乳癌一例ありたり。參考として五月四日より九月十五日に至る迄診療したる腫瘍三三例を示せば別表の如し。

第七表　化膿性

腫瘍別＼男女別計	男	女	計
良性腫瘍	九	四	一三
甲狀腺腫	二	四	六
混合腫瘍	一	一	二
肉、腫	一	一	二
癌腫　乳	一	六	
癌腫　顎骨		一	一〇
癌腫　結腸	一	一	
計	一五	一八	三三

(四)機構及び機能異常

之に屬するものは僅か三二例にして、ヘルニャ畸形の如きも手術を欲せざるは特殊なる事情に因るものなり。(附錄六參照)

以上夏期に於ける南京外科的疾患に就て概略的觀察を試みたり。尙化膿性傳染症、所謂下腿潰瘍、外傷、火傷强盗に因る外傷、支那人の外科に對する認識に就て考察を試み附錄に揭げたり。

(附錄一) 化膿性傳染症

去る五月四日診療開始以來、四ヶ月間餘診療したる患者の過半數(五六・八%)は炎症性疾患なり。而してその中化膿性傳染症は八三九例ありて、炎症性疾患の六一・〇%に當り、之を疾患別にして數の多き順より列擧すれば、次の如し。(表參照)卽ち蜂窩織炎、癤及び癰、淋巴腺炎及び淋巴管炎、瘭疽、其他化膿菌性皮膚疾患、乳腺炎、筋炎、骨髓炎、丹毒之なり。尙全身的化膿性傳染症たる敗血症八例を經驗せり。瘭疽の大部分は自潰し、筋炎の如きも巨大なる膿瘍を呈して我が外科を訪れたるもの多し。稀有なる骨髓炎としては、急性腰椎骨髓炎一例を經驗し、切開して之を治癒せしめ得たり。其他の化膿性皮膚疾患は膿痂疹が大部分にし

化膿性傳染症例 附 細菌學的檢査

疾患別＼例數及細菌別	例數	葡萄狀球菌	連鎖狀球菌	葡萄狀及連鎖狀球菌	肺炎双球菌
蜂窩織炎	二四五	二二	二五	一	
癤及癰	二二三	六	二	一	
淋巴(腺)管炎	一三〇	七	一〇	一	一
瘭疽	八七	一	二	二	
乳腺炎	三三	二	一	一	一
筋炎	一四	五	四		
骨髓炎	一一	二		一	
丹毒	一〇	一	一	一	
其他皮膚疾患	七八				
敗血症	八	二	三		

て、就中壞疽性惡液性膿瘡五例ありて何れも榮養不良の小兒に見らる。

手術したる例に就て可及的に細菌學的檢査を行へるが、其の成績は別表の如し。

而して連鎖狀球菌は葡萄狀球菌と殆ど同數に於て檢出せられ、殊に連鎖狀球菌による化膿性傳染症は概ね重篤にして而も局所組織に對し强き破壞作用あるを認めたり。

尙其他にグラム陰性桿菌の混合感染五例あるを認めたり。

化膿性、傳染症の大部分は衛生狀態の改良によりて豫防し得らるゝものにして、此の問題に就て又改めて詳細報告することあるべし。

(附錄二) 下腿潰瘍

所謂下腿潰瘍は支那に多しと云はれたり。我が外科に於ては診療開始以來、當院皮膚科と共に下腿潰瘍に就て觀察を爲し、目下尙檢索中なるも、旣に八十六例を經驗したるを以て玆に其の成績に就て報告せむとす。

(一)男　女　別　(第一表參照)

男子六六例に對し女子二〇例なり。卽ち男子の罹病率は女子より遙かに高し。

(二)年　齡　別　(第一表參照)

年齡別にすれば、十歲臺最も多く、四十歲臺之に次ぎ、二十歲臺、五十歲臺、三十歲臺の順序に多く、十歲以下及び六十歲臺以上比較的に少し。

(三)原因的關係

第一表　男女別及年齡別

年齡別＼男女別	♂	♀	計
一—一〇	四	一	五
一一—二〇	一八	三	二一
二一—三〇	一二	四	一六
三一—四〇	九	一	一〇
四一—五〇	一四	三	一七
五一—六〇	六	五	一一
六一—七〇	三	二	五
七一・		一	一
計	六六	二〇	八六

原因的關係に就て見るに、例數少くして尙不充分なるも、八十六例を綜合すれば、第一表の如し。卽ち創傷及び搔抓傷の二次的感染、化膿菌性皮膚疾患等に基くもの下腿潰瘍の大部分を占め、濕疹に次いで起れるもの僅か四例なり。慢性殊に長年に亘りて存するものは、黴毒(ゴム腫)か又は癩病(當院皮膚科小野醫員研究)に因る潰瘍に屬するもの多し。而して靜脈瘤、絲狀菌、榮養

養障害等に因る潰瘍比較的少し、熱帶性下腿潰瘍は未だ之を經驗せず。尙原因不明のもの五例ありて果して『ヴイタミン』缺乏症に因るものなりや否やは今後の研究に俟つものなり。

細菌學的檢査を試みたるに、創傷及び擦抓傷の二次的感染に因る下腿潰瘍は勿論其の他の下腿潰瘍の大部分に於て、化膿菌の存在を證明し得たり。化膿菌の內、連鎖狀球菌又は葡萄狀球菌及びグラム陰性桿菌の混合感染ある時には、局處組織に對し、强き破壞作用を呈し、且つ表皮の容易に形成せざることあるを屢々經驗せり。

（四）結　言

下腿潰瘍の原因は上記の如く種々ありて、尙不明なるものあり。而して下腿潰瘍の治療に際しては、原因的治療を行ふと同時に局處組織の再生を促す治療法を講ずる必要あるを認むるものなり。我が外科に於ては原因的治療と共に制腐治療を行ひ、更に肝油『ワゼリン』を使用して比較的良好なる成績を擧げ得たり。

要之、下腿潰瘍の問題、殊に其の原因及び治療、潰瘍部組織の反應、下腿潰瘍患者の生活様式等に關しては尙今後の研究に俟つべきものあるを痛感するものなり。

（附錄三）外　傷

去る五月四日より九月十五日に至る迄我が外科に於て診療したる損傷に屬する疾患八六二例中、四六六例（五二、九%）は外傷なり。外傷は一般に平時及び戰時に於ける外傷に分類し居れり。南京に於ては斯る兩種類の外傷を共に經驗し得たるを以て、玆に其の概略を述べ、詳細は他日又報告することあるべし。

外傷の種類を大別すれば第一表の如し。即ち交通事故に因る外傷最も多く、射創及び爆創、强盜等に因る外傷は之に次いで多し。其他の外傷には切創及び災害に因るもの比較的多く、尙交通事故以外の平時外傷は之に包含せり。

第一表

外傷ノ種類	例數
交通事故	二一五
射創及爆創	五五
强盜	三八
其他	一五八

射創及び爆創に因る外傷五五例中、二八例は陳舊性に屬せり。其

第二表　射創及び爆創に於ける組織及臟器損傷別

組織及臟器別	射創	爆創	計
軟部損傷	一九	六	二五
骨損傷	一八	三	二一
肺損傷	二		二
腸損傷	一		一
其他臟器損傷		一	一
神經損傷	五		五
計	四五	一〇	五五

の組織及び臟器損傷を大別すれば第二表の如し。

即ち軟部損傷最も多く、骨損傷之に次ぎ、他は比較的に少し。而して特殊創傷傳染症を見ざるは、是等の損傷は何れも新鮮なるか又は陳舊性に屬し受傷後相當時間經過せるもの少きに因るためならむ。

次に外傷患者の中、骨折（陳舊性銃創に因るものを除外す）を呈せるもの四二例ありたり。

東京帝國大學鹽田、都築兩外科にては大正十二年乃至昭和十二年の十五年間に於ける骨折患者數は四百名を算せり。之に比すれば、南京醫院外科に於ける骨折患者は比較的に多しと云はざるべからず。四二例の骨折を其の部位に從ひて分類すれば、第三表の如し。

第三表　骨折の部位

部位	右	左	計
下腿骨	三	一〇	一三
上膊骨	二	五	七
大腿骨	三	二	五
前膊骨	三	三	六
鎖骨	四	一	五
頭蓋骨			三
手指骨		二	二
下顎骨	一		一

即ち下腿骨々折最も多く、上膊骨々折は之に次ぎ、前膊骨々折、大腿骨々折、鎖骨々折等は比較的に多く、他の骨折は比較的に少し。尙骨折四二例中、開放骨折一〇例あり。

關節脫臼及び捻挫に就て見るに、第四表及第五表の如し。

第四表　脫臼部位

脫臼部位	例數
股關節	七
肩胛關節	六
顎關節	一
膝關節	一

脫臼は股及び肩胛關節脫臼最も多く、他の脫臼は少し關節捻挫は第五表に示すが如く、足、腕及び肩胛關節に於て多く、他の捻挫は比較的に少し。

第五表　關節捻挫部位

捻挫部位	例數
足關節	八
腕關節	七
肩胛關節	六
膝關節	三
股關節	二
肘關節	一
指關節	一

以上、外科の概略に就て述べたるが如く、南京に於ける外傷は特殊なる事情に因りて發生したるもの多く、而も平時及び戰時に於ける兩種類の外傷を共に經驗し得たるは興味あることなり。

（附錄四）火　傷

火傷は九五例ありて、損傷に屬する疾患の一一・六%に相當せり。其の九五例の患者に就て考察したるに、火傷で比較的に多きは支那人の生活様式及び特殊なる慣習に基く所以を明にしたるを以て、玆に報告せんとするものなり。

廣義の火傷を其の原因の種類によりて大別すれば第一表の如し。

即ち湯傷最も多く、火傷之に次ぎ、電氣及び藥物に因る火傷少し。

第一表　火傷の種類及性別

種類＼性別	♂	♀	計
湯	二五	二四	四九
火	二五	一四	三九
電氣	四	一	五
藥物	二		二
計	五六	三九	九五

湯傷の多きは、食物殊に『スープ』を煮て食べる習慣に基くものなり。

就中温湯に因るもの四五例、沸湯せる油に因るもの三例、粥に因るもの一例ありたり。

湯傷には男女略同數に罹患せり。

火傷は三五例ありて男子は女子より遙かに多し。薪火に因るものの十九例、强盗に因るもの十七例（附録五参照）火事に因るもの三例、最後の一例は奇習にして、腹痛を治すため、右上腹部の中央を、約五糎の長さに亙りて紙にて半月狀に燒きたるものなり、（♀、三五才）

電氣の火花に因る火傷五例、揮發性物質に因る火傷二例を夫々經驗したり。

火傷患者の年齢に就て見るに第二表の如し。即ち十歳以下の小兒に最も多く、二十歳臺及び五十歳臺は之に次ぎ、十歳臺は其の中間に當り、四十歳臺比較的少く、三十歳臺最も少し。

第二表　火傷の部位及年齢別

年齢別＼部位	頭顔	胸腹背	上肢	下肢	全身	上半身	下半身	計
一—一〇	一	三	九	九	一		二	二五
一一—二〇		三	一	一〇	一	一		一六
二一—三〇	二	三	六	六	一	二		二〇
三一—四〇		一	一	二	一			五
四一—五〇		一	三	四	一			九
五一—		三	一一	三		二	一	二〇
計	三	一四	三一	三四	五	五	三	九五

火傷の部位に就て見るに（第二表参照）下肢及び上肢に最も多く、軀幹は之に次ぎ、他は比較的少し。以上、火傷九五例に就て考察したるに、湯傷が最も多きは食物を煮沸して食べる習慣に基き、火傷の多きは薪火を使用したるため及び强盗に因る特殊火傷に基くためなり。就中火傷の一例に於て、腹部鎭痛法としての支那人の奇習を見出し得たるは興味あることなり。

（附録五）强盗に因る外傷

强盗は何處にも存するが、南京に於ては自ら趣を異にせる所あり。同仁會南京醫院外科に於て强盗に因る外傷三九例を經驗した

るを以て、强盗が如何なる手段を以て南京の良民を脅迫しつゝあるかに就て些か考察せむとするものなり。

强盗に因る外傷を損傷の種類によりて大別すれば第一表の如し。

第一表

損傷種類＼性別	♂	♀	計
火傷	七	一〇	一七
銃創	六	三	九
切創	五	三	八
打撲傷	三	二	五
計	二一	一八	三九

即ち其の大部分は火傷にして銃創及び切創等は之に次ぎ、打撲傷は少し、之を男女別に就て見るに、男子は女子より稍多きも損傷の種類によりては、（例へば火傷）女子が男子より多きものあり。

火傷の原因になるべき火元に就て檢べたるに、第二表に於て示すが如く、蠟燭に因るもの最も多く、其他のもの少し。蠟燭に因る火傷の部位は特有にして、既に南京疾病觀第一號に報告せる如く、顔面に於ては眼眉部、口唇、軀幹に於ては腋窩部、陰部、女子に於ては乳房に夫々火傷あるを認め、男子にては稀に下肢を燒くことあり。

第二表

火傷ノ原因	♂	♀	計
蠟燭	三	九	一二
紙	一	一	二
線香	一		一
薪火	一		一
ランプ	一		一
計	七	一〇	一七

其他の紙、薪火、『ランプ』線香等に因る火傷は比較的稀有にして、主に男子に於て見らる。火傷の部位は一定せずして、上膊部（紙、薪火）、胸部（薪火）、下半身（紙）、腰臀部（線香）、臀部（ランプ）等による燒跡が見らる。

銃創は九例ありて、『ピストル』に因るもの八例、小銃に因るもの一例ありたり。主に下肢又は上肢に向ひて發射し、胴體に當れるもの僅か二例あるのみ。腹部銃創の一例は重態なるも、他の八例は概して輕傷なり。切創は八例ありて、何れも庖丁を使用せるものなり。其の部位も主に上肢又は下肢にあり、顔面及び胴體は夫々一例あるのみ。

打撲傷は五例ありて、全身に打撲傷を蒙りたるもの一例あるのみにして、他は頭部及び下肢に見らる。以上、强盗に因る外傷三九例に就て見たるに、何れも金錢の掠奪を目的とし、生命に直接の危險を與へざる程度に於て良民に一定の損傷を與へ、就中火傷に因るもの其の大部分を占むるは特長なり。

（附録六）支那人の外科に對する認識

現在支那人患者が外科に對して如何なる考を有するかは治療上興味ある問題なり。吾人は過去四ヶ月間餘同仁會南京醫院外科に於て診療したる二千四百有餘人の新來患者に就て、其の外科に對

する認識狀態を、些か觀察せり。抑々治療に當りては患者の心理狀態を考慮するに非らざれば、到底滿足なる成績を擧げ得ずと思惟せるが爲めなり。支那人は、外科に對して日本人と異れる認識を有するがために、日本醫學最善の恩惠を與へむとして、却て反感を來し徒に彼等に不安恐怖の念を抱かしめたることあるを經驗せり。此の點に鑑み、支那人患者の外科に對する認識狀態に關する吾人の乏しき觀察及び手術嫌惡に對する對策を披瀝して御參考に供し、併せて先進諸賢の御教示を仰がんとするものなり。

同仁會南京醫院外科を訪れたる新來患者二四五四名に就て、其等の主なる疾患を大別すれば第一表の如し。又手術を施行したる二〇一例の疾患別を見れば第二表の如し。

第一表　疾患別患者表

患者總數	二四五四
炎症	一三九六
損傷	八六二
腫瘍	三四
機構及機能異常	三二
其ノ他	一三〇

第二表　手術二〇一例疾患別

疾患別　例數及%	手術例數	%
炎症	一三二	六五・七
損傷	五五	二七・五
腫瘍	九	四・五
機構及機能異常	五	二・五

此の二表によりて明かなるが如く、現在我が外科の扱へる患者及び手術せる患者の大部分は炎症及び損傷に屬せる疾患にして、腫瘍、機構及び機能異常等に屬せるもの尚甚だ少し。而して患者は特別なる難澁無き限り、一般に腫瘍、機構及び機能等を外科的疾患と思はず、甚しきに至りては脫腸、陰囊水腫等の患者が內科又は小兒科を訪れ、甲狀腺腫が他の病氣の時に發見せらるゝ狀態にあり。

外科を訪れたる腫瘍患者の大部分は既に末期狀態にあり、又手術適應症のあるもの、例へば脫腸、甲狀腺腫、乳癌等の如きものにても、容易に手術に應せざる狀態なり。診療開始當初（五月）は戰後の恐怖のためならむと想像したれども、詳細に之を觀察したるに、手術に對する嫌惡又は拒絕は恐らく次の如き諸原因に基くならむと思惟せらるゝに至れり。

（一）外科が支那に於て全般的に發達し居らざるため

成程過去に於て南京、北京、上海等其他重要なる都會に一流の外科醫院存在し居りたれども、地方に於ては外科專門の醫院少きか又は殆ど無く、從て一般民衆が外科に對して充分なる理解を有せず、外科は粗野にして而も血腥きものなりと云ふ先入思想を有せり。外傷又は化膿の如き止むを得ざる場合に於て始めて外科の門を叩き、他の治療法にて治癒せず、諦めて外科手術を受くるは現在の狀態なり。諦めて手術を受けんとする人にても一應は手術は痛いか、危くないかと聽く。又商賣の掛引と同じく、痛ければ手術せず、無痛なれば手術を受くると云ふ交換條件を持出せる人もあり。

何れにしても手術は痛きものにして且つ危險性を伴ふものなりと云ふ先入思想を抱き居れり。

之に對しては手術は無痛的に行ひ得るものにして、而も危險性なきことを實地に於て示したり。我が外科に於ては、手術は原則として局所麻醉を用ひ、腹部手術に對しては腰椎麻醉を、特別なる必要ある場合には全身麻醉をも行ひたり。診療開始當初（五月）には患者は尙無痛的手術に對して半信半疑の狀態にありたるも、六月以後治療患者の宣傳により、大體に於て手術は無痛的に行ひ得るものにして、且つ危險性少きことを覺るに至れり。

（二）衛生思想普及せざるため

前述の如く外科が全般的に發達せず且つ衛生思想普及せざるため、外科的治療にて治癒せしめ得べき疾患を有し乍ら外科を訪れざるもの少からず。例へば脫腸、陰囊水腫、甲狀腺腫等の如きは他の科より外科に廻はされたるもの多く。從て其の大部分は手術を拒絕せり。

斯る患者に對しては、先づ同樣なる疾患の寫眞を以て患者を啓蒙し、然る後に斯る疾患にても手術によりて治癒し得ることを傳へて彼等の不安恐怖を除き、知らず〳〵の間に手術の希望を抱く樣誘導するに努めたり。

（三）獨特なる『諦め』の思想のため

腫瘍及び機構異常等に於て之を認む、即ち生れ附きなれば仕方なし。又は永年ある故仕方無し（没有法子）と云ふ諦めより、手術を拒絕す。甲狀腺腫又は良性腫瘍等の如きは、數年長きは數十年存し而も特別なる苦痛を感ぜず、親より遺傳せられたるものなる故仕方無し。手術して之を除去することは宛も不孝の大罪を犯すかの如く思ふ人すらあり。

斯る部類の人に對しては、初診に於て手術を勸めても成功したる例殆ど無し。先づ保存的療法を行ひ、寫眞又は同樣なる患者を以て例示し、或る程度迄啓蒙して然る後に手術の要を說きたり。

（四）身體の他部分に惡影響を及ぼすと考へるため

人體のある部分を傷害すること無くして、手術が施行せられ得ざる故、手術が人體の他部分に一定の影響を及ぼすは勿論なり。然れども此處に云ふ惡影響は多少異れる意味を有す。即ち腫瘍及び畸形等は必ずしも異常に非ずして、正常なるが故に、之が除去は身體の手術狀態に一大混亂を來し、ために身體の他部分に永久なる悪影響を及ぼすか又は病氣に罹患し易き狀態に陥ると考ふる人あり。

斯る患者に對しては先づ其の不安恐怖を除去する必要あり。之には投藥又は暗示を以て其の恐怖の要無きを覺らしめたり。

(五)貧困のため

手術を施行する時には一定時日休むにより仕事を爲し得ず、ために一家糊口に苦しむ人あり。

之には或程度迄の經濟的援助を與へたり。

斯の如く、手術嫌惡には以上擧げたる諸原因を認め得たり。從て現在吾人が手術適應症を決定するに當り、外傷以外の疾患にありては、日本内地に於けるが如く、單刀直入直ちに患者又は其の家族に手術の要を傳達せず、先づ患者が自分の罹患せる病氣に對して如何なる考を抱き居るかを聽き、然る後に適宜なる處置を施す方針を取るに至れり。

尙外科患者の診療に當りては必ず脈を取る必要あり、脈を取らずして、觸診及び其他の外科的檢査を綿密に行ひても、患者が診療を受けたる感じがせず滿足せざる場合あるを經驗せり。診療に當りて、日本人は病名を尋ぬれども、支那人は豫後を聽く、正確なる診斷よりも、豫後判斷の的中に重きを置くが故に外科診療上注意を要する點なり。

以上、吾人が過去四ヶ月間餘同仁會南京醫院外科に於て患者の外科に對する認識に就て觀察したる所見なり。或は吾人の觀察に誤謬もあらむも、今後支那に於ける外科診療に携らむとする人の參考資料に供し得ば幸と存ずる次第なり。(以下次號)

—(75)—

资料 3:岡崎祇容編「南京市民疾病觀」(第 2 號ノ二)、『同仁』第 13 卷第 2 號、1939 年 2 月、6—25 頁。

—(6)—

南京市民疾病觀(第二號ノ二)

同仁會南京第一診療班長 醫學博士 岡 崎 祇 容編

○南京に於ける夏季の小兒疾患

渡邊德之助博士記述

今夏三ヶ月間に於ける當院小兒科來院患兒の統計は概略次の如くである。(表參照)

一、來院患者數

今夏六、七、八、三ヶ月間に來院した患兒總數は、二〇〇七名に及んで居る。開院後日尙淺い六月の患兒數は二五一名の小數であつたが、七月に入りて急激に增加して八四三名となり、八月は更に增加して九一三名となる。

二、性　別

罹患した男兒は女兒より多く、、來院患兒總數二〇〇七名中男兒は一一五二名で約五七%を占め、女兒は八五五名で四三%である。尙各年齢に就て見るも悉く男兒は女兒より多數となつて居る。

三、年　別

患者は一——二年の幼兒が最も多くて三九六名、次いで乳兒の二三四名、四年の二六六名、三年の一九八名の順で、其の後年齢の長ずるに從つて次第に減少して居る。

四、疾　患

コレラ、疫痢、猩紅熱各一例、流行性腦炎は一週中に三例續發して居る。五例の丹毒を認めた。

『マラリア』は總數一〇〇例、患者全數の約五%である。而も男兒に多く、六四%を占めて居る。『マラリア』で特筆すべきは大多數脾臟を觸知し得たことである。然し惡性のものを見ない。消化不良症が夏季に於て王座を占むるは當然であるが、七〇六名即ち全數の約三五%の高率である。又男兒は各年齡に於ても女兒より罹患せる者が多い。年齡的には二、三、四年の幼兒及び乳兒が多數を占めて居る。

中毒症は僅か三例を見たに過ぎないが、中毒性消化不良症は一〇例あつた。大腸カタルは七八名で全數の約四%を占め、而も輕症なるものが大多數であつた。男兒は女兒より遙かに多く二倍に達した。

胃炎は兒童期に於てのみ見られ、二九例の多數である。

慢性榮養障碍としては、榮養失調五四例、消耗症四例を見、又一例の澱粉榮養障碍症を見た。乳兒脚氣は男女兒各二例を認め、小兒脚氣は二三例の多數に及んだ。卽ち當地に於ける小兒はヴイタミンBの缺乏に陷つて居る事を窺知することが出來る。

カタル性黃疸は三例を見た。

蛔蟲症は幼兒に多く一八例を認めた。口腔炎は四例、齒齦炎は五例を認め、尙診察の際齒齦或は口腔粘膜より一時的の出血を見ること屢々であつた。卽ち該患兒は『ヴイタミン』Cの缺乏を來して居る事を知る。

『アンギーナ』は二九四例卽ち約一五%に認められ、男兒は女兒より稍々多數であつた。然し何れも輕症で漢口地方で屢々目擊する痙攣發作を伴ふものを見ない。

氣管支炎は四一八例で約二〇%を示した。當地に於ては夏季に於ても『アンギーナ』、氣管支炎等呼吸器疾患の多發するにも拘らず、肺炎を惹起する場合極めて稀で、カタル性肺炎三例、クルップ性肺炎一例を見たのみである。百日咳及び膿胸は各一例を見た。

肺結核は、八一名約四%認められ、男子に於て稍々多く、肋膜炎は三〇例にして兒童期に於て多數であつた。

急性腹膜炎は二一例を見たが、結核性腹膜炎は一例のみであつた。

腎臟炎は一例に過ぎないが、『ネフローゼ』甚だ多く一〇例に及び豫後良好なるものもある。四例の膀胱炎を見た。

當地に於ては濕疹、疥癬は甚だ多數であつたが最初より皮膚科に行き診療を乞ふため當科へ來るものは少かつた。

先天性黴毒は六例、何れも母子共に黴毒血清反應陽性で然も其中一例は、パロー氏假性麻痺であつた。尙遲發性黴毒一例を認めた。關節『リウマチス』は二例で、當地としては少い樣に思はれる。

クヰンケ氏浮腫一例、定型的の小舞踏病一例を認めた。

小兒麻痺は當地方に多き疾病であるが、僅か二例なのは意外であつた。

腦水腫二例、癲癇一例を見た。

外科的疾患に於ては、斜頸、外傷、火傷、脊椎カリエス、鼠蹊

ヘルニヤ、脫肛等を見たのであるが、特に、一例の下腿潰瘍を認めた。

藥劑中毒と思はるゝものが數日中に引續き三例を經驗した。

五、總　括

今夏六、七、八、三ケ月中に當院小兒科に來院した患兒は總計二〇〇七名で男兒は女兒より多數である。年齡は乳幼兒多く、約半數を占めて居る。疾患に就ては、急性榮養疾患が王座を占めて居るが、夏季とは謂ひ、呼吸器疾患も亦少くない。しかし結核性呼吸器疾患は比較的少い。傳染性疾患としては、コレラ、疫痢、猩紅熱、丹毒、百日咳等少數例に認められた。

『マラリア』は多數見るも惡性のものを見ない。ヴイタミンA、Bの缺乏に陷つて居る小兒も少くないことは注意を惹く問題であつた。

南京に於ける夏季の小兒疾患

病名	性別＼年齡	一年未滿	二	三	四	五	六	七	八	九	一〇	一一	一二	一三	一四	一五	小計	計
コレラ	男		一														一	一
	女																	
疫痢	男						一										一	一
	女																	
猩紅熱	男							一									一	一
	女																	
流行性腦炎	男				二	一											三	三
	女																	

丹毒		マラリア		消化不良症		中毒症		消化不良性中毒		胃炎		大腸カタル		栄養失調		消耗症	
男	女	男	女	男	女	男	女	男	女	男	女	男	女	男	女	男	女
一	一			四六	三七							一	一	一三	一〇	二	
	一	一	一	一〇五	九五	二		二	一			一		八	一五	二	
		二	二	六四	三九			一	一			二	一	二	三		
		三	三	七六	四五			二				二	二	三			
	一	六	二	二八	二六			二				三	三	一			
		五	四	三三	一五			一				四	一				
		四	三	一五	一四					一		三	二				
		六	一	一八	七					二		五					
		五	五	一七	八					二	一	一	一				
一		六	四	一三	五					三		二	一				
		五	一							二	二	二	二				
		六	三							二	二	六	二				
		五	三							一		九	四				
		六	一							三	三	六	四				
		四	三							二	三	六	二				
二	三	六四	三六	四一五	二九一	三		八	二	一八	一一	五二	二六	二六	二八	四	
五		一〇〇		七〇六		三		一〇		二九		七八		五四		四	

穀粉栄養障碍症		小児脚気		乳児脚気		カタル性黄疸		脾腫		蛔虫症		口腔炎		歯齦炎		アンギーナ	
男	女	男	女	男	女	男	女	男	女	男	女	男	女	男	女	男	女
一				二	二								二		一	一五	八
			一			一	一		一			一				三八	一八
			一							二	一		一	一		一一	一四
		二	三							二	二					三〇	二一
		三	一							三	一			二		一七	二一
		一	二							一	三					一七	一二
			二			一				一						六	五
		一														五	四
		一	一													六	四
			二													六	八
															一	五	二
			一													七	三
									一	一						三	三
										一						三	一
			一					一								一	
一		八	一五	二	二	二	一	一	二	一一	七	一	三	三	二	一七〇	一二四
一		二三		四		三		三		一八		四		五		二九四	

急性腹膜炎		肋膜炎		肺結核		胸膿		百日咳		肺クルップ炎性		肺カタル炎性		氣管支炎		感冒	
女	男	女	男	女	男	女	男	女	男	女	男	女	男	女	男	女	男
					一						一	一		三七	三八		
				一	一							一		四八	四〇		二
									一					一六	三一		
	一	一	一	一	二							一		二四	二八		
					一									一八	一二		
二	三	一		四	三									一六	一三	一	
二	三	二	一	四	四									九	一〇		
	一	二	一	三	五									八	一〇	一	一
	一		二	四	八									四	七		一
二		一	二	二	四									四	八	二	一
四	二	二	一	三	五									二	二	二	一
			三	四	二		一							六	二		二
		三	四	五	四									五	五	二	一
		一		三	四									二	九		二
		一	一	二	一									二	二		
一〇	一一	一四	一六	三六	四五		一		一		一	三		二〇一	二一七	八	一一
二一		三〇		八一		一		一		一		三		四一八		一九	

關節リウマチ		遅発性黴毒		先天性黴毒		疥癬		濕疹		膀胱炎		ネフローゼ		腎臟炎		腹膜結核炎性	
女	男	女	男	女	男	女	男	女	男	女	男	女	男	女	男	女	男
				一	四		三	二	一								
					一	一		三		一							
								一									
							一		一		二						
									二							一	
								一	一				二				
								一	一				一				
									一			二					
						二	一	二	二		一		一				
							一						一				
						一			一				一				
												一			一		
一						一							一				
			一														
	一							一									
一	一		一	一	五	六	五	一一	一〇	一	三	三	七		一	一	
二		一		六		一一		二一		四		一〇		一		一	

クキンケ氏浮腫 男	クキンケ氏浮腫 女	腦水腫 男	腦水腫 女	小舞踏病 男	小舞踏病 女	癲癇 男	癲癇 女	小兒麻痺 男	小兒麻痺 女	斜頸 男	斜頸 女	外傷 男	外傷 女	火傷 男	火傷 女	脊椎カリエス 男	脊椎カリエス 女
		一	一														
														一			
												一					
											一		一	一		一	
								二									
																一	
一																一	一
				一		一											
							一										
	一	一	一		一	一	一	二			一	一	一	二		三	一
一		二		一		二		二		一		二		二		四	

下腿潰瘍 男	下腿潰瘍 女	鼠蹊ヘルニヤ 男	鼠蹊ヘルニヤ 女	脱肛 男	脱肛 女	薬剤中毒 男	薬剤中毒 女	小計 男	小計 女	計
								一三〇	一〇四	二三四
								二〇七	一八九	三九六
								一一九	七九	一九八
				一				一六一	一〇五	二六六
				一				八三	七四	一五七
一								八七	六二	一四九
		一						五五	四五	一〇〇
		一						五七	二八	八五
								五六	三二	八八
								四八	三一	七九
								二七	二二	四九
								三三	二二	五五
		一						三五	二七	六二
							二	三五	一八	五三
							一	一九	一七	三六
一		三		二			三	一、一五二	八五五	二、〇〇七
一		三		二		三		二、〇〇七		

○夏季に於ける南京の眼疾患に就て

大熊篤二學士記述

六、七、八月の三ケ月間に、眼科外來を訪れた支那人患者を通じて夏期に於ける南京の眼疾患を觀察してみよう。

この三ケ月間の支那人新來患者は、一八三七名であつたが、その眼疾患中壓倒的多數を占めるのは『トラコーマ』である。之に次では『カタル性』結膜炎、翼狀贅片、瘢痕性角膜白斑、フリクテン等で、其の實數は次表の如くである。

患者總數 一八三七

内譯
- トラコーマ 一四〇五
- カタル性結膜炎 一八七
- 翼狀贅片 一七六
- 瘢痕性角膜白斑 一六九
- フリクテン 一二五

其他の眼疾患中で興味をひいたのは、淋菌性結膜炎が二九例あつたことゝ特發夜盲症が一四例あつたことである。以下是等の疾患に就て簡單に觀察したところを述べて見よう。

一、トラコーマ

『トラコーマ』は患者總數一、八三七名中、一、四〇五名に於て之を認め實に七六・五%を占めて居る。而も其大部分が相當重症のものであつて、輕症のものは至つて少い。今之を病變が眼瞼結膜及び穹窿部結膜に限局して居るもの、角膜にトラコーマ性パンヌスを生じて居るが、眼瞼には變化のないもの、眼瞼内反乃至睫毛亂生を起して居る者及び角膜に潰瘍を生じて居るものと分類してみると次の樣な數字になる。

結膜に病變が局限せるもの	五四八
結膜に『パンヌス』のみを伴へるもの	三六三
眼瞼内反睫毛亂生を起せるもの	三九九
角膜潰瘍を生じたるもの	九五

之によつて見ても如何に陳舊な『トラコーマ』の多いかが知られる。發病以來數年乃至十數年に及ぶが、其間醫療を受けることなく放置して居たと云ふ樣な例が多數で一般に餘程著しい自覺症狀がない限り醫師の治療を受け樣とはしない。

從つて、輕症の『トラコーマ』は殆ど他疾患を主訴として來院した患者に認めるのみで、其自體を主訴として來院する者は殆どなく、只少數例に於ては學校或は衛生局で注意されたと言つて、自覺症狀輕度なるにも係らず來院した者があつた。

之は何れも、大體二十歳以下の者であつて、最近の青少年の間には稍々『トラコーマ』に對する衛生思想が普及されて來て居ることが知られる。

二、カタル性結膜炎

カタル性結膜炎は一八七例であつて、全患者數の一〇・二%を占めて居るが、大分部は急性のカタル性結膜炎である。個々の例に就て細菌檢査は行つてないが、臨床的所見よりすれば、コッホヴイークス氏桿菌によるものが最も多い。以前より『トラコーマ』を有するものが、更に急性カタル性結膜炎を起して來院する者も相當に多い。

三、翼狀贅片

翼狀贅片は一七六例であつて患者數の九・六%を占めて居るが、翼狀贅片自身を主訴として來院するものは比較的少く、多くは他疾患殊に『トラコーマ』を主訴とする患者に認めたものである。この翼狀贅片が眼疾患中このやうに高率を示すことは內地では見られぬ現象である。

この疾患は外界の刺戟に因つて起るものとされて居るが、南京に於てかく多數に見られるのは、當地に於て外界の刺戟が特に強いのであるか、或は患者が生活上外界の刺戟に曝される機會が多い爲か、或は又體質等が關係して居るのであるか其點は明かでない。

傳染の危險があることを注意すると、既に一家五人が全部同じ眼症狀を呈して居るとの答へを聞いて驚いたことがある。

四、特發夜盲

特發夜盲は一四例（〇・八%）であつて、其の大部分が結膜乾燥を合併して居た。この特發夜盲はヴイタミンAの缺乏に原因する機能的障碍である。支那に於ては料理に油類を多量に使用する關係上幼兒以外にヴイタミンA缺乏は恐らく少からうと想像して居たが、相當多數の特發夜盲を見たことは、支那に於てもヴイタミンA缺乏が決して少くないことを示すものである。

尚幼兒に於ては、ヴイタミンA缺乏による結膜乾燥が四例、更に重症の角膜軟化が十例あつた。是等は多くは麻疹、消化不良等に續發したものである。

五、南京に於ける失明者の統計的觀察

支那に於ては衛生思想の不足及び醫療設備の不備の爲めに失明者の數が多からうと云ふことは容易に想像される所であるが、この六月、七月、八月の三ヶ月間の眼科新來患者、一八三七名三六七四眼中、來院當時失明狀態にあつたものが、五五一眼あつた。即ち一五・〇%である。こゝに失明と云ふのは眼前一米の距離に於て指數を辨じ得ないものを意味する。是等失明眼の原因別分類表を次に掲げやう。

癒着性角膜白斑（角膜葡萄腫を含む）	一四〇	原因不明の角膜潰瘍	九
トラコーマ性パンヌス	一三八	角膜軟化	七
眼球萎縮並に眼球癆	四七	強度近視	五
老人性白內障	三八	眼瞼並に眼球腫瘍	四
綠內障	三三	虹彩毛樣體炎	二
淋菌性結膜炎による角膜潰瘍	二七	網膜色素變性	二
トラコーマによる角膜潰瘍	二五	單性視神經萎縮	二
瞳孔閉鎖	一七	硝子體溷濁、先天的無虹彩	二
角膜白斑	一五	水晶體偏位	二
老人性以外の白內障	一五	腎炎性網膜炎	一
匐行性角膜潰瘍	九	增殖性網膜炎	一
翼狀贅片	九		

○夏期の耳鼻咽喉科疾患

廣瀨甚吾學士記述

夏期は耳鼻咽喉科疾患の最も少い時期である、六月初旬より九

月中旬に至る間の新患六七三例に就て簡單に述べる。

耳疾患

患者の過半數は耳疾患である。其の中でも慢性中耳炎が最も多い。次に急性中耳炎であるが、之等も治癒するまで治療を受けず大部分は慢性中耳炎に移行するものと思ふ。其の中に乳嘴突起炎が三例あつた。一例のみ手術するを得たが、他は手術を恐れて再來しなかつた。尙先に發表した四十數例の中耳炎に、左側のものが多いことは手鼻と關係があるであらうと考へたが、今期の中耳炎二〇五例に就て見るに、兩側四七例、右側七一例、左側八八例となり、やはり左側がや丶多い樣であるが、十才以下の小兒は手鼻をせぬと見て之を除くと兩側三六例、右側六一例、左側五七例となり、左右の差が殆んどないことになつた。何れにしても手鼻が中耳炎發來の一原因であると云ひ得るであらう。

次に耳癤であるが內地で見られる樣な簡單のものは少く、一寸見ると乳嘴突起炎と思はれる樣な、耳後部の甚だしく腫脹したものが多數あつた。之も支那人の耳かきを用ゆる習慣からと思ふ。

歐氏管狹窄症では最近二二例に井出氏反應を行つた所が六例の陽性を發見した。其の狹窄の少い點、難聽の甚だしい點より黴毒性內耳炎とすべきものと思ふ。耳癤と關係して考へられるものに內地では少い外聽道乳嘴腫がある。此の三ケ月間に一一例經驗した。

之が原因に就ては、マックスエルの Diseases of china に可成詳細に記載してある。決定はして居らぬが、やはり不潔な耳カキが原因の一つと考へられてる。然し此の症例は一一例に過ぎぬから今後の檢索を要するが耳癤とは區別すべきかと思ふ。

鼻疾患

外來を訪ふ者が非常に少いがあまり苦痛がないためだと思ふ。小學兒童の檢査で二二四七名中一四・四%の鼻疾患があつた點より見ても決して少いとは云へぬ。鼻內異物のサイコロ、西瓜の種はお國柄である。

咽喉疾患

夏期に於ても咽喉疾患は多い。最も多いのは口內炎である。主訴は齒痛のものもあるが、之等も全て齒齦を犯されて居る。主に齒齦出血、潰瘍、アフテンであるが、不衞生の生活の上に野菜の不足が大いに關係あるものと思ふ。即ちビタミンC缺乏症の如きものが多い。然し之等の治療としてビタミンC劑を注射したが續いて來訪せぬので、其の效果の如何は見られなかつた。

次に多いのは咽喉頭炎で、發赤、腫脹及び疼痛以外特別の症狀を見られぬものが多く、其の四五例に井出氏反應を試みた所一一

病名		症例數
耳疾患	急性中耳炎	九五
	慢性中耳炎	一一〇
	耳癤	六八
	歐氏管狹窄症	四一
	外聽道乳嘴腫	一一
	其他耵聹栓塞	六
	聾啞	五
鼻疾患	肥厚性鼻炎上顎竇蓄膿症	一六
	鼻黴毒	六
	鼻中隔彎曲症、鼻症	各五
	副鼻腔癌	一
	其他創傷性鼻炎	三
	鼻茸、鼻出血、鼻內異物	各二
咽	口內炎(齒カリエスを含む)	一六二
	咽喉頭炎	六七
	腺窩性扁桃腺炎	一三
	ヴアンサン氏安鬼那	一七
喉疾患	牙關緊急症	七
	喉頭結核	九
	喉頭黴毒	八
	扁桃腺周圍膿瘍	三
	急性淋巴腺炎	三
	咽頭ヂフテリー	三
	猩紅熱	二
	水癌	一

例が陽性に出た。之等は恐らく黴毒性のものと思はれる。

次に特異なる點はヴアンサン氏安鬼那の多いことである。一七例を經驗したが全て片側の扁桃腺、潰瘍を見られるもので、其の菌檢査で全てスピロヘータ紡錘狀桿菌を純培養の如く見られた。之等のうち小兒を除き一二例を井出氏反應で檢査したが二例が陽性であつた。

○產婦人科

杉江善夫學士記述

婦人科より見たる外來患者の黴毒及淋毒の分布に就て

夏期(六、七、八月)の當科來院患者總數一九一〇名であるが新來患者數は五二六名で、其內支那人は三六一名に過ぎない。然も尙夏期特別に見る婦人科疾病もなく、此處に取り擧げて特記すべきことはない。依て臨床上最も多く見、且つ衞生上重要な對象となる性病の內、黴毒及び淋毒について記したい。尙第四性病は支那人に五例見たが、內二名は賣春婦にして他は一般家庭婦人であつた。その一例は直腸狹窄を惹起したものであつたが、他は鼠蹊部淋巴腺肥大、一例は其の瘻管を有するものであつた。

孔子をして『男女七歳而不同席』と警告を發せしめた支那人間に、性病が甚しく蔓延して居ると聞き、もし又我々自らも考へて居たので、南京市民間に於ける性病の分布程度を知らんが為めと、接客婦の性病治療に資せんとの目的を以て、當醫院産婦人科外來患者に就き黴毒及び淋毒の有無を検索した。

第一章　黴　毒

方法としては耳朶からの一滴の血或は血清について井田氏反應を行つた。

第一節　婦人科外來支那婦人に就て

(第一表)

年齢 / +−	〇—一〇	一一—二〇	二一—三〇	三一—四〇	四一—五〇	五一—六〇	計	陽性率
+	一	四一	三九	二六	一二	四	一二三	五五・二%
−		二三	三六	二七	一三	一	一〇〇	

二二三名中、陽性一二三名(五五・二%)なり(第一表)

第二節　婦人科外來日本婦人に就て

(第二表)

年齢 / +−	一一—二〇	二一—三〇	三一—四〇	四一—五〇	五一—六〇	計	陽性率
+	二四	六七	一〇	一		一〇二	五九・六%
−	一六	四四	七	一	一	六九	

一七一名の日本婦人の内數名は普通家庭婦人であるが、他は藝妓、酌婦及び慰安所婦人である。一七一名中陽性一〇二名(五九・六%)なり。(第二表)

第三節　當院外來一般婦人患者に就て

(第三表)

年齢 / +−	〇—一〇	一一—二〇	二一—三〇	三一—四〇	四一—五〇	五一—六〇	六一—七〇	七一—八〇	計	陽性率
+	一	二	二	四		一	〇	二	一三	一二・〇%
−	〇	一五	一二	一三	二二	二五	七	一	九五	

一般外來婦人患者に就て見るに一〇八例中陽性一三例即ち(一二・〇%)にして婦人科外來患者に比し甚しく低率である。(九月七日現在)(第三表)

第二章　淋　毒

子宮頸管粘液の塗抹染色標本(メチレン青)及グラム染色につき検鏡し淋菌を證明した。故に淋菌性疾患と考へられても淋菌を證明出來なかつたものは陰性とした。

第一節　支那婦人に就て

(第四表)

年齢 / +−	〇—一〇	一一—二〇	二一—三〇	三一—四〇	四一—五〇	五一—六〇	計	陽性率
+	一	五一	四七	三二	一一	四	一四六	五一・二%
−		二七	五四	三九	一七	二	一三九	

二八五名中　一四六名(五一・二%)は淋菌を見る(第四表)

第二節　日本婦人に就て

(第五表)

年齢 / +−	一一—二〇	二一—三〇	三一—四〇	四一—五〇	五一—六〇	計	陽性率
+	三二	八一	九		一	一二三	六三・六%
−	一六	四八	四	二		七〇	

一九二例中　一一二例(六三・六%)に淋菌を證明した(第五表)

第三章　兩者に就て（井出氏反應及び淋菌の検索を同一人に行ったもののみを集めて見る。）

第一節　支那婦人

第六表

井出氏反應	淋菌	年齢 〇—一〇	一一—二〇	二一—三〇	三一—四〇	四一—五〇	五一—六〇	計	%
+	+		二五	一九	一一	四	二	六一	二九・三
+	—		一四	二〇	一三	六	一	五四	二六・〇
—	+	一	一一	二一	一六	三		五二	二五・〇
—	—		六	一六	一一	八		四一	一九・七
合	計	一	五六	七六	五一	二一	三	二〇八	一〇〇・〇

二〇八例中共に陽性のもの最も多く（二九・三%）共に陰性の　もの最も少し（一九・七%）(第六表)

第二節　日本婦人

第七表

井出氏反應	淋菌	年齢 〇—一〇	一一—二〇	二一—三〇	三一—四〇	四一—五〇	五一—六〇	計	%
+	+		一八	三四	七			五九	三八・一
+	—		一一	二〇	五			三六	二三・二
—	+		一三	二七	五		一	四六	二九・七
—	—		二	九	二	一		一四	九・〇
合	計		四四	九〇	一九	一	一	一五五	一〇〇・〇

一五五名中共に陽性のもの最も多く（三八・一%）共に陰性の　もの最も少し（九・〇%）(第七表)

第四章　接客婦のみに就て

第八表

	井出氏反應 +	井出氏反應 —	井出氏反應 陽性率	淋菌 +	淋菌 —	淋菌 陽性率
料理屋組合	三二	二四	五三・六%	四〇	一六	七一・四%
日本	四〇	三一	五六・三%	五二	三〇	六三・四%
朝鮮	一九	一〇	六五・五%	二二	一六	五七・九%
支那	三〇	九	七六・九%	二五	一四	六四・一%

料理屋組合婦人(藝妓、酌婦)及び日本、朝鮮、支那婦人よりなる特殊婦人別にして、井出氏反應一九五名、淋菌二一五名に就いて見るに第八表の如く支那人特殊婦人が最も成績が悪い。然し何れも平均（第一、二、三、四、五、表）よりも陽性率の高いのは當然とは言ひ乍ら寒心に堪へず、料理屋組合のは當科にて検黴開始當時（六月一日）のものなるにつき高率なるも其後は治療により減少せるものと信ず。追て報告の豫定なり。

第五章　總括及び結論

井出氏反應のみを以て黴毒の有無を決定することは危險であるが、設備不完全な第一線に於ては臨牀上最も簡便且つ迅速な方法として之を撰んだので、ワッセルマン氏カーン氏及び村田氏法との優劣について、又井出氏反應自身の確實性については全く觸れない。尚子宮頸管粘液の塗抹染色による淋菌の證明は之亦困難にして陰性なる場合が多い。故に本統計の數字以上に淋毒性疾患の存在することは肯定出來る。

以上の二點を前提として接するに婦人科外來患者に就ては井出氏反應では日支婦人略同數に、淋菌は支那婦人に於て日本婦人より稍少いが、倘驚くべき高率を見る。然し乍ら對象の日本婦人は殆ど總てが藝妓、酌婦及び特殊婦人等接客婦にして性病に罹患し易いものであるのである。故に之と略同數或は僅に少い陽性率を示す支那婦人間には寒心すべき程度に性病が分布して居るとの觀念を與へる。然し又それが婦人科疾患を以て來院したものであるから、當然の結果であるかも知れない。そこで斯樣な患者の濃厚に集る婦人科、皮膚泌尿器科以外の他科外來婦人患者について見ると第三表の如く井出氏反應は一二・〇%と云ふ低い價を示す。

試みに南京市衛生事務所工作報告（民國二十五年）により事變前の一般南京市民の黴毒罹患率を見るに第九表の如く、二三・八%、民國二十五年のみにても一八・九%の低率を示す。

婦人科外來支那婦人の淋毒黴毒の多いことは古來『戰爭は性病傳播の媒介なり』と云はれる如く事變が相當程度に關興して居る事實は認められ、是を以て直ちに支那人間に性病多しと斷定することは、早計にして尚多數の一般婦人を調べなければならない。

日本婦人に於て井出氏反應、淋菌證明の陽性率高きは、その職業柄當然の事とは雖も出征將士の衛生問題且又事變後の重大なる民族問題とも發展すべき性質の根本問題として、其の檢索治療に從事する我々婦人科醫の責任の重且大なるを痛感する次第である。

（九月二十日記）

第九表　ワ氏及カ氏反應

年次＼區分	總計	陽性	%
民國一九年	七〇九	三〇九	四三・六
同二〇年	一、〇七一	五五七	五〇・三
同二一年	一、九三五	三七六	二七・〇
同二二年	二、一三五	五五三	二六・四
同二三年	三、〇〇三	八〇九	二六・九
同二四年	五、〇五五	一、〇九二	二一・六
同二五年	一、八八五	一、四九八	一八・九
計	二一、八二九	五、二〇四	二三・八

南京市衛生事務所工作報告　民國二十二年

○皮膚科泌尿器科

小野茂良學士記述

六月中には新患者及び後遺患者を合して五三六例を診療した。其の中で特に目立つ疾患には黄癬、屋瓦癬『フイラリヤ』による象皮病、神經癩であつた。其の他注意すべき疾患には、酒皶脂漏濕疹、結節性紅斑、尋常性狼瘡、尿道下裂等であつた。

七月中には九八四例の患者を診察した。其の間特に注意して患者の經濟狀態、性病、皮膚結核、下腿潰瘍、渦狀癬について、調査を行つた。又約五百名の患者に就て井出氏反應を施行した。

性病患者は七月中に一一五名來院した。之は全患者の一一・七%に當る。其の中日本人は七名、之以外の支那人一〇八名に就て年齡、職業、經濟狀態、感染經路病類別等を調査した。

一、各年齡別性病患者數表　◎注（分母は皮膚科外來患者數、分子は性病患者數を示す）

第一表

年齡	男	女	計
一才未滿	1/4	1/2	2/6
一—一〇	0/122	0/110	0/132
一一—二〇	4/119	0/76	4/196
二一—三〇	26/134	1/68	27/202
三一—四〇	35/150	4/59	39/209
四一—五〇	25/112	1/27	26/139
五一—六〇	5/43	2/22	7/65
六一—七〇	3/13	0/12	3/25
七一—八〇	0/4	0/5	0/9
八一以上	0/0	0/1	0/1

（第二表）職業別性病患者數表

職別	公務	農	工	商	勞	無職
患者數	一〇	一七	一一	四〇	一一	一九

經濟狀態

此の調査は總て中華民國醫師賴道莊氏に依賴したり。當科の患者はすべてを次の區分方法で四階級に分けた。即ち一ヶ月平均收入額十一元以上又は之と同等のものを（v.r）六—十元の者を（r.）一—五元の者を（p）更に〇—一元の者を（v.p）とした。

（第三表）（經濟狀況別性病患者數表）
（分子分母は第一表と同じ）

v.p	p	r	v.r
1/5	51/655	40/312	9/29

此の他に調査不能の患者若干名あり。

（第四表）感染經路

夫婦	一定ノ宿所ヲ有スル娼婦	一定ノ宿所ナキ娼婦	其ノ他
三二	四六	一	二

此の他に若干名の調査不能患者あり。

一、夫婦｛妻より夫に感染せるもの　二八
　　　　　夫より妻に　同　二
　　　　　後妻より夫に　同　一｝

二、一定の宿所を有する娼婦

南京　　計　三一

内譯
泰安橋、老王府、信府河、不明 各 一
東 花 閘
釣 魚 巷
石 顧 街
夫 子 廟
一三 六 四 四
上 海 一五
漢口、濟南 各 二
句容、宣城、淮城、瓜埠、徐州、天津 各 一
三、一定の宿所なき娼婦 南京 一
四、其他 女友、寡婦 各 一

第五表 性病々類別罹患者數

黴毒のみ
第一期 一一
第二期 二五
第三期 一〇
先 天 二
軟性下疳のみ 三
淋病のみ 四五
混合下疳 七
第二期黴毒兼軟性下疳 二
黴毒兼淋病 四
軟性下疳兼淋病 〇

黴毒兼軟性下疳兼淋病 一
第四性病のみ 一
第四性病兼他の性病 五
其他若干名未決定患者あり。

七月中に興味を感じた疾患を擧げれば、諸種性副睾丸炎、尋常性疣贅、癩性潰瘍、尋常性白斑、熱帶性象皮病及びこれによる潰瘍紅皮症等である。

八月中には新患者並に先月の從續患者を合せて、九七七名を診察した。此中下腿に潰瘍あるものは一〇三名で實に全患者數の一〇・九%に當る。之等下腿の潰瘍の原因は決して單一のものではなく診察に注意を重ね、觀察が長期間になればなる程種々の場合を發見する。

眞の意味の下腿潰瘍は成書にある様に靜脈瘤又は附近組織の榮養障害を起すべき原因によるものであるが、其の靜脈瘤を伴ふ潰瘍は八月中の一〇三名中僅に八名であつた。

其他の原因には表在性小結節性壊疽によるもの十四名（之は先月の從續を含むから數が多い）癩性潰瘍五名（内一名は癩性天疱瘡）熱帶性象皮病によるもの一名線状疽によるもの一名がある。其他八月中に興味を感じた疾病には、ペラグラ、慢性乳嘴状潰瘍性膿皮病、脊髄癆による脉閉であつた。（完）

—（25）—

资料 4:「中支防疫本部及上海支部作業概況摘錄（昭和十三年七月—昭和十四年一月）」、『同仁』1939 年第 4 號、2—9 頁。

—（2）—

中支防疫本部及上海支部作業概況摘錄

——（自昭和十三年七月至昭和十四年一月）——

内容目次

（一） 水質檢査成績
（二） 昭和七、十二、十三年上海に於ける眞性コレラ發生數
（三） 昭和十三年度コレラ菌株の菌型
（四） マラリア原蟲保有者に關する調査（上海支部）
（イ） 地方別原蟲保有率及脾腫率
（ロ） マラリア原蟲種類別
（五） マラリア原蟲保有者に關する調査（南京支部）
（イ） 地方別原蟲保有率及脾腫率
（ロ） 地方別原蟲保有者數
（六） 痘苗檢査成績
（七） 昭和十三年度上海在住日本人傳染病發生數（在留民約四萬）

水質檢査成績

判定標準

	反應	清濁度	臭味	アムモニア	硝酸	亞硝酸	クロール	過マンガン酸カリ消費量	硬度	細菌總數	遠藤赤變菌數
内務省令	中正又ハ微弱アルカリ性、微弱酸性ナル可シ	無色透明ナル可シ	異常ノ臭味ヲ有ス可カラズ	検出スベカラズ	一立中二十瓱以上含有スベカラズ	検出スベカラズ	一立中三十瓱以上含有スベカラズ	一立ニ付キ十瓱以上ヲ消費スベカラズ	一八度ヲ超ユルベカラズ	三七度二十四時間培養シ一〇〇以下ノ集落ニ止ル可シ	認ム可カラズ

防疫本部	同右	同右	同右	痕跡又ハ極微量マデ	同右	同右	一立中二〇〇瓩以上含有スベカラズ	一立中ニ付十五瓩以上ヲ消費スベカラズ	同右	一〇〇以上ナルヲ認ムル時 要煮沸

		判定件數
水道水	内務省令適	二八
	防疫本部煮沸適	二一
	不適	〇
井戸水	内務省令適	〇
	防疫本部煮沸適	一〇
	不適	二九

防疫本部井戸水判定標準に對する意見

一、アムモニア

揚子江下流々域一帶は主として泥沼地なるを以て純無機的にアムモニアを發することあり。故に痕跡程度のアムモニア含有は認可することとせり。

二、クロール

揚子江下流々域一帶は所謂三角洲にして揚子江の堆積層より形成せるものと稱せられ、實驗的證明は未了なるも該地方の井戸水のクロール含量多きは海水の無機クロールに由來するものと解するを至當とするを以て二〇〇瓩許容することとせり。

三、過マンガン酸カリ消費量

揚子江三角洲の形成の理由により腐蝕土の含有を免れず之に依つて起る多少の過マンガン酸カリの消費量の増加は保健上許容し得るものと思考し十五瓩迄を許可することとせり。

四、細菌總數及遠藤赤變菌數

細菌數多く殊に遠藤赤變菌を含む時は井戸水の汚染を示すを以て特に注意を要すべきも水質の物理的並に化學的性質が判定標準以内なるときは遠藤赤變菌を含む場合にも『要煮沸』として認可することとせり。

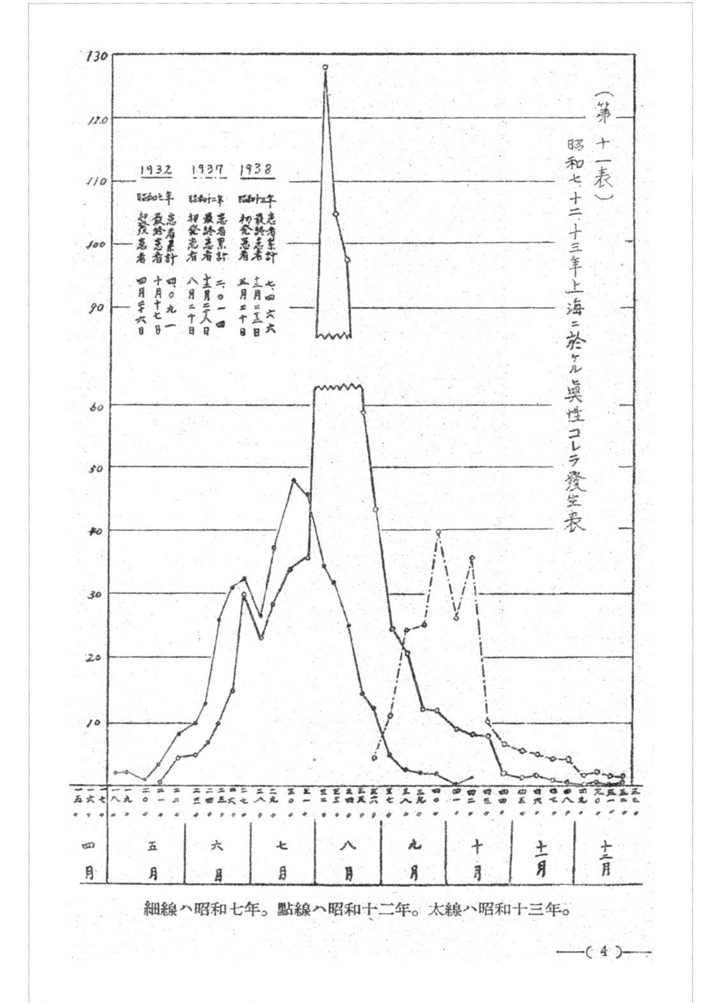

細線ハ昭和七年。點線ハ昭和十二年。太線ハ昭和十三年。

○昭和十三年度コレラ菌株の菌型

中支同仁會防疫本部に於て七月二十日作業開始以來九月二十五日迄に上海、上海近郊及中支各地より蒐集せるコレラ菌株を血清學的に檢索したるに大略左の如き結果を得たり。

檢査菌株（多數の蒐集菌株中豫備試驗によりて左記菌株を確實なるコレラ菌として供試せり）

本部（上海及其近郊） 一七株
常州 一九株
杭州 八株
嘉興 三株
王店 一株
南通 一株
其他 三一株

一、本型 七八株 九七・五%
一、異型 なし
一、中間型 なし
一、本型又は異型と考へらるる凝集反應のみにては斷定し得ざるもの 二株 二・五%

○マラリア原蟲保有者に關する調査（上海支部）

地方別原蟲保有率及脾腫瘍

一、上海 檢査月日 自昭和十三年十二月 至昭和十四年一月
檢査擔當者 醫員 西村達三
同 末松昌一
同 根井外喜男
外助手四名

檢査地區	檢査人員	原蟲保有 數	原蟲保有 率(%)	脾腫 數	脾腫 率(%)
上海	一、一二九	四	〇・四	一四	一・二
内譯 小學校（六）	七四三	一	〇・一	一〇	一・三
内譯 〇〇支那傭人	二六三	〇	〇・〇	三	一・一
内譯 第二診療班外來患者	一二三	三	二・四	一	〇・八

二、杭州 檢査月日 昭和十四年一月
檢査擔當者 醫員 松島鼎太郎
同 西村達三
同 根井外喜男
外技術員、助手六名

檢査地區	檢査人員	原蟲保有 數	原蟲保有 率(%)	脾腫 數	脾腫 率(%)
杭州	二、二一二	二五三	一一・四	一八五	八・四
内譯 中學校（一）	一九四	二	一・〇	七	三・六
内譯 小學校（四）	七八二	三六	四・六	四二	五・四
内譯 難民收容所（二）	一、二三六	二一五	一七・四	一三六	一一・〇

三、蘇州 檢査月日 昭和十四年一月 檢査擔當 東本願寺診療

檢査地區	檢査人員	原蟲保有 數	原蟲保有 率(%)	脾腫 數	脾腫 率(%)
蘇州	一、〇〇〇	一	〇・一	一一二	一一・二

四、松江（未着手）

マラリア原蟲種類別

一、上海

檢査地區	檢査人員	原蟲種類 熱帶熱	原蟲種類 三日熱	原蟲種類 四日熱	原蟲種類 混合	原蟲保有 總數	原蟲保有 率(%)
上海	一、一二九	三	一	〇	〇	四	〇・四
内譯 小學校（六）	七四三	〇	一	〇	〇	一	〇・一
内譯 住民 〇〇支那傭人〇〇	二六三	〇	〇	〇	〇	〇	〇・一
内譯 第二診療班外來患者	一二三	三	〇	〇	〇	三	二・四
〇〇〇〇	七五八	一五〇	一〇八	〇	〇	二五八	三四・〇

二、杭州

檢査地區	檢査人員	原蟲種類 熱帶熱	原蟲種類 三日熱	原蟲種類 四日熱	原蟲種類 混合	原蟲保有 總數	原蟲保有 率(%)
杭州	二、二一二	一三六	一〇七	九	二	二五三	一一・四
内譯 中學校（一）	一九四	一	一	〇	〇	二	一・〇
内譯 小學校（四）	七八二	一七	一五	二	二	三六	四・六
内譯 難民收容所（二）	一、二三六	一〇八	九一	七	九	二一五	一七・四

三、蘇州 檢査擔當 東本願寺診療班

檢査地區	檢査人員	原蟲種類 熱帶熱	原蟲種類 三日熱	原蟲種類 四日熱	原蟲種類 混合	原蟲保有 總數	原蟲保有 率(%)
蘇州	一、〇〇〇	〇	〇	一	〇	一	〇・一

備考、混合は全部三日熱と熱帯熱との混合なり

マラリア原蟲保有者に關する調査（南京支部擔當）

其一、地方別原蟲保有率及脾腫率

檢查個所	檢查人員	原蟲保有者數	%	脾腫	%
南京市內	三八〇	一四	三・六八	一六	四・二一
上南新京河城區外	1000	一三五	一三・五〇	二九	二・九〇
句容	1000	一六二	一六・二〇	三三六	三三・六〇
溧水	一四六	一九	一三・〇一	二五	一七・一二
金壇	五一〇	三六	七・〇六	五五	一〇・七八
揚州	1000	八	〇・八〇	一二九	一二・九〇
方家巷	一〇三	三	二・九一	六	五・八三
鎮江	1000	二四一	二四・一〇	三三三	三三・三〇
小鎮江市內學校	七五〇	五七	七・六〇	八一	一〇・八〇
蕪湖	八二三	五六	六・八一	六六	八・〇三

其二、地方別原蟲保有者數（南京支部）

採血個所	採血人員數	原蟲保有者數	%	熱帯熱	%	三日熱	%	四日熱	%
南京市內	一七七五	八八	四・九五	四〇	四五・四五	四八	五四・五四	—	—
（上南新京河城區外）	二〇〇〇	二八一	一四・〇五	二一六	七六・八四	六〇	二一・三五	五	一・七七
句容	1000	一六二	一六・二〇	一二四	七六・五四	三三	二〇・三七	五	三・〇八
溧水	一四六	一九	一三・〇一	一五	七八・九五	四	二一・〇五	—	—
金壇	五一〇	三六	七・〇六	一八	五〇・〇〇	一四	三八・八九	四	一一・一一
揚州	1000	八	〇・八〇	一	一二・五〇	七	八七・五〇	—	—
方家巷	一〇三	三	二・九一	三	一〇〇・〇〇	—	—	—	—
鎮江	1000	二四一	二四・一〇	一四五	六〇・一七	八一	三三・六一	一五	六・二二
小鎮江學校	七五〇	五七	七・六〇	二一	三六・八四	三三	五七・八九	三	五・二六
蕪湖	二三九五	一五六	六・五一	一二四	七九・四八	二七	一七・三一	五	三・二一
合計	一〇六八〇	一〇五一	九・八四	六九七	六六・三二	三一七	三〇・一六	三七	三・五二

痘苗檢查成績

イ、發痘試驗（Geoth氏法）

（家兎皮內0.2cc接種追日觀察）

徴研製痘苗（昭和十三年十一月六日製）

稀釋	百倍	千倍	一萬倍	十萬倍	百萬倍	對照原苗
翌日	—	—	—	—	—	±
二日後	—	—	—	—	—	+
三日後	卄	+	+	+	—	卄
四日後	卅	卄	+	+	±	卅
五日後	卅	卅	卅	卄	±	卅
七日後	卅	卅	卅	卄	±	卅
一〇日後	卅	卅	卅	卄	±	卅
一五日後	卅	卅	卅	+	—	卅

上海製痘苗（製造日不明、現在使用ノモノ）

稀釋	百倍	千倍	一萬倍	十萬倍	百萬倍	對照原苗
翌日	+	+	—	—	—	卄
二日後	卄	+	+	—	—	卅
三日後	卅	卄	+	+	—	卅
四日後	卅	卄	+	+	—	卅
五日後	卅	卅	+	+	—	卅
七日後	卅	卄	+	+	—	卅
一〇日後	卄	+	+	—	—	卄
一五日後	+	+	+	—	—	+

即ち徴研製は定型的發痘經過をとり接種後二—三日迄は發痘著明ならざるも三—四日後より著しく増强五—七日にして最高に達す。反之上海製痘苗は接種翌日より既に發赤腫脹を呈し急激に進行、三—四日にして最强病變像を呈するに至る。而も七日目に至りて既に吸收に傾くを見る。即ち表示する所により上海製痘苗は徴研製のものに比して著明に急激に發痘するも痘疱の退消に傾くことも亦急なり。而して發痘力は徴研製のものに比して弱し。

ロ、雜菌試驗

一、好氣性菌ノ檢出（普通寒天平板二四時間培養）

毛細管（五人分）一本中ニ含マルル平均雜菌數

	檢查回數	〇・〇五 原液	〇・一 一〇倍	〇・一 一〇〇倍	〇・一 一〇〇〇倍
徴研痘苗	一	五	二	〇	〇
	二	二	一	〇	〇
	三	九	一	〇	〇
	四	七	二	〇	〇
	五	一〇	二	〇	〇
	平均	六	一・六（原液トシテ八）	〇	〇
上海製痘苗	一	無數	無數	無數	一〇〇
	二	同	同	五〇〇以上	五〇
	三	同	同	無數	五〇
	四	同	同	一〇〇〇	五〇
	五	同	同	一〇〇〇	五〇
	平均	無數	無數		六〇（原液トシテ三〇、〇〇〇）

—（8）—

二、嫌氣性菌ノ検査（目下検索中）

卽ち微研痘苗は一管中に平均六八個の混在菌あり。

上海痘苗は一管中に約三萬個の雜菌を含むこととなる。

上海痘苗に於て局所反應迅速にして發赤腫脹の高度なるは雜菌に因するものなりと認む。

昭和十三年度上海在住日本人傳染病發生數

（在留民約四萬）

病名	發生數
コレラ	三九名
チフス	二五四名
赤痢	一〇七名
パラチフス	四二名
痘瘡	九二名
發疹チフス	一名
猩紅熱	五八名
ヂフテリヤ	三四名
流行性腦脊髓膜炎	四名
計	六三一名

中國紅十字會
上海市救護委員會

救護醫院診療患者數

（昭和十二年八月十三日上海事變勃發直後）

醫院名稱	收容人員	他醫院入院	數共收入數
第一救護醫院	一〇一五	九八	一一一三
〃二〃	六五三	三三	六八六
〃三〃	一〇六七	三五七	一四二四
〃四〃	五二〇	〇	五二〇
〃五〃	七五〇	五九一	一三四一
〃六〃	四〇四	〇	四〇四
〃七〃	三二二	四九	三七一
〃八〃	九五七	三五	九九二
〃九〃	二六六	三九	三〇五
〃十〃	一二六	｜	一二六
〃十一〃	四三五	一	四三六
〃十二〃	三二七	五七	三八四
〃十三〃	四七五	一一二	五八七
〃十四〃	三一六	四	三二〇
〃十七〃	七四一	一二八	八六九
〃十八〃	三〇七	七四	三八一
〃十九〃	四六五	八七	五五二
〃二〇〃	一二三	一〇九	二三二
〃二三〃	八六二	五六三	一四二五
〃二四〃	一九六	六七	二六三
計	一〇三二七	二四〇四	一二七三一

第二章　细菌部队荣一六四四部队的成立

一、人事编制

关于 1940—1941 年期间荣一六四四部队编制的变化

资料 1:「中支那防疫給水部ノ編制改正竝防疫給水部一部復歸要領、同細則ノ件」、『陸支機密大日記 第 5 冊 3/3 第 5 號の3 昭和十五年』、日本防衛省防衛研究所蔵、陸軍省-陸支機密大日記- S15-15-95。

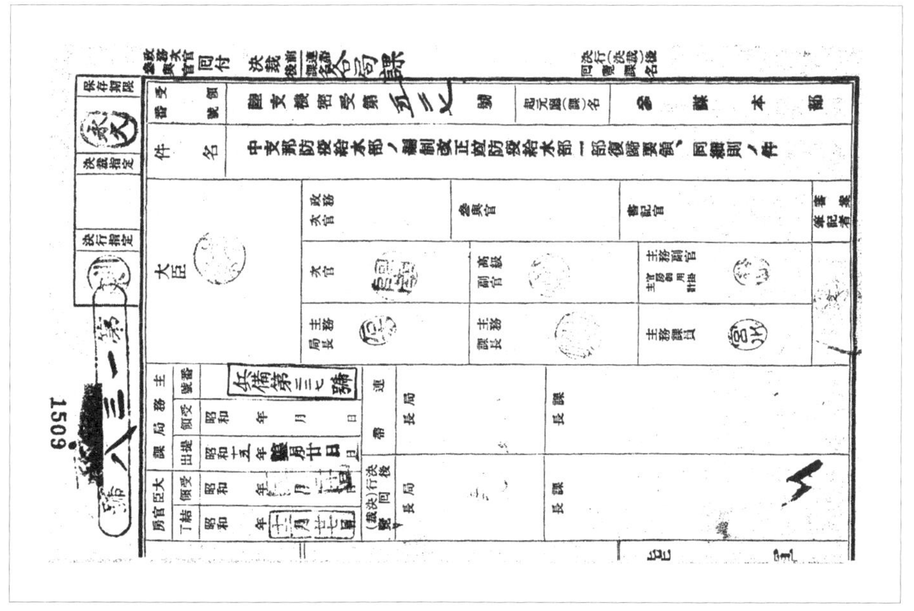
件名　中支那防疫給水部ノ編制改正竝防疫給水部一部復歸要領、同細則ノ件

發元　參謀本部

大臣

陸支機密

參謀總長ヘ回答案

首題ノ件ニ付本月十八日防參機第二四六號第一照會ノ趣異存ナシ

陸支機密第一二三〇號 昭和十五年十二月廿二日

中支那防疫給水部ノ編制改正並防疫

給水部一部復歸要領制定方施行ノ件

中支那防疫給水部ノ編制改正並防疫給水部一部復歸要領制定ノ件

允裁相成候ニ付テハ別紙軍令案ノ通之カ施行ヲ命セラレ度謹テ奏ス

朕中支那防疫給水部ノ編制改正並防疫給水部一部復歸要領ヲ制定シ

之カ施行ヲ命ス

1510

御名 御璽

年 月 日

陸軍大臣

軍令陸甲第 號

（別紙ノ通）

中支那防疫給水部ノ編制改正並防疫

給水部一部復歸要領細則規定ノ件

關係陸軍部隊ヘ達案

中支那防疫給水部ノ編制改正並防疫給水部一部復歸要領細則別紙ノ

通定ム

陸支密第一二三四號 昭和拾五年十二月廿貳日

陸軍

1511

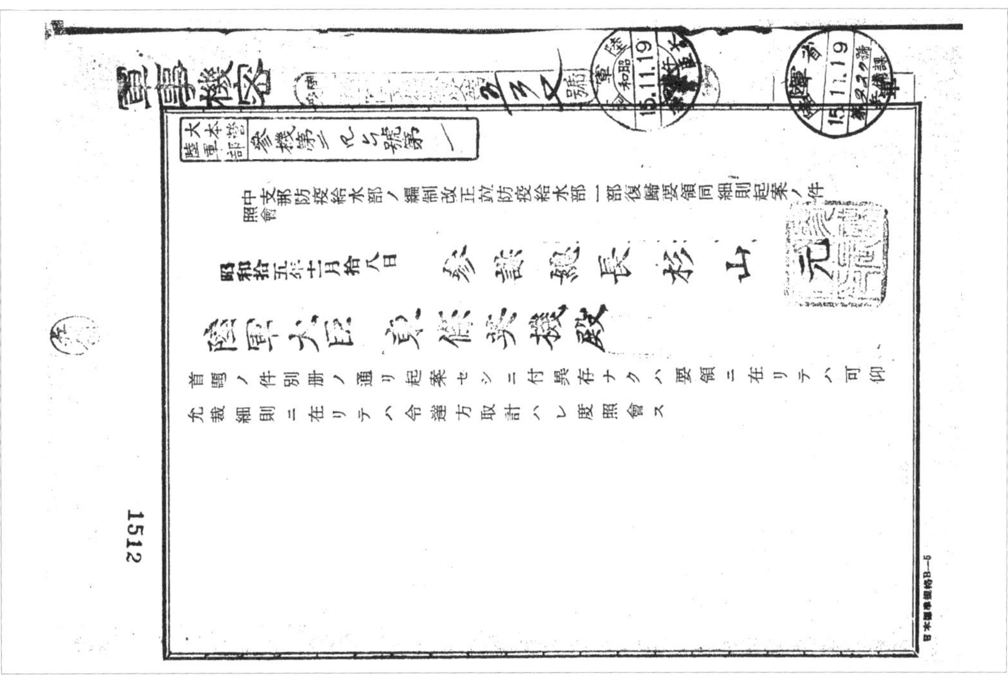

軍事機密

大本營陸軍部　參機第二七七號第一

中支那防疫給水部ノ編制改正竝防疫給水部一部復歸要領同細則起案ノ件照會

昭和拾五年十二月拾八日　參謀總長　杉山元

陸軍大臣　東條英機殿

首題ノ件別冊ノ通リ起案セシニ付異存ナクバ要領ニ在リテハ可仰允裁細則ニ在リテハ令達方取計ハレ度照會ス

1512

中支那防疫給水部改正

1514

昭和十五年十一月一日

大本營陸軍參謀部第三課

中支那防疫給水部ノ編制改正竝防疫給水部一部復歸要領

決定案

未協議用

極秘

七拾五部ノ内第　號

1513

1515

中支那防疫給水部ノ編制改正竝防疫給水部一部復歸要領

第一條　本要領ハ中支那防疫給水部ノ編制改正竝防疫給水部一部復歸ニ關スル事項ヲ定ム

本要領中特ニ規定セザル事項ニ關シテハ陸軍動員計畫令、動員部隊整理要領其ノ他關係諸條規ヲ準用スルモノトス

第二條　本要領ニ據リ編制改正スル部隊、編制、編成管理官等左ノ如シ

部隊	編制	編成管理官	摘要
中支那防疫給水部	附表	支那派遣軍總司令官	當該部隊ヲ編制改正ス

第三條　編成管理官ハ本要領受領後成ルヘク速ニ前條部隊ノ編制改正ヲ完結スルモノトス

1516

第四條　編成管理官ハ第二條部隊編制改正ノ爲編成管理官隷下ノ人員及第五條ニ據リ復歸スル部隊ノ人員ヲ充用スルモノトス

第五條　本要領ニ據リ復歸スル部隊左ノ如シ

第三防疫給水部

第四防疫給水部

第五防疫給水部

第六防疫給水部

第七防疫給水部

第九防疫給水部

第六條　前條部隊ハ別命ナク第二條部隊ノ編制改正ニ伴ヒ現地ニ於テ復歸ヲ實施スルモノトシ其ノ復歸業務ハ支那派遣軍總司令官之ヲ管理スルモノトス

第七條　編成管理官（復歸業務ノ監理官）ハ編制改正（復歸）完結セハ速ニ之ヲ陸軍大臣、參謀總長ニ報告シ且編制改正部隊ノ將校職員表、人員一覽表及編制改正（復歸）完結日一覽表ヲ前諸官ニ呈出スルモノトス

第八條　本要領實施ニ關スル細部ノ事項ハ陸軍大臣、參謀總長協議決定ス

附　則

本要領ニ據リ復歸スル第九防疫給水部ノ昭和十六年度當該該當部隊ノ

1517

動員計畫ハ別ニ指示スル迄之ヲ行ハサルモノトス

1518

附表

中支那防疫給水部編制表

階級	人	員
軍医少将	部長	一
軍医大佐	部員	二
軍医中佐	部員	六
軍医少佐	部員	一二
軍医大尉	部員	四〇
軍医中（少）尉	部員	六三
薬剤中佐	部員	一
薬剤少佐	部員	二
薬剤尉官	部員	一九
衛生尉官	部員	二二
衛生准士官、下士官		三二七
療工下士官		八
衛生兵長		四三
衛生上等兵		一七四
衛生一（二）等兵		一、〇八三
兵技准尉		二
兵技下士官		一二
主計少佐		一
主計尉官		八
主計下士官		一二
計		一、八三八

備考

㈠本表ノ定員内ニ於テ当分ノ内中（少）佐若干ヲ欠キ尉官若干ヲ増加スルコトヲ得

㈡衛生准士官、下士官ノ階級比率ハ准尉一、曹長三、軍曹（伍長）七トス

㈢兵技下士官ノ区分ハ機工、電工各六名トス

㈣本表ノ外技師七名、技手二十八名、通訳官一名、通訳十四名、判任文官（雇員）二十三名、傭人（運転手）二百二十六名ヲ増加ス

㈤部員及技師ハ必要ニ応シ其ノ定員内ニ於テ彼此融通シ又技師ハ嘱託若ハ技手ヲ、技手ハ雇員ヲ以テ充ツルコトヲ得

㈥衛生兵ハ特務兵タル輜重兵若ハ雇員（傭人）ヲ以テ充ツルコトヲ得

㈦支那派遣軍総司令官ハ所要ニ応シ支部及出張所ヲ設クルコトヲ得

㈧本表ノ外所要ノ人員ヲ増加スルコトヲ得

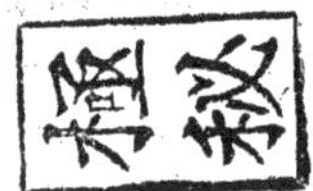

七拾五部ノ内第三〇號

昭和十五年十一月一日
大本営陸軍参謀部第二課

中支那防疫給水部ノ編制改正並防疫給水部一部復帰要領細則

決定案

中支那防疫給水部ノ編制改正並防疫給水部一部復帰要領細則

第一條　本細則ハ中支那防疫給水部ノ編制改正並防疫給水部一部復帰要領（以下要領ト略称ス）實施ニ關スル細部ノ事項ヲ規定ス

本細則中特ニ規定セサル事項ニ關シテハ陸軍動員計畫令細則、動員部隊整理要領細則其ノ他關係諸條規ヲ準用スルモノトス

第二條　要領實施ニ據リ編制定員ニ超過スル人員中服務期間短キ者（現役兵ヲ含ミ現役將校ヲ除ク）アルトキハ編成管理官ハ~~補充業務ノ擔任師團ヲ同ウスル~~隷下部隊ノ長期服務者、古年次者ノ交代又ハ補充ニ充用スルコトヲ得但シ昭和十二年徴集以前ノ現役兵志願ニ依ラスシテ下士官ニ任セラレタル者ヲ含ムハ充用セサルモノトス又將校ノ轉屬ニ方リテハ豫メ職名、兵種、官氏名、轉屬年月日ヲ速ニ陸軍大臣ニ報告スルモノトシ准士官以下ノ轉屬ニ方リテハ補充業務ノ擔任師團ヲ同ウスル部隊相互間ニ於テ、已ムヲ得サレハ對照師團（例ヘハ第六師團ニ對スル第五十六師團）ヲ補充業務ノ擔任師團トスル部隊相互間ニ於テ轉屬スルコトヲ得

前項中補充業務ノ擔任ヲ異ニスル部隊相互間ニ轉屬スル場合ニ方リテハ、整細第十条ニ據ルノ外轉屬者連名簿ハ別ニ一通ヲ新所屬部隊ノ留守業務擔任部隊長ニ送付スルモノトス

1521

第三條　編制改正スル部隊ノ戰用諸品ノ定数ハ附表第一乃至第

第四條　編制改正スル部隊ノ下士官以下ノ被服ノ定数ハ在支陸軍部隊臨時給與令細則第三條第三、第四表ニ準ス但シ著装被服ニ在リテハ編制改正ニ當リ昭和十五年度陸軍動員計畫令細則附録（附）第二百八十七季節外ノモノ、靴一組ヲ除ク冝ニ準シ之ヲ整備シ其他ハ逐次編成管理官隷下補給諸廠ヨリ補給スルモノトス

第五條　編制改正ノ為所要ノ戰用諸品ハ編制改正スル部隊及復帰スル部隊ノモノヲ充當シ其ノ不足ハ編成管理官隷下補給諸廠保管ノモノヲ充當スルモノトス

第六條　要領實施ノ為過剰トナリタル戰用諸品ハ之ヲ編成管理官隷下

1522

補給諸隊ニ引繼クモノトス但シ戰時諸條規、諸勤務令ノ過剰ハ之ヲ陸軍省ニ返納スルモノトス

第七條　要領第七條ニ據リ呈出スル人員一覽表ハ下士官志願ニ依ラスシテ下士官ニ任セラレタル者ヲ除クニ在リテハ役種ニ、兵志願ニ依ラスシテ下士官ニ任セラレタル者ヲ含ミ之ヲ區分スニ在リテハ役種、徵集年次ニ區分シ將校職員表ハ陸軍大臣ニハ三通ヲ呈出スルモノトス

第八條　輸送ニ關シテハ昭和十二年陸支密第一五六二號ノ規定ヲ準用スルモノトス

附　則

要領實施ニ要スル經費ハ臨時軍事費支辨トス

1523

附表第一

諸部隊兵器表

品目＼部隊	中支那防疫給水部
三十年式銃劍	一、六三二
附屬工具　携行自動車工具	一二
乘用車	八
自動貨車	一四〇

1524

附表第二

公用行李定數表

部隊	公用行李乙	計	公用行李甲	合計
中支那防疫給水部	八四	九三		一〇二
主計佐尉官	九		九	

1525

附表第三

衛生材料定數表

品目		中支那防疫給水部
隊醫校一三號組		一三
擔架具		二四
軍醫携帶囊具		同シ 軍醫將校ノ人員ニ
醫療囊具		八二
繃帶囊具		二六〇
隊瓦斯醫校具		一二
瓦斯治療囊具	甲	同シ 軍醫將校ノ人員ニ
	乙	八二
	丙	二六〇
九八式衛生濾水機	甲輛	二六
	乙組	三〇
	丙組	三〇
防疫醫校組		六
病原檢索具組		六
理化學檢査具組		一二

備考
一、本表ノ外將校以下各人一箇宛繃帶包ヲ携帶スルモノトス
二、本表ノ外所要ノ防疫及給水材料ヲ増加スルコトヲ得
三、本表ノ外傳染病患者收療ニ要スル衛生材料ヲ増加スルコトヲ得

1526

附表第四

戰時諸條規、諸勤務令移行區分表

部隊	中支那防疫給水部
戰時兵器部勤務令	一
戰時經理部勤務令	一
戰時衛生部勤務令	八
戰時補充令	四
軍兵站勤務令	四

備考

一、本表ノ外必要ニ應シ軍成規類等、並軍電信符號及戰時必要ナル諸條規ヲ移行スルモノトス

二、本表ニ示ス名稱ニシテ勤務令ノ制（改）定ニ依リ其ノ名稱ニ差異ヲ生シタルトキハ新勤務令ノ名稱ニ依ルモノトス

三、本表勤務令中戰時編制ノ改正ニ伴ヒ制（改）定セラルヘキモノハ之カ制（改）定迄當該相當ノ現行勤務令ヲ準用スルモノトス

1527

资料 2:「中支那防疫給水部ニ人員增加配屬ノ件」、『陸支密大日記 第13號 2/2 昭和十六年』、日本防衛省防衛研究所蔵、陸軍省-陸支密大日記-S16-38-61。

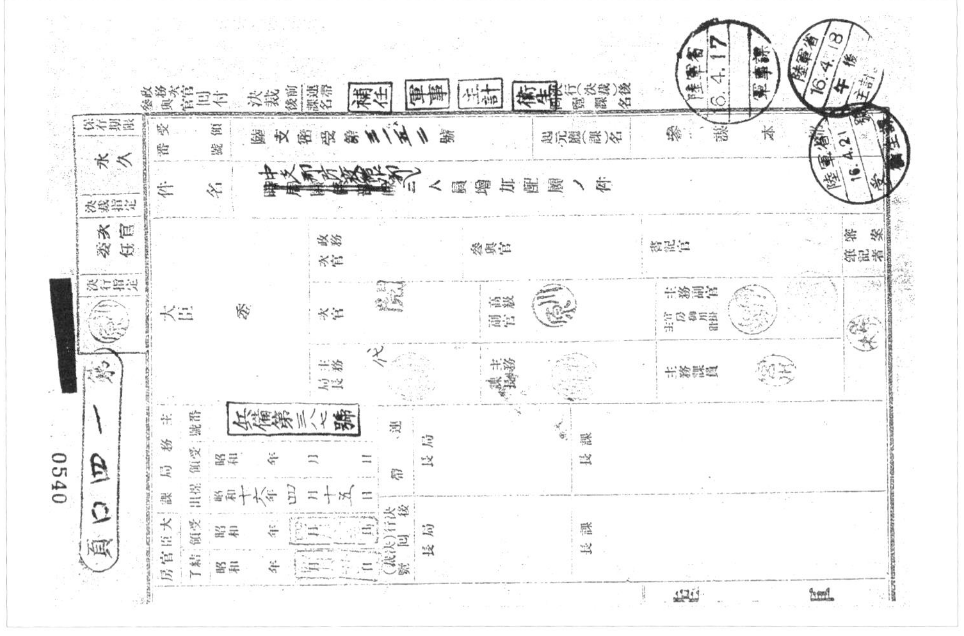
保存期限 永久

陸支密 第二三五二號

件名 中支那防疫給水部ニ人員增加配屬ノ件

補任 軍事 主計 衛生

陸軍省 16.4.17 軍事課

陸軍省 16.4.18 午後 主計

陸軍省 16.4.21 衛生

大臣 次官 局長 課長

昭和十六年四月十五日

0540

陸支密

支那派遣軍總司令官、關東軍司令官ヘ達案

中支那防疫給水部ニ別表ノ通人員ヲ増加配屬ス依テ同表差出區分ニ依リ差出スヘシ」

注意　支那派遣軍總司令官ヘハ「依テ以下」ヲ削ルコト

陸支密第一〇七四號　昭和十六年四月十五日

參謀総長ヘ回答案

首題ノ件ニ關シ四月八日附參密第三一三號第一照會ノ趣異存ナク四月十五日附陸密第一〇七四號ヲ以テ増加配屬方命達シ置ケリ

陸支密第一〇七五號　昭和十六年四月十五日

0541

中支那防疫給水部増加配屬人員竝同差出區分表

被配屬部隊	配屬人員		差出區分	摘要
中支那防疫給水部	軍醫尉官	一	關東軍	一、防疫關係業務要員トシ關東軍防疫給水部ノ人員ヲ充用スルモノトス 二、前項業務終了セハ速ニ差出部隊ニ復歸セシムルモノトス
	衛生下士官	一		
	通譯生	一		
	雇員（傭人）	二		

備考

一、本配屬ニ依リ生スル關東軍防疫給水部ノ缺員ハ之ヲ充足セサルモノトス

二、被配屬部隊ノ所管長官ハ本配屬人員中將校ノ配屬前後ノ職名、役種、官氏名、配屬年月日（滿支國境通過ノ月日トス）ヲ速ニ陸軍大臣ニ報告スルモノトス

三、本配屬人員復歸セハ差出部隊ノ所管長官ハ將校ノ職官氏名、復歸年月日（滿支國境通過ノ月日トス）ヲ陸軍大臣ニ報告スルモノトス

0542

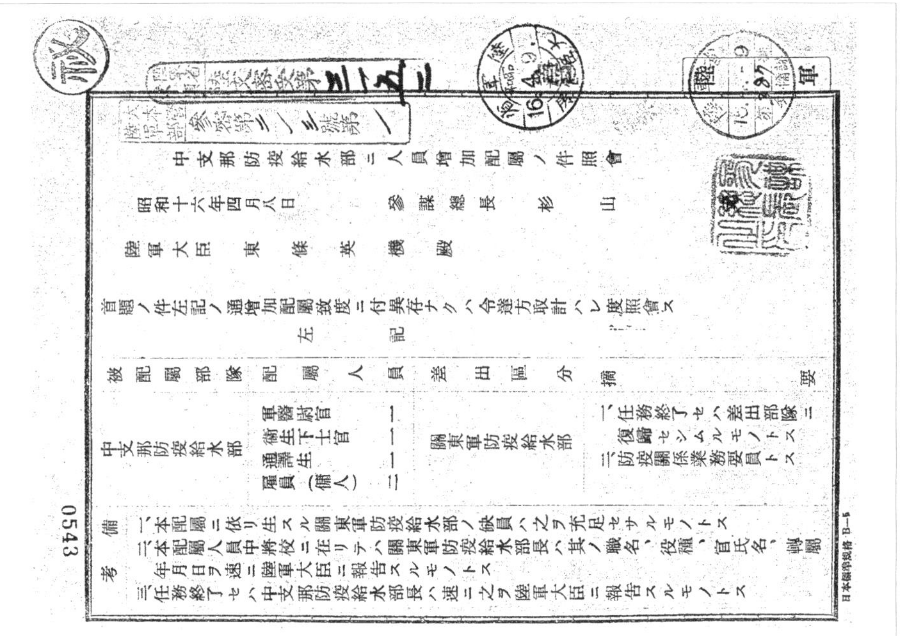

參密第二ノ三號第一

中支那防疫給水部ニ人員増加配屬ノ件照會

昭和十六年四月八日　　參謀總長　杉山

陸軍大臣　東條英機殿

首題ノ件左記ノ通増加配屬致度ニ付異存ナクハ命令方取計ハレ度照會ス

左記

被配屬部隊	配屬人員		差出區分	摘要
中支那防疫給水部	軍醫尉官	一	關東軍防疫給水部	一、任務終了セハ差出部隊ニ復歸セシムルモノトス
	衛生下士官	一		二、防疫關係業務要員トス
	通譯生	一		
	雇員（傭人）	二		

備考

一、本配屬ニ依リ生スル關東軍防疫給水部ノ缺員ハ之ヲ充足セサルモノトス

二、本配屬人員中將校ニ在リテハ關東軍防疫給水部長ハ其ノ職名、役種、官氏名、配屬年月日ヲ速ニ陸軍大臣ニ報告スルモノトス

三、任務終了セハ中支那防疫給水部長ハ速ニ之ヲ陸軍大臣ニ報告スルモノトス

0543

日本標準規格 B—5

二、部队组织

相关回忆

资料:肥塚喜一『江南春秋』,自刊本,1990年,65—99頁。

五月一日八時、本部前集合。今まで世話になった班長ドノや上等兵ドノに別れて、新しく杭州支部勤務になった加井軍曹ドノの引率でフォードトラックに乗り南京站へ。（支那では駅のことを站と言う）服装は代用背嚢。三十名の戦友と教育中に渡された三八式歩兵銃を持って、戦地へ来て始めて汽車に乗る。汽車は客車だった。支那語では火車と書く。まさに文字の国だ。蘇州へ着いたのが昼近い。乗り替えの為下車、広場で叉銃して大休止。列車の来るまで待っている。蘇州支部勤務になった戦友達は行軍で市街の彼方へ消えて行った。上海支部勤務の戦友はそのまま直行だ。

やがて別の列車に乗り込む。これは蘇嘉線と言って、蘇州と嘉興を結ぶ鉄道、ローカル線。この列車内で飯盒の昼食をとった。約二時間で嘉興に着く。上海杭州間を走っているのが滬杭線。その列車に乗り替えて二時間位で杭州駅へ。汽車はこの先へは行かない。敵地だ。杭州駅は洋館建て、ヨーロッパ風の建造物に見えたのは自分だけか。然し砲撃の跡がそのままで、半分は使用してない。連絡がとれてあったのか、フォードトラックが迎えに来ていた。乗車して一路我々の任地である杭州支部へ。駅からずいぶん遠い感じだった。市街地が続き支那らしい建物がどこまでも、やがて湖水が、柳が見えた。これが西湖だと言われてもまだ実感はない。

朱塗りの建物に〇〇飯店と書いた看板が目につく。浦島太郎の絵本で見た様な建物に金箔がはげていて、横文字で大きく浙江病院とある建物の中へ。ここが杭州支部だった。

—65—

二階建ての事務室前で整列。部隊長ドノと横に中尉、少尉ドノが五人。加井軍曹ドノが申告してから内務班へ案内される。木造二階建て、厚い板張りのところを編上靴のままで入る。ここで気がついた事は、軍属が随分いる事だった。軍属だけの内務班もあったのだ。軍属とは、軍隊で月給を貰って御奉公しているわけ。杭州支部では主にトラックの運転手だったが、教育隊当時、南京で始めて見た時は将校と同じ様な服装なので敬礼をしてしまう。敬礼はしてもよいわけで、軍属にも傭人、雇員、判任官、奏任官、勅任官とかあるそうだ。軍属の多い部隊だった。本部に特に多いのは、あとで分かった事だが、細菌研究の学者が居たのだった。初年兵が来ると、お互い出身地を聞かれる。軍属は去年まで兵隊で、除隊になったが内地へは帰らず、現地除隊希望で軍属になったのだそうだ。宇都宮輜重十四聯隊が原隊で茨城県出身者がいたり、杭州に師団本部があって二十二師団宇都宮十四師団の分かれとか。郷土部隊の居る所へ来たので心強い感じ。我々は指揮系統は別でもこの師団に居るのだから、師団長は土橋一次陸軍中将。あとで十月の師団討伐の時、雄姿を見る事が出来た。

我々が入隊して来たので、杭州支部は活気に溢れてきた。内務班は一班、二班、軍属班となっていて、自分は二班となる。班長ドノは田所軍曹ドノ、班付、松永伍長ドノ、二十余名の内務班。教育隊当時の半分足らず。この中に上等兵ドノや古兵ドノが約半数、九州出身が多かった。戦友となった伊藤古兵ドノは炊事勤務。馴れるまで一生懸命つくさなけ

—66—

れば。洗濯物や靴、帯剣、銃の手入れを二人分しなければならない。食事当番、班長当番、不寝番、門衛、厠当番、入浴当番もある。将校用は小さい浴槽だが、下士官兵用は大きい。準備から掃除、薪割り、一人で全部受け持ち、入浴当番は勤務には出ない。下士官の入浴時間が十七時から十八時、その次が兵隊。上等兵ドノや古兵ドノは衛生兵と輜重兵が半々位。これは一年前に中支那防疫給水部が編成されて、中支各地の病院勤務や輜重隊から転属した者を集めの部隊だからである。

内務班が決まったばかりに下士官一、上等兵一、古兵一と初年兵の井篭一等兵外二名、作戦参加のため南京本部へ集結となり、杭州支部へ来たばかりに再び南京本部へ。あとで分かったが、宜昌作戦だった。漢口からまだまだ奥の重慶に近い方だ。

内務班が決まり、日夕点呼の時に日々命令で勤務先が達せられる。

庶務室　鈴木（功績室）村上、荒井、武田、神野、小沢各一等兵

病理班　菊原、市川、大重、鈴木一等兵

中台、森、茂木、堀原、勝高、茂木（同姓）、向井二等兵

給水班　吉原、関口、上條、井篭一等兵

肥塚、宮沢、金田、鈴木（同姓）、町田、坂本、田中、山口二等兵

修理班　成尾二等兵

理化学試験室　○○

—67—

経理室　〇〇

それぞれ勤務先が決まり、明朝、隊長ドノや副官ドノ、軍医ドノ、下士官全部と給水班の上等兵、古兵ドノに申告をする。給水隊長は小川中尉ドノ、埼玉出身。班長ドノよりいろいろ注意があり任務につく。給水班はフォードトラックにドラム缶を六、七個乗せたものや板の箱で出来たものや鉄製の丸いタンクとかいろいろ。給水車は五台、毎日作業に出る。一二五号車とか一三八号車とか車のナンバーを言われて、それぞれ乗車する。毎日同じトラックに乗る事はなかった。運転手は自動車隊を現地除隊した軍属。

杭州支部へ来て始めて渡された鉄帽を背負い、銃を持って整列する。先任上等兵ドノより三八式歩兵銃の実砲三十発を受取り薬盒へ入れる。押収した手榴弾も一ヶ宛て。三十糎位の柄の長さで黄色の紐に輪があって指に差し込み、敵に向かって投げると爆発する。チェッコ機関銃も一打あった。これは状況の悪い警備隊へ給水に行く者が携行する。実弾射撃演習の時、三八式歩兵銃で三百米前方の標的に向かって寝撃ちの姿勢で始めて実弾を撃ってみる。チェッコ機関銃の撃ち方も教わる。二〇発入りのケースを機関銃の上から差し込み、標的に向かって撃つ。単発（これは一発づつ）、連発。押収品だから皆んなが撃つ程弾丸はない。我々は見学だけだった。

内務班は板張りなので、朝夕の雑巾がけは、棒の先にボロ布をつけたもので、バケツの水で絞って、押したり引いたりしての雑巾がけだ。そこを軍靴で歩くのだから汚れもする

が、入口で消毒板の麻布で泥を落として入るのでなんとか。道路に沿った二階建ての内務班、窓から支那人の通るのが見える。分厚い土塀が我々の背の高さ以上、その上に鉄條網がはりめぐらせてあった。衛生部隊だからこの位にしておかないと、何時、便衣隊の襲撃がないとも限らない。然し乍ら一ヶ月の軍事教育を受けて、歩兵銃も各自持っているから心強い。

杭州支部の衛門は支那特有の建物。入口は観音開きの頑丈な扉で出来ていた。お城の門の感じ。この扉は日夕点呼に門衛が閉める。夜はくぐり戸から出入りする。

五月十日は創立記念日。十四年五月十日に中支那防疫給水部が編成され丁度一年。午前中作業をして、お昼に部隊長以下全員で記念写真を撮る。写真を撮ったのは、我々が来たのと交代に内地帰還する下士官兵合わせて十数名のための心配りがあったのかも知れない。兵食堂で会食。酒、ビールなどで盛大に。歩兵聯隊の軍旗祭と同じだそうだ。

ここで、我々の任務について書いて見ると、衛生兵として教育を受けたが病院勤務でもなければ隊付でもない。部隊が衛生に関係していたから大きく言えば衛生兵だ。今までは輜重兵でも給水だけなら差し支えなかったが、戦争も長引くようになり防疫の方も考えなければならない。そんなわけで十四年五月十日に防疫給水部が誕生したわけ。防疫給水部の任務は入隊当時暗記させられた。「防疫給水部は、第一線部隊に追随して戦地に於ける伝染病の病原検索、水質検査、毒物検知、予防等を実施すると共に、前線に於ける将兵に

無菌無毒の浄水を補給し、もって戦意の昂揚をはかる」

自分が命ぜられたのは給水班。輜重兵みたいなものだ。病理班勤務の同年兵は毎日白衣を着て部屋の中でシャーレーやペプトン、フラスコ、どこかの研究室の感じがしないでもない。動物舎に山羊や兎。初めて見たのはモルモット。指導するのは軍属で軍医ドノは一応責任者だからやむを得ないが軍属のおでこの様な感じ。不寝番の申送り事項に孵卵器の温度に注意することとあるので病理室へ行く事があるが、それ以外は勤務先が別なので行かなかった。

弾薬三十発を持って指示された給水車の荷台に乗る。助手席には古兵ドノ又は上等兵ドノ、時には班長ドノの場合もある。我々が助手席に乗る様になったのは、ずっとあとで古兵ドノが凱旋して初年兵が来た頃だった。注意事項として緊急の場合はトラックの屋根をトントンと叩く事だった。運転手に知らせるわけ。銃を右手に運転席のうしろの小窓の鉄棚につかまり、手榴弾は足元へ置く。濾水車、給水車の列を作って濾水場へ向かう。五月から中支は夏服。朝は一寸寒いが中支だから我慢出来るが、雨の日はつらい。毎日銃を持っての衛生兵。それでも歩兵の補充兵役だったから我慢しなければ。市内へは入らず、西湖の真ん中にある琉堤と呼んでいる道路を行く。昔、琉東坡と言う浙江省の役人で軍人だった人が西湖の中間を埋めて中ノ島へ行く道を作ったとか。濾水場へ行く近道だ。西湖の景色がすばらしい。濾水車を先頭にやがて田舎道となる。四キロ位走って目的地の濾水場

—70—

へ着く。玉泉寺と言うお寺の門前で大木の繁っているところ。お寺の境内から流れてくる小川の水を利用して濾過した水をトラックのドラム缶やタンクに入れるのである。

軍属の運転手が即刻濾水作業の準備にかかる。初めてなので上等兵ドノや古兵ドノが要領を教えてくれる。濾水機からきれいな水がホースを通って出てくる。このホースはジャバラの様になっていて手で曲げたり出来る。これをトラックの上で給水用のドラム缶やタンクへ手で押えて水を入れるのであるが、馴れるまでは足元を濡らしたり、まごつくと服まで濡らしてしまう。やがて一杯になった順に出発。行先はその日その日で別の場所へ給水に行く。警備隊が居る所は最前線の重要拠点。一ヶ中隊のところもあれば、曹長が警備隊長の処とか。兵隊の数によって給水量もまちまち。途中農家が散在しているところを通ったり、両側が高い山になっていたり。二里から六里位離れた警備地へ何箇所も給水し乍ら行く。時には山頂の方から発砲される事があるので油断は出来ない。給水車は一台、そして警乗兵と言っても衛生兵。運転手と合わせても四名、狙撃されやすいのだと聞かされる。給水車が行くと衛兵がバリケートをガラガラと開けてくれる。給水車は炊事場のそばの水を入れておく大きな甕の中へ運んで来た無菌無毒の浄水を入れるわけだが、トラックの上から水を入れるのに、又コツがある。分厚いホースをドラム缶に差し込み、一人は下車して、そのホースを口で力一杯吸い込んで水を出すのであるが、馴れるまで二、三回繰り返さないとうまく水が出なかったり。この作業をする時、下車する者は上に居る戦友に

—71—

銃を預けて、キズをつけない様に気をつけなければならない。鉄帽は背負ったままの作業だが馴れる迄仲々骨が折れる。時々炊事の班長ドノからお菓子、タバコ、酒などを貰う事があったが、お互い嬉しいものだった。

この様に、山のふもとの部落で電気もないところで警備の明け暮れだ。本隊は杭州にあり、通信連絡しか出来ないから、通信兵も便衣隊に電話線を切断されない様神経を使っているわけだった。我々は部隊へ戻って昼食をとり再び出て行くわけだが、電気も水道もない所で警備についている歩兵は大変だナと思った。

毎日濾水場へ行くのに西湖畔を通るが、蘇堤の柳が風に揺いでいる風景をトラックの上から眺めていると、占領地とは言え、満州建設の映画主題歌「馬車は行く行く夕風に、青い柳にささやいて———」を心の中で歌ってみたり。

濾水場の警戒に残るのは上等兵ドノか古兵ドノで、初年兵は未熟なため給水作業だ。軍属や上等兵ドノは昼食持参。ある時、軍属の案内で玉泉寺の境内に入って見ることが出来た。境内の中庭に四角の大きな池があり、色とりどりの鯉がいっぱい泳いで居た。お寺の裏は山になっていて、そこから流れてくる水が池にそそいで、その余り水が小川となって流れているのを利用したのが濾水場だった。境内にはこの鯉を見に来る人のために喫茶が出来ていた。給水班は濾水作業に入る前に水質検査をすることになっていたが、ここでは玉泉寺境内の鯉が元気に泳いでいれば大丈夫と言うわけで、ほとんど検査はしなかった。

濾水車は秘密兵器だ。車種はいすゞ。放水も出来る様になっていて消防自動車と同じ。濾水器を十箇乗せてあるので重い。速度もフォードトラックよりのろい。濾水車は常に二巻のホースが備付けてあった。たまたま十一月頃、部隊の近くの民家が火災になった時、濾水車が出動して消火作業を実施して感謝されたものだった。

普通十六時頃には予定の給水作業が終わるので部隊へ帰ってくるが、天気の良い日には杭州市内のクリークで給水車の洗車をする。バケツでクリークの水を車体にかけてボロ布で洗うわけだが、これは五月から九月頃までで、あとは部隊で水道のホースを使って洗車をする。給水作業が終わって、朝、乗車した庶務室前で下車。上等兵ドノか古兵ドノに出発時に渡された三八式歩兵銃の実包三十発と手榴弾を返納して内務班へ。

南京本部では起床から消灯までラッパだが、杭州支部では消防自動車についている鐘の少し大きいのが庶務室のそばの軒下に。紐がついていて、鳴らすのは日直上等兵の役目。

起　床	●　●—●—●　●　●—●—●　●　●—●—●	一点三点	三回
点　呼	●———●　●———●　●———●	二点	三回
食　事	●　●——●　●　●——●　●　●——●	一点二点	三回
会　報	●　●　●	一点	三回
消　灯	●　●—●—●　●　●—●—●　●　●—●—●	一点三点	三回
非常呼集	●—●—●—●—●—●—●—●—●—●—●—●	連打	

将校食堂は医務室の二階にあり、その続きが将校宿舎となっていた。食事は将校当番がする。下士官食堂と兵食堂は別棟の廊下の広間を利用していた。下士官食事当番は一名で交代にまわってくる。兵食堂は各班二名、合わせて四名、軍属班は軍属一名だった。

南京本部では衛兵だが、杭州支部は門衛だった。下士官一名、兵二名で二十四時間勤務。下士官は伍長が服務し、軍曹はしなかった。日朝点呼の時、日直士官立会いのもと、上番下番の申し送りをする。本部と違って杭州支部は週番ではなく日直だった。兵二名で交代に歩哨にたつ。門の前、道路に面して昼間は立て銃、又は控銃である。哨舎はレンガで出来ていて、哨舎と並んでレンガで作ったトーチカが衛門の両側にある。日没から着剣する。日夕点呼時に衛門を締める。そして立哨はしない。くぐり戸から出入りする様になっていた。

部隊の前の通りは労働路と言って、その名の様に労働者が住んでいるらしい。人通りの少ないところだった。日夕点呼後に小夜食が出る。ある時は煮込みウドンとか、パンに紅茶とか、その時によっていろいろだが、初年兵にとっては食べるのがたのしみだった。哨兵は話し合って早く寝る者は消灯時間から夜中の一時迄、門衛所の中の板の間のゴザの上へ毛布を四つに折ったのを敷いて、編上靴、巻脚絆のまま毛布をかぶってゴロ寝。門衛司令は点呼の時医務室へ行き、日直士官に異状の有無を報告する。

六月一日付けで陸軍衛生一等兵になる。ようやく星が二つになった。南京本部から査閲

—74—

査閲のため将校、下士官、兵が出張して来てからの日々命令だから、実際は六月五日に内務班で日夕点呼の時、班長ドノが命令を伝える。杭州支部で一等兵に進級したのは八名、まだ名前を呼ばれないのが六名も。一等兵ぐらい一緒にすればいいのにと思う事しきり。八名のうち一番先きの名前が肥塚一と呼ばれたので、班長ドノから「明日、徒手帯剣単独の服装で部隊長ドノから順に申告するように」言われる。翌朝は進級者八名が整列して、号令は自分がかける。「申告いたします、陸軍衛生一等兵肥塚一」ここまで言って、一列に並んだ順に「同じく○○」、「同じく○○」と八名が名前を言い終わってから「以上八名は昭和十五年六月一日付けで陸軍衛生一等兵を命ぜられました。ここに謹んで申告いたします。」と、部隊長ドノから副官ドノ、軍医ドノ、次が班長ドノや上等兵ドノ、古兵ドノと時間もかかる。あとからの話では、南京本部、支部合わせて１００余名が進級したらしく、残りの１００余名はあと十ヶ月は星一つで過ごさねばならなかった。

杭州支部は中支派遣士橋部隊吉岡部隊と書くので、今まで支那派遣軍総司令部気付石井（四）部隊か山田隊と軍事郵便に書いていたので一寸格が下がった感じがしないでもない。土橋とは二十二師団長の名前。吉岡が我々の部隊長ドノの名前で陸軍軍医少佐。四十才過ぎと思われた。

医務室の中廊下をへだてて理化学試験室と薬室がある。この廊下に支那風の梵鐘が背の高さに丸太で組んで下げてあったが、事変当時どこから運んだものか。食堂の続きの別

—75—

棟は修理班の倉庫があり軍属の木原さんと成尾二等兵が濾水器の修理や、何かをコツコツしていた。成尾は東京で機械工員だった。適材適所だ。すでに妻子がいる。下士官室が内務班と続きの二階にあり、そこに判任官待遇の軍属二人がいたが、下士官室当番が部屋の掃除をする。

支那には寺院が多い。仏教の国だナと思う。部隊のとなり、左手に荒れた古寺がある。朱塗りの丸い柱とそり上がった屋根、瓦が半分崩れているのが見える。ある時この中庭へ入って見る。孔子廟と書いてある額があったが庭は草ぼうぼう。その中に石ダタミがあり昔がしのばれた。反対側の道路のそばの寺院には坊さんが住んでいるらしく、毎日給水作業で通る時、老婆や子供が寺院の前の丸い座ブトンの様なところにひざまづいて、線香を何度も額まで上げたり下げたりして、お参りしているのが見られた。この寺院のぐるわは爆撃されたのか、壊されたのか民家はなくてお寺だけのところだった。

炊事場は内務班の棟続きにあり、土塀に沿って車庫がある。フォードトラックが二台、これは給水タンクのないもの。給水車が五台、濾水車が二台、隊長用の乗用車が一台、自動車部隊の感じがしないでもない。輜重自動車隊から現地除隊して軍属になったのもうなずける。内務班の二階の真向かいに老酒を売ったり、醤油、漬物を並べている店があり、主人が愛想よく店番をしていた。労働路の名の様に通行人は少なかった。ある時この道路をチャルメラの賑やかな音が聞こえてきた。二階の窓から見ると行列だ。五六人の男が重

そうなものを担いで、前後に赤や金色の緞の旗の様なものを持った人や、チャルメラの音に合わせて時々チャリンチャリンと。これがドラの音かと思ったが、お祭りではなく支那の葬式だった。棺桶のあとからワンポス（人力車）が三台。一台に二人が乗っていて合計六人、四十才前後の女がお互いに声をはりあげて泣いている。そのあとから見送り人がゾロゾロ。ワンポスに乗って泣きわめいている女は泣き女と言って、雇われているのだとか。この泣き女が多い程、立派な葬式なのだそうだ。支那では棺桶も角材を使用して土中へはすぐには埋めない。土饅頭型の土の上へ置いて線香をあげて帰ってゆく。　南京本部で教育が終わって班長ドノが本部勤務、支部勤務になった兵隊の名前を読み上げ、千葉からの戦友だった館野は本部勤務、自分は杭州支部勤務となり別れ別れとなってしまい内心淋しく思ったが命令だから仕方がない。杭州とは杭州湾の敵前上陸位しか知らない。蘇州とか上海、漢口の方がよかったナとか。上海には山田実さんが居るところだと思ったり、漢口なら蒋介石の居る重慶に近いゾなんて勇ましい考えをしたり。然し杭州へ来てよかった。こんな景色のよいところは他にはない。気候もよいし水もきれい。蘇州美人と支那の国では言っているが、蘇州美人と言われるわけは準支那美人、古風な感じの美人画にある様な女性のことらしい。杭州美人は半欧米型、上海の流れがある近代美人と思う。

給水班勤務にならなかったら杭州の街もあまり知らずに終わったかも知れない。病理班や庶務室勤務では我々給水班の三分の一も知らずに過ごしたのでは。然し毎日銃を持って

弾薬三十発、手榴弾（但し押収品）を携行して歩兵と同じ？。衛生兵は患者の看護なら衛生兵だが、毎日給水作業で遠くまで行ったり来たり。危険はあったけれども春夏秋冬と西湖の風景の変化を眺めながらの軍務は、楽しいのと辛いのを一緒にすればやはり楽しい方が心に残り辛い事は忘れてしまう。家に居た頃は自動車に乗った事はほとんどない。たとえ荷台の上でもフォードトラックで毎日遠くまで行けるのだから。

その頃軍歌演習でおぼえた「西湖の月」を、給水車で銃を右手に左手は運転席のうしろについている細い鉄棒につかまりながら「鳴くは虫の音草枯れて、露は銃衣を濡らせども帰らぬ戦友よ今いずこ、西湖の月よ答へかしーーー」何回となく心の中で口ずさんだものだった。

支那の言葉で「上有天堂、下有蘇杭」（天には太陽、月、星がある。地には蘇州、杭州あり）と言われるほど、ここを支那の人々は自慢している。マルコポーロも旅行中、この杭州西湖の風景をほめたたえたとか。今では桂林の奇岩絶壁の風景が旅行者の人気を呼んでいるが、あれは二、三日位ならよいが長く住む所ではないと思う。暮らすのなら杭州と思った。蘇州は水の都と言われているがクリークの水は流れてるのではない。淀んでいて臭いノロがある。その水で炊事をしたり洗濯をしたり。毎朝、排便した便器を洗うのだから。人家が密集しているのでなおさら。

杭州支部へ来て貯金をする様になる。戦地に郵便局があったのだ。野戦郵便局。手紙だ

けの取り扱いではなくて、内地に準じて貯金も取り扱っていた。俸給日に印鑑を持って経理室へ。俸給は二等兵、一等兵は八円八十銭。戦地は加算がつくからこんなにもらえるのだ。（内地は六円十八銭）小遣いは使いよう。俸給日に毎月五円づつ一年間も貯金が出来たのは、前月の俸給の残りがあれば、そんなに無理しなくても出来るわけ。貯金はやがて凱旋の時にトランクを買って帰りたいと思ったから。軍曹ドノや上等兵ドノが帰る時に、トランクを持ってニコニコしている姿を見ていたので、我々初年兵が思うのは当たり前。給水車に乗って市内を通る時など、皮製品を並べている店が目につく。十六年夏頃、業務連絡のため班長ドノと南京本部へ出張することになり、俸給だけでは心細いので庶務室勤務の戦友が野戦郵便局へ公用で行くので、貯金の払戻しを頼む。通帳は戦はし二七六八六。郵便局の職員が五円、五円、五円と続いているのを見て「払戻しのところを黒くするのは惜しいネ」と言ったとか。

杭州支部へ来てから毎月身体検査があった。身体の具合の悪いものは特に軍医ドノに診てもらうが、ほとんど体重を測る位だ。入隊前は四十八キロ位だったが、六月に測ったところ五十三・五キロにもなっていた。給養がよいのと身体を動かすから丁度よかったのかも知れないが、これが最高でそれからは討伐に行ってからまたもとの四十八キロになってしまう。終戦まで大体同じだった。

千葉鉄道第一聯隊へ入隊した時、認識票を渡された。上等兵ドノの説明では「これはお

前進が戦死した場合、爆撃を受けたりして人別が判別しにくい時の証拠になるものだから常に身体から離さないこと」と言われる。見ると小判型で中支那防疫〇〇番とあった。ひもで首から下げて襦袢の物入れに入れて持っていたが、終戦後どこで返納したのか。鹿児島へ上陸した時か。これだけはどうしても思い出せない。

給水作業も一ヵ月も過ぎると慣れてくる。安心半分で作業が出来る様になる。ところが警備隊と警備隊の中間地点の山合いの道路を浄水場へ帰る途中襲撃されたのだ。乗っていたのはその日に限って吉原一ト兵と町田一ト兵の二名、初年兵ばかり。軍属と合わせて三名。撃ってきたのは小銃だけらしい。七、八名の支那兵が山陰にかくれて待っていたらしく、毎日一台のトラックが二、三名の衛生兵しか乗っていないのは前から分かっていたらしい。運転手は急停車してしまった。状況の悪い方面だったのでチェッコ機関銃は携行していた。吉原一ト兵が急いでトラックの上で弾倉を装填して機関銃を横かかえにして立ったまま発砲されたあたりへ盲撃ち。二十発の弾丸はたちまちなくなる。急いで次のを装填して引鉄を。ところが弾丸が出ない。横かかえにして撃ったからかどうかは分からないが、機関銃は固定して撃つものだ。敵もチェッコ機関銃の音で肝をつぶしたのか一瞬静かになった。トラックのエンジンの音だけが聞こえた。運転手は瞬間的に運転台に。フルスピードで一目散、難を逃れたのだった。トラックの前輪のボデーに一発穴があいていた。タイヤに命中しなくてよかったナとおもった。鉄帽はかぶるひまがなかったそうだ。警備隊

の歩哨が聞くとチェッコ機関銃の音が聞こえたので支那兵と思って警備隊長の指揮で音の聞こえた方へ来たそうだが、敵の姿は見えなかったとか。次の日に給水に行った運転手の話だった。

六月中旬頃、師団討伐があり命令で初めて討伐に参加する。これは師団作戦でも大がかりのものではないので、我々は討伐と呼んでいた。二十二師団司令部は杭州にあり八五部隊（五十九聯隊のわかれ）が警備についていた。杭州北方およそ二十余里のところに湖州（地図では呉興とも書いてある）と言う街がある。太湖の南岸、風光明美なところと聞かされていたが行った事はない。湖州には八四（水戸歩兵二聯隊のわかれ）が駐留していた。杭州支部から軍曹以下五名が派遣され防疫給水の業務を行い、湖州分遣隊と呼んでいた。もう一つの分遣隊は上海杭州間の中間地点の嘉興の街、嘉興分遣隊と呼んでいた。鉄道沿線なので治安はよい街だった。八六と言って松本五十聯隊のわかれ。湖州も治安は良いが、湖州杭州間は一本の道路だけ。山の向こう側には顧祝同の率いる優秀な支那軍が連絡便のトラックを山の上から発砲することは度々あったが、最近は人数の少ない警備隊を襲撃したり活発な行動が現れたので師団討伐となったわけだった。防疫給水部も任務上、第一線部隊に追随して前線の将兵に無菌無毒の浄水を補給するわけで、給水車も一度敵に襲撃されていた。

師団長土橋閣下も前線へ、文字通りの師団作戦だ。戦闘指導は武蔵。莫干山の山岳戦だ

った。湖州方面から八四、杭州から八五、嘉興から八六、杭州で留守を預かる方も油断は出来ない。杭州の南を流れる銭塘江の南岸は支那軍の陣地だ。討伐に参加したのは、濾水車とトラックを運転する軍属二名と軍医ドノ、班長ドノ、上等兵ドノ、古兵ドノと我々初年兵が軍属の運転するトラックに乗り、自動車隊のあとからついて行く。初陣だ。六月だから中支もそろそろ夏の感じ。先発の歩兵部隊が敵を撃退しているので安心した。自動車行軍と言ったところだが、それでも気を引き締める。

十二時頃目的の部落に到着。ここが戦闘指揮所となっていた。ここで我々給水班は作業をするわけだ。山のふもとの川原を濾水場に各部隊へ給水をする事になる。支那人が逃げて留守の民家を師団本部から指示され、そこが給水班の宿舎となる。藁を集めて来て軍医ドノの寝床や班長ドノの場所を。どうにかみんなの場所が出来た。中食は杭州から携行した飯盒の飯。夕食から師団経理部が近かったので、そこの炊事場から受け取ってくる。そのかわり給水班の任務の水だけは——。

家の方で言えば、宇都野、金沢方面で山砲の音。時々機関銃の音も、何となく勇ましい感じ。我々は師団司令部のところだから不安感はない。然し昨日まで電気のある便利なところから急に野戦生活に変わったのだから心も引き締まる。三日過ぎた頃、戦闘も一段落。捕虜も若干あったとか。

濾水作業中に毎日新聞従軍記者が給水場へ取材に来る。ニュースを新聞社へ送っていた

—82—

が、我々の作業が珍しかったのか、濾水作業をしているところを撮ってくれる。それぞれ戦友の出身地、名前をメモしてゆく。戦地の写真が新聞に出るとは嬉しい。帰隊してから軍事郵便で知らせたが、とうとう出なかった。これは検閲で許可されなかったのだろう。軍の機密になっている濾水車で写真は撮れないことになっていたのだ。濾水場の近くの川は日本の川と同じ位きれいな水だった。工兵隊が手榴弾を使って川の魚をとったことがあった。水の中で爆発してやがて大きな魚が浮かんでくる。それを裸になった兵隊が大勢、川の中へ入って捕まえる。こんな魚とりは初めて見た。討伐も最前線の歩兵には申し訳ないが、師団司令部のこの辺りはまあ安心だ。武康、莫干山の戦闘でまずまずの戦果をあげ支那軍を遠くへ追い払う事が出来、湖州杭州間の連絡道路も安全になったので作戦は終了となる。戦地へ来て六ヵ月で戦争体験をしたわけだ。

いよいよ杭州へ帰る事になる。帰る時に、我々のトラックに憲兵と捕虜一人が杭州まで一緒に乗る。両手を縛られていた。見ればまだ十八、九才位の支那兵。布地の靴をはいていた。憎いとは思わなかった。やがて杭州の市街に入ってくると、この捕虜が憲兵に何か話をする。あとで憲兵が「ここは東京か」と聞いたのだと。奥地から強制的に狩り出されて盲目的に教育されたらしい。我軍は日本の東京を目指して戦っている。この山の向こうに東京がある。そこへ行くまで頑張れと毎日上官から聞かされていたらしい。無知な兵隊は本気でいたらしく、この捕虜も杭州市街のきれいな街並みを見たとたんに出た言葉だっ

—83—

た。

警備隊は杭州を中心に湖州間の連絡道路の確保にある。中間の要所々々に警備隊が駐屯してローソクの生活だ。道路のやゝ向こうには支那軍が様子をうかがっているわけだから油断は出来ない。毎日給水車に乗って行く場所はいろいろ。杭州南方の銭塘江岸の前線基地へ行った事もあった。今までは北方の山合いの道路を往復していたが今度は畑と竹林の農村地帯。懐かしい桑畑があり、黒々とした土、畑で仕事をしてみたい気にもなる。杭州から北の方は天秤で物を運んでいるのが多いが、ここでは平坦地の関係か一輪車が多かった。大きさは荷車の半分位、真ん中に車輪がある。子供を乗せていたり荷物を運んだり、よくも倒れないものだと感心する。荷車は引くものだが一輪車は前へ押していた。

桑畑が続きやがて前方に櫓が見えてくる。そこが警備隊だ。一ヶ中隊位。櫓の上に歩哨が立っていた。周囲は鉄条網、入り口もバリケード、遥か向こうに銭塘江が見える。敵が舟で上陸してくるのを監視するのが任務だったらしい。初年兵が検閲を終えて中隊に配属され軍務についていた。一つ星だから、現役兵なら自分と同い年だナと思った。この先は日本兵はいないとの話だった。師団司令部へは二、三度給水に行ったが、そのうち水道が安全だと分かり市内の部隊への給水は中止となる。これも我々防疫給水部の水質検査の結果だった。

給水班のよいところは、毎日トラックで外の空気が吸えることだ。雨の日や寒い時の水

の作業は辛いが、毎日雨が降ることはない。天気の良い日や暑い時はトラックで風を切って行くので涼しい。運転手は軍属だし、軍紀も作業に出ている時は気が楽になる。給水作業も警備隊ばかりではなかった。御用商人が住んでいる家へも行く事があった。丸紅洋行とか。水道のない所に住んでいる日本人の家へ水を運んだのだ。そんな時、お茶をよばれて小休止。我々初年兵が喜びそうなヨーカンや洗濯石鹸などもらった事があった。

話が戻るが杭州へ来て二週間位過ぎた頃、初年兵一同が杉浦副官ドノの引率でトラックに乗って杭州の名所を案内してもらった。西湖畔を一回りしてから銭塘江の鉄橋へ。敵地側の方が破壊されていた。支那軍が退却の際に破壊したのだそうだ。鉄橋の上が自動車や人が通れる様になっていて、その下が汽車が通れる様になっている珍しい橋だ。四十年後テレビで知る事が出来たが、この橋は一九三七年（昭和十二年）に完成したもので、支那で初めての試み。上は道路、下が鉄橋と珍しいもの。銭塘江は青々とした水だった。銭塘江は観潮でも有名だ。中秋名月の頃、杭州湾の海水が銭塘江を逆流して来て、杭州あたりでも余波を見る事が出来るとか。鉄橋のそばに大きな塔がある。十一階建ての六角形の建物、だから六和塔と呼ぶのかも。四十年後に知った事は、その昔は銭塘江を往来する舟のために燈台の役目もしていたとか。弾丸のあとが随分あり荒れていたが、支那の国民はよくもこんな大きな建物をと感心するばかり。白壁に〇〇部隊一番乗りとか落書きが。同年兵の中にも鉛筆で書いているのを見て、つい〇〇部隊肥塚二等兵と小さく書く。落書きは

いやだったが赤和堂の雄大さに心を奪われたのだ。今は消されてきれいな白壁になっている事だろう。（訪中国で再び。六角ではなく八角形の建物、内部は七階と分かる。）

杭州へ来て三ヵ月位過ぎた暑い日曜の十六時頃（午後四時）、と言っても太陽は高い。日本時間で生活しているので内地とは一時間位の時差がある。戦友は外出していてひっそりとしていた。入浴当番だった。日曜日なので早くから風呂を沸かしていた。汗ばんでいたので当番をいい事に誰も入っていない風呂に入ってしまう。日曜は順不同だからかまわないが、初年兵が一寸図図しすぎた感はあった。入ってしまった以上は誰も来ないうちにと急いで風呂から出て、その続きの水道の蛇口が一列に並んでいる洗面洗濯所で汗ばんだランニングシャツを洗っていると、洗面具片手に部隊で一番恐ろしい中島衛生長ドノが来る。ゾクゾクッとした。まさか初年兵が、たとえ日曜でも風呂に入ったとは思わないとしても、内心ビクビクだ。いい方にとれば、誰か下士官が入ったナと思ってくれた方がこちらは有り難いのだが。その後なんの音沙汰がなかったから後者を選ぶことにする。この中島衛生長ドノには一度ゲンコツのビンタをもらった事があったのでなおさらだ。それは杭州へ来て内務班にも馴れてきた頃、撞図訓技に行く前の頃だ。門衛下番で午前中は寝ていてもよい事になっていたが、洗濯やいろいろ雑用がある。それを済ませてやれやれと内務班へ帰って誰も居ないのに藁ブトンの上に腰をおろしているうち、連日の勤務の疲れと六月の陽気も手伝って眠くなりゴロリとそこへ寝てしまった。オイと言う声にハッと目をさます

と、そこには週番腕章をつけた中島衛生長ドノだ。しまったと思ってももう遅い。起き上がるのを待って、拳骨でホッペタを力一杯なぐられた。体格も我々の様な補充兵ではない。六尺近い現役のバリバリ。軍隊で暮らすつもりの衛生長ドノだ。フラついてからあわてて不動の姿勢に戻る。靴をはいたままウタタ寝したのが悪いと言うのだった。二度目の拳骨はなかったが言い訳をすることは出来ない。それから中島衛生長ドノを恐ろしい人だと思う様になった。だから入浴を先にしたのがバレたらとゾッとしたわけ。中島衛生長ドノは古兵達からも嫌われていたのは事実だった。階級にものを言わせて無理難題、弱い者いじめがあったらしい。十六年五月頃、上等兵ドノが凱旋し、やがて内地から連名で絶縁状が届いたそうだ。開けてみると礼儀知らぬ馬鹿だったとか。十六年十月頃、大東亜戦争が始まる前に転属して行った。軍紀厳正の手本の様な軍人だったが、どうもしっくりしない感じ。

十五年七月一日付けで残りの同年兵が一等兵になる。これで全部星が二つになった。杭州支部勤務になって到着したばかりに命令で宜昌作戦に参加した井筒一等兵やみんなが元気に帰って来た。給水班勤務になった井筒は長野県出身。召集される前は国鉄職員だった。眼鏡をかけてインテリの感じがしないでもないが、栃木も長野も同じ年令だったから気持ちも似た様なもの。内務班も同じだったのですっかり心の友となる。

宜昌作戦に参加したのは、南京本部へ各支部から五、六名の下士官兵を集めて、本部から軍医、軍属、下士官兵と合わせて編成したものだったとか。漢口の奥の最前線へ派遣さ

れたのだった。当時地図など分からない。あとになって日本軍は遠くまで進んだものだと思った。重慶に手が届きそう。こんな奥まで南京本部で教育が終わったばかりの戦友はもう実戦の経験を味わったわけだ。舟艇などは行軍中敵襲を受け、鉄かぶとをかぶって伏せていた時弾丸が鉄かぶとに。そこがへコンでいるのを帰って来て見せてもらったが、相当の戦闘だった由、話に聞けば日本軍の進撃があまりにも早い、暗闇の無言の行軍だったので、どこに敵がいるのか分からないから話を禁じていた。やがて小休止、無言で煙草の一服と相成った。腰をおろして一服、隣りの兵隊がタバコをとり出して無言でタバコの火をもらう。ボーと明るくなる、顔を見ると支那兵、たちまち捕虜にしたと言う話。これは進撃が早かった日本軍とおくれた支那兵が暗闇を一緒に歩いていたわけだった。これは給水班ではなく歩兵の話。

その頃、南京本部から百余名の同年兵が杭州市外にある飛行場周辺の警備のため約二週間駐留した事があった。天幕生活で歩兵と同じ服装。前盒、後盒と弾薬百二十発を常に携行。作戦の目的は一般兵には知らされていない。杭州市外と書いたが、支那では大きい街にはほとんど城壁があったが、杭州には無かったので南京なら南京城外と書くところ、杭州の場合は杭州市外と書いたわけ。杭州は南に銭塘江が流れて、北は山があって自然の砦になっていたからかも知れない。城壁のない街だ。飛行場は滑走路が一本の小さな飛行場。今は日本軍が使用していた。我々の部隊長、石井四郎軍医大佐ドノが満州から飛行機で作

戦の状況を視察に来たのだ。その時杭州支部も巡視する。その護衛兵で来たのが鎗野戦友。別れてから久し振りの再会だ。護武者で衛生兵の胸章はつけていなかった。歩兵と同じ格好だ。杭州支部では部隊長以下全員と言っても五十名足らず。営庭に整列して迎える。初めて石井部隊長ドノの顔を見ることが出来た。南京本部では部隊長代理増田知貞軍医中佐ドノ。本当の部隊長を見たのは、あとにも先にもこれ一度だけだった。眼鏡をかけてサッサッと行動、動作もキビキビした感じ。東條さんと同じ様なメガネ。偉い人のまねがしたいのかも。あとで分かった事は軍波作戦だった。

作戦が終わって南京本部へ皆んなが帰ってから、使役で衛生材料を飛行場まで運んだことがあった。赤十字のマークの箱を二十個位トラックに積んで、飛行場でダグラスに乗せるわけだ。初めて飛行機の中へ入ってみた。飛行機は人を乗せるものと思っていたら、腰掛けもなくて丸い胴体。この中へ衛生材料を。箱の中身は分からない。飛行機の中は夏の太陽に照らされていたので、むし風呂と同じくらい暑かった。着陸している飛行機だが、乗ったのは初めて。

杭州は夏の日が長い。給水作業が終わってから時々燃料受領の使役がある。軍属の運転するフォードトラックで杭州駅近くの燃料庫へ。ドラム缶をトラックに積み込むわけだが厚い板二枚、トラックのうしろから斜めにしてドラム缶を転がしながら押し上げる。四人でようやく。初めてなので要領が仲々。五本位積んで使役終わり。杭州市内を眺めながら

帰る。帰ってから又ドラム缶を降ろすのが大変。こんな時一寸、衛生兵とは名のみで、毎日銃を持って鉄帽、手榴弾と、まるで輜重兵だと思ったり。病理勤務は、朝から白衣を着てシャーレや試験官を洗ったり干したり。衛生兵らしいと思ってみたり。然し命令で軍務につくもの。人事係は身上調書で分かっているので、あらゆる角度から検討しての勤務場所だから適材適所と思わなければならない。歩兵の補充兵だったのが召集されたら衛生部隊の編成。それも病院勤務でも隊付きでもない。特殊部隊の衛生兵になったのだから、与えられた任務に全力をつくすことだ。再度燃料受領の使役の時、古兵ドノは使役には出ない。こんな時、助手席へ乗せてもらう事があった。使役だから銃は持たない。軍属の運転手とも半年近く、すっかり友達みたいになっていたので、ドラム缶を乗せて帰る途中、杭州駅前の広い道路をハンドルだけを握って運転の真似をさせてもらう。アクセルは軍属が。三十キロ位の速度だった。真っ直ぐの時はまあまあだったが、ハンドルを右へ回すのが早すぎた。早く回すと後の方は電柱をこすってしまうわけだ。軍属の運転手はさすが。すばやくハンドルをとり一寸大回りの様にして無事だったが、アブナイアブナイ。ハンドルを握ったのはこれが初めて。運転手は運転だけではなかった。ある時は勤務が終わってからパンクの時とかタイヤの取り外しがある。車庫の前でジャッキで上げてタイヤを外しバールの様なハンマーでカンカン叩いて外すのだが、仲々大変だ。給水班の我々も手伝うが素人だからなかなか。時々二人でタイヤを目の高さまで上げて、勢いよく地面にあるタイヤ

の金具目がけてたたきつけるわけだが、調子がよくて五、六回でゆるんでくるが、まず大変な仕事だ。その日のうちに完全にしなければ明日の給水作業に差し支えるのだ。

師団討伐が終わってしばらくして、六月も終わりの頃、日曜日は交代に外出があった。外出区域は市内の西湖畔附近となっていた。居留民が経営している食堂や大福を製造販売している店のあるところ。昼食後、外出者は単独の服装で徒手帯剣、庶務室前整列。日直士官から注意事項が。外出者は三名以上で。単独では便衣から狙われやすいと言う事だった。日直上等兵ドノから外出証を。これは木片の名刺位のもの。表に外出証とあり、裏に部隊名が書いてある印が押してある。左物入れに入れておく様に言われる。軍隊は地方と違ってポケットが物入れ、シャツが襦袢とか。初年兵は大体早く帰ってくる。帰ってきて班内でゆっくりした方がよいから。お互いに真っ直ぐ大福を売っている日本人の店へ。軍指定と看板が下げてある。腹一杯食べて、居残りの戦友の分も買って、そろそろ帰営時間を気にしながら、西湖畔のベンチで一休み。毎日給水車で眺めているが、こうしてゆっくりベンチで休むのも又格別だ。

早めに帰って庶務室で日直上等兵ドノに外出証を返納して内務班へ。一休みしていると庶務室横の起床点呼を知らせる鐘が連打乱打。何事と、居合わせた初年兵ばかりが急いで鉄帽、帯剣、巻脚絆、銃を片手に営庭へ。日直士官が「只今憲兵隊からの連絡で防疫給水部の兵隊が便衣隊にやられた」と。小川中尉ドノと栗島伍長ドノ、あとは我々初年兵が五

名。実包三十発を受け取り弾込め、鉄帽をかぶって、担架を用意しトラックに乗車。一路杭州市内をとおり、毎日給水作業で通っている道路をフルスピードで進む。拱宸橋（部落の名前）で下車、杭州北方二里のところ、民家の低い屋根の細い道を行くと憲兵二人の姿と巡警（支那の巡査）三人、我々の到着を待っていて民家の中へ案内する。我々は付近を警戒。一寸のぞいてみると、帯剣を右手でしっかり握りしめ、無念の形相。軍服の一部分が鮮血で染まっていた。便衣隊の襲撃でやられたらしい。便衣隊と支那人は見分けがつかない。一等兵の階級章がちぎられて無かった。これは、支那人が階級章か何か、日本兵の証拠品を持って行くと礼金が貰えるのだそうだ。だから外出には三名以上で行動する事と注意がなされるのだが、辻野一等兵ドノは、一人で二里も遠い所まで、しかも外出禁止区域へなぜ来たのだろうと思った。

小川軍医ドノが目を調べ、心臓に手をあて、死を確認してから髪の毛と左手小指を切り取り半紙に包んでから、我々が担架で遺体をトラックに乗せてから帰隊した。ローソクと線香の準備が出来る。通夜衛兵は初年兵が一時間交代。夜中の通夜衛兵は早く交代の時間が来ればよいと、そればかり気にしたものだ。翌日、火葬のためトラックでどこへ行ったか、我々には分からない。夕方、白木の箱になって帰ってきた。兵隊間のヒソヒソ話では、古兵ドノは前からこっそり行っていたとか。馴染みの野鶏がいたらしい。一人で来る日本兵が便衣隊に狙われるのは当たり前。班長ドノが、明日十四時より部隊葬を行うと。

—92—

部隊全員といっても、勤務者を除けば四十余名。師団の従軍僧が軍服の上に黒の法衣。故陸軍輜重兵上等兵辻野岩男と書いてある位牌と白木の箱の前でお経を。部隊長ドノから順に焼香。部隊葬が静かに終わる。九州出身だった辻野上等兵ドノの留守宅のことを思ったり。名誉の戦死とは言え一寸複雑な感じだった。翌日は南京本部へ。南京では各支部と本部の戦病死者を合わせて合同葬を。それから、上海の遺骨安置所へ。やがて故国へ無言の帰還をする。

これまでは給水班のことを書いたが、防疫給水部だから防疫業務のことを少し書いてみる。二十二師団は歩兵だけでも三ケ聯隊、その他砲兵、工兵、輜重兵、野戦病院など万余の兵隊。伝染病が発生すると戦力が落ちる。隊付衛生兵は、検便や検血を持って来るのを検査するのが病理班の任務。杭州市内には日本軍の占領地となると早速、日本人が、大福餅の製造販売、料飲店とそれぞれ店開きをし商売を始める。この人達を居留民と呼ぶ。兵隊相手の商売だが、食べ物が多いから一つ間違えば伝染病が発生するとも限らない。防疫給水部は一般日本人から使用人（支那人）の検便も時々実施するが、大陸まで来て商売をする日本人全部が善人とは言い難い。検便をマッチ箱に入れて、名前を書いて代表者が部隊へ持参する様に連絡するが、たまには横着して出さない者もいる。この様な日本人には後日、時間を指示して連絡する。料飲店の従業員には女性が多い。検便を出さなかったばっかりに呼び出しを受けた男女がゾロゾロ。使用人の姑娘は支那服だが、日本の女性は着

—93—

物資で来る。病理室の一部をカーテンで囲ってある中へ一人ずつ入る。下士官と兵が白衣を着てマスク。採便棒やペプトン皿を用意して待っている。女性が着物をはしょって、四つん這いになったお尻へ採便棒を差し込み、それをシャーレ皿に塗り込む作業。後日談だが、男の採便よりも女性の方がよかったとか——。

夏になると、市内一般の市民にも予防接種を実施する。これは主に腸チフス、パラチフス、赤痢等が市内に発生した場合。病理班の軍医、下士官、兵が白衣を着て、人通りの多い所に簡単な机を置いて、通行人を呼び止めて予防接種をするわけで、この時は巡警も通訳を兼ねて協力する。注射が終わった者には証明書を渡す。これは二度目に呼び止められた時に見せるためだ。市内の予防接種の時は給水班からも応援に行くことがある。一日手伝ったことがあった。防疫腕章を左腕に。こんな時は衛生兵に見える。皮下注射だから、すぐ馴れて、一人前の衛生兵に早変わり。毎日銃を持ってばかりの右手も軽い注射器だ。ロートルや苦力よりも太々の二の腕の注射には一寸血の気も。姑娘ならなおさら——。

病理室の手伝いで、付近の民家へネズミ捕り器を一軒に二、三個、多くて五個位頼んで廻ることがあった。この時は台湾出身の蔡通訳が活躍する。トラックに一杯ネズミ捕り器を積んで行く。三、四日後に捕まえたネズミを受け取りに行くわけだが、支那人とて報酬なしでこんなことはしない。ネズミ一匹いくらで買い上げるわけ。トラックで集めに来るのをワイワイガヤガヤ待っている。持ち帰ったネズミを病理班ではペストの有無を調べた

り。我々給水班は勤務外。給水班は毎日銃を持って鉄帽を背負い、前線の警備隊に喜ばれる水を運ぶだけ。

不寝番の定位置は庶務室前廊下。一人で一時間交代。五〇米先きが門衛所で、夜更けでも安心。夜間の電話当番と孵卵器の温度調べとか。孵卵器の温度が三十六・七度になっていればそのままでよい。何を培養しているのか詳しい事は知らない。

五〇余名の部隊だから家族的。軍医、軍属下士官、兵は日本各地からの出身者だが、それなりに皆んないい人ばかり。九州出身の上等兵、古兵ドノや関東僧の班長ドノ、同年兵——。同じ内務班の片倉上等兵ドノは二十七、八才？。召集されて三年近くなる。宮城県出身。庶務室勤務で人事の事務を——。ある時、内務班に上等兵ドノと自分だけしか居なかった。上等兵ドノが「肥塚、隊長当番をしないか」と小声で言われ、ドキマギした。田舎育ちがとても隊長当番など勤まるわけがない。とても駄目ですと。上等兵ドノはそれ以上は言わなかった。その頃、将校当番が交代になる頃で、片倉上等兵ドノがそれとなく考えていたらしい。二、三日過ぎて日々命令で、病理班の市川一等兵が隊長当番になる。二つ年配で農学校を出ている。隊長当番には適任者だ。

部隊長吉岡少佐ドノは四十才位と思われた。温厚な病院長と言う感じだ。杉浦副官（軍医中尉）学生気分が残っている感じ。音楽好きでそれも洋楽。音楽鑑賞と称して希望者を夕食後、杭州市内の喫茶店（日本人の店）へ連れて行って、ショパンの曲とかいろいろ外

国の音楽を聞かされたが、音楽も良かったが副官ドノのポケットマネーのアイスクリームの舌ざわりが今でも忘れられない。

小川中尉ドノは埼玉県出身。給水班の上司。日直士官で朝の点呼に来る時の歩く姿が何となく女性的。原中尉ドノは病理班。眼鏡をかけていた。下士官、兵、軍属の診察を受け持つ。同姓の原節子のファンでプロマイドを一杯持っていた。国原少尉ドノも病理班。藤井少尉ドノは薬剤官。凛々しい感じ。

杭州市内を流れるクリークで、作業が終わった給水車を時々洗車することがあった。クリークの付近の民家に野鶏が住んでいる家が何軒もある。軍属の運転手は兵隊ではない。我々が洗車している間にソッと用たしをしていた。見つからなければそれでよいか、運の悪い時も——。軍紀風紀の取り締まりの為、巡察将校が杭州市内をいつも目を光らせている。軍属は長い戦地生活だから要領が分かっていて見つからずに誘われた我々の同年兵が巡察将校に見つかってしまった。それも真面目な兵隊で給水隊長小川中尉ドノの当番兵だった。師団会報に出されてはどうしようもない。日夕点呼後、初年兵全員営庭集合で班長ドノから「こんな事は二度とない様」注意して帰った後、上等兵ドノや古兵ドノがクドクド気合を入れる。二列に並んでいた我々の前列廻れ右。向き合ってメガネをかけている者はメガネをとり対抗ビンタ。その時間が長く感じる位続く。古兵ドノが見ていなければお互い加減できるが、力を入れている恰好が難しい。やがて「ヤメー」の号令でホッと

する。対抗ビンタはこれ一度だけだった——。

中支の夏は暑い。玉泉寺へ行く途中にプールがあって、師団本部では各部隊日割りで水泳演習を実施する。決められた日に、勤務に支障のない希望者がトラックに乗ってプールへ。二十五米×五〇米のプール。褌一つになって準備体操。スタート台から飛び込む度胸はなかった。水面から自己流の泳ぎをするくらい。別に水泳を教えてくれる訳ではない。自由に泳ぐだけ。一週間後に行った時、自分の力を試すつもりでスタート台から目をつぶって、思いきり飛び込んだ。五〇米のターンまでは、まあまあ自由型で泳げたが戻ってくる頃はノロノロ、ばたつかけせながら。ようやく百米泳いだ。このプールで泳いだのは二回。プールで泳げたのはいい体験だ。ある時は杭州市内の砲兵隊のプールへも行ったが、ここは飛び込みの櫓もあって、高いところからサッと飛び込むのを見たが、真似はできない。

九月に入って師団各部隊の水泳競技を給水作業の途中、偶然見ることが出来た。師団長以下参謀、肩章をつけた将官がずらり腰掛けて並んでいる。丁度見ることができた競技は軍服を着て帯剣、銃を背負って五〇米を泳ぐ競技。各隊から選ばれた兵隊ばかりだと思うが、見事に泳ぎきった者もいたが、途中でアップアップするものもいる。それを二、三人で助けに行く。こんな競技を初めて見た。

九月中旬頃、自動車行軍演習があった。武装してトラック二台に分乗、隊長ドノも拳銃

途で助手席に。我々は銃を持っているので衛生兵には見えない。杭州東方五〇Ｋの地点にある海寧の街まで昼食護行。銭塘江が杭州湾へ注ぐところに海寧の街がある。道路の両側は、畑と田んぼとクリーク。海寧の街が見えてくる。警備隊の塔が見えてきた。歩哨がいる。そこで下車、少し早いが昼食をとる。食事の時、副官ドノが十二時すぎに銭塘江の下流から海水が逆流してくるからよく見る様に言われる。それまで銭塘江の高潮なんて知らなかった。中秋名月の頃が一番壮大な眺めだと――――。銭塘江の岸に並んで待つこと暫し。左方向に白い線が見え始めた。我々が見ている場所は銭塘江の北岸。右手が杭州、左手が杭州湾だ。海寧の街辺りが一番の見どころとなっているそうだ。やがて、白い線が徐々に近くなってきた。半鐘の音。これは、間もなく高潮がくると言う合図だ。待つこと暫し、いよいよ接近してきた。凄い。高潮がおよそ三米ぐらいの段差でガシャガシャ。恐ろしい水の威力、茶褐色の泡の逆流。落ちたら終わりだと思った。これが対岸までおよそ一Ｋ余、一線になって徐々に杭州の方へ逆流して行くのだが、杭州付近では弱まってくると言う話だ。これは海の満干の関係で毎日繰り返されているそうだが、十五夜の頃が一年中で最も壮観だと。この壮大な眺めを我々初年兵に見せてくれた、部隊長ドノの親心か――。戦後四十年、海寧の高潮をテレビで見ることができたのは懐かしい。

国民の真心こめた慰問袋を貰ったことが時々あったが、一人一個の時は嬉しいものだ。日の丸の扇子があったり、食べ物、日用品、手拭い（日の丸）手紙も入っている。未知の

—98—

人だがすぐにお礼の手紙をだす。家からも一度慰問袋を受け取る。手拭いを縫い合わせ、母が物資不足の中を、食べ物などは長持ちするアメやセンベイなど。早速、戦友たちと分け合って――――。

杭州もいつか秋の気配を感じる様になる。近いうち師団作戦があるらしいと囁かれるようになった。それとは関係なく、中支方面へ慰問相撲がきた。大相撲一行は二つに分かれて、揚子江上流の漢口から九江安慶と戻ってくる。一つは上海蘇州方面から杭州へ。杭州へは男女の川、前田山一行。漢口方面が双葉山一行と聞く。西湖の畔りの広場で二日間、各部隊将兵が勤務の都合で交代で見られる様にしてくれた。櫓も作って、太鼓の音も聞こえる。二日間とも、我々の任務の水を運んで力士の力水にしたのは言うまでもない。自分が見にいったのは二日目。慰問相撲だから全力を出しているとは思わないが、男女の川、前田山の最後の取組にはいつまでも拍手が続く。各部隊から二名ずつ相撲をとることになっていて、茨城県出身の給水班の舘野一等兵。体格がよかったが、土俵へ上ると幕下と相撲をとって、一ひねりされたくらいで、土俵の外へ押し出されてしまう。あとからの話ではトテモトテモと。支那人にもこの相撲を見せた。名横綱双葉山を見られないのは残念だが、双葉山一行と男女の川一行が南京で合流して、慰問大相撲をすると言う話だ。

それから三日後に二十二師団は臨安、諸曁、紹興方面に師団作戦を開始したのだった。

—99—

第三章　医学报告所见荣一六四四部队的活动

一、防疫报告

1. 华中军防疫研究报告

资料:「第五次石井(四)部隊研究會記事(1940 年 4 月 24 日)」、『陸軍軍醫學校防疫研究報告』第 2 部、載松村高夫/田中明編『七三一部隊作成資料』、不二出版社、1991 年、63—224 頁。

第一　脾脱疽菌ヲ以テセル各種消毒藥ノ檢討

第一科　陸軍軍醫少佐　村上仁男

目　次

第一章　緒言
第二章　研究材料竝ニ研究方法
　第一節　研究材料ニ就テ
　第二節　研究方法ニ就テ　一
第三章　實驗成績
　第一節　無芽胞菌ノ各種消毒藥ニ對スル抵抗力ニ就テ　一
　第二節　脾脱疽菌芽胞ノ各種消毒藥ニ對スル抵抗力ニ就テ
　第三節　鐵器片中ニ含有サレタル無芽胞性莢膜形成脾脱疽菌ノ各種消毒藥ニ對スル抵抗力ニ就テ
第四章　總括竝ニ考按
第五章　結論
文　獻

緒　　言

一八七六年R.Kochガ脾脱疽菌ニ就テ系統的研究ヲ遂行シ細菌學ノ基礎ヲ確立セシハ歴史的著明ノ事實ニシテ、就中本菌芽胞ノ生物學的意義ニ關シ所謂耐久體タルノ名稱ヲ以テシ爾來本菌芽胞ヲ以テ製出セル所謂芽胞絲ガ各種消毒藥ノ檢定ニ當リ必要缺クベカラザルモノトシテ實用セラルル所以ノモノハ實ニ凡ユル病原性細菌中最大ノ抵抗力ヲ保有スルヲ以テナリ。

即テ本菌芽胞ノ抵抗力ニ關シ一八八一年L. Pasteurハ斃死獸埋沒後一二年ヲ經過スルモソノ生存ヲ證明シ、次デ一九一一年BussonハHammel教授ノ一七年間保存セル芽胞絲ヨリ明ラカニ其ノ發芽力ヲ實驗シ更ニ一九一三年BitterハFischer教授ガ保存セル芽胞絲ニ就テ特ニ熱帶風土中二八年間ニ亘リ生存セル事實ヲ認メ、又一九二六年Gaigerハ土中ニ一五乃至二四年間、一九三〇年Graham-Smithハ二二年間戸棚ニ放置シ夫々旺盛ナル發芽力ノ保存セラルルヲ報告シ、我ガ國ニ於テモ一昨年梅野、野畑、寺本氏等ハ本菌ノ馬鈴薯培養ヲ滅菌絹絲ニ吸收

— 2 —

セシメテ保存シ實ニ四一年間ノ長歳月ニ亘リテ發芽力ヲ證明セシハ勿論、之ヲ用ヒ動物實驗ヲ行ヒシニ毒力强大ニシテ健康「マウス」ノ腹腔内接種ニヨリ、生理的食鹽水〇．五cc中ニ芽胞二四〇個ヲ有スル稀釋液ニ於テハ三日目、同ジク一二〇箇ヲ有スル稀釋液ニ於テハ四日乃至五日目ニ全部斃死セシメ得タリト稱ス。

之ニ反シ芽胞ヲ形成セザル繁殖態ノ抵抗力ニ關シテハ概シテ强カラズ、一般ノ他種無芽胞性細菌ニ比シ寧ロ弱シトナスヲ以テ諸學者ノ見解トナス。

偶々余ハ本菌ノ抵抗力、就中本菌ニ對スル各種消毒藥ノ優劣ニ關シ聊カ知悉シ置クノ必要ヲ感ジ、茲ニ二、三ノ材料ヲ得テ反復實驗シ今ヤ一定ノ成績ヲ擧ゲ得タルヲ以テ報告セントス。

第二章　研究材料並ニ研究方法

第一節　研究材料ニ就テ

(1)本研究ニ於ケル供試消毒藥ハ「アルコール」(七〇%)クレゾール石鹼液(五%、一〇%、二〇%)石炭酸(五%、一〇%、二〇%)

— 3 —

昇汞水（〇・一％、一％、五％）過酸化水素水（〇・三％、〇・六％、三％）「ホルマリン」（五％、一〇％、二〇％、三〇％）「ヨードチンキ」（一〇倍稀釋、二倍稀釋 原液）硝酸銀（一％）過マンガン酸加里（五〇〇倍稀釋）「クロールカルキ」（〇・五％）及ビ「マーキュロクローム」（〇・五％）ノ十一種ナリ。何レモ化學的純粋ナルモノヲ用ヒ夫々溶媒トシテハ滅菌蒸餾水ヲ使用セリ。

(2)供試菌株ハ脾脱疽菌太田株ニシテ、無芽胞菌トシテハ該菌ノ普通寒天斜面37℃八時間培養ヲ連續反復シ六世代ニシテ得タルモノヲ使用シ芽胞性菌ハ同様四八時間培養ヲ用ヒ無芽胞性莢膜形成脾脱疽菌ヲ含有セル臟器ハ該菌注射ニヨル典型的炭疽斃死馬解屍ノ際剔出シタル暗紫色ノ傳染脾ヲ直ニ使用セリ

第二節　研究方法ニ就テ

(1)普通寒天斜面上37℃八時間培養セル無芽胞菌ヲ用ヒ滅菌生理的食鹽水一cc ニ一斜面（二〇mg）ノ割合ヲ以テ菌浮游液ヲ製シ之ヲ豫メ用意セル各種消毒液五cc中ニ一滴宛滴下シ爾後十五秒、三〇秒、四五秒

一分、一分三〇秒、二分、三分、四分、五分、一〇分、二〇分、三〇分、四〇分、一時間、一時間三〇分、二時間、三時間、四時間、五時間、一〇時間ヲ劃シテ直接一白金耳量宛採リ出シ普通寒天斜面（PH七・二）並ニ一〇ccヲ入レタル普通「ブイヨン」培地（PH七・二）ニ移殖シ、37℃ノ孵卵器ニ收メテ培養シ二四時間乃至四八時間觀察シテ生死ヲ判定セリ。

(2)普通寒天斜面上37℃四八時間培養セルモノニ就テ染色、鏡檢ニヨリテ無數中立芽胞ノ形成ヲ確認シタル後、前項同様菌浮游液ニ製出、各種消毒液五cc中ニ混和シ爾後三〇分、一時間、二時間三〇分、三時間三〇分、五時間、一〇時間、一日、二日、三日、四日及ビ五日ヲ劃シテ夫々一白金耳量宛採リ出シ、前項同様操作シテソノ生死ヲ判定セリ。

(3)實驗的炭疽罹患斃死馬解屍ニヨリ得タル剔出傳染脾ヲ直ニ滅菌メス」ヲ用ヒテ約一糎立方ニ裁斷シ大型滅菌シャーレ」中ニ一五個宛並ベタルモノ一一個ヲ作リ之ニ各種消毒液ヲ夫々一〇〇cc宛注加シ直ニ

第一片ヲ取出シ豫メ用意セル滅菌蒸餾水約五〇ccヲ入レタル滅菌シャーレ」中ニ於テ洗滌シ外部附着ノ消毒液ヲ去リ之ヲ他ノ滅菌シャーレ」中ニ移シテ滅菌剪刀ヲ以テ切斷シ、割面ヨリ一白金耳宛採リテ普通寒天平板培地ニ塗抹分離培養シ「コロニー」ノ發生狀況ヲ觀察シ染色標本鏡檢ニヨリ判定ス。爾後ハ正確ニ一時間、二時間、三時間、四時間、五時間、六時間、八時間、一〇時間、一日、二日、三日、四日、五日及ビ七日ヲ劃シテ上記同樣操作實驗シ夫々殺菌效果ヲ檢定セリ。

第三章　實驗成績

第一節　無芽胞菌ノ各種消毒藥ニ對スル抵抗力ニ就テ

前章下ニ記述セル操作ニヨリテ得タル無芽胞菌ニ對スル各種消毒藥ノ殺菌力ニ就テ實驗シ得タル成績ヲ擧ゲレバ第一表ニ示スガ如シ。即チ五%クレゾール石鹼液ノミニ於テ就中一五秒間作用ニ於テ明ラカニ陽性ヲ示シテ生存スルモ、他ハ總テ陰性ナルヲ認メタリ。

第二節　脾脫疽菌芽胞ノ各種消毒藥ニ對スル抵抗力ニ就テ

— 6 —

太田株芽胞ヲ用ヒテ行ヘル實驗成績ヲ示セバ第二表ノ如シ。即チ昇汞「ホルマリン」及ビ「ヨードチンキ」ハ最モ殺菌作用强ク、五%昇汞水、三〇%ホルマリン溶液「ヨードチンキ原液ニ對シテハ何レモ三〇分以内ニ於テ既ニ死滅シ亞デ一%昇汞水ハ一時間更ニ〇・一%昇汞水竝ニ一〇%及ビ二〇%「ホルマリン」溶液ハ共ニ二時間三〇分ニシテ死滅ス。次デ二倍及一〇倍稀釋「ヨードチンキ」竝ニ三%過酸化水素水中ニテハ漸ク二四時間ニシテ死滅シ、〇・六%過酸化水素水中ニテハ七二時間ニシテ死滅ス。其ノ他ノ消毒液即チ「クレゾール石鹼液、石炭酸竝ニ酒精ニ對シテハ五日間ニ亘ルモ尚ホ死滅ヲ來ス事ナキヲ實驗セリ。

第三節　臓器片中ニ含有サレタル無芽胞性莢膜形成脾脫疽菌ノ各種消毒藥ニ對スル抵抗力ニ就テ

前章下記載ノ實驗方法ニ從ヒ反復實驗シ得タル成績ヲ一括シテ示セバ第三表ノ如シ。即チ石炭酸、「クレゾール石鹼液」、「ホルマリン」竝ニ「ヨードチンキ」ノ殺菌力ハ最モ强ク、五%石炭酸溶液中ニテハ四時間ニシテ死滅シ、三%「クレゾール石鹼液」、五%「ホルマリン」液及ビ「ヨードチンキ原液ニテハ夫々五時間ニテ死滅ス。次デ昇汞及ビ硝

— 7 —

酸銀ナルモ、ソノ殺菌力ハ前者ニ比シテ甚シク弱小ニシテ、四八時間ニテ漸ク死滅ス。更ニ「アルコール」「クロールカルキ」及ビ「マーキユロクローム」ハ共ニ七二時間ニテ漸ク死滅ヲ來シ、過マンガン酸加里及ビ過酸化水素ハ最モ弱ク何レモ九六時間ニシテ之ガ死滅ヲ來セリ

第四章　總括竝ニ考按

敍上余ノ實驗成績ヲ總括シ考按ヲ下セバ次ノ如シ

(1)脾脫疽菌ニ於テ無芽胞菌ノ抵抗力ハ極メテ弱ク、七〇%アルコール一〇%及ビ二〇%ホルマリン中ニテハ一五秒間ニシテ完全ニ死滅シ五%クレゾール石鹼液ニアリテモ三〇秒間ニシテ既ニ死滅ヲ來セリ

(2)芽胞ノ抵抗力ハ甚ダ強ク五%、一〇%竝ニ二〇%クレゾール石鹼液五%、一〇%竝ニ二〇%石炭酸、三%過酸化水素水、七〇%「アルコール」ニハ五日間ニシテ尚克ク生存可能ナリ。而シテ五%昇汞水三〇%「フホルマリン」「ヨードチンキ」原液ニ對シテハ三〇分間ニシテ既ニ死滅シ、就中昇汞及ビ「ホルマリン」ノ殺菌力ハ大ナリ。

(3)臟器片中ニ含有サレタル無芽胞性莢膜形成脾脫疽菌ノ抵抗力ハ概シ

テ前二者ノ中間ニ位ス。卽チ供試消毒藥、一%硝酸銀、五%クレゾール石鹼液、五%石炭酸、七〇%アルコール、五〇〇倍稀釋過マンガン酸加里、三%過酸化水素水、五%「ホルマリン」「ヨードチンキ原液、〇・一%昇汞、〇・五%「クロールカルキ」及ビ〇・五%「マーキユロクローム」ニ對シテハ四日間ニシテ夫々死滅セルニ反シ、之等藥品總テニ對シテ比較的抵抗力強ク、最モ大ナル殺菌力ヲ有スルハ石炭酸ニシテ漸ク四時間後ニ於テ全ク殺菌シ、亞デ「クレゾール石鹼液「ヨードチンキ」竝ニ「ホルマリン」ノ順ヲ示シ、昇汞ハ芽胞ニ對スル作用ノ甚大ナリシ成績ニ比較シ著シク作用ノ減弱セルヲ認ム。惟フニ這ハ昇汞ノ所謂蛋白質凝固作用ヲ發揮シ、其ノ作用ノ比較的表在性ナルニ反シ、石炭酸ガ其ノ組織滲透性ニ於テ著シク優秀ナルノ理ニ依ルモノナラム。

第五章　結論

(1)脾脫疽菌ノ抵抗力ハ芽胞ノ有無ニヨリ著シキ懸隔アリ。卽チ有芽胞菌ノ抵抗力ト實ニ強大ナルニ反シ、無芽胞菌ノ抵抗力ハ著シク弱小

ナリ。而シテ殺菌性強力ナルハ昇汞ヲ最大トナシ「ヨードチンキ」及ビ「ホルマリン」モ之ニ亜ギ優秀ナリ。

(4) 臓器組織中ニ存在スル無芽胞性有莢膜菌ハ概シテ長時間生存力ヲ保有シ、此ノ際殺菌力最大ナルハ石炭酸ニシテ亜デ「クレゾール」石鹸液、「ホルマリン」並ニ「ヨードチンキ」ニシテ昇汞ハ甚ダ殺菌力微弱ナリ。

(5) 消毒薬特ニ昇汞等ノ使用ニ當リテハ被消毒物件ノ環境ニ關シ深甚ノ考慮ヲ拂フ可キヲ確認セリ。

— 10 —

文　献

(1) 中村　豊　　細菌學血清學檢查法

(2) 山中太木　　阪醫專誌　第二巻　第二號

(3) 梅野、野畑、寺本　　細菌學雜誌第五一二號　四六一四七頁

(4) Dasteur, L. C. R. Acad. Sci., 1881, 92, 209.

(5) Busson, B. Zbl. Bakt., I. ong., 1911, 58, 505

(6) Bitter, L. Zbl. Bakt. I. ong., 1913, 68, 227

(7) Zumbach Physikolisch-Chemische Untersuchungen uber die Wirkungsweise des Sublimats Gegenuber milzbrand bacillen u.s.w. Diss, Bern. 1917.

(8) Gaiger, S. Vet. J., 1926, 82, 497.

(9) Graham-Smith, G.S. J. Hyg., 1930, 30, 213.

(10) W. Kolle und A. V. Wassermann, Handbuch der Pathogenen Mikroorganismen, III Band, P. 1062-1067.

— 11 —

第一表

MB菌抵抗試験成績（無芽胞菌）

	15秒	30	45	1分	15	2	3	4	5	10	20	30	40	1時	1.5	2	3	4	5	10
アルコール（7%）	－	－	－	－	－	－	－	－	－	－	－	－	－	－	－	－	－	－	－	－
クレゾール（5%）	＋	－	－	－	－	－	－	－	－	－	－	－	－	－	－	－	－	－	－	－
ホルマリン（10%）	－	－	－	－	－	－	－	－	－	－	－	－	－	－	－	－	－	－	－	－
ホルマリン（20%）	－	－	－	－	－	－	－	－	－	－	－	－	－	－	－	－	－	－	－	－
ホルマリン（30%）	－	－	－	－	－	－	－	－	－	－	－	－	－	－	－	－	－	－	－	－
クレゾール（10%）	－	－	－	－	－	－	－	－	－	－	－	－	－	－	－	－	－	－	－	－
クレゾール（20%）	－	－	－	－	－	－	－	－	－	－	－	－	－	－	－	－	－	－	－	－
石炭酸（5%）	－	－	－	－	－	－	－	－	－	－	－	－	－	－	－	－	－	－	－	－
石炭酸（10%）	－	－	－	－	－	－	－	－	－	－	－	－	－	－	－	－	－	－	－	－
石炭酸（20%）	－	－	－	－	－	－	－	－	－	－	－	－	－	－	－	－	－	－	－	－
オキシフル（0.3%）	－	－	－	－	－	－	－	－	－	－	－	－	－	－	－	－	－	－	－	－
オキシフル（0.15%）	－	－	－	－	－	－	－	－	－	－	－	－	－	－	－	－	－	－	－	－
オキシフル（3%）	－	－	－	－	－	－	－	－	－	－	－	－	－	－	－	－	－	－	－	－
沃度丁幾（10倍）	－	－	－	－	－	－	－	－	－	－	－	－	－	－	－	－	－	－	－	－
沃度丁幾（2倍）	－	－	－	－	－	－	－	－	－	－	－	－	－	－	－	－	－	－	－	－
沃度丁幾（1倍）	－	－	－	－	－	－	－	－	－	－	－	－	－	－	－	－	－	－	－	－

（培地PH 7.2寒天斜面並「ブイヨン」）

第二表

太田試芽胞抵抗

		三十分	一時間	一時間半	三時間	五時間	十時間	一日	二日	三日	四日	五日	六日
1	5%クレゾール	+++	+++	+	+	++	+	+++	++	+++	+	+	
2	10%クレゾール	+++	+++	+	++	++	+	+++	++	+	+	+	
3	20%クレゾール	+++	++	+	++	++	+	+++	++	+	+	+	
4	5%石炭酸	++++	++	+++	++	+++	++	++++	+++	+++	+	+	
5	10%〃	++++	++	+++	++	+++	++	++++	+++	++	++	++	
6	20%〃	+++	++	++	++	++	++	+++	++	+	+	+	
7	0.1%昇汞水	++	+	－	－	－	－	－	－	－	－	－	
8	1%〃	+	－	－	－	－	－	－	－	－	－	－	
9	5%〃	－	－	－	－	－	－	－	－	－	－	－	
10	10%過酸化水素	+++	+++	+++	++	+++	+	+++	+++	++	++	++	
11	20%〃	++++	+++	++	++	++	+	+	++	－	－	－	
12	過酸化水素原液	+	+	+	+	+	+	－	－	－	－	－	
13	10%ホルマリン	++	+	－	－	－	－	－	－	－	－	－	
14	20%〃	+	+	－	－	－	－	－	－	－	－	－	
15	30%〃	－	－	－	－	－	－	－	－	－	－	－	
16	10×沃丁	++	++	++	+++	+	++	－	－	－	－	－	
17	2×沃丁	++	++	++	++	++	+	－	－	－	－	－	
18	沃丁原液	－	－	－	－	－	－	－	－	－	－	－	
19	70%アルコール	+++	+++	+++	+++	++	++	+++	+++	+++	++	++	

菌液　其一

1cc＝1斜面

（48時間37°ノモノ）

後24時間39°

液5cc＝菌液0.5cc投入各時間ニ直接一白金耳ヲ取リ「ブイヨン ニ」培養24時間後ノ成績、1日以上ニ亘ル時Oxyfuoハゴム栓ニテ密閉。但實用ニハ開放ノママノ殺菌力ガ重要ト思ハレル。「ブイヨン」ニテ疑ハシキ時ハ更ニ斜面ニ培養シテ確定

第三表

臓器片中ニ含有サレタル無芽胞性莢膜形成脾脱疽菌ノ各種消毒薬ニ對スル抵抗力

	薬品名	直後	一時間	二時間	三時間	四時間	五時間	六時間	八時間	十時間	一日	二日	三日	四日	五日	七日
1	硝酸銀（10%）	卅	卅	卅	卅	卅	卅	卅	卄	十	一	一	一	一	一	一
2	クレゾール（5%）	卅	卅	卅	卅	十	一	一	一	一	一	一	一	一	一	一
3	石炭酸（5%）	卅	卅	卅	十	一	一	一	一	一	一	一	一	一	一	一
4	アルコール（70%）	卅	卅	卅	卅	卅	卅	卅	卄	卄	十	十	一	一	一	一
5	カメレオン 500×	卅	卅	卅	卅	卅	卅	卅	卅	卅	卄	卄	十	一	一	一
6	オキシフル（3%）	卅	卅	卅	卅	卅	卅	卅	卅	卄	卄	十	十	一	一	一
7	ホルマリン（5%）	卅	卅	卅	卅	卄	一	一	一	一	一	一	一	一	一	一
8	ヨードチンキ（原）	卅	卅	卅	卅	十	一	一	一	一	一	一	一	一	一	一
9	昇汞（0.1%）	卅	卅	卅	卅	卅	卅	卅	卄	卄	十	一	一	一	一	一
10	クロールカルキ（0.5%）	卅	卅	卅	卅	卅	卅	卅	卅	卅	卄	十	一	一	一	一
11	マーキユロクローム（0.5%）	卅	卅	卅	卅	卅	卅	卅	卅	卄	卄	十	一	一	一	一

方法

炭疽罹患騾馬脾臓ニヨリ得タル剔出臓器片ヲ直ニ供試シ約一cm立方ニ滅菌メス」ヲ用ヒテ細断シ大型滅菌シャーレー」中ニ一五個ヅツ並ベタルモノ一一個ヲ作リ之ニ各種消毒薬硝酸銀（一〇％）「クレゾール」（五％）……及ビ「マーキユロクローム」（〇.五％）ヲ夫々一〇〇cc注加シ直ニ第一片ヲ取出シ豫メ用意セル滅菌蒸餾水約五〇cc入レタル滅菌「シャーレー」中ニ於テ洗滌シ外部附着ノ消毒液ヲ去リ之ヲ他ノ滅菌「シャーレー」中ニ移シテ滅菌剪刀ヲ以テ切片ヲ切断シ割面ヨリ一白金耳宛採リテ普通寒天平板培地ニ塗擦分離培養シ「コロニー」ノ發生状況ヲ觀察シ染色標本製出鏡檢ニ依リ判定ス切片投入後ハ正確ニ一時間二時間……乃至七日ヲ劃シテ同様操作實驗シ殺菌效果ヲ檢定セリ

備考　表中ノ卅ハ多数、卄ハ中等度、十ハ小数陽性ヲ示シ一ハ陰性ヲ示ス

追加討論

（小橋少佐）「フォルムアルデヒード」ハヤツテ見タカ

（管）マダヤラツイ

（隊長代理）ソレハ問題ニナラナイダラウ

第弐 野兎ノ胃ニ寄生セル「トリマストロンギルス」ニ就イテ

第二科 陸軍軍医少尉 柴田 進

昭和十四年十二月十一日私ハ石井（四）部隊蔬菜班員ガ南京城外紫金山麓ニ於テ捕獲シタ野兎ヲ解剖シテソレラノ胃中ニ多数ノ「トリコストロンギルス」ガ寄生シテイルノヲ認メタ。コノ「トリコストロンギルス」ハ横川、森下両氏ノ人體寄生蠕蟲中ノ「トリコストロンギルス科ニ記載サレテイル特徴ヲ満足ニ具ヘテイルガ、コレト全然同一ノモノヲ同書中ニ見出スコトガ出来ナカッタカラ、此處ニ私ガ得タ「トリコストロンギルス」ヲ簡單ニ記載シヨウト思フ。（「ラクトフエノール」透明標本）

形態

蟲ハ毛様纖細、半透明紅色ヲ呈シ體長雄約一一粍、雌約一八粍、體巾雌雄共ニ〇・〇三粍、外皮ハ一見滑澤デアルガ、第一圖ニ示ス如キ微細ナル紋理ヲ有シテイル。口端ハ鈍圓デ痕跡的ナ三個ノ唇（背、腹左、腹右）ヲ有シテイルガ口腔ハ存在セズ直ニ食道ニ續イテイル。食道ハ單純型デ長サ約〇・七粍。食道後端ニ頸腺、食道腺ト想像サレル構造物ヲ認メルコトガ出来ナイ。

雄蟲ノ生殖器ノ存在ハ明瞭デアルカ、睾丸附精嚢、射精管等ノ區別ハ甚ダムツカシイ。交接嚢ハ鉢状デ左右兩葉及ビ背葉カラナツテイルガ背葉ノ發達ハ非常ニ不良デ痕跡的ト言フニ近イ状態デアル。交接嚢ノ長サハ〇・〇七粍、巾〇・〇七粍、體ノ中軸ニ對シテ稍々腹方ニ傾キ、背側肋及ビ後側肋ハ太ク相接近シ、腹々肋、側腹肋、外側肋ハ互ニ接近シテイル。コレラノ中腹々肋ハ發達シテイナイ。中側肋ハ太ク他ノ肋條トハ離レテ存在シテイル。最モ著明ナ特徴ハ交接嚢ニ小サナ鏈形ノ紋理ノアルコトデ、他ノ種類ニハ見ラレナイモノデアル。（第二圖）背肋ハ先端ガ二叉ニ分レテイル。

交接刺ハ褐色、肛門ノ前上部ニ位シ、左右同型、導刺帶ト想ハレルモノハ認メラレナイ。交接刺ノ基部ニハ透明ナル翼状物ヲ附シテイル。

（第三圖）

雌蟲ノ陰門ハ體ノ後端ヨリ約三粍前方、腹面ニ開キ膣ハ前後ニ分岐シ

排卵管、子宮、輸卵管、受精管ヲ經テ卵巣ニ到ツテイル。膣ノ内面ニ
ハ著明ナ「シワ」ガアル
子宮ニハ多數ノ卵ヲ藏シテイルガ未ダ卵殻ノ形成ヲ見ズ、微細顆粒ニ
富メル楕圓體トシテ認メラレル。受精管、輸卵管ノ發達ハ不明デアル
少クトモ精液ヲ貯藏スル爲ノ裝置ハナイ様デアル。子宮カラ卵巣ノ方
ニカケテ腔中ノ内容ハ楕圓體状カラ次第ニ長形六面體状トナリ卵巣ノ
近傍ニ於テハ管腔中ニ扁平ナル圓柱状細胞ガ一列ニツラナツテイル
卵巣ハ微細顆粒ニミタサレテ細胞境界ヲ認メルコトガ出來ナイ。雌性
生殖器ハ體腔中ヲ屈曲シ後部生殖器ハ前部生殖器ニ比シテ發育ガ不良
デアル。卵ノ大イサハ約〇・〇六×〇・〇三粍。腸管ハ雌雄共ニ體腔中ヲ緩クウネ
ツテ肛門ニ終ツテイル。
雌ノ肛門ハ體ノ後端カラ約〇・五粍前ノ腹面デ開イテイル。
宿主　野兎
分布　南京附近
發育史　不明デアルガ「トリコストロンギルス　オリエンタリス」ニ

— 14 —

酷似シテイルノデハアルマイカト想像サレル。
感染　同前
寄生部位及病理
胃粘膜ノ皺襞中ニ深クハイリ込ンデ上ニ粘液ヲカブツテイルガ、容易
ニ粘膜カラトリノゾクコトガ出來ル。大シタ害ヲ及ボスモノデハアル
マイ。幼弱蟲ハ十二指腸ニイル。
本蟲ガ「トリコストロンギルス」ト想像サレル理由
食道球状膨隆ヲ有シナイコトニヨツテ「オキシウリデー」及ビ「ラブ
デチデー」ヲ除外シ得。交接嚢ヲ有スルコトニヨツテ「デオクトフイ
ミデー」「トリコストロンギリデー」「メタストロンギリデー」「シ
シガミデー」「アンキロストミデー」「ストロンギリデー」ヲ想像出
來ルガ口腔ノ發育ガ見ラレナイコトニヨツテ、「シンガミデー」「ア
ンキロストミデー」「ストロンギリデー」ヲ否定シ「デオクトフイミ
デー」交接嚢ニ助條ヲ有スルコトニヨツテ除外出來ルカラ、結局「ト
リコストロンギリデー」「メタストロンギリデー」ノイヅレカデアラ

— 15 —

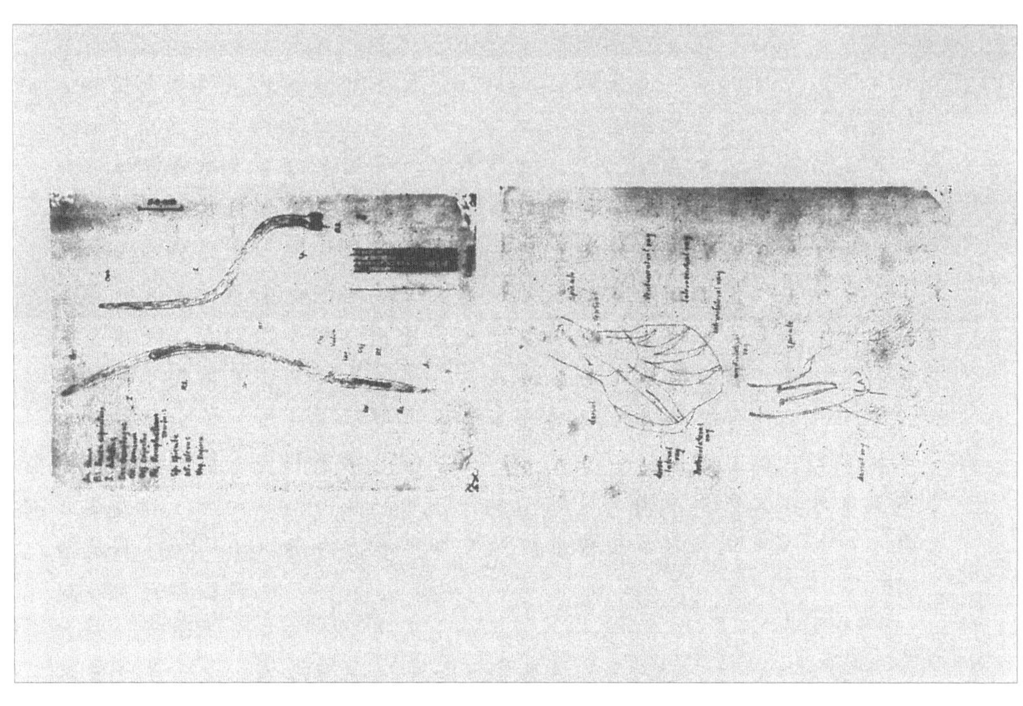

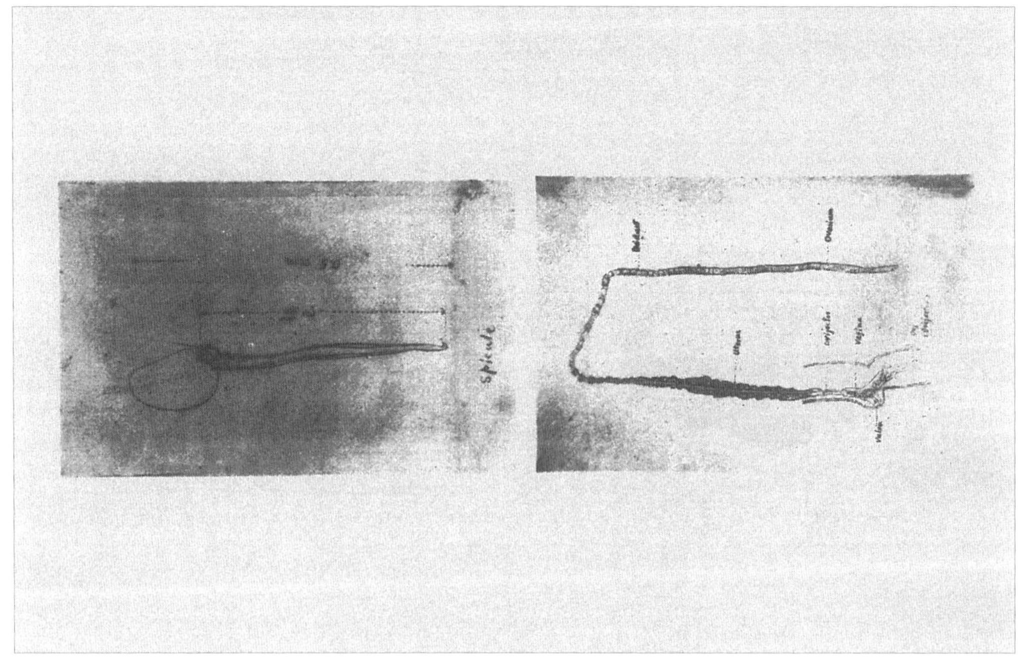

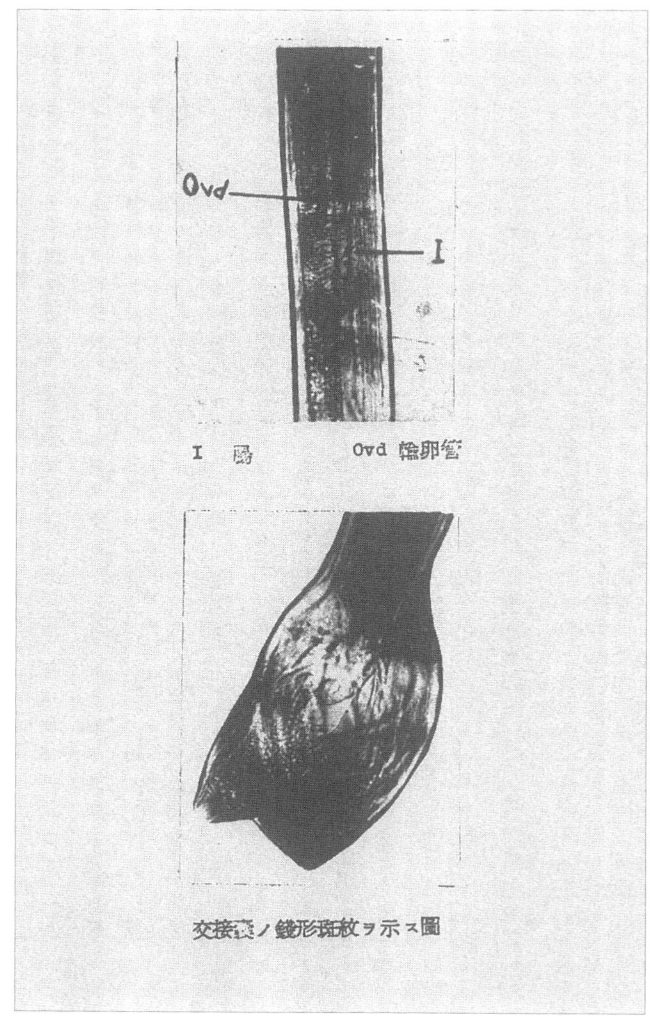

I 腸　Ovd 輸卵管

交接囊ノ鏡形斑紋ヲ示ス圖

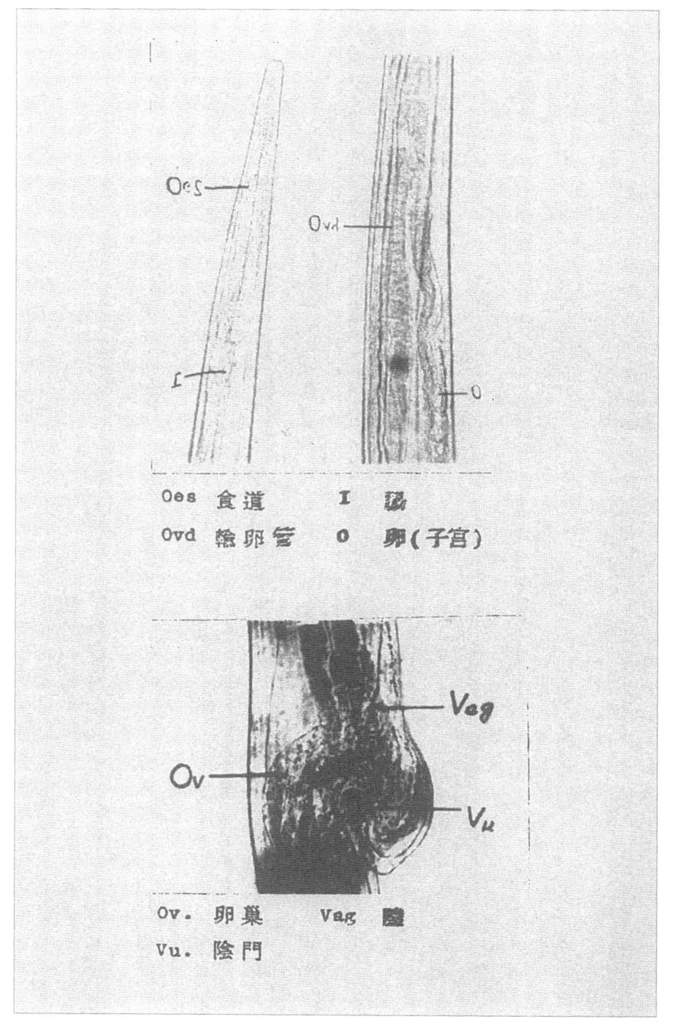

Oes 食道　I 腸

Ovd 輸卵管　O 卵(子宮)

Ov. 卵巣　Vag 膣

Vu. 陰門

ウト思ヘレル。然シ助條ノ發達ガ正則デアルコトニヨッテ「メタスト
ロンギリデー」ヲ否定シ「トリコストロンギリデー」ト決定シ得ルワ
ケデアル。「トリコストロンギリデー」中ニハ本蟲ノ如ク交接嚢ニ鏤
形紋理ヲ有スルモノハナイ様デアル。（横川、森下兩氏人體寄生蟲學）
從ッテ本蟲ガ若シ未ダ記載サレテイナイ新種デアルトセバ最モ著シイ
特徴卽チ交接嚢ノ鏤形紋理ニヨッテ

Trichostrongylus maculobursalis

ト呼ブノガ最モ適當シテイル。本蟲ノ學名ガ明瞭ニナルマデ整理ノ都
合上シバラクコノ命名ヲ使用スルコトニシタイ。

— 16 —

第四 喀痰中ノ結核菌檢索ニ就イテ（追加）

陸軍軍醫少尉 笠 木 甲 一

前回ノ研究會ニ於テ述ベシ二六名ノ結核患者喀痰ニ對シ硫酸法ト苛性加里「オキシフル」法ニ依リ處置シタモノノホーン、ベトロフ、レーベンスタインノ三種ノ培地ニ對スル發育ノ比較ト、結核菌浮游液ニ對スル兩方法ノ影響、苛性加里「オキシフル」法ノ時間的關係ガ發育ニ及ボス影響等ニツキ實驗シタルヲ以テ其成績ヲ報告セントス

（特ニ此ノ三ツノ培地ヲ選ンダ理由ハホーンハ肉汁ト卵ノミノモノ、ベトロフハ殺菌劑トシテ「ゲンチアナ紫ノ入ッタモノ、レーベンスタインハ「マラヒット綠ノ入ッタモノトシテ代表的ナ意味ニ於テデアル）

一、實驗材料及ビ實驗方法

二六名ノ結核患者ノ新鮮ナル喀痰ニツイテ實驗ヲ行ッタ。此ノ二六名ハ集菌乃至培養ニ依リ何レモ菌ノ陽性ナル事ヲ證明シタモノデアル。

實驗方法ハ喀痰ノ三cc ヲ「シャーレ」ニ採リ、之ニ白色葡萄狀球菌

— 17 —

連鎖状球菌、肺炎菌ノ「ブイヨン」培養二四時間ノモノノ混合液一〇ccヲ加ヘ良ク攪拌シタル後、五%（重量）ノ硫酸法及ビ苛性加里「オキシフル」法ニ依リ集菌シ、其ノ沈渣ヲ二白金耳宛、ホーン、ペトロフ、レーベンスタインニ培養シ菌ノ發育ヲ觀察シタ。

三、實驗成績

附表第一、第二ニ示ス通リデアリ、表中「十」ハ結核菌集落ヲ認メ得ルモノ「卄」ハ集落大キクシテ多數ナル場合、「卅」ハ菌ノ發育旺盛ニシテ培地全面ヲ覆ヘル場合ヲ示シ、「力」ハ黴ノ生エタルモノ「×」ハ培地ノ崩壊ヲ示ス。

(A)培地ノ崩壊ニ就テ（第一表）

第一表

培地名 ＼ 區分 ＼ 日數	十日目 硫酸	十日目 苛性加里	十日目 平均	四十九日目 硫酸	四十九日目 苛性加里	四十九日目 平均
ホーン	五（一九二%）	四（一五四%）	四五（一七三%）	一二（四六二%）	一三（五〇〇%）	一二五（四八一%）
ペトロフ	一（三九%）	〇（〇%）	〇五（一九%）	五（一九二%）	一〇（三八五%）	七五（二八八%）
レーベンスタイン	二（七七%）	一（三九%）	一五（五八%）	三（一一五%）	一（三九%）	二（七七%）
計	八（一〇三%）	五（六四%）		二〇（二五六%）	二四（三〇八%）	

— 18 —

四十九日目ノ調査ニ於テホーンハ最モ多ク破壊サレ四八一%ヲ示シ、レーベンスタインハ僅カニ七七%ヲ示スニ過ギズペトロフハソノ中間ニシテ二八八%デアル。

硫酸法ト苛性加里法ノ比較ニ關シテハ硫酸法稍々優レ、前者ハ二五六%、後者ハ三〇八%デアルガ大體ニ於テ兩方法ニ大差ハナイモノト思フ。

集菌後ノ鏡檢所見ニ依ル雜菌ノ多少ト培地ノ崩壊トノ關係ニ就テハ、著シイ關係ヲ見出ス事ナク普通喀痰中ニ見出サレル葡萄状球菌、連鎖状球菌、肺炎菌等ハ之等ノ培地ニ對スル崩壊作用ハ少ク又培地一面ニ繁殖シテ使用ニ堪ヘナイ樣ニスル事モ少イ。

(B)結核菌ノ發育ニ就イテ

(い)二五日迄ニ發育セルモノ（第二表）

— 19 —

第二表

區分 ＼ 培地名	ホーン 硫	ホーン 苛	ホーン 計	ペトロフ 硫	ペトロフ 苛	ペトロフ 計	レーベンスタイン 硫	レーベンスタイン 苛	レーベンスタイン 計
菌ノ發育セルモノ	七	六	一三	四	八	一二	一六	一三	二九
健全ナル培地	一七	一六	三三	二四	二二	四六	二三	二五	四八
全數ニ對スル%	二六・九	二三・一	二五・〇	一五・四	三〇・八	二三・一	六一・五	五〇・〇	五五・八
健全ナル培地ニ對スル%	四一・七	三一・二	三九・四	一六・七	三六・四	二六・六	六九・六	五二・〇	六〇・八

レーベンスタインハ最モ良ク發育ヲ見タルモノハ全數ニ對シ五五・八%デアリ次ハホーンノ二五・〇%ペトロフノ二三・一%ノ順序デアル、卽チレーベンスタインニ於テハ二五日迄ニ半數以上發育ヲ見ルノデアル。尙ホ旣ニ崩壞シタ培地モアルカラ健全ナル培地數ヲ求メ之ニ對スル百分率ヲ見ルニ、ホーン三九・四%ペトロフ二六・六%レーベンスタイン六〇・八%デアリ、ホーンハ著シク增加シテキルガレーベンスタインニハ及バナイ。殺菌劑ノ入ラナイホーンガ結核菌發育ノ速サニ於テモマラヒツト綠ノ入ツテキルレーベンスタインニ劣ルト云フ結果ヲ示シテキル。

— 20 —

(ロ)四九日迄ニ發育セルモノ（第三表）

第三表

區分 ＼ 培地名	ホーン 硫	ホーン 苛	ホーン 計	ペトロフ 硫	ペトロフ 苛	ペトロフ 計	レーベンスタイン 硫	レーベンスタイン 苛	レーベンスタイン 計
菌ノ發育セルモノ	一三	八	二一	一三	一四	二七	二一	二一	四二
健全ナル培地	一六	一四	三〇	二二	一八	四〇	二三	二五	四八
全數ニ對スル%	五〇・〇	三〇・八	四〇・四	五〇・〇	五三・八	五一・九	八〇・八	八〇・八	八〇・八
健全ナル培地ニ對スル%	八一・三	五七・一	七〇・〇	五九・一	七七・八	六七・五	九一・三	八四・〇	八七・五

全數ニ對スル百分率ハレーベンスタイン八〇・八%ペトロフ五一・九%ホーン四〇・四%ノ順デアルガ健全ナル培地ニ對スル百分率ヲ取レバレーベンスタインハ八七・五%デ最モ良クホーン之ニ次ギ七〇・〇%ペトロフハ六七・五%デ最下位デアル。

硫酸法ト苛性加里法トノ關係ニツイテハホーン、レーベンスタインニ於テハ硫酸法ガ勝リペトロフニ於テハ苛性加里法ガ勝ツテイル。

— 21 —

(3) 三二日以上ヲ經テ漸ク生エルモノ（第四表）

第四表

培地名＼區分	硫酸法	苛性加里法	計
ホーン	〇（二三）	〇（八）	〇（三一）
ペトロフ	六（一三）	四（一四）	一〇（二七）
レーベンスタイン	二（二一）	二（二一）	四（四二）

（括弧内ノ數字ハ四九日迄ニ生エタルモノノ全數ヲ示ス）

即チ二六例中ホーンハ〇レーベンスタイン四ペトロフ一〇ノ順デアリペトロフ陽性ナルモノ二七本中一〇本ガ一ケ月以上ヲ經テ漸ク生エルモノナルニ反シ、ホーンデハ二一本ガ全部一ケ月以内ニ生エテキル。ゲンチアナ紫ト云フ色素ハ結核菌ニ對スル毒性モ中々强イラシク、ペトロフニ於テハ結核菌ノ發育モ甚ダオソイ、ホーン、レーベンスタインデ多數生エルモノガ、ペトロフデハ單ニ一ツ、二ツノ聚落シカ見出セナイ場合ガ相當多イ。レーベンスタインハ此ノ點ニ於テモ中々優秀ナル培地デアル事

ヲ示シ、四二本中僅カニ四本ニ過ギナイ

(C) 菌數ノ甚ダ少イ場合

(イ) 鏡檢法デ菌ヲ見出シ得ナイモノ（第五表）

第五表

培地名＼區分・番號	硫酸法		苛性加里法	
	二〇番	二六番	七番	二〇番
ホーン	卄	×	×	×
ペトロフ	一	×	×	×
レーベンスタイン	卄	一	一	一

(ロ) ガフキー一號以下ノモノニ就イテ

二六例中ガフキー一號以下ノモノ五例アリ、各培地ニ就テノ成績ハ第六表ノ如シ

第六表

培地名＼區分	硫酸法	苛性加里法	計
ホーン	二（二）	二（三）	四（五）

ペトロフ	一（三）	一（二）	二（五）
レーベンスタイン	三（五）	三（五）	六（一〇）

（括弧内数字ハ五例ノ中健全ナル培地數ヲ示ス）

(ロ)菌ノ發育ヲ見ナイモノ（第七表）

第七表

區分	方法	ガフキー一二號以下	ガフキー三號以上	計	百分率
ホーン	硫酸	〇	三	三	一七三%
	苛性加里	四	二	六	
ペトロフ	硫酸	七	二	九	二六九%
	苛性加里	四	一	五	
レーベンスタイン	硫酸	二	〇	二	一・六%
	苛性加里	四	〇	四	
計	硫酸	九	五	一四	一七九%
	苛性加里	一二	三	一五	一九二%

（二六例中ガフキー一二號以下ノモノ一一例、三號以上ノモノ一五例ナリ）

第七表ニ示ス通リ生エナイモノノ中ガフキー一二號以下ノモノガガフキー三號以上ノモノニ比シ断然多イ。菌ノ少イ場合ニハ培養モ

中々困難デアルノハ當然考ヘラレル事デアリ、酸「アルカリ」デ處置スレバソレ丈又菌ノ生活狀態ガ弱リ發育モ悪クナル。ガフキー一二號以下ノモノ總計二一本ニシテガフキー三號以上ノモノ八本デアル。百分率ニスレバ前者ハ三・八%、後者ハ八九%トナル。

硫酸デ處置セルモノハ一七九%、苛性加里法デハ一九二%デアリ硫酸法ノ方ガ稍々勝ツテイル。

培地別ニ見レバレーベンスタインハ最モ少ク一・六%次ハホーンノ一七三%デアリ、ペトロフハ二六九%デアル。

三　硫酸法及苛性加里法ノ結核菌ニ及ボス影響

結核患者ノ喀痰ヨリ培養シタ結核菌ヲ以テ結核菌華質浮游液ヲ作リ之ヲ硫酸法、苛性加里「オキシフル」法ヲ以テ喀痰ノ場合ト同様ニ處置シ、三〇分、六〇分、九〇分放置セル後一五〇〇回、一〇分間遠心沈降シ其ノ上清ヲ二白金耳宛培養シタモノデアル。

鏡檢所見ニ關シテハ前回述ベタ通リデアルカラ、其ノ培養成績ヲ記載スルニ附表第三ノ如クデアル。

苛性加里九〇分、硫酸六〇分ノ處置デハ鏡檢所見ニ於テ結核菌ニ對スル影響ハ可ナリ見ラレルノデアルガ、培養成績ニハ大シタ影響ヲアラハシテヰナイ。但シ此ノ表ニ於テモペトロフハ生エ難イ培地デアル事ヲ示シテヰルシ、レーベンスタインデハ二乃至三週間ニシテ全部ガ發育ヲ見テイル。

四　苛性加里オキシフル法ノ時間的關係

二例ノ結核患者ニ就イテ處置時間ヲ三〇分、六〇分、九〇分ト區分シ實驗ヲ行ツタ結果ハ第八表ノ如クデアリ。ガフキー一號ノ患者ニ於テモ發育ニ關シ時間的影響ハ認メラレナイ。然シ一、二例ノ實驗例ニ依リ此ノ問題ヲ論ズル事ハ出來ヌ。此處ニ於テハ結果ヲ報告スルニトドメ他日追求ノ豫定デアル。

— 26 —

第八表

性名	時間	一視野ノ結核菌數	雜菌	ペトロフ 一六	ペトロフ 二五	ペトロフ 三四	ペトロフ 四二	ペトロフ 五六	レーベンスタイン 一六	レーベンスタイン 二五	レーベンスタイン 三四	レーベンスタイン 四二	レーベンスタイン 五六
青木 G. 1	三十分	1/10	±	一	一	十	廿	卅	一	一	十	十	卅
	六十分	1/20	十	一	一	±	±	十	一	一	廿	廿	卅
	九十分	ナシ	廿	一	一	カ	カ	×	一	一	十	廿	卅
喜安 G. 5	三十分	2	卅	一	一	±	±	一	一	一	廿	廿	卅
	六十分	1/2	一	一	一	一	一	一	一	十	廿	廿	卅
	九十分	1/3	十	一	一	十	廿	卅	一	十	廿	卅	卅

五　動物試驗法

結核菌檢索ニ於テ決定ニ迷フノハ抗酸性桿菌ノ出現デアル。之ハ喀痰中ニモ存在スルシ、培養操作ノ途中ニ於テ混入シ、結核菌ニ類似ノ聚落ヲ作ル。故ニ最後的決定法トシテ動物試驗法ハ是非トモ必要ナルモノデアル。海濱ノ淋巴腺ガ腫張シタカラト云ツテ結核ト簡單ニ判斷シテハイカヌ。病理解剖的ニ結核性病變ヲ證明セネバナラヌ。

六　結　語

喀痰中ノ結核菌檢索ハ直接鏡檢法ニ依ツテ直チニ確定的ニ決定スル事ガ出來、必ズシモ培養法ヲ必要トハシナイ。然シ乍ラ結核菌數ノ甚ダ僅少ナル場合ニハ集菌鏡檢法・培養法ニ依ラネバ之ヲ發見スル事ガ困難デアル。疑ハシイ患者ノ場合ニハ何枚モ標本ヲ作ツテ鏡檢

— 27 —

スルトカ、咯痰ヲ何回デモ探ツテ調ベル時ハ必ズ發見スル事ガ出來ルノデアリ、必ズシモ培地ヤ孵卵器ガ無クトモ出來ル。然シ陽性カ陰性カ解ラヌ様ナ例ニ於テ一枚ノ標本ニ就キ千視野モ覗クト云フ事ハ其ノ労苦ハ大變ナル事デアル。

殊ニ集團檢査ノ場合ニ於テ然リデアル。此ノ場合ニハ是非トモ集菌培養法ニ依ラネバナラヌ。之ノ方法ニ依レバ培地ニ塗ツテサヘオケバ放ツテ置イテモ陽性ナル場合ニハ一ケ月以内ニ完全ニ生エルカラデアル。

鏡檢ヲ目的トシナイ場合ニハ硫酸法ガ苛性加里「オキシフル」法ニ勝ツテヰルガ通常ハ集菌操作後ノ沈渣ヲ培養スルト同時ニ鏡檢シ度イカラ、苛性加里「オキシフル」法ヲ用フルガヨイ。此ノ方法デハ沈渣ヲソノママ中和スル事ナク染色出來ルカラデアル。培地ハレーベンスタイン・ペトラグナニーガ最モヨイ。

（終リ）

附表第一

硫酸ニテ處置セルモノ

番號	ガフキー	ホーン 10	25	32	41	49	ペトロフ 10	25	32	41	49	レーベンスタイン 10	25	32	41	49
NO. 1	9號	×	×	×	×	×	−	−	卄	卌	卌	−	卄	卌	卌	卌
NO. 2	6號	−	−	×	×	×	−	卄	卄	卌	卌	−	+	+	卌	卌
NO. 3	3號	−	+	+	卌	卌	−	−	−	+	+	−	卄	卌	卌	卌
NO. 4	2號	−	+	+	+	卄	−	±	±	−	−	−	+	+	+	+
NO. 5	2號	−	×	×	×	×	−	±	−	−	−	−	+	+	卄	卄
NO. 6	8號	−	−	−	−	−	−	−	−	−	+	×	×	×	×	×
NO. 7	—	−	×	×	×	×	−	−	−	−	−	−	−	−	−	−
NO. 8	2號	−	+	卄	卄	×	−	−	−	−	−	×	×	×	×	×
NO. 9	6號	カ	カ	×	×	×	−	−	−	−	+	±	卄	卄	卄	卄
NO. 10	6號	−	±	−	−	−	−	カ	カ	×	×	−	−	±	卄	卄
NO. 11	4號	−	卄	卄	卅	卅	−	±	−	−	−	−	卄	卄	卅	卅
NO. 12	2號	−	×	×	×	×	−	±	−	−	−	−	±	±	+	+
NO. 13	6號	−	+	+	卅	卅	−	−	+	卄	卅	−	+	卄	卅	卅
NO. 14	6號	−	+	卄	卅	卅	−	−	−	+	×	−	卄	卅	卅	卅
NO. 15	5號	−	±	±	−	−	−	+	卅	卅	卅	−	卄	卅	卅	卅
NO. 16	9號	×	×	×	×	×	−	+	卄	卅	卅	−	卄	卅	卅	卅
NO. 17	4號	−	−	+	+	卄	−	−	−	−	−	−	+	卄	卅	卅
NO. 18	7號	−	+	卅	×	×	−	+	+	卅	卅	−	卄	+	卅	卅
NO. 19	1號	カ	×	×	×	×	−	−	−	−	−	−	−	−	−	+
NO. 20	2號	−	±	卄	卄	卄	−	−	−	−	−	−	−	+	卄	卄
NO. 21	4號	−	−	+	卄	卄	カ	×	×	×	×	−	−	+	卄	卄
NO. 22	6號	×	×	×	×	×	−	−	±	+	+	−	卄	卄	卅	卅
NO. 23	—	−	−	+	卄	卄	−	−	−	×	×	−	+	+	卄	卅
NO. 24	1號	−	−	+	+	卄	−	−	−	+	卄	−	卄	卄	卅	卅
NO. 25	2號	−	±	卄	卅	卅	−	±	+	卄	卅	−	カ	×	×	×
NO. 26	—	−	×	×	×	×	−	−	×	×	×	−	−	−	−	−

附表第二

苛性加里ヲ々シフルニテ處置セルモノ

番號	ガフキー ＼ 観察日数 ＼ 培地名	ホーン 10	ホーン 25	ホーン 32	ホーン 41	ホーン 49	ペトロフ 10	ペトロフ 25	ペトロフ 32	ペトロフ 41	ペトロフ 49	レーベンスタイン 10	レーベンスタイン 25	レーベンスタイン 32	レーベンスタイン 41	レーベンスタイン 49
NO. 1	9號	−	++	++	×	×	−	++	++	+++	+++	−	+	++	+++	+++
NO. 2	6號	−	++	++	++	++	−	+	++	+++	+++	−	±	±	++	++
NO. 3	3號	−	×	×	×	×	−	−	−	+	+	−	±	±	+	+
NO. 4	2號	−	−	±	−	−	−	−	−	−	−	−	−	−	−	−
NO. 5	2號	−	−	−	−	−	−	−	±	+	+	−	+	++	++	++
NO. 6	8號	×	×	×	×	×	−	−	++	++	+++	−	+	++	++	++
NO. 7	−	−	×	×	×	×	−	−	−	−	×	−	−	−	−	−
NO. 8	2號	−	×	×	×	×	−	±	+	++	++	−	+	++	+++	+++
NO. 9	6號	−	×	×	×	×	−	±	−	±	+	−	−	+	+	+
NO. 10	6號	−	±	−	−	−	−	±	−	−	−	×	×	×	×	×
NO. 11	4號	×	×	×	×	×	−	+	+	++	×	−	+	+	+++	+++
NO. 12	2號	−	−	−	−	−	−	−	−	−	×	−	−	+	+	++
NO. 13	6號	×	×	×	×	×	−	+	+	×	×	−	+	+	++	++
NO. 14	6號	−	+	+++	+++	+++	−	−	+	+	+	−	++	+++	+++	+++
NO. 15	5號	−	+	++	+++	+++	−	+	+	++	++	−	++	++	++	+++
NO. 16	9號	−	−	力	力	力	−	+	++	++	++	−	++	++	++	++
NO. 17	4號	−	−	−	−	−	−	×	×	×	×	−	−	−	+	+
NO. 18	7號	−	+	++	+++	+++	−	++	+++	+++	+++	−	+	++	+++	+++
NO. 19	1號	−	−	+	+	+	−	±	×	×	×	−	−	+	++	++
NO. 20	2號	−	×	×	×	×	−	×	×	×	×	−	−	−	−	−
NO. 21	4號	−	力	力	×	×	−	++	++	+++	+++	−	+	++	++	+++
NO. 22	6號	−	+	++	++	++	−	−	×	×	×	−	+	++	+++	+++
NO. 23	−	−	±	+	++	++	−	−	−	−	−	−	±	−	−	−
NO. 24	1號	−	−	−	−	−	−	×	×	×	×	−	±	+	++	++
NO. 25	2號	−	×	×	×	×	−	×	×	×	×	−	−	+	++	+++
NO. 26	−	×	×	×	×	×	−	−	−	+	+	−	+	++	++	++

别表第三

硫酸法及ビ苛性加里法ノ結核菌ニ及ボス影響

區分	時間	培地名	培養後ノ日數 14	21	30	39	47
苛性加里	三十分	ホーン	×	×	×	×	×
		ペトロフ	−	−	−	−	−
		レーベンスタイン	+	+	++	+++	+++
	六十分	ホーン	±	+	+	+	+
		ペトロフ	−	−	−	−	×
		レーベンスタイン	+	++	++	+++	+++
	九十分	ホーン	−	−	+	+++	+++
		ペトロフ	−	−	−	−	−
		レーベンスタイン	−	+	++	+++	+++
硫酸	三十分	ホーン	−	−	++	+++	+++
		ペトロフ	−	−	−	−	+++
		レーベンスタイン	±	++	++	+++	+++
	六十分	ホーン	−	±	+	+++	+++
		ペトロフ	−	±	−	−	−
		レーベンスタイン	±	+	++	++	++

(隊長代理追加)
殺菌劑デ處置スル時間ニ關シテハ菌量ガ少イ時ニハ時間時關係ガ出テ來ル

(山中技視追加討論)

(1)蛋白質溶解性細菌ハ特ニ私ハ雜菌ヲ重視スル。今申サレタ菌形等ヨリスルモ明ラカニ馬鈴薯菌デアラウト思フ。芽胞ハ卽チ抗酸性抗「アルコホル」抗「アルカリ」性デアツテ、又處置前ニ混入セル有芽胞菌ガ培地中ニ於テ發芽スルコトハ使用スル色素トノ關係ガ密接デアル。尚硫酸處置前ヨリモ寧ロ其後ニ於テ蛋白質溶解性雜菌ノ混入ヲ重視シ、冬季ト夏季、或ハ操作中環境ノ嚴格ナル無菌的處置ノ如何ニヨリ或ハソノ%値ノ動搖ナキヤヲ疑フモノナリ

(2)「マラヒツトグリユーン」ハ私ノ經驗デハ結核菌ニ對シテモ有害デアツテ今申サレタ樣ニレーベンスタイン培地ニ良ク殖ヘルコトヲホーン氏培地ニ比較シテ言ツテモ之ハ例ヘバベトラニヤニー培地ガ現今最モ優秀ナル培地ト言ハレルガ之ハ中ニ含有スル馬鈴薯

澱粉等所謂植物性物質ノ存在等ガ重要ナル因ヲナセルニ非ザルヤ又ベトラニヤニー培地ニ於ケル私ノ經驗デハ斯クノ如ク培地溶解ヲ來シタルコトナシ。之ハヤハリ動物性蛋白ノ他ニ植物性物質ガ可ナリ多量ナルコトモ重要視スベキモノデアルト信ズル。

(3)蛋白質溶解性細菌ハ手近カニ好氣性菌中脾脫疽菌等ハ有名デ、馬鈴薯菌、枯草菌(之等ニハ種類多種多樣ナリ)又變形菌等ハ有名デアル。

第弐　山羊乳、羊乳及ビ豆乳ノ細菌學的應用

第一報　山羊乳、羊乳ノ利用ニ就テ

第一科　陸軍技師　山中太木

目次

緒言並ニ研究目的
第一章　研究材料並ニ研究方法
第二章　牛乳培地代用品トシテノ山羊乳並ニ羊乳培地ニ就テ
第三章　「ラクムスモルケ培地トシテノ山羊乳乳清並ニ羊乳乳清ニ就テ
結　論
文　獻

緒言並ニ研究目的

細菌學上培養基トシテ牛乳ヲ利用セルハ既ニ古ク、殊ニ腸内細菌ノ培養上ニ供試セルハ一八八六年 Escherich 氏ガ Bakterium cali communis ノ生物學的性狀ニ關シ詳シク研究シ、特ニ牛乳培地ニ對スル凝固性ニ就テ特異的性狀アルヲ指摘シ、本菌ノ凝乳作用ハ牛乳含有ノ乳糖分解ニ基ク酸產生ニヨルモノナリト記載セリ。次デ一八九一年 Chantemesse et Widal 氏ハ初メテ牛乳ヲ「チフス菌鑑別ニ應用シ、翌年 Dunbar 氏ハ之ヲ承認シ、又一八九五年 Sterling 氏ハ牛乳中乳糖ノ加熱滅菌ニヨル Karamelisierung ヲ防グ目的ヲ以テ Chloroform 滅菌法ヲ考案發表セリ。又一方一八八九年 Petruschky 氏ハ牛乳加工品タル「ラクムスモルケ」ヲ創製シ、就中「チフス菌ト「アルカリ性養便菌鑑別培地トシテ無二ノ聲價ヲ發揮スルハ周知ノ事項ニ屬シ更ニ一九〇一年 Schottmüller 氏ガ「パラチフス菌族ノ劃期的分類ヲ唱ヘ、「チフス菌ノ如ク不斷驅微酸性ノ色調ヲ呈シテ發育シ來ルモノヲ B. paratyphosus acidofaciens (即チ B. paratyphosus A) トシ、初メ輕度酸性ヲ示シ

後「アルカリ性色調ヲ呈ハシ来ルモノヲ B. paratyphosus alkalifaciens(即チ B. paratyphosus B.)トシテ區別セシハ實ニ「ラクムスモルケ」ヲ供試シタル卓見ニ他ナラズ。

斯クノ如クシテ牛乳培地竝ニ「ラクムスモルケ」ハ既ニ久シク之ヲ珍重シ、今日尚ホコノ聲價ヲ奪ヘザル鑑別培地ノ重要位置ヲ占有セリ。現今畜産業殊ニ乳牛ノ飼養普及シ生牛乳容易ニ入手シ得ル今日ト雖モ之ガ代用品ヲ考究スルハ又重要ナル問題ナリ。

而シテ牛乳培地代用品トシテ藍田氏ののハ煉乳培養基及ビ煉乳ヲ以テ「ラクムスモルケ」ヲ創製シ、又「ラクムスモルケ」代用品トシテ Barsiekaw のハ「ラクムスヌトローゼ培地」、Seitz(10)ハ Azolithmin-lösung, Bitter(11)ハ Chinablaumolke ヲ案出スル等多数擧ゲテ算フルモ山羊乳乃至羊乳ノ利用ニ就テハ余ノ淺學菲才未ダ聞カズ、玆ニ之ガ利用ヲ企圖シ反復實驗今ヤ一定ノ成績ヲ得タルヲ以テ報告セント欲ス

— 33 —

第一章　研究材料竝ニ研究方法

第一節　研究材料ニ就テ

1、供試乳汁

余ガ供試乳汁ハ牛乳、羊乳竝ニ山羊乳ニシテ何レモ南京市某牧場ニ於テ豐富ニ分泌シアル母獸ヨリ搾乳セル新鮮乳汁ヲ直チニ實驗室ニ運搬シテ直チニ1,500g三〇分間遠心沈澱一夜放置シ析出浮遊スル「クリーム」ヲ混ゼザル如ク「サイホン」ヲ利用シテ下層部ヨリ分離シテ實驗ニ供セリ。

2、供試菌株

實驗ニ供セル菌株ハ「チフス菌エ(下條氏エ型)」、「パラチフスA菌京大株」、「パラチフスB菌京大株」、赤痢本型菌北研株、赤痢異型菌Y型株、赤痢異型菌川瀬菌、赤痢異型菌大原株、赤痢異型菌「シュミット株(大阪府醫株)」「コレラ菌彦島株(中間型)」、「コレラ菌吳英株(原型)」、「ゲルトネル腸炎菌「ラテン型(軍醫學校株)」、「ゲルトネル腸炎菌菊田株(溶松株)大腸菌「コムニス株」、大腸菌「コムニオール株」、變形菌X19株(傳研株)」、「アルカリ性糞便菌」、脾脫疽菌太田株、脾脫疽菌貧採株、馬鈴薯菌エ號株及ビ水弧菌V2株ニシテ合

— 34 —

計一二種、二〇株ナリ。何レモ普通寒天斜面培養二四時間ニシテ一白金耳量ヲ移殖供試シタリ。

第二節　研究方法ニ就テ

1、「ラクムス乳汁ハ牛乳、山羊乳並ニ羊乳ヲ其ノ儘精製「ラクムス液（約二%）ヲ七%ノ比ニ添加シ中性紫色ノ色調ヲ有スル培養基トシテ約一〇ccヅツヲ滅菌試験管ニ分注シ毎日一回100°三〇分間ヅツ三回ニ亘リテ滅菌ヲ完了シ、「ラクムスモルケ」ハ小野木氏法(1.2)ヲ改良シタル余ノ製出方法ニヨリ即チ純クローIルカルシユウム」一〇九%水溶液一ccヲ採リ豫メ熱湯ヲ加ヘテ二倍稀釋トセル乳汁液一〇〇cc中混和シ、100°Cノコッホ釜ニ入レテ一五分間加熱シ茲ニ析出セル乳清ヲ濾別シテ分離シ、中和セル後上記「ラクムス牛乳ト同様ニ「ラクムス液ヲ加ヘテ適當色調ヲ帶ハシメテ分注シ、爾後毎日一回100°二〇分間ヅツ三回ニ亘リテ滅菌ヲ了シ、夫々供試菌ニ就テ移殖培養シ、37°ノ孵竈温ニ收メテ毎日觀察シ、發育狀況、「ラクムス色調變化就中「ラクムス乳汁ニ就テハ凝固性並ニ消化性ニ就テ約三週間觀察ヲ

行ヒタリ。

2、上述ノ如クシテ得タル乳清ニ就テハ初メソノ分離收得量濾過所要時間、透明度、水素イオン濃度（東洋濾紙會社製水素イオン濃度測定比色試験紙利用）測定、pH 7.0トナスニ要スル「アルカリ液量等ニ關シテ觀察ヲ行ヘリ。

第二章　牛乳培地代用トシテノ山羊乳並ニ羊乳培地ニ就テ

第一章下記載ノ研究方法ニ從ヒ夫々牛乳、山羊乳並ニ羊乳ヲ用ヒテ「ラクムス乳汁培地ヲ製出、各種細菌ヲ移殖培養シ得タル成績ハ之ヲ一括シテ示セバ第一表ノ如シ。

即チ「チフス菌培養成績ニ於テハ「ラクムス牛乳ニ於テハ一日乃至二日培養ニ於テ色調稍々淡ナル以外著シキ變化ヲ來スコトナク其ノ儘經過シ、「ラクムス山羊乳ニ於テモ「ラクムス羊乳ト同様何レモ牛乳ノ場合ニ比シ大差アルヲ認メズ。「パラチフスA型菌培養ニ於テモ凡テ略々同様ニシテ「パラチフスB型菌培養ニ於テハ就中山羊乳培地ニ於テ他ノ牛乳並ニ羊乳培地ガ何レモ四日目紫色トナルニ比シ三日目ニ

第一表　各種ラクムス乳汁培地ノ比較實驗成績

菌株別 ＼ 培地別並ニ經過日數	ラクムス牛乳 1—2日	ラクムス牛乳 3—10日	ラクムス牛乳 11 2/日	ラクムス山羊乳 1—2日	ラクムス山羊乳 3—10日	ラクムス山羊乳 11 2/日	ラクムス羊乳 1—2日	ラクムス羊乳 3—10日	ラクムス羊乳 11 2/日
チフス菌I	色稍々淡	同前	同前	殆ド不變色稍々淡	同前	同前	殆ド不變色稍々淡	同前	同前
パラチフスA型菌	色稍々淡	同前	同前	殆ド不變色稍々淡	同前	同前	殆ド不變色稍々淡	同前	同前
パラチフスB型菌	色稍々淡	4日目紫色 7日目青紫色	青紫色	淡赤色	3日目紫色 7日目青紫色	青紫色	淡赤色	4日目紫色 7日目青紫色	青紫色
赤痢志賀菌	不變	不變	不變	不變	不變	不變	不變	不變	不變
赤痢Y型菌	不變	同前	同前	不變	同前	同前	色稍々淡	同前	紫色
赤痢川瀬菌	不變	同前	同前	色稍々淡	紫色ノ儘	同前	不變	同前	同前
赤痢大原菌	不變	同前	同前	稍々淡	殆ド不變	同前	不變	同前	同前
赤痢シュミット菌	不變	同前	同前	不變	同前	同前	不變	同前	同前
コレラ菌彦島株	色稍々淡赤	4日目凝固赤色	同前	稍々淡赤色	4日目赤變凝固(稍々軟)	同前	淡赤色	4日目軟カク凝乳赤變(初メ稍軟ナリ)	同前
コレラ菌炎英株	色稍々淡赤	4日目凝固赤色	同前	稍々淡赤色	4日目赤變凝固(初メ稍々軟ナリ)	同前	稍々色淡	4日目軟カク凝乳赤變ス(初メ稍軟ナリ)	同前
腸炎菌ラテン株	稍々淡赤	青紫色	同前	稍々淡赤色	青紫色	同前	稍々色淡	青紫色	同前
腸炎菌菊問株	稍々淡赤	青紫色	同前	稍々淡	青紫色	同前	稍々淡赤色	青紫色	同前
大腸菌コムニス	赤變凝固	同前	同前	赤變凝固(軟)	同前(硬クナル)	同前	赤變凝固(軟)	同前(硬クナル)	同前
大腸菌コムニオール	赤變凝固	同前	同前	赤變凝固(軟)	同前(硬クナル)	同前	赤變凝固(軟)	同前(硬クナル)	同前
變形菌X19	稍々赤變	青變消化ス	同前	稍々淡赤色	4日目青變消化ス	同前	淡赤色	青變消化ス	同前
アルカリ性糞便菌	青變	青色ノ儘	青色ノ儘	青變	同前	同前	青變	同前	同前
脾脫疽菌太田株	桃色	凝固—6日目脫色消化	微紫色消化	赤變	凝固—紫色—6日目消化脫色	脫色消化	桃色	凝固—紫色—6日目脫色消化	脫色消化
脾脫疽菌實塚株	桃色	凝固—5日目脫色消化	脫色消化	桃變	凝固—紫色—6日目消化脫色	脫色消化	桃色	凝固—紫色—5日目消化脫色	脫色消化
馬鈴薯菌I	桃色凝固	3日目脫色後消化ス	脫色消化	桃色凝固	3日目脫色消化ス	脫色消化	桃色凝固	3日目脫色消化ス	脫色消化
水弧菌V2	不變	不變	同前	不變	同前	同前	不變	同前	同前

於テ紫色トナリタルヲ異ニセル以外ハ全ク同様ニ經過シタリ。更ニ赤痢菌本型並ニY型、川瀬、大原及ビシュミット菌等ノ異型ニ於テモ全經過ニ於テ殆ド同様ナルヲ示シ、「コレラ」菌彦島株並ニ炎英株ハ共ニ一日目既ニ色調稍々淡赤トナリ、四日目赤變凝固ヲ來シテ經過シ各種乳汁間ニ特別ナル差異ヲ認メズ、「ゲルトネル」腸炎菌ラテン株並ニ菊問株ニ於テハ何レノ乳汁ニ於テモ一日目ヨリ稍々淡赤色ヲ呈シテ發育シ、三日目ヨリハ青紫色トナリ爾後變化ナク經過シ、大腸菌ハ「コムニス」並ニ「コムニオール」兩株共ニ翌日ヨリ著明ナル赤變凝固ヲ招來シテ經過スルモ、就中山羊乳並ニ羊乳ノ場合ハ牛乳ニ比シ初メ凝乳度ハ比較的軟カキ外見ヲ呈スルモ日時ノ經過ト共ニ硬化スル傾向アリ何レモ七日目頃ヨリ明瞭ナル差異ヲ認ムルコト至難トナルヲ認メタリ。

變形菌X19株ハ初頭稍々赤變スルガ如キ外觀ヲ示スモ、三日乃至四日目ヨリ青變ニ傾キ次第ニ乳質ヲ消化シ稍々透明化セル性状ヲ認メ得タリ。「アルカリ」性糞便菌ハ最初ヨリ全經過ヲ通ジテ全ク青色ヲ示シ乳質ノ變化ハ認メ難ク、各種乳汁ニ於テモ全ク同樣ナリ。脾脫疽菌ハ太田株竝ニ實塚株共ニ頭初桃色ヲ呈シ、三日目ニ至リ凝固ヲ來シ、五日乃至六日目ニ至リテ漸次消化作用進行シ、同時ニ「ラクムス色調ハ褪色シ、後脫色淨化シテ經過シ各種乳汁間ノ性狀ハ概シテ大同小異ナリ。

馬鈴薯菌ハ何レノ乳汁ニ於テモ翌日桃色ヲ呈シテ凝乳シ、三日目ニ至リ脫色ヲ來シ同時ニ消化作用進行シテ爾後經過シ、水弧菌V_2ハ何レノ乳汁培地ニ於テモ全ク變化ヲ示スコトナク經過セリ。

之ヲ要スルニ「ラクムス牛乳、「ラクムス山羊乳竝ニ「ラクムス羊乳ハ共ニ各種細菌ヲ培養スルニ夫々菌特有ナル性狀變化ヲ概シテ同時ニ呈示シ、山羊乳及ビ羊乳ハ明カニ牛乳代用品トシテ細菌培養ニ供シ得ルモノナルヲ確認セリ。

第三章　ラクムスモルケ培地トシテノ山羊乳乳清竝ニ羊乳乳清ニ就テ

第一章下記述ノ研究方法ニ從ヒ、牛乳、山羊乳竝ニ羊乳ヨリセル「ラクムスモルケ」ニ就テ各種細菌ヲ培養シ得タル實驗成績ハ之ヲ

— 38 —

示セバ第二表竝ニ第三表ノ如シ。

即チ「チフス菌及ビ「パラチフスA型菌ハ共ニ翌日ヨリ淡赤色ヲ呈シテ發育シ、爾後二一日ニ亘リテ殆ド變化ヲ示スコトナク、各乳汁間ノ差違亦認メ難ク、「パラチフスB型菌ハ初メ淡紅色乃至紅色ヲ呈シ牛乳及ビ羊乳ヨリセルモノハ夫々三日目、山羊乳ヨリセルモノハ四日目紫色トナリ、更ニ五日目何レモ全ク青變シ爾後變化ナク經過シ、沈澱物形成モ凡テ中等量ナリ。赤痢志賀菌ニ於テハ二四時間後淡赤色トナリ、五日目紫色、六日目全ク青變シ、爾後微カナル溷濁ヲ示シテ沈澱物形成モ亦著シカラズ、何レノ乳汁ヨリセル場合モ概シテ同樣ニ經過シタリ。其ノ他赤痢異型菌各種、「コレラ菌二株、「ゲルトネル腸炎菌二株、大腸炎二株、脾脫疽菌二株及ビ變形菌X_{19}株、「アルカリ性糞便菌、馬鈴薯菌竝ニ水弧菌V_2夫々一株ニ就テ其ノ性狀ヲ通觀スレバ夫々菌特有ノ色調變化ヲ招來シ、而モ何レノ乳汁ニ於ケル變化ニ於テモ概シテ大同小異ニシテ一般ニ相肖似ノ性狀ヲ示シ、其ノ間著シキ優劣ヲ把握スルコト困難ナリ。

— 39 —

更ニ各種乳汁ヨリ得タル乳清ノ性状比較ニ於テ、遠心所要時間ハ夫
夫一四乃至一五分ニシテ山羊乳乳清最モ遅ク、材料一〇〇ccヨリノ收
穫量ハ牛乳乳清ハ八三・五ccニシテ最多、亜テ羊乳乳清ハ八三・〇cc、山
羊乳乳清ハ八一・五ccヲ示シテ最少ナリト雖モ殆シテ著差ナク、透明度
ハ何レモ蛋白色透明ニシテ優劣ナク、PH値ハ羊乳乳清ハ五・八ニシテ最
モ高ク、牛乳乳清之ニ亜ギ五・七、山羊乳乳清ハ最モ低ク五・六ヲ示シ、
乳清一〇〇ccヲPH 7.0ニ修正スルニ要スルN/10 NaOH量ハ牛乳乳清及ビ
羊乳乳清ハ夫々九〇cc、山羊乳乳清ハ九・二ccヲ示シタリ。

— 40 —

第四章　總括竝ニ考按

叙上記述シタル實驗成績ヲ總括シ考按ヲ加フレバ次ノ如シ。
1、山羊乳及ビ羊乳ヲ以テ製セル「ラクムス乳汁培地ニ於ケル「チフス
菌、「パラチフスA菌、「パラチフスB菌、赤痢本型菌、赤痢異型
菌、「コレラ菌、「ゲルトネル腸炎菌、大腸菌、變形菌、「アルカ
リ性糞便菌、脾脱疽菌、馬鈴薯菌及ビ水弧菌等ノ發育ハ「ラクムス
牛乳培地ノ場合ニ比シ殆ド差違ナク良好ニシテ、其ノ凝固性竝ニ消

第二表　各種乳汁ヨリセルラクムスモルケヲ以テセル實驗成績

培地別 / 經過日數 / 菌株別	牛乳ラクムスモルケ			山羊乳ラクムスモルケ			羊乳ラクムスモルケ		
	1—2日	3—10日	11—31日	1—2日	3—10日	11—21日	1—2日	3—10日	11—21日
チフス菌 I	稍々淡紅色	同前	同前沈澱(+)	淡紅色	同前	同前沈澱(+)	淡紅色	同前	同前沈澱(+)
パラチフスA型菌	稍々淡紅色	同前	同前沈澱(+)	淡紅色	同前	同前沈澱(+)	稍々淡紅色	同前	同前沈澱(+)
パラチフスB型菌	淡紅色	3日目帯青色 5日目青變	青變沈澱( )	紅色	3日目紫色トナル4日目帯青紫色5日目青變	青變沈澱( )	淡紅色	3日目帯紫色 5日目青變	青變沈澱( )
赤痢志賀菌	淡赤色	5日目紫色6日目青變	青變沈澱(+)	赤色	5日目帯青色 6日目青變	青變沈澱(+)	赤色	5日目帯青色 6日目青變	青變沈澱(+)
赤痢Y型菌	淡赤色	4日目紫色5日目青變	青變沈澱(+)	赤色	4日目青變	青變沈澱(+)	赤色	4日目帯青色 5日目青變	青變沈澱(+)
赤痢川[illegible]菌	淡赤色	4日目青變	青變沈澱(+)	淡赤色	4日目青變	青色沈澱( )	淡赤色	4日目青變	青色沈澱( )
赤痢大原菌	淡赤色	4日目青變	16日目赤變沈澱( )	赤色	4日目青變	15日目赤變沈澱( )	淡赤色	4日目青變	16日目赤變沈澱( )
赤痢シュミット菌	淡赤色	5日目青變	青色沈澱(+)	淡赤色	5日目青變	青色沈澱(+)	淡赤色	5日目青變	青色沈澱(+)
コレラ菌彦島株	淡紅色	4日目青變	赤色沈澱( )	淡赤色	4日目赤色	赤色沈澱( )	淡赤色	4日目赤色	赤色沈澱( )
コレラ菌[illegible]株	淡紅色	3日目赤色	赤色沈澱( )	淡赤色	3日目赤色	赤色沈澱( )	淡赤色	3日目赤色	赤色沈澱( )
腸炎菌ラヂン株	赤變	4日目紫色→7日目青紫色→8日目青變	青變沈澱(+)	赤變	4日目紫→7日目青變	青變沈澱(+)	赤變	4日目紫色→7日目青變	青變沈澱( )
腸炎菌[illegible]株	赤變	3日目紫色→4日目青變	青變沈澱( )	赤變	3日目紫色→4日目青紫色→5日目青變	青變沈澱( )	赤變	3日目紫色→4日目青變	青變沈澱(+)
大腸菌コムニス	赤變	同前	同前沈澱( )	赤變	同前	同前沈澱( )	赤變	同前	同前沈澱( )
大腸菌コムニオール	赤變	同前	同前沈澱( )	赤變	同前	同前沈澱( )	赤變	同前	同前沈澱( )
變形菌X 19	紫色	6日目稍々青變	青色沈澱( )	紫色	5日目青紫色 6日目青變	青色沈澱( )	紫色	6日目稍々青變	青色沈澱( )
アルカリ性糞便菌	青變	同前	同前沈澱( )	青變	同前	同前沈澱( )	青變	同前	同前沈澱( )
脾脱疽菌太田株	赤變	同前	同前沈澱( )	赤變	同前	同前沈澱( )	赤變	同前	同前沈澱( )
脾脱疽菌[illegible]株	赤變	同前	同前沈澱( )	赤變	同前	同前沈澱( )	赤變	同前	同前沈澱( )
馬鈴薯菌 I	赤變	4日目紫色6日目脱色	脱色沈澱( )	赤變	3日目紫色6日目脱色	脱色沈澱( )	赤變	4日目紫色 6日目脱色	脱色沈澱( )
水弧菌 V2	不變	不變	不變沈澱( )	不變	同前	同前沈澱( )	不變	同前	同前沈澱( )

第三表　各種乳汁ヨリ得タル乳清ノ性狀比較

事項別＼乳汁別	牛乳乳清	山羊乳乳清	羊乳乳清
過ニ要スル時間	15分	14分	15分
材料100ccヨリノ收得量	83.5cc	82.5cc	83.0cc
透明度	蛋白色透明	蛋白色透明	蛋白色透明
PH	5.7	5.6	5.8
乳清100ccヲPH 7.0ニ修正スルニ要スル$\frac{N}{10}$ Nao H	9.0cc	9.2cc	9.0cc

化性及ビ「ラクムス色調変化能ニ於テ凡テ大同小異ノ変化ヲ来シ、何レモ菌株鑑別上價値同等ナルモノトシテ認定シタリ。

併シ大腸菌ノ培養ニ於テ「ラクムス牛乳ニ比シ、山羊乳及ビ羊乳ヲ以テヤル場合ニ於テハ初メ凝乳機転ニ於テ遅鈍ナル傾向アリテ外見軟カキ凝固ヲ示シ来ルコトアルモ時間ノ経過ト共ニ翌日トモナレバソノ差ヲ認ムルコト困難トナレリ。這ハ例ヘバFleischmannノ分析成績

	比重	水分	固形分	脂肪	總蛋白	カゼイン	アルブミン	乳糖	灰分
牛乳	1.0310	88.00	12.00	3.20	3.40	2.91	0.94	4.37	0.80
山羊乳	1.0320	86.80	13.20	4.20	3.00	2.80	1.20	4.00	0.70
羊乳	1.0341	80.82	19.18	6.86	—	4.91	1.35	4.91	0.89

ヨリ窺フニ凝乳反応ノ速度ハ含有カゼイン量ニ逆比例シ、其ノ時間ハ酵素量ニ反比例シ、此ノ際「メヂウム」ノPHハ弱酸性ヲ良好トナシ、「アルカリ性ヲ有害ナリトスルガ故ニ山羊乳ニ於テハ牛乳ヨリ「カゼイン」量約〇・六％多キニ反シ、含有乳糖量ハ牛乳ニ比シ約

— 41 —

〇二七%少ク玆ニ明カニ凝固速度ノ遲延緩慢ナル原因ヲ求メ得ベク更ニ羊乳ニ於テハ含有「カゼイン」量ハ牛乳ニ比シ約〇・七六%ノ多量ヲ示シ、山羊乳ニ比シテモ一段ト凝乳遲延ヲ來スベシト推測サルルモ亦乳糖含有量ニ於テモ牛乳ニ比シ約〇・五四%ノ多キヲ示スニ鑑ミ玆ニ殆ド山羊乳ノ凝乳速度ト大ナル懸隔ヲ來サザルモノトシテ把握シ、而モ概シテ牛乳ニ比シ特別ナル遲速ヲ示ザルニ見テ格別ナル操作處置ヲ施サズ直チニ之ヲ代用シ得テ支障ナキモノト思惟ス。

3 山羊乳竝ニ羊乳ハ牛乳ヨリスル余ノ乳清分離法ニヨリ概シテ同量ニシテ同質ナル乳清ヲ分離スルコト可能ニシテ、夫々「ラクムスモルケ培地ニ製シ、上記ト同様各種細菌ヲ移殖培養シ夫々其ノ發育、色調變化乃至沈澱物形成等ニ於テ牛乳ヨリセル「ラクムスモルケ」ト殆ド同樣ナル成績ヲ示シ、明カニ牛乳代用トシテ山羊乳竝ニ羊乳ハ之ヲ使用シ得ルコトヲ認メ得タリ。而シテ就中「パラチフスB菌、赤痢菌、「ゲルトネル腸炎菌竝ニ變形菌等ニ於テハ發育經過ノ一部ニ於テ極メテ輕微ナル色調變化上ノ差違動搖ヲ來スコトアリト雖モ

— 42 —

勿論其ノ度僅微ナルニ過ギズ、敢テ茲ノ間之ガ使用ニ就テ躊躇スルノ原因タラザルモノト思惟ス。

結　　論

山羊乳竝ニ羊乳ハ之ヲ牛乳代用品トシテ細菌學上培養基原料トシテ供試スルコトヲ得ベシ。

（昭和十五年四月十七日稿）

（擱筆ニ臨ミ本研究ヲ許可シ材料ヲ與ヘラレタル増田中佐殿、小野寺少佐殿竝ニ佐藤少佐殿ニ對シ謹而敬意ヲ捧グ。）

文　　獻

後報第二報末尾ニ附ス。

— 43 —

第六　稀有ナル外傷性晩發性腦膿瘍ノ剖檢例ニ就イテ

第二科　陸軍軍醫少尉　岡　田　　子

内　　容

一、序
二、症　例
A、臨床的所見及經過
B、剖檢所見
病理解剖學的診斷
組織學的診斷
三、一般腦膿瘍ニ關スル原因ニ就イテ
四、一般腦膿瘍ニ關スル病理ニ就イテ
五、考　按
六、文獻的觀察
七、結　論

余ハ今回外傷ニ因ル腦膿瘍（Gehirnabszess）ニテ不幸ノ轉歸ヲ取レル一例ヲ剖檢シ得タルヲ以テ之ガ報告ヲナサントス。

本例ハ臨床上右側肺浸潤ノ診斷ノ下ニ加療中、不明ノ頭痛、腦症狀ヲ惹起シ或ハ結核性腦脊髓膜炎ヲ併發セルモノニ非ズヤト推定セラレタルモノナルモ、患者ハ罹患經過中何等既往ニ於テ受ケタル右側後頭部ノ外傷ヲ訴ヘザリシタメ、臨床醫家ノ全ク看過スルトコロトナリ屍體剖檢ト共ニソノ全貌ヲ明カニシ得、且亦文獻ヲ渉獵スルニ記載甚ダ少ナキ外傷性晩發性腦膿瘍ナルヲ以テ些カ記載セントシ病歷訊問ノ重要性ヲ痛感スルト共ニ臨床醫家ニ若干ノ注意ヲ喚起セシタメ菲才ヲモ顧ミズ考案ヲ試ミントス。

本症例ガ大方ノ參考資料トモナリ得ハ幸甚ノ至リト思惟スル次第ナリ

二、症　例

患者氏名　土　崎　某　　年齢　二十六歲

職　業　船員

等級　軍屬
所屬部隊號　第一船舶輸送司令部配屬陸軍輸送船　早山丸
死體出所　南京陸軍病院（本院）
臨床診斷　右側肺浸潤、結核性腦膜炎
死亡年月日　昭和十五年三月四日、二四時
剖檢年月日　昭和十五年三月五日、十二時
死後經過時間　約十三時間
執刀　岡田少尉

A 臨床的所見竝ニ經過

血族的關係
兩親共健在、兄弟五名健在
既往症　特記ス可キコトナシ
發病昭和十五年一月十五日惡寒ト共ニ發熱、胸痛ヲ訴ヘタルモノニシテ胸部所見ハ左右何レモ鎖骨上下高打診音短、呼吸音粗鋭、背部ハ兩肩　下部何レモ打診音僅カニ短、呼吸音ハ不定粗鋭、咳嗽時右

— 46 —

側胸部ニ胸痛ヲ訴ヘ約一ヶ月間對症的療法ヲ受ケ居リ二月十七日南京陸軍病院ニ收容セラルルニ至レリ。入院時食思不振、夜間咳嗽、盜汗、頭痛、下痢ヲ訴ヘ、他覺的ニハ胸部所見、右肺第二肋間以上呼吸音稍々微弱粗、捻髮音ヲ聽取、左側肺門部上部ハ一般ニ呼吸音粗、背面右肺ハ前面ニ一致、レントゲン像ニ於テ右肺部ニ乾酪竈陰影アリテ數個ノ小空洞ヲ形成シ相重疊ス、其他肺　著見ナシ。
依而右肺上葉浸潤（乾酪性空洞形成　）ト診斷サレタリ。
二月二十三日　血沈平均價三二
喀痰　結核菌陰性
以上所見、レントゲン所見ヲ總括シ右肺浸潤ト確定
頭痛稍々強烈、頸部強直輕度ナルモ意識明瞭、瞳孔ニ著變ナクケルニツヒ陰性、皮膚反射尋常、下腿腱反射尋常ナリト。
二月二十五日　頭痛益々增加、食慾不振、夜間尿失禁アリ、顔　無慾狀、嗜眠ニ傾ク
玆ニ於テ結核性腦脊髓膜炎ヲ兼發セルモノト認メラレタリ。

— 47 —

二月二十八日　尿失禁、嘔吐一回、顔貌無慾状、眼瞼下垂（両側）

反射僅カニ亢進、一般ニ筋肉ハ強直感アリ、三月四日頃ニ至リ栄

養極度ニ垂ヘ顔貌憔悴無慾状應答ナク、意識溷濁シ瞳孔左右共ニ散

大シ呼吸稍々逼迫心音微弱頻数トナリ強心剤（「ロヂノン」「ビタ

カンフア」「コラミン」安ナカ」）モ奏功ナク三月四日午后十二時

萬鱈ニ入リタリ。

尚診療中行ハレタル脳脊髄液ノ性状次ノ如シ。

脳脊髄液検査成績

第一回　2/24

第二回　2/25

第三回　2/3ノ三回ニ亘リテ行ハレタル成績

	初壓	終壓	色	反應	比重	[illegible]	蛋白定量	細胞数	細胞種類	採取量	TBC
二月二四日	三六〇	一〇〇	透無色	アルカリ性	一〇〇八	十一	〇〇三%	一二	淋巴球多核白血球少数	一五	一
二月二五日	二四〇	三二	無色透明	アルカリ性	一〇二〇	十	〇〇四%	二〇	多核白血球五%淋巴球九五%	二〇cc	一
三月二日	二四〇	四六	透明ナルモ浮游物リ	アルカリ性	一〇一二	一	〇〇一%	二	淋巴球八四%多核白血球一一%内皮細胞五%	二〇cc	一

— 48 —

B、病理解剖學的剖檢所見

1、全身羸瘦

2、左側上膊ニ於ケル文身

3、右側後頭部ニ於ケル創傷

4、該創傷部ニ於ケル頭蓋骨々折

5、右側大脳半球側頭葉膿瘍形成

6、心筋溷濁

7、両側加答児性漿液性肺炎竈

8、右側胸腔纖維素性癒着

9、両側腎臓溷濁變性像

10、急性脾炎像

11、骨髓ニ於ケル造血再生像

(イ)剖檢所見（略記）

— 49 —

外部檢査ニヨル主要變化
體格中等度、榮養衰ヘタル男性ノ屍、左側上膊外側ニ文身ヲ認ム。死剛直ハ全關節ニ存ス。死斑ハ背部ニ著明、浮腫ナシ。後頭部（右側）ニ小指大ノ創痕アリ瘢痕形成治癒セリ。可視粘膜ノ貧血中等度、其他異常所見ナシ。
胸腔ニ於ケル主要變化
右側胸腔ニ於テ右肺表面ハ前胸壁ト纖維素性癒着ヲ營ミ剝離稍稍困難ニシテ強ヒテ剝離セントセバ實質ヲ損傷スル程度ナリ。
其他異常内容物ナシ。
腹腔
胃ノ大彎ノ位置　劍狀突起下一一粍
肝臟ノ下緣ハ　劍狀突起下　九粍
橫隔膜ノ高サ　左ハ第六肋骨下緣
　　　　　　　右ハ第六肋骨上緣
脾臟ノ位置、大サ略々尋常

左右腎臟ノ位置、大サ尋常
腸間膜　特記スベキ事ナシ。
心臟　重量三〇〇瓦
大動脈起始部巾　六〇粍
肺動脈起始部巾　六〇粍
左心室壁ノ厚サ　二〇粍
右心室壁ノ厚サ　〇六粍
心尖部ハ左心室ニヨリ占メラル。
卵圓孔　閉鎖サル。
心筋一般ニ溷濁稍々著明、肉柱乳嘴筋ノ發育通常、全テノ瓣膜裝置ニ異常ナシ、其他著變ナシ。
肺臟
長徑　左二四五粍　右二一〇粍　幅　左一二粍　右一三粍　厚サ　左四粍　右六粍
重量　左五二〇瓦　右五三〇瓦

左肺　充血稍々高度ニシテ加答兒性肺炎竈ヲ認メ上葉ハ代償性肺氣腫ヲ伴フ。肺炎竈ハ無氣性ナリ。下葉ハ沈降性鬱血像ヲ呈ス。

右肺　肋膜面ニ纖維素性膜樣物附着、其ノ割面ノ色左肺ニ比シ暗赤色調ニ富ミ、充血ノ度强ク殊ニ中、下葉ニ肺炎竈ノ散在ヲ認メ所謂斑狀ノ觀（sehr buntes Aussehen u marmorierte Zeichung）ヲ呈ス。壓ニヨリ多量ノ暗赤色ノ流動血液、溷濁粘液、暗赤灰黄色漿液ヲ排出ス、他ノ部ハ代償性肺氣腫、炎性充血乃至水腫狀ヲ呈ス。病竈部ハ無氣性ニシテ不透明實質化セリ（hepatisierte Herbe）氣管支分枝粘膜ノ充血中等度、粘液稍々多量ナリ。

脾臟　長徑一三糎×巾七糎×厚サ二糎

重量九五瓦

形態、大サ略々尋常、被膜緊張セズ割面中等度膨隆、淋巴　脫比較的明瞭、組織弱ノ擦取稍々過多、血量中等度、限局性病竈

— 52 —

認メラレズ。

腎臟

左　長徑一一糎　幅七糎　厚サ三五糎　重量一七〇瓦
右　長徑一一糎　幅六糎　厚サ三〇糎　重量一六〇瓦

左右腎臟共ニ形態尋常、被膜ノ剝離容易、皮、髓質境界稍々明瞭ヲ缺キ皮質ハ灰赤色ニシテ稍々血量ニ富ム。限局性病竈認メラレズ。腎　、腎　異常ナシ

輸尿管ノ走行、大サ尋常

皮質ノ厚サ左右共約〇三糎

肝臟

全長二五糎　左九糎　幅四糎　厚四五糎
　　　　　　右一六糎　幅一六糎　厚八〇糎

重量一二四〇瓦

道　通過性

表面色大體臟器色ヲ呈シ異常癒着、異常附着物ナシ、小葉造構明瞭、稍々黄色調ヲ帶ビ血量中等量ソノ他限局性病竈ナシ。

— 53 —

胃、十二指腸、小腸、大腸、直腸

胃粘膜　ニ富ミ帶綠黃褐色軟便ニテオホハレ、小腸粘膜、大腸粘膜殆ンド正常所見ヲ呈ス、腸間膜淋巴結節ノ腫大ナシ。

膵臓　特記スベキモノナシ。

骨髓　長管骨骨髓（右大腿骨）骨端ニ於ケル赤色髓化

大腦及頭蓋骨

頭部皮膚面ニ於テハ右後頭部ニ小指頭大ノ創痕アリ、瘢痕ヲ形成シ、僅カニ皮膚面ヨリ隆起シ、瘻管ヲ形成セズ。頭蓋骨ヲ露出スルニ及ンデ該部ニ示指頭大、不正圓形ノ骨折アルヲ認メタリ。消息子ヲ以テ探ルニ前上方ニ向テ約二糎ノ深サニ達スルモ腦質ニハ至ラズ。頭蓋ヲ脫スルニ骨折部ニ於テ硬腦膜ハ癒着ヲ示シ、骨折部ハ內方ニ向テ骨片多開シ扉ノ如クナレリ。

腦質表面ハ癒着部ニ於テ著明ニ扁平ナル膨隆ヲ示シ廻轉ノ發育不良、腦溝淺シ。ソノ色ハ淡綠黃色ヲ帶ビ波動ヲ觸知シ膿汁充滿セルヲ認ム。膿瘍ノ大サハ略々鶏卵大ニ達シ惡臭アル淺綠黃

色ノ膿汁排出ヲ見タリ。周圍腦質ハタメニ炎性水腫狀ヲ呈シ、血管充血度著明ナリ。

膿瘍ノ位置ハ皮質表面下一—二糎ニアリ、皮質性腦膿瘍ト見ル可ク且外表損傷部ヨリ前上方ノ遠隔ナル位置ニ在リ。

(ロ)組織學的所見

組織切片標本作製ニハ「パラフイン」包埋切片及ビ氷結切片ニヨリ、染色ハ「ヘマトキシリン」「エオヂン」複染色、ウアンギーソン氏染色法、格子狀纖維渡銀法、脂肪染色、（「ズダン」III染色）鐵反應ニ據レリ。

以下各臟器ニ就キ述ベントス。（但シ主要變化ヲ認メタル臟器ニ就キテ特ニ記載セリ）

心　筋

肉眼的ニ溷濁セリト認メラレタル心筋ノ組織像ハ未ダ變性過程ノ高度ニ進ミタルモノトハ思ハレズ。卽チ中等度ノ筋纖維ノ膨大ト心筋纖維間質ノ脂肪組織ノ輕度ノ浸潤ト若干變性過程ニ陷

レル筋核ヲ認メ。核ハ比較的鮮明ニシテ膨大部ノミ鮮明ヲ缺キ
心筋内ニ於テハ細胞浸潤ヲ認メズ。

肺　　臟

右肺小氣管枝壁稍々肥厚シ充血及圓形細胞浸潤ヲ認メ小氣管枝腔内少數ノ多核白血球ト剝脱セル上皮及赤血球像核ヲ以テ充タサレ、肺胞面纖維素性ノ肥厚ト細胞浸潤ヲ示シ各肺胞内ハ殆ンドド纖維素充滿シ少量ノ白血球剝脱上皮ヲ見赤全ク赤血球ヲ以テ充タサレ肺胞壁ノ小血管擴張蛇行セルモノアリボルスト氏ノ謂フKleine Kapillaraneurysma ノ像ナリ。
之ヲ要スルニ纖維素性加答兒性肺炎像ヲ主トシ鬱血肺ヲ伴ヒタル所見ニシテ全肺胞殆ンド無氣性ニ陷リ内眼的所見ニ略々一致セリ。尙上葉ニアリテハ代償性肺氣腫著明ナリキ。

脾　　臟

被膜ハ稍々　　ニ富ミ脾髓ニ於テハ靜脉竇ノ擴張ハ認メラレザルモ髓皮ノ炎性充血像ヲ呈シ、淋巴濾胞ハ一般ニ増大セリ、淋

巴濾胞中心ハ稍々擴大シ中ニ大單核細胞アリ、空泡變性ニ陷レルモノ、色素顆粒細胞ニナルモノ及ビ核分剖ヲ示セルモノ等アリ。赤髓ニ於ケル出現細胞ヲ擧グレバ大小淋巴球、中性及「エオジン」嗜好細胞、種々ノ大單核細胞（喰細胞）「プラスマ」細胞、赤血球等ニシテ主トシテ喰作用ヲ示セル脾髓細胞ノ出現多シ。之ヲ要スルニ急性炎性脾腫ニシテ、組織學的變化ハ脾髓增生ヲ主變トセルモノナリ。

腎　　臟

間質毛細血管ノ擴張充血著明ニシテ小血管壁周圍ノ細胞浸潤ヨリ退行性變化曲細尿管上皮ハ溷濁腫脹上皮ノ剝脱、崩壞等ヲ示シ管腔ハ狹小トナレリ。然レドモ脂肪染色ニ由ルモ脂肪變性ハ認メラレザリキ。又管腔内蛋白樣物ヲ容ルルアリ。マルピギー氏小體ハ或ハ硝子化セルモノアリ、萎縮又ハ消失セルモノアリ又或モノハボウマン氏囊上皮ノ增生肥厚ヲ示セルモノアリ。間質結締織ノ增生、圓形細胞浸潤ハ輕度ナリ。

副　　腎
左右実皮質ニ於テ稍々大ナル脂肪滴ノ發現アリ。網状帯ニ於ケル色素顆粒ノ出現著明
肝　　臓
見ルベキ著變ハ無キモノノ如ク、諸臓度ノ肝細胞索ノ萎縮ト代償性肥大空泡様形成アリ、脂肪染色ニ由リ之ガ脂肪變性ニ非ザルコトヲ認メタリ。肝細胞核ハ濃染シ、崩壊、變性像ヲ示サズクッペル氏ノ星状細胞ハ顕著ナル喰作用ヲ示サズ、散在性、肝細胞核周邊、消耗性色素 Abnutzungspigment ノ沈着セルアリ。グリソン氏鞘ニハ細胞浸潤ヲ認メズ
消化管系統
腫度ノ上皮ノ剝脱ト粘膜下ノ充血像ヲ認ムルノミ。
生殖器ノ系統
記スベキ著變ヲ認メズ。
大　　腿（膿瘍周囲組織）

— 58 —

余ノ標本ニアリテハ膿瘍（既ニ流出シ去リテ膿瘍ヲ取リ圍メル周圍組織ヲ主トシテ檢鏡ニ附セリ、即チ最モ膿瘍ニ接近セル部ハ實質崩壊乃至ハ軟化溶解シ剝脱セル組織片ノ一部ヲ認メ軟化部ニハ多核白血球、「ピクノーゼ」「カリオレキシス」ニ陥レル細胞及上皮様細胞、或ハ「プロトプラスマ」ノ空泡形成ヲ來メル細胞即チ脂肪顆粒細胞 Fettkornchenzellen ノ出現アリ、更ニ其ノ周圍ヲ取リ圍メル層ニハ著明ナル圓形細胞ノ浸潤ト「ぐりあ」ノ増生ヲ見、小血管擴張ヲモ同時ニ認ム。「ぐりあ」細胞ハ種々ノ喰作用ヲ示シ（「のいろふあぎ」）圓形細胞ハ淋巴球、多核白血球ナリ。更ニ其ノ外方ニハ纖維性結締織（Faser-gewebe）ヲ構成シ、小血管ノ擴張著明ニシテ Fibroblasten, Fibrocyten. Leucocyten 等ノ出現アリ、所謂幼若肉芽組織ヨリ成レルモノナリ。脉絡叢旁圓形細胞浸潤、炎性水腫小血管擴張アリ。

— 59 —

三、一般臨床上認メラルル脳膿瘍ノ原因

本病ノ大部分ハ病原菌ニ因ルモノニシテ通常其病竈ヨリ普通醸膿菌タル葡萄状及連鎖状球菌ヲ検出スル外其病原ニ従ツテ夫々腸チフス菌「インフルエンザ」菌、肺炎菌、普通大腸菌、脳膜炎菌等ヲ証明スベク又稀ニ結核菌、放線状菌鵞口瘡菌等ヲ見ルコトアリ。

本病ヲ其成因ニヨツテ次ノ四種ニ大別サル。

(一)外傷性脳膿瘍　Der traumatischer Abszess

脳膿瘍中比較的多ク遭遇スルモノニシテ頭部皮膚、頭蓋骨及脳髄自身ノ器械的損傷ニ由来シ殊ニ銃創 Schusswunde ニヨリ来ルコト多シトナス。

又時トシテ頭部ニ外傷ヲ受クルモ何等認ム可キ損傷ヲ伴ハザルニ拘ラズ尚且本病ヲ招来スルコトアリ、即チ軟部ノミノ損傷ニヨリテモ板障静脈 V. diploica ヲ通ジ病原菌ノ内部ニ侵入スル場合ノ如シ。

而シテ本病ハ外傷ヲ受ケタル後比較的迅速ニ発現スルコトアレトモ(頭蓋ノ銃創ニ於テ然リトス)又一定期間無事ニ経過セル後徐ロニ

— 60 —

本病ノ襲来ヲ見ルコトアリテ一定セズ、之ヲ晩発性脳膿瘍 Der traumatischer Spätabszess ト称セラル。

(二)傳播性脳膿瘍　Der fortgepflanzter Abszess

脳附近ノ化膿竈内ニ生存セル病原菌ガ脳室内ニ滑入スルコトニヨリ起ルモノナリ。

就中急性及慢性中耳炎ニ継発スルモノ最モ多ク通常化膿ガ骨質ヨリ硬脳膜ニ至ル時ハ直チニ脳實質ニ傳播スルモノナルモ、稀ニハ硬膜外ニ限局シ硬膜外膿瘍 extraduraler Abszess ヲ形成スルコトアリ。

尚副鼻腔又ハ眼窩ニ於ケル急性及慢性化膿竈頭部又ハ顔面皮膚ノ丹毒、　瘡、湿疹創傷等ヨリ来ルモノアリ。而シテ中耳疾患ニ継発スルモノハ患側ノ側頭葉、殊ニ其下廻転ニ膿瘍ヲ見ルコト甚ダ屢々ニシテハイマン氏ノ統計ニヨレバ脳膿瘍総数六三一例中四一八例ハ側頭葉ニ、内耳疾患又ハ乳嘴突起炎ニ継発スルモノハ一八六例ニ於テ小脳膿瘍ヲ形成セリト記載セリ。

以上 otogener Abszess ノ頻発スルニ反シ rhinogener abszess ハ甚

— 61 —

カニ少シ。

[illegible] 轉移性若クハ栓塞性腦膿瘍 Metastatischer od embolischer Abszess

遠隔ノ身體各部ニ於ケル化膿竈ヨリ轉移又ハ栓塞ニヨリ病菌ノ移行スルモノナリ。例ヘバ胸部臓器ノ化膿性疾患即 Lungengangraen. Lungenabszess. 腐敗性氣管枝炎、膿胸等ニ併發シ、腹部臓器ノ化膿性疾患即チ化膿性腹膜炎、Leberabszess, 化膿性膀胱炎、盲腸周圍炎又ハ泌尿生殖器ノ化膿竈等ニ續發スルコトアリ、其他本病ハ敗血性又ハ膿血性疾患殊ニ一般敗血症、潰瘍性心内膜炎 Ulzerose Endocarditis. Puerperalfieber 産　熱等ニ併發スルコトアル可キハ勿論各種ノ傳染病即急性肺炎「インフルエンザ」腸チフス」發疹チフス」麻疹、猩紅熱、腦脊髓膜炎等ニヨリ起リ稀ニ馬鼻疽、放線狀菌、口瘡又ハ結核等ニヨリ來ルコトアリ。

通常斯ル轉移性腦膿瘍ニアリテハジルザイウス氏窩動脈ノ分布區域ヲ選ビ而モ左側腦半球ニ於テ位置スルコト多シトサレタルモ其ノ數ハ單一ナルコトアリ、又多數ナルコトアリテ一定セズ。

最近西村（朝鮮醫學會雜誌ニ於テ）ハ下腹部ニ形成サレタル Abscess ヲ切開長期ニ亙ル排膿後、習慣性頭痛ヲ訴ヘ遂ニ腦膿瘍（大腦半球ノ背外面）ヲ併發シタル一例ヲ報告セリ。

總テ此種膿瘍ノ移行經路ハ不明ナリトス。

[illegible] 特發性又ハ潛在性腦膿瘍　Der idiopathische oder Kryptogenetische Hiruabzess

全ク何等成因ヲ發見シ得ザル腦膿瘍ヲ意味スルモノニシテ、斯カル症例中ニハ屡々死後ノ精細ナル剖檢ニ由リテ耳管又ハ副鼻腔内ニ生前何等認ムベキ症候ヲ呈セザリシ陳舊性化膿竈ノ潛伏セルコトヲ證明シ得ルガ如キ場合アリ、カヽル場合ノ起炎菌ハ最モ屢々連鎖狀菌、葡萄狀菌、肺炎菌、腐敗菌時ニ「インフルエンザ」菌又ハ腦膜炎菌ナリトス。

以上大體腦膿瘍ノ原因ニ就キ述ベタルモ余ガ症例ハ第一項ノ原因ニ依ツテ誘發セラレタルコトハ明ラカナル所ニシテ、一定期間中無事ニ經過シ、後ニ至リテ徐ロニ症狀増惡セシ所謂 traumatischer Spatabszess ニ屬セシムベキ例ナリキ。以下更ニ之ガ病理解剖學的所見ニ就テ述ベントス。

四、病理解剖學的所見

(一)腦膿瘍ハ通常淺在性ナルトキハ其個々ノ病竈ハ豌豆大以上ニ達スルコトハナキモ時トシテ全腦葉ヲ充タスガ如キ孤立性膿瘍トシテ發生シ本例ニ於テハ其ノ大サ鶏卵大ニ及ベリ。栓塞性腦膿瘍ニアリテハ通常病竈ハ小ニシテ多發性ナレトモ傳播性腦膿瘍ニ於テハ大ニシテ單發性ナルヲ常トス。而モ此兩者混合セルガ如キモノアリ。膿汁ハ帶綠黃色ニシテ臭氣ヲ帶ブルト帶ビザルトアリ。本例ニ於テハ悪臭アル帶綠黃色膿汁ヲ排出セリ。次ニ之ガ好發部位ハ如何ニト論ズルニ

(1)耳性腦膿瘍ハ先ニ述ベタル如ク側頭葉或ハ小腦ニ於テ之ヲ見ルコト多シ

(2)鼻性腦膿瘍ハ前頭葉ニ於テ、又

(3)栓塞性腦膿瘍ハ特ニ左側ジルヴイウス氏窩動脈領域附近ニ於テ來ルコト多シ。（既述）

(4)外傷性腦膿瘍ニアリテハ頭蓋損傷部ノ附近ニ占居スルヲ原則トス

— 64 —

ト成書ニ述ベラレタルモ本例ニ於テモ頭蓋損傷部ハ右側後頭骨部ニ存シ從テ膿瘍モ之ニ近接セル部、側頭葉ノ稍々上部ヲ占居セリ

(一)腦膿瘍ニシテ深在性ノモノニアリテハ屢々腦ノ表面ニ何等ノ變化ヲ示サザルコトアリ。然レトモ腦壓高度ナルトキ殊ニ腦水腫ヲ併發セルモノニアリテハ、硬腦膜著明ニ緊張シ腦廻轉扁平トナルヲ見ル。又腦皮質ニ近ク占居セル膿瘍ニアリテハ屢々當該腦部ノ表面膨隆シ且帶黃綠色ニ變色スルノミナラズ又屢々周圍ノ腦組織ニ於テ浮腫樣腫脹及炎衝性變化等ヲ認ム。

(二)次ニ其ノ新鮮ナルモノ及陳舊ナルモノトヲ比較スルニ、新鮮ナル腦膿瘍ハ通常包被セラレザルガ故ニ廣ク周圍ノ腦質ヲ膿化セシムル傾向ヲ有シ屢々腦室或ハ腦膜ニ穿孔スルコトアリ、而シテ此等ノ穿孔ニ際シ化膿性腦膜炎、化膿性靜脈　血栓等ヲ併發シ進ンデハ一般敗血症ヲ招來シテ身體ノ他部ニ膿瘍ヲ形成セシムル事アリ。反之陳舊ナルモノニアリテハ病竈ノ周圍ニ强厚ナル結締織囊ヲ形成スルモノニシテ該囊ハ脂肪及色素顆粒ヲ具有セル纖維性結締織ヨリ

— 65 —

成リ其内面ハ脂肪顆粒細胞ヲ以テ被ハルモノナリ。而シテ此ノ包嚢性脳膿瘍ハ時ト共ニ幾分周圍ニ向ッテ増大シ得ルモノナレトモ又久シク周圍脳組織ニ對シテ何等ノ反應ヲ現ハスコトナクシテ、經過スル内再度ノ感染又ハ外傷ニヨリテ更ニ新シク症状ヲ惹起スルコトアリ。Abgekapselter Gehirnabscess 即チ是レナリ。

五、考按

上述ノ解剖學的、組織學的所見ニツイテ考按スルニ主要變化ハ勿論脳膿瘍形成ニアルモ今暫ラク之ヲ措キ他臓器ノ主ナル病變ニ就キテ考ヘン。即チ

臨床上診斷サレタル如ク肺浸潤ノ像ハ剖檢上ニモ組織學的ニモ明カニ急性期ノ加答兒性、漿液性肺炎竈ノ出現ヲ認ルモノニシテ右肺ニアリテハ肋膜ノ異常肥厚、増殖ヲ來シタル像アリ。以下述ベントスル諸臓器ノ病變像ハ一ニカカリテ之ニ起因セリト考フルモ敢テ過言ナラザラン。即チ心筋ニアリテハ既ニ述ベタル如ク脂肪變性ニ至ラントスル前過程ニアル溷濁ヲ主トシテ心筋纎維ノ膨大ト、筋纎維間質ノ小量ノ脂

防球ノ侵入ヲ認メ、脾臓ニアリテハソノ大サ、形態ニ於テハ腫大ヲ認メザルモ、割面ニ於テ稍々髓樣ノ感強ク、組織的所見上ニモ脾髓ノ增生ヲ主變トスル急性脾炎ヲ肯定セシメタリ。同時ニ骨髓ニ於テモ一部增血再生像ノ所見ヲ呈シ之レ恐ラク肺炎竈ニ一次的因子ヲ有スルモノト思惟ス。更ニ腎臓ニ於テハ其ノ組織像ハ炎トスルヤ、變性ナリトスルヤ一層綿密ナル研究ヲ要スルモノト考ヘラレタリ。即チ細尿管上皮ノ溷濁、腫脹ヲ主トシテ（但シ脂肪染色上ハ上皮ノ脂肪變性ヲ認メザリキ）絲毬體ノ種々ノ變性、血管ノ擴張ト其ノ周圍ノ圓形細胞ノ浸潤等アリテ細尿管性絲毬體腎炎トモ云フヲ得バク、若シ絲毬體炎ヲ主變ト考フレバ絲毬體ノ變化ハ滲出機轉ニアマリニモ乏シク之ヲ肯定スルニ躊躇スルモノニシテ、況ンヤ臨床所見ニ於テ腎炎ヲ裏書キス可キ諸症状ヲ缺クニ於テハ、之等ハ綜合シテ腎ニ於ケル單純ナル變性機轉ト見ルヲ妥當トス可ク依テ Nephropathie（ネフロパテー）ノ語ヲ用ヒルヲ可トセン。而シテ副腎ニ於ケル皮質ノ脂肪沈着モ容易ニ説明サレン。

肝臓ニ就キテハ特ニ前記二者ノ局所性病變トハ重大ナル相關的要素

ヲ含マザルモノノ如ク、今茲ニハ問題視セザルナリ。胃、腸管及他ノ消化器系統ニ於テモ同様ノ見解ヲ持ツ者ナリ。扨テ以上ノ如キ諸種ノ全身變化ヲ誘導ス可キ今一ツノ主要限局病竈即右側大腦半球皮質性腦膿瘍ニ就キテハ病理解剖學的ニハ成書ニ記載サレタル如キ組織像ヲ有スルノミニテ左程興味アリトハ考ヘラレズ寧ロ臨床醫學的見地ヨリ之ヲ觀察シテ殊ニ臨床上ノ記載比較的尠ナキニ於テハ一層意義ヲ見出シ得ルモノナラン。

即チ本症ニ就キテ問題トス可キ點ハ膿瘍發生ノ時期及ビ腦症状發來ト肺炎惹起トノ關係ナリ。

膿瘍發生ノ時期ニ關シテハ既述セル如ク患者自身ノ口ヨリ何等外傷ノ既往、經過ニ就テ發表サレザリシタメ僅カニ死後所見ト組織所見トヨリ陳舊ナル病竈トノミ想像シ得ル程度ニシテ膿瘍ノ部位ガ皮質ヲ去ル一—二糎ノ淺キ部ニ包裹サレタルママ潜在シ外部ヘノ二次的膿化機轉ヲ起サズ而モ顯著ナル腦症ガ肺炎罹患ヨリ相當期間經過後發現セリトノ臨床所見ヲ知レルニ於テハ其ノ感ヲ益々深クス。

次ニ肺炎ト膿瘍ノ關係ハ之ヲ別個ノモノト考フルコト・ハ早計ノ誹アルヲ免ガレズト愚考スルモノナリ。即チ腦ニ於ケル化膿竈ヨリ何等カノ原因ニヨリ肺ニ轉播セラレタルカ若シ肺炎ヲ肺ニ原發セルモノトスルモソノ增悪ト共ニ潜在セル腦化膿竈ニ再發ノ動機ヲ與フルコトハ容易ニ考ヘラレン。此ノ事ハ臨床上先ヅ肺浸潤ノ本態ヲ結核性ナリト推定シ次イデ起リ來レル腦症狀ヨリ直チニ結核性腦膜炎ヲ併發セルモノト診定セラルルニ至レル過程ニ一致セン。然レトモ細菌學的檢索ニヨリ結核菌陽性ノ成績ヲ否定シ得タリ。何レニセヨ兩者ノ關係不可分ナルコトハ根據多シト信ズ。

最期ニ殘サレタル問題トシテハ死ノ直接ノ原因ヲ果シテ腦膿瘍ニ歸ス可キカ、肺炎ノ進展ニ歸ス可キカナルモ、既ニ述ベタル如ク腦及肺ニ於ケル病竈以外ノ何レノ部位ニ於テモ死因トナル可キ要約ヲ缺クニ於テハ腦實質內ニ形成セラレタル膿瘍ニ因ル壓迫ト化膿菌要素ノ中樞神經系ニ及ボス影響ヲ疎外視スル能ハズ殊ニ肺病竈ノ循環系ニ對スル不可避的ノ因子モ大イニ又之ヲ助長セシメタリト考フルヲ至當トス可ク只前者ノミヲ以テ一元論的ニ說明スルノ正鵠ヲ得ゲルヲ認ムルニ役立ツモノナリ

尚腦病竈ニ於ケル脂肪顆細胞ノ出現「ぐりあ」ノ増生ニ關シテ如何ニ
説明セシカハ他日研究ノ結果記載セントスルモ「ぐりあ」ノ増生ハ軟
化竈ニ對スル組織反應トシテ集簇セルモノナラン。

（附圖）

•Vv. diploicae 板障靜脈（頭蓋骨ノ内外兩板間ニ存ス）

1. V. diploica frontalis 前額ノ正中線ニ位シ、前頭靜脈及ビ上矢狀洞ヲ結ブ。
2. V. diploica temporalis anterior ハ前頭縫ノ後部ヲ走リ楔狀頭頂洞、深側頭靜脈ニ開ク。
3. V. diploica temporalis posterior ハ上矢狀靜洞ニ連ル。
4. V. diploica occipitalis 後頭縫ノ内ヲ下行シ後頭靜脈、靜脈洞交會ニ連ル。

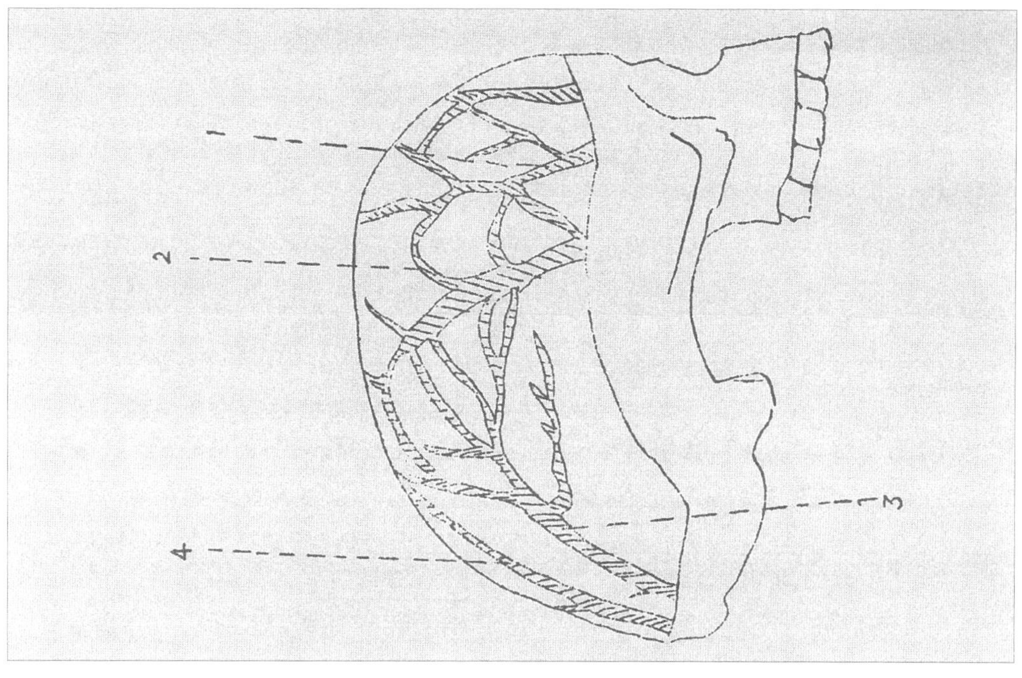

六、文獻的考察（臨床的方面）

平時臨床方面殊ニ外科ニ於テ脳膿瘍ヲ見ルコトハ比較的稀トサレ、戰傷外科ニ於テモ脳膿瘍ハ比較的稀ナル疾病ニ屬シ殊ニ晩發性脳膿瘍ハ甚ダ少ナク、Neiihoff ニ依レバ脳戰傷ノ一%ニ於テ之ヲ認メタリト述べ、又 Hildebrand ヒルデブランドハ大戰中一二例ノ晩發性脳膿瘍ヲ観察シ、僅カ二例ノ治癒ヲ認メ、又 Boit ハ一一例ノ中五例ノ死亡例ヲ見、又彼ハ一四〇例ノ頭蓋穿透創ニ於テ五例ノ脳膿瘍ヲ認メ、Otto Hahn ハ七例ノ脳膿瘍ヲ記載シ二例ニ於テ手術的ニ治癒セシメ得タリト。Oppenheim, Cassirer ハ七七例ノ外傷性脳膿瘍中五六例ヲ治癒セシメ得タリト。明治三七—八年戰役陸軍衛生史ニ依レバ脳膿瘍症例ハ合計三二例ニシテ内二八例ハ死亡シ四例生存ス、其ノ内急性皮質性脳膿瘍ハ一九例ニシテ悉ク死亡シ後發性脳膿瘍ハ一三例ニシテ内死亡九例、生存四例ナリ。

最近陸軍軍醫學校外科、吉岡大尉ハ戰傷ニ因ル脳膿瘍三例ヲ報告シ一例ハ左前頭部盲管銃創兼脳膿瘍ノ患者ニシテ術後七〇日ニシテ治癒

— 72 —

シ、一例ハ右前頭部砲彈破片創兼腦膿瘍ニシテ術後二二〇日ニシテ治
癒、最後一例ハ顱頂部砲彈破片創兼腦膿瘍ノ例ニシテ術後四四日ニシ
テ治癒セリト。
何レモ深在性腦膿瘍ニシテ外科的手術ニ依ル效果ヲ力說セリ。以上ハ
外科範疇ニ於ケル報告ナルモ、耳鼻咽喉科方面ニ於ケル耳性及鼻性腦
膿瘍ノ記載ニ關シテハ可成リ多ク枚擧ニ遑ナキ狀態ナリ(次ノ表ヲ參照)

報告者	症例	死亡例	治癒例	備考
Neuhoff	一多		二	晩發性 (Spatabscess
Hildebrand	一二例	0	二例	大戰中 Spatabcess
Boit 同人	一一例 三例／一四0例	三例 0	0	Spatabscess 頭蓋穿透創
Otto Hahn	七例	五例	二例	Operatw geheilt
Oppen neim Cassirer	七七例	0	五六例	外傷性腦膿瘍
陸軍衛生史 明三七-三八年	三二 13/19	二八 9/19	四0	Spatabszess 急性並慢性腦膿瘍
吉岡	三例		三例	Operativ geheilt

七、結論

(一)本症ハ病理解剖ノ結果右側大腦半球後頭葉ニ大ナル晩發性ノ外傷性
腦膿瘍形成ヲ發見セル稀有ナル症例ニシテ結局其ノ死因ヲ之ニ歸納
セシム可キ例ナリ。
(二)臨床上本症ハ患者ノ全身衰弱著明ナルト局部所見ノ比較的顯著ナル
トニ依リ結核性腦膜炎ヲ想像セシメタル例ナリ。
(三)外傷ヲ受ケタル後相當長期間何等認ム可キ自覺的所見ナク經過シタ
ルモノト思ハレ一旦抵抗減弱ト共ニ症狀ノ再燃、惡化ヲ來セシ所謂
晩發性腦膿瘍ノ一例ニシテ亦之ヲ潛在性腦膿瘍 latenter Gehirnabs
zess トモ稱ス可キモノナリ。
(四)本症ハ臨床醫家ニ最モ稀ナル外表檢查及原因的事項探究ヲ要望ス
ル好適例ニシテ屢々遭遇スルコトト思遣シ乃ガ注意ヲ喚起セントス

引用文獻

木村哲二　病理學總論及各論
緒方、三田村　病理學

三輪、吉川　實地外科學
呉、坂本　Lehrbuch der inneren Medicin
廣瀬、赤松、細田　新撰耳鼻咽喉科學
吉岡　軍醫團雜誌、第三百十七號
瀧口一雄　耳鼻咽喉科會報、三四巻二號
西村敬助　朝鮮醫學會雜誌、二九巻一號一八四　昭一四年一月
與世里盛夫　滿洲醫學會雜誌、二九巻六號一六一三　昭一三年一二月
猪木俊太郎　臨床醫學、二七年五號、六五七
林幸雄　市立札幌病院醫誌二巻三號六三
荒木千里　日本外科寶函一六巻三號四四八　昭一四年五月
石川　千大、精神科教室
飯塚　大日本耳鼻咽喉會報、昭一四年五月
E. V. Gierke　Taschenbuch aer Patho logischen Anatomie
L. Aschoh　Patholog sde Anatomie
伊澤、岡府田　日本人體解剖圖譜

— 75 —

Finkelberg　Spatabszessen Spatencephalitis des Gehirns nach oberflachenschussen des Schadels. Deutsch med. Wochschr 1916. No 26
Kurchner-Nordmann　Die Chirurgie
森、金子　最新組織學、總論各論
Max. Barst　Patho lo gische Histo lo gie.

（笠木少尉追加）
脳膿瘍ハ耳鼻咽喉科領域ニ於テハ多数ニ存在スルモノデアル。私モ二、三例經驗シテ居リ一例ノ治癒例ヲ持ツテヰル。脳膿瘍ハ手術ニヨリ容易ニ治癒セシメルコトガ出來ルカラ如何ニシテ之ヲ發見スルカガ興味ヲ感ズル點デアル。私ハ診斷ノ一助トシテ次ノ二點ヲ推奨シタイ。
一、此ノ患者ノ脳脊髄液所見ニ於テモ見ル如ク細胞ニ淋巴球ガ甚ダ多ク中性多核白血球ノ少イコトデアル。

— 76 —

2、脳脊髄液圧ノ高イ割ニ常ニ細胞数少ク二〇、三〇程度ノコト多ク時々僅カニ溷濁シ一〇〇、二〇〇トナルコトモアルモ直チニ又元ニ戻ル。

第八　中毒ト剖検所見　　　　第一科　陸軍軍医中尉　村上　隆

器管	所見	作用因ト考ヘラルベキモノ
	A. 外景	
I 全身	死後強直 a）死後直チニ来リ特ニ高度ノモノ	痙攣毒，例ヘバストリヒニン・ピクロトキシン・フイゾスチグミン・ピロカルピン・アトロピン・ヴエラントリン・チクトキシン・アコニチン・（ピラミドン）サントニン
	b）稍強ク促進サレルモノ	硝酸・青酸
	c）促進サレ軟化ノ遅キモノ	クロロホルム（吸入サレタ場合）
	d）遅キモノ	麻酔剤・例ヘバ抱水クロラール・其他コカイン・コニイン・クラーレ
II 皮膚	a）黄疸	砒化水素・草毒・燐
	b）死斑著シク鮮紅色ノモノ	酸化炭素・稀レニ青酸・青酸加里
	c）死斑著シク褐色ノモノ	メタヘモグロビン形成毒例ヘバ塩化加里，アニリン，ニトロベンゾール
	d）多発性皮膚出血	燐・蛇毒
	e）皮膚腐蝕（紅疹，水泡形成，潰瘍，瘢痕）	腐蝕酸及ビアルカリ．腐蝕塩（塩化物）
	f）膿疱疹	臭素・沃素
	g）乾燥性壊疽 1．適用後局所的ニ来ルモノ 2．吸收性ノモノ	 石炭酸（湿布）．アンチピリン（注射） 麦角．燐（中毒初期ニ多シ）
III 眼	瞳孔擴大	アトロピン（ヒオスチアミン）スコポラミン又ハ之等ノアルカロイド含有植物例ヘベラドンナ葉、ヒヨス葉、マンダラゲ等．此ノ外コカイン．トロパコカイン
	瞳孔縮小	モルヒネ
IV 鼻	鼻中隔穿孔	クローム塩（長期ニ亘リテ作用サレタ時例ヘバ工場ニ於ケル吸入）コカイン（嗅ギタル場合）
V 顎	顎壊死（口腔検査ニヨリ初メテ認メラルコト多シ）	燐（慢性中毒例ヘバ工場中毒ニ於ケル初期ニ多シ）

	所　　見	作用因ト考ヘラルベキモノ
Ⅵ 口腔	a）口唇及ビ口角時ニハ歯マデモ腐蝕サル	腐蝕酸，腐蝕アルカリ，遊離ハコゲン鹽
	b）歯齦前縁ノ黒染	鉛，蒼鉛（時ニ銀，稀レニ銅此ノ時ハ赤味ガアル）
	c）口内炎，舌炎，歯ノ弛ムコト多シ（同時ニ大腸カタルヲ伴ヘルコト屢々ナリ）	水銀，蒼鉛
	B．内　景	
Ⅶ 筋肉	a）脂肪變性	砒素・アンチモン・アンモニヤク・沃度及ビ沃度鹽類・香華脳・燐（中毒初期ニ多シ）
	b）色淡紅	酸化炭素
	c）出血特ニ胸筋及ビ關節ノ周圍ニ於テ	燐
Ⅷ 頭蓋、胸、腹腔開腔ニ當リ	異常臭氣 a）蒜　臭	テルル・セレン・ブロームエーテル・カユゲール化合物・燐（中毒初期ニ多シ）
	b）苦扁桃臭	青酸（青酸加里）・ニトロベンブール
	c）テレビン臭	サビナ樹・ヒバ脳・水松脳・芸香脳
	d）芳　香	コロン香水・火酒・ニトロベンゾール
	e）アセトン臭	酸中毒（糖尿病）
	f）特定ノ臭氣ヲ持ツモノ	アルコール・エーテル・抱水アミール・パラアルデヒート・クロロホルム・樟脳・アニリン・石炭酸・クレゾール・リゾール・ニコチン・沃度・ヨードホルム・臭素・ブロモホルム・鹽素・コニインアルカロイド・硫化水素・アンモニヤク・醋酸・阿片・印度大麻・木精・燐・揮發性油（メントール）・石油
Ⅸ 脳	a）硬脳脈靜脈竇ニ於ケル流動性鮮色血液	酸化炭素
	b）軟脳脈　血量多ク鮮紅色 灰　褐　色	酸化炭素 メトヘモグロビン形成毒

— 79 —

器管	所　　見	作用因ト考ヘラルベキモノ
Ⅸ 脳	c）臭　氣（Ⅷ ト同ジ）	
	d）色，皮質鮮紅色且ツ割面多量ノ鮮紅色血液ヲ含ム 皮質　灰褐色	酸化炭素 メトヘモグロビン形成毒
	e）軟化竈　特ニ両レンズ核ニ對稱的ニ來ル	酸化炭素・青酸（青酸加里）
	f）小出血及ビ軟化	鉛（慢性中毒）メチールアルコール
Ⅹ 咽頭、食道、氣道	a）發赤及ビ[illegible]	青酸加里・刺戟毒（稀酸及ビアルカリ）腫脹ヲ伴ハザルモノハ酸化炭素
	b）腐　蝕	濃厚ナル腐蝕毒（酸・アルカリ・腐蝕鹽）
	c）聲門水腫	腐蝕毒及ビ刺戟ガス
	d）咽頭・氣道ニ於ケル溢血	酸化炭素
	e）咽頭・氣道・食道ニ於ケル殘餘毒藥	XIX，I．胃内容参照
	f）氣道，大氣管枝ニ於ケル胃内容嘔出物	意識喪失嘔吐ヲ惹起セシムル毒特ニ酸化炭素時ニハ吸入麻醉剤
XI 肺	a）臭　氣	Ⅷ 参　照
	b）表面ニ於ケル出血	砒素・シヤン化合物（青酸）・睡眠剤・痙攣毒・燐（中毒初期ニ多シ）
	c）充　血	急性心臓停止・窒息死ヲ起ス凡テノ毒，例ヘバ酸化炭素・モルヒネ・青酸・大量ノ睡眠剤・ストリキニーネ
	d）肺水腫	ムスカリン・ピロカルピン・フイゾスチグミン・アレコリン・コリン・ニコチン・腐蝕毒・刺戟ガス
	e）肺褐染	メトヘモグロビン形成毒
	f）褐色變化（鐵沈着症）	アルコール（慢性中毒）・慢性鬱血ヲ起ス如キ毒
	g）吸引性肺炎	酸化炭素・吸入麻醉剤（クロロホルム・エーテル）
XII 縦隔竇	出　　血	燐（中毒初期ニ多シ）

— 80 —

器管	所見	作用因ト考ヘラルベキモノ
XIII 心臓及ビ循環系	a) 心臓脂肪變性	砒素・アンチモン・アンモニヤク・沃度・香蕈屬・燐（中毒初期ニ多シ）
	b) 動脈硬化（中毒性）	アルコール（慢性中毒）・血壓上昇劑ノ長期使用
XIV 腹腔	腹腔内容物ノ强酸性反應	濃酸，特ニ硫酸ニヨル胃穿孔ノ場合
XV 大網及ビ腸間膜	出血	燐（中毒初期ニ多シ）
XVI 脾臓	色 鮮紅色	酸化炭素
	チヨコレート樣褐色	メトヘモグロビン形成毒
XVII 肝臓	a) 色 鮮紅色	酸化炭素
	チヨコレート樣褐色	メトヘモグロビン形成毒
	b) 肝臓脂肪變性	砒素・アンチモン・アンモニヤク・香蕈屬・稀レニヒラタケ屬・アルコール（慢性中毒）急性重金屬中毒（非經口的）・燐（中毒初期ニ多シ）此ノ他3ニトロトルオール
	c) ヘモヂデリン沈着	アルコール（慢性中毒）溶血毒
	d) 肝割面ニ於ケル血管及ビ結締織ノ黑染	銀（銀沈着症）
	e) 黄疸（同時ニ他器官ニモ起ル）	香蕈屬・ルピノ毒・オグルマ屬・燐（中毒初期ニ多シ）
	f) 肝硬變	アルコール（慢性中毒）（黴毒ハ除ク）
XVIII 腎臓	a) 色	XVII ト同ジ
	b) 脂肪變性	XVII ト同ジ
	c) 石灰沈着（割ヲ加ヘル時ニ音ヲ聞ク）	昇汞 蓚酸及ビ其ノ可溶性鹽類鉛（慢性中毒）
	d) 割ヲ加フルニ絲毬體ノ黑染 VI b XVII d ヲ伴フ	銀（銀沈着症）
	e) 絲毬體腎炎	カンタリヂン・沃度・オシウム酸（其ノ鹽）
	f) 腎臓ニ於ケル肉眼的壊疽	腐蝕酸，アルカリ・腐蝕鹽・昇汞毒・鹽酸加里・其ノ他血液毒

— 81 —

器管	所見	作用因ト考ヘラルベキモノ
XIX 胃	a) 異常臭氣	VIII 參照
	b) 胃内容物	
	1. 無物礦物性粒子	砒素・アンチモン・甘汞
	2. 壁ニ白色結晶物固着	蓚酸 蓚酸鹽（酸性蓚酸加里）
	3. 着染礦物性粒子・	
	綠	シユワインフルター綠・ウオルフラム綠・綠青或ハ他ノ銅鹽
	赤	鷄冠石（硫化砒素・赤硫黄）・紅鉛礦（鹽化鉛）・辰砂・沃化水銀・酸化水銀（赤色酸化汞）
	黄	石黄（三硫化砒素・黄硫黄）クローム黄（クローム鉛）酸化水銀（黄色酸化汞）
	4. 綠輝物	カンタリヂン（ハンメウ）
	5. 小木片	所謂スエーデンマツチニアル鹽化加里初期ノ含燐マツチニアル燐
	6. 葉片（網樣葉脉ヲ有スル双子葉植物）	莨菪・ヒヨス屬・マンダラゲ・烟草・ヂキタリス・夾竹桃・烏頭
	葉片（平行葉脉ヲ有スル單子葉植物）	鈴蘭
	7. 種子 有毛	ホミカ・ストロフアンツス子
	無毛	エニシダ・ヒヨス屬・マンダラゲ・トウゴマ・コルヒクム・ムギナデシコ
	8. 松柏類ノ小片（枝端）	サビナ樹・ヒバ・水松屬・糸杉
	9. 蕈片	香蕈菌・ヒラタケ
	10. 燐光ヲ發スル小塊	燐（初期ニ多シ）
	c) 胃及ビ腸上部内容物又ハ壁ノラクムスニ對スル異常反應	
	1. 强酸性	酸・酸性鹽
	2. 强アルカリ性	腐蝕アルカリ・炭酸アルカリ（粗製炭酸加里）（アルカリ土類）青酸加里及ビシヤン曹達

— 82 —

器管	所見	作用因ト考ヘラルベキモノ
XIX 胃	d) 硫化アンモン或ハ其ノガス＝由リ胃壁或ハ胃内容物ノ黒染	鉛・蒼鉛・水銀・銅・銀・（上記ノ金属並ビニ其ノ塩類摂取後暫時的＝）
	e) 粘膜ノ溢血及ビ急性腫張	砒素・アンチモン・可溶性バリウム塩・稀薄ナル腐蝕毒・燐（早期＝多シ）
	f) 粘膜腐蝕——腐蝕痂皮 1．単純性凝固性壊死 痂皮：灰色・灰白色・光澤ナク不透明	石炭酸・昇汞・アルコール・フオルモール
	2．第二次的變化ヲ伴フ凝固性壊死 α）ヘマチン形成＝ヨリ 痂皮：灰黒色・褐黒色乃至深黒色	塩酸・硫酸・硝酸・醋酸（凡テ濃厚ナル場合＝限ル）
	β）キサントプロテイン形成＝由リ 痂皮　黄色	硝　酸
	γ）毒素色素ノ浸潤＝由リ 痂皮　褐色	リゾール
	黄色	ピクリン酸・クローム鉛・クローム加里
	緑色	フオルフラム緑・シユワインフルター緑・スエーデン緑・オーム緑・石灰緑・地緑・硫化銅
	黒色 （腐敗還元＝ヨリ灰色ヨリ黒染ス）	銀　塩
	3）溶解性壊死 痂皮　軟＝シテ透明 粘膜上ノ粘稠ナル粘液 痂皮　暗褐色乃至黒色 鮮紅色乃至暗赤色	腐蝕アルカリ（シヤン加里モ同ジ） リゾール シヤン化合物（シヤンヘマチン形成＝ヨル）
	4）穿　孔	強腐蝕酸・特＝濃硫酸（胃消息子＝ヨリ機械的＝）
XX 小腸	a）異常臭氣	XIX a参照
	b）特定ナル腸内容物	XIX b参照

器管	所見	作用因ト考ヘラルベキモノ
XX 小腸	c）異常色染	XIX d及ビfト同ジ
	d）腸漿膜＝於ケル高度ナル毛細管鬱血	砒素化合物
	e）主トシテ小腸上部＝於ケル急性腸炎	刺戟毒，主トシテ稀酸・稀アルカリ及ビ塩類・其ノ外砒素・アンチモン
XXI 大腸	a）大腸壁黒褐色	蒼鉛製剤
	b）廻腸最下部並＝主トシテ上行及ビ横行結腸ノ赤痢様變化 其ノ經過ハ下部＝行クニツレテ消失シ多クノ場合直腸ハ無變化ナリ（赤痢トノ相違點）	水銀塩（特＝昇汞）
	c）大腸濾胞ノ膿瘍様潰瘍特＝上行，横行結腸ハ粘膜ノ壊死ヲ伴フ	水銀塩（昇汞）
	d）全腸　赤痢様變化	蓖麻子ノ種子・巴豆屬種子・特＝其ノ油
	e）粘脉，漿膜ノ出血	燐
XXII 膀胱及ビ尿	膀胱腫瘍（アニリン癌）及ビ膀胱＝於ケル血尿	アニリン染料，長年＝亘ルベンチヂン中毒
XXIII 血液	色　著シク鮮紅色（特＝靜脉＝於テ）	酸化炭素
	著シク褐色	メトヘモグロビン形成毒

第九 クロマトグラフ分析法ノ概念

第四科 陸軍薬剤中尉 工藤益夫

ノクロマトグラフ分析法ノ概念

此ノ方法ハ西暦一九〇六年ロシアノ植物學者エムツウエットニ依ツテ提唱セラレタルモノニテ溶解度ノ差又ハ再結晶法ノ如キ從來ノ方法テハ分離困難テアツタモノヲ僅カノ構造上ノ相違ニ依ツテ生スル吸着剤ニ依ル被吸着性ノ差ヲ利用シテ分離精製スルノニ利用セラレタノテアル。

卽チ例ヘハアリン氏管等ノ如キ構造ノ管ニ適當ナル吸着剤ヲ塡メ吸引濾過法ニ依リ検液ヲ濾過セハ検液中ニ溶存セル物質中被吸着性強キモノハ上部ニ吸着セラレ色帯ヲ形成シ被吸着性之ニ次クモノハ更ニ下層ニ移リ茲ニ色帯ヲ形成スル。被吸着性ナキモノハ溶液ノママ吸着剤中全體ニ擴リ居ルモ周到ナル溶剤テ洗滌スル時ハ吸着剤中ニ止マル事ナク全部移行シ濾液トシテ得ラレル。

此ノ濾液ヲフイルツラートト稱シ此ノ際溶媒ヲ以テ洗滌スル操作

ヲ展開ト稱ス。之ハ此ノ操作ニ依ツテ色帯カ展開スルカラテアル。

検液ヲ濾過シテ色帯ヲ形成セシメル操作ヲクロマトグラフイーレント謂フ。

之ニ依ツテ得ラレル色帯ノ集團ヲクロマトグラムト稱ス。斯クシテ検液中ノ物質ヲ不被吸着性物質（濾液）ト被吸着性物質（吸着剤中）ニ分ケ得ラレルノミナラス被吸着性物質モ吸着剤中上層ナリヤ下層ナリヤノ別ニ依リ機械的ニ分離可能ナリ。

2 アールフランクノ装置及操作法

吸引コルベン（a）ノ上ニフオルラーゲ（b）此ノ上ニ更ニウビオールグラスカラ出來テキル長サ二〇糎徑一糎ノ吸着管（c）ヲ連絡スル吸引コルベンハ三孔ヲ有スル活栓ニ依リ一ツハ眞空乾燥器ニ他ハ水流ポンプニ連結ス。

吸着管ハ濾過板ヲ有シ其ノ下部ハ一孔ヲ有スル（ゴム栓ニ依リ（b）ト連結ス）

多量ノ検體ニ就テクロマトグラフ分析法ヲ行ハントスル時ハ長サ

四〇糎径三〜二糎ノ吸着管ヲ使用スル。

第一図

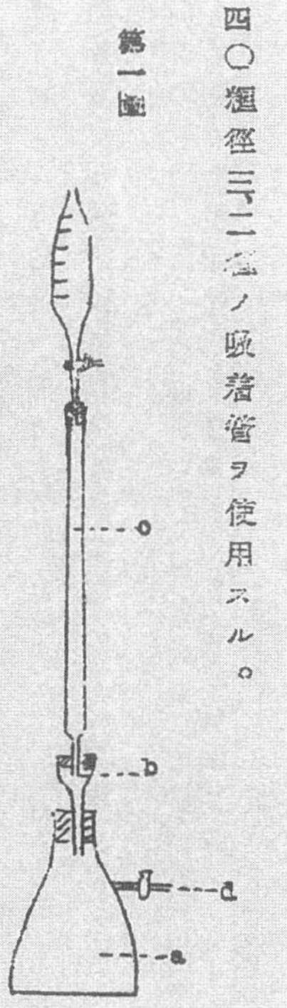

吸引コルベン中ノ濾液ヲ分離スル事ガ必要ナル場合ハ吸引コルベン（a）ノ代リニ長サ四〇糎直径四糎内容二〇〇ccノ圓筒状分液漏斗ヲ用ユル。此ノ分液漏斗ハ五cc宛ノ目盛ヲ有シ二孔ヲ有セルゴム栓ニ依リ吸着管ヲ上ニ載ケル受器及ヒ三孔活栓ニ連レル硝子管ト連結シテキル。

操作法　分析法ヲ行フ場合ニハ吸着剤ニ適當ナ溶媒ヲ加ヘテ液状粥トナシ之ヲ吸着管（c）ニ填メル。濕潤セル吸着剤ノ上ニ二ツノ圓形濾紙ヲ置キ滴下ノ爲吸着剤ノ攪拌セラレルノヲ防グ。次ニ最上部ニ分液漏斗ヲ附ケル。此ノ分液漏斗ヲ経テ更ニ溶媒少々加ヘ吸引コ

ルベンヲ眞空乾燥器ニ連結スル。三孔活栓ヲ調節シ濾液カ一秒ニ二乃至三滴滴下スル如クナス。吸着剤ノ上ニ未タ二乃至三ccノ溶媒カ残存セル場合ニ分液漏斗ヲ通シテ検液ヲ（c）ノ中ニ入レ吸引濾過ヲ継續スル。吸着剤上ニ残留セル検液カ二乃至三ccニナツタトキ此處ニ生シタ色帯ヲ展開スル爲ニ適當ナ溶媒デ洗フ斯クシテ得ラレタ色環ヲ機械的ニ分離シテ抽出シスペクトル分析比色試験等ニ供スルノデアル。

醫療効果ヲ有スル多クノ有効成分（キニーネ、アトロピン等）ハ無色ナル故之ヲ認識スル爲ニ展開ノ前及ヒ展開中ノクロマトグラフニ紫外線照射ヲ行ヒ螢光現象ヲ観察記載スル。

コノ爲ニ分析操作ヲ一時中絶スル故往々クロマトグラフ中ニ氣泡ヲ生シ吸着剤ヲ攪拌シテ色環ヲ破壊スルコトカアル。之ヲ防ク爲ニハ溶媒ヲ豫メ完全ニ流下セシメル必要カアル。

クロマトグラフノ濾液ヲ更ニ試験スル必要アル場合ニハ吸着管カラ溶媒カ流下シタ後ニ圓筒形分液漏斗ノ内容ヲ下部ノ活栓ヲ開キ別

ノ容器中ニ必要量ヲ取ルノデアル。
濾液ノ最後ノ一滴ヲモ必要トスル場合ニハ（定量分析ノ如キ）吸着管ヲ除キ適當ナ溶媒テ洗滌スルノデアル。圓筒形分液漏斗ニハ目盛カアルカラ常ニ濾液ノ量ヲ調節スル事可能ナリ。タロマトダラフ中ニ順調ニ色環カ得ラレナイ時ハ其ノ原因ハ吸着剤カ一様ニ細ク分布シテイナイカ何カ異物（コルク粉）カ混シテキル爲吸着剤柱内ニ於ケル檢液ノ一樣ナ流カ妨ケラレルノニ因ル。

ヂンキ、エキス中ノアルカロイド定量法

此ノ新法ハ第六版獨逸藥局方ノ方法ニ比スレハ多クノ利點アリ。藥局方ニ依ル定量法ハ一般ニヂンキニテハ二〇乃至一〇〇瓦エキス或ハ流動エキスハ〇、五乃至四瓦カ必要デアル。タロマトダラフ分析法ニ於テハ之ニ正確ナル價ヲ必要トスルトキニ於テモヂンキ僅カニ一〇瓦或ハ二〇ccエキスニテハ〇、一乃至〇、五瓦テ定ル。是ノミナラス所要時間モ僅少テ濟ム。殆ント全テノアルカロイド定量ハ二五分間テ順調ニ終了スル。然ルニ藥局方ニ依リ定量ヲ行ヘハ少クトモ五

〇分ヲ要ス。

要スルニ新法ニ於テハ七〇%ノアルコホル五〇ccノ外ハ有機溶媒ヲ必要トシナイ。

又厄介ナル有機物質ノ振盪濾液ノ澄明化多クノ容器ノ使用等ヲ必要トシナイ。酸性ニテ抽出セル濾液中ニ直接滴定テアルカロイドヲ定量シ得ルノデアル。唯ベラドンナヂンキノ場合ノミ濾液中ニ含有セラレテキルアルカロイド鹽ヲ滴定ノ爲ニアムモニアテ遊離鹽基トナシエーテルニ移行セシメエーテル蒸發後常法ニ依リ滴定スルヲ要スルノミナリ

一般的實施法

常法ニ依リヂンキ、エキスノタロマトダラフヲ作リ七〇%アルコホル五〇ccテ展開シ全ク澄明ナ濾液ヲ水浴上テ二乃至三ccニ蒸發濃縮シ過剰ノ十分定規鹽酸ヲ加ヘ十分定規苛性ソーダテ逆測スル。此ノ場合五cc宛ノ溶媒テタロマトダラフ分別展開ヲ行ヒ各部ニ就テアルカロイド定量ヲ行フトアルカロイドノ大部分ハ第二圖ニ示ス如ク

四乃至六番目ノ部分ニ發見サレル。從テ五cc宛十回溶媒テ洗滌（展開）スル時ハ確實ニ全アルカロイドヲ濾液ニ捕捉スル事カ出來ル。

本定量ニ用ヒラレル吸着劑ハメルクノ純無水アルミニウムカ良好ナリ。炭酸含有ノブロツクマン標準酸化アルミニウムハアルカロイド定量ハ不適當デアル。滴定ニ用ヒラレル濾液ハ全ク澄明テナクテハナラヌ

正確ナル價ヲ要スル場合ニ於テモ濾過ヲ行ハス操作ヲ進メル故ニ若シ溷濁セハ其ノ原因タル酸化アルミニウムカ蒸發殘渣ヲ十分定規鹽酸ニ溶解スル際誤差ヲ生セシメルカラデアル。

アールフランタノ實驗報告

(ハ)ベラドンナヂンキ

五ccノベラドンナヂンキヲ常法ニ依リクロマトグラフ分析ヲ行フ。クロマトグラフヲ七〇%アルコホル一〇ccテ展開スル此ノ際第三圖Aノ帶像カ得ラレル。第三圖Bハ紫外線中ニ於ケル螢光現象テアル。紫外線ニ依リ顯著ナル淡青色ノ螢光ヲ發スル部分ヲ分

— 91 —

離シ七〇%アルコホルテ洗ヒ此ノ濾液ニ就テビタリー氏反應ヲ行フ事ニ依リアトロピンカ此ノ部分ニ存在スル事ヲ知ル。第六版獨逸藥局方ノ方法ニ依リ其ノアルカロイド含量カQ〇六三一%ノチンキ一〇ccニ就テクロマトグラフ分析法ヲ行ヒ四〇ccノ純アルコホルデ展開スル。約五〇ccニ達スル澄明ナ濾液カラアルコホルヲ除去シ五()瓦ノエーテルヲ加ヘ振盪後三、五瓦ノアムモニアヲ加ヘ以下局方ト同一ノ方法テ定量ヲ行フ。第一表ノ加キ結果カ得ラレル

(ニ)キナチンキ

五ccノキナチンキヲ用ヒ吸着分析ヲ行フ。七〇%ノアルコホル一〇ccテ展開シタ時ニ出來ル色帶カ第四圖Aテ紫外線中ニ於ケル螢光現象ハ第四圖Bテアル。I、II、IIIノ色帶ヲ七〇%ノアルコホルテ洗ヘハ吸着管ノ下部ハ大體ニ於テ分析用石英燈下テハ黃白色ノ螢光カ現ハレル。然ルニIV、Vハ早ク展開セシメルコトハ出來ヌ黃色ノ濾液ハ汚白色ノ蒸發殘渣ヲ生スル。此ノ中ニキニンヲタレイオン反應テ證明スルコトカ出來タ。

— 92 —

七〇%ノアルコホルデ展開スルトキナアルカロイドカ殆ント純粋ニ得ラレルト謂フ事ヲ認メタ後次ノ如キ方法テ展開液ヲ如何程用ヒテアルカロイドヲ洗フヘキカ又濾液ノ何ノ部分ニアルカロイドカ洗ハレルカヲ試験シタノテアル。即チ一〇CCノジンキテクロマトグラフ分析ヲ行ヒ七〇%ノアルコホルテ展開ヲ行ヒ濾液五CC宛ニ就キテレイオキシン反應ヲ行フ。次ニ同様ノ方法ヲ得ラレル澄明ナ濾液五CC宛ヲ取リ溷濁カ起ル迄水浴上テアルコホルヲ除去シ殘ヲ五〇分定規ノ鹽酸一〇CCニ溶解シ其ノ過剰ヲ五〇分定規苛性ソーダテ逆測スル。之ニ依テ各濾液中ノアルカロイド量カ明カニナルモノテアル。而試験成績第二表ノ如シ。

▽ノ濾液ニアルカロイドノ大部分カ含マレテキルト謂フコト、四〇CCノ洗滌液テアルカロイドカ定量的ニ洗ハレテキル從ッテⅨカラ先ノ濾液ハ反應陰性テアルコトカ判ル。

故ニキナチンキ中アルカロイド定量法ハ次ノ如ク行ヘリ。

チンキ一〇CCテクロマトグラフ分析法ヲ行ヒ約三五CCノ七〇%

ノアルコホルテ展開スル此處ニ得ラレタル澄明ナ濾液（四〇乃至五〇CC）ヲ定量的ニ分液漏斗ヨリ去リアルコホル除去ノ爲水浴上テ溷濁カ起ル迄濃縮シ一〇CCノ十分定規鹽酸ヲ加ヘテ酸ノ過剰ヲメチールロートヲ標示藥トシ十分定規苛性ソーダテ逆測スル。

3 有機分子化合物ニ對スル應用

近藤博士カ昭和十三年九月ニ發表サレタ有機分子化合物ニ對スルクロマトグラフノ應用ニ關スル研究ハ結合新藥鑑識ノ上ニ於テ大ニ參考トナルモノアリ

先ツ第一ニクロマトグラフ分析ニ依リ得ラレタル單一成分ハ分析ヲ行フ以前ヨリ既ニ單一分子ノ形テアリタルカ或ハ分子化合物ヲ形成シテキタモノカ此ノ操作ニ依テ分解シ夫々單一物トナリテ分離セラレタカノ問題ナリ。偶々最初プラトネル及ヒフワウハトリニトロベンツアトヲクロマトグラフ分析ニ依リ各成分ニ分離スルコトニ成功シ初メテ本法ニ依リ個原子價結合ヲ分離シ得ルコトヲ明ニシタ。斯ル高次有機化合物ノ分解ハ研究操作上屢之ヲ必要トスルノミナラス所謂結合醫藥品類ニクロマトグラフ應用ノ可能性アリヤヲ調査セラレ斯クノ如キ個原子價結合ノ分解法トシテ應用シ得ル事ヲ立證シタルモノナリ。結果第三表ノ如シ。

此處ニ使用スル吸着劑ハ必スシモ「メルク」製品ナラス共國産アルミナ（小西商店）ヲ次ノ如ク活性化スレハ使用ニ堪ユ。

活性化法

(イ)市販品ヲ直火テ二時間灼熱ス

(ロ)市販品ヲ半時間乃至一時間水道流水下ニ放置シ二時間灼熱ス

(ハ)市販品ヲ飽和石灰水ト共ニ二十分水浴上ニ加温後水道流水ニテ洗滌二時間灼熱ス

第三表中6、7、8ノ三藥品ノ溶媒及展開劑ハ次ノ如シ

物質名	溶媒	展開劑
Piramidon-Veronal	Benzol-Aceton(4;1)	Benzol
Hypnal	Benzol-Aceton(4;1)	Benzol-Aceton(4:1)
Kompral	Benzol	Äthen-Benzin(1;1)

— 95 —

4 毒瓦斯分離ニ對スル應用

昭和十三年九月ニ發表サレタ東大落合教授ノ研究ニ依レハ（b）活性アルミナト普通ノアルミナ等量混合物ヲ（一〇糎ノ層）用ヒイペリツト、ルイサイト各〇.五%ノペンツオールエーテル（一對一）液二〇ccテ各別ニクロマトグラフ分析ヲ行ヒペンツオールエーテル約五〇ccテ展開スル時ハアルミナ層上端部ニ近クルイサイトヲ吸着シイペリツト濾液ニ來ル事カ明カニサレタ。又イペリツトトヂフエニールヂアンアルシントヲ混合セル場合ハヂフエニールヂアンアルシンカアルミナ層中ニイペリツトカ濾液中ニ來リルイサイトトヂフエニールヂアンアルシントノ混合セル時ハルイサイトカアルミナノ上部ニヂフエニールヂアンアルシンカ中部ニ來ル事モ判明セリ。

5 セロフアン紙ヲ應用セルクロマトグラフ分析法

クロマトグラフ分析法ヲ行ヒ得ラレタクロマトグラフ中アルミナ層ノアル位置ニ吸着セラレタ物質ヲ分離スルコトハ非常ニ困難テアルコノ困難ヲ避ケル爲落合教授ハセロフアン圓筒ニアルミナヲ填メ

— 96 —

テ有ワ方法ヲ發表シテキルカ之ハ良好ナル方法ト考ヘラレル

引用文献

1、眞下　博　衞生化學會誌　Vol 8No.2,116 (昭一三)

P. Ruggli u. P. Tensen Helv,18,624 (1935)

2、Arch　Pharmaz. Ber Deutsch Pharmay, (1937) 130

3、K. W Mery und R. Frank Auch Pharmay, Ber.Deutsch pharmay

Ges. (1937) 345

4、近藤平三郎　藥學雜誌　57. 832 (昭一二)

5、Plattnes u pfan, Helv, 20. 224 (1937)

6、藥學雜誌　57. 1042 (昭一二)

7、〃　58. 719 (昭一三)

8、〃　58 724 (昭一三)

— 97 —

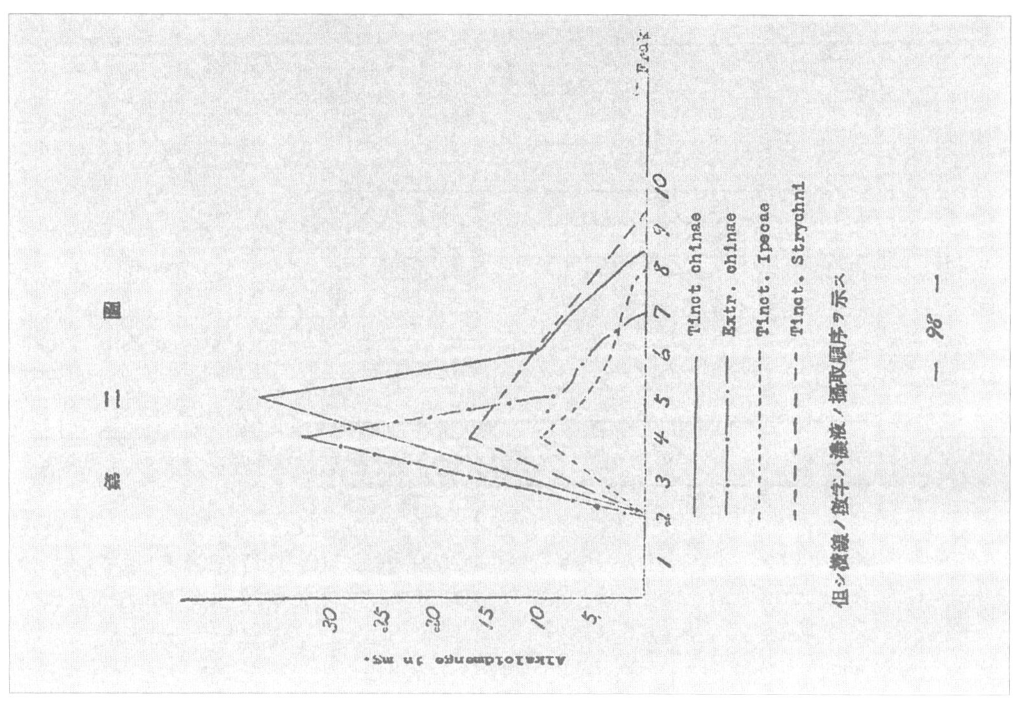

— 98 —

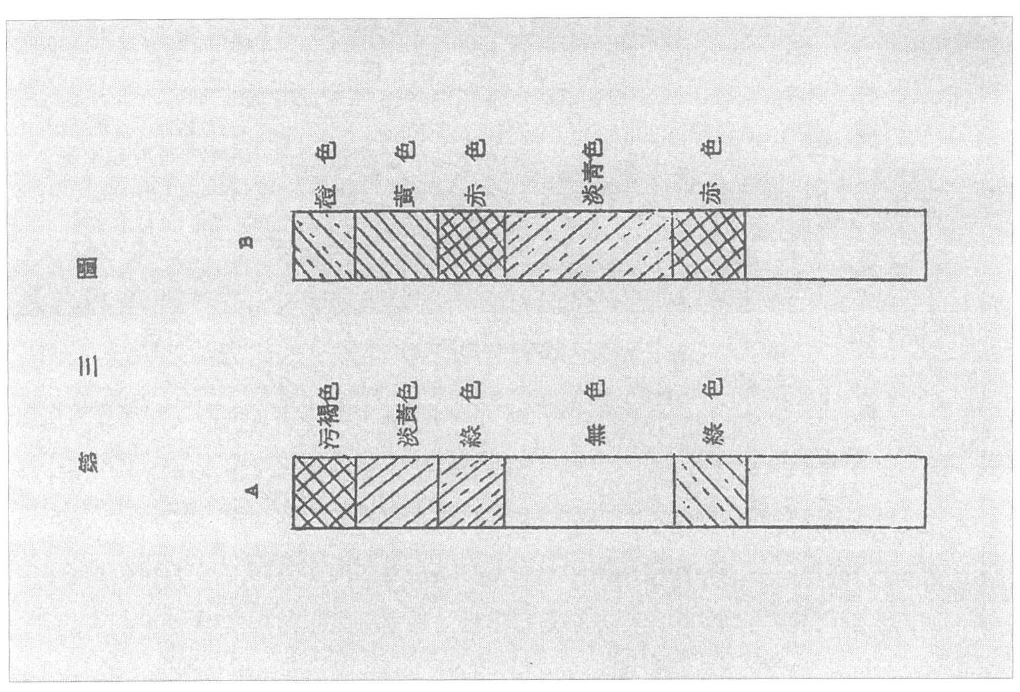
第三圖
A
污褐色
淡黄色
綠 色
無 色
綠 色
B
橙 色
黄 色
赤 色
淡青色
赤 色

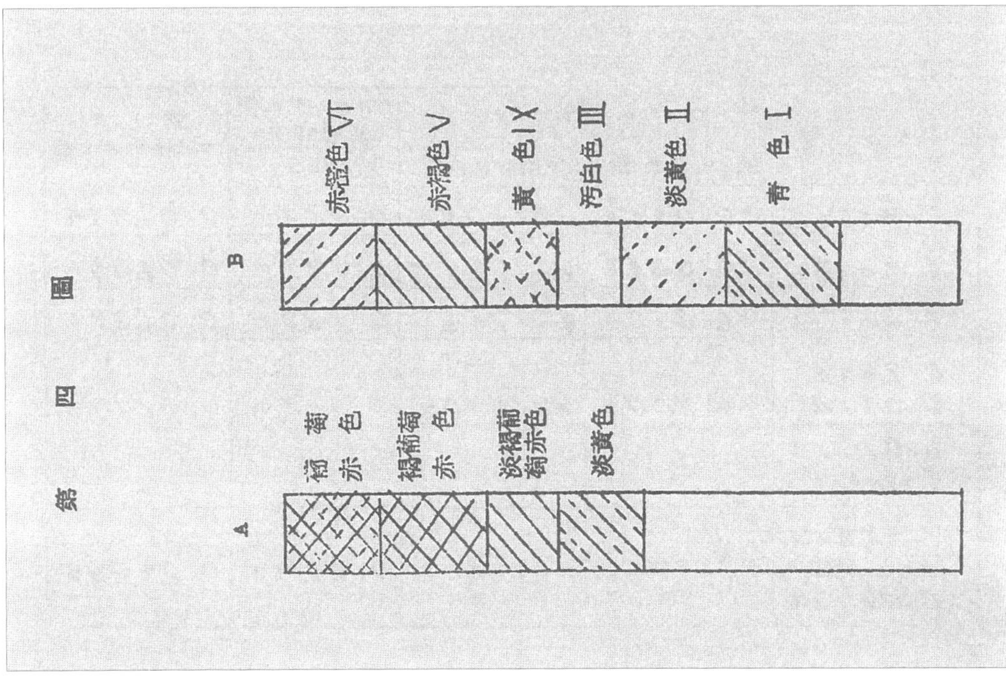
第四圖
A
葡萄赤色
褐葡萄赤 色
淡褐葡萄赤色
淡黄色
B
赤橙色 Ⅵ
赤褐色 Ⅴ
黄 色 Ⅸ
污白色 Ⅲ
淡黄色 Ⅱ
青 色 Ⅰ

第一表

チンキ量	エーテル 加ヘタル量	エーテル 使用シタル量	アルカロイドニ依リ使用サレタル n/10 HcL	發見アルカロイド量
8.9256g	50.055g	38.505g	0.151cc	0.0638%
8.9256g	50.025〃	45.099〃	0.174〃	0.0625〃
51.229 g	96.210〃	80.786〃	0.939〃	0.0631〃
8.9256 +0.0512g 0.0121% (アトロピン)	48.800g	47.070g	0.358cc	0.0117%
7.4841g 10ccニ稀釋 0.0472%	49.970g	46.715g	0.154cc	0.0446%

第二表

濾液	Talleiochin Rerk	Alkaloidニヨリ消費セラレタル n/50 Hcl	分子量309.2トシテ計算シタル alkaloid量
1. 無色	—	—	—
2. 〃	—	—	—
3. 淡黄色	+	2.12cc	0.01244g
4. 黄色様	++	4.18〃	0.02485〃
5. 黄色	++	5.49〃	0.03395〃
6. 〃	+++	2.40〃	0.01484〃
7. 類黄色	++	0.85〃	0.00520〃
8. 〃	+	0.31〃	0.00199〃
9. 〃	—	—	—
10. 〃	—	—	—
11. 弱黄色	—	—	—
12. 〃	—	—	—
		15.35cc	0.09333g 105%

第　　三　　表

	物　　質　　名	アルミナ層	濾　　液
1	Anthracentrinitrobenyolat	Trinitrobenyol	Anthracen
2	Anthracenpicrat	Picrinsanre	Anthracen
3	phenanthrenpicrat	Picrinsanre	Anthracen
4	R-(H)Cyclopentano	Picrmsanre	R-(H3-Cyclopenta-
5	Phenanthrenpicrat		no henanthren
6	Hypnal	Chloralhydrat	Antipirin
7	Pyramidonveroral	Veronat	Pyramidon
8	Kompral	Volunthal	Pyramidon
9	Palmitincholeinsanre	Dessxycholsanre	Palmitinsaure

第一〇　石井(四)部隊本部營庭表層土壤ノ細菌學的研究
特ニ好氣性細菌主トシテ腐敗桿菌ノ檢索

第一科　陸軍技師　山　中　太　木

目　　次

緒言並ニ研究目的
第一章　研究材料並ニ研究方法
第二章　實驗成績
第一節　被檢土壤ノ性狀並ニ含有細菌數及ビ細菌種別ニ就テ
第二節　檢出細菌ヲ以テセル動物試驗ニ就テ
第三章　總括並ニ考按
結　　論
文　　獻

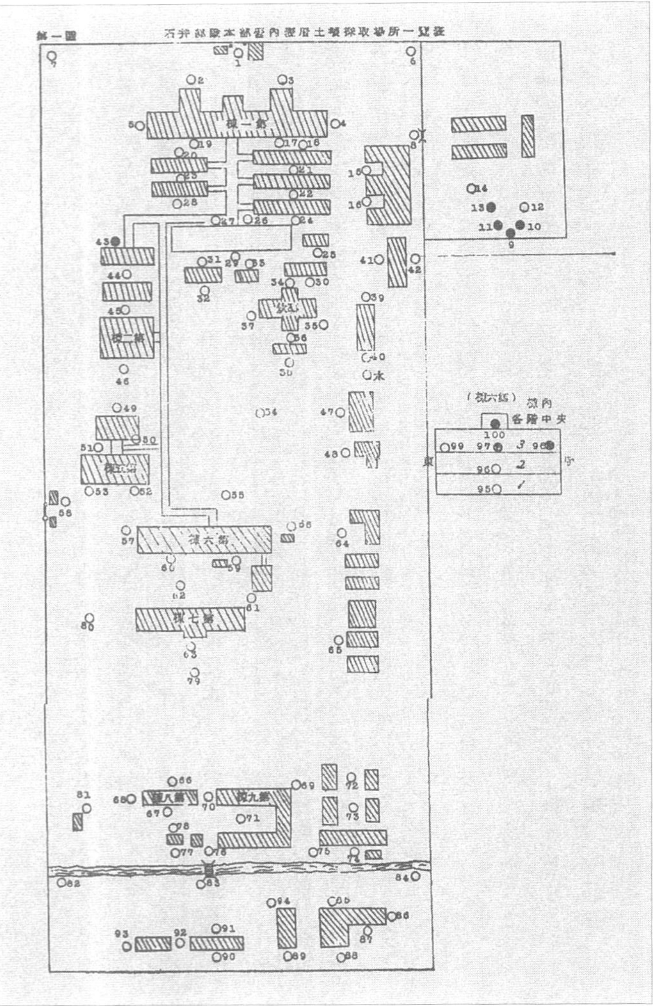

緒言竝ニ研究目的

凡ソ土壌ハ人類ノ生活ト密接不可分的存在ニシテ、土壌中ニ存在スル微生物ノ種類ト数トニ到リテハ頗ル多ク、地球ノ存在スル限リ動力的ニ不断ノ活動ヲ営爲シ、之ガ爲メ土壌組織竝ニ成分ノ間断ナキ變化ヲ招來シ人類生活ノ源泉トナリ、或ハ人類疾病ノ原因トナルコト畢ゲテ細説スルノ要ナシ。

而シテ吾人ガ危険ナル病的材料ノ處理ニ當リテ或ハ愴惶ノ間之ガ逸散ノ疑間ナキ能ハズ、特ニ該毒性菌株ナリト雖モ反復生活菌浮游液ヲ用ヰテ脾脱疽菌馬體免疫操作等ノ實驗ニ當リ、或ハ該菌ノ逸散ヲ來シ殊ニ抵抗力强大ナル芽胞形成ヲ遂ゲテ土壌ヲ汚染シ、之等ガ再ビ時アッテカ新タナル傳染源トナルコトハ否ム能ハザル事項ニ屬ス。余ガ標題ノ研究ニ手ヲ染メタル目的竝ニ動機ハ實ニ茲ニ存ス。

以下余ノ得タル實驗成績ニ就テ詳記シ報告セントス。

第一章　研究材料竝ニ研究方法

余ハ本春約一〇日以上ニ亘リテ晴天持續シタル後一日小雨ヲ見當

— 100 —

日ノ氣温三八〇、氣濕八〇〇%、氣壓七六六・七mm、氣流NE二八m/s及ビ雨量六一mmヲ示シタル翌日昭和十五年三月二十日早朝、當日ノ氣温一〇二〇、氣濕七二〇%、氣壓七六六一mm、氣流NNE〇九m/sヲ期シ、本部隊營庭ニ於ケル夫々外部的條件ヲ異ニセリト思惟スル地點一〇〇ケ所（第一圖ニ示ス）ヲ撰定シ、豫メ番號ヲ附シテ携行セル滅菌シャーレ一中ニ夫々表層土壤ヲ附近ニ散在シアル石片乃至木片ヲ用ヒテ掻キ集メ無菌的ニ約二〇瓦内外ヅツ採取シ即時實驗室ニ運ビテ檢査ニ供試シタリ。

玆ニ余　ノ實驗シタル研究手技ニ就テ詳記スレバ、(1)上記被檢土壤ニ就テ先ヅ精密ニ一瓦ヲ秤量シ、滅菌生理的食鹽水九cc中ニ混ジ、振盪ヲ續クルコト一分間（約一五〇回）ニシテ、内容〇・一ccヲ滅菌ピペット」ヲ用ヒテ吸取シ、豫メ準備セル普通寒天平板培養基面ニ取リ、滅菌「コンラーデ棒ヲ用ヒテ平等ニ塗抹シ培養ニ附シ、37℃ノ孵卵器ニ二四時間培養シ更ニ二四時間室温ニ靜置シテ發生「コロニー」數ヲ算定シ大デ肉眼上苟クモ異レリト思惟スル「コロニー」ヨリ採取シ、純粹分

— 101 —

離培養ニ附シ、各種ノ生物學的檢査ヲ續行シテ菌種判定ニ從ヘリ。

(2)上記分離シタル純粹培養ニ就テ就中其ノ生物學的性狀ニ於テ脾脫疽菌乃至脾脫疽菌酷似ノ性狀ヲ有スルモノヲ撰出シ、夫々滅菌生理的食鹽水一〇ccニ對シ二四時間培養コロニー一〇mgノ比ニ平等菌浮游液ニ製出シ、豫メ飼育シテ全ク健常ナリト思惟スル體重一七瓦内外ヲ有スル白色毛「マウス」ニ就テ夫々腹部皮膚ヲ剃毛、消毒シタル後夫々區別セル滅菌注射器ヲ用ヒ正確ニ〇・二ccヅツ腹腔内注射ニ施シ、別別ニ番號ヲ附シテ飼養シ、爾後ノ經過ヲ觀察シタリ。而シテ斃死ヲ來シタルモノハ直チニ解屍シ、肉眼的病理所見ノ概要ヲ觀察シ、特ニ心血並ニ脾臟割面ヨリ夫々一白金耳量ヅツ普通寒天平板培養基ニ塗擦培養シ、菌檢出ヲ試ミタリ。

(3)上記被檢土壤ヲ採リテ蒸餾水ヲ用ヰ一〇倍稀釋液ニ製シ、上清ニ就テ東洋濾紙株式合社製水素イオン濃度試驗紙ヲ以テ夫々水素イオン濃度ヲ測定シ更ニ一分間夫々振盪シテ試驗管臺上ニ立テテ靜置シ爾後潤濁液ノ肉眼的色調ヲ觀察シ、併セテ上層部全ク透明トナルニ要スル沈澱時間ヲ測定シタリ。

— 102 —

内ソノ他上記被檢土壌中主ナル夾雜物ヲ檢シ、更ニソノ一定量ヅツヲ秤量シ、滅菌シャーレ」中ニ容レテ550ノ乾熱ヲ用キテ包含水分ヲ蒸發セシメタル後秤量シ、之ニヨリテ該土壌包含水分量ヲ測定セリ。

第二章　實驗成績

第一節　營庭表層土壌ノ性狀並ニ含有細菌數及ビ細菌種別ニ就テ

前章記載ノ研究手技ニヨリ檢出セル細菌數及ビ細菌種別ヲ一括シ、爾他性狀ヲ比較表示スレバ第一表ノ如シ。

卽チ營庭表層土壌（一〇〇個所中六個所ハ屋内廊下ヲ含ム）ノ含有細菌數ハ比較的多ク夫々一瓦中最少數ナルハ三八〇〇〇個、最多數ナルハ三七一六〇〇〇個ヲ算シ、含有細菌株別ニ於テハ馬鈴薯菌ノ九八%陽性ナルヲ最トナシ、亞デ白色葡萄狀球菌九二%、黃金色葡萄狀球菌七〇%、黃金色八聯球菌五六%及ビ橙黃色葡萄狀球菌五〇%ト順次ソノ檢出率ヲ減ジ、次デ箏狀菌一五%、紅色八聯球菌並ニ根狀菌ハ共ニ一三%、大腸菌並ニ變形菌ハ夫々一一%、脾脫疽菌ノ檢出率ハ八%ニシテ意外ニ多ク、螢光色菌ハ七%、枯草菌ノ檢出ハ意外ニ少クシテ僅

—103—

僅三%ヲ示シテ褐色乃至橙色八聯球菌ト相等シク、霆菌ハ二%ニ檢出シ、爾他不明桿菌トシテB_1株及ビB_2株ハ共ニ四%、B_3株ハB_6株ト共ニ夫々二%更ニB_4、B_5、B_7、B_8及ビB_9株ハ夫々一%ノ比ニ檢出シ得タリ

尙ホ土壌PHノ數値ニ於テハ夫々五四乃至七八ノ間ニ在リ、就中PH六〇ナル地點ハ三五%ヲ示シテ最モ多ク、六二ハ二三%ニシテ之ニ亞ギ五八ハ一八%、五六ハ一〇%、六四ハ七%、六六ハ三%、六一ハ二%ニシテ五四並ニ七八ヲ示セル地點ハ夫々一%ニ過ギズ。

主要夾雜物ハ主トシテ砂、石炭、小石、草片、木片並ニ葉片ニシテソノ他馬糞、毛髮、煉瓦屑、絲屑並ニ毛、糠屑、木炭、灰等ヲ認メ、水溶液色調ニ於テ灰色ヲ呈セルハ四二%ヲ示シテ最モ多ク、黑灰色ナルハ二三%ニシテ之ニ亞ギ、灰白色ナルモノハ二〇%、黑色ナルハ六%、褐灰色ハ五%、黃灰色ハ二%ニシテ、褐色及ビ黃色ハ夫々一%ニ認メ、土壌水溶液ノ沈澱ニ要スル時間ハ三分間及ビ四分間ヲ要スルモノハ最モ多クシテ夫々一六%ヲ示シ、五分間ナルモノハ之ニ亞ギテ一四%、次デ七分間一二%、二分間一一%、八分間九%、六分間八%、

—104—

第一表　石井部隊本部營庭表層土壤ノ性狀竝ニ好氣性細菌數及ビ種別

被檢土壤番號	土壤1g中細菌數	檢出細菌種別	土壤PH	主要夾雜物	色調	土壤水溶液ノ沈澱ニ要スル時間(分)	含有水分量(%)
1	178,000	馬鈴薯菌,根狀菌,葡萄狀球菌(白色)八聯球菌(黃金色)	6.0	砂,小石,石炭	灰黑色	6	6.5
2	224,000	馬鈴薯菌,八聯球菌(黃金色),葡萄狀球菌(白色,黃色)	6.0	砂,小石,石炭	灰色	7	7.2
3	335,000	馬鈴薯菌,葡萄狀球菌(白色,橙黃色),螢光色菌,八聯球菌(黃金色)	6.0	砂,小石,草,木片	灰色	4	6.8
4	316,000	馬鈴薯菌,葡萄狀球菌(白色,黃色,橙黃色),變形菌	6.6	灰,石炭,草片	灰色	9	7.1
5	296,000	馬鈴薯菌,葡萄狀球菌(白色,橙黃色)	6.4	砂,小石	灰色	2	7.5
6	416,000	馬鈴薯菌,葡萄狀球菌(白,黃色),八聯球菌(黃金色)	6.2	石炭,小石,藁片	灰色	4	9.0
7	342,000	馬鈴薯菌,葡萄狀球菌(白,橙黃色),根狀菌,八聯球菌(紅色),B1	6.2	石炭,木,草片	灰色	3	11.0
8	203,000	馬鈴薯菌,根狀菌,八聯球菌(黃金色)	6.4	石炭,石灰	灰白色	2	10.2
9	1,383,000	馬鈴薯菌,葡萄狀球菌(白色,橙黃色),脾脫疽菌(3ケ)	6.4	砂,馬糞	灰色	8	38.1
10	416,000	馬鈴薯菌,根狀菌,葡萄狀球菌(白色,橙黃色),脾脫疽菌(8ケ)	6.0	石炭,木片	黃灰色	4	21.5
11	613,000	馬鈴薯菌,葡萄狀球菌(白色,黃色,橙黃色),脾脫疽菌(8ケ)	6.0	小砂	黑灰色	4	16.5
12	593,000	馬鈴薯菌,根狀菌,葡萄狀球菌(白色,黃色),大腸菌	6.0	小砂	灰色	5	18.0
13	416,000	馬鈴薯菌,八聯球菌,葡萄狀球菌(白色,橙黃色,黃色),脾脫疽菌(6ケ)	6.0	小砂,藁,草片	灰色	4	17.3
14	438,000	馬鈴薯菌,根狀菌,葡萄狀球菌(白色,橙黃色)	6.2	木片,藁,石炭	灰色	4	16.8
15	406,000	馬鈴薯菌,葡萄狀球菌(白色,黃色,橙黃色)	6.2	小石	黑灰色	2	16.0
16	198,000	馬鈴薯菌,葡萄狀球菌(白色,黃色),八聯球菌(黃金色,紅色)	6.2	藁屑,石炭,木片	灰色	9	16.5
17	236,000	馬鈴薯菌,葡萄狀球菌(白色,橙黃色),八聯球菌(黃金色)	6.2	石炭屑,草片	黑灰色	3	[illegible]
18	433,000	馬鈴薯菌,葡萄狀球菌(白色,橙黃色),八聯球菌(黃金色)B8	6.4	石炭屑,草片	黑灰色	3	14.0
19	389,000	馬鈴薯菌,葡萄狀球菌(白色,橙黃色 黃色)	6.1	煉瓦片,砂	灰褐色	8	16.1
20	365,000	馬鈴薯菌,葡萄狀球菌(白色,黃色,橙黃色),八聯球菌(黃金色,紅色)	5.8	木片,石炭屑	黑灰色	4	22.1
21	3,716,000	馬鈴薯菌,八聯球菌(黃金色),葡萄狀球菌(白色,橙黃色),變形菌	6.0	藁片,石炭屑,砂	黑灰色	5	18.0
22	676,000	馬鈴薯菌,葡萄狀球菌(白色,橙黃色,黃色),八聯球菌(黃金色,紅色)	6.0	砂,草木片	黑灰色	10	17.6
23	591,000	馬鈴薯菌,葡萄狀球菌(白色,黃色,橙黃色),枯草菌	5.8	硝子片	黑灰色	2	16.3
24	630,000	馬鈴薯菌,根狀菌,葡萄狀球菌(白色,黃色,橙黃色)	5.8	砂,草木片	灰白色	4	15.5
25	496,000	馬鈴薯菌,葡萄狀球菌(白色,黃色,橙黃色)	6.0	砂,石炭屑	黑色	2	16.9
26	303,000	馬鈴薯菌,葡萄狀球菌(白色,橙黃色)	6.0	石炭屑	灰色	3	14.8
27	201,000	馬鈴薯菌,葡萄狀球菌(白色,黃色) B1, B2	5.8	綿片,煉瓦屑	灰色	5	15.1
28	419,000	馬鈴薯菌,八聯球菌(黃金色,紅色),葡萄狀球菌(白色,黃色,橙黃色)	5.8	砂,草片	灰色	5	14.8
29	828,000	馬鈴薯菌,大腸菌,螢光色菌,八聯球菌(黃金色),葡萄狀球菌(白色,黃色,橙黃色),絲狀菌	6.0	灰,木片	灰色	7	15.3
30	615,000	馬鈴薯菌,八聯球菌(黃金色,紅色),葡萄狀球菌(白色,橙黃色)	5.6	砂,草片	灰白色	5	16.8
31	434,000	馬鈴薯菌,八聯球菌(黃金色,紅色),葡萄狀球菌(黃色,白色,橙黃色)B1	6.2	石炭,草片	黑灰色	6	14.1
32	388,000	馬鈴薯菌,八聯球菌,變形菌,葡萄狀球菌(白色,橙黃色,黃色)	6.0	草根片,砂,木炭	灰色	11	14.7
33	96,000	馬鈴薯菌,葡萄狀球菌(白色)	6.0	砂,石炭,藁片	灰色	3	15.0
34	493,000	馬鈴薯菌,葡萄狀球菌(白色,橙黃色,黃色)	6.2	小石,藁,石炭	灰色	3	16.1
35	255,000	馬鈴薯菌,八聯球菌(黃金色,紅色),葡萄狀球菌(白色,黃色)	6.1	砂,藁,木片	灰色	9	15.3
36	286,000	馬鈴薯菌,八聯球菌(黃金色)　葡萄狀球菌(白色,黃色)	6.0	砂	灰白色	2	16.0
37	151,000	馬鈴薯菌,八聯球菌(黃金色),葡萄狀球菌(白色,黃色)	6.2	石炭屑	黑色	4	15.5
38	2,179,000	馬鈴薯菌,大腸菌,葡萄狀球菌(白色,黃色),B1, B3	5.8	草片,石炭	黑灰色	4	15.3
39	1,221,000	馬鈴薯菌,枯草菌,葡萄狀球菌(白,黃,橙黃色),螢光色菌,變形菌,八聯球菌(黃金色),絲狀菌	6.2	草片	黃色	8	13.5
40	207,000	馬鈴薯菌,變形菌,葡萄狀球菌(白色,黃色) B6	5.6	砂,草根,石炭	灰色	6	12.8
41	366,000	馬鈴薯菌,葡萄狀球菌(白色,黃色)	5.6	砂	灰褐色	11	9.6
42	583,000	馬鈴薯菌,八聯球菌(黃金色),葡萄狀球菌(白)大腸菌,絲狀菌	6.2	草片,石炭,砂	灰褐色	8	10.1
43	1,601,000	馬鈴薯菌,螢光色菌,脾脫疽菌(2ケ)	6.0	毛,木片,砂	灰白色	6	14.0
44	599,000	馬鈴薯菌,葡萄狀球菌,(白色,黃色,橙黃色),絲狀菌	6.0	石,石炭,木炭	灰色	5	12.0
45	3,277,000	馬鈴薯菌,八聯球菌(黃金色,紅色),葡萄狀球菌(白色,黃色,橙黃色)黴菌,變形菌	6.0	石炭屑,藁屑	灰白色	4	10.0

46	188,000	馬鈴薯菌，八聯球菌(黃金色)，葡萄狀球菌(白色，橙黃色)	6.2	毛屑，木片	灰色	5	9.1
47	389,000	馬鈴薯菌，葡萄狀球菌(白色，黃色，橙黃色)	5.6	石炭	黑色	8	8.8
48	229,000	馬鈴薯菌，八聯球菌(黃金色，紅色)，葡萄狀球菌(白色，黃色)	6.4	砂，毛，絲屑	黑灰色	8	9.0
49	291,000	馬鈴薯菌，八聯球菌(黃金色)，葡萄狀球菌(白色，黃色)　B1，B2	6.0	砂，草片	黑灰色	12	6.5
50	444,000	馬鈴薯菌，八聯球菌(黃金色，褐色)，葡萄狀球菌(白色，黃色，橙黃色)	6.2	砂，小石	灰色	2	7.3
51	261,000	馬鈴薯菌，八聯球菌(黃金色)，葡萄狀球菌(白色，黃色，橙黃色)絲狀菌	6.0	石炭屑	灰色	7	10.3
52	283,000	馬鈴薯菌，八聯球菌(黃金色，紅色)，葡萄狀球菌(白色，黃色，橙黃色)	6.2	砂，草片	灰褐色	8	8.1
53	341,000	馬鈴薯菌，根狀菌，八聯球菌(黃金色)，葡萄狀球菌(白色，橙黃色)絲狀菌	6.1	砂，灰	灰白色	3	7.9
54	212,000	馬鈴薯菌，葡萄狀球菌(白色，黃色)	6.0	砂，草片	黑灰色	9	8.4
55	3,264,000	馬鈴薯菌，八聯球菌(黃金色，紅色)，葡萄狀球菌(白色，黃色，橙黃色)變形菌	5.8	砂，草片	灰色	9	5.1
56	486,000	馬鈴薯菌，八聯球菌(黃金色)，葡萄狀球菌(白色，黃色，橙黃色)　B2	6.0	砂，小石，草片	灰色	6	12.8
57	337,000	馬鈴薯菌，螢光色菌，葡萄狀球菌(白色，黃色，橙黃色)	6.6	石炭屑，草片	灰白色	5	6.8
58	211,000	馬鈴薯菌，根狀菌，八聯球菌(黃金色，紅色)，葡萄狀球菌(白色，黃色，橙黃色)，變形菌	5.8	草片	灰白色	7	5.1
59	460,000	馬鈴薯菌，八聯球菌(黃金色)，葡萄狀球菌(白色，黃色，橙黃色)絲狀菌	6.2	煉瓦屑	灰色	3	11.0
60	165,000	馬鈴薯菌，八聯球菌(黃金色)，螢光色菌，絲狀菌，B9	6.0	砂	灰白色	3	7.3
61	265,000	馬鈴薯菌，八聯球菌(黃色)	6.2	硝子，木片	灰白色	5	6.0
62	38,000	馬鈴薯菌，八聯球菌(黃色)，葡萄狀球菌(白色，黃色，橙黃色)絲狀菌B5	6.0	砂，小石	灰色	2	4.0
63	138,000	馬鈴薯菌，葡萄狀球菌(白，黃，橙黃色)，八聯球菌	6.4	硝子片草片木片	黑灰色	3	7.0
64	160,000	馬鈴薯菌，八聯球菌(白色，黃色)	5.8	砂，石炭屑	灰色	3	5.1
65	220,000	馬鈴薯菌，根狀菌，葡萄狀球菌(白色，黃色)	5.8	石炭	黑色	3	11.0
66	286,000	馬鈴薯菌，八聯球菌(黃色)，葡萄狀球菌(白色，黃色，橙黃色)	5.6	砂，草根	黑色	4	4.2
67	119,000	馬鈴薯菌	6.0	砂，草片	灰色	3	5.3
68	268,000	馬鈴薯菌，根狀菌，八聯球菌(黃色)，葡萄狀球菌(白色，黃色，橙黃色)	6.0	砂，草片	灰色	4	4.1

69	189,000	馬鈴薯菌，根狀菌，八聯球菌(黃色，褐色)，葡萄狀球菌(白色，黃色，橙黃色	7.8	砂，石炭，木片	灰色	7	4.8
70	248,000	馬鈴薯菌，根狀菌，葡萄狀菌(白色，黃色)，絲狀菌	6.0	硝子片煉瓦片草片	灰色	10	5.3
71	418,000	馬鈴薯菌，根狀菌，葡萄狀菌(白色，黃色，橙黃色)，變菌	6.2	石炭屑	灰色	6	6.8
72	389,000	馬鈴薯菌，八聯球菌(黃色)，葡萄狀球菌(白色)	5.6	砂	灰色	3	5.1
73	403,000	馬鈴薯菌，根狀菌，變形菌，絲狀菌	5.8	砂	灰色	3	5.1
74	682,000	馬鈴薯菌，八聯球菌(黃色)，根狀菌，葡萄狀球菌(白色，黃色)螢光色菌	6.0	草片	黑灰色	5	8.3
75	411,000	馬鈴薯菌，八聯球菌(黃色)，葡萄狀球菌(白色，黃色)，絲狀菌	6.0	砂，草片	黑灰色	5	9.2
76	1,603,000	馬鈴薯菌，根狀菌，螢光色菌，枯草菌，葡萄狀球菌(白色，黃色)，絲狀菌大腸菌，B6	6.2	砂，小石	灰白色	2	7.0
77	561,000	馬鈴薯菌，根狀菌，葡萄狀球菌(白色，黃色)　B2	5.6	砂，草片	灰色	4	10.0
78	264,000	馬鈴薯菌，八聯球菌(黃色)，葡萄狀球菌(白色，黃色，橙黃色)	5.8	砂，草片	灰色	7	6.7
79	503,000	馬鈴薯菌，根狀菌，八聯球菌(黃色)，絲狀菌	6.4	石炭，草根	黑灰色	12	4.8
80	210,000	馬鈴薯菌，葡萄狀球菌(白色，黃色，橙黃色)	6.2	煉瓦屑	黑色	4	5.4
81	265,000	馬鈴薯菌，葡萄狀球菌(白色，黃色，橙黃色)	6.0	石炭，草片	黑灰色	5	6.3
82	301,000	馬鈴薯菌，根狀菌，八聯球菌(黃金色)，葡萄狀球菌(白色，黃色)　B3	6.0	砂，木炭，草片	灰色	7	6.4
83	237,000	馬鈴薯菌，葡萄狀球菌(白色，黃色)	5.8	砂，草片	灰色	7	4.8
84	346,000	馬鈴薯菌，八聯球菌(黃金色)根狀菌，變形菌，葡萄狀球菌(白色，黃色)　B4	5.8	煉瓦屑硝子片草片	黑灰色	6	7.3
85	400,000	馬鈴薯菌，八聯球菌(黃金色，黃灰色)，根狀菌，葡萄狀球菌(白色，黃色)	5.8	草片，砂	黑灰色	7	5.2
86	1,291,000	馬鈴薯菌，根狀菌，八聯球菌(黃金色)，葡萄狀球菌(白色，黃色)絲狀菌	5.6	砂	灰白色	2	6.8
87	333,000	馬鈴薯菌，大腸菌，葡萄狀球菌(白色，黃色，橙黃色)	5.6	煉瓦屑，草片	灰白色	7	9.3
88	414,000	馬鈴薯菌，葡萄狀球菌(白色，黃色)，絲狀菌	5.6	砂	褐色	8	8.4
89	305,000	馬鈴薯菌，八聯球菌(黃金色，紅色，褐色)，葡萄狀球菌(白色)　螢光色菌、絲狀菌	5.8	砂、煉瓦屑	灰白色	10	6.7
90	410,000	馬鈴薯菌，葡萄狀球菌(白色，黃色)	6.2	砂，草片	灰黃色	6	5.8
[illegible]	[illegible]	馬鈴薯菌，大腸菌，葡萄狀球菌(白色，黃色)，八聯球菌(黃灰色)	6.0	馬糞，草片，毛	灰白色	11	5.6

92	899,000	馬鈴薯菌,根狀菌,葡萄狀球菌(白色,黄色)變形菌,大腸菌	6.0	砂,馬糞　毛	灰白色	10	4.9
93	713,000	馬鈴薯菌,八聯球菌(黄金色)	6.2	砂	灰　色	3	5.5
94	355,000	馬鈴薯菌,大腸菌,葡萄狀球菌(白色,黄色)	5.4	砂,草片	灰白色	5	4.7
95	116,000	馬鈴薯菌,八聯球菌(黄色),絲狀菌	6.2	草根片	黑灰色	8	1.1
96	38,000	葡萄狀球菌(白色),八聯球菌(黄色),大腸菌	6.0	砂,小石	灰白色	5	1.4
97	89,000	馬鈴薯菌,葡萄狀球菌(白色,黄色),八聯球菌(黄色),大腸菌,變形菌 脾脫疽菌(1000)	5.8	砂	灰褐色	4	3.1
98	71,000	馬鈴薯菌,八聯球菌(黄色),葡萄狀球菌(白色),脾脫疽菌(6000)	6.0	砂	灰白色	2	0.5
99	111,000	葡萄狀球菌(白色),大腸菌,絲狀菌	6.2	砂,白壁屑	灰白色	7	0.6
100	179,000	馬鈴薯菌,八聯球菌(黄色),葡萄狀球菌(白色,黄色),脾脫疽菌(2000)	6.6	綿屑,木炭,蕊片	黑灰色	7	2.8

第二表　　檢出細菌ノ生物學的性狀槪略一覽表

菌株別	形態槪略	普通寒天培地	普通ブイヨン培地	血液寒天	牛乳培地	ラクムスモルケ	インドール反應(ユヴアークス法)	ツイトラルロート還元性	硫化水素産生	備考
馬鈴薯菌	中等大桿菌,兩端鈍圓,孤立時ニ連結,周邊鞭毛,中立芽胞、グラム陽性	灰白乃至黄色,不透明,厚ク縮緬狀不正形	溷濁,薄キ菌膜ヲ作リ,沈澱ヲ生ズ	發育良好汚穢色溶血	1日ニテ凝固シ2—3日後液化	酸ヲ生ジ赤變還元	—	—	陽性ノモノアリ	芽胞ノ型ヲ含ム
白色葡萄狀球菌	正圓形ノ球菌,葡萄狀配列,グラム陽性	白色半球狀,光澤アル正圓形コロニー	平等溷濁,下部ハ沈渣著シ	溶血性不定	凝固セズ	溷濁	—	—	—	上ニ同ジ
黄色葡萄狀球菌	上ニ同ジ	黄色半球狀	上ニ同ジ	上ニ同ジ	上ニ同ジ	上ニ同ジ	—	—	—	上ニ同ジ
橙黄色葡萄狀球菌	上ニ同ジ	橙黄色半球狀	上ニ同ジ	上ニ同ジ	上ニ同ジ	上ニ同ジ	—	—	—	
黄金色八聯球菌	8個連結,グラム陽性	美シキ黄金色小圓形コロニー,濕潤光澤アリ	溷濁,黄色沈渣著シ	黄色[illegible],汚穢色	上ニ同ジ	溷濁沈渣	—	—	—	
紅色八聯球菌	上ニ同ジ	小圓形,半球狀ノ桃色コロニー	溷濁,帶紅灰白色沈渣ヲ作ル	灰白色	上ニ同ジ	上ニ同ジ	—	—	—	
褐色八聯球菌	上ニ同ジ	小圓形,黄褐色半球狀コロニー	溷濁,帶黄灰白沈渣	汚穢褐色	上ニ同ジ	上ニ同ジ	—	—	—	
根狀菌	大ナル桿菌,兩端鈍圓,中連鎖ヲナスモノ多シ,周邊鞭毛,中立芽胞,グラム陽性	黄灰色,乾燥セル根毛狀コロニー	溷濁著シカラズ黄灰色沈渣ヲ作ル	弱度溶血	2日目凝固4—5日後液化	溷濁還元	—	—	—	
絲狀菌	箒毛狀結節部ヲ有シ,長キ菌絲ヲ有ス,藍黄色ノ胞子ヲ形成ス	初メ白色菌絲ヲ生ジ發育稍徐,後藍色トナル	發育セズ	發育セズ	發育セズ	不　變	—	—	—	
大腸菌	中等大桿菌,兩端鈍圓,時ニ2個連ル周邊鞭毛,芽胞ナシ,グラム陰性	灰白色,半透明,濕潤圓形ノコロニー	強ク溷濁,絮狀白色沈渣ヲ作ル	汚穢綠色環	1日目凝固	溷濁赤變還元	+	強度	—	鞭毛ノ型ヲ含ム
變形菌	兩端鈍圓ノ桿菌,大小不同變形ヲ示ス,時ニ連結,周邊鞭毛,芽胞ナシ,グラム陰性	灰白色,半透明,泥狀不正形,菲薄コロニー	上ニ大差ナシ	汚綠色	3日目凝固7日目液化	稍々赤變還元	+	弱度	+	鞭毛ノ型ヲ含ム

脾脫疽菌	中等大桿菌,兩端殆直,中立芽胞,長絲狀連結,グラム陽性	灰白色不透明,稍々厚ク乾ケル縮毛狀邊緣	上部稍々透明,白色絮狀沈澱物生ズ	溶血性ナシ(稍々アルモノアリ)	3日目凝固 6日目消化	1日目赤變以後同樣	—	—	—	2種ノ型ヲ含ム
螢光色菌	中等大,兩端鈍圓,多ク孤立ス,單鞭毛,芽胞ナシ,グラム陰性	稍々透明,濕潤,不正形,泥狀,螢光色々素ヲ作ル	強ク溷濁,黃灰色沈澱ヲ作ル	黑褐污色環	凝固セズ	溷濁赤變還元	—	弱度	+	數株ノ型ヲ含ム
枯草菌	長キ大桿菌,兩端鈍圓,時ニ長連結,周邊鞭毛,中立芽胞,グラム陽性	灰白色,厚キ乾燥セル皺襞アル不正形コロニー	溷濁シ厚キ菌膜沈澱物ヲ生ズ	污綠色環ヲ示ス	1日目凝固 4日目液化	菌膜沈渣還元	—	—	+	
藍菌	小ナル卵圓形桿菌,多ク孤立,芽胞ナシ,周邊鞭毛,グラム陰性	灰白色透明濕潤ナルコロニー,後深紅色トナル	強ク溷濁,灰白色絮狀沈澱物生ズ	溶血性ナシ	上部稍々紅色	溷濁赤變	—	—	—	
B1	中等大桿菌,多ク孤立,中立芽胞,周邊鞭毛,グラム陽性	淡黃色泥狀,濕潤ナル圓形コロニー	中等溷濁,菌膜及ビ絮狀白色沈渣ヲ作ル	溶血性アリ	5日目消化	溷濁還元	—	弱度	—	
B2	細小桿菌,時ニ連結,芽胞ナシ,周邊鞭毛,グラム陰性	橙黃色兵狀泥狀不正形コロニー	中等溷濁,白色沈渣ヲ作ル	溶血性アリ	6日目消化ス	溷濁	—	微弱	—	
B3	中等大桿菌,兩端鈍圓,多クハ孤立中立芽胞,周邊鞭毛,グラム陽性	半透明黃褐色泥狀不正形　丘狀	中等溷濁絮狀沈渣ヲ作ル	污綠溶血環	5日目消化	溷濁還元	—	微弱	—	
B4	中等大兩端鈍圓ノ桿菌,偏在性芽胞,周邊鞭毛,グラム陽性	淡黃色泥狀菲薄コロニー	平等溷濁,沈渣少シ	稍々溶血ス	5日目消化ス	溷濁	—	—	—	
B5	中等大,兩端鈍圓,芽胞,鞭毛ナシグラム陽性	透明水滴狀コロニー	溷濁強カラズ,黃灰色沈渣ヲ作ル	溶血性ナシ	6日目消化ス	稍々溷濁	—	—	—	
B6	中等大,兩端鈍圓,孤立,偏在芽胞,周邊鞭毛,グラム陰性	半透明,濕潤黃色圓形コロニー	平等溷濁,菲薄菌膜白色沈渣ヲ作ル	溶血性アリ	徐々ニ消化ス	溷濁還元	—	—	+	
B7	兩端鈍圓,稍々小サキ桿菌,多ク孤立,芽胞,鞭毛ナシ,グラム陰性	黃灰色,不透明,濕潤丘狀コロニー	弱度溷濁,絮狀沈渣形成	溶血性弱度	2日目凝固	赤變	—	弱度	—	
B8	兩端鈍圓,稍々小サキ桿菌,時ニ連結,芽胞ナシ,周邊鞭毛,グラム陰性	淡紅色不透明丘狀泥狀コロニー	平等溷濁,灰白色沈澱	稍々溶血ス	6日目消化	溷濁	—	—	—	
B9	中等大桿菌,兩端鈍圓,孤立,芽胞鞭毛ナシ,グラム陽性	水樣透明帶黃色コロニー	弱ク溷濁,黃灰色沈渣ヲ作ル	弱度溶血	3日目凝固	赤變沈澱	—	弱度	—	

第三表　石井部隊本部營庭表層土壤檢出細菌ノ動物試驗成績

マウス番號	性別及ビ體重(g)	接種菌番號	經過概況	斃死時間	解剖所見概要	菌檢出	備考
1	♂(16.5)	1 K1	不活潑	〜	〜	〜	生存
2	♂(20.0)	3 K1	不活潑	〜	〜	〜	生存
3	♀(18.0)	6 K	不活潑,衰弱	〜	〜	〜	生存
4	♂(17.5)	8 K1	不活潑,食不振,皮毛逆立	〜	〜	〜	生存
5	♂(19.0)	9 M	不活潑,食不振,皮毛逆立	14	心血暗黑流動,脾暗黑腫大	心血十,脾十 脾脫疽菌	
6	♂(18.0)	9 K2	不活潑,食不振,皮毛逆立	23	心血暗黑流動,脾前端黑大	心血十,脾十 脾脫疽菌	
7	♂(17.0)	10 M	不活潑,食不振,皮毛逆立	14	心血暗黑流動,脾腫大	心血十,脾十 脾脫疽菌	
8	♂(17.5)	10 K1	稍々活潑,食不振,皮毛逆立	15	心血暗黑流動,脾暗黑腫大	心血十,脾十 脾脫疽菌	
9	♂(16.5)	10 K2	稍々活潑	〜	〜	〜	生存
10	♂(18.0)	11 M	不活潑,皮毛逆立,靜止	14	心血暗黑流動,脾腫大	心血十,脾十 脾脫疽菌	
11	♂(17.5)	12 K1	不活潑,皮毛逆立	〜	〜	〜	生存
12	♂(18.0)	13 M	不活潑	17	心血暗黑流動,脾暗黑腫大	心血十,脾十 脾脫疽菌	
13	♀(17.5)	13 K1	不活潑,皮毛逆立	〜	〜	〜	生存
14	♂(18.5)	14 K1	不活潑,皮毛逆立	〜	〜	〜	生存
15	♂(18.5)	29 K1	不活潑	〜	〜	〜	生存
16	♂(17.0)	29 K2	變化ナシ	〜	〜	〜	生存
17	♂(17.5)	39 K1	不活潑	〜	〜	〜	生存
18	♂(18.5)	43 M	不活潑,皮毛逆立	16	心血暗黑流動脾腫大	心血十,脾十 脾脫疽菌	
19	♂(20.0)	43 K	不活潑,皮毛逆立	〜	〜	〜	生存
20	♂(19.0)	67 L	不活潑,皮毛逆立	〜	〜	〜	生存
21	♂(18.0)	76 K1	不活潑	〜	〜	〜	生存
22	♂(19.0)	78 K1	不變	〜	〜	〜	生存
23	♂(18.5)	81 K	不變	〜	〜	〜	生存
24	♂(18.0)	83 K	不活潑	〜	〜	〜	生存
25	♂(17.5)	85 K	不活潑,皮毛逆立	〜	〜	〜	生存
26	♂(17.0)	91 K	不活潑	〜	〜	〜	生存
27	♂(19.0)	97 M	不活潑,皮毛逆立	14	心血暗黑流動,脾暗黑腫大	心血十,脾十 脾脫疽菌	
28	♂(16.5)	97 K	不活潑,皮毛逆立	〜	〜	〜	生存
29	♂(17.5)	98 M	不活潑,皮毛逆立	18	心血暗黑流動脾腫大	心血十,脾十 脾脫疽菌	
30	♂(16.5)	100 M	不活潑,皮毛逆立	16	心血暗黑流動脾腫大	心血十,脾十 脾脫疽菌	

九分間五%、十分間四%、十一分間三%ヲ示シ、十二分間ナルモノハ二%ヲ示シテ最モ長時間ナルヲ示シタリ。

尚ホ含有水分量ニ就テハ最低〇・五%ヨリ最高二八・一%ニ亘リテ各種ナルモ一〇%以下ノモノハ三九ヶ所ヲ占メテ最モ多ク、一〇%以上二〇%ノモノハ二八ヶ所ヲ占メ、二〇%以上三〇%ノモノハ僅カニ三ヶ所ニシテ三〇%以上ノモノハ一ヶ所ノ比ニ之ヲ認メタルニ過ギズ。

之ヲ要スルニ営庭内表層土壌ノ含有細菌ハ概シテ多数且ツ多種類ニ亘リ其ノ分布極メテ複雑ニシテ、而モPH値、含有水分量以外夾雑物、色調並ニ土壌水溶液ノ沈澱時間等トノ間ニ夫々明確ナル関係ヲ把握スルコトハ困難ナルヲ認メ、終ニ一〇〇ヶ所中八ヶ所ニ於テ脾脱疽菌ヲ分離シタルコトハ極メテ重要ナル注目事項タルヲ附記スベシ。

而シテ之等分離主要細菌ノ各種生物学的性状ニ関シテハ之ヲ一括表示スレバ第二表ノ如シ。

第二節　検出細菌ヲ以テセル動物試験ニ就テ

余ハ特ニ脾脱疽菌ノ検出ニ重点ヲ置キテ動物試験ヲ遂行セリ。即チ

— 105 —

検出各種細菌中形態並ニ培養性状ニ於テ脾脱疽菌ニ酷似セル外観ヲ呈セル菌株三〇株ヲ選定シ、夫々二四時間孵卵器内培養「コロニー」ヲ掻キ集メ一cc對一mgノ比ニ製出セル生理的食塩水平等浮游液ヲ用ヰ夫々体重約一七瓦内外ノ健常「マウス」腹腔内ニ夫々滅菌注射器ヲ用ヰ〇・二cc宛注射シ、爾後番號ヲ附シテ飼育シソノ経過ヲ観察セリ。

其ノ実験成績ハ之ヲ一括表示スレバ第三表ニ示スガ如シ。

即チ概要ヲ摘記セバ実験供試「マウス」三〇頭中一四時間乃至二三時間中ニ斃死ヲ示シタルモノハ一〇頭ニシテ、何レモ注射後漸次ニシテ運動不活潑トナリ、或ハ食餌不摂ニシテ皮毛ヲ逆立テ、体力消沈ヲ来シ遂テ何レモ斃死ヲ来シ、解剖所見ニ於テハ一般ニ心血ハ暗黒色ヲ呈シテ流動性ニ止リ、脾臓ハ暗黒色ニ腫大セル以外ハ概シテ著シキ変化ヲ見ズ、一〇頭共心血並ニ脾臓ヨリスル菌検出陽性ニシテ、形態並ニ培養所見上明カニ脾脱疽菌タルヲ断定セルモノニシテ、而モ個々ノ検出脾脱疽菌ハ其ノ性状ニ於テ必ズシモ全ク一致セザル点アルヲ認メ之ガ追究ハ更ニ後日之ヲ詳ニセンコトヲ期ス。

— 106 —

第三章　總括並ニ考按

凡ソ土壌等ヨリスル脾脱疽菌ノ検出ニ當リテハ該検土壌等材料ノ一部少量ヲ採リテ之ヲ直チニ恒常「マウス」尾背部ニ皮蔵ヲ作リテ接種シ、二四乃至四八時間ニシテ斃死ヲ來シタルモノニ就テ解剖シソノ心臓血液ヨリスル分離培養ヲ試ミ、一部ハ普通寒天平板培養基ヲ用ヒテ直接並ニ培養シ、發生「コロニー」ニ就テ分離検出スル方法トヲ併セ行フヲ以テ例トナス。余ハ當初ヨリ上記検出方法ヲ併試セシコトヲ企圖セルハ勿論ナルモ供試動物ノ入手困難ナル場合ニ於テ動物ヲ節約シ時ニ先ヅ普通寒天平板分離法ヲ以テ検出セル「コロニー」中特ニ脾脱疽菌類似ノ形態並ニ性状ヲ具ヘルモノハ之ヲ悉ク選定シ、就中疑問濃厚ナルモノ三〇株ニ就テ動物實驗ヲ試ミ内一〇株（八ケ所）ニ於テ脾脱疽菌性敗血症ヲ惹起セシメ得タルモノナリ。

而シテ検出場所ニ就テ聊カ考按ヲ加ヘンニ第一圖中採取番號⑨、10、11、12、13及ビ14ハ曾テ既ニ本年一月頃ヨリ罹馬ニ脾脱疽患者ヲ三四頭隔離シ繋留セル小屋附近ニシテ、⑨ハ小屋ノ中心、10及ビ11ヨリ中

— 107 —

心⑨トヲ結ブ線ノ延長線上夫々約三米ヲ距テタル地點ニシテ、14ハ更ニ13ヲ隔ツルコト八米ノ地點ニシテ此所ニ於ケル検出率濃厚ナルハ寧ロ當然ナリトスルモ往シテソノ範圍廣キコトハ意外トナス。更ニ採取地43ニ於ケル脾脱疽菌検出陽性ナルハ眞ニ全ク意外トスル所ニシテ之ガ原因ニ關シテハ明確ニ斷定シ難シト雖モ、當時上記罹馬小屋附近ヨリ順次採土運搬シツツアリテソノ間ゴム長靴ヲ穿チアリテ消毒設備ナキ爲メソノ儘本菌ヲ附着シ來リ偶々43ノ地點ニ於テ採土中ニ混入セルモノニ非ラザルヤヲ疑フニ止メント欲ス。次ニ第六號内ニ於ケル97、98及ビ100ハ附近ニ〇〇アリテ前記罹馬ノ場合ト全ク同様ナル關係ヲ以テ首肯シ得ルモノト思惟ス。

之ヲ要スルニ本陸營庭内表層土壌ヨリスル脾脱疽菌ノ検出ハ一〇〇ケ所中八ケ所即チ八％ノ高率ニ達スト雖モ内一ケ所43地點以外ハ何レモ特殊地點ニ位シ、兩地點共ニ其ノ一般出入ヲ嚴禁シ、夫々出入口ニ消毒槽ヲ嚴重ニ装備シ各人嚴重ニ消毒ヲ履行スレバ之ガ散逸ヲ防止シ得ルモノナリト信ジ、有毒地帶ノ消毒實施ト共ニ緊急事項タルコトヲ

— 108 —

瀰漫セシトス。

（附記、両地帯並ニ43地點附近ハ直チニ消毒ヲ勵行シ出入口ニ消毒槽ヲ設備シ消毒ヲ勵行セリ尚43地點附近ハ濕潤ノ位置ニ在リテハ未ダ防疫通門ヲ檢出シ得ズ）

ソノ他檢出セル細菌ニ關シ特ニ注目スベキ事項著シカラズト雖モ、大腸菌類ノ檢出率比較的高ク、之ニ反シ枯草菌ノ檢出率低キハ意外ナルヲ附記スルニ止メント欲ス。

結　論

1、石井（四）部隊本隊營庭内表層土壌ノ細菌學的檢査特ニ好氣性細菌ノ一部ニ就テ研究シ、土壌一瓦中約三八〇〇〇乃至三七一六〇〇〇個ノ細菌数ヲ認メ、種別的ニ馬鈴薯菌（九八％）、白色葡萄状球菌（九二％）、黄色葡萄状球菌（七〇％）、黄色八聯球菌（五六％）、橙黄色葡萄状球菌（五〇％）、絲状菌（一二％）、紅色八聯球菌（一三％）根状菌（一三％）、大腸菌（一一％）、變形菌（一一％）、脾脫疽菌（八％）、螢光色菌（七％）、枯草菌（三％）、靈菌（二％）以外不明桿菌B_1（二％）、B_2（四％）、B_3（二％）、B_4（一％）、B_5（一％）、B_6（二％）、B_7

— 109 —

（一％）、B_8（一％）及ビB_9（一％）ヲ檢出セリ。

2、土壌ノ pH 値、主要夾雜物、色調、水溶液沈澱度並ニ含有水分量等トノ間ニハ概シテ著シキ關係ノ存在スルヲ把握スルコト困難ナリ。

3、特ニ脾脫疽菌類似ノ形態並ニ培養性状ヲ示セル檢出菌三〇株ニ就テ施セル動物實驗成績ハ就中一〇株ニ於テ健常「マウス」ヲ二四時間以内ニ斃死セシメ何レモ脾脫疽菌性敗血症ヲ惹起セシメタリ。

（昭一五、四、一〇稿）

（擱筆ニ臨ミ本研究ヲ遂行セシメラレタル部隊長代理増田中佐殿並ニ第一科長佐藤少佐殿ニ深甚ノ敬意ヲ捧グ。）

— 110 —

主要文獻

1) 里見三男　病原微生物學、改訂第二版、昭六
2) 里見三男　細菌並ニ血清學的研究手技、第三版、昭八
3) L. Schwarz　Kolle u. Wassermannsche Handb. d. path. mikroorg. 3 Aufl. Bd. X. S. 433 – 471
4) 山中、湯川、岡田、桐山　阪醫事誌、第一卷、第三號、昭九

（小川少尉問）丸型菌ノ不明ナル菌ノ性状如何。

（答）別五表B1ノ如シ

（小川少尉問）グラム（一）桿菌ノ性状如何

（答）別五表B7ノ如シ

（星野技師問）泥ノPH測定法ハ如何

（答）先日モ貴官ト各通排水ニ同行シタル際ニ東洋濾紙株式會社製水素イオン濃度比色試驗紙ヲ以テ測定シタル値ガ「フエノールロート」ニヨル測定値ト或場合ハ克ク合致スルモ或場合ハ極メテ大ナル差違ヲ生シ一般ニ「フエノールロート」ヨリ酸性ニ傾クコトヲ實驗シ、後列實驗室ニ於テミハイエリスノ「ニトロフエノール」ニヨル比色法ヲ以テ復試セルニ矢張同様ノ成績ヲ得タリ。即チ水質ノPH測定ガ吾人ガ日常範限トナス培地等ノ所謂膠質様ノ液體ト趣ヲ稍々異ニシ試藥ノ適量ニ從ヒテ其價ノ動搖ハ値少ナラズ極メテ尖銳且ツ高度ナルコトヲ觀察シ深キ注意ノ要ヲ痛感シアリ即チ本實驗ニ於テハ（土壤PH測定）前記試驗紙ノミニヨリ行ヘリ。

— 111 —

第一 [illegible]ニヨル動物實驗（第一報）

第一科 陸軍軍醫少佐 佐藤大雄
陸軍軍醫中尉 村田良介
陸軍軍醫中尉 村上 譲
陸軍技師 山中太木

㈠ [illegible]器ニヨル感染試驗

コノ實驗ノ當初ハ非常ニ文獻少ク加フルニ剰トシテ新シク出發シテ以来日モ淺ク實驗用器具動物モ甚ダ不自由ナ状態ニアリ、マダ意ニ滿タヌ點ガ多クアルガ今回ハ一應未完成ノママ發表スル、今度ノ實驗ニ參考シタ文獻ハ

1、中村 豐氏 細菌免疫學講本
2、同 氏 細菌學免疫學檢査法
3、小林六造氏 簡明臨床細菌學
4、竹内松次郎氏 近世細菌學免疫學
5、Topley Principle of Bakteriology
6、Kolle Hetsch

— 112 —

7、Kolle Wasserman　Hb. d, Mikroorg. . Aufl. Bd.

先ヅムヨ菌ノ自然感染ニ関シ文献ニヨルニ、牛、羊、馬ニ又豚ニモ屢屢見ラレル、之ニ反シ犬、猫、狐、家兎ニハ少イ、「マウス」ニモ自然ニ感染ガアルトサレテ居ル。「ラッテ」ハ従來稀ナモノトサレテ居タガ近來カナリ存在スルモノト見ラレテキル。鳥類ニテハ鶏、アヒル等ニハ時々アルガ鳩ニハ存在シナイ。又冷血動物ニハ全ク存シナイト云フ。実験的感染試験ニツイテハ文献ノ示ス所ニヨレバ「マウス」ガ最モ感受性ガ高イモノトサレテイル。「ラッテ」ニ関シテハ種々ノ報告ガアッテ一定シナイガ普通考ヘラレテ居タヨリモ感受性ガアルト云フ人ガ多クナツタ。シカシ1/3 mg以下デハ感染不能ト報告シテイル人モアル。自分ハ後ニモ示ス如ク、Q 亖 mgヲ用ヒテ感染サセタ。又家兎ニツイテハ完全ニ毒力アル菌株ヲ使用スルナラバ「マウス」等ト同様ニ感受性ガアル。

Pasteurノ第一苗、第二苗ト云フノハ「マウス」海猽家兎ニ対スル毒力ヲ標準ニシテキル。

— 113 —

牛ハ自然的ニハヨク感染スルガ人工的ニハ中々抵抗力ガアルト記載サレテイル。

羊ハ実験的ニモ自然的ニモ感受性ガ高ク少量ヲシテモ一〜二日ニテ死亡スル。

豚ハアマリ感受性ガナイ

犬ハ大量ノ静脈内注射デ死亡スル

鳥類中デ鳩ハ最モ敏感デアル。アル人ハ前眼房カラ感染セシメルノガ有效ナリト説イテイル。鶏、鵞鳥、雀、鴨ハ非常ニ抵抗ガ強イ。蛙ハ全ク感受性ガナイ。但シ人工的ニ低温ニ馴レタムヨ菌ノミガ蛙ヲ倒ス事ガ出來ル。

サテ之等動物ニ於ケル病變トシテ成書ニアゲラレテキル所ハ死ノ数分前迄ハ完全ニ健康デアル　様ニ見エ、数分前痙攣ヲ起シテ死ス。體温上昇其他ノ事ハ見ラレヌ。（小動物）

牛、羊ハ發熱等ノ症状ガ現レル。剖検スルト局所ハ「ゲラチン」様浮腫ガ著明デ脾臓ガ暗赤色ニ腫脹シSep.sisノ様ニムヨ菌ガ全身ニ見出サ

— 114 —

レル。組織學的所見ニツイテハ現在村上中尉ガ研究中デアルカラソノ時實驗ト共ニ發表サレルト思フカラ今ハ省略スル。先ヅ皮下ニ繁殖オコリ之ヨリ淋巴路ニヨリ遂ニ血液ニ入ル。重要ナル事ハ感染ノ初ニ血液中ニテハ菌ガ増殖セズ血液ハタダ菌ヲ運搬スルニスギナイ。コノ理由ハ血液中ニ Authracocide substance アルト云フ人ガアル。シカシ菌ガ多クナルニツレテ最後ニハ淋巴ノ粘液物質ニヨリ次第ニ消費サレテ遂ニハ血液中ニ菌ガ増殖スル様ニナル。

我等ハ最モ手輕ニ手ニ入ル動物ニツイテ實驗ヲ試ミタ。使用菌株ハコノ他種々ノ實驗ト連關シテ行ツタ關係上常ニ一定ノ菌株ヲ使用出來ナカツタ憾ハアルガ出來ルダケ多數ノ動物ニ試ミタ積リデアル。

(ロ)實驗方法

菌ハPH7.2ノ寒天斜面、37°二四時間培養セルモノヲ標準白金耳ニテ掻キトリ「ブイヨン」ニ平等ニ浮游セシメ適當ニ稀釋シ丁度必要量ガ動物ノ體内ニ入ル様ニシテ使用シタ。コノ際鏡檢スルト常ニ芽胞ト營養型ガ混在スル事ヲ認メタ。

— 115 —

各動物ハ成ルベク一定ノ體重ノモノヲ使用シタカツタガ事情上止ムヲ得ナイ事ガ有ツタ。又經口的感染ヲ防グタメ各動物ハ嚴重ニ隔離シテ觀察シタ。

(ハ)實驗成績　其一マウスニ關スル實驗

「マウス」「モルモツト」等デ文献ニ示サレタ毒力ヲ見ルト最モ強イモノハ唯一ツノ菌デサヘ一「マウス」ヲ倒ス事ガ出來ルト云ハレテイル又菌數ノ多少ハ死亡ノ時間ニ對シテ影響ガアル。例ヘバ「マウス」「モルモツト」家兎デ一白金耳デハ二四－三六時間デ死亡シ二四分ノ一白金耳デハ五－一〇日後死亡ス、又「マウス」ニ對スル他ノ研究ニヨルト

1/100～1/1000	白金耳デハ三〇－四〇時間後	
1/100000	白金耳デハ五〇－五八〃	
1/500000	〃　　三三－八二〃	何レモ死亡スル
1/5000000	〃　　四日後	
1/20000000	五－六日後	

最初ハ嚴密ニ各菌株ノ致死量ヲ測定スル目的デアツタガ動物ノ制限ヲ

— 116 —

受ケタ爲異ナル感染試験ニ終ツタ。菌株ハ當科ニMB菌ト記シ保存シアツタモノヲ使用シタガコノ内ニハ動物試験、其他ノ生物學的性質ヨリMB菌ト稱シ難キモノガアル事ガ判明シタ。

MB	マウス	量	體重	一日	二日	三日	四日
1	3	0.1mg	一三瓦－一〇瓦 八時注射	—	—	—	—
2	4	〃		—	—	—	—
3	5	〃		— 十六時			
4	6	〃		— 十六時			
5	7	〃		—	—	—	—
6	8	〃		十六時			
7	9	〃		—	—	—	—
8	10	〃		— 十六時			
9	11	〃		— 十六時			

— 117 —

「マウス」ニハ腹腔内注射ヲ行ツタ。之等「マウス」ノ各臓器、肝臓脾臓、血液、肺臓、腎臓等ヨリ培養シテ常ニ菌ガ陽性ガアツタ。コノ成績ノミデハ毒力ノ眞ノ强サヲ比較スル事ガ出來ナカツタ。（以下五十行削除）

次ニMB No 9ヨリ出發セル菌株

No. 11　（モルモツト一代目）

No. 12　（モルモツト二代目）

No. 13　（モルモツト三代目）

ヲ使用シテ各株間ノ差ヲ比較シタ。之モ動物不足テ完全ナ所マテ行ツテイナイ。

結果ハ第二表參照

之ニヨツテMBノ毒力ハ「マウス」ニテハ本當ノ比較ハ困難デアツテ芽胞数ヲ数ハテ注射スル方法ニヨルカ、又ハ「マウス」数ヲ多クシテ

— 118 —

死亡日数症状等ヲ比較シテ参考ニ供スルヨリ外方法ガナイ様ニ思ハレル
実際表ニアル如クM3號ハ大体毒力ト死亡日数ガ並行シテイル。又
コノ一回ノ実験デハ「モルモット」一代、二代通過ノモノハ元ノモノ
ヨリ毒力多ク三代目ニ至ッテ之ト同ジ又ハ稍弱イ？ニ想像サレル結果
ヲ得タガ之ハ今後多数ノ動物ヲ使用シテ実験セネバ確定的ナ事ハ言ヘ
ナイ。又興味アルコトハ長ク生存スルモノハ死亡数時間前マデ殆ンド
何等ノ症状モ示サズ数時間前ニ元気ナクナリ食欲モヘリ遂ニ死亡スル　— 119 —
ニ到ル。成書ニモコノ事ガ述ベラレテイル。M3菌感染症状ヲ一括ス
レバ二九例中淋巴腺腫脹(十)腹腔内漿液増加三例　腸胃殆ント普通
血液ハ流動状暗黒色、肝臓暗赤血量多ク軟構造不明、脾臓暗黒血量多
ク割面ハ顆粒状、外ニハ著ルシイ変化ガ見ラレナイ

其ノ二　モルモットニ関スル実験

ハルビン株ヲ「マウス」ノ場合ト同様ニ注射シテ見タ（第三表）
最初ノ「モルモット」ノ時ハ死亡ニ三日ヲ要シタガ他ハ翌日死亡シタ
失張リ死ノ直前迄何等ノ症状ヲ呈セズ急ニ死亡シテイル。

M_1血液0.2cc→M_2血液0.1cc→M_3「モルモット」M_2　M_3　ハ注射翌
日死亡シタ。（以下削除）
次ニ肥一號菌ニツイテ初一０萬分ノ一mgヲ注射シ（モルモット四號）
更ニ１００萬分ノ一mgヲヤツテ皮下ニ実験シタ。（第三表）コノ「モ
ルモット」ハ三日目ニ死ンデイル。（以下削除）
以上ハ他ノ実験ニ並行シテ行ッタ　一部分デアル為之ノミデハ分リニ
クイ事モ多イガ大体次ノ事ガ云ヘル。満洲ニツイテモ「マウス」ト同　— 120 —
様ニ死ノ直前マデ変化ナイ事、當科菌株ハ可成リ毒力アル事、接種法
ニヨリ症状及経過ニ差アル事、菌量又ハ毒力ト死亡日数ニハ何等カノ
関係ガアルラシキ等ヲ知リ得タ。又弱イ菌ハ何等ノ症状モナク翌日ニ
「チルモット」ヲ倒シ得ル。ソノ症状ニツイテハ第三表ノ如クデアル
ガ腹腔内ノ場合ハ脾臓、肝臓ノ変化ノ外ハ三日生存セルモノニ於テ
淋巴腺及肺臓ノ出血著明副腎臓ノ出血著明ナルノミデ他ノ例ニテハ脾
肝以外殆ンド変化ヲ認メ難イ。皮下ノ時ハ肝、脾ノ外ニ局所ニ「ゼラ
チン様浮腫出血及淋巴腺腫脹著明デアリ又胃、腸ニ點状出血ヲ認メ又

肝ノ出血モアリ全身ニ一般ニ著明ナ變化ヲ認メ得ル殊ニ之ハ少量ヲ使用シ長ク生存セル例ニ於テ著シイ。

其ノ三　テツテ

兵舍デ捕ヘタRattoニ菌株No 14ヲ使用シタ。イヅレモ二日目デ死亡シタ之モ死ノ直前マデ變化ガ少ク之ニテ見ルニ大量デハ「ラツテ」モ殺シ得ル事ヲ知ツタ。（以下二行削除）

其ノ四　家兎

No1. No2 ハ初発疫スル目的デ中村豐氏ノ檢査法ニ書イテアル方法ニ從ツテヤツテ見タ。M.B No [illegible]號42℃ノ「ブイヨン」ニ二日培養セルモノヲ一日37℃寒天ニ培養シソノ1/5白金耳ヲ注射シタ。最初ノ二日ハ何ノ變化モナク食慾モ旺盛デコレナラ発疫出來ルカト思ツテイタガ三日目ニ死亡シタ。

卽チ家兎ノ発疫ハ簡單デナイ事、死ノ直前迄症狀ナイ事ハ少量ノ菌ヲサシタ「マウス」等ノ場合ト同様デアル。症狀ハ第四表ノ通リデアル

其ノ五　馬一號

— 121 —

肥一號菌37℃二四時間培養セルモノヲ無菌的ニ滅菌中試驗管ニ播キトリテ一日37℃ニ放置セルモノヲ食鹽水ニ浮游シテ使用スル。

注射菌一〇mg左頸部皮下

30/III　一六時注射

31/III　九時　鳥ノ卵大腫張稍々元氣ナシ。食慾アリ。

1/IV　一一時手拳大圓狀隆起强力性ニテ稍硬クフレル。表面ニハ潰瘍其ノ他ノ變化ヲ認メズ。周圍ニハ次第ニ移行ス。二時三〇分小兒頭大ニ擴大ス（血液培養(十)）二四時元氣ナシ。

2/IV　午前一〇時頃死セルヲ以テ直チニ解剖ニ附ス。

馬二號

6/IV　馬一號ト同様ニシテ馬一號ヨリ得タル菌ヲ一mg肩胛部皮下ニ注射ス（一七時）

7/IV　一九時局所鳥卵大腫張

8/IV　手拳大ニ擴大ス。割合ニ元氣ナリ。局所痛並ニ腹痛ヲ訴フル如シ。

— 122 —

9/IV　局所小兒頭大ナルモ割合ニ元氣ニテ食慾旺盛ナリ

10/IV　一般ニ元氣ナシ。肩胛部一面ニ腫張ス

11/IV　七時死亡

肥一號菌ハ馬ニ對シテハ相當ノ毒力アルモノト思ハレル。馬ハ腫張ヲ生ジタ後稍元氣失セ次第ニ衰弱死亡スルニ到ル。小動物ト異リ死亡迄局所全身症狀著明ナルヲ知ル。（以下削除）解剖所見ハ第五表ノ如シ

以上ヲ小括スルニ一mgデハ生存日數五日、一〇mgデハ三日、注射後一二時間ヲ經レバ局所腫張、著明、次第ニ擴大スル、表皮ニハ何等ノ變化ヲ來サズ、局所ノ疼痛ヲ訴フル如クナルモ死ノ直前マデ食慾有リ。剖見スレバ局所ハ浮腫狀浸潤著明（一〇mg三五×一七　一mg五〇×二八）血液暗赤色流動性ナルヲ特徴トスル。肺ハ多少ノ出血點充血ヲ認ムルノ外デハ一mgノ方ガ變化少ナカッタ。一〇mgノ時ハ腸管ニ變化ガ少ナカッタ。一mgデ生存期間長キモノハ著明ノ出血ヲ認メタ。又腸間淋巴腺ハ兩方トモ著明ニ腫張ス。出血ガ著シイ。肝、脾ハ兩方同樣ニ變化シタ。腎臟ハ一mgノ時ハ腎盂ニ化膿ガアッタ。又一mgノ時腦下垂體著明ノ出血アッタ

— 123 —

其ノ六　羊ニ關スル實驗

馬二號菌一〇mgヲオカラニ混ゼテ與ヘタ。四〇—四二時間目ニハ死亡シタ。更ニ之ト對照スル爲ニ同ジ菌株ヲ皮下ニ$\frac{1}{10万}$mg注射シタ。（頸部皮下）ガ之ハ六〇時間以内ニ死亡シタ。死ノ一二時間位前カラハ食慾不振トナリ元氣ナカッタガ其他ニ異狀ナシ。又注射シタモノモ局所ノ腫張ハ全ク見受ケラレズ。（以下削除）

（四）總括並考按

今回ノ實驗ハ之以外ノ補助トシテ行ッタモノデアリ又動物ガ少イ爲系統的ニ實驗出來ズ甚ダ連絡ノナイモノニナッタガ以上ヲ要スルニ

(ハ)當科ニMB菌ト稱シテ存スルモノノ中ニハ非常ニ弱毒デアリ又コノ他ノ性質カラMB菌ト云ヘナイ樣ナモノガアッタ。コレ等ニツイテハ目下追究中デアル。

アル種ノ菌株ハ又動物ニ非常ニ強イ毒力ヲ示シ、カカル場合毒力測定ハ非常ニ困難デアル。芽胞ノ數ヲ數ヘテ測定スルカ又ハ色々接種法ヲ變ヘルカ死亡日數等ヲ參考ニスルカ色々考ヘナケレバナラヌ事

— 124 —

ガ多イ。
(2)「マウス」「モルモット」ニテハ死亡日數ハ毒力ニ關係ガアル樣ニ見エル。
(3)「モルモット」通過ニヨル毒力增强ニハ成功シナカッタ。
(4)小動物ハ死亡直前迄大シタ變化ヲ示サナイ。大動物デハ馬ハ局所ニ腫脹ヲ示シタガ羊ニ至ッテハ何等變化ナク、ムシロ關係ガナイ他部ノ皮下ニ著明ノ炎症浮腫ヲ示シタ。之ハ一頭ダケデハ不明デアルガ感受性ノ强イ動物ハ局所ニ炎症ヲ起ス事ナク直チニ各所ニ菌ガ運搬サレ所々ニ病竈ヲツクルノデハナイカト思ハレル。
(5)小動物殊ニ「マウス」ハ症狀少ク、肝臟、脾臟ニ多少變化アルノミ。大動物ハ全身的ニ出血ヲ主トシタ症狀ガ著明デアル。腦ハ家兎以上ノモノデ充血アル程度デソノ他著明ナ變化ハ見ラレナカッタ。又馬ニテ著明ナ胸下垂體出血ヲ見タ（以下一〇行削除）
(6)感染方法及生存日數ニツイテハ可成リ差ガアル樣ニ見ラレル。即チ馬ニツイテ見レバ少量ノモノハ局所ノ變化、腸ノ變化ガ著明デアリ

— 125 —

又一例デハ不明ダガ脳下垂體ニ出血ガアッタ。
即チ大量ノモノハ割ニ早ク血清ノ抵抗ニ打勝ッテ菌ガ内ニ入リコンデ全身的ニ菌ガ撒布サレ色々ノ所ニ症狀ヲ起シ間モナク死亡スル。少量ノ時ハ局所ニ於テ菌ト動物體ノ間ノ戰ガ著明ニ行ハレ又全身的ニモ菌ニ對スル反應ヲ示ス餘裕ガアル如クニ思ハレル。
(7)馬ト羊デハ感染ニ非常ニ差ガアル樣ニ思ハレル。羊ハ局所ノ變化ガ少ク全身症狀ガ著弱デアル。馬ハ局所ノ變化ガ多イ。羊ハ局所ニ於テ抵抗スルガ第一線ガ破レルト割合ニモロク倒レルモノト思ハレル羊ハ腸、肺臟等ノ變化カラ見テモ局所ヨリ直チニ菌ガ入リ込ミ全身ニ於テ戰ガ行ハレテ後倒レル樣ニ思ハレル。
(8)經口感染ト注射デハ大部差ガアル。羊ニツイテ見ルニ經口デハ先ヅ腸ニ炎症ヲツクリ、之ヨリ菌ガ侵入シ全身的ニ入リ更ニ色々ノ器管ニ變化ヲ來ス。腸ノ上部ノ變化ハ恐ラクコノ爲デ下部ノ變化ハSepsisニヨルモノト思ハレル。即チ馬ニテ皮下ニ行ハレタ事ガ羊デハ腸デ行ハレテキル樣ニ思ハレル。之等感染ノ機構ハ今後非常ニ興味有ル

— 126 —

點デアル。

(7)如何ナル動物モ最後ハSepsisノ狀態デ斃レル。

無論第一回實驗デ明ナル結論ハ得ラレヌガ動物ノ感受性ニヨリ、感染方法ニヨリ症狀ニ非常ナ差ガアル。之等ノ並行的、連絡的研究ニヨリ感染ノ機構ニ何等カノ方向ガ掴メル樣ナ氣ガスル。今後進ンデ研究スル豫定デアル。

第一表

M B	マウス	體重	接種量	1日	2日	3日	4日	21日
1號	3號	一五乃至二〇瓦ノモノ一八時注射	0.1mg	−	−	−	−	−
2號	4號		0.1mg	−	−	−	−	−
3號	5號		0.1mg	＋ 16時				
4號	6號		0.1mg	＋ 16時				
5號	7號		0.1mg	−	−	−	−	−
6號	8號		0.1mg	＋ 9時				
7號	9號		0.1mg	−	−	−	−	−
8號	10號		0.1mg	＋ 16時				
9號	11號		0.1mg	＋ 16時				

第二表　海猴通過菌ノ毒力

菌株	接種量	マウス體重	1日	2日	3日	4日	5日	14日
九原	1/万 mg	一五乃至二〇瓦	+−	+−	++			
	1/10万 mg		−−	++	++			
	1/100万 mg		−−	+−	++			
	1/1000万 mg		−−	−−	−−	+−	++	
一代	1/万 mg		−	−	−	−	+	
	1/10万 mg		−	+				
	1/100万 mg		−	−	−	−	−	−
	1/1000万 mg		−	−	−	−	−	−
二代	1/万 mg		−	−	−	−	−	−
	1/10万 mg		−	−	−	+		
	1/100万 mg		−	−	−	−	−	−
	1/1000万 mg		−	−	−	−	−	−
三代	1/万 mg		−	+				
	1/10万 mg		−	+				
	1/100万 mg		−	+				
	1/1000万 mg		−	−	+			

第三表　海猴ノ感染試驗

臓器／海猴	體重	接種量	生存日数	淋巴腺	腹腔液	腸	大腸	胃	腸間膜	肝	脾	肺	心臓	血液	腎	副腎	脳	局部
一號	六四〇	腹腔内 1/4斜面ペルヒン添	三日目	左鼠蹊小豆大	赤色少量	稍發赤	稍發赤	變化ナシ	稍發赤	暗赤色	腫大 1/5X3.0	充血點状出血	變化ナシ	暗赤流動	皮髓ノ境界不明	稍發赤	變色	
二號	五二五	腹腔内 [illegible]浮游液	一日目	變化ナシ	變化ナシ	變化ナシ	變化ナシ	同上	變化ナシ	同上	同上 1/5X3.0	發赤	同上	同上	變化ナシ	充血	變化ナシ	
三號	四二〇	腹腔内 [illegible]浮游液	一日目	同上	同上	同上	同上	同上	同上	同上	同上	同上	同上	同上	同上	變化ナシ	同上	
四號	七〇〇	腹腔内 [illegible]	二日目	同上	同上	同上	同上	同上	同上	同上	同上	同上	同上	同上	同上	同上	同上	
五號	六〇〇	皮下 1/10万分一ミリグラム	二日目	左鼠蹊小豆大		同上	同上	幽門部充血	出血發赤	血量多ク稍[illegible]	暗赤色ノ血液多ク[illegible]	斑點状出血	同上	同上	不明	發赤出血	變化ナシ	小豆大ノゲラチン様浮腫
六號	五六〇	皮下 1/100万分一ミリグラム	三日目	右暗赤色 左鼠蹊小豆大	小量黄色	同上	同上	同上	同上	同上	同上	同上	同上	同上	同上	同上	變化ナシ	手拳大ニゲラチン様浮腫

第四表　家兎感染試驗

家兎＼臟器	體重	接種量	生存日數	局所	淋巴	腹腔	小腸	大腸	胃	腸間膜	肝	脾	肺	心	血液	腎	副腎	腦
1	一七〇〇	九號1/15白金耳 四二度二百	三日目	ゲラチン樣浮腫 點狀出血	(一)	少量ノ黄色漿液	點狀出血	變化ナシ	變化ナシ	點狀出血	暗黑色	暗黑色5×10cm	充血點狀出血	白色苔狀物附着	暗黑色流動	皮髓境界不明瞭溷濁	變化ナシ	變化ナシ
2	一八〇〇	同上	三日目	ゲラチン樣浮腫 點狀出血	腸間膜一小指頭大 液浸潤	同上	同上	同上	幽門部發赤	同上	同上	暗黑色 割面顆粒狀 5×12cm	同上	同上	同上	同上	發赤出血	充血
3	一二〇〇	MB十三號一〇mg	三日目	ゲラチン樣浮腫 點狀出血	右鼠蹊部大豆大	稍々多量ノ漿液	同上	同上	粘液多量	同上	暗黑色 血量多ク軟	同上 4×15cm	同上 割面髓樣	變化ナシ	同上	同上	變化ナシ	變化ナシ

第五表　馬ノ感染試驗

動物	馬一號	培養	馬二號	培養
感染方法	肥一號菌10mg皮下		馬ノ號菌1mg皮下	
死亡ニ至ル日數	3日		5日	
血液	血管ヲ切斷スレバ暗赤色流動狀ノ血液ヲ流出ス	+++	同左	+++
局所	小兒頭大ニ腫脹．表皮ニ變化ナク膨隆ス．割面35×17cm大ノゲラチン樣浮腫ヲ呈シ黄色ニ膨隆泡沫狀ヲ呈シ中央部ハ淡赤色	+++	同樣 但大サ50×28cm局所ヨリ滲出液滲出．ゲラチン樣浮腫ノ厚サ5cm	+++
胸腔	開クト同時ニ異樣ノ惡臭ヲ放チ嘔吐ヲ催ス	+	局所ヨリノ炎症ハMediastmun迄擴ガツテイル	++
肺臟	右上葉微赤色所々ニ小出血點ヲ認ム 割面ハ氣腫樣 他ノ肺葉ハ灰白色ニ變ナクAthelectatisch ツカムト軟ク海綿樣ノ感アリ．左モ大體同樣	+	右上半分微紅色．下半分灰白色．肺門部ニ黄色泡沫アリ．浮腫狀ヲ呈ス 外左ニ同ジ	++
氣管	著變ナシ	−	泡沫ニ満ツ	−
心臟	心嚢ニ淡黄色液體20ccc其他各部異狀ナシ	心嚢(−) 血液(+)	同左	
腹腔	少量ノ漿液有リ	+	同左	+
腸間膜	血管擴大シ基部ニ淋巴腺數個腫脹シモルモツト頭大デ暗赤色．割面ハ顆粒狀ニテ血量豐富ニシテ暗赤色	+++	同左	+++
小腸	一般ニ膨大スルモ粘膜面漿膜面著變ナク血管ノ擴大ヲ認ムルノミ	+++	粘膜面浮腫狀ヲ呈シ出血點多數認ム又毛細管ノ擴大著明ナリ	+++
胃	變化ナシ		變化ナシ	
大腸	變化ナシ	+++	Mesocolonニ米粒大ノ淋巴腺腫脹多數アリ	+++
肝臟	表面暗褐色割面含有血量豐富軟イ	+++	同左	+++
脾臟	表面ハ明ルク帶青灰白色ヲ呈ス割面ハ膨隆シ暗赤色顆粒狀血量豐富	+++	同左	+++
腎臟	表面．割面異狀ナシ	++	左ノ腎盂ニ化膿アリ一般ニ溷濁シ構造ノ明瞭ヲ缺ク	++
腦	腦膜充血外變化ナシ		腦下垂體ニ出血著明	

其他　培養ハ以上ノ外ニ
口腔(+++)　鼻腔(−)　膀胱(内容部)(+)　眼房(+++)
膵臟(+)　髮(−)　骨髓(+)

第六表　羊ノ感染試驗

	羊一號	羊二號
感染方法	馬二號菌　徑口的感染10mg	馬二號菌　1/10万mg 皮下
死亡日數	40—42時間	60時間
局所		著明ナ變化ヲ認メ難シ
胸腔	肺門部ニ淋巴腺腫張・暗赤色・　指頭大3個・割面膨隆シ暗赤色	變化ナシ
肺臟	上葉一般ニ微紅色・下葉暗赤色・斑紋狀出血多數アリ	所々ニ半米粒大ノ白イ結節アリソノ周リニ幅ノ[illegible]位ノ白暈アリ其他上葉ハ一般ニ地圖狀ニ不平等ノ[illegible]アリ．一般ニ血管擴大ス下部ハ暗赤色上述ノ變化著明．但左肺ハ右ニ比シ稍變化多ク明ルイ血管擴大シ龜甲樣ノ模樣ヲ示ス．割面ハ血量豐富．コンニヤクヲ如シ

2. 关于武汉附近的格特内氏肠炎菌（第 1 报告）

资料：溝上三郎「武漢附近ニ於ケルゲルトネル氏腸炎菌ニ就テ（第 1 報）」、『陸軍軍醫學校防疫研究報告』第 2 部第 43 号。

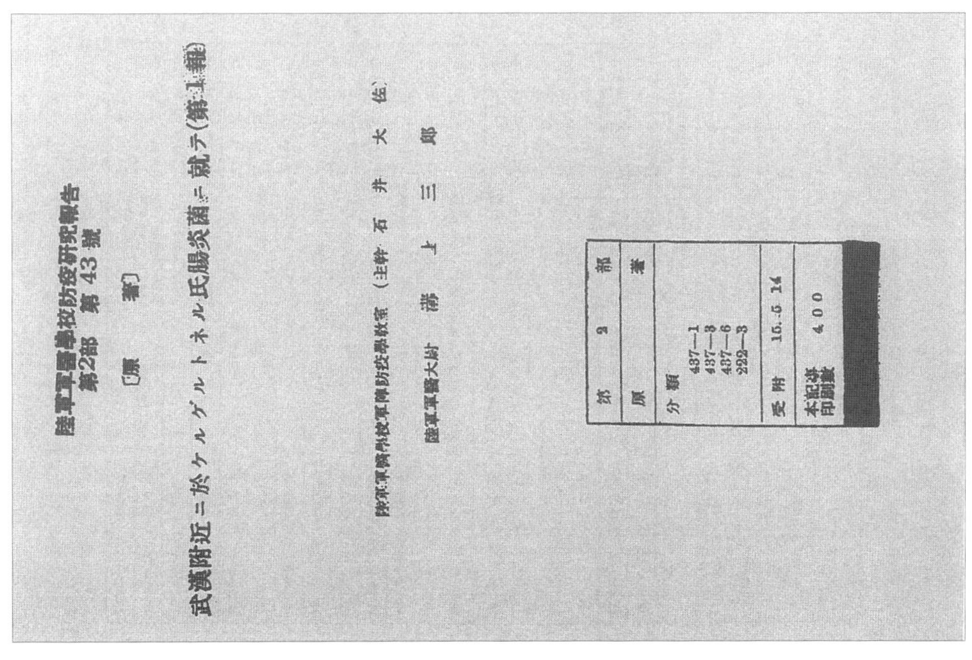

陸軍軍醫學校防疫研究報告
第2部　第43號
（原　著）

武漢附近ニ於ケルゲルトネル氏腸炎菌ニ就テ（第1報）

陸軍軍醫學校軍陣防疫學教室（主幹　石井大佐）
陸軍軍醫大尉　溝上三郎

第	2 部
原	著
分類	437—1 437—3 437—6 222—3
受附	16.6.14
本記號印刷數	400

目　次

第1章　緒　言

第2章　ゲルトネル氏菌ノ地理的分布

第3章　臨床事項

1　症　狀

2　「ヴイダール反應

3　尿及血液檢査事項

4　菌排泄ノ狀況

5　死亡率

6　菌型ト症狀トノ關係

第4章　感染經路ニ對スル調査並考察

第5章　分離菌ノ性狀

1　使用菌株

2　生物學的性狀

A　形態及變異ノ狀況

B　培養性狀

C　藥劑ニ對スル態度

D　動物試驗

E　抵抗力

F　「カタラーゼ試驗

G　「ツアージュ」

3　血淸學的性狀

A　凝集反應

B　因子血淸ニヨル抗元構造ノ推定

C　吸收試驗

D　菌型ニ對スル考察

4　第5章總括及附言

第6章　結　論

文　獻

第1章　緒　　言

余ハ今次支那事變ニ際シ、西村部隊部員トシテ昭和12年11月杭州灣ニ上陸以來中支ノ各地ヲ轉戰シタリ。偶々昭和13年11月頃ヨリ武昌ニ於テ荒木部隊ニ入院シ居タル腸チフス」或ハ「パラチフス様乃至ハ「マラリア様症狀ヲ呈シ時ニ腸炎症狀ヲ伴ヒアリシ患者ヨリゲルトネル氏菌(以下「ゲ菌ト略稱ス)ヲ檢出スルニ至リ、爾後各病院入院患者ヨリ同様菌ヲ檢出シ、先ニ同年10月湖北省咸寧ニ於テ腸チフス様患者ヨリ分離シタル「ゲ菌ト併セテ昭和14年3月末迄ニ合計40名ノ患者及保菌者ヨリ「ゲ菌ヲ分離セリ。其後西村部隊長殿ノ御厚意ニ依リ昭和14年4月以降8月末迄ニ武漢附近ニテ分離シタル「ゲ菌12株ヲ得タリ。尚陸軍軍醫學校防疫學教室ニ於テ軍醫大尉中黒秀外之氏ノ昭和13年武漢方面戰鬪ニ參加シタル內地還送患者4名ヨリ「ゲ菌ヲ分離シアリタルヲ同氏ヨリ分與セラレタリ。更ニ中支方面ニテ分離セシ3株ノ「ゲ菌ヲ中支某病院ヨリ陸軍軍醫學校防疫部ニ送付シ來リアリタルモノヲ島津教官殿ヨリ分與ヲ受ケタリ。

以上ノ諸例ニ就テ注目スベキハ「ゲ菌ヲ檢出シタル患者ノ多數ハ臨床上食中毒ノ型ヲトルコトナク全ク腸チフス様乃至ハ一種獨特ナル經過(高熱持續下痢頻回)ヲトリタルコトナリ。

「ゲ菌ハ A. Gärtner (1888) ガ肉中毒ニヨリテ死亡シタル患者ノ脾臟及屠殺セラレタル牛ノ脾臟中ヨリ檢出シタルモノニシテ、其後「ゲ菌ニヨル食中毒例ハ屢、報告セラレ枚擧ニ遑アラザルモ同菌ニヨル「チフス様疾患ノ發生ハ未ダ稀有ノ事實ニ屬ス。即文獻ニヨリ「ゲ菌ニヨル疾患ニシテ「チフス性乃至敗血症性ニ傾キタル場合ヲ調査スルニ Lubarsch (1891)(1) ハ「ゲ菌ノ感染ニヨリ敗血症ヲ起セル初生兒肺炎ノ1例ヲ報告シ、Graig. a white (1902) (2) ハ高熱持續シテ死亡シタル患者ノ脾臟ヨリ「ゲ菌ヲ檢出、Mc. Nee (1917)(3)ハ25歳ノ「チフス様患者ノ屍體解剖ニテ脾及肺ヨリ「ゲ菌ヲ檢出、Roscher a. wilson (1921)(4) ハ23歳ノ女子ニシテ「ゲ菌ニヨリ「チフス様熱型ヲ呈セル1例ヲ報告、Herzog u. Schiff (1922)(5) ハ125例ノ集團的流行中1例ニテ「チフス様症狀ヲ呈シタル患者ノ流血中ヨリ「ゲ菌及綠膿菌ヲ分離セリ。Stuart a, Krikoriau(1925)(6)ハ「チフス様症狀ヲ呈シ後腦膜炎症狀ヲ起セル11歳ノ男子ノ脊髓液ヨリ「ゲ菌ヲ證明セリ。Seligmann. u. Clauberg (1932)(7)ハ其統計的觀察ニテ「ゲ菌ノ分離セラレタル13例中1例ハ「チフス性ナリト記シ、Smith (1934)(8)ハ「ダブリン型ニヨル敗血症乃至腦膜炎ノ經過ヲトリタル2例ヲ報告セリ。

本邦ニ於テハ櫻井(昭和2年)(9)ハ頭痛高熱ヲ以テ發病シ「チフス様症狀ヲ呈シタル患者ヨリ1例ヲ報ジ、芳賀(昭和2年)(10)ハ腹痛下痢及衛高熱ヲ訴ヘタル患者ノ血液中ヨリ「ゲ菌ヲ檢出シ、早坂及大城(昭和6年)(11)ハ「マラリア療法中ニ發生セル「ゲ菌ニヨル腦脊髓膜炎2例ヲ報告、早坂(昭和7年)(12)ハ「マラリア療法中ニ發生セル「ゲ菌ニヨル腦膜炎並敗血症17例ニ就テ報告セリ。吉村及石井(昭和8年)(13)ハ陸軍病院ノ食中毒ニ際シ1例ニ於テ血液中ヨリ「ゲ菌ヲ證明セリ。正木及大黒(昭和10年)(14)ハ黃疸ヲ主徵トスル1例ハ「チフス様症狀ヲ呈シ他ノ1例ハ急性胃腸炎型ト「チフス様症狀トノ中間ニ位シ重篤ナル經過ヲトリタル「ゲ菌[illegible]2例ヲ報告、宮尾(昭和11年)(15)ハ黃疸ヲ主徵トスル有熱患者ノ流血及膽汁糞便中ヨリ「ゲ菌

92—3

第2章　ゲ菌ノ地理的分布

中支方面ニ於ケル「ゲ菌ノ分布ニ就キテハ余ノ1ケ年半ニ亙ル經驗ニ依レバ武漢攻略戰ニ參加スル迄ハ1例ノ「ゲ菌ヲモ檢出セザリキ。且軍醫學校ニテ中黑氏ノ分離シタル「ゲ菌ハスベテ武漢方面ニテ發病シタル患者ニ由來セリ。此等ノ點ヨリシテ「ゲ菌ノ分布ハ武漢附近濃厚ナルモノト考ソルヲ得ベシ。武漢附近ニ於ケル「ゲ菌ノ分布ニ就キテハ患者ノ發病地ヲ調査シ觀察スルニ附圖ノ如ク各地ニ亙リ發病例ハ武昌最モ多シ。

尚 Li a Ni ハ北京ニ於テ「ゲ菌ニヨル「チフス樣症狀ヲ呈セル1例ヲ報告シタルコト前述ノ如シ。又 P. Y. Liu (56)ハ北京ニテ人及動物ヨリ分離シタル「ゲ菌23株ニ就キ報告シアリ。

第3章　臨床事項

戰時倥偬ノ間ニシテ充分ナル檢査並ニ調査ヲナスヲ得ザリシヲ遺憾トスルモ各病院主任醫官ノ好意ニヨリ調査シ得タル40例ニ就キ記述スルニ次ノ如シ。

1　症　　狀

一般ニ輕症、中等症、重症ニ分ツヲ得ベシ。頭痛發熱ヲ以テ發病シ爾後發熱稽留シ水樣下痢ヲ伴フモノ又熱ヲ缺クモノアリ。又下痢ヲ以テ發病シ數日乃至10數日後或ハ發病ト同時ニ發熱シ來ルモノアリ。氣管支炎症狀ヲ呈スルコト多ク弛張熱後渙期ニ亙リテ下痢便ヲ頻回排出スルモノアリ。多クハ脾腫ノ出現ヲ見ル。一般ニ腦症狀强ク、時ニ發疹又ハ輕度ノ黄疸ヲ伴ソコトアリタリ。斯クテ數週乃至數ケ月ノ經過ヲトリテ治癒ス。重篤ナルモノハ發病後數週ニテ死ノ轉歸ヲトル。「ゲ菌ハ初期ニ於テハ血液中ヨリ爾後尿、屎及膽汁ヨリ檢出スルコトヲ得。

A　初發症狀

初發症狀ニ於テハ腸チフス「ノ如ク惡寒發熱ヲ主訴トシテ發病シ腹痛下痢ヲ伴ハザルモノト、腹痛下痢ヲ主訴トシテ發病シ數日乃至10數日後或ハ發病ト同時ニ發熱ヲ伴フ腸炎型ノモノ及下痢頻回ニシテ體温下降シ嘔吐ヲ伴ハザル「コレラ樣症狀ヲ呈シ數日後發熱シ來ルモノノ3型ニ區別スルヲ得。

ゲルトネル氏腸炎患者40例ヲ右ノ各型ニ分ツニ次ノ如クニテ「チフス型最モ多シ。

「チフス型	28例
腸炎型	21例
「コレラ型(嘔吐ナシ)	1例

尚「コレラ型ハ右ノ如ク1例ナリシガ、本例ニ於テハ昭和13年11月16日朝嘔吐ナキモ水樣下痢頻回ヲ以テ發病シ意識ハ明瞭ナルモ臨床所見ハ全ク眞性ニ傾ケル中等症「コレラ」ニ酷似シアリテ同月17日某病院ニ入院19日病名ヲ「コレラ」ト臨床決定セラレタルモノニシテ「コレラ檢索ヲ實施スルモ「コレラ弧菌ヲ檢出スルヲ得ズシテ「ゲ菌ヲ檢出シタルモノナリ。體温ハ始メ下降シ入院時35.7°C脈搏90至ヲ算セシガ18日體温ヤヤ上昇37.9°C脈搏88至トナリ、翌20日以後平温平脈トナリ排便モ1日1乃至2行軟便乃至普通便ヲ排出スルニ至レリ。

92—4

ヲ分離、飯野(昭和12年)(16)ハ急性骨髓性白血病ヲ合併セル患者ヨリ「ゲ菌ヲ分離、良田(昭和12年)(17)ハ淋巴肉芽腫患者ノ流血及化膿竈ヨリ「ゲ菌ヲ分離、刈谷(昭和13年)(18)ハ脚氣様患中敗血症狀ヲ呈セル患者ノ血液ヨリ「ゲ菌ヲ分離セリ。

更ニ落合、相澤、中川(昭和14年)(19)ハ名古屋地方ニテ出血性黄疸ヲ主徴トシ「チフス樣症狀ヲトリシ「ゲ菌ノ感染例ヲ報告、石垣(昭和14年)(57)ハ黄疸ヲ伴ヒタル腸チフス樣患者ヨリ「ゲ菌ヲ分離シタル例ヲ報告セリ。

支那ニ於テハ Li a Ni (1928)(20) ニヨリ「チフス性敗血症ノ1例報告セラル、即22歳ノ支那兵士ハ北京ニ於テ發熱及頭痛ヲ以テ發病シ高熱持續シ3日目ニ血便アリ其後血液及尿、屎、唾液ニ「ゲ菌證明セラレ3週間ノ經過ヲトリテ治癒セリ。

以上ノ如ク外國及本邦ニ於テハ「チフス樣疾患乃至敗血症樣患者ヨリ「ゲ菌ヲ分離シタル例ハ散發的ニ見ラルルノミナリ。

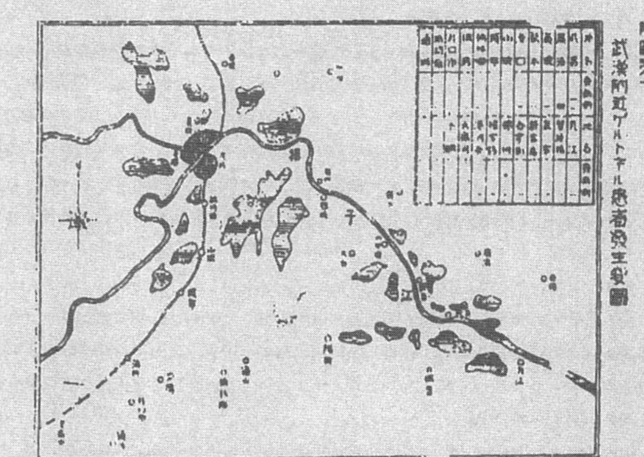

「ゲ菌ニヨリテハ食中毒症狀「チフス樣敗血症樣經過ヲトルホカ腸膜炎症狀肺炎症狀又膀胱炎症狀ヲ呈スル場合アリ。更ニ「ゲ菌ニヨリ疫痢樣乃至ハ赤痢症狀ヲ呈スル場合ハ最近注目セラレタルトコロニシテ小島(昭和12年)(21)ハ208例ノ疫痢患者ノ檢便ニヨリ8例ノ「ゲ菌ヲ檢出シ、湊川(昭和12年)(22)ハ「ゲ菌ニヨル5例ノ食中毒例ニテ2例ハ疫痢樣3例ハ赤痢樣症狀ヲ呈セリト述べ、金野(昭和12年)(23)ハ赤痢ナラビニ疫痢ト診斷セラレタル患者ヨリソレゾレ「ゲ菌ヲ分離セリ。

余ハ武漢附近ニテ分離セシ「ゲ菌並ニ患者及軍醫學校ニテ中黑氏ノ分離セル「ゲ菌並ニ患者及其後得タル菌株ニ就キ研究調査ノ機會ヲ得タルニヨリ茲ニ之ヲ報告シテ江湖ノ叱責ヲ仰ントス。

脾腫ナク、入院時肝腫アリシモ18日以後ハ之ヲ證明セズ、胸部特記スベキ所見ナカリキ。浮腫下腿ニ於テ軽度ニ存シタルモ發疹ハ之ヲ認メザリキ。

B 熱　型

發熱ハ必發ノ症狀ニシテ「チフス」型ニ於テハ發病初期ヨリ惡寒及高熱ヲ伴ヒ來ル。腸炎型ニ於テハ發病初期ヨリ惡寒及高熱ヲ伴ヒ來ルモノト始メハ無熱ニシテ下痢頻回ヲ以テ始マリ數日乃至10數日後發熱シ來ルモノトアリ。時ニ發熱ニ際シ戰慄ヲ伴フコトアリ。「コレラ」型ニ於テハ始メハ無熱ニシテムシロ下降シ數日後發熱シ直チニ解熱シタリ。

熱型ハ甚ダ區々ニシテ40°C以上ニ及ブモノ、38～39°Cノ熱稽留スルモノ、又「マラリア發作ノ如ク弛張スルモノアリ。又高熱(38°C以上)ト中等度熱及平熱ト不規則ニ相次デ來ルモノアリ。又一度平熱ニ復シ數日乃至數週ノ後再發熱シ來ルモノアリ。概シテ弛張スルコト多シ。

ゲルトネル氏腸炎患者中ニハ「マラリア」ヲ兼發シアリシモノ多ク以上ヲ以テ定型的ゲルトネル氏腸炎患者ノ熱型トハ言ヒ難キモ、武漢方面ニテハ「マラリア多發シアリシヲ以テ高熱時ニハ必ズ鹽規ノ投與セラレタルニモ拘ラズ發熱依然タルヲ以テ怪マレ血液檢査ノ結果ゲルトネル氏腸炎ト判明セシ場合多カリシ事實、並ニ Nocht. u. Myer (24) ニ依ルモ「マラリア及急性傳染病ハ相殺作用ヲ呈シ、急性傳染病ノ熱經過中ニ於テハ「マラリア發作ハ出現セザルヲ通則トシ傳染病ノ前驅期又ハ潜伏期更ニ解熱後ニ出現スルヲ普通トスト記述セラレアル點等ヨリシテ、ゲルトネル氏腸炎患者ノ熱型ノ概略ヲ想像スルヲ得ン。

C 熱ト脈搏トノ關係

脈搏ハ一般ニ熱ト平行スルモ甚ダ高熱ノ場合脈搏之ニ伴ハズシテ熱ニ比シ脈搏少キガ如シ。「ゲ菌ニヨリ「チフス様ニ傾キタル症例ノ文獻ヲ見ルニ早坂(12)飯野(16)ハ高熱ニ比シ遲脈ナリシト述べ、Roscher a. Wilson (4) 亦熱ニ比シ脈搏ノ少キニ注目セリ。

D 排便ノ狀況

腸炎型ニ於テハ初發時ヨリ既ニ下痢１日數回乃至10數回ニ及ブ、水様下痢便ニシテ時ニ粘液ヲ混ズ、輕度ノ腹痛ヲ訴フルモノノ如シ。「チフス型ニ於テハ初發時ハ寧ロ秘結スルカ又ハ普通便ナリ。其後病勢ノ經過ト共ニ數回乃至10數回ノ下痢ヲ發シ來ルモノアリ。又ハ軟便程度ノ普通便ヲ普通ノ如ク排出スルモノアリ。「コレラ型ニ於テハ「コレラ」ノ如ク水様下痢頻回ニシテ「コレラ顔貌ヲ呈スルニ至ル。數例ニ於テ粘血便ヲ排出シタルモノアリ。且裏急後重ヲ伴ヒタルモノアリタルモ充分ナル檢索ヲナス遑ナク死亡シタル爲赤痢併發シアリタルヤ否ヤ不明ナルヲ以テゲルトネル氏腸炎ニシテ粘血便ヲ排出スルヤ否ヤハ今後ノ觀察ニ俟ツベキモノナリ。

尚文獻ニ依レバ「ゲ菌ニヨリ「チフス様乃至敗血症症狀ニテ下痢セル場合多クハ黄色水様下痢便ヲ排出シタルコトヲ記シアルモ Li a. Ni (20) 及 Roscher a. Wilson (4) ハ血便アリタルヲ報告セリ。

E 嘔　吐

初發時嘔吐アリタルモノハ唯１例ナリ。其他１例ニ於テ發病後數日ニシテ嘔吐時々アリタリ。該患者ヨリハ熱帶熱マラリア原虫ヲ檢出セリ。嘔吐ハ「ゲ菌ニ依ルモノナルヤ否ヤ不明ニシテ恐ラクハ「マラリア」ニ依ルモノナラント想像セラル。「コレラ型ニ於テモ亦嘔吐ヲ認メザリキ。

文獻ニ依ルニ「チフス様經過ヲトリタル場合多クハ嘔吐ナキヲ常トスルモ早坂(12)ハ17例中４例惡心嘔吐アリタリト言ヒ、正木及大黒（14）ハ２例中１例ニテ惡心嘔吐ヲ、石垣(57)芳賀(10)亦嘔吐アリタルヲ報ズ、又瀬谷(18)ハ惡心アリシト言ヒ Mc. Nee (3) 亦嘔吐アリタリト記セリ。

F 「マラリア」

武漢附近ハ「マラリア」ノ流行甚シク部隊ノ「マラリア患者從ツテ亦甚多數ナリキ。「ゲ患者ニテモ「マラリア」ヲ兼發セシモノ多ク初發當時「マラリア」ト診斷サレアリシモノモ多數ニ上レリ。

「ゲ患者40例ニ於テ「マラリア原虫檢査ノ結果ハ次ノ如シ。

「マラリア原虫陽性者	13例
「マラリア」ト推定セラルル者	1例
「マラリア原虫陰性ナリシ者	22例
不明ナルモノ	4例

尚「マラリア熱發作ハ發病當初ニアリタリト思ハルルモノ又ハ「ゲ菌ニ依ル熱發ノ解熱後發作ノ起シタルモノ等アリ。

早坂、大城ノ２例及早坂ノ17例ハ何レモ麻薬性疾患患者ノ「マラリア療法ニ際シテ發病シタルモノニシテ彼我對比シテ甚ダ興味深キヲ覺ユ。

G 腦 症 狀

一般ニ腦症狀強ク意識障碍、意識溷濁ヲ呈スルモノ、時ニ幻覺ヲ呈シ不安狀トナリ譫語ヲ發スルモノアリ。又頭痛ヲ訴フル者、或ハロムベルグ氏徴候陽性ナリシモノアリ。重症例ニ於テハ腦症狀特ニ強シ。「ゲ患者40例(内６例調査不能) 中腦症狀顯著ナリシモノ９例ナリ。

文獻ニ依レバ「ゲ菌ニヨリ腦膜炎ヲ起ス場合ハ屢々報告セラレアリ。Symmers a. Wilson (25) Smith a Aberl (26) Stuart a Krikorian (6) Peach (27) 早坂、大城(11) 及早坂 (12) ノ記載ニ之ヲ見ル。

H 胸部所見

概シテ著變ナキヲ常トスルモノノ如キモ氣管支炎症狀ヲ呈スルモノ亦尠シトセズ。咳嗽アリテ吹笛樣、羅音等ヲ呈スルコトアリ。「ゲ患者40例（内４例調査不能）中氣管支炎症狀ヲ呈シタルモノ16例ニシテ其内１例ハ急性肺炎ヲ惹起セリ。

週或ハソレ以上ニ及ブモノアリ。平温ニ復シテヨリ菌排泄ノ停止スル迄ナラビニ全ク治癒スル迄ニハ尚相當ノ日數ヲ要スルコト腸チフス「ニ於ケルト異ナラズ。

體溫ヨリ見タル經過ノ概況第2表ノ如シ。而菌排泄ノ狀況ニ就テハ後述ス。

2 ヴイダール反應

A 腸チフス「、パラチフス(A. B. C.)及「ゲ菌」ノ各菌液ヲ以テスル ヴイダール反應

第3表ノ如ク一ンゲ症病ノ經過ト共ニ漸次「ゲ菌」ニ對スル凝集價ノ増加スルヲ見ル。即發病初期ニ於テハ腸チフス菌ニ等シキモノ、或ハ寧ロ腸チフス菌ノ方ニ多ク凝集スルコトアルモ其後ニ至リテ漸次「ゲ菌」ニ對シ凝集價ヲ増加シ來レリ。即本菌ノ病原的關係明瞭ナリ，但1例ニ於テ腸チフス菌1,600倍、ゲ菌800倍ヲ示シタルモノアリタリ，混合感染ニ依ルモノナランカ。詳細ナル檢索ヲナサザリシニヨリ不詳ナリ。

第1表

死亡例ニ於ケル經過

番號	1	2	3	4
姓	江木	井上	秋山	堤
發病月日	11/XI	23/XI	15/XI	27/X
死亡月日	11/XII	19/XII	18/XII	6/XII
發病日ヨリノ日數	30	26	33	41

第2表 體溫ヨリ見タル經過ノ概略

番號	1	2	3	4	5	6	7	8	9	10	11	12	13
姓	籾葉	萩	水野	北川	齊藤	小木田	松原	渡邊	植木	紅野	山川	石井	樋爪
發病月日	18/XI	13/XI	14/XI	17/I	25/XII	3/XI	11/XI	7/XI	13/I	10/X	2/I	23/I	3/I
高熱體溫ノ下降月日	5/I	13/I	4/I	28/II	25/II	12/XII	18/XII	22/XII	7/II	6/I	30/I	13/II	5/II
發病日ヨリノ日數	48	61	21	42	62	30	37	45	25	55	28	21	33
概シテ平溫ニ復シタル日數	1/II	12/II	21/I	28/II	25/II	12/XII	15/I	22/XII	7/II	4/I	30/I		5/II
發病日ヨリノ日數	74	91	38	12	62	39	65	45	25	55	28		33
治癒退院月日	28/III	8/VII	23/III	3/IV	7/IV	1/V	13/IV	18/IV	12/IV	不詳	4/II	不詳	不詳
發病日ヨリノ日數	129	237	99	76	103	179	153	157	89		33		

本「ヴイダール反應ニテ注意スベキハ第3表ニ見ル如ク「ゲ菌ニ對シ高度ニ凝集シタル場合腸チフス菌ニ對スル凝集價ハ比較的低度ニシテ「ゲ菌1,600倍時ニ於テ腸チフス菌50倍乃至ソレ以下「ゲ菌3,200倍時ニテ腸チフス菌100倍乃至400倍ナリシコトナリ。之從來ノ報告（49）トヤヤ異ナルガ如シ。

文獻ニ依レバ Mo. Neo ハ氣管支症狀ヲ、早坂ハ17例(28)中1例肺炎1例氣管支炎ヲ、刈谷ハ右胸膜炎症狀ヲ Engel (28) ハ肺炎ヲ起シタル例ヲ報告セリ。

I 腹部所見

（イ）壓　　痛

壓痛ハ全クナキモノト之ヲ訴フルモノトアリ。壓痛ノ場所ハ下腹部左季肋部脾臟部ニ多シ。時ニ廻盲部ニ存スルコトアリ。

（ロ）脾　　腫

脾腫ハ病症ノ經過中多クハ發現ス，「マラリア」ノ續發例多カリシヲ以テ「マラリア」ニヨル脾腫モ亦考ヘラルベキモ「マラリア」全ク陰性ナリト判斷セラルルモノニ於テモ脾腫ハ出現シアリ，「ゲ患者40例（内6例調査不能）中脾腫陽性者19例(内「マラリア原虫陽性者4例ヲ含ム）ヲ算シタリ。

（ハ）肝　　腫

肝腫亦時ニ發現ス。「ゲ患者40例(内7例調査不能)中肝腫陽性者8例ナリキ。

文獻ニ依レバ正木、大黒ハ脾腫及肝腫アリタルヲ報ジ、飯野ハ脾腫アリシヲ報ズ。

J 全身症狀

（イ）發　　疹

發疹ハ殆ド之ヲ認メズ，「ゲ患者40例（内5例調査不能）中1例ニ於テハ胸腹部ニ「ロゼオラ様ノモノ多數生ジタルト他ノ1例ニテハ胸腹部背面ニ粟粒大ノ紅色ニシテ多少皮膚ヨリ隆起スル疹ヲ認メタルノミナリキ。即チ2例ニ發疹ヲ認メタリ。

諸家ノ報告ヲ見ルニ多クハ發疹乃至出血ヲ認メザリシヲ報ジアリ。唯 Li n. Ni ハ發病3日ニシテ腕ニ紅斑ヲ生シ漸次全身ニ擴リタルヲ報ズルノミナリ。

（ロ）浮　　腫

患者一般ニ榮養失調ニ陷リアリシ爲カ浮腫ヲ呈スルモノ多ク特ニ下肢或ハ下腿ニ多ク時ニ全身ニ浮腫ヲ生ジタルモノアリ。「ゲ患者40例(内10例調査不能)中14例ニ浮腫ヲ認メタリ。

（ハ）黃　　疸

2例ニ於テ輕度ノ黃疸症狀ヲ伴フモノアリタリ。粘膜、皮膚黃染シ、時ニ全身搔痒ノ感ヲ訴ヘタリ。

文獻ニヨルニ正木、大黒、芳賀、宮尾、落合及石川等ハ強度ノ黃疸ヲ伴ヘル例ヲ報告セリ。

K 經　　過

死亡例ニ於テハ第1表ノ如ク概ネ4～6週ノ經過ヲトレリ。

治癒例ニテハ輕症、中等症、重症ニヨリテ各「趣ヲ異ニスレドモ概シテ經過ハ長ク高熱持續ノ期間ハ3週乃至9週ニ至ル。爾後概シテ平溫ニ復スル迄ノ期間ハ發病後4週乃至10

92—10

第3表 ゲルトネル氏腸炎患者、「ワイダール反應

番號	姓名	發病月日	第1回	第2回	第3回	第4回
1	山本	10/Ⅹ	20/Ⅹ T 50 A (—) B (—) G 50			
2	藤本		22/Ⅹ T 100 A (—) B (—) G 400			
3	[illegible]田	?/Ⅻ	1?/Ⅻ T 400 A 50 B 50 G 50			
4	吉田	19/Ⅹ	22/Ⅻ T 800 A 50 B (—) G 400			
5	井村	19/Ⅹ	24/Ⅻ T 100 A (—) B (—) G 100	4/Ⅻ T 160 A (—) B (—) G [illegible]	9/Ⅱ T 50 A (—) B (—) G 800	
6	[illegible]堅	27/Ⅹ	4/Ⅻ T 230 A (—) B (—) G 4?0			
7	黒木	16/Ⅻ				
8	松原	11/Ⅻ	4/Ⅻ T (—) A (—) B (—) G (—)	18/Ⅻ T (—) A (—) B (—) G 200	15/Ⅰ T (—) A (—) B (—) G 800	9/Ⅱ T (—) A (—) B (—) G 1,600
9	[illegible]	13/Ⅻ	30/Ⅻ T 100 A (—) B (—) G 800	4/Ⅻ T 400 A (—) B (—) G 3,200		
10	井上	29/Ⅻ	5/Ⅻ T (—) A (—) B (—) G (—)			
11	小平田	3/Ⅻ	5/Ⅻ T (—) A (—) B (—) G 1,600	9/Ⅱ T 50 A (—) B (—) G 1,600		
12	富田	26/Ⅹ				
13	江本	11/Ⅻ	30/Ⅻ T (—) A (—) B (—) G (—)	4/Ⅻ T 50 A (—) B (—) G 5?		
14	若林	17/Ⅹ	7/Ⅻ T 50 A (—) B 50 G (—)	9/Ⅱ T (—) A 50 B 50 G 800		
15	伊藤	7/Ⅻ	9/Ⅻ T 400 A (—) B (—) G 3,200	9/Ⅱ T (—) A (—) B (—) G 1,600		
16	水野	15/Ⅻ	14/Ⅻ T (—) A (—) B 200 G 50	9/Ⅱ T 50 A (—) B 50 G 1,600		
17	楠	18/Ⅻ				
18	板丸	11/Ⅻ	13/Ⅻ T 200 A (—) B (—) G 50			
19	山崎	11/Ⅹ	17/Ⅻ T 100 A (—) B (—) G (—)	13/Ⅰ T 100 A (—) B (—) G 200		
20	秋山	23/Ⅹ				
21	稻葉	18/Ⅻ	27/Ⅻ T 50 A (—) B (—) G 100	15/Ⅰ T (—) A (—) B (—) G 400	9/Ⅱ T (—) A (—) B (—) G 1,600	
22	渡邊	7/Ⅻ	11/Ⅻ T (—) A (—) B (—) G 800	9/Ⅱ T (—) A (—) B (—) G 800		
23	岡本		29/Ⅻ T (—) A (—) B (—) G (—)			
24	八島	9/Ⅻ	27/Ⅻ T 50 A (—) B (—) G 1,600	5/Ⅰ T 50 A (—) B (—) G 1,600	21/Ⅱ T (—) A (—) B (—) C (—) G 3,200	
25	榮村	9/Ⅻ	27/Ⅻ T 200 A 50 B (—) G 1,600			
26	神宮司	9/Ⅹ	3/Ⅻ T 1,600 A (—) B 100 G 800			
27	高橋	7/Ⅰ				
28	木村	11/Ⅻ				
29	星野	10/Ⅻ	9/Ⅱ T 400 A (—) B 200 C (—) G 800			
30	山川	2/Ⅰ	22/Ⅰ T (—) A 200 B (—) G 50	21/Ⅱ T 100 A 100 B 50 C (—) G 400		
31	齊藤	25/Ⅻ	26/Ⅰ T (—) A (—) B (—) G (—)	27/Ⅱ T (—) A (—) B 50 C 100 G 200		

92—11

99—12

番號	姓	發病月日	第1回		第2回		第3回		第4回	
32	石井	20/Ⅰ	21/Ⅱ	T 200 A (−) B (−) C (−) G 400	2/Ⅲ	T 200 A (−) B 50 C (−) G 400				
33	楨木	7/Ⅰ	3/Ⅱ	T 50 A (−) B 50 G (−)	10/Ⅱ	T 200 A (−) B (−) G 300				
34	大西		27/Ⅰ	T 100 A 50 B (−) G 50						
35	尾上	20/Ⅰ	20/Ⅰ	T (−) A (−) B (−) C (−) G (−)	15/Ⅱ	T (−) A (−) B (−) G 50				
36	坂田	3/Ⅰ	8/Ⅱ	T 50 A (−) B (−) G 50						
37	橋爪	8/Ⅰ	22/Ⅰ	T (−) A (−) B (−) G (−)	6/Ⅱ	T 200 A (−) B (−) G (−)	21/Ⅱ	T 200 A (−) B (−) C (−) G 200		
38	北川	17/Ⅰ	17/Ⅱ	T 30 A 200 B (−) C (−) G (−)						
39	吉澤	15/Ⅻ	8/Ⅲ	T (−) A (−) B (−) C (−) G 1,600						
40	張	21/Ⅲ								
41	木村	昭13 1/Ⅷ	13/Ⅴ	T (−) A (−) B (−) C (−) G 200	20/Ⅴ	T (−) A (−) B (−) C (−) G 200	26/Ⅷ	T (−) A (−) B (−) C (−) G (−)		
42	羽鳥	15/Ⅹ								
43	高木	28/Ⅸ	13/Ⅴ	T (−) A (−) B (−) C (−) G 1,600	20/Ⅴ	T (−) A (−) B (−) C (−) G 1,600				
44	織田	15/Ⅸ								

備　考　成績判定ハ2時間血温ニ保チ共後翌朝マデ室温ニ放置シタル後判定セリ。

99—13

但ヴィダール反應ニ使用セシ「ゲ菌菌液ハ各型「ゲ菌及分離菌數株ノ普通寒天18～24時間培養ノ生理食鹽水菌浮游液ノ混合ニ0.5%ノ割ニ「フオルマリン」ヲ加ヘタルモノヲ用ヒタリ。其他ノ菌液モ陸軍軍醫學校保存標準菌株及現地分離菌數株ヲ混合シタル同様ノ浮游液ヲ使用シタリ。

B　「ゲ菌各型菌及分離自己菌ニヨル「ヴィダール反應

其ノ狀況第4表ノ如シ。

第4表　ヴィダール反應

番號	患者姓	檢查月日	菌液ノ種類	分離菌	Ent.	Dublin	Rostock	Moskau	Blegdam
1	伊藤	9/Ⅻ	生菌 加熱菌	400 100	3,200 100	1,600 100	3,200 100	6,400 100	200 200
2	[illegible]	4/Ⅻ	生菌 加熱菌	3,200 100	6,400 200	3,200 100	1,600 200	6,400 100	100 200
3	小木田	9/Ⅻ	生菌 加熱菌	1,600 200	1,600 400	1,600 400	800 400	1,600 400	200 800
4	八島	27/Ⅻ	生菌 加熱菌	400 100	800 100	800 100	800 100	800 100	(−) 100
5	柴桓	27/Ⅻ	生菌 加熱菌	200 (−)	400 (−)	100 (−)	400 (−)	400 (−)	(−) (−)
6	伊藤	9/Ⅱ	生菌 加熱菌		1,600 400	1,600 400	800 400	1,600 400	1,600 400
7	小木田	9/Ⅱ	生菌 加熱菌	800 200	800 400	400 200	400 200	800 200	800 200
8	松原	9/Ⅱ	生菌 加熱菌	800 100	800 200	400 100	400 100	800 100	800 200
9	若林	9/Ⅱ	生菌 加熱菌	800 100	400 100	400 100	400 100	800 100	800 200
10	稻葉	9/Ⅱ	生菌 加熱菌	800 200	800 200	400 100	400 100	800 100	800 200
11	小野	9/Ⅱ	生菌 加熱菌	1,600 100	1,600 200	800 200	800 100	1,600 100	1,600 100
12	渡邊	9/Ⅱ	生菌 加熱菌	400 100	400 200	400 100	400 200	800 200	800 200
13	吉澤	8/Ⅱ	生菌 加熱菌	800 100	800 200	400 100	400 100	800 100	800 200
14	高木	18/Ⅴ	生菌 加熱菌	800 100	1,600 100	1,600 100	1,600 100	1,600 100	1,600 100

備　考　生菌及加熱菌トモ血温2時間後室温ニ放置シ翌日判定セシモノナリ。

即之ニヨリテ分離菌ノ菌型ニ對スル暗示ハ得難キモ、各型「ゲ菌ニ對スル凝集價ノ相當高キヲ知ルヲ得ベシ。

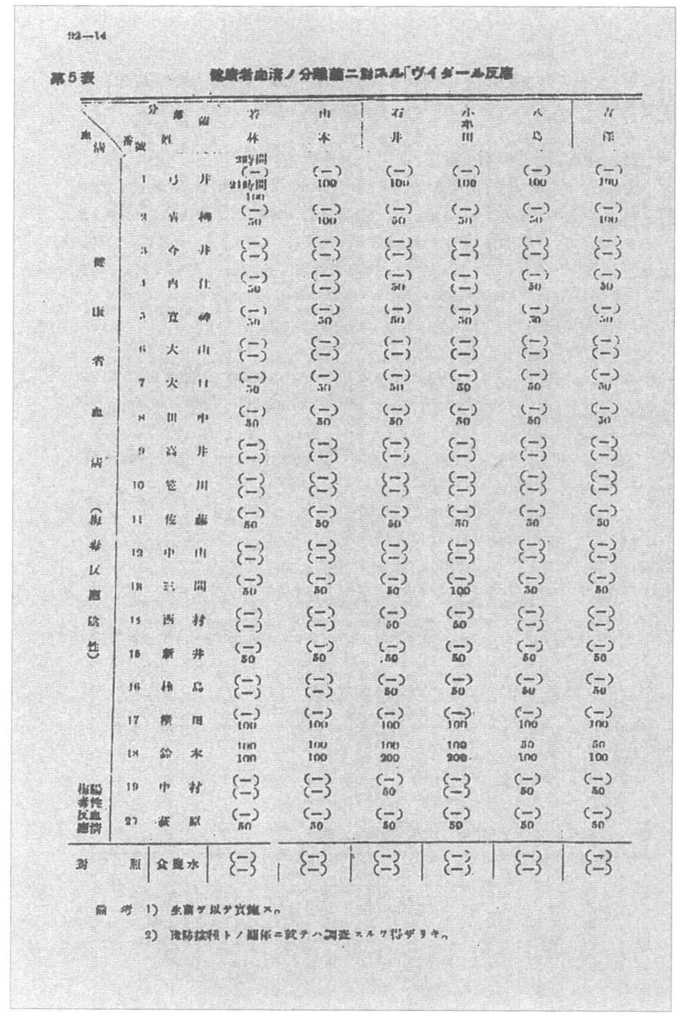

92—14

第5表　健康者血清ノ分離菌ニ對スル「ヴイダール反應

血清	番號	姓	若林	山本	石井	小本田	八島	吉澤
健康者血清（梅毒反應陰性）	1	弓井	2時間(−) 24時間 100	(−) 100	(−) 100	(−) 100	(−) 100	(−) 100
	2	青柳	(−) 50	(−) 100	(−) 50	(−) 50	(−) 50	(−) 100
	3	今井	(−) (−)	(−) (−)	(−) (−)	(−) (−)	(−) (−)	(−) (−)
	4	内仕	(−) 50	(−) (−)	(−) 50	(−) (−)	(−) 50	(−) 50
	5	宜崎	(−) 50	(−) 50	(−) 50	(−) 50	(−) 50	(−) 50
	6	大山	(−) (−)	(−) (−)	(−) (−)	(−) (−)	(−) (−)	(−) (−)
	7	火口	(−) 50	(−) 50	(−) 50	(−) 50	(−) 50	(−) 50
	8	田中	(−) 50	(−) 50	(−) 50	(−) 50	(−) 50	(−) 50
	9	高井	(−) (−)	(−) (−)	(−) (−)	(−) (−)	(−) (−)	(−) (−)
	10	笹川	(−) (−)	(−) (−)	(−) (−)	(−) (−)	(−) (−)	(−) (−)
	11	佐藤	(−) 50	(−) 50	(−) 50	(−) 50	(−) 50	(−) 50
	12	中山	(−) (−)	(−) (−)	(−) (−)	(−) (−)	(−) (−)	(−) (−)
	13	三間	(−) 50	(−) 50	(−) 50	(−) 100	(−) 50	(−) 50
	15	西村	(−) (−)	(−) (−)	(−) 50	(−) 50	(−) (−)	(−) (−)
	15	新井	(−) 50	(−) 50	(−) 50	(−) 50	(−) 50	(−) 50
	16	椿島	(−) (−)	(−) (−)	(−) 50	(−) 50	(−) 50	(−) 50
	17	横田	(−) 100	(−) 100	(−) 100	(−) 100	(−) 100	(−) 100
	18	鈴木	100 100	100 100	100 200	100 200	50 100	50 100
梅毒反應陽性血清	19	中村	(−) (−)	(−) (−)	(−) 50	(−) (−)	(−) 50	(−) 50
	20	萩原	(−) 50	(−) 50	(−) 50	(−) 50	(−) 50	(−) 50
對照		食鹽水	(−) (−)	(−) (−)	(−) (−)	(−) (−)	(−) (−)	(−) (−)

備考 1) 生菌ヲ以テ實施ス。

2) 豫防接種トノ關係ニ就テハ調査スルヲ得ザリキ。

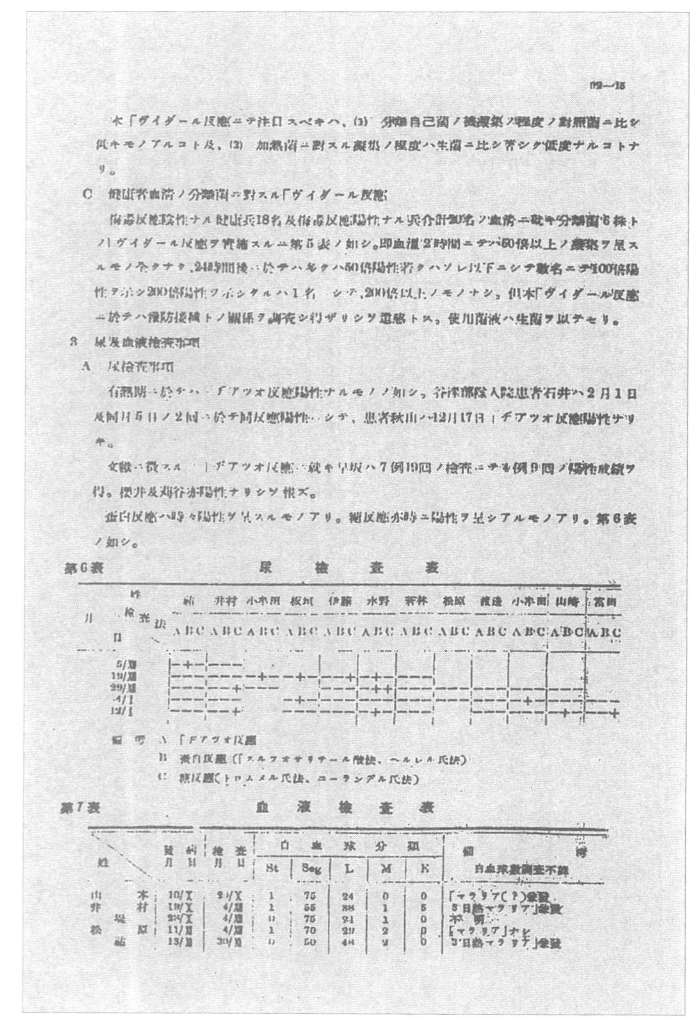

92—15

本「ヴイダール反應ニテ注目スベキハ、(1) 分離自己菌ノ被凝集ノ程度ノ對照菌ニ比シ低キモノアルコト及、(2) 加熱菌ニ對スル凝集ノ程度ハ生菌ニ比シ著シク低度ナルコトナリ。

C　健康者血清ノ分離菌ニ對スル「ヴイダール反應

梅毒反應陰性ナル健康兵18名及梅毒反應陽性ナル兵合計20名ノ血清ニ就キ分離菌6株トノ「ヴイダール反應ヲ實施スルニ第5表ノ如シ。即血清2時間ニテハ50倍以上ノ凝集ヲ呈スルモノ少クナク、24時間後ニ於テハ多クハ50倍陽性若クハソレ以下ニシテ數名ニテ100倍陽性ヲ示シ200倍陽性ヲ示シタルハ1名ニシテ、200倍以上ノモノナシ。但本「ヴイダール反應ニ於テハ豫防接種トノ關係ヲ調査シ得ザリシヲ遺憾トス。使用菌液ハ生菌ヲ以テセリ。

3　尿及血液檢査事項

A　尿檢査事項

有熱期ニ於テハ「チアツオ反應陽性ナルモノノ如シ。谷澤部隊入院患者石井ハ2月1日及同月5日ノ2回ニ於テ同反應陽性ニシテ、患者秋山ハ12月17日「チアツオ反應陽性ナリキ。

文獻ニ徵スルニ「チアツオ反應ニ就キ早坂ハ7例19回ノ檢査ニテ4例9回ノ陽性成績ヲ得。櫻井及栁谷亦陽性ナリシヲ報ズ。

蛋白反應ハ時々陽性ヲ呈スルモノアリ。糖反應亦時ニ陽性ヲ呈シアルモノアリ。第6表ノ如シ。

第6表　尿檢査表

月日	結	井村	小本田	板垣	伊藤	水野	若林	松原	渡邊	小本田	山崎	富田
檢査法	ABC	ABC	ABC	ABC	ABC	ABC	ABC	ABC	ABC	ABC	ABC	ABC
5/Ⅻ	−+−	−−−										
19/Ⅻ	−−−	−−−	−+−	−+−	−−+	−+−	−−−					
29/Ⅻ	−−−	−−+	−−−		−−−	−++	−−−	−−−	−−−	−−−	−−−	
4/Ⅰ	−−−	−−−		−+−	−−−	−−−	−−−	−−−	−−−	−+−	−−−	−−−
12/Ⅰ	−−−	−−+		−−−	−−−	−+−	−−−		−−−	−−−	−+−	−−+

備考 A「チアツオ反應

B 蛋白反應（「スルフオサリチール酸法、ヘルレル氏法）

C 糖反應（トロムメル氏法、ニーランデル氏法）

第7表　血液檢査表

姓	發病月日	檢査月日	St	Seg	L	M	E	備考 白血球數調査不詳
山本	10/Ⅹ	24/Ⅹ	1	75	24	0	0	「マラリア(?)」發熱
井村	19/Ⅹ	4/Ⅻ	1	55	38	1	5	「3日熱マラリア」發熱
堤	28/Ⅹ	4/Ⅻ	0	75	24	1	0	不明
松原	11/Ⅻ	4/Ⅻ	1	70	29	2	0	「マラリア」ナシ
結	13/Ⅻ	30/Ⅻ	0	50	48	2	0	「3日熱マラリア」發熱

92—16

文献ニヨルニ血尿ヲ報ズルモノ Mc. Nee 及桜井、正木、大里ノ如シ，経験例ニテハ血尿アリタルモノナシ。

B 血液所見

第7表ノ如クナルモ検査数少ナク且発病後時日ヲ経過シアル為及「マラリア」兼発ノ為「ゲ菌ニヨル血液所見ヲ究メ得ザリキ。

文献ニ依レバ Li a. Ni ハ白血球減少症ヲ報ジ，Rosher a Wilson 正木，大里ハ白血球増多症ヲ報ズ。

4 菌排泄ノ状況

ゲ菌ハ発病初期ニ於テハ血液中ヨリ検出セラレ爾後尿及屎中ニ排泄セラルルコト腸チフス、「A.B 型パラチフス」等ニ於ケルト異ナラズ，但シココニ注目スベキハ「ゲ菌ガ発病後相当ノ日数ヲ経タル後ニ於テモ血液中ニ証明セラルル場合多キコトナリ。

十二指腸消息子ニヨリ恢復期患者ニツキ膽汁ヲ採取シ検査セシニ6例中1例ニテ膽汁（B膽汁）中ヨリ「ゲ菌ヲ検出セリ。尚屍體解剖ニヨリ膽嚢ヨリ直接採取セシ膽汁ヨリ1例ニ於テ「ゲ菌ヲ検出セリ。膽汁中ヨリ「ゲ菌ヲ証明シタル報告例ハ正木、大里及西沢（29.30）宮尾、落合等ニヨリ報告セラル。

「ゲ菌排泄ノ状況第8表ノ如クニシテ甚ダ長期ニ亘ルモノ亦尠カラズ。

第8表　ゲルトネル氏腸炎患者菌排泄状況

番號	姓名	菌排出路	發病月日	検出路及初菌發見月日	11/XII　12/XII　19/XII　27/XII　6/I　16/I　15/I　6/II　9/II　21/II　6/III
1	山本某	血 尿 屎 膽汁	昭13 16/X	10/X (+) (+)	(+) 25/X
2	藤本某	血 尿 屎 膽汁		(+) 22/X	
3	和田某	血 尿 屎 膽汁	5/XI	(+) 19/XI	(+) 26/XI
4	吉田某	血 尿 屎 膽汁	19/X	(+) 22/XI	25/II (+)
5	井村某	血 尿 屎 膽汁	19/X	(+) 24/XI	(−) 4/XII　5/XII (+) (−)(−)　(+)(−)(−)(−)(−)(−)(−) (−)(−)(−)(−)(−)(−)　(−) (−)　23/II (−)(−)(−) (−)(−)(−) 治退 1/V
6	堀某	血 尿 屎 膽汁	27/X	(+) 4/XI	死亡 6/XII
7	黒木某	血 尿 屎 膽汁	30/XI	5/XII (+)	20/XII (−)　30/XII (+) 治退 27/XII

92—17

番號	姓名	菌排出路	發病月日	検出路及初菌發見月日	11/XII　12/XII　19/XII　27/XII　6/I　16/I　15/I　6/II　9/II　21/II　6/III
8	松原某	血 尿 屎 膽汁	昭13 11/XI	(+) 4/XII	(−)　(−) (−)(+)(−)(−)(−)(−)(−) (−)(−)(−)(+)(−)(+) 18/XII　(−)22/II　20/III 29/III 4/IV (−)(−)(−)(−)(−) (−)(+)(+)(−)(−) (−) 治退 13/IV
9	結某	血 尿 屎 膽汁	13/XI	(+) 20/XI 5/XII	4/XII (−)(−) 6/XII (−)(−)　(+)(+)(+)(+)(+)(−)(+) (−)(−)(−)(−)(+)(−)　23/III 24/IV (−)(−)(−)(−) (−)(−)(−)(−) 治退 8/V
10	井上某	血 尿 屎 膽汁	23/XI	(+) 5/XII	(−)　(−) 死亡 19/XII
11	小本田某	血 尿 屎 膽汁	3/XI	(+) 5/XII	(−)　(+)(−)(−)(−)(−)(−)(−) (+)(−)(−)(+)(−)(+)　(−)25/II　11/III 25/III 4/IV 21/IV 27/IV (−)(−)(−)(−)(−)(−)(−) (+)(+)(+)(+)(+)(−)(−) (+) 治退 1/V
12	富田某	血 尿 屎 膽汁	25/X	(+) 30/XI	14/XII (−)　16/XII (−)(−)(−)(−)(−) (+)(−)(−)(−)
13	江本某	血 尿 屎 膽汁	11/XI	(+) 30/XI	(+) 4/XII　9/XII (−) (−)(+) 死亡 11/XII
14	若林某	血 尿 屎 膽汁	17/X	(+) 7/XII	(−)　(−)(−)(−)(+)(−)(−)(−) (+)(+)(−)(+)(−)(+)　(−)　17/III 18/IV (−)(−) (+)(−)(−)(−)　(−) 在院 25/III
15	伊藤某	血 尿 屎 膽汁	7/XI	19/XI (+)	(−) 9/XII　(−)　(−)(−)(−)(−)(−)(−)(−) (+)(+)(−)(+)(−)(−)　(−) (−)　(−)(−) 治退 1/III
16	水野某	血 尿 屎 膽汁	15/XI	(+) 14/XII	(+)(+)(+)(−)(−)(−) (−)(+)(−)(−)(−)(−)　(−)　14/III (−)(−)(−) (+)(−)(−) (−) 治退 23/III
17	榭某	血 尿 屎 膽汁	8/XI	(+) 13/XII	
18	板垣某	血 尿 屎 膽汁	11/XII	(+) 17/XII	(−)(−)(−)(−)(−) (−)(−)(−)(−)(−)
19	山崎某	血 尿 屎 膽汁	11/X	(+) 17/XII	(−)　(−)(+)(+)(+)(−) (−)(−)(−)(−)(−)
20	秋山某	血 尿 屎 膽汁	15/X	21/XII 屍 (+)	
21	稲瀬某	血 尿 屎 膽汁	18/XI	23/XII (+)	(−)　(+)(−)(−)(−) (−)(+)(−)(−)　(−)　(−)(−) (−)(−) 治退 20/III
22	渡邊某	血 尿 屎 膽汁	7/XI	6/I (+)	(−)　(−)(−)(+)(−)(−)(−) (−)(−)(−)(+)(−)(−)　(−)　17/III 29/III 4/IV (−)(+)(−)(−)(−) (−)(−)(−)(−)(−) (−) 治退 13/IV
23	岡本某	血 尿 屎 膽汁		(+) 29/XII	死亡 31/XII

92—18

検査日：11/Ⅻ　17/Ⅻ　19/Ⅻ　27/Ⅻ　6/Ⅰ　15/Ⅰ　25/Ⅰ　6/Ⅱ　9/Ⅱ　21/Ⅱ　6/Ⅲ

番号	姓名	菌排出路	発病月日	最初菌証見日	検査経過	備考
24	八島某	血・尿・屎・胆汁	昭13 9/Ⅻ	31/Ⅻ (+)	(−)(−)　(−)(+)　30/Ⅱ (−)(−)	
25	柴田某	血・尿・屎・胆汁	9/Ⅻ	31/Ⅻ (+)	(−)　(−)(−)	
26	神宮司某	血・尿・屎・胆汁	9/Ⅹ	6/Ⅰ (+)	(−) 3/Ⅻ　(−)(+)	
27	高橋某	血・尿・屎・胆汁	昭14 7/Ⅰ	7/Ⅰ (+)		
28	木村某	血・尿・屎・胆汁	11/Ⅻ	29/Ⅰ (+)	(−)　(−)(−)(−) 16/Ⅱ	19/Ⅱ 治退
29	星野某	血・尿・屎・胆汁	10/Ⅹ	(+)	(−)(−)(+) 13/Ⅱ　9/Ⅱ (+)　14/Ⅲ (−)	
30	山川某	血・尿・屎・胆汁	2/Ⅰ	22/Ⅰ (+)	(−)(+)　25/Ⅱ (−)(−)	
31	齊藤某	血・尿・屎・胆汁	25/Ⅻ	29/Ⅰ (+)	14/Ⅲ 28/Ⅲ (−)(−)(−)(−)　(+)(+)(−)(−) 7/Ⅳ	治退
32	石井某	血・尿・屎・胆汁	20/Ⅰ	31/Ⅰ (+)	7/Ⅱ (−)　9/Ⅲ (−)	
33	鈴木某	血・尿・屎・胆汁	13/Ⅰ	3/Ⅱ (+)	(−)　30/Ⅱ (−)(−)(−)(−)(−)　(−)(−)(−)(−) 31/Ⅲ 10/Ⅳ 24/Ⅳ 12/Ⅵ	治退
34	大西某	血・尿・屎・胆汁		7/Ⅱ (+)	(−) 25/Ⅰ	
35	尾上某	血・尿・屎・胆汁	昭14 10/Ⅰ	10/Ⅰ (+)	23/Ⅰ (−)　(−)(−)	
36	坂田某	血・尿・屎・胆汁	21/Ⅰ	7/Ⅱ (+)	(+) 15/Ⅱ 17/Ⅱ　8/Ⅱ (−)(−)　(−)(−)	
37	橋爪某	血・尿・屎・胆汁	3/Ⅰ	13/Ⅱ (+)	(−)(−)　22/Ⅰ (−) 7/Ⅱ 13/Ⅱ　(−)(−)(+) 6/Ⅱ	
38	北川某	血・尿・屎・胆汁	17/Ⅰ	17/Ⅱ (+)	17/Ⅲ 24/Ⅲ (−)(−)(−)(−)　(−)(−)(−)(−) 3/Ⅳ	治退
39	吉澤某	血・尿・屎・胆汁	17/Ⅻ	6/Ⅲ (+)(+)	14/Ⅲ 31/Ⅲ 21/Ⅲ 4/Ⅳ (+)(+)(−)(−)(−)　(+)(+)(+)(−)(−) 18/Ⅳ	治退

92—19

検査日：11/Ⅻ　17/Ⅻ　19/Ⅻ　27/Ⅻ　6/Ⅰ　15/Ⅰ　25/Ⅰ　6/Ⅱ　9/Ⅱ　21/Ⅱ　6/Ⅲ

番号	姓名	菌排出路	発病月日	最初菌証見日	検査経過	備考
40	張福祖(支那人)	血・尿・屎・胆汁	昭14 24/Ⅱ	24/Ⅱ (+)		
41	木村某	血・尿・屎・胆汁	昭13 1/Ⅻ	1/Ⅱ (+)	10/Ⅱ 21/Ⅱ 8/Ⅲ (+)(+)(+)	1月27日以来毎日検便以上ノホカスベテ陰性(4月末日マデ)、其他8/Ⅱ 4/Ⅱ 12/Ⅱ 15/Ⅱ赤痢Y型陽性
42	刹勝某	血・尿・屎・胆汁	5/Ⅹ	19/Ⅱ (+)	死亡 23/Ⅱ 解剖	1月27日以来2月18日マデ毎日検便陰性
43	高木某	血・尿・屎・胆汁	29/Ⅸ	7/Ⅱ (+)	13/Ⅱ 19/Ⅱ 1/Ⅲ (+)(+)(+)	1月23日以来4月末日マデ毎日検便以上ノホカスベテ陰性
44	織田某	血・尿・屎・胆汁	15/Ⅸ	2/Ⅱ (+)	死亡 21/Ⅱ 解剖　5/Ⅲ (+)	1月23日以来8月21日マデ毎日検便以上ノホカスベテ陰性

5　死　亡　率

「ゲ患者41例(病型其他不明ナルモノ1例ヲ含ム)中死亡セシモノ7例存ス。即之ニ依リテ見レバ死亡率ハ17.0%ニ当レリ。早坂ノ例ニ於テハ死亡率52.9%ナリシト報ズ。

第9表　死亡者ト病型トノ関係

病型	総数	死亡者数	死亡者ヨリ分離セル菌株ノ菌型
「チフス型	28	1	「ブレイダム型
腸炎型	11	5	「ブレイダム型　4株 「チヤコー型　1株
「コレラ型	1	0	
不明	1	1	「ブレイダム型

死亡者ノ症状ヲ初発症状ニヨリテ分クルニ第9表ノ如シ。即腸炎型ノ死亡率最モ高シ。

第10表　菌型ト症状トノ関係

菌型＼初発病状	チフス型	腸炎型	コレラ型	保菌症
Chaco	1			
Chaco變株	5	1		
Moskau	2			
Blegdam	19	9	1	2
型不明	1	1		
合計	28	11	1	2

6　菌型ト症状トノ関係

40例ノ「ゲルトネル腸炎患者及2例ノ保菌症ニ就キ其ノ初発症状ト分離菌菌型トノ関係ヲ調査スルニ第10表ノ如クニシテ特ニアル菌型ニヨリアル特定ノ症状ノ惹起セラルルガ如キコトハ認メラレズ。同一ノ「ブレイダム型ニシテ「チフス型、腸炎型、「コレラ型ヲ惹起セルヲ見ル。

井手(31)ノ本邦ニ於テ分離セラレタル「ゲルトネル菌属ノ研究ニ於テ分離菌ト疾患トノ関係ヲ調査シタルトコロヲ1表トスルニ第11表ノ如クニシテ「チヤコー型ハ食中毒ニヨル急性胃腸炎及黄疸ヲ主徴トスル熱性疾患又ハ敗血症例、腸炎ヨリ分離セラレアルヲ知ル。

「ブレーダム型ハ Kauffmann (32) 及刈谷(18)ノ例ハ敗血症ノ症状ヲ呈シ、金野(28)ノ例ハ食中毒症状ヲ呈セリ。

第11表　菌型ト疾患トノ關係　井手氏調査 日本醫事新報744(昭11)

疾患 / 菌型	食物中毒ニヨル急性胃腸炎	赤痢ヲ主徴トスル熱性病	敗血症	腸炎(?)	白血病	屍體検索ニ際シ分離	不明
Ent	11例23株	3例 3株				1株	1株
Chaco	2例 5株	1例 1株	1例 2株	1例 1株		1株	2株
Essen ?	2例 2株						
Dublin					1例 1株		

之ヲ要スルニ菌型ト疾患乃至症状トノ關係ニハ一定セル關係ヲ認メ難ク同一菌型ニテ或時ハ腸炎症状ヲ或時ハ「チフス様症状其他ヲ惹起ス。宿株個人ノ抵抗力等ノ如何ニヨルモノナラントハ想像セラルルモ如何ニシテ斯クノ如ク相違ヲ來スベキカハ實ニ興味アル問題ナリト討フベシ。

第4章　感染經路ニ對スル調査竝考案

|ゲ菌ガ如何ニシテ感染シタルヤハ最モ重要ニシテ興味アル問題ナルモ時間ノ餘裕ナカリシタメ現地ニ於テ充分ニ研究調査スルヲ得ザリシハ遺憾トスルトコロナリ。將來研究調査セントス。

(1)　今次事變ニ於ケル「ゲ菌ニヨル疾患ハスベテ散發的ニ發生シアリテ食中毒ノ如ク爆發的ナラズ、同一部隊ニテ2名ノ患者ノ發生ヲ見タルハ1例ニシテ而モコノ例ニ於テモ發病月日其他ヨリシテ同一原因トハ思考サレズ。其他ハスベテ1名ヅツノ發生ナリ。

又發病月及發生數ナラビニ菌型トノ關係ヲ見ルニ第12表ノ如クニシテ概ネ各月トモ數例宛發生シアリ。就中10月及11月ニヤヤ多クノ症例ヲ見タリ。全體トシテ「ブレイダム型最モ多ク|チヤコー型之ニ亞キ|モスコー型最モ少キモ時ニ或ル月ニ於ケル或ル特定ノ菌型ノ發生ノ如キハ認メラレズ。

發病地トノ關係ヲ見ルニ第2章|ゲ菌ノ分布ニ於テ示セル如ク各地ニ發生シアリ。比較的多クノ症例ヲ見タル武昌ニ於ケル調査ヲ1表トスルニ第13表ノ如クニシテ各型ノ發生ヲ見ル。即發病地ニヨリ菌型ヲ異ニスルガ如キコトハ想像セラレズ。即以上ヲ以テシテモ全ク散發的ナルヲ知ル。

第12表　發病月及發生數ト菌型トノ關係

發病月	發生數	Chaco	Chaco變株	Moskau	Biegdam	型不詳
昭和13年						
VIII	1				1	
IX	3		2		1	
X	11	1	1		9	
XI	14		1		11	2
XII	3		1		2	
昭和14年						
I	8		1	2	5	
II	0					
III	1				1	
IV	2	2				
V	5				5	
VI	3	3				
VII	0					
VIII	2	1			1	
發病月日不詳	6				6	
計	59	7	6	2	42	2

(2)　患者ニ就キ調査セシ事項

患者ニ就キ原因トナリ得ベキ事項ヲ調査スルニ第14表ノ如クニシテ生水ノ飲用、卵ノ生食ニ關係アルモノ如シ。然レドモ從來家鴨及ソノ卵ト關係アリト言ハレタル|エツセン型ノ檢出ヲ見ザリシハ注目ニ値スルトコロナリ。(32)(33)

部隊ハ現地調辨ノ物資トシテ肉類ハ主トシテ豚ヲ食シ其他牛時ニ山羊又ハ水牛ヲ食セリ。鳥類ハ鶏及家鴨ヲ食ス。鶏及家鴨ノ卵ハ多ク食セラレタリ。其他淡水魚ヲモ食セリ。

第13表

發病地	發病月	發生數	Chaco	Chaco變株	Moskau	Biegd
武	昭和13年					
	XI	2				2
	XII	3		1		1
	昭和14年					
	I	6		1	2	3
	II	0				
	III	1				1
昌	IV	1	1			

備考　武漢占領ハ昭和13年10月下旬ナリ。

第14表　患者ニ於ケル調査表

番號	原因 / 姓名	生水飲用ノ有無	生水ニテ食器洗滌ノ有無	發病地附近ニ叔ノ有無	外出先飲食ノ有無	生魚食ノ有無	獣肉食ノ有無	生卵食ノ有無	患者トノ接觸ノ有無
1	井村	−	クリーク水 +	−	−	−	−	−	−
2	篠原	−	−	+	−	−	−	−	−
3	南	クリーク水 +	クリーク水 +	−	支那饅頭 −	−	−	不明 +	−
4	小本田	クリーク水 +	−	−	−	−	−	−	−
5	岩林	−	−	+	−	−	−	−	−
6	伊藤	−	−	+	−	−	−	−	−
7	水野	川水 +	−	−	−	−	−	家鴨ノ卵 +	−
8	稲瀬	−	−	−	−	−	−	鶏卵 +	−
9	渡邊	クリーク水 +	−	−	−	−	−	−	−
10	植木	井水 +	−	／	饅頭 +	鯉 +	−	−	−
11	泉野	−	クリーク水 +	／	−	−	−	−	−
12	石井	−	−	／	−	−	−	−	傳染病室勤務 +
13	橋爪	−	井水 +	／	ゼンザイ +	鯛 +	−	−	−
14	古澤	クリーク水 +	クリーク水 +	／	−	−	焼豚肉 +	−	−
15	八島	井水 +	クリーク水 +	／	−	−	−	鶏卵 +	−
16	北川	−	+	／	−	鯛 +	−	鶏卵 +	−
17	齊藤	−	−	／	−	−	−	−	−
18	山川	−	−	／	−	−	−	−	傳染病室勤務 +
19	大曾根	+	+	／	+	−	−	−	−
20	櫻山	−	+	／	−	−	−	−	−

武昌ノ如キ都市ニテハ外出先飲食ノ問題モ考ヘラルベキモ其他ニテハ戰況又ハ駐留地ノ状況等ヨリシテ外出先飲食ノ如キハ問題トナリ得ズ。生水ノ飲用生卵食等ガ考ヘラレ得ベキ原因ナリ。

(3) 接觸感染ノ如何ニ就テ

衛生兵ニテ傳染病室ニテ患者ノ看護中ニ發病シタルモノ2例アリ。1例ハ「ブレイダム型ノ感染ニシテ當時入院中ノ患者ニ同型菌感染ノモノ數名アリタルヲ以テ或ハ接觸感染ナリヤトモ思考セラル。他ノ1例ハ「モスコー型ニシテ全ク入院患者ト型ヲ異ニシアリ，本例ニ於テハ接觸感染トハ認メ難シ。

(4) 保菌者ニ就テ

某部隊ノ全員ノ菌檢索ヲナシタルニ「ゲ菌ノ保菌者1名ヲ檢出セリ。尚武昌ニ於テ日本人經營ノ旅館ニテソノ使用支那人ヨリ1名ノ「ゲ菌保有者ヲ檢出セリ。

(5) 其他ノ調査事項

其他豚、卵(雞)、鼠等ヨリ「ゲ菌ヲ檢出セントシ之ガ檢索ニ着手シタルモ時間ノ餘裕ナク充分ナル檢索ヲナサザルウチニ中止ノ已ムナキニ至レリ。其ノ成績第15表ニ示セルガ如シ。

第15表　其他ノ調査表

檢査月日	檢索物	件數	成績	摘要
27/Ⅱ	豚ノ膽汁	11	ゲ菌(—)	衣糧廠ノ豚
7/Ⅲ	雞卵	230	(—)	野菜市場販賣
1/Ⅲ	鼠	1	(—)	羅氏區ノ鼠
13/Ⅲ	〃	2	(—)	西村部隊ノ鼠
19/Ⅲ	〃	2	(—)	羅氏區ノ鼠

之ヲ要スルニ今次武漢方面ニ發生セルゲルトネル氏腸炎ノ感染經路ハ全ク不明ナリキ。

第5章　分離菌ノ性狀

1　使用菌株

本研究ニ使用シタル菌株ハ分離菌59例70株對照菌17株參考菌7株ニシテ下記ノ如シ。

分離菌59例70株ノウチ56例67株ハスベテ武漢方面ニテ發病シタル患者及保菌者ヨリ分離セラレタルモノニシテ殘リノ3例3株ハ中支方面ニテ分離セラレタルコト明カナレドモ詳細不明ナリ。保菌者ヨリ分離セラタルモノハ2例2株ナリ。

右ヲ分離セル檢索物ニヨリテ分クルニ次ノ如シ。

血液中ヨリ分離セシモノ	36株
糞便中ヨリ分離セシモノ	19株
尿中ヨリ分離セシモノ	11株
膽汁中ヨリ分離セシモノ	1株
其他不明ナルモノ	3株

對照菌株トシテ陸軍軍醫學校中黑氏ヨリ分與セラレタル「ゲ菌各型17株ヲ使用セリ。即チ次ノ如シ。(39)

G	3	S. ent		ent	1
G	7	S. ent jena	(傳研)	ent	2
G	8	E. G. I	(東北)	ent	3
G	121	濱田	(傳研)	ent	4

G	9	Ratin	(傳研)	danysz	1
G	10	S. ent var danysz 442	(北研)	danysz	2
G	11	S. ent var chaco 415	(北研)	chaco	1
G	12	Gärtner 718	(日大)	chaco	2
G	13	S. ent var esson 450	(北研)	esson	
G	14	S. ent var dublin 215	(北研)	dublin	1
G	16	E. G. Ⅱ	(東北)	dublin	2
G	21	Rostock	(本校)	rostock	1
G	19	Rostock	(傳研)	rostock	2
G	22	S. ent var moskau	(北研)	moskau	
G	23	S. ent var blegdam	(北研)	blegdam	1
G	86	M 21 (特設モルモット)		Neuer type	
G	130	市原	(熊大)	Kumamoto	

參考菌株トシテ中黑氏ヨリ分與セラレタル次ノ7菌株ヲ使用セリ。

G	86	岡部 (楊林本廠)	chaco	1
G	71	前川 (東一院)	chaco	1
G	72	M-3 (「モルモット」)	chaco	1
G	131	E. G 161	chaco	2
G	131		blegdam	1
G	132		blegdam	1
G	133		blegdam	1

「ゲ菌分類ニ關シテハ Bahr (1929)(34) Pesch u. Krämer (1930)(35) Kauffmann (1929. 1930)(36. 32) Kauffmann u. Alonso Buron (1935)(37)ノ發表アリ。本邦ニテハ Kaffmann ノ法ニ從ヒ前川(38)、井手(31)、中黑(39)、青木(40ノ研究アリ。余ハ主トシテ Kauffmann (1935)及中黑ノ發表ニ從ヒテ研究セリ。

2　生物學的性狀

A　形態及變異ノ狀況

分離菌ハ運動活潑ナル「グラム陰性ノ短桿菌ニシテ普通染色液ニヨリ良ク染色セラル。

遠藤氏平板上ニ於ケル集落ノ形態ハB型パラチフス菌ノソレニ類似スルモ概シテ不透明ナリ。

次ニ變異ノ狀況ヲ記センニ分離菌ハ甚ダ變異シ易クS型→R型、不透明型→透明型ニ變異ス。又ソノ中間ノ所見ヲ現出スルコト屢ナリ。變異ハ患者ヨリ分離時既ニ出現シアルモノ或ハ日數ノ經過ト共ニ又ハ數代ノ增殖ヲ重ネテ後變異シタルモノアリ。患者ヨリ分離時既ニ變異シアリタルモノハ第16表ノ如クニシテR型變異ハ尿ヨリ分離セラレタルモノニ

99—24

多ク透明型變異ハ尿ヨリ分離セラレタルモノニ多シ。尚R型變異ハ菌株保存中又ハ累代培養ニテ甚ダ出現シ易ク16株ニ之ヲ認メタリ。今日ニ至ルマデ全クR型ノミトナリシハ7例ニシテ内2例ハ血清學的性狀調査ヲ終ラザルウチR型トナリシタメ菌型ノ調査不能ニ終レリ。

第16表　變異ノ狀況

由来＼變異	總數	變異レアリタルモノ	
		R型	透明型
血液ヨリ分離セルモノ	21	1	1
尿ヨリ分離セルモノ	4	4	
尿ヨリ分離セルモノ	10		3
膽汁(屍)ヨリ分離セルモノ	1	1	

備考　上ハ患者ヨリ始メテ分離セル菌株ニ就キテ調査セリ。

B　培養性狀

余ハ Kauffmann (1934) 1935)(36)(32) ニヨリテ記載セラレタル培地ヲ使用シ培養法亦同氏ニヨレリ。

(1)　一般培養性狀

分離菌ハ普通培地ニ良ク發育シ、膽汁培地、カウフマン氏培地ニヨリ良ク增菌セラル。本菌ハ患者血液ヲ膽汁培地ニテ增菌後遠藤氏平板ニ塗抹シタルモノニシテ精液臭特有ナリ。余ハ之ニヨリ屢「パラチフス」ゲ菌ナルコトヲ豫知セリ。分離菌ハ「インドール」ヲ形成セズ。中性紅寒天ハ培養1日ニテ瓦斯ヲ生ジ螢光ヲ放ツ。醋酸鉛培地ハ之ヲ黑變シ「ラクムスモルケ」ニテハ培養第1日ハ之ヲ赤變スルモ第2日乃至10日ニシテスベテ青變スルニ至ル。牛乳ハ凝固セザルモ培養7日前後ニテ之ヲ透化ス。

粘液堤形成ハ室温放置法ニヨリテハ形成セシムルコト甚ダ困難ナレドモ中黒、滝見氏ニヨリ昇汞ガッセ法ヲ用フル時ハ甚ダ良ク之ヲ形成ス。分離菌ノ一般培養性狀ヲ示セバ第17表ノ如シ。

第17表　一般培養性狀

菌株＼培地	ペプトン水「インドール」反應	中性紅寒天 瓦斯	中性紅寒天 螢光	ラクムスモルケ	牛乳 凝固	牛乳 消化	硫化水素産生	粘液堤 室温放置	粘液堤 中黒滝見氏法
分離菌	−	+	+	2-10日 赤→青	−	7-10日 +	+	−	+
G. S. ent	−	+	+	5-6日 赤→青	−	10日 +	+	−	+
T. S. typhi	−	−	−	青	−	−	+	−	−
P. A. S. paratyphi A.	−	+	+	青	−	−	−	−	−
P. B. S. paratyphi B.	−	+	+	5-7日 赤→青	−	10日 +	+	+	+
P. C. S. para. C. Hirschfeld	−	+	+	2日 赤→青	−	14日 +	+	−	−

(2)　含水炭素分解

糖加培地ニ對スル態度ハ「デキストローゼ」「マンニツト」、「マルトーゼ」「キシローゼ」、「アラビノーゼ」、「ラムノーゼ」ヲ培養1日ニシテ分解シ「サツカローゼ」、「ラクトー

99—25

ゼ」、「イノジツト」ヲ分解セズ。「ヅルチツト」ニ對スル態度ハ分離直後ニテハ培養3週間ニ亘ルモ尚分解セザルモノアリシガ其後數回反覆ノ結果スベテ培養數日ニシテ分解スルニ至レリ。即2乃至10日ニシテ分解セリ。尚使用セル糖類ハスベテメルク製品ナリ。

(3)　ビツター氏培地

本培地ニ於テ分離菌ハ培養20時間ニシテ「グルコーゼ」、「アラビノーゼ」、「ラムノーゼ」陽性ニシテ「ヅルチツト」陰性ナリ。「チヤヨー型ニ屬スル分離菌ニシテ井手(31)ノ記載セルガ如キ4種ノビツター氏培地陰性ナルモノハ檢出セザリキ。

(4)　ステルン氏培地

ステルン氏培地ニ於テハ中黒(39)ノ研究ニ從ヒ培養2日ニテ判定スルトキハ分離菌ハスベテ陰性成績ヲ示ス。尚觀察スルニ培養3日ヨリ漸次赤色ヲ加フルモノアリ、少ジ時ニハ色ヲ呈スルニ至ルモノアリ。赤色ノ濃度ヲ加フル程度ハ概シテ「チヤヨー型、「モスコー型ニ於テ速ニシテ「ブレイダム型ハ稍、遲シ。然レドモ培養3日以後ノ成績ハ区々ニシテ同一菌株ニテモ同ジカラズ。中黒ノ言ヘル如ク培養2日ヲ以テ判定スルヲ妥當ト認メタリ。

(5)　「シモンス培地

「グルコーゼ」、「アラビノーゼ」、「ラムノーゼ」ノ3種ノ培地ニ於テハ培養1日ニシテ培地ヲ黃變シ發育良好ナリ。「チヤヨー型、「モスコー型、「ブレイダム型ハ Kauffmann(32)ニヨレバ培養2日ニシテ陽性トアルモ分離菌ハ前川(38)ノ記載ニ一致シテ培養1日ニテ陽性トナレリ。

「ヅルチツト培地ニテハ培養第1日ハ發育佳ニシテ培地ノ色ニ變化ヲ見ザレドモ第3日ニシテ既ニ發育中等度ニシテ培地ヲ黃變スルモノヲ生ジ23日、4日乃至13日ニテ全部陽性トナレリ。即分離菌ハ凡テ「アンモン型菌ナリ。「ブレイダム型ノ分離菌ニシテ Kauffmann (32)前川(38)井手(31)ノ記載セル如キ「アンモン」菌ノ菌株ハ分離當初ハ勿論其後長キハ分離後1ケ年ニ亘リ培養ヲ繼續シタル菌株ニテモ見ルヲ得ザリキ。

尚R型變異菌ニ於テモS型菌ト全ク同様ノ成績ヲ示セリ。

(6)　有機酸鹽培地

D－タルトーラート培地ニテハ培養1日ニシテ陽性、l－洞石酸培地ニテモ1例1株ハ2日ニシテ陽性トナリシモ他ハスベテ培養1日ニテ陽性トナレリ。i－洞石酸ハ入手シ難カリシヲ以テ實施セズ。「チトラート培地ニテハ培養1日ニテ陽性成績ヲ示ス。

「ムカート培地ニ對スル態度ハ2樣ニシテ大多數ハ培養1日ニテ黄色ヲ呈シ陽性ナリ。但ロノ飽和醋酸鉛液及氷醋酸各0.5ccヲ同時ニ加フルモ沈澱物ハ Kauffmann ノ記載ノ如ク全ク溶解スルニ至ラズ僅ニ底ニ沈澱ヲ生ズ。培養3日ニ及ビ同一操作ヲ加フレバ始メテ完全ニ溶解シ何等ノ沈澱ヲモ殘サザルニ至ル。「ムカート1日ニテ陽性タルベキ對照菌株ニ於テモ同様成績ヲ得タルニヨリ色調ノ黄色ニ變化スルヲ以テ陽性トナ

セリ。分離菌中小数ニ於テ2～7日ニテ陽性トナレリ，即分解遅延セリ。

「ムカート」ノ分解遅延スル菌株ハ6例7株ニシテ，数回検査ヲ反覆スルニ4～6日ニテ陽性トナルヲ普通トシ，時ニ2日ニテ陽性，時ニ7日ニテ陽性トナレリ，同一菌株ニテモ各集落ニヨリ分解ニ要スル日数ヲ異ニス。

色調ハ1度黄色トナリタルモノモ数日ニシテ緑色ヲ経テ青色ニカヘル。即nmschlagen ス，但シカカルモノハ飽和醋酸鉛及氷醋酸ヲ加フルコトニヨリ完全ニ沈澱物ヲ残サズシテ溶解ス。Hilgers u Schimazu (1932)(41)ハ「ムカート」ハ nmschlagen セズ安定ナリト言ヘルモ前田(38)ハ nmschlagen スルモノヲ見タリト記セリ。

中黒(39)ノ「ゲ菌菌型ニ關スル研究ニ依レバ「ゲ菌ノ菌型鑑別ニ必要ナル培地ハ糖加「ペプトンブイヨン」(「ペプトン水ニテ代用シ得)（「マルトーゼ」,「アラビノーゼ」,「ヅルチット」,「ラムノーゼ加」ノ4培地及スチルン氏培地！シモンスグルコーゼ寒天ニテ十分ニシテ要スレバ有機酸鹽培地中「チトラート」及「ムカート」ヲ参考トスベシト言ヒ，井上(31)ニヨレバ「ペプトン水或ハ「ブイヨン」ニ「アラビノーゼ」,「ヅルチット」,「ラムノーゼ」ノ3種ノ糖ヲ加ヘルモノ及スチルン氏ブイヨン」ニテモ可ナリト言ヘリ。

余ハ研究ノタメ對照菌株及分離菌ニ就キ4種ノ糖加「ペプトン水，スチルン氏培地，ビッター氏培地，「シモンス」4培地，有機酸鹽培地（D—タルトラート，l—酒石酸チトラート」,「ムカート」）ニ於ケル性狀ヲ調査セリ。其ノ成績附表分離菌鑑別表ニ示スガ如シ。

以上分離菌ノ培養性狀ヲ1表トスルニ第18表ノ如クニシテ A.B.ノ2群ニ別ツヲ得ベク両群ノ差違ハ有機酸鹽培地「ムカート」ニ對スル態度ノ如何ニヨル。

第18表　分離菌培養性狀

培地 / 菌群	糖加培地	ビッター培地	スチルングリセリンブイヨン	シモンス培地	
	デキストローゼ, マルトーゼ, マンニット, キシローゼ, アラビノーゼ / ラムノーゼ, サッカローゼ, ラクトーゼ, イノジット, ヅルチット	グルコーゼ, アラビノーゼ, ヅルチット, ラムノーゼ		グルコーゼ, アラビノーゼ, ヅルチット, ラムノーゼ	D-タルタラート, l-タルタラート, チトラート, ムカート
A群	+++++ / +－－－－+ (2-10)	++－+	－	++－++ (2-13)	+++ +
B群	+++++ / +－－－－+ (2-10)	++－+	－	++－++ (2-13)	+++－+ (2-7)

C　菌型ニ對スル豫想

以上分離菌ノ培養性狀ヲ對照菌ノソレト比較對照スルニスチルン氏培地陰性ナル點ヨリシテ S. ent. S. ent var essen ニアラザルコトヲ知ルヲ得ベク，「シモンス培地ニ對スル態度及「ヅルチット分解ノ遅延スル點ヨリシテ S. ent var rostock S. ent var dublin S. ent var danysz ニアラザルコトヲ想像スルヲ得，即分離菌ハ S. ent var chaco S. ent

var moskau S. ent var blegdam ニ大體ニ於テ一致シ唯「ムカート」ノ分解遅延スル菌株ニテハ培養上コノ點ニ於テ相違アル如ク思考サル。右3者間ノ區別ハ血清學的性狀ニヨラザルベカラザルハ Kauffmann (32)ノ示セルガ如シ。

D　動物試驗

I　感染試驗

（イ）腹腔内感染試驗

(1)「マ　ウ　ス」

分離菌各型7株ニ就キ體重12～13g ノ「マウス」ヲ選シ $\frac{1}{10^4}$ mg ヨリ $\frac{1}{10^8}$ mg ノ間ノ菌量ヲ用ヒテ實驗スルニ第19表ノ如ク甚ダ区々ナル成績ヲ得タルモ概括的ニ平均3～4日ニシテ殆ド全部感染致死セシメ得タリ。

第19表　腹腔内感染試驗（マウス）

菌量 mg	菌株 / 型 / マウス	山本株 Chaco 變株 ABC	益本株 Blegdam ABC	小木田株 Blegdam ABC	石井株 Moskau ABC	新林株 Chaco ABC	高木株 Chaco 變株 ABC	伊藤株 R型ニテ菌型不詳 ABC	全菌株ニ於ケル平均生存日數
$\frac{1}{10^4}$	生存日數	2 3 5	2 4 5	2 5 6	4 5 5	2 2 2	2 4 5	4 4 5	3.7
	菌ノ有無	+++	+++	+++	+++	+++	+++	+++	
	平均生存日數	3.3	3.7	4.3	4.7	2.0	3.7	4.3	
$\frac{1}{10^5}$	生存日數	2 3 3	2 2 3	2 3 4	2 2 4	2 2 3	4 5 5	2 2 3	2.9
	菌ノ有無	+++	+++	+++	+++	+++	+++	+++	
	平均生存日數	3.3	2.3	3.0	2.7	2.3	4.7	2.3	
$\frac{1}{10^6}$	生存日數	2 2 3	2 3 5	2 5 5	2 3 5	2 3 4	2 2 5	4 5 6	3.4
	菌ノ有無	+++	+++	+++	+++	+++	+++	+++	
	平均生存日數	2.3	3.3	4.0	3.3	3.0	3.0	5.0	
$\frac{1}{10^7}$	生存日數	2 3 3	2 3 3	3 5 5	3 3 5	2 4 4	4 5 5	2 5 5	3.6
	菌ノ有無	+++	+++	+++	+++	+++	+++	+++	
	平均生存日數	2.7	2.7	4.3	3.7	3.3	4.7	4.0	
$\frac{1}{10^8}$	生存日數	2 3 3	2 2 3	2 2 5	2 3 5	2 5 5	5 6 6	3 5 5	3.6
	菌ノ有無	+++	+++	+++	+++	+++	+++	+++	
	平均生存日數	2.7	2.3	3.0	3.3	4.0	5.7	4.3	

(2)「モルモツト」

分離菌各型4株ニテ體重170～250g ノ「モルモツト」ニテ $\frac{1}{10^3}$ mg ヨリ $\frac{1}{10^5}$ mg 菌量ニテ試驗スルニ概シテ1兩日ニテ斃死即第1次性敗血症ニテ斃死セシメ得タリ。即第20表ノ如シ。

(3)「ラ　ツ　テ」

分離菌4株ニツキ體重140～150g ノ「ラッテ」ニ $\frac{1}{10}$～$\frac{1}{10^3}$ mg ヲ腹腔内注射セルモ第21表ノ如クニシテコノ菌量ニテハ「ラッテ」ヲ斃死セシメ得ザリキ。即「ラッテ」ハ「モルモツト」ニ比シ分離菌ニ對スル抵抗力强シ。

92—26

第20表　腹腔内感染試験（モルモット）

菌量(mg) ＼ 菌株・菌型・モルモット	若林株 Chaco 體重(g)	生存日数	菌	山本株 Chaco變株 體重(g)	生存日数	菌	小串田株 Blegdam 體重(g)	生存日数	菌	石井株 Moskau 體重(g)	生存日数	菌
1/10²	170	死 1	+	170	死 1	+	170	死 1	+	170	死 1	+
1/10³	180	死 1	+	180	死 1	+	180	死 1	+	180	死 1	+
1/10⁴	190	死 1	+	190	死 1	+	190	死 1	+	190	死 1	+
1/10⁵	200	死 2	+	200	死 2	+	200	死 1	+	200	生 30	

第21表　腹腔内感染試験（ラッテ）

菌量(mg) ＼ 菌株・菌型・ラッテ	若林株 Chaco 體重(g)	生存日数	菌	山本株 Chaco變株 體重(g)	生存日数	菌	小串田株 Blegdam 體重(g)	生存日数	菌	石井株 Moskau 體重(g)	生存日数	菌
1/10	140	生 30		140	生 30		140	死 16	−	140	生 30	
1/10²	140	生 30		140	生 30		140	生 30		140	生 30	
1/10³	150	死 30		150	生 30		150	生 30		150	死 23	−
1/10⁴	150	生 30		150	生 30		150	生 30		150	生 30	

（ロ）經口感染試験

(1)「マ　ウ　ス」

第22表　經口感染（マウス）

菌株	山本株			藤本株			小串田株			石井株			若林株			高木株			伊藤株		
菌型	Chaco變株			Blegdam			Blegdam			Moskau			Chaco			Chaco變株			R型ニテ菌型不詳		
マウス	A	B	C	A	B	C	A	B	C	A	B	C	A	B	C	A	B	C	A	B	C
生存日数	9	10	12	4	9	10	8	10	10	8	12	12	4	6	7	7	8	10	8	10	12
菌ノ有無	−	+	+	−	+	+	+	+	+	+	+	+	−	+	+	+	+	+	+	+	+
平均生存日数	11			9.5			9.3			10.6			6.5			8.3			10		

92—27

分離菌7株ヲ1.0ccノ食鹽水中ニ2.0mg浮游セシメタル液ヲ體重13〜14gノ「マウス」ノ口腔内ニ數滴宛注入スルニ平均7〜11日ニテ斃死シ然ドスベテニ於テ心血中ニ菌ヲ證明スルコトヲ得タリ。即第22表ノ如シ。

(2)「モルモット」

分離菌4株ニツキソノ1.0ccノ食鹽水ニ2.0mgノ菌ヲ含メル濃度ノモノヲ細切セル芋ノ切片ニ適當量注ギ之ヲ食セシムルニ第23表ノ如ク1〜2週ニシテ之ヲ斃死セシメ心血及ソノ他ノ臓器ヨリ純培養的ニ菌ヲ證明スルヲ得タリ。

第23表　經口感染（モルモット）

モルモット ＼ 菌株・菌型	若林 Chaco	山本 Chaco變株	小串田 Blegdam	石井 Moskau
體重(g)	350	350	350	350
生存日数	死 10	死 7	死 18	死 14
菌ノ有無	+	+	+	+

(3) 猿.

體重3,700g及2,700gノ2匹ノ猿ニ分離菌山本株（「チャコー型變株）小串田株（「ブレイダム型」）ノ食鹽水浮游液各，1.0mgヲ芋ニ注入シタルヲ食セシメ30日間觀察セルモ何等ノ異常ヲモ見セズ。體重及體温ニモ大ナル變化ナカリキ。菌投與ノ翌日ヨリ隔日檢便ヲ實施セルニ1例ニテハ翌日及翌々日マデ糞便中ニ菌ヲ證明シ1例ニテハ翌日菌ヲ證明シタルノミニテ爾後菌ヲ證明セズ。且兩例トモ糞便ノ性状ヲ異状ヲ認メザリキ。尚當該2匹ノ猿ニ就キ試驗前該菌ニ對スル「ヴイダール反應ヲ調査セシニ何レモ50倍以下ニシテ菌投與後4週ニシテ再「ビヴイダール反應ヲ實施シタルモ依然50倍以下ノ成績ヲ示セリ。

(4) 家　兎

家兎ニ關シテハ目下研究中ニシテ他日報告スルトコロアラントス。

(5) 其　他

分離菌4株、若林(「チャコー型)山本(「チャコー型變株)石井(「モスコー型)小串田(「ブレイダム型)ニツキ「ラッテ(成熟及幼弱ラッテ」各、8匹)、鶏(8羽)家鴨(8羽)及鵠鳥(6羽)ニ經口投與セルモ感染セシメ得ザリキ。

Ⅱ　患者血清ニヨル「マウス」ニ於ケル感染防禦試験

高木患者血清(凝集價「ゲ菌1,000倍)及木村患者血清(凝集價「ゲ菌200倍)ヲ主トシテ高木菌家兎免疫血清及腸チフス菌家兎免疫血清及健康者血清(凝集價「チフス菌50倍「ゲ菌ナシ)ヲ用ヒ高木菌ヲ13〜14gノ「マウス腹腔内ニ注射シ感染防禦ノ如何ヲ見ルニ第24表ノ如クニシテ患者血清及家兎免疫血清及腸チフス」菌血清ハ何レモ幾分ノ感染防禦力アル如ク思考サル。

92—30

第24表　患者血清ニヨル感染防禦試驗

高木菌0.1mgヲ腹腔内ニ注入ス

注射血清		血清量	1日以内	2日	3日	4日	5日
高木患者血清（凝集價 G 1,600倍）	1	0.2				死（+）	
	2	0.2				死（+）	
	3	0.1				死（+）	
	4	0.1					死（+）
	5	0.02		死（+）			
	6	0.02			死（+）		
木村患者血清（凝集價 G 200倍）	7	0.2	死（+）				
	8	0.2				死（+）	
	9	0.1	死（+）				
	10	0.1				死（+）	
	11	0.02		死（+）			
	12	0.02			死（+）		
高木菌家兎免疫血清（凝集價 12,800倍）	13	0.2				死（+）	
	14	0.2				死（+）	
	15	0.1		死（+）			
	16	0.1			死（+）		
	17	0.02				死（+）	
	18	0.02	死（+）				
腸チフス菌家兎免疫血清（凝集價 G 800倍 T 3,200倍）	19	0.2			死（+）		
	20	0.2				死（+）	
	21	0.1			死（+）		
	22	0.1				死（+）	
	23	0.02				死（+）	
	24	0.02	死（+）				
健康者血清（凝集價 G （—） T 50倍）	25	0.2	死（+）				
	26	0.2	死（+）				
	27	0.1			死（+）		
	28	0.1	死（+）				
	29	0.02		死（+）			
	30	0.02		死（+）			
對照 血清注射セズ	31		死（+）				
	32			死（+）			
	33			死（+）			

備考 1）「マウス」ハ體重ニ體重ヲ測定シ13～14gノモノヲ使用セリ。
2）菌ハ食鹽水10cc＝2.0mgヲ浮游セシメタル菌液0.5ccヲ腹腔内ニ注射セリ。

E 抵抗力

I 熱ニ對スル抵抗力

中試驗管ニ約10cc分注セル「ブイヨン」ニ3日間反覆培養シタル菌ノ20時間培養セルモノヲ各種温度ノ熱湯中ニ所要時間浸シソノ1白金耳ヲトリテ同様「ブイヨン」ニ培養シ4日後ソノ1白金耳ヲ遠藤氏培地ニ分離培養シ成績ヲ判定スルニ第25表ノ如ク50°C60分ニテハ死滅セズ。60°C5分，80°C1分ニテ死滅スルヲ見ル。

92—31

第25表　熱ニ對スル抵抗力

温度	50°C				60°C				70°C				80°C			
時間＼菌株	若林	山本	石井	小本田	若林	山本	石井	小本田	若林	山本	石井	小本田	若林	山本	石井	小本田
1分	+	+	+	+	+	+	+	+	+	+	+	+	—	—	—	—
5分	+	+	+	+	—	—	—	—	—	—	—	—	—	—	—	—
10分	+	+	+	+	—	—	—	—	—	—	—	—	—	—	—	—
15分	+	+	+	+	—	—	—	—								
20分	+	+	+	+	—	—	—	—								
25分	+	+	+	+	—	—	—	—								
30分	+	+	+	+	—	—	—	—								
60分	+	+	+	+	—	—	—	—								

II 消毒薬ニ對スル抵抗

「ブイヨン」培養20時間ノ菌液0.1ccヲ各種消毒薬5.0ccヲ入レタル小試驗管中ニ投入シ所要時間後ソノ1白金耳ヲ「ブイヨン」中ニ投ジ4日間培養後ソノ生死ヲ調査スルニ第26表ノ如クニシテ5.0%、2.5%ノ石炭酸水及0.1%ノ昇汞水ニテハ30秒以内ニ死滅シ2.5%「クレゾール」石鹸液ニテハ30秒乃至1分以内ニテ死滅、1.0%ノ石炭酸水ニテハ5分間生存、0.01%昇汞水ニテハ10分ニテモ尚生存シアルヲ知レリ。

第26表　消毒薬ニ對スル抵抗力

薬物	濃度＼菌株・時間	若林 三〇秒	一分	三分	五分	一〇分	山本 三〇秒	一分	三分	五分	一〇分	石井 三〇秒	一分	三分	五分	一〇分	小本田 三〇秒	一分	三分	五分	一〇分
石炭酸（メルク）	5.0%	—	—	—	—	—	—	—	—	—	—	—	—	—	—	—	—	—	—	—	—
	2.5%	—	—	—	—	—	—	—	—	—	—	—	—	—	—	—	—	—	—	—	—
	1.0%	+	+	+	+	—	+	+	+	+	—	+	+	+	+	—	+	+	+	+	—
クレゾール石鹸液	2.5%	—	—	—	—	—	—	—	—	—	—	—	—	—	—	—	+	—	—	—	—
升汞水	0.1%	—	—	—	—	—	—	—	—	—	—	—	—	—	—	—	—	—	—	—	—
	0.01%	+	+	+	+	+	+	+	+	+	+	+	+	+	+	+	+	+	+	+	+

備考 試驗ハ20°Cノ溜槽中ニテ實施セリ。

F 「カタラーゼ」試驗

第27表　「カタラーゼ」試驗

菌株	原液	2倍	4倍	8倍	16倍	32倍
S. ent.	+	+	+	+	—	—
S. ent. var danasz	+	+	+	+	+	—
S. ent. var chaou	+	+	+	+	—	—
S. ent var essen	+	+	+	+	+	—
S. ent var dublin	+	+	+	+	+	—
S. ent var rostock	+	+	+	+	+	—
S. ent var moek	+	+	+	—	—	—
S. ent var blegdam	+	+	+	+	—	—
T	+	+	+	+	—	—
P. A	—	—	—	—	—	—
T. B	+	+	+	—	—	—
Suipestifer America	+	+	+	+	+	+

分離菌 菌株	原液	2倍	4倍	8倍	16倍	32倍
山本	+	+	+	+	—	—
藤本	+	+	+	+	+	—
井村	+	+	+	+	+	—
小本田	+	+	+	+	—	—
若林	+	+	+	+	—	—
八島	+	+	+	+	+	—
青藤	+	+	+	+	+	—
石井	+	+	+	—	—	—
尾上	+	+	+	—	—	—
羽藤	+	+	+	+	—	—
高木	+	+	+	+	—	—

過マンガン酸加里法(42)ヲ以テ分離菌全部ノ「カタラーゼ」ヲ検セシニ4倍8倍乃至16倍ニ於テ「カタラーゼ」ヲ證明セリ。成績ノ一部ヲ示スニ第27表ノ如シ。4倍陽性ハ2株ニシテコノ2株ハ「モスコー型ナリシコト注目ニ値ス。對照菌株「モスコー型亦4倍陽性ナリキ。

G 「ファージュ」

分離菌ハ患者ヨリ分離時既ニ「ファージュ現象ヲ認メタルコト多ク透明型集落ノ出現モ「ファージュ作用ニヨルモノト思考サル。然レドモ患者高木及木村ノ糞便ヨリ「ファージュ」ヲ得ント努メタルモ遂ニ強力ナル「ファージュ」ヲ得ル能ハズ。「ブロクミラーゼ法(43)ニヨリ10数株ノ分離菌及對照菌ニツキ「ファージュ」ヲ得ント試ミタレド遂ニ成功セザリキ。唯對照菌G23(「ブレイダム型)株ヨリ「ブロクミラーゼ法ニヨリ強力ナル「ファージュ」ヲ得タルニヨリ之ニヨリ分離菌及對照菌ノ被溶菌作用ノ如何ヲ平板點滴法ニヨリ調査スルコトヲ得タリ。即分離菌及對照「ゲ菌ハ「モスコー型ヲ除クホカハ甚ダ良クG23株「ファージュ」ニヨリ作用セラルルヲ見ル。分離及對照「モスコー型ハソノ作用ヲ受タルコトヤヤ輕度ナリ。對照菌中「パラチフスB型菌及「パラチフスK型菌ハ甚ダシク高度ノ作用ヲ受ケ「チフス菌「パラチフスC型菌ハ弱度ノ作用ヲ受ク、即第28表ノ如シ。

第28表　G23「ファージュ」ニヨル「バクテリオ・ファージュ」

菌株		ファージュ稀釋度	10^{-1}	10^{-2}	10^{-3}	10^{-4}	10^{-5}	10^{-6}	10^{-7}	10^{-8}	10^{-9}	10^{-10}
對照菌(ゲ菌)	S. ent.		卌	卌	卌	卌	卌	卌	卌	卌	卌	卌
	S. ent. v. danysz		卌	卌	卌	卌	卌	卌	卌	卌	卌	卌
	S. ent. v. chaco		卌	卌	卌	卌	卌	卌	卌	卌	卌	卄
	S. ent' v. essen		卌	卌	卌	卌	卌	卌	卌	卌	卌	卌
	S. ent. v. dublin		卌	卌	卌	卌	卌	卌	卌	卌	卌	卌
	S. ent v. rostock		卌	卌	卌	卌	卌	卌	卌	卌	卌	卄
	S. ent. v. moskau		卌	卌	卌	卌	卌	卌	卄	+	+	+
	S. ent. v. blegdam		卌	卌	卌	卌	卌	卌	卌	卌	卌	卌
對照菌	T		卄	卄	+	—	—	—	—	—	—	—
	P. A		—	—	—	—	—	—	—	—	—	—
	P. B		卌	卌	卌	卌	卌	卌	卌	卌	卌	卌
	P. C		卄	+	—	—	—	—	—	—	—	—
	P. K		卌	卌	卌	卌	卌	卌	卌	卌	卌	卌
分離菌	Chaco	若林	卌	卌	卌	卌	卌	卌	卌	卌	卌	卌
		田中	卌	卌	卌	卌	卌	卌	卌	卌	卌	卌
	Chaco變株	山本	卌	卌	卌	卌	卌	卌	卌	卌	卌	卌
		齊藤	卌	卌	卌	卌	卌	卌	卌	卌	卌	卌
	Mosk	石井	卌	卌	卌	卌	卌	卌	卄	+	+	—
		尾上	卌	卌	卌	卌	卌	卌	+	—	—	—
	Blegdam	藤本	卌	卌	卌	卌	卌	卌	卌	卌	卌	卌
		小平田	卌	卌	卌	卌	卌	卌	卌	卌	卌	卌

3　血清學的性狀

本研究ニ使用セシ血清ハ次ノ如シ。

(1)　分離菌血清

H血清、18時間「ブイヨン培養ニ0.5%ノ割ニ「フオルマリン」ヲ加ヘタル菌液ヲ以テ家兎ヲ免疫シテ得タル血清8種ナリ。

O血清、普通寒天24時間培養ノ菌ヲ食鹽水ニ浮游シメ100°C2時間加熱シタル菌液ヲ以テ家兎ヲ免疫シテ得タル血清3種ナリ。

(2)　「ゲ菌各型血清

H血清、S. ent. S. ent var dublin S. ent var rostock S. ent var moskau S. ent var blegdam ノ5型菌株ヲ以テ前述ノ如クシテ得タル血清ナリ。

O血清、S. ent S. ent var moskau S. ent var blegdam ノ3型菌株ニテ前述ノ如クシテ得タルモノナリ。

(3)　其他ノ血清

腸チフス菌及「パラチフス菌(A. B. C. 各型)血清ハ陸軍軍醫學校製造ノモノナリ。

尚O因子血清調製ニ使用シタル血清並菌株ハ小島、八田(44)記載ノ血清並菌株ヲ使用セリ。

A　凝集反應

第29表　凝　集　反　應

菌液		血清(O.H)	T	P. A	P. B	P. C	G. jena
對照菌	T	生	3,200				
		熱	3,200				
	P. A	生		3,200			
		熱		1,600			
	P. B	生			3,200		
		熱			400		
	P. C	生				3,200	
		熱				3,200	
	G. jena	生					6,400
		熱					3,200
分離菌	若林	生	800	(—)	100	(—)	3,200
		熱	800	200	200	(—)	3,200
	野口	生	800	(—)	100	(—)	3,200
		熱	800	100	100	(—)	3,200
	山本	生	400	100	100	(—)	800
		熱	800	400	400	(—)	3,200
	齊藤	生	800	(—)	100	(—)	3,200
		熱	800	100	200	(—)	3,200
	高木	生	800	(—)	100	(—)	3,200
		熱	800	200	200	(—)	3,200
	石井	生	800	(—)	100	(—)	3,200
		熱	800	100	100	(—)	3,200
	尾上	生	800	(—)	100	(—)	3,200
		熱	800	100	200	(—)	3,200
	木村	生	800	(—)	100	(—)	3,200
		熱	800	100	100	(—)	3,200
	藤本	生	800	(—)	100	(—)	3,200
		熱	800	100	100	(—)	3,200
	小平田	生	800	(—)	100	(—)	3,200
		熱	800	100	100	(—)	3,200

備考　(1)　生菌ニヨル凝集反應ハ血温2時間後ノ成績ナリ。
　　　(2)　加熱菌ニヨルモノハ24時間後ノ成績ナリ。

Ⅰ 「サルモネラ菌屬代表的血清ニ對スル凝集反應

（イ） H.O. 凝集反應

右ニ就キ腸チフス菌、「パラチフス菌（A.B.C.）血清及「ゲ菌（「エナー型）血清ニ對スル凝集態度ヲ見ルニ第29表ニ示スガ如シ。

凝集菌トシテハ分離菌10株ヲ撰ビ其ノ生菌並加熱菌ニ就キ實施セリ。生菌菌液ハ18～24時間寒天培養ノモノヲ生理食鹽水ニ浮游セシメタルモノニシテ加熱菌ハ同様菌液ヲ100°C30分加熱シタルモノナリ。血清ハ軍醫學校製造ノO.H血清ナリ。

凝集反應ノ成績ハ「ゲ菌血清ニ生菌及加熱菌トモ殆ド多ク凝集シ殆ド其ノ最終凝集價ニマデ達ス。腸チフス菌血清ニ對シテモ可ナリ高度ニ凝集スルヲ見ル。A型及B型パラチフス菌血清ニテハ生菌ハ殆ド凝集セザレドモ加熱菌ニテ稍凝集シタルモノアリ。C型パラチフス菌血清ニハ全ク凝集セズ。

（ロ） A型、B型パラチフス菌O血清ニ於ケル分離菌ノO凝集反應

H.O血清ニ於ケル凝集反應ニテA型及B型パラチフス菌H.O血清ニ對シ分離菌加熱菌ハアル程度マデ凝集シタルヲ以テ特ニO血清ニヨリテソノ程度ヲ檢査シタルニ、

A型パラチフス菌O血清（凝集價1,600倍）ニ對シ52例52株（分離菌7例ハ既ニR型トナリアリシヲ以テ實施セズ）中凝集價100倍以下ナルモノ4株、100倍陽性ナルモノ18株、200倍陽性ノモノ28株、400倍陽性ノモノ2株ナリキ。

B型「パラチフス菌O血清（凝集價3,200倍）ニ對シテハ52例52株中凝集價100倍以下ナルモノ4株、100倍陽性ノモノ9株、200倍陽性ノモノ17株、400倍陽性ノモノ22株ナリキ。

Ⅱ 「ゲ菌各型血清ニ對スル凝集反應

（イ） O凝集反應

「エナー」、「モスコー」、「ブレイダム」各型O血清ニ於ケル分離菌52株ノO凝集反應ヲ檢シタルニ何レモ最終凝集價マデ凝集セラル。ソノ狀況第30表ノ如シ。

（ロ） H凝集反應

「エナー」、「ダブリン」、「ロストツク」、「モスコー」、「ブレイダム」ノ5種ノH血清ヲ以テ分離菌各群代表10株ト凝集セシムルニ第31表ニ示ス如ク何レモ最終凝集價又ハ其ノ近クマデ凝集セラレ菌型ニ對スル推想ハ不可能ナリ。

第30表　O　凝　集　反　應

菌液 \ 血清(O) 凝集價		Ent	Moskau	Blegdam	高木	石井	小本田
凝集價		800	1,600	1,600	1,600	800	800
對照菌	S. ent	800	1,600	1,600	1,600	800	800
	S. ent. var moskau	800	1,600	1,600	1,600	800	800
	S. ent var blegdam	800	1,600	1,600	1,600	800	800
	T	800	1,600	1,600	1,600	800	800
	P. A	(—)	(—)	400	200	(—)	(—)
	P. B	200	400	400	400	200	200
	P. C	(—)	(—)	(—)	(—)	(—)	(—)
分離菌	高木	800	1,600	1,600	1,600	800	800
	石井	800	1,600	1,600	1,600	800	800
	小宇田	800	1,600	1,600	1,600	800	800
	山本	800	1,600	1,600			
	藤本	800	1,600	1,600			
	和田	800	1,600	1,600			
	吉田	800	1,600	1,600			
	井村	800	1,600	1,600			
	以下 52株						

備考　2時間血温ニ保チ翌朝マデ室温ニ放置判定ス。

第31表　凝　集　反　應

菌液 \ 血清			Ent	Dublin	Rostouk	Moskau	Blegdam
對照菌		S. ent.	1,600				
		S. ent. var dublin		1,600			
		S. ent. var rostouk			3,200		
		S. ent. var moskau				6,400	
		S. ent. var blegdam					3,200
分離菌	第一群	若林	1,600	1,600	1,600	6,400	3,200
		野口	1,600	1,600	1,600	6,400	3,200
	第二群	山本	1,600	1,600	1,600	6,400	3,200
		齊藤	1,600	1,600	1,600	6,400	3,200
		高木	1,600	1,600	1,600	6,400	3,200
	第三群	石井	1,600	1,600	1,600	6,400	3,200
		尾上	1,600	1,600	1,600	6,400	3,200
	第四群	井村	1,600	1,600	1,600	6,400	3,200
		藤本	1,600	1,600	1,600	6,400	3,200
		小本田	1,600	1,600	1,600	6,400	3,200

備考　血温9時間後判定ス。

Ⅲ 分離菌血清ヲ以テスル凝集反應

（イ） O凝集反應

分離菌3株ノO血清ヲ以テ「エナー」、「モスコー」、「ブレイダム」ノ3對照菌及分離菌ノO凝集反應ヲ試ムルニ第30表ノ如ケニテ何レモ最終凝集價マデ凝集スルヲ見ル。其他ノ對照菌中腸チフス菌トハ甚ダ良ク凝集シA型及B型パラチフス菌トハ或ル程度

ニテ凝集ス。

（ロ）H凝集反應

分離菌8株ノ血清ヲ以テ「ゲ菌各型菌ヲ凝集セシムルニ第32表ノ如クニシテ「エナー」,「ダニツツ」、「チヤコー」、「エツセン」、「モスコー」、「ブレイダム」ノ各型菌ニ對シテハ最終凝集價マデ凝集スルモ「ダブリン」、「ロストツク」ノ2菌株ニ對シテハ幾分低度ノ凝集ヲ示セリ。

第32表　凝　集　反　應

菌 液 ＼ 群 血清	第1群	第	2	群	第3群	第	4	群
	若林	山本	斉藤	高木	石井	藍本	井村	小木田
對照菌 S. mt	12,800	12,800	1,600	12,800	3,200	6,400	12,800	12,800
S. e. v. danyz	12,800	12,800	1,600	12,800	3,200	6,400	12,800	12,800
S. e. v. chaco	12,800	12,800	1,600	12,800	3,200	6,400	12,800	12,800
S. e. v. essen	12,800	12,800	1,600	12,800	3,200	6,400	6,400	12,800
S. e. v. dublin	6,400	12,800	1,600	6,400	1,600	1,600	3,200	1,600
S. e. v. rostock	6,400	6,400	800	6,400	1,600	1,600	1,600	1,600
S. e. v. moskau	6,400	6,400	1,600	6,400	12,800	6,400	12,800	12,800
S. e. v. blegdam	12,800	12,800	1,600	12,800	12,800	6,400	12,800	12,800
分離菌 若林	12,800							
山本		12,800						
斉藤			1,600					
高木				12,800				
石井					12,800			
藍本						6,400		
井村							12,800	
小木田								12,800

備考　血温2時間後ノ成績ナリ。

B　因子血清ニヨル抗元構造ノ推定

(1)　O凝集素

分離菌ハO血清ニ對スル凝集反應ニテ「ゲ菌O血清ニハ最終凝集價マデ凝集シ爲チノ「菌血清ニモ相當度ノ凝集ヲナスコトヨリシテⅨ抗元ヲ有スルナルベク、又A、B型パラチフス菌O血清ニアル程度ノ凝集ヲ呈シタルハカウフマン氏ノ所謂Ⅻ抗元ノ共通スルタメナラント想像シ左記O因子血清ヲ調製シ(44)物體板上ノ擬定凝集反應ヲ試ミタルニⅨ因子血清ニハ著明ニ凝集スルモⅣ因子血清ニ對シテハ何等ノ凝集ヲモ示サズ、且又Ⅰ因子血清ニ對シテモ何等凝集セザリキ。

O因子血清	被吸收血清	吸收菌
Ⅸ	S. ent（Ⅸ. Ⅻ）	S. reading（Ⅳ. Ⅻ）
Ⅳ	S. reading（Ⅳ. Ⅻ）	S. typhi（Ⅸ. Ⅻ）
Ⅰ	S. paratyphi A（Ⅰ. Ⅱ. Ⅻ）	S. para. A. Durazo.（Ⅱ. Ⅻ）

即分離菌ノO抗元ハⅨ抗元ヲ主體トシ其他ニⅫ抗元ヲ有スルナラント想像セラル。

(2)　H凝集素

Kauffmann ノ方法ニ從ヒ、g. m. p. u. q 及ビ Z_1, Z_2, Z_3 ノ25倍稀釋因子血清ヲ調製シ物體板上擬定凝集反應ニヨリ分離菌ノ抗元構造ヲ調査セリ。

因子血清トシテハ次ノ血清及被吸收血清ヲ用ヒタリ。

凝集素(因子)	免按血清	吸收菌
g.	Senftenberg.（gs）	
m	Oranienberg（mt）	
	ent.（gom Z_1 Z_2）	moskau（goq Z_1）
p.	dublin（gp）	ent（gom. Z_1 Z_2）
u.	rostock（gp. u）	dublin（g. p）
q.	blegdam（gomq Z_1）	ent（gom Z_1 Z_2）
Z_1	blegdam（gomq Z_1）	moskau（goq Z_3） Oranienberg（mt）
Z_2	ent（gom Z_1 Z_2）	blegdam（gomq Z_1）
Z_3	moskau（goq Z_1）	blegdam（gonq Z_1）

m因子血清トシテハ始メOranienberg（mt）血清ヲ得ラレザリシニヨリ次ノ如クセリ。即Oranienberg血清ナキ時ノm因子血清ノ調製ハ中黑氏ニヨレバblegdam（gomq Z_1）血清ヲmoskau（goq Z_3）菌ニテ吸收シタルm Z_1血清ヲ用フベシトアルモ本研究ニテハ使用セシ血清ノ關係上右ノ方法ニヨルモ滿足スベキ血清ヲ得ラレザリシニヨリ「ent（gom Z_1 Z_2）血清ヨリmoskau（goq Z_3）菌ヲ吸收シタルm Z_1 Z_2血清ヲ用ヒタリ。其後Oranienberg血清ヲ得タルヲ以テm因子ヲ調査セルニm Z_1 Z_2血清ヲ用ヒタ場合ト同一ノ成績ヲ得タリ。

H因子血清ニヨル凝集素ノ調査成績ハ附表分離菌鑑別表ニ示スガ如シ。即p及u因子ヲ有スルモノハ皆無ニシテ合計59例70株ノ分離菌ノ抗元構造ヲ總括スルニ第33表ノ如シ。

第33表　分離菌ノH抗元構造

有	無	例數	株數	該當スル菌ノ型
g. m. q Z_1	P. u. Z_2 Z_3	42	50	blegdam
g. m. Z_1 Z_2	P. u. q. Z_3	18	16	ent danysy chaco essen
g. q. Z_3	P. w. m. Z_1 Z_2	2	2	moskau
H型變異ヲナシアリシタメ調査不能ナリシモノ		2	2	

C　吸收試驗

因子血清ニヨル抗元構造推定上及培養成績上異ナル菌型ニ屬スト思ハルルモノ計12株ニ就キ分離菌血清及「エナー」、「モスコー」、「ブレイダム血清ヲ以テH凝集素吸收試驗ヲ實施セリ。其ノ成績第34表ニ示ス如クニテH因子血清ニヨル推定上一致セルヲ認メタリ。但分離菌血清ノ調製ハ8株ニ止メ他ノ4株ノ菌株ニ就テハ「ゲ菌各型血清ノミヲ以テ吸收試験ヲ實施スルニ止メタリ。

第34表　吸　收　試　驗

番號	免疫血清	吸收菌	分離菌	Ent.	Mosk.	Blegd.
1	若林	Ent.	(—)	(—)		
	若林	Mosk.	200		(—)	
	若林	Blegd.	100			(—)
	Ent.	若林	(—)	(—)		
	Mosk.	若林	(—)		3,200	
	Blegd.	若林	(—)			800
2	山本	Ent.	(—)	(—)		
	山本	Mosk.	3,200		(—)	
	山本	Blegd.	200			(—)
	Ent.	山本	(—)	(—)		
	Mosk.	山本	(—)		3,200	
	Blegd.	山本	(—)			200
3	齊藤	Ent.	(—)	(—)		
	齊藤	Mosk.	200		(—)	
	齊藤	Blegd.	200			(—)
	Ent.	齊藤	(—)	(—)		
	Mosk.	齊藤	(—)		3,200	
	Blegd.	齊藤	(—)			800
4	高木	Ent.	(—)	(—)		
	高木	Mosk.	400		(—)	
	高木	Blegd.	100			(—)
	Ent.	高木	(—)	(—)		
	Mosk.	高木	(—)		3,200	
	Blegd.	高木	(—)			1,600
5	石井	Ent.	200	(—)		
	石井	Mosk.	(—)		(—)	
	石井	Blegd.	400			(—)
	Ent.	石井	(—)	400		
	Mosk.	石井	(—)		(—)	
	Blegd.	石井	(—)			100
6	藤本	Ent.	200	(—)		
	藤本	Mosk.	400		(—)	
	藤本	Blegd.	(—)			(—)
	Ent.	藤本	(—)	200		
	Mosk.	藤本	(—)		400	
	Blegd.	藤本	(—)			(—)
7	井村	Ent.	100	(—)		
	井村	Mosk.	400		(—)	
	井村	Blegd.	(—)			(—)
	Ent.	井村	(—)	200		
	Mosk.	井村	(—)		3,200	
	Blegd.	井村	(—)			(—)
8	小本田	Ent.	100	(—)		
	小本田	Mosk.	3200		(—)	
	小本田	Blegd.	(—)			(—)
	Ent.	小本田	(—)	400		
	Mosk.	小本田	(—)		400	
	Blegd.	小本田	(—)			(—)
9	Ent.	野口	(—)	(—)		
	Mosk.	野口	(—)		800	
	Blegd.	野口	(—)			3,200
10	Ent.	橋爪	(—)	(—)		
	Mosk.	橋爪	(—)		1,600	
	Blegd.	橋爪	(—)			1,600
11	Ent.	尾上	(—)	400		
	Mosk.	尾上	(—)		(—)	
	Blegd.	尾上	(—)			100
12	Ent.	八島	(—)	200		
	Mosk.	八島	(—)		3,200	
	Blegd.	八島	(—)			(—)

備考　判定ハ血温2時間後ナリ。

即若林、山本、齊藤、高木ノ4血清ニテハ「エナー株」ニヨリ完全ニ吸收シ盡クサルルモ「モスコー株」「ブレグダム株」ニテハ吸收シ盡クス能ハズ。逆ニ以上4株ノ分離菌ヲ以テハ「エナー株血清ハ完全ニ吸收シ盡クサルルモ「モスコー血清」「ブレイダム血清ヲ吸收シ盡クス能ハズ。

石井血清ニテハ「モスコー株ニヨリ完全ニ吸收シ盡クサルルモ「エナー株「ブレイダム株ニテハ吸收シ盡クサレズ。逆ニ石井株ヲ以テハ「モスコー血清ハ完全ニ吸收シ得ルモ「エナー血清、「ブレイダム血清ヲ吸收シ盡クス能ハズ。

藤本、井村、小本田ノ3血清ニテハ「ブレイダム株ニヨリ完全ニ吸收シ盡クサルルモ「エナー株、「モスコー株ニテハ吸收シ盡クサレズ。逆ニ藤本、井村、小本田ノ3株ヲ以テハ「ブレイダム血清ヲ完全ニ吸收シ得ルモ「エナー血清、「モスコー血清ヲ吸收シ盡クス能ハズ。

又野口、橋爪株ハ「エナー血清ヲ完全ニ吸收シ尾上株ハ「モスコー血清ヲ八島株ハ「ブレイダム血清ヲ完全ニ吸收ス。

即以上ニヨリ若林、山本、齊藤、高木、野口、橋爪ハ「エナー株ト H凝集素ヲ同ジクシ石井、尾上ハ「モスコー株ト藤本、井村、小本田、八島ハ「ブレイダム株トH凝集素ヲ等シクスルヲ知ル。

D　菌型ニ對スル考察

以上ノ培養性狀及抗元構造(附表參照)ニヨリ分離菌ヲ總括分類スルニ第35表ノ如クニシテ4群ニ區別スルヲ得。

即第1群ハ「チヤコー型、第3群ハ「モスコー型、第4群ハ「ブレイダム型ニ一致ス。第2群ハ大體ニ於テ「チヤコー型ニ一致スルモ有機酸鹽培地「ムカート」ノ分解遲延スルハ未ダ文獻ニ見ザルトコロニシテ「チヤコー型ノ1變株ナリ。即チKauffmann ノ記載セシ「チヤコー型ト前田及井手ニヨリ記載セラレ中黑ニヨリ chaco 2ト記セラレタル「ビツター4號地陰性ニシテ「アンモン鹽ナル菌株ノホカ「ムカート分解ノ點ニ於テ前2者ト異ナル變株ノ存スルヲ認メタリ。

「ブレイダム型ハスベテ Kauffmann ノ所謂 blegdam 1 ニ一致ス。

分離菌39例70株ヲ分離スレバ次ノ如クニテ「エナー」、「ダニツツ」、「エツセン」「ダブリン」、「ロストツク」ノ諸型ハ認ムルヲ得ザリキ。

第35表　分　離　菌　分　類

培地		第1群	第2群	第3群	第4群
ペプトン水	マルトーゼ	+	+	+	+
	アラビノーゼ	+	+	+	+
	ズルチット	—+	—+	—+	—+
	ラムノーゼ	+	+	+	+
ステルンブイヨン		—	—	—	—
ビツター	グルコーゼ	+	+	+	+
	アラビノーゼ	+	+	+	+
	ズルチット	—	—	—	—
	ラムノーゼ	+	+	+	+
シモ天	グルコーゼ寒	+	+	+	+
有機酸	d-タルタラート	+	+	+	+
	l-タルタラート	+	+	+	+
	チトラート	+	+	+	+
	ムカート	+	2—7 —+	+	+
H凝集素	g	×	×	×	×
	m	×	×	—	×
	p	—	—	—	—
	u	—	—	—	—
	q	—	—	×	×
	Z_1	×	×	—	×
	Z_2	×	×	—	—
	Z_3	—	—	×	—

備考　第1群 Chaco　第2群 Chaco變株
第3群 Moskau　第4群 blegdam

「チヤコー型	7例	8株
「チヤコー型變株	6例	8株
「モスコー型	2例	2株
「ブレイダム型	42例	50株
不　明	2例	2株

4　第5章總括及附言

Kauffmann u. Alonso. Buron (37) ハ「ダ菌ヲ血清學的ニ5型更ニ生物學的性狀ニヨリ合計15型ニ分類セリ。其後本邦ニ於テモ前田、井手、中黑等ノ研究ニヨリ更ニ新型並新亞種ヲ

92—40

報ゼラルルニ至レリ。

支那ニ於ケル「ゲ菌ニ關シテハ北京ニ於テ Li u Ni (20) 及 P. Y. Lin (56) ニヨリ報告セラレアルモ其他ノ地ニテハ未ダソノ詳細ナル報告ヲ見ザルトコロニシテ今次事變ニ際シ始メテ多數經驗セラレタルモノナリ。余ノ研究調査ニ依レバ中支特ニ武漢附近ニ於テハ腸チフス様症狀ヲ呈スルゲルトネル氏腸炎多ク、ソノ「ゲ菌菌型ハ「ブレイダム型最多ニシテ「チヤコー型、「モスコー型之ニ亞グ、其他ノ菌型ハ認メザリキ。

「ゲ菌ブレイダム型ハ Kauffmann (1929) (32) ニヨリ Koponhagen ノ Bleydam Hospital ニテ肺炎患者ノ血液中ヨリ始メテ分離セラレシモノニシテ其後1936年迄人體ヨリ分離セラレタルコトナカリキ，然ルニ本邦ニ於テハ金野(23)ハ昭和11年細菌性中毒症ノ1例ヨリ同型菌ヲ檢出、次デ苅谷(18)ハ脾氣催患中敗血症狀ヲ呈セル患者血液中ヨリ同型菌ヲ分離、更ニ小池(45)ハ急性腸炎ヲ呈セル患者2例ヨリ同型菌ヲ檢出シタリ。人以外ニテハ海猽ヨリ「ブレイダム型ノ檢出多ク前田(38)1例、井上(31)9例、中黑(39)9例ヲ報ズ。最近廣木、岩田(55)ハ滿洲ニ於ケル「ハタリス」ヨリ本菌ヲ分離シタルヲ報告セリ。

「ゲ菌チヤコー型ハ E. Savino u P. Meuendez (46) ニヨリ1934年南米 Chaco ニテ罹患セル兵士ヨリ分離セラレタルモノナリ。Topley u Wilson (47) ニヨレバ本菌ハ動物界ヨリ分離セラレタルコトナシトサレアルモ本邦ニテハ動物ヨリモ多數分離サレアリ。即本型ハ人及動物ニ屢、檢出セラルルモノナリ。Kauffmann (32) ハ77株ノ「ゲ菌ヲ檢シソノウチ8株ノ「チヤコー型ハスベテ人ヨリ分離セラレタルヲ述べ、中黑(39)ハ人ヨリ分離シタル65株ノ「ゲ菌中4株ノ「チヤコー型ヲ證明シ動物ヨリ分離サレタル「ゲ菌27株中「モルモツト」ヨリ4株ノ「チヤコー型ヲ證明セリ，井上(31)ニヨレバ本邦ニテ分離セラレタル116株ノ「ゲ菌中「チヤコー型ニ屬スルハ38株ニシテ人10株、海猽15株、「マウス2株、家鼠2株、白鼠5株、家兎1株、不明3株ナリシヲ報ズ。添川、大坪(50)ハ「ラツテ」ヨリ8株、「マウス」ヨリ3株ノ「チヤコー型ヲ分離シタルヲ報告セリ。

「ゲ菌モスコー型ハロシアニ於テ熱性病患者ヨリ始メテ分離セラレタルモノニシテ次ノ如キ異名アリ。

Paratyphus C1 (Weigmann) 1925(51)

Paratyphus N2 (Iwaschenzoff) 1926(52)

Sal. type moscow (Bruce white u Hicks) 1929—1930(53)

Sal. moscow (Warren u Scott) 1930(54)

Kauffmann (32) ハ「ゲ菌77株中10株ノ「モスコー型(1部ハ人ヨリ1部ハ牛馬等ノ家畜ヨリ分離シタルモノ)ヲ報ジタリ。本邦ニテハ未ダ人體ヨリ分離セル「モスコー型ノ報ゼラレタルコトナク、動物中「モルモツト」ヨリ分離セラレアルノミ。即井上(31)ハ116株ノ「ゲ菌中「モスコー型ナキヲ報ジ、中黑ハ人ヨリ分離セル65株中ニハ1例モナク「モルモツト」ヨリ分離セラレタル21株中1株アリタルヲ報ズ。

92—41

本邦ニ於ケル「ゲ菌菌型ト菌株由來トノ關係ハ下條(48)之ヲ詳述セリ。

第6章　結　　論

以上ヲ總括シ結論スレバ次ノ如シ。

(1)　昭和13年10月ヨリ同14年3月ニ至ル間ニ於テ武漢附近ニテ發病セル熱性病患者37例及「コレラ様患者1例健康者2例計40例ヨリゲルトネル氏腸炎菌ヲ分離セリ。更ニ其後武漢附近及中支方面ニテ發病セル患者ヨリ分離セル「ゲ菌19例19株ヲ得タリ。

(2)　本邦ニ於ケルゲルトネル氏腸炎ハ食中毒ノ型ヲトルコトナク主トシテ「チフス様症狀ヲトリテ散發的ニ發病セルヲ特徴トス。

(3)　「ゲ菌ノ地理的分布ハ中支作戰地ニテハ武漢附近濃厚ナリ。

(4)　感染經路ハ不明ナリ。

(5)　ゲルトネル氏腸炎ヲ共ノ初發症狀ニヨリ「チフス型、腸炎型及「コレラ型ノ3型ニ識別スルヲ得、調査可能ナリシ40例ヲ分類スルニ次ノ如シ。

「チ　フ　ス　型	28例
腸　炎　型	11例
「コレラ型(嘔吐ヲ伴ハズ)	1例

(6)　分離菌ノ菌型ト初發症狀ニヨル病型トノ間ニハ特顯ナル關係ヲ認メズ。

(7)　本症ノ經過ハ概シテ長ク高勢持續ノ期間ハ3週乃至9週ニ亙リ概シテ平溫ニ復スルマデニハ4週乃至10週ヲ要ス。

(8)　「ゲ菌ハ發病初期ニ於テ血液中ニ檢出セラレ爾後尿及屎ニ排泄セラルルコト及膽汁中ニモ證明セラルルコト腸チフス」，A型、B型パラチフス」等ニ於ケルガ如シ。

(9)　死亡率ハ17.0%ニシテ腸炎型ノ死亡率最モ高シ。

(10)　「ヴイダール反應ニ於テ「ゲ菌ノ凝集價高度ナル場合ニ於テモ腸チフス菌ニ對スル凝集價ハ概シテ低度ナリキ。

(11)　分離菌59例70株ノ菌型ハ下記ノ如シ。

「ブレイダム型		42例	50株
「モスコー型		2例	2株
「チヤコー型		13例	16株
內	「チヤコー型(原型)	7例	8株
	「チヤコー型(變株)	6例	8株
不明(R型變異ノタメ)		2例	2株

(12)　「ムカート」ノ分解遲延スル「チヤコー型ノ1變株ヲ認メタリ。

(13)　分離菌ハ「マウス」及「モルモツト」ニ對シ腹腔內及經口感染力共ニ強キモ「ラツテ」ニ對シテハ感染力ナシ。猿、鷄、家鴨、鵞鳥ニ對シテ經口感染セシメントシタレドモ失敗ニ終レリ。家兎ニ就テハ目下研究中ナリ。

99—48

附表　分離菌鑑別表

区分	番号	菌名	菌型	ペプトン水 マルトーゼ	ペプトン水 アラビノーゼ	ペプトン水 ズルチット	ペプトン水 ラムノーゼ	ステルンアイゼン	ビッター グルコーゼ	ビッター アラビノーゼ	ビッター ズルチット	ビッター ラムノーゼ	レモンズグルコーゼ寒天	有機酸 d-タルタラート	有機酸 l-タルタラート	有機酸 チトラート	有機酸 ムカート	H凝集素
対照菌	G 3	S. ent (本校)	Ent 1	+	+	+	+	+	+	+	+	+	+	+	+	+	+	××−−−××−
	G 7	S. ent. jena (傳研)	〃 2	+	−+ (2)	+	+	+	−	−	−	−	+	+	−+ (8)	+	+	××−−−××−
	G 8	E. G. I. (東北)	〃 3	+	+	+	+	+	+	+	+	+	+	+	−+ (8)	+	− (10)	××−−−××−
	G121	酒田 (傳研)	〃 4	+	+	−	−	+	+	−	−	−	+	+	−	+	+	××−−−××−
	G 9	Ratin (傳研)	Danyz. 1	+	+	+	+	−	+	+	+	−	+	+	−+ (2)	+	+	××−−−××−
	G 10	S. ent var danyz 412 (北研)	〃 2	+	+	+	+	−	+	+	+	−	+	+	−+ (2)	−	+	××−−−××−
	G 11	S. ent. var chcoo 413 (北研)	Chaco 1	+	+	−+ (2-3)	+	−	+	+	−	+	+	+	+	+	+	××−−−××−
	G 12	Gärtner 718 (日大)	〃 2	+	+	−+ (3)	+	−	+	+	−	+	−	+	+	+	+	××−−−××−
	G 13	S. ent. var essen 450 (北研)	Essen	+	+	−+ (2-3)	+	+	+	−	−	+	+	+	−	+	+	××−−−××−
	G 14	S. ent. var dublin 215 (北研)	Dublin 1	+	−	+	+	−	±	−	−	−	+	+	−+ (2)	+	+	×−×−−−−−
	G 16	E. G. II (東北)	〃 2	+	+	+	+	−	±	−	−	−	+	+	−+ (2)	+	+	×−×−−−−−
	G 21	Rostock (本校)	Rostock 1	+	+	+	−	−	−	−	−	−	−	+	−+ (2)	+	+	×−××−−−−
	G 19	Rostock (傳研)	〃 2	−	+	+	−	−	−	−	−	−	−	+	−+ (2)	+	+	×−××−−−−
	G 22	S. ent. var moskau (北研)	Moskau	+	+	−+ (2-3)	+	−	+	+	−	+	+	+	+	+	+	×−−−×−−×
	G 23	S. ent var blegdam (北研)	Blegdam 1	+	+	−+ (4-5)	+	−	+	+	−	+	+	+	+	+	+	××−−××−−
	G 58	M-21 (本校 モルモット)	Nouer-tyhe	+	+	−	+	−	+	+	−	+	+	+	+	+	+	××−−××−−
	G130	市岡 (熊大)	Kumamoto	−	+	+	+	+	+	+	+	+	+	+	+	+	+	××−−−××−
参考菌	G 68	岡部 (服林廠)	Chaco 1	+	+	−+ (2-3)	+	−	+	+	−	+	+	+	+	+	+	××−−−××−
	G 71	菊川 (東一陸)	〃	+	+	−+ (3)	+	−	+	+	−	+	+	+	+	+	+	××−−−××−
	G 73	M—8 (モルモット)	〃	+	+	−+ (3-6)	+	−	+	+	−	+	+	+	+	+	+	××−−−××−
	G134	E. G 61	Chaco 3	+	+	−+ (3)	+	−	+	+	−	+	−	+	+	+	+	××−−−××−
	G131		Blegdam 1	+	+	−+ (4-5)	+	−	+	+	−	+	+	+	+	+	+	××−−××−−
	G132		〃	+	+	−+ (6)	+	−	+	+	−	+	+	+	+	+	+	××−−××−−
	G133		〃	+	+	−+ (3-6)	+	−	+	+	−	+	+	+	+	+	+	××−−××−−
分離菌		山本株以下 6例 8株	Chaco 變株	+	+	−+ (3-6)	+	−	+	+	−	+	+	+	+	+	−+ (2-10)	××−−−××−
		若林株以下 7例 8株	Chaco	+	+	−+ (3-7)	+	−	+	+	−	+	+	+	+	+	+	××−−−××−
		石井株以下 2例 2株	Moskau	+	+	−+ (2-7)	+	−	+	+	−	+	+	+	+	+	+	×−−−×−−×
		藤本株以下 42例 51株	Blegdam 1	+	+	−+ (2-10)	+	−	+	+	−	+	+	+	+	+	+	××−−××−−
		伊藤株以下 2例 2株	R型ノタメ菌型不明	+	+	−+ (5)	+	−	+	+	−	+	+	+	+	+	+	凝集不明

備考　1）總加ペプトン水ハ8週間培養　2）「ステルンアイゼン」ハ2日間培養　3）「ビッテル培地ハ3時間培養　4）有機酸鹽培地ハ10日間培養　5）「レモンス培地ハ4日間培養

99—49

(14) 分離菌ハ60°C5分，80°C1分以内ニテ死滅シ、2.5%石炭酸水、0.1%昇汞水ニテ30秒以内ニ死滅、2.5%「クレゾール石鹸液ニテハ30秒乃至1分ニテ死滅ス。

(15) 分離菌ハ過マンガン酸加里法ニヨリ検スルニ概ネ8～16倍稀釈マデ「カタラーゼ」ヲ證明セリ。

(16) 分離菌ハ分離時既ニR型變異又ハ透明型變異ヲ起シアリタルモノアリ。

最近南京ニ於テ「ゲ菌ノ多数分離セラレタルヲ聞ケリ。又武漢附近ニテハ其後續々「ゲ菌ノ分離セラレアルヲ聞ク。之ヲ要スルニ中支作戰地ニ於テハ「ゲ菌ニヨル疾患ニ留意スベキハ防疫上必須ナルコトト信ズ。

稿ヲ終ルニ臨ミ前呂集團軍醫部長平野少將閣下ニ敬意ヲ表シ、御懇篤ナル御指導並御校閲ヲ賜リシ石井主幹殿並ニ菊池教官殿ニ満腔ノ謝意ヲ表シ，現地ニアリテ御教示御鞭撻並御便宜ヲ賜リシ西村盛陽部隊長殿並各位ニ深甚ノ感謝ヲ捧ゲ、御教示ヲ仰ギ且御便宜ヲ賜リタル内藤教官殿ニ感謝シ，貴重ナル菌株並ニ血清ノ分與ヲ賜リ且御教示ヲ仰ギタル前教官為津中佐殿中黒大尉殿並谷山屋目殿ニ深謝シ，臨床的調査ニ絶大ノ便宜ト御厚意ヲ賜リタル荒木部隊軍醫中尉古莊三郎殿谷澤部隊軍醫中尉石山金太郎殿及稲葉部隊倉原部隊軍醫少尉稲森正愛殿ニ深謝ス。

(昭和15年4月)

92-44

文 献

1) Lubarsch Virchow Ar. Bd 122 (1891) 2) Graig a White Zbl. f. Bakt. etc. Ref. Bd. 32. 3) Mc. Nee Lancet (1921) 200P. 218. 4) Roscher a Wilson Lancet (1921) 200P. 16. 5) Herzog u Schiff. Zsch. f. d. ges. exp. Med. Bd. 29 (1922) 6) Stuart a Krikorian Jl. of Hyg. Vol 25 (1926) 7) Seligmann u Clauberg Zbl. f. Bakt. Orig Bd. 125 (1932) 8) Smith Jl. of Hyg. Vol. 34P. 351 (1934) 櫻井 9) 日本傳染病學界雜誌 1卷7號(昭2) 10) 芳賀 日本之醫界 17卷80號(昭2)

11) 早坂、大滅 東北醫學雜誌 13卷(昭6) 12) 早坂 同 15卷(昭7) 13) 石井、吉村 東京醫事新誌(昭11) 2984—5 14) 正木、大里 日本傳染病學界雜誌 9卷12號(昭10) 15) 宮尾 海軍軍醫會雜誌 25卷12號(昭11) 16) 飯野 日本傳染病學會雜誌 11卷9號(昭12) 17) 夏田 東京女醫界雜誌 7卷4號(昭12) 18) 苅谷 海軍軍醫會雜誌 27卷10號(昭13) 19) 落合、相澤、中川 日本傳染病學界雜誌 13卷12號(昭14) 20) Li a Ni Jl. of infdis. Vol 42 (1928)

21) 小島 日本傳染病學會雜誌 12卷(昭12) 22) 寒川 同 12卷(昭12) 23) 金野 同 12卷(昭12) 24) Nocht u Myer Die Malaria (1936) S. 23. 25) Symmers a Wilson Jl. of Path. a bac. 13. 1908—09 26) Smith a Aberd Lancet. 201 (1921) P. 705 27) Pesch Zbl. f. Bak. I orig Bd. 98 (1926) 28) Engel Zbl. f. Bak. I orig Bd. 129 (1933) 29) 西澤及前田 治療及處方 204號(昭12) 30) 西澤 醫事公論 734號

31) 井手 日本醫事新報 744(昭11) 32) Kauffmann Zsch. f. Hyg. Bd. 117 (1935) 33(Hohn u Hermann Zbl. f. Bakt. orig. 133 (1935) 34) Bahr Dtsch. tierärztl Wschr. (1930) 35) Pesch u Krämer Zbl. f. Bakt. orig. 118 (1930) 36) Kauffmann Zsch. f. Hyg. 110 (1929) 111 (1930) 37) Kauffmann u Alonso Buron Zsch. f. Hyg. 117 (1935) 38) 前田 實驗醫學雜誌 21卷(昭12) 39) 中黑 軍醫團雜誌 283號(昭11) 40) 青木 日本傳染病學界雜誌 13卷2號(昭13)

41) Hilgers u Schimazu Zbl. f. Bak. I orig. Bd. 124 (1932) 42) 大坪 細菌學雜誌 329(大12) 43) 板橋 日本獸醫誌 10卷2號(昭6) 44) 小島、八田 食物中毒菌(昭15) 45) 小池 好生館醫事研究會雜誌 43卷2.3號(昭12) 46) E. Savino u P. menendez Zit. nach Kauffmann Zsch. f. Hyg. Bd. 117 47) Topley a Wilson. The Priciples of bacteriology a immunity. (1936) 48 下條 日本傳染病學會雜誌 11卷10號11號 49 井手 細菌學雜誌 479—482號(昭11) 50 添川、大坪 細菌學雜誌 490(昭11)

92—45

51) Weigmann Zbl. f. Bakt. I orig Bd. 95. S. 396. 52) Iwaschenzoff Zit. nach Topley a Wilson The Priciple of bact. a immunity. (1936) 53) Bmce white a Hicks Jl. of Hyg. Vol 29 (1930) 54) Warren a Scott Jl. of Hyg. Vol 29 (1930) 55) 鳳木、岩田 第14回日本傳染病學會演說要旨(昭15.4) 56) P. Y. Liu Chinese Med. Jour. Suppl Ⅱ 279 (1938) (實驗醫學雜誌 昭14.6 文獻抄錄 八田) 57) 石垣 日本傳染病學會雜誌 14卷3號(昭14)

3. 关于武汉附近的格特内氏肠炎菌(第 2 报告)

资料:沟上三郎「武漢附近ニ於ケルゲルトネル氏腸炎菌ニ就テ(第 2 報)分離菌ノ家兔セルニ於ケル经口感染試驗」、『陸軍軍醫學校防疫研究報告』第 2 部第 109 号。

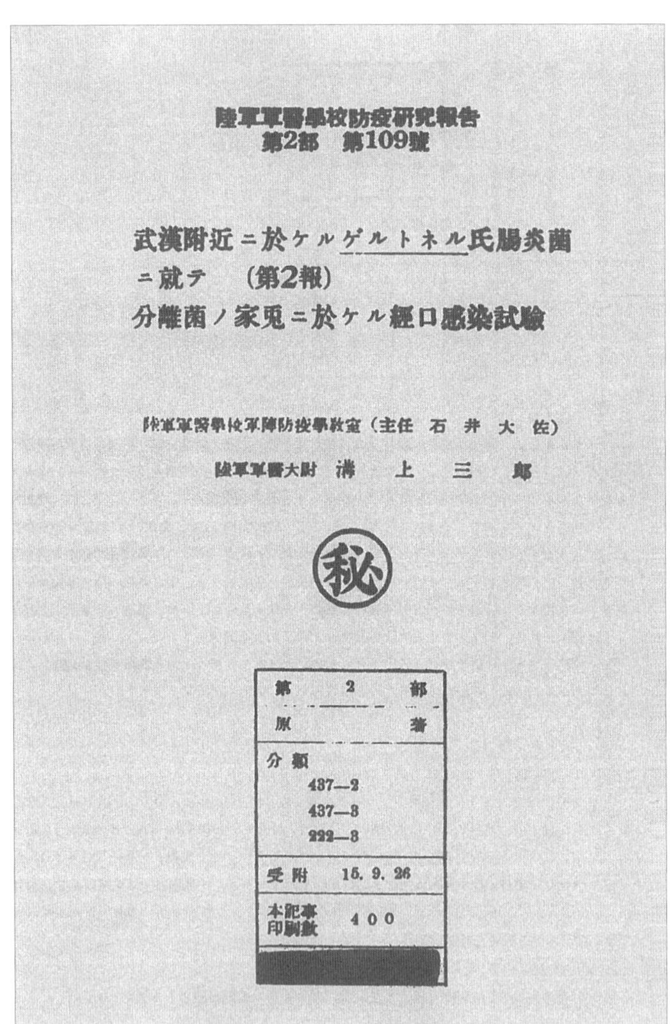

陸軍軍醫學校防疫研究報告
第2部　第109號

武漢附近ニ於ケルゲルトネル氏腸炎菌
ニ就テ　(第2報)
分離菌ノ家兎ニ於ケル經口感染試驗

陸軍軍醫學校軍陣防疫學教室（主任　石井　大佐）
陸軍軍醫大尉　溝　上　三　郎

㊙

第　2　部
原　著
分類 437—2 437—3 222—3
受附　15. 9. 26
本記事印刷數　400

202—2

目　次

第1章　緒　　言
第2章　實驗材料
第3章　實驗方法
第4章　實驗成績
第5章　結　　言
　　　　文　　獻

第1章　緒　　言

ゲルトネル氏菌ノ家兎ニ於ケル經口感染試驗ニ就キテハ諸家ノ實驗成績ハ區々ニシテ、成立セザリシヲ報ズルモノ（昆野、最上、山賀（1）羽生（2））、或ハ體内臓器ニ侵入シ得ルモ發症セザリシヲ報ズルモノ（中村(3)竹下(4)）、或ハ菌株ニヨリテ感染發症セシムルコトアリ、特ニ幼弱家兎ニテ感染セシメ易スシトナスモノアリ。（韓、三好、島田(5)）三好、島田(6)ノ詳細ナル實驗成績ハヨルニ家兎ニ於ケルゲルトネル氏菌ノ經口感染發症ノ成立ニ關シテ試驗菌株10株中3株ハ可ナリ多數ニ感染發症セシメ、4株ハ少數ナガラ感染或ハ發症セシメ、他ノ3株ハ全ク感染セシメ得ザリシヲ報告シ、結論トシテ家兎ニ於ケル感染ハ一般ニ少ナケレドモ、菌株ニヨリ可ナリ多數ニ感染發症セシメ、又極メテ稀ニ感染致死セシメ得ルコトヲ報告セリ。

余ハ武漢附近ニ於テ腸チフス」樣症狀ヲ呈シアリシ患者ヨリゲルトネル氏菌ヲ多數分離シタルニヨリ之ガ家兎ニ於ケル經口感染成立ノ有無ヲ知ラントシテ下記實驗ヲナセリ。

第2章　實驗材料

第1節　使用菌株

山本株（「チヤコー型）小本田株(「ブレーダム型）石井株（「モスコー型）ノ3株ニシテ武漢附近ニ於テ分離セル定型的ゲルトネル氏菌ナリ。此等ノ菌株ハ分離當初12—13gノ「マウス」ニ對シ $\frac{1}{10^4}$ mg— $\frac{1}{10^5}$ mg腹腔内注射ニテ3—4日ニテ之ヲ斃シ、經口感染ニテ7—11日ニテ100%ニ之ヲ斃シ得ル菌力ヲ有シタルモノナリ、使用前數回「マウス」ヲ通過セシメテ用ヒタリ、尚實驗ノ回ヲ重ヌルニ従ヒ感染發症シタル家兎ヨリ分離シタルモノヲ使用セリ，對照トシテB型パラチフス菌（中支ニ於テ分離シタルヘ

第2節　試驗家兎

概ネ2kg内外乃至3kg時ニ4kgノ白色家兎ヲ用ヒタリ、又雌雄兩者トモ使用セリ。

202—2

第3章　實驗方法

第1節　感染方法

家兎ノ空腹時（朝投餌前2—3時間）各試驗菌株ノ普通寒天斜面18—20時間培養ノモノ2白金耳ヲ口中深ク挿入シ後直チニ少量ノ餌ヲ與ヘタリ、尚實驗第2ニ於テハ4匹ノ家兎中2匹ハ豫メ重曹1.0gヲ「ネラトンカテーテル」ヲ以テ胃内ニ注入シ置キテ實驗セリ（7）。

第2節　一般症狀檢査方法

第1項　體　　温

體温ハ毎朝食餌投與前（2—3時間）肛門内ニテ1分間計ヲ用ヒテ測定セリ。

第2項　體　　重

體重ハ2—3日毎ニ體温測定後之ヲ計測セリ。

第3項　其　　他

元氣ナリヤ、活潑ナリヤ、或ハ下痢ヲ起シアルヤ否ヤ等ノ症狀ヲ觀察セリ。

第3節　菌檢索方法

第1項　生存中ニ於ケル菌檢索

(1) 屎、菌投與後第3日マデ毎日、爾後時ミ隔日毎ニ採便棒ヲ以テ糞便ヲ採取シ直チニカウフマン氏増菌培地ニ投入シテ菌ノ有無ヲ檢セリ。

(2) 尿、菌投與後5—6日目ヨリ細キ「ネラトンカテーテル」ヲ用ヒテ時ミ隔日毎ニ採尿シ、之ヲ直チニカウフマン氏増菌培地中ニ投ジテ菌ノ有無ヲ檢セリ。

(3) 血液、菌投與後3—20日ノ間ニ於テ適時心臓採血ニヨリ採血シ牛膽汁培地中ニ3日間培養シテ菌ノ有無ヲ檢セリ。

第2項　死後ニ於ケル菌檢索

斃死シタルトキハ可及的速ニ又豫定日數ニ達シタルトキハ空氣栓塞ニヨリテ之ヲ屠殺シ各臓器（心臓、肺、肝、脾、膽嚢、腎、腸線）並腸内容及尿ヨリ直接塗抹並増菌法ニヨリ菌ヲ檢出セリ。

第4節　凝集素檢査方法

實驗開始前ノ血液並ニ中間（5—6—8日目）及最終（11—14—20日目）ノ心血ニツキ當該菌ノ生菌ヲ以テ凝集反應ヲ實施シ血温2時間後翌朝マデ室温ニ放置シテ判讀セリ。

第5節　血液檢査方法

「パツペンハイム式計算板ヲ用ヒテ白血球總數ヲ計算シ、一方塗抹標本ヲ「ギームザ液ニテ染色血液像ヲ調査セリ、血液ノ檢査ハ概ネ菌投與翌日ヨリ始メテ隔日毎ニ實施セリ。

第6節　觀察期間

第1第2實驗ニ於テハ20日間、第3第4第5實驗ニ於テハ14日間觀察シ生存セルモノハ最終日ニ之ヲ屠殺セリ。

第7節　感染發症ノ判定

死後若シクハ屠殺後諸臓器ニ又ハ肝、脾、腸線ニ菌ヲ證明シタルモノニ於テ生存中一般症狀ニ

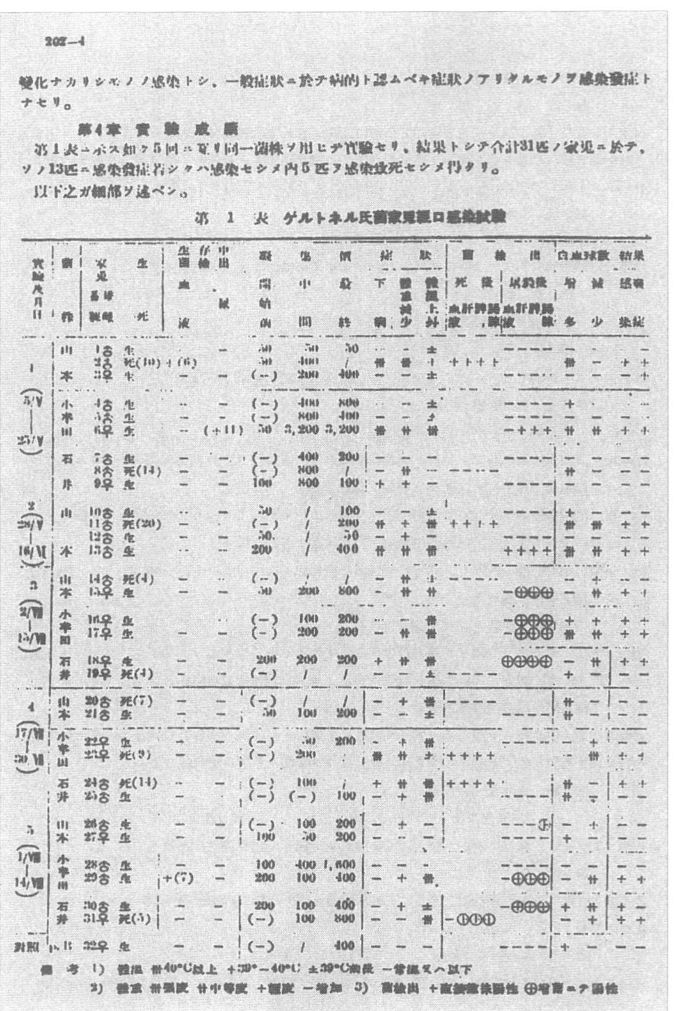

202—4

變化ナカリシモノノ感染トシ、一般症狀ニ於テ病的ト認ムベキ症狀ノアリタルモノヲ感染發症トナセリ。

第4章 實驗成績

第1表ニ示ス如ク5回ニ亘リ同一菌株ヲ用ヒテ實驗セリ。結果トシテ合計31匹ノ家兎ニ於テ、ソノ13匹ニ感染發症若シクハ感染セシメ内5匹ヲ感染致死セシメ得タリ。

以下之ガ細部ヲ述ベン。

第1表 ゲルトネル氏菌家兎經口感染試驗

實驗次月日	飼作	家兎番號雌雄	生死	生存中菌檢出 血液	生存中菌檢出 尿	凝集價 開始	凝集價 中間	凝集價 最終	症狀 下痢	症狀 體重減少	症狀 體温上昇	菌檢出 死後 血肝脾腸	菌檢出 屠殺後 血肝脾腸	白血球數 増多	白血球數 減少	結果 感染	結果 發症
1 (5/V—25/V)	山本	1♂	生		−	50	50	50	−	−	±		−−−−	−			−
		2♂	死(10)	+(6)		50	400	/	卌	卌	+	++++		卌	−	+	+
		3♀	生	−	−	(−)	200	400	−	−	±		−−−−	−	−	−	+
	小串田	4♂	生	−	−	(−)	400	800	−	−	±		−−−−	+			
		5♂	生	−	−	(−)	800	400	−	−	±		−−−−	−	−	−	
		6♀	生	−	(+11)	50	3,200	3,200	卌	卄	卌		−+++	卄	卄	+	+
	石井	7♂	生	−	−	(−)	400	200	−	−	−		−−−−	−	−	−	−
		8♂	死(14)	−	−	(−)	800	/	−	卄	−	−−−−		卄	−	−	−
		9♀	生	−	−	100	800	100	+	+	−		−−−−	−	−	−	−
2 (28/V—16/VI)	山本	10♂	生	−	−	50	/	100	−	−	±		−−−−	+	−	−	−
		11♂	死(20)	−		(−)	/	200	卄	+	卌	++++		卌	卌	+	+
		12♂	生	−	−	50	/	50	−	+	−		−−−−	−	−	−	−
		13♂	生	−	−	200	/	400	卄	卄	卌		++++	卌	卄	+	+
3 (2/VII—15/VII)	山本	14♂	死(4)	−	−	(−)	/	/	−	卄	±	−−−−		−	+	−	−
		15♀	生	−	−	50	200	800	−	卄	卄		−⊕⊕⊕	−	卄	+	+
	小串田	16♀	生			(−)	100	200	−	−	卌		−⊕⊕⊕	+	+	+	+
		17♀	生	−	−	(−)	200	200	−	卄	卌		−⊕⊕⊕	卌	卄	+	+
	石井	18♀	生	−	−	200	200	200	+	卄	卌		⊕⊕⊕⊕	−	卄	+	+
		19♀	死(4)	−	−	(−)	/	/	−	−	±	−−−−		+	−	−	−
4 (17/VII—30/VII)	山本	20♂	死(7)	−	−	(−)	/	/	−	+	卌	−−−−		卄	−	−	−
		21♂	生	−	−	50	100	200	−	−	±		−−−−	卄	−	−	−
	小串田	22♀	生	−	−	(−)	50	200	−	+	卌		−−−−	−	+	−	−
		23♀	死(9)	−	−	(−)	200	/	卌	卄	±	++++		−	卌	+	+
	石井	24♂	死(14)	−	−	(−)	100	/	+	卄	卌	++++		卄	−	+	+
		25♂	生	−		(−)	(−)	100	−	+	卌		−−−−	卄	−	−	−
5 (1/VIII—14/VIII)	山本	26♂	生	−	−	(−)	100	200	−	+	−		−−−⊕	−	+	−	−
		27♀	生	−	−	100	50	200	−	−	−		−−−−	+	−	−	−
	小串田	28♂	生	−	−	100	400	1,600	−	−	−		−−−−	−	−	−	−
		29♂	生	+(7)	−	200	100	400	−	+	卌		−⊕⊕⊕	−	卄	+	+
	石井	30♂	生	−	−	200	100	400	−	+	±		−⊕⊕⊕	+	卄	+	−
		31♀	死(5)	−	−	(−)	100	800	−	−	卌	−⊕⊕⊕		−	+	+	+
對照	1.11	32♀	生	−	−	(−)	/	400	−	−	−		−−−−	+	−	−	−

備考 1) 體温 卌40°C以上 +39°−40°C ±39°C前後 −常温又ハ以下

2) 體重 卌強度 卄中等度 +輕度 −増加 3) 菌檢出 +直接培養陽性 ⊕増菌ニテ陽性

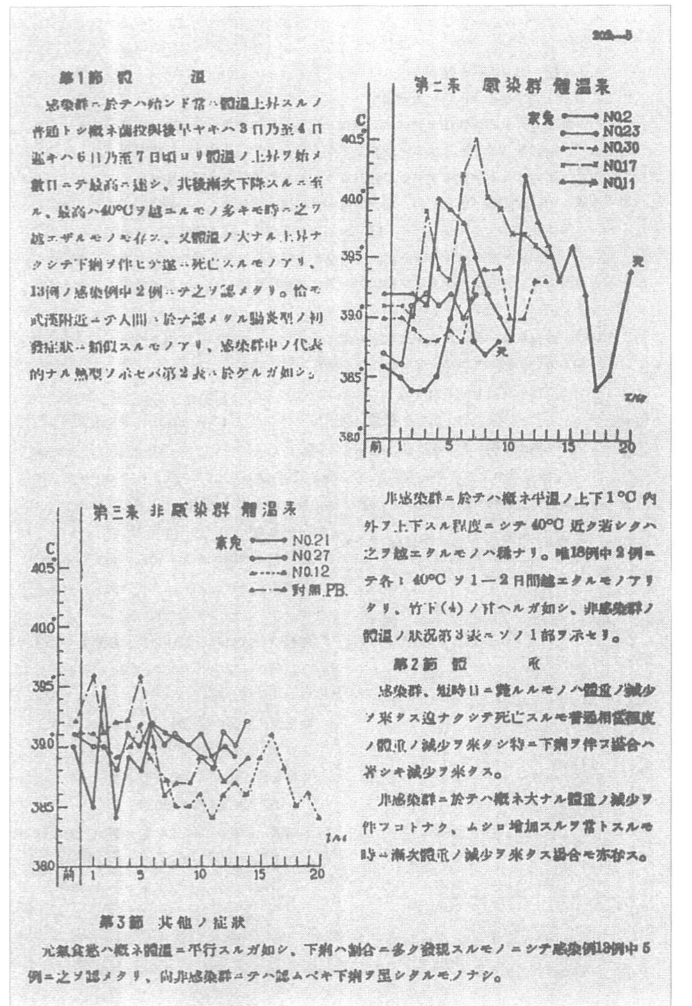

202—5

第1節 體温

感染群ニ於テハ殆ンド常ニ體温上昇スルヲ普通トシ概ネ菌投與後早キハ3日乃至4日遲キハ6日乃至7日頃ヨリ體温ノ上昇ヲ始メ數日ニテ最高ニ達シ、其後漸次下降スルニ至ル、最高ハ40°Cヲ越ユルモノ多キモ時ニ之ヲ越エザルモノモ存シ、又體温ノ大ナル上昇ナクシテ下痢ヲ伴ヒ遂ニ死亡スルモノアリ、13例ノ感染例中2例ニテ之ヲ認メタリ。恰モ武漢附近ニテ人間ニ於テ認メタル腸炎型ノ初發症狀ニ類似スルモノアリ、感染群中ノ代表的ナル熱型ヲ示セバ第2表ニ於ケルガ如シ。

非感染群ニ於テハ概ネ平温ノ上下1°C内外ヲ上下スル程度ニシテ40°C近ク若シクハ之ヲ越エタルモノハ稀ナリ。唯18例中2例ニテ各1 40°Cヲ1—2日間越エタルモノアリタリ、竹下(4)ノ什ヘルガ如シ、非感染群ノ體温ノ狀況第3表ニソノ1部ヲ示セリ。

第2節 體重

感染群、短時日ニ斃ルルモノハ體重ノ減少ヲ來タス迄ナクシテ死亡スルモ普通相當強度ノ體重ノ減少ヲ來タシ特ニ下痢ヲ伴フ場合ハ著シキ減少ヲ來タス。

非感染群ニ於テハ概ネ大ナル體重ノ減少ヲ伴フコトナク、ムシロ増加スルヲ常トスルモ時ニ漸次體重ノ減少ヲ來タス場合モ亦存ス。

第3節 其他ノ症狀

元氣食慾ハ概ネ體温ニ平行スルガ如シ、下痢ハ割合ニ多ク發現スルモノニシテ感染例13例中5例ニ之ヲ認メタリ、尚非感染群ニテハ認ムベキ下痢ヲ呈シタルモノナシ。

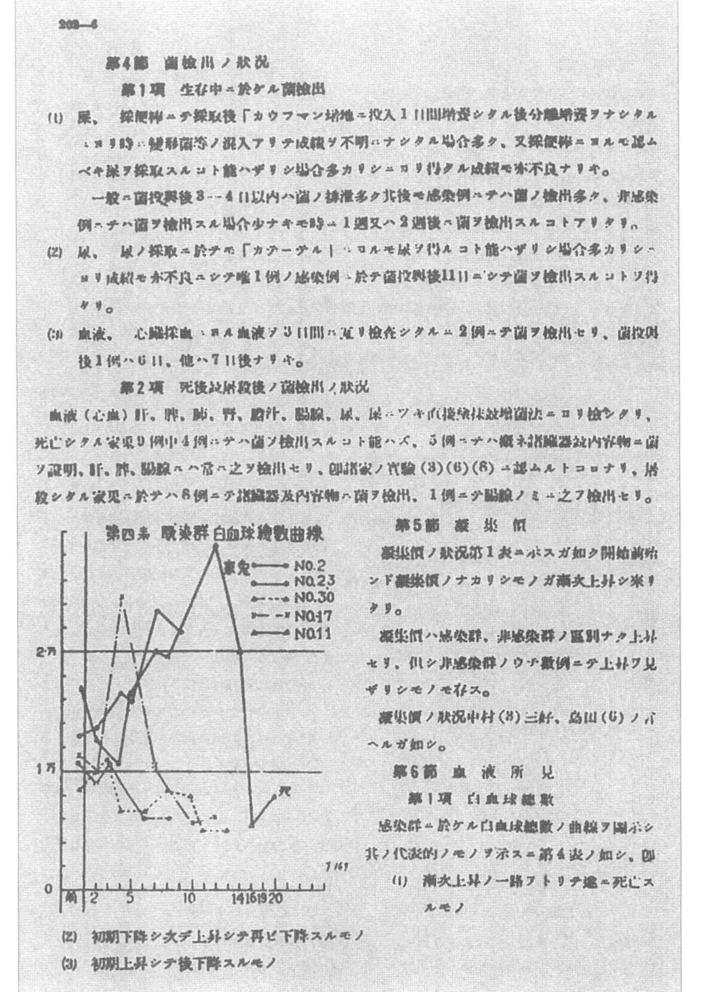

208—6

第4節　菌検出ノ状況

第1項　生存中ニ於ケル菌検出

(1) 糞、　採便棒ニテ採取後「カウフマン培地ニ投入1日間増菌シタル後分離培養ヲナシタルニヨリ時ニ雑菌等ノ混入アリテ成績ヲ不明ニナシタル場合多ク、又採便棒ニヨルモ認ムベキ糞ヲ採取スルコト能ハザリシ場合多カリシニヨリ得タル成績モ亦不良ナリキ。

一般ニ菌投與後3—4日以内ハ菌ノ排泄多ク其後モ感染例ニテハ菌ノ検出多ク、非感染例ニテハ菌ヲ検出スル場合少ナキモ時ニ1週又ハ2週後ニ菌ヲ検出スルコトアリタリ。

(2) 尿、　尿ノ採取ニ於テモ「カテーテル」ニヨルモ尿ヲ得ルコト能ハザリシ場合多カリシニヨリ成績モ亦不良ニシテ唯1例ノ感染例ニ於テ菌投與後11日ニシテ菌ヲ検出スルコトヲ得タリ。

(3) 血液。　心臓採血ニヨル血液ヲ3日間ニ亘リ検査シタルニ2例ニテ菌ヲ検出セリ、菌投與後1例ハ6日、他ハ7日後ナリキ。

第2項　死後並屠殺後ノ菌検出ノ状況

血液（心血）肝、脾、肺、腎、膽汁、腸腺、尿、糞ニツキ直接塗抹並増菌法ニヨリ検シタリ、死亡シタル家兎9例中4例ニテハ菌ヲ検出スルコト能ハズ、5例ニテハ概ネ諸臓器並内容物ニ菌ヲ証明、肝、脾、腸腺ニハ常ニ之ヲ検出セリ、卽諸家ノ實驗(3)(6)(8)ニ認ムルトコロナリ、屠殺シタル家兎ニ於テハ8例ニテ諸臓器及内容物ニ菌ヲ検出、1例ニテ腸腺ノミニ之ヲ検出セリ。

第5節　凝　集　價

凝集價ノ状況第1表ニ示スガ如ク開始前殆ンド凝集價ノナカリシモノガ漸次上昇シ来リタリ。

凝集價ハ感染群、非感染群ノ區別ナク上昇セリ、但シ非感染群ノウチ數例ニテ上昇ヲ見ザリシモノモ存ス。

凝集價ノ状況中村(8)三好、島田(6)ノ云ヘルガ如シ。

第6節　血　液　所　見

第1項　白血球總數

感染群ニ於ケル白血球總數ノ曲線ヲ圖示シ其ノ代表的ノモノヲ示スニ第4表ノ如シ、卽

(1) 漸次上昇ノ一路ヲトリテ遂ニ死亡スルモノ

(2) 初期下降シ次デ上昇シテ再ビ下降スルモノ

(3) 初期上昇シテ後下降スルモノ

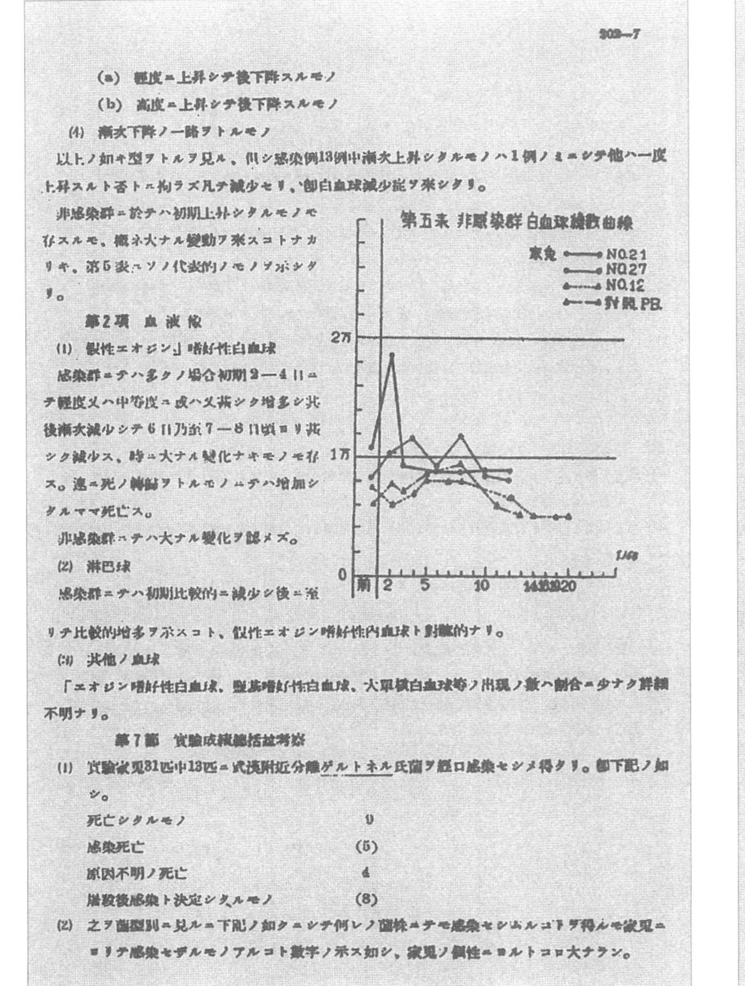

208—7

(a) 輕度ニ上昇シテ後下降スルモノ

(b) 高度ニ上昇シテ後下降スルモノ

(4) 漸次下降ノ一路ヲトルモノ

以上ノ如キ型ヲトルヲ見ル、但シ感染例13例中漸次上昇シタルモノハ1例ノミニシテ他ハ一度上昇スルト否トニ拘ラズ凡テ減少セリ、卽白血球減少症ヲ来シタリ。

非感染群ニ於テハ初期上昇シタルモノモ存スルモ、概ネ大ナル變動ヲ来スコトナカリキ。第5表ニソノ代表的ノモノヲ示シタリ。

第2項　血液像

(1) 假性エオジン」嗜好性白血球

感染群ニテハ多クノ場合初期2—4日ニテ輕度又ハ中等度ニ或ハ又甚シク増多シ其後漸次減少シテ6日乃至7—8日頃ヨリ甚シク減少ス、時ニ大ナル變化ナキモノモ存ス。遂ニ死ノ轉歸ヲトルモノニテハ増加シタルママ死亡ス。

非感染群ニテハ大ナル變化ヲ認メズ。

(2) 淋巴球

感染群ニテハ初期比較的ニ減少シ後ニ至リテ比較的増多ヲ示スコト、假性エオジン嗜好性白血球ト對蹠的ナリ。

(3) 其他ノ血球

「エオジン嗜好性白血球、鹽基嗜好性白血球、大單核白血球等ノ出現ノ數ハ割合ニ少ナク詳細不明ナリ。

第7節　實驗成績總括並考察

(1) 實驗家兎31匹中13匹ニ武漢附近分離ゲルトネル氏菌ヲ經口感染セシメ得タリ。卽下記ノ如シ。

死亡シタルモノ	9
感染死亡	(5)
原因不明ノ死亡	4
屠殺後感染ト決定シタルモノ	(8)

(2) 之ヲ菌型別ニ見ルニ下記ノ如クニシテ何レノ菌株ニテモ感染セシムルコトヲ得ルモ家兎ニヨリテ感染セザルモノアルコト數字ノ示ス如シ、家兎ノ個性ニヨルトコロ大ナラン。

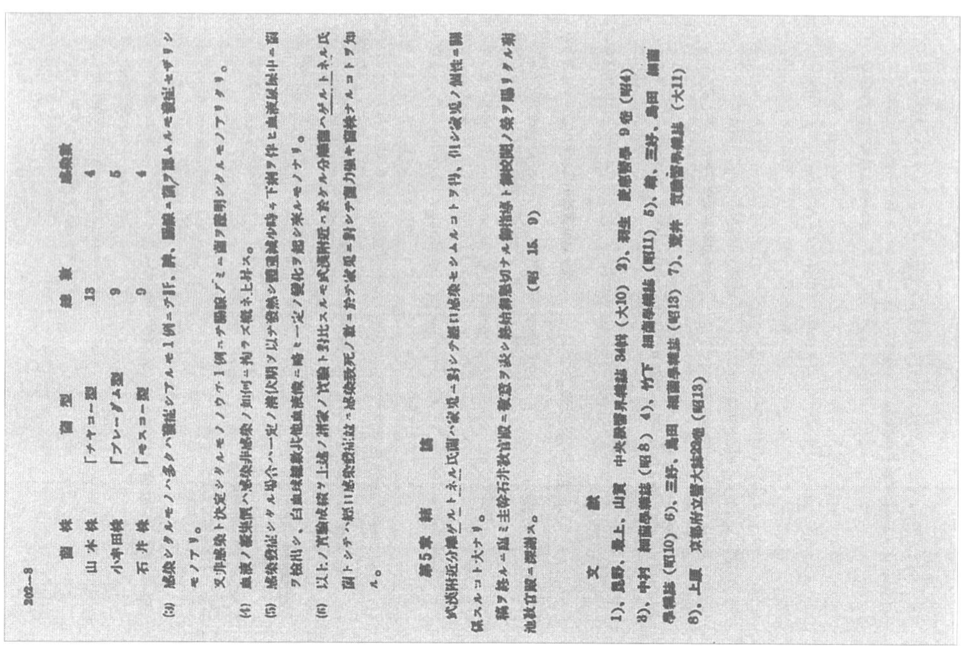

202—8

菌株	菌型	總數	感染數
山本株	「ナヤコー型	13	4
小串田株	「ブレーゲム型	9	5
石井株	「モスコー型	9	4

(3) 感染シタルモノハ多クハ發症シアルモ1例ニテ肝、脾、腸腺ニ菌ヲ認ムルモ發症セザリシモノアリ。

又非感染ト決定シタルモノノウチ1例ニテ腸腺ノミニ菌ヲ證明シタルモノアリタリ。

(4) 血液ノ凝集價ハ感染非感染ノ如何ニ拘ラズ概ネ上昇ス。

(5) 感染發症シタル場合ハ一定ノ潜伏期ヲ以テ發熱シ體重減少時ニ下痢ヲ伴ヒ血液尿屎中ニ菌ヲ検出シ、白血球總數其他血液像ニ略ヽ一定ノ變化ヲ起シ來ルモノナリ。

(6) 以上ノ實驗成績ヲ上述ノ諸家ノ實驗ト對比スルモ武漢附近ニ於ケル分離菌ハゲルトネル氏菌トシテハ經口感染發症並ニ感染致死ノ數ニ於テ家兎ニ對シテ毒力強キ菌株ナルコトヲ知ル。

第5章 結論

武漢附近分離ゲルトネル氏菌ハ家兎ニ對シテ經口感染セシムルコトヲ得、但シ家兎ノ個性ニ關係スルコト大ナリ。

稿ヲ終ルニ臨ミ主幹石井教官殿ニ敬意ヲ表シ終始御懇切ナル御指導ト御校閲ノ榮ヲ賜リタル菊池教官殿ニ深謝ス。 (昭 15. 9)

文献

1)、昆野、最上、山賀 中央獸醫界雜誌 34輯 (大10) 2)、羽生 慶應醫學 9卷 (昭4) 3)、中村 細菌學雜誌 (昭8) 4)、竹下 細菌學雜誌 (昭11) 5)、韓、三好、島田 細菌學雜誌 (昭10) 6)、三好、島田 細菌學雜誌 (昭13) 7)、荒井 實驗醫學雜誌 (大11) 8)、上原 京都府立醫大誌22卷 (昭13)

4. 关于武汉附近分离得到的C型副伤寒菌（亚洲型）及该菌的相关研究

资料:溝上三郎「武漢附近ニ於テ分離セルC型パラチフス菌（オリェント型）並ニ該菌ニ關スル研究」、『陸軍軍醫學校防疫研究報告』第2部第54号。

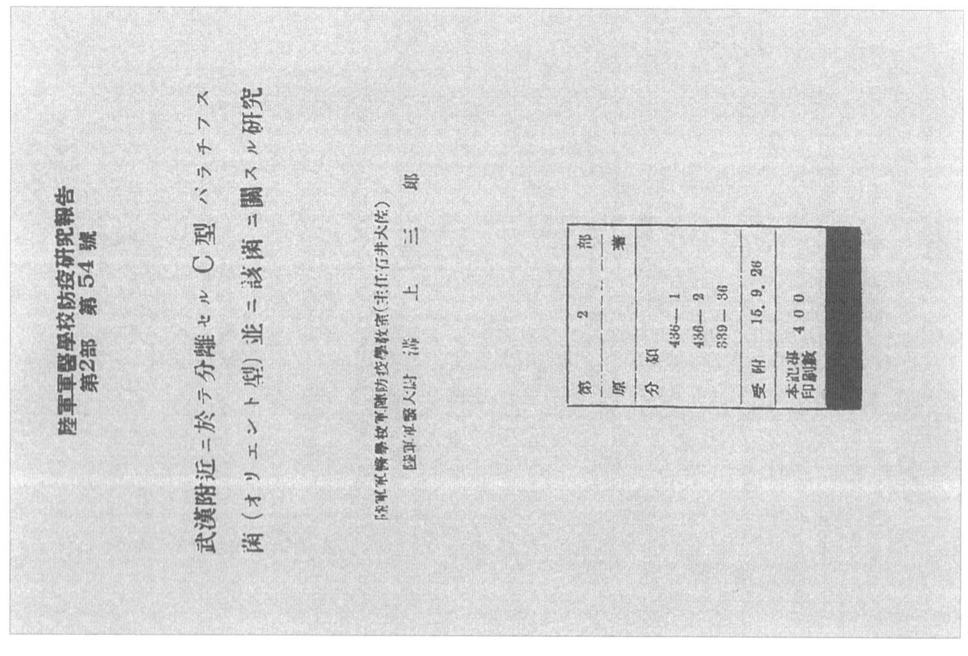

陸軍軍醫學校防疫研究報告
第2部 第54號

武漢附近ニ於テ分離セルC型パラチフス菌（オリエント型）並ニ該菌ニ關スル研究

陸軍軍醫學校軍陣防疫學教室（主任石井大佐）
陸軍軍醫大尉 溝 上 三 郎

第 2 部	
原 著	
分類	436—1 436—2 339—36
受附	15. 9. 26
本記事印刷數	400

目　次

第1章　緒　　論
第2章　臨　床　事　項
第1節　患者竝ニ症狀
第2節　菌　ノ　證　明
第3章　分離菌竝ニ研究菌株
第1節　使　用　菌　株
第2節　生物學的性狀
第1項　形態及一般培養性狀
第2項　鑑別培地ニ於ケル菌群ノ分類
第3項　各種培地ニ於ケル性狀ノ各論
第4項　豚コレラ菌、豚チフス菌トノ比較
第5項「カタラーゼ」試驗
第6項　抵　抗　力　試　驗
第7項　動　物　試　驗
第8項　本　節　總　括
第3節　血清學的性狀
第1項　凝　集　反　應
第2項　凝集素吸收試驗
第3項　Vi 抗元ニ就テ
第4項　本　節　總　括
第4章　結　　論
附記竝ニ文獻

第1章　緒　　言

余ハ今次事變ニ際シ西村(盛)部隊部員トシテ中支ノ各地ヲ轉戰セリ。偶々昭和 14 年 1 月頃ヨリ武昌ニ於テ熱性病患者ヨリ C 型パラチフス菌（オリンエト型）ヲ検出、爾來 3 月末ニ至ルマデニ同地ニ於テ 10 例 10 株ノ同型菌ヲ検出セリ。余ハ其後今次事變中、中支ニ於テ分離セラレタル同型菌 3 例 3 株竝ニ從來 C [illegible]typhi C）トシテ教室保存セラレタル菌株 24 株ヲ得タルニヨリ、分離菌竝ニ同型菌合計 37 株ニツキ研究ヲ實施セリ。

抑々 C 型パラチフス菌ナル名稱ノ由來ニ關シテハ寺邑、松本(49)、正木(50)、下條(56)、瀧田(51)、常岡(52)、小島(53) 等ノ詳述スルガ如ク甚ダ複雜ナルモノナリシガ、現今一般ニ C 型パラチフス菌ト稱スル場合ハ下記ノ如ク 3 ツノ場合アリ。卽、

1） Kauffmann (3)ニヨツテ用ヒラレタル Gruppen-Name ニシテ Kauffmann-White-Schema 中菌體抗元 Ⅵ、Ⅶ 或ハ Ⅵ、Ⅷ ヲ有スルスベテノ「サルモネラ菌群ヲ意味スル場合。

2） White 等 (9)、(10) ノ所謂 Suipestifer-C Gruppe ト稱スルモノニシテ下記ノモノヲ意味スル場合。

Bac. suipestifer (American type)
Bac. suipestifer (European type)
Glasser-Voldagson
Eastern (Hirschfeld Orient)

3）「サルモネラ菌族中 1 個獨立セル S. paratyphi C菌 卽 Orient 型 (Hirschfeld u Kauffmann) (2) (Eastern u. White) ノ意味スル場合。

本論文ニ於テ C 型パラチフス菌（以下「パラ C 菌ト略稱ス）トハ S. paratyphi C (Orient) ナリトス。

本菌ハ Hirschfeld (1916)、(11) ニヨリ「チフス様症狀ヲ呈セルセルビヤ軍人ノ血液中ヨリ分離セラレタルノ始メトシ其後ロシヤ、バルカン、小アジア、及アフリカ又ハスマトラ (14) 等ニ於テ屢々認メラレタリ、最近ブリテイシユグイアナ (12) 又エジプト (13) ニテ認メラル。

支那ニ於テハ上海 (Hicks. u. Robertson) (16) 北京 (Melony) (15)、(Ten-Brock) (17) ニ於ケル數例ノ報告アリ、

本邦ニ於テハ C 型パラチフス菌ト認セル検出例ハ多數報告セラレアルモ多クハ Suipestifer C Gruppe 中ノ豚コレラ菌ニシテ眞ニ「パラ C 菌ヲ検出シタル例ハ丸山 (臺灣 1911) (64) (18) 正木（東京 1935）(50) 及會田、鉄田上持（臺灣 1936）(55) ノ 3 例ノミナリ。貴岸川 (57) 青木竝ニソノ門下 (19)、(20)、(21)、(22)、(23)、(24)、(25) ハ「パラ C 菌ノ血清學的性狀ニ關シテ詳細研究報告スルトコロアリ。

滿洲ニ於ケル本菌ノ報告例ハ未ダ見ザルトコロナリ。(58)、(59)、(60)、(61)、(62)、(63)

本菌ノ異名竝報告者及年代ヲ示スニ下記ノ如シ。

B. paratyphosus. B, Weil.	1,917	(26)、(27)
B. Erzindjan Neukirch.	1,918	(28)
Gaertner paratyphoid group. Mc. Adam.	1,919	(29)
Para C Mackie Bowen.	1,919	(30)
Paratyphoid C Bazillus Hirschfeld.	1,919	(11)
Bac. paratyphosus B. Hirschfeld type of Schütze.	1,920	(31)
Paratyphoid C Garrow.	1,920	(32)
Paratyphoid C Bazillus Dudgeon Wrquart.	1,920	(34)
Bac. Paratyphosus C Audrews Neave.	1,921	(33)
Paratyphosus C_2 Bazillen Weigmann.	1,925	(35)

（４）

Paratyphosus N₁ Bazillen Iwaschenzoff.	1,926 (36)
Paratyphi C Todorowich.	1,926 (37)
Typus Eastern White.	1,926 (9)
Typus Orient Kauffmann.	1,931 (1)
S. Paratyphi. C Kauffmann.	1,933 (2)

本菌ハ豚コレラ菌ニ甚ダ類似スルモ培養性狀並ニ血清學的性狀ヨリ見モル全ク之ト異ナルモノニシテ且ツ疫學上豚コレラ菌ノ豚並ニ人間ニ檢出セラルヽニ反シ、本菌ハ人體ノミヨリ檢出セシレ未ダ豚並ニ其他ノ動物ヨリ檢出セラレシタルコトナキ點ヨリシテ兩者ハ明ニ區別セラルベキモノナリ。

余ハ本研究ニ於テ「パラ」C菌ソノモノニモO抗元ニ於テ差違アル菌株ノ存スルコト、及血清學的ニハ分類シ得ザルモ培養上明ニ4ツノ菌群ニ分類シ得ベク而シテ小アジア、西アフリカ及ビ武漢附近ニ於テ分離セラレタル菌群ハ各々其ノ培養性狀ノ異ナル事實ヲ知レリ。此等菌群ノ分類ガ更ニ充分ナル疫學的證明ヲ得レバ甚ダ興味アル事實ナルベシ。今後ノ研究調査ニ俟ツベキモノト言フベシ。

第2章 臨床事項

武昌ニ於テ余ノ直接檢出シタル C 型パラチフス症ハ 10 例存シタルモ戰時倥傯ノ間ニシテ退蒞ナガラ充分ナル調査並ニ檢索ノ實施スルコト能ハザリキ、當時調査シタル事項並ニ後日病床日誌ノ送付ヲウケ調査シタル該症ノ概略ヲ記セン。

第1節 患者並症狀

患者並症狀ノ概況第 1 表ノ如クニシテスベテ「チフス」樣症狀ヲ呈セリ。

（５）

第1表　武漢附近 C 型パラチフス症患者表

番號	姓	發病地	發病月日	入院月日	轉歸	症狀ノ大略	「ヴイダール」反應
1	瀧井	武昌	20/XII	3/I	治	發熱食思不振全身倦怠體温 39°−40°C 脾腫肝腫ナシ便秘ス尿デアゾオ反應陽性 10/I 平温平脈トナル	5/I T(−) A(−) B(−) C(−)
2	石井	通城附近	20/XII	29/XII	治	熱性病患者 其他不詳	5/I T(−) A(−) B(−) C 200
3	中村	武昌	3/I	3/I	治	惡寒高熱食思不振眼球結膜ナ、黄染ス脾腫肝腫ナシ通常便「マラリア原虫陰性	6/I T(−) A(−) B(−) C(−)　15/I (−) (−) (−) 400　2/II (−) (−) (−) 800
4	木村	通城	20/XII	27/XII	13/I 治	惡寒發熱頭痛食思不振秘結ス體温 38°−39°C 肝腫脾腫ナシ 3/I 平温平脈	
5	飯塚	通城	13/XII	21/XII	13/I 治	惡寒發熱頭痛食思不振秘結ス體温 38°−39°C 脾腫肝腫アリ尿デアゾオ反應陽性 28/XII 平温平脈	9/I T(−) A(−) B(−) C 100
6	岡田	武昌	24/XII		治	熱性病患者 其他不詳	
7	前					同上	
8	唐津	蒲圻	17/XII	20/XII	治	同上	
9	赤峰	武昌	12/II	14/II	死亡 10/V	高熱下痢脾腫アリ熱帶熱マラリア原虫陽性急性氣管支炎急性腸炎ノ症狀アリ右側滲出性胸膜炎ヲ合併下痢榮養失調浮腫死亡ス	2/II T(−) A(−) B 50 C(−)　14/II 50 (−) 50 200
10	小覺	武昌	20/I	21/I	治	熱性病患者 其他不詳	21/I T(−) A(−) B(−) C(−)

備考　空欄ハ調査不能ナリシモノナリ。

（6）

第2節　菌ノ證明

第2表ノ如ク多クハ發病初期血液中ヨリ檢出セラレ、爾後屎及尿ニ檢出セラレタリ。

第　2　表

番號	姓	發病月日	菌排泄ノ狀況
1	荒井	20/Ⅻ	5/Ⅰ血+　6/Ⅱ屎−尿−
2	石井	20/Ⅻ	5/Ⅰ血
3	中村	3/Ⅰ	6/Ⅰ血+　15/Ⅰ血+　2/Ⅱ血−　14/Ⅱ屎+尿−　21/Ⅱ屎−尿−　6/Ⅲ屎−尿−　17/Ⅲ屎−尿−
4	木村	20/Ⅻ	8/Ⅰ血+
5	飯塚	13/Ⅻ	9/Ⅰ血+
6	岡田	24/Ⅻ	2/Ⅱ血+　14/Ⅱ屎−　17/Ⅱ屎−
7	南		6/Ⅰ屎+
8	唐津	17/Ⅻ	2/Ⅲ屎+　6/Ⅲ屎+尿−
9	赤峰	12/Ⅰ	2/Ⅲ血−　12/Ⅲ屎+　14/Ⅲ血−　22/Ⅲ血−　15/Ⅳ屎+　18/Ⅳ屎−　27/Ⅳ屎+
10	小畑	20/Ⅰ	12/Ⅲ屎+

第3章　分離菌及研究菌株

第1節　使用菌株

第3表ニ示ス如キ分離菌竝ニ業室菌37株ノ「パラC菌ニツキ研究、對照トシテ豚コレラ菌「アメリカ型81株「クンツエンドルフ型94株、豚チフス菌3株合計178株（軍醫學校所藏菌株）ヲ使用セリ。

（7）

第3表　C型パラチフス菌菌株表

番號	菌株略名	菌株名	由來	
1	P.C.1	荒井（血液）	昭和14年武昌ニ於テ余ノ分離シタルモノ	分離菌
2	P.C.2	石井（同）		
3	P.C.3	中村（同）		
4	P.C.4	木村（同）		
5	P.C.5	飯塚（同）		
6	P.C.6	岡田（同）		
7	P.C.7	南（尿）		
8	P.C.8	唐津（屎）		
9	P.C.9	赤峰（同）		
10	P.C.10	小畑（同）		
11	P.C.11	栄	昭和14年中支ニ於テ分離サレタルモノ（鳥津教官ヨリ分與）	
12	P.C.12	森別		
13	P.C.13	三沢		
14	H 1	P.C. No.90	軍醫學校所藏	保存菌
15	H 2	P.C. Hirschfeld		
16	H 3	P.C. Hirschfeld		
17	H 4	P.C. London（海軍軍醫校）		
18	H 5	S.para C Hirschfeld（Vi−）Kauffmann		
19	H 6	P.C. Hirschfeld		
20	H 7	P.C. 吉田　駒込病院　正木		
21	H 8	P.C. No.99　Bagdad 782		
22	H 9	P.C. No.96　Bagdad 31		
23	H10	P.C. No.777　Eastafrica		
24	H11	P.C.		
25	H12	S.para C Eastafrica（Vi+）Kauffmann		
26	H13	P.C.	駒込病院ヨリ分與	
27	H14	P.C.		
28	E 1	Suip Hirschfeld SubtypeⅡ Eastern Bagdad	東北帝大細菌學教室ヨリ分與セラレタルモノ	
29	E 3	Eastern Hog P.C.		
30	E 4	〃　Priddis		
31	E 5	〃　Bagdad 31		
32	E 6	〃　Eastafrica		
33	E 7	〃　Bagdad 782		
34	E 8	Para C Hirschfeld		
35	E 9	Para C（328）		
36	E10	Para C isolated in China June 1927		
37	E11	Paratyphus B Weil		

第2節 生物學的性狀

第1項 形態及一般培養性狀

研究「パラC菌ハ兩端鈍圓ナル中等大ノ桿菌ニシテ運動活潑（但シO型トナレル11株ヲ除ク）「アニリン色素ニ好染シ「グラム陰性ナリ。普通ペプトン水ニ平等ナル溷濁ヲ生ジ菌膜ヲ形成スルコトナシ、但分離菌P.C.8唐津株ハ分離後暫ラクニシテR型變異ヲ起シ「ペプトン水培養ニテ管底ニ沈澱スルニ至レリ。分離菌（唐津株ヲ除ク）ノ寒天平板上ニ於ケル集落ハ中等大表面平滑ニシテ光澤アリ、灰白色正圓形ニシテスベテS型集落ナリ。又食鹽水ニ自然凝集ヲ起ス、唐津株モ外觀上ハ全クS型集落ノ如キ觀ヲ呈セリ。業室「パラC菌24株中完全ナルS型集落ヲ呈スルモノハ7株ニシテ他ハ食鹽水ニ自然凝集ヲ起スコトナキモ邊緣不正、表面粗ナルR型集落ヲ示セリ。

研究「パラC菌ハスベテ「インドール」ヲ形成セズ。中性紅寒天ニテ著明ニ瓦斯ヲ形成シ螢光ヲ放ツ。牛乳ハ之ヲ凝固セザルモ分離菌ハ培養後約1週ニシテ之ヲ透化シ業室菌ハ約2週ニシテヤヽ透化スルニ至ル。粘液堤ハ室溫放置法ニヨルモ中黑、淺見氏法ニヨルモ之ヲ形成セズ。

第2項 鑑別培地ニ於ケル菌群ノ分類

余ハ分離菌13株業室菌24株合計37株ヲ培養性狀ニヨリ大略4群ニ區別スルコトヲ得タリ。卽、第4表ニ示スガ如シ。

第4表 C型パラチフス菌分類表

菌群 ＼ 培地 菌名		Simons glucose	mijeat	Arabinose (Peptone)	Rhamnose (Peptone)	H_2S 產生能
第一群	Buscho 1 (武昌)	4 −	3-5 −＋	1 ＋ 遲	− ol −＋ 不定	強
第二群	Hirschfeld Orient Bagdad London etc	1 ＋	30 −	1 ＋ 遲	1-3 −＋ 遲	弱
第三群	Buscho 2 (武昌)	1 ＋	30 −	2 −＋ 遲	2 −＋ 遲	弱
第四群	East-africa	1 ＋	30 −	30 ---	2 −＋ 遲	強

第1群 ハ「アンモン弱菌ニシテ「ムカート」ヲ培養3—5日ニテ分解、「アラビノーゼ」ヲ1日ニテ分解シ、「ラムノーゼ」ノ分解不定（遲延スルカ又ハ非分解）ニシテ硫化水素產生能強ナル菌群ナリ、本群ハ武漢附近分離菌ナリ（武昌1型）

第2群 ハ「アンモン強菌ニシテ「ムカート」ヲ分解セズ。「アラビノーゼ」ヲ1日ニテ分解、「ラムノーゼ」ヲ3日以内ニ分解シ、硫化水素產生能强ナル菌群ナリ、本群ハ小アジア、バルカン、上海等ニ本邦ニテモ分離サレタルモノナリ。

第3群 ハ「アンモン強菌ニシテ「ムカート」ヲ分解セズ、「アラビノーゼ」ノ分解ハ他群ニ比シ遲延シ、多クハ培養第1日ハ分解セズ第2日ニ至リテ分解シ、「ラムノーゼ」ヲ2日以內分解シ、硫化水素產生能弱ナル菌群ナリ、本群ハ武漢附近分離菌ナリ。（武昌2型）

第4群 ハ「アンモン強菌ニシテ「ムカート」及ビ「アラビノーゼ」ヲ分解セズ、「ラムノーゼ」ノ2日以內ニ分解シ硫化水素產生能强ナル菌群ナリ。本群ハ西アフリカニ於ケル分離菌ナリ。

卽、第1群及第3群ハ武漢附近ニ於ケル分離菌ニシテ他ノ地ニ於テ分離サレタル在來ノ業室菌トハ培養上明カナル差違アリ。

之ヲ要スルニ「パラC菌相互ノ鑑別ニ必要ナル培地ハ「シモンス グルコーゼ寒天、有機酸ムカート培地、「アラビノーゼ・ペプトン水、「ラムノーゼ・ペプトン水、及醋酸鉛ノ5培地ナリ。

第3項 各種培地ニ於ケル性狀ノ各論

糖類及高級アルコホール」分解ノタメ使用セル培地ハ1%ペプトン水（照內）ニ0.5%ノ割ニ糖類及高級アルコホール」（Eトシテメルク製品）ヲ混ジp.H.7.4「ブロームチモールブラウ」ヲ以テ標示藥トシタルモノナリ。

移植ハ「ペプトン水培養18—24時間ノモノ1白金耳ヲトリテ移植セリ、觀察ハ2週乃至30日ニ及べり。

特種培地ノ製法ハスベテ原製法又ハ Kauffmann ニヨレリ。

1）「ラクムス乳精

培養第1日ニテ微赤色ヲ呈スルモ3—7日ニテ青變スルニ至ル。分離菌第1群ハ他群ヨリモ青色ニ變ルコト常ニ速ニシテ概ネ3—5日ニテ青變ス。

2） 含水炭素分解

「デキストローゼ」、「マンニツト」、「マルトーゼ」、「ヅルチツト」、「ソルビツト」、「キシローゼ」ハ培養1日ニシテ分解ス、「サツカローゼ」、「ラクトーゼ」、「イノジツト」、「デキストリン」、「ザリチン」ハ之ヲ分解セズ。

「アラビノーゼ」、「ラムノーゼ」、「グリセリン」ニ對スル態度ハ各群ニヨリテ趣ヲ異ニス「トレハローゼ」ノ分解ハ不定ナリ。

「アラビノーゼ」

第1群及第2群ハ培養1日ニテ之ヲ分解シ、第3群ハ多クハ培養第1日ハ非分解ニシテ第2日ニ至リテ常ニ分解ス、第4群ハ培養30日ニ至ルモ分解セズ。

第3群ノ「アラビノーゼ」分解ノ性狀ニ就テ一言センニ分離當初ニ於テハ常ニ一定ニシテ安定シアリテ動搖スルコトナク又集落ニヨリテ其ノ成績ヲ異ニスルガ如キコトナカリキ、卽培養第1日ハ常ニ陰性ニシテ第2日ニテ分解セリ。余ハ第1群及第3群ノ各1株ニ於テ各ゝ100個ノ集落

（10）

ソトリテ之ヲ検シタルニスベテノ集落ニテ同一成績ヲ得タリ。即第1群ハ1日ニテ分解第3群ハ2日ニテ分解セリ。又ソノ移植方法モ「ペプトン水培養ヲナシタルモノ1白金耳ヲ加ヘルモ集落全部ヲ加フルモスベテ同一成績ナリキ。然ルニ分離後累代培養ヲ1ケ年餘ニ亘リテ継續シタル後再ビ第3群ノ「アラビノーゼ」分解ノ性狀ヲ検シタルニ8株中1株（P.C.12）ハ第1、第2群ニ比シ必ズ遅延シテ分解スルモ1日以内ニ分解スル如クナリアリタリ。之ヲ以テ見ルトキ「アラビノーゼ」ノ分解ニヨル分類ハ移植菌量ヲ一定トシテ時間的ニ観察シテ分解ノ遅速ヲ判定スルノ可トス。即第1第2群ハ6—8時間以内ニ分解スルモ第3群ハ20時間又ハソレ以上ヲ要セリ。

之ヲ要スルニ「パラC菌ハ「アラビノーゼ」ヲ分解ストノ點ニ於テ特徴ヅケラレタルモ「アラビノーゼ」分解ノ點ニ於テ斯クノ如キ差違アルハ興味アルコトナリ。(2).(56)

「ラムノーゼ」

菌移植ハ前述ノ如ク「ペプトン水18—24時間培養ノモノ1白金耳ヲ以テセリ。

即、第3群及第4群ハ培養第1日ハ非分解ナルモ第2日ニテスベテ分解シ、

第2群亦大多數ハ培養2日ニテ分解スルモH_4株ハ培養第1日ニテ分解、H_{11}株ハ第3日ニテ分解ス、以上ノ成績ハ數回反復シテ検スルモ常ニ同一成績ナリキ。

之ニ反シ第1群ハ分解ノ狀況甚ダ不定ナルモ大體ニ於テ他ノ3群ヨリ分解ノ場合ハ多クノ日數ヲ要シ、他ノ群ト明ソカニ區別セラル。時ニ觀察30日ニ及ブモ分解セザルモノアリ、同一菌株ニテモ常ニ不定ナル。培養ノ1例ヲ示セバ第5表ノ如シ。

（11）

第5表　PC第1群「ラムノーゼ」培養ノ一例

菌株	試験管＼培養日数	1	2	3	4	5	6	7	8	9	10	11	12	13	14	……	30
P.C. 3	1	−	−	−	−	−	−	−	+								+
	2	−	−	−	−	−	−	−	−	+							+
	3	−	−	−	−	−	−	−	+								+
	4	−	−	−	−	−	−	−	−	−	−	−	−	−	−		−
	5	−	+														+
P.C. 4	1	−	−	−	−	−	−	−	+								+
	2	−	−	−	−	−	−	−	−	−	+						+
	3	−	−	−	−	−	−	−	−	−	−	−	−	−	−	+18	+
	4	−	−	−	−	−	−	−	−	−	−	−	−	−	−		−
	5	−	−	−	−	−	−	−	−	−	−	−	−	−	−		−
P.C. 5	1	−	+														+
	2	−	−	−	−	−	−	−	−	−	−	−	−	−	−		−
	3	−	−	−	−	−	−	−	−	−	−	−	−	−	−		−
	4	−	−	−	−	−	−	−	−	−	−	−	−	−	−		−
	5	−	−	−	−	−	−	−	−	−	−	−	−	−	−		−
P.C. 9	1	−	−	−	−	−	−	−	−	+							+
	2	−	−	−	−	−	−	−	−	−	+						+
	3	−	−	−	−	−	−	−	−	−	−	−	−	−	−		−
	4	−	+														+
	5	−	−	−	−	−	−	−	−	−	−	−	−	−	−		−
P.C. 11	1	−	−	+													+
	2	−	−	−	−	+											+
	3	−	−	−	+												+
	4	−	−	−	−	−	+										+
	5	−	−	−	−	−	−	−	−	−	−	−	−	−	−		−

W. Stiebenun. M. Maksianowitch. (42) ハ「パラC菌ハ37°C 24時間以内ニハ「ラムノーゼ」ヲ分解セズ、72時間ニテスベテ分解スト言ヘルモ、第1群全株及第2群H_4株ハ之ト異ナル成績ヲ示シタリ。

「グリセリン」

第1群ハ培養1日ニテ既ニ綠黃色ヲ呈シ菌膜ヲ形成シ、2—3日ニテ完全ニ分解スルニ反シ、第3群ハ第3日ヨリ黃綠色ヲ呈シ始メ4—5日ニテ分解、第2群及第4群ハ概シテ2—3日ニテ分解シ、時ニ1日ニテ分解スルモノアリ。

之ヲ要スルニ第3群ハ「グリセリン」ノ分解他群ニ比シ遅延ス。

「トレハローゼ」

「トレハローゼ」ノ分解ハ甚ダ區々ニシテ、各群ニ於テ差違ヲ認メズ。分離菌ハ培養30日ニ至

ルモ分解セザル場合アリ、又 3—4 日ニテ分解スル場合、1—2 週ニシテ分解スル場合アリ。某室菌ハ早キハ2日遅キハ 2—3 週ニテ分解シ、同一菌株ニテモ毎回分解ノ日数ヲ異ニス。時ニ 3 週ニ至ルモ分解セザルコトアリ。多クハ 1—2 週以内ニ分解セリ。

之ヲ要スルニ「トレハローゼ」分解ハ不定ナリ。Kauffmann.（2）、（3）ノ記載スルガ如シ。「トレハローゼ」ハ Difco 製品ノ使用セリ。

3）　硫化水素產生

醋酸鉛培地ハ馬肉水ヲ使用シ p.H　7.6　ノ　2％普通寒天ヲ製シ　45°C　ニ之ヲ冷却シ之ニ 10％ 塩基性醋酸鉛水ヲ数滴泥加ヘテ調製セリ。本培地ノ「ペプトン」（極東印）ノ含有量ヲ 1％、2％、3 ％、4 ％、5 ％トシテ試験スルニ第1第2第4群ハ培養6時間ニシテ既ニ相當強度ノ陽性成績ヲ示スニ至ルモ第3群ノミハ硫化水素産生ノ能力弱ク 6時間ニテハ陰性若シクハ弱陽性ノ成績ヲ示シ 24 時間ニテハ陽性成績ヲ示スモ他ノ 3 群ニ比シ、明ニ硫化水素産生能ノ弱キヲ認メタリ。其ノ成績第6表ノ如シ。

第6表　**硫化水素產生能比較表**

菌群 ＼ ペプトン含有量・観察時間		1％		2％		3％		4％		5％	
		6.	20	6.	20	6.	20	6.	20	6.	20
S.paratyphi C	第 1 群	++	+++	++	+++	++	+++	++	+++	++	+++
	第 2 群	++	+++	++	+++	++	+++	++	+++	++	+++
	第 3 群	+	++	+	++	+	++	±	++	±	++
	第 4 群	++	+++	++	+++	++	+++	++	+++	++	+++
S.Suipestifer America		—	—	—	—	—	—	—	—	—	—
S.Suipestifer Kunzendorf		++	+++	++	+++	++	+++	++	+++	++	+++
S.typhi Suis		—	—	—	—	—	—	—	—	—	—

4）　特種培地

a.「アンモン培地（44）、（48）、（40）

第1群ハ「アンモン弱菌ナルニ反シ他ノ 3 群ハ「アンモン強菌ナリ，但第2群中 H_8 菌ハ「アンモン弱ナリキ。第1群ハ武漢附近ニ於ケル分離菌ニシテ分離當初ヨリ「アンモン弱菌株ナルコト注目ニ價ス、H_8 株ハ E_7 株ト同ジク Bagdad 782 菌ニシテ E_7 株ハ「アンモン強菌株ナリ。即、H_8 株ハ某室菌トシテ累代培養ノ結果斯クノ如キ生活能力ノ弱キ菌ニ變異シタルモノト考ヘラル。

「シモンスグルコーゼ寒天

第1群及 H_8 株ハ 4 日間観察スルモ全ク發育ヲ示セズ、他群ハスベテ培養 1 日ニテ良ク發育シ

培地ヲ黄染ス。

「シモンスアラビノーゼ寒天

第1群ハ觀察1週ニ亙ルモ發育セズ、僅ニ培地ノ黄色ヲ呈スル程度ナリ。第2群ハ H_8 株ヲ除ク外スベテ發育良好ニシテ培地ヲ黄染ス、第3群ハ培養第1日ハ全ク發育ヲ示サザルモ第2日ニ至リテ菌ノ塗抹面ニ個々獨立セル集落ノ發生ヲ見、培地ノ黄染スルニ至リ其後漸次該集落ノ發育 强度トナルヲ見ル，即「ペプトン水アラビノーゼ」ニ於ケル性狀ヲ確認セシム。第4群ハ全ク發育スルコトナシ。

「シモンスヅルチツト寒天

第1群ハ全ク發育セズ、第3群ハ發育良好ナリ。第2第4群ニ於テハ E_7、E_8 株ハ常ニ良好ナル發育ノホスモ其他ノ菌株ハ發育不定且不良ニシテ培養 4—5 日ニシテ漸ク僅ニ發育シ培地ヲ黄染スルニ至ル。

「シモンスラムノーゼ寒天

4 群トモ常ニ陰性ニシテ發育セズ。

之ヲ要スルニ「アンモン培地シモンス寒天ニ於テハ「グルコーゼ寒天ヲ以テ鑑別ニ資スルヲ良トシ他ノ培地ハ之ヲ省略スルヲ可トス。

b.　有機酸塩培地（45）

D—タルタラート培地及ビ「ツトラート培地ニ於テハ各群トモ培養1日ニテ陽性トナル。

L—タルタラート培地ニテハ分解ノ狀況共ダ不定ニシテ第1群及第3群ハ約 3—6 日ニテ分解、時ニ更ニ長時日ヲ要スルコトアリ。第2群及第4群ハ約 3—5 日ニテ分解、時ニ 7—10 日ヲ要スルコトアリ、又3週間ニ及ブモ分解セザルコトアリタリ。

粘液酸（ムカート）培地ニテハ第 2、第 3、第 4 群ハ培養 30 日ニ至ルモ分解セズ、之ニ反シ、第1群ハ培養 3—5 日ニテスベテ分解ス。即、第1群ハ「ムカート」分解ノ點ニ於テ他ノ 3 群ト明ニ區別セラル。

c.　ビツター氏培地（46）

「ビツターグルコーゼ培地ニテハ4群スベテ培養 20 時間ニテ陽性成績ヲ示セリ。唯 H_8 株ノミハ陰性ナリキ。

「ビツターアラビノーゼ培地ニテハ培養 20 時間ニテハ第 1、第 2 群陽性、第 3、第 4 群陰性ナリ。但シ第3群ハ培養 40 時間ニテハ陽性成績ヲ示ス。

「ビツターヅルチツト培地ニテハ H_8 株ヲ除キスベテ陽性ナリ。

「ビツターラムノーゼ培地ニテハ 4 群スベテ陰性ナリ。

之ノ要スルニ「ビツターアラビノーゼ培地ニ於テ鑑別セラルヘヲ見ル。

分離菌ノ「ビツター培地ノ性狀ハ分離後當分ノ間ハ上述ノ如クナリシモ 1 ケ年有餘ヲ經タル後再ビ之ヲ檢シタルニ保存菌株 13 株中 4 株（PC.3. PC.5. PC.9. PC.11）ハ以前陽性成績ヲ示シアリタルニ拘ラズ陽性成績ヲ示サズ、±（Orange）ノ成績ヲ示シ培養性狀ニ變化ヲ來ジアリタ

リ。

之ヲ以テ見ルニ「ビツター」培地陰性ナル H_8 株ハ始メヨリカヽル性状ヲ有シアリタルモノニアラズ「アンモン培地ノ項ニ述ベタルガ如ク累代培養中 Leistungsfähigkeit ノ減弱シタル爲メナラント思考サル、即「ビツター」培地ノ意義ハ分離直後ノ菌ニ於テ存スルモノニシテ分離後長時日ヲ經タルモノニハ意義ナキモノト思考ス。

d. ステルン氏グリセリンフクシンブイヨン」(47)

4 群スベテ培養 10 日ニ及ブモ淡紅色ヲ呈シ陰性ナリ。

第4項　豚コレラ菌並ニ豚チフス菌トノ比較

余ハ以上「パラ C 菌ノ培養性狀ヲ類似菌タル豚コレラ菌竝ニ豚チフス菌ノソレト比較センガタメ豚コレラ菌「アメリカ型 81 株「クンツエンドルフ型 94 株 豚チフス菌 3 株 (S. typhi suis 1 株 S. typhi suis var Voldagsen 2 株) 合計 178 株ニツキ主要鑑別培地ニテ培養ヲ實施シ比較研究セリ、即、下記ノ如シ。

1) 「アンモン培地（シモンスグルコーゼ寒天）

本培地ニテハ豚コレラ・アメリカ型及豚チフス菌ハ全ク發育ヲ示サズ。即「アンモン陰性ナリ。豚コレラ・クンツエンドルフ型ハ發育良好ニシテ培地ヲ黄染ス。

即、豚コレラ・アメリカ型及豚チフス菌ハ「パラ C 菌第 1 群ト同樣ノ態度ヲ示シ「パラ C 菌第2、第 3、第 4 群ハ豚コレラ・クンツエンドルフ型ト同樣ノ態度ヲ示ス。

2) 有機酸ムカート培地

豚コレラ・アメリカ型ハ 81 株中 53 株ハ培養 2 週間ニ及ブモ陰性ニシテ 3 株ハ他ノ 25 株ハ 2 週間以内ニスベテ陽性トナレリ。陽性トナル日數ハ不定ニシテ概ネ 9—10 日ヲ要セリ。豚コレラ・クンツエンドルフ型ハ 94 株中 56 株ハ培養 2 週間以内ニ陽性トナリ 38 株ハ陰性ナリキ。陽性トナル日數ハ 5—10 日ナリキ。豚チフス菌 3 株ハ陰性ナリキ。

即「ムカート」ニ對スル態度ハ「パラ C 菌、第 2、第 3、第 4 群ノ豚チフス菌ノソレニ一致スルホカ各々態度ノ異ニスルヲ見ル。

3) 硫化水素産生

豚コレラ・アメリカ型 81 株ハスベテ硫化水素ヲ產生セザルカ又ハ極メテ微弱ナリ。豚コレラ・クンツエンドルフ型ハスベテ陽性成績ヲ示セリ。豚チフス菌中 S. typhi suis ハ陰性、S. typhi suis var Voldagsen ハ陽性ナリキ。

「パラ C 菌、第 3 群ハ硫化水素ノ產生能力他ノ 3 群ニ比シ弱キモ豚コレラ・アメリカ型ヨリモ遙ニ強シ、即、中間ニ位スルモノト言フベシ。「パラ C 菌ハ硫化水素產生陽性トナル點ニ於テ豚コレラ・アメリカ型ト區別シ得。

4) 含水炭素培地

a. 「アラビノーゼ」

豚コレラ・アメリカ型 81 株「クンツエンドルフ型 94 株ハスベテ培養 30 日ニ及ブモ非分解

ナリキ、豚チフス菌ハ培養 1 日ニテ陽性トナル。

「パラ C 菌、第 1、第 2、第 3 群ハコノ點ニ於テ豚コレラ菌ト明ニ區別シ得ラルヘモ第 4 群ハ他ノ鑑別培地ニヨラザルベカラズ。

b. 「ヅルチツト」

豚コレラ・アメリカ型 81 株中 27 株ハ培養 2 週間以內ニ陽性トナリ 54 株ハ陰性ナリキ。陽性トナル日數ハ 1 日 (3 例) 2 日 (3 例) 他ハ 4—14 日ニテ分解セリ。本培地ニ於ケル成績ノ區々ナルコトハ既ニ文献 (8)、(62)、(65) ニ見ルトコロナリ。豚コレラ・クンツエンドルフ型 94 株中 27 株ハ 2 週間以內ニ陽性トナリ 67 株ハ陰性ナリキ。陽性トナル日數ハ 3 例ニテ培養 2 日他ハ 4—11 日ヲ要セリ。豚チフス菌又培養 5—6 日ニテ陽性トナル。

「パラ C 菌ハ各群トモ培養第 1 日ニテ陽性トナルノ特徵トセリ。

c. 「ラムノーゼ」

豚コレラ・アメリカ型ハ 81 株中培養 1 日ニシテ陽性トナルモノ 79 株他ノ 2 株ハ 2 日ニテ陽性トナレリ。豚コレラ・クンツエンドルフ型ハ 94 株スベテ培養 1 日ニテ陽性トナレリ。豚チフス菌ハ 3 株中 2 株ハ培養 2 日、1 株ハ 3 日ニテ陽性トナレリ。

「パラ C 菌、第 2、第 3、第 4 群ハ殆ンド培養 2 日ニテ陽性トナルヲ常トシ、稀ニ 1 日及 3 日ニテ陽性トナルモノモ存ス。第 1 群ノ「ラムノーゼ」ニ對スル態度ノ異ナルコト前述ノ如シ。

d. 「ラクムス乳精

豚コレラ・アメリカ型及「クンツエンドルフ型ハスベテ培養 1 日ニテ微赤色ヲ呈シタル後數日後青變スルモ、豚チフス菌ハ赤變シタルマヽ色調ノ變化ヲ來スコトナシ。「パラ C 菌ハ豚コレラ菌ニ同ジ。

e. 「マンニツト」

豚コレラ・アメリカ型及「クンツエンドルフ型ハスベテ培養 1 日ニテ陽性トナルモ豚チフス菌ハ培養 30 日ニ及ブモ分解セザリキ。「パラ C 菌ハ 1 日ニシテスベテ陽性トナル。

f. 「ソルビツト」

豚コレラ・アメリカ型ハ 81 株中 37 株ハ培養第 1 日ハ陰性、第 2 日ニ於テ陽性トナレリ、44 株ハ培養 1 日ニテ陽性トナレリ。豚コレラ・クンツエンドルフ型ハスベテ培養 1 日ニテ陽性豚チフス菌ハ 2 週間ニ及ブモ陰性ナリキ。「パラ C 菌ハ培養 1 日ニテ陽性トナル。

g. 「マルトーゼ」

豚コレラ・アメリカ型 81 株中 77 株ハ培養 1 日ニテ分解 2 株ハ 3 日ニテ分解、2 株ハ 2 週間ニ至ルモ之ヲ分解セズ。

「クンツエンドルフ型 94 株中 87 株ハ第 1 日ニテ分解、1 株ハ 3 日ニテ分解、6 株ハ 2 週間ニ至ルモ分解セザリキ。

5) 其他ノ培地

a. D—タルタラート培地

(16)

豚コレラ・アメリカ型 81 株中培養1日ニテ陽性トナルモノ 70 株培養2日ニテ陽性トナルモノ 11 株ニシテスベテ陽性トナレリ。「クンツエンドルフ型 94 株中培養 1 日ニテ陽性トナルモノ 92 株、2 日ニテ陽性ノモノ 2 株ナリキ。豚チフス菌3株ハ培養2週間ニ及ブモ陰性ナリキ。

b. 「チトラート培地

豚コレラ・アメリカ型 81 株スベテ培養 1 日ニテ分解、「クンツエンドルフ型 94 株中培養 1 日ニテ陽性トナルモノ 65 株2日ニテ陽性トナルモノ 27 株、4 日ニテ陽性トナルモノ2株ニシテスベテ分解ス。豚チフス菌3株ハ培養2週間ニ及ブモ陰性ナリキ。

c. 1—タルタラート培地

豚コレラ・アメリカ型81株ハ培養2週間ニ及ブモ陰性ナルニ反シ「クンツエンドルフ型ハ 94 株中陽性ナルモノ 27 株、2 週間以内ニ陽性トナルモノ 21 株、2 週間ニテ 土 ナリシモノ 46 株ナリキ。豚チフス菌3株ハスベテ陰性ナリキ。

d. 「ビツターグルコーゼ培地

豚コレラ・アメリカ型 81 株中培養 20 時間ニテ陽性トナルモノ 54 株、陰性ナルモノ 27 株ナリキ。「クンツエンドルフ型ハ 94 株中陽性ノモノ 93 株 1 例ニテ陰性ナリキ。豚チフス菌ハ土 (Orange) ナリキ。

即、以上ノ成績ニヨリ鑑別ニ必要ナル事項ヲ1表トスル二第7表ノ如クニシテ「シモンスグルコーゼ寒天、「ムカート培地、「アラビノーゼ」、「ヅルチツト」、「ラムノーゼ」、「ソルビツト」、「マンニツト」、「ラクムス乳精、醋酸鉛培地ノ諸培地ニヨリ「パラ C 菌、豚コレラ菌、豚チフス菌ノ鑑別ヲ明ニスルヲ得ベシ。

(17)

第7表　Suipestifer-C 群鑑別表

菌株名		菌株数	Simons gl	nuent	Arabinose		Dulcit		Rhamnose	Sorbit	Mannit	Lakmus molke	H_2S 産生能
					Pepton	Bitter	Pepton	Bitter					
S. para-typhi C	第一群	5	4 —	3-5 −+	+ 速	+	+	+	— −+ 不定	+	+	3-5 赤→青	強
	第二群	20	+	30 —	+ 速	+	+	+	1 + 2-3 −+ 速	+	+	3-7 赤→青	強
(Orient)	第三群	8	+	30 —	2 −+ 速	—	+	+	2 −+ 速	+	+	3-7 赤→青	弱
	第四群	4	+	30 —	30 —	—	+	+	2 −+ 速	+	+	3-7 赤→青	強
S. suipestifer America		81	4 —	14 — 5-14 −+	30 —	—	14 — 2-9 −+	—	1 + 稀 2 = −+	+ 2 −+	+	赤→青	(—)
S. suipestifer kunzendorf		94	+	14 — 5-14 −+	30 —	—	14 — 2-9 −+	—	1 +	+	+	赤→青	強
S. typhi suis		1	4 —	14 —	+	—	5-6 −+	—	2-3 −+	—	—	赤	(—)
S. typhi suis Voldagsen		2	4 —	14 —	+	—	5-6 −+	—	2 −+	—	—	赤	強

第5項 「カタラーゼ」試験

大坪氏法 (64) ニ従ヒ検スルニ大略 8 倍マデ陽性ニシテ其ノ成績第 8 表ノ如シ。

(18)

第8表 「カタラーゼ」試驗

菌株 ＼ 稀釋		2×	4	8	16	32	菌株 ＼ 稀釋		2×	4	8	16	32
P.C.	1	卌	卌	+	−	−	H	12	卌	卌	+	−	−
	2	卌	卌	+	−	−		13	卌	卌	+	−	−
	3	卌	卌	±	−	−	E	1	卌	卌	+	−	−
	4	卌	卌	+	−	−		3	卌	卌	+	−	−
	5	卌	卌	±	−	−		4	卌	卌	+	−	−
	6	卌	卌	+	−	−		5	卌	卌	+	−	−
	7	卌	卌	+	−	−		6	卌	卌	+	−	−
	8	卌	卌	卄	−	−		7	卌	卌	+	−	−
	9	卌	卌	+	−	−		8	卌	卄	±	−	−
	10	卌	卌	+	−	−		9	卌	卌	+	−	−
	11	卌	卌	±	−	−		10	卌	卌	+	−	−
	12	卌	卌	+	−	−		11	卌	卌	+	−	−
	13	卌	卌	±	−	−	SuiA	於曾能	卌	卌	卌	+	−
H	1	卌	卌	卄	+	−	SuiA	富永	卌	卌	卌	+	−
	2	卌	卌	+	−	−	Suik	小澤	卌	卌	卄	+	−
	3	卌	卄	+	−	−	Suik	野口	卌	卌	+	−	−
	4	卌	卄	±	−	−	g.v.3	S.38	卄	−	−	−	−
	5	卌	卌	+	−	−	g.v.75		+	−	−	−	−
	6	卌	卌	+	−	−	Suik.S.36		卌	卌	卌	+	−
	7	卌	卌	+	−	−	Suik.S.37		卌	卌	卄	±	−
	8	卌	卄	−	−	−	S.typhi		卌	卌	+	−	−
	9	卌	卌	卄	+	−	S.paraA		−	−	−	−	−
	10	卌	卄	+	−	−	S.paraB		卌	卄	±	−	−
	11	卌	卌	+	−	−	S.ent		卌	卄	+	−	−

備考　g.v.—typhisnis glibeer-Voldagsen.

第6項　抵抗力試驗

1）熱ニ對スル抵抗力

分離菌、荒井、中村、赤峰ノ3株ヲ用ヒ中試驗管「ブイヨン」18時間培養（3回反復）ノモノヲ所要溫度ニ所要時間保チコノ1白金耳ヲ中試驗管「ブイヨン」中ニ投ジ4日間培養シ、之ヲ遠藤平板ニ移植シテ其ノ生否ヲ確カメタルニ60°C、70°C、80°Cニテハ5分間以內ニ死滅シ60°Cニテハ1時間ニテモ尚生存セリ。

(19)

2）消毒藥ニ對スル抵抗力

20°Cノ浴槽中ニ於テ小試驗管ニ藥液5c.cヲトリ之ニ可檢菌（荒井、中村、赤峰株）ノ「ブイヨン」培養（18–24時間）ノ0.1c.cヲ加ヘテヨク振盪後所要時間ノ後、之ヲ中試驗管「ブイヨン」中ニ1白金耳ノ移植シ4日間培養後、之ヲ遠藤平板ニ塗抹シソノ生死ヲ確カメタルニ1.0％石炭酸水及ビ0.01％昇汞水ニテハ10分間後モ尚生存シ、2.5％石炭酸水及2.5％「クレゾール石鹼液0.1％昇汞水ニテハ30秒ニテ死滅スルヲ見タリ。

第7項　動物試驗

1）腹腔內感染試驗

「マウス」

分離菌、荒井、中村、赤峰ノ3株ノ1日ヒ食鹽水0.5c.c中ニ所要菌量ヲ含マシメ體重6—9g．ノ「マウス」ニ腹腔內注射スルニ $\frac{1}{10^3\text{mg}}$ — $\frac{1}{10^4\text{mg}}$ ニテ概ネ4日前後ニテ死亡シ、スベテニ於テ其ノ心血中ヨリ菌ヲ證明セリ。第9表ノ如シ。

(20)

第9表　分離菌腹腔内感染試験（マウス）

菌量	菌株／マウス	若井 1	若井 2 (8—9g)	若井 3	中村 1	中村 2 (8—9g)	中村 3	赤峰 1	赤峰 2 (8—9g)	赤峰 3	平均生存日数
1.mg	A	1	1	1	1	1	1	1	1	1	
	B	+	+	+	+	+	+	+	+	+	1
	C		1			1			1		
$\frac{1}{10}$	A	1	3	3	1	2	2	2	3	3	
	B	+	+	+	+	+	+	+	+	+	2.2
	C		2.3			1.7			2.7		
$\frac{1}{10^2}$	A	3	3	4	3	3	4	3	3	3	
	B	+	+	+	+	+	+	+	+	+	3.2
	C		3.3			3.7			3		
$\frac{1}{10^3}$	A	3	3	4	3	4	4	4	4	4	
	B	+	+	+	+	+	+	+	+	+	3.7
	C		3.3			3.7			3.7		
$\frac{1}{10^4}$	A	4	4	5	3	4	4	3	4	4	
	B	+	+	+	+	+	+	+	+	+	3.9
	C		4.3			3.7			3.7		
$\frac{1}{10^5}$	A	4	4	4	4	4	4	3	4	5	
	B	+	+	+	+	+	+	+	+	+	4
	C		4			4			4		
$\frac{1}{10^6}$	A	4	4	5	4	4	4	4	4	5	
	B	+	+	+	+	+	+	+	+	+	4.1
	C		4			4			4.3		
$\frac{1}{10^7}$	A	4	4	5	4	4	5	4	4	5	
	B	+	+	+	+	+	+	+	+	+	4.3
	C		4.3			4.3			4.3		
$\frac{1}{10^8}$	A	4	4	5	4	5	5	4	5	5	
	B	+	+	+	+	+	+	+	+	+	4.6
	C		4.3			4.7			4.7		

備考 A 生存日数
B 菌ノ有無
C 平均生存日数

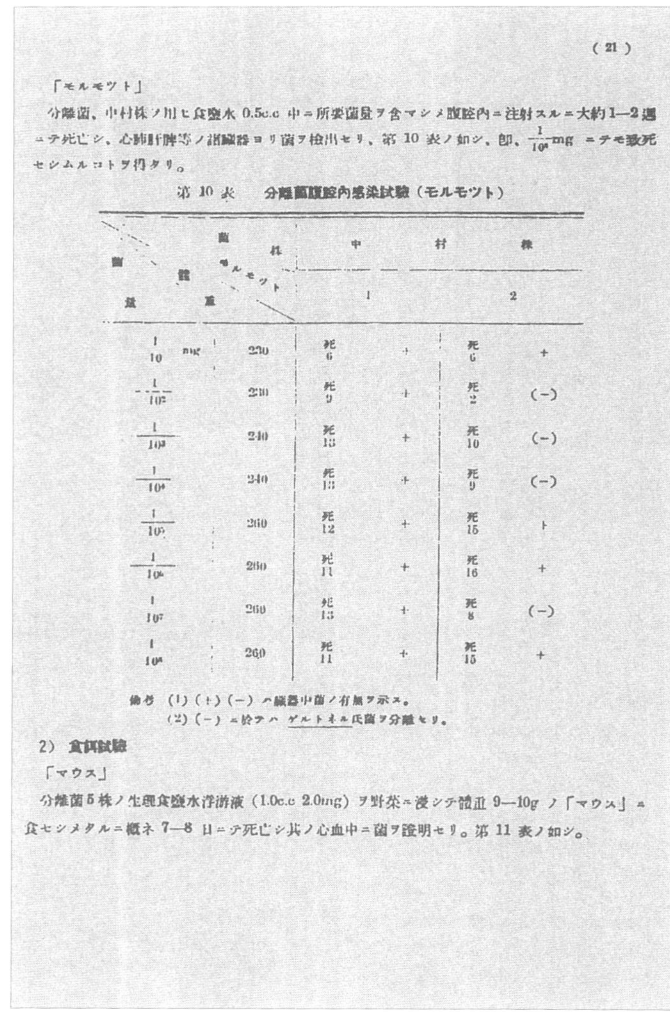

(21)

「モルモツト」

分離菌、中村株ノ川ヒ食鹽水 0.5c.c 中ニ所要菌量ヲ含マシメ腹腔内ニ注射スルニ大約1—2週ニテ死亡シ、心肺肝脾等ノ諸臓器ヨリ菌ヲ検出セリ、第 10 表ノ如シ、即、$\frac{1}{10^8}$mg ニテモ斃死セシムルコトヲ得タリ。

第 10 表　分離菌腹腔内感染試験（モルモツト）

菌量	體重	中村株 1		中村株 2	
$\frac{1}{10}$ mg	230	死 6	+	死 6	+
$\frac{1}{10^2}$	230	死 9	+	死 2	(−)
$\frac{1}{10^3}$	240	死 13	+	死 10	(−)
$\frac{1}{10^4}$	240	死 13	+	死 9	(−)
$\frac{1}{10^5}$	260	死 12	+	死 15	+
$\frac{1}{10^6}$	260	死 11	+	死 16	+
$\frac{1}{10^7}$	260	死 13	+	死 8	(−)
$\frac{1}{10^8}$	260	死 11	+	死 15	+

備考 (1)(+)(−)ハ臓器中菌ノ有無ヲ示ス。
(2)(−)ニ於テハゲルトネル氏菌ヲ分離セリ。

2）食餌試験

「マウス」

分離菌5株ノ生理食鹽水浮游液（1.0c.c 2.0mg）ヲ野菜ニ浸シテ體重 9—10g ノ「マウス」ニ食セシメタルニ概ネ 7—8 日ニテ死亡シ其ノ心血中ニ菌ヲ證明セリ。第 11 表ノ如シ。

(:

第 11 表　分離菌食餌試験（マウス）

群	菌株	マウス	生死	生存日数	心血中菌	平均生存日数
I	中村	1	死	6	+	6.3
		2	死	6	+	
		3	死	7	+	
I	飯塚	1	死	2	—	7.5
		2	死	7	+	
		3	死	8	+	
I	赤峰	1	死	6	+	7
		2	死	7	+	
		3	死	8	+	
Ⅱ	荒井	1	死	7	+	7.7
		2	死	8	+	
		3	死	8	+	
Ⅱ	岡田	1	死	8	+	8
		2	死	8	+	
		3	死	8	+	

備考 「マウス體重 9—10g

「モルモツト」

分離菌、中村、赤峰ノ2株ヲ用ヒテ體重 250—300g ノモノ各 1 3 匹宛ニ「マウス」同様ニシテ食セシメタルニ 6—8 日ニテスベテ斃レソノ心血中ニ菌ヲ證明セリ。

家　兎

下記ノ如ク3匹ノ家兎ニテ荒井、中村ノ2菌株ヲ用ヒ、空腹時ニ2白金耳宛ヲ口中深ク挿入シ後少量ノ餌ヲ與ヘ、其後毎朝體温ヲ測定シツヽ觀察シタルニ下記ノ如クニシテ 7 日、8 日、23 日ニテ死亡シ、其ノ各種臓器ヨリ菌ノ證明セリ。

（1）第1家兎（♂）感染菌、荒井株

體重 3,000g、體温 38.8°C、菌投與翌日體温 40°C トナリ元氣衰ヘ其後 39.6°C—40.4°C ノ熱ヲ持續シ、第4日目ヨリ下痢症状ヲ起シ、第7日ニ至リテ死亡セリ。剖檢培養ニヨリ肺、肝、脾、膽汁、腸腺ニ菌ヲ證明セリ。

(2[illegible])

（2）第2家兎（♂）感染菌、荒井株

體重 2,040g 體温 39°C 菌投與後 38°C—39°C 前後ノ熱ヲ持續シ、40°C ヲ越ユルコトナク一般症状ニモ變化ナカリシガ、第 21 日目ヨリ下痢ヲ起シ、第 23 日ニ至リテ死亡、其ノ心血、肝脾ニ菌ノ證明セリ。

（3）第3家兎（♀）感染菌、中村株

體重 3,200g、體温 38°C 菌投與ノ翌日體温 39°C、爾後 41°C、40.6°C、40.2°C、39.1°C、39.3°C 38.8°C ノ熱ノ後シ 8 日目ニ至リテ死亡、其ノ肺肝脾ニ菌ノ證明セリ。

第8項　本節總括

之ヲ要スルニ「パラ C 菌ハ從來ノ報告ニヨレバソノ培養性狀ニ於テ「アラビノーゼ」分解ノ如何ニヨリテ2型ニ區別シ得ラレタルモ、武漢附近分離菌ハ在來ノ分離菌トハソノ培養上數多ノ點ニ於テ區別セシレ得ルモノニシテ、余ノ研究ニヨレバ「パラ C 菌ハ4群ニ區別シ得ルコトヲ知レリ。「カタラーゼ」ノ有無、抵抗力、動物ニ於ケル感染試驗ニ於テハ特ニ差違アルヲ認メズ。

第3節　血清學的性狀

武漢附近ニテ分離セシ「パラ C 菌ハ培養上2群ニ、業室「パラ C 菌モ亦2群ニ合計4群ニ分類スルヲ得タルニヨリ各群代表菌株ニツキ H 並ニ O 血清ヲ調製セリ。又對照トシテ豚コレラ菌（「アメリカ型」、「クンツエンドルフ型」）豚チフス菌ニツキテモ H 並ニ O 血清ヲ調製シ比較研究セリ。但、豚チフス菌 O 血清調製ハ遂ニ成功セザリシニヨリ實驗ニ使用スルコト能ハザリキ、H 血清調製ニ際シテハ Andrews 等ノ所謂、特異相、非特異相ヲ顧慮セザル H 血清ト特異相並ニ非特異相血清ヲ調製セリ。

普通 H 血清調製ニハ「ブイヨン」18 時間培養ニ 0.5% ノ割ニ「フオルマリン」ヲ加ヘタル菌液ヲ以テ家兎ノ免疫シ、特異相、非特異相、血清調製ニハ普通寒天平板上ニ於ケル各特異、非特異性集落ヲ集メ食鹽水ヲ以テ菌浮游液ヲ作リ之ヲ 60°C 30 分加熱シテ家兎ヲ免疫セリ。

O 血清調製ニ際シテハ完全ニ S 型ノ集落ヲ鏡選シ（3）18—24 時間普通寒天斜面培養ノモノヲ食鹽水浮游液（1.0c.c 1.0mg）トナシ 100°C 2時間加熱シタル菌液ヲ以テ家兎ヲ免疫セリ。

凝集反應ニ使用セル菌液ハ H 凝集反應ノタメニハ「ブイヨン 18—24 時間培養ノモノニ 0.5% ノ割ニ「フオルマリン」ヲ加ヘタル菌液ヲ用ヒ、O 凝集反應ニハ食鹽水浮游液 100° 30 分加熱シタルモノヲ使用セリ。

第1項　凝集反應

1）H 凝集反應

a. 分離菌及業室「パラ C 菌ノ各種血清ニ對スル凝集反應

分離菌全株（變異セシ P.C 8 株ヲ除ク）及業室菌タル第2群及第4群ノウチ各1.2株宛ヲ豚コレラ菌、豚チフス菌、「パラ C 菌、腸チフス菌 A型パラチフス菌 B型パラチフス菌、[illegible]ネル氏菌（エナー菌）ノ各菌 H 血清ト凝集セシムルニ第 12 表ニ示ス如ク、豚コレラ・[illegible]カ型菌及ビ「パラ C 菌血清ニハ最終凝集價或ハソノ近クマデ凝集シ、豚チフス菌血清[illegible]

モ甚ダ高度ニ凝集、豚コレラ・クンツエンドルフ型血清ニハアル菌株ニテハ甚ダ高度ニ又アル菌株ニテハ中等度ニ凝集スルヲ見ル。腸チフス菌、A及B型パラチフス菌血清ニ對シテハ何等ノ凝集ヲモ示サズ、ゲルトネル氏菌血清ニハ100—200倍ニテ顆粒狀ノ凝集ヲ示シタリ。

第12表　H凝集反應（其ノ1）

菌群	血清／凝集價／菌群	S. suip America	S. suip Kunz	S. para C Hirschfeld	S. typhi Suis O	S. typhi	S. para A	S. para B	S. ent
	H	6,400	6,400	12,800	6,400	3,200	3,200	3,200	12,800
Ⅰ	P.C 3	6,400	3,200	6,400	1,600	( )	( )	( )	200k
	P.C 4	6,400	3,200	6,400	3,200	( )	( )	( )	100k
	P.C 5	6,400	3,200	6,400	1,600	(-)	( )	( )	200k
	P.C 9	6,400	800	12,800	1,600	(-)	(--)	(--)	100k
	P.C 11	6,400	800	6,400	1,600	(--)	(-)	(-)	100k
Ⅱ	H 5	6,400	1,600	12,800	3,200	(--)	(--)	(--)	100k
	H 8	6,400	800	12,800	1,600	(-)	(--)	(-)	100k
Ⅲ	P.C 1	3,200	800	6,400	1,600	(-)	(-)	(-)	100k
	P.C 2	3,200	400	6,400	1,600	( )	(--)	( )	100k
	P.C 6	3,200	400	6,400	1,600	(—)	( )	(-)	100k
	P.C 7	6,400	400	12,800	1,600	(—)	(--)	(—)	100k
	P.C 8	自然	凝集						
	P.C 10	3,200	1,600	6,400	1,600	(--)	(-)	(--)	100k
	P.C 12	6,400	400	6,400	1,600	( )	( )	( )	100k
	P.C 13	3,200	400	6,400	1,600	(-)	(—)	(—)	100k
Ⅳ	H 12	6,400	1,600	12,800	1,600	(--)	(-)	(-)	100k
	E 6	6,400	1,600	12,800	1,600	(—)	(—)	(—)	100k

備考　1）判定ハ血温2時間後實施ス。

2）K. トハ Körnig ノ意ナリ。

b.　分離菌血清就中秦室「パラC菌血清ノ各種菌ニ對スル凝集反應

「パラC菌、第1、第2、第3群中各2株及第4群1株ノH血清ヲ調製シ各種菌ト凝集反應ヲ實施スルニ豚コレラ菌、豚チフス菌「パラC菌ニハ高度ニ濫絮狀ニ凝集スルヲ見ルモ、B型パラチフス菌、ゲルトネル氏菌ニハ殆ド凝集セズ、腸チフス菌（Vi抗元ヲ有セザルモノ）ニハ100—400倍ニ顆粒狀凝集ヲ呈シA型パラチフス菌ニモ低度ノ顆粒狀凝集ヲ呈シタリ。即

第13表ノ如シ。

第13表　H凝集反應（其ノ2）

菌液	菌群／H血清／凝集價	Ⅰ P.C 3	Ⅰ P.C 9	Ⅱ H 5	Ⅱ H 8	Ⅲ P.C 1	Ⅲ P.C 10	Ⅳ H 12
		12,800	12,800	12,800	12,800	6,400	6,400	6,400
S. typhi (S. 57)		200(k)	400(k)	200(k)	200(k)	200(k)	100(k)	200(k)
S. para A		100(k)	100(k)	( )	100(k)	100(k)	50	100(k)
S. para B		(—)	(—)	(-)	( )	(-)	50	(—)
S. ent		(-)	( )	100(k)	( )	( )	( )	(-)
S. Suipestifer America		12,800	12,800	12,800	12,800	6,400	6,400	6,400
S. Suipestifer Kunzendorf		12,800	12,800	12,800	3,200	800	6,400	800
S. typhi suis		6,400	6,400	6,400	6,400	3,200	3,200	3,200
S. para. C　Ⅰ	P.C 3	12,800	12,800	6,400	6,400	6,400	3,200	6,400
	P.C 9	12,800	12,800	12,800	12,800	6,400	1,600	6,400
Ⅱ	H 5	12,800	12,800	12,800	12,800	6,400	6,400	6,400
	H 8	12,800	12,800	12,800	12,800	6,400	3,200	6,400
Ⅲ	P.C 1	12,800	12,800	6,400	12,800	6,400	6,400	6,400
	P.C 10	12,800	12,800	6,400	12,800	6,400	6,400	6,400
Ⅳ	H 12	12,800	12,800	12,800	12,800	6,400	6,400	6,400
	E 6	12,800	12,800	12,800	12,800	6,400	6,400	6,400

備考　1）判定ハ血温2時間後實施ス。

2）k. トハ körnig ノ意ナリ。

2）O凝集反應

加熱菌ヲ以テスル凝集反應ハ第14表ニ示スガ如シ。

即「パラC菌各群菌株（P.C 9赤時株ヲ除ク）ノ「パラC菌各群O血清（P.C 9赤時株血清ヲ除ク）竝ニ豚コレラ菌（「アメリカ型、「クンツエンドルフ型）O血清ニ對スル態度ハ殆ドスベテ同一ニシテ概ネソノ最終凝集價又ハソノ近クマデ凝集スルヲ見ル。之ニ反シP.C 9赤時株ハ他ノ「パラC菌O血清ニ弱度又ハ甚シク弱度ノ凝集ヲ示スノミナリ。又P.C 9赤時株O血清ハ他ノ菌株ヲ凝集スルコト弱度又ハ甚シク弱度ナリ。

次ニ腸チフス菌、A型パラチフス菌、「リーデイング菌ノO血清ニ對スル「パラC菌ノ凝集態

第 14 表　O 凝 集 反 應

菌群	O 血清 凝集價 菌	S. paratyphi C Ⅰ P.C3	S. paratyphi C Ⅰ P.C9	S. paratyphi C Ⅱ H 5	S. paratyphi C Ⅲ P.C6	S. paratyphi C Ⅳ H 12	S.sui-pest Ame-rica (於曾能)	S.sui-pest Kun-zendorf (野口)	S.ty-phi	S.pa-ra A 1015	S.rea-ding	S.Ab-erdeen
	液	800	1,600	1,600	3,200	800	1,600	1,600	1,280	640	1,280	1,280
P.C Ⅰ 群	P. C 3	800	200	800	3,200	400	800	1,600	20	20	160	160
	P. C 4	800	200	400	3,200	400	800	1,600	20	20	160	160
	P. C 5	800	200	400	3,200	400	800	1,600	40	20	160	80
	P. C 9	50	1,600	200	400	200	400	400	( )	(—)	(—)	320
	P. C 11	800	200	1,600	3,200	400	800	1,600	20	20	160	160
P.C Ⅱ 群	H 1	800	200	1,600	1,600	800	1,600	1,600	80	160	640	320
	H 2	800	200	1,600	1,600	400	1,600	1,600	80	80	320	160
	H 3	800	200	1,600	3,200	400	1,600	1,600	80	160	640	160
	H 4	800	200	1,600	3,200	400	1,600	1,600	80	80	320	160
	H 5	800	200	1,600	3,200	800	1,600	1,600	80	160	640	160
	H 6	800	200	1,600	3,200	400	1,600	1,600	80	160	320	320
	H 7	800	800	1,600	3,200	800	1,600	1,600	80	80	640	160
	H 8	800	200	800	800	800	800	1,600	80	160	640	160
	H 9	800	800	1,600	3,200	800	800	1,600	80	40	640	160
	H 13	800	800	800	3,200	800	1,600	1,600	80	160	640	160
	H 14	800	800	1,600	3,200	800	1,600	1,600	80	160	640	320
	E 1	800	400	800	3,200	800	1,600	1,600	80	80	640	160
	E 3	800	400	800	3,200	800	1,600	1,600	80	160	640	160
	E 4	800	400	1,600	3,200	800	1,600	1,600	80	160	640	160
	E 5	800	400	800	3,200	800	1,600	1,600	80	160	640	80
	E 7	800	200	1,600	3,200	800	800	800	80	160	320	80
	E 8	800	400	1,600	3,200	800	1,600	800	80	160	320	80
	E 9	800	800	1,600	3,200	800	1,600	1,600	80	160	640	80
	E 10	800	400	1,600	3,200	400	1,600	1,600	80	160	640	160
	E 11	800	800	1,600	3,200	400	800	1,600	80	160	640	80
P.C Ⅲ 群	P. C 1	800	200	1,600	3,200	800	800	1,600	160	160	320	160
	P. C 2	800	200	1,600	3,200	800	800	1,600	80	160	320	160
	P. C 6	800	200	800	3,200	400	800	1,600	80	160	320	160
	P. C 7	800	200	1,600	3,200	800	800	1,600	80	80	320	80
	P. C 8	自	然	凝	集							
	P. C 10	400	200	1,600	3,300	800	800	800	80	160	320	160
	P. C 12	400	200	1,600	3,200	800	800	1,600	160	160	640	160
	P. C 13	400	200	1,600	3,200	400	800	800	80	80	320	160
P.C Ⅳ 群	H 10	800	800	1,600	3,200	800	1,600	1,600	80	160	640	160
	H 11	800	400	1,600	1,600	800	800	1,600	80	80	640	160
	H 12	800	400	1,600	3,200	800	1,600	1,600	80	80	640	160
	E 6	800	800	1,600	3,200	800	1,600	800	80	160	640	160
豚コレラ	A (於曾能)	800	400	800	3,200	800	1,600	1,600	80	160	320	80
	A (冨　永)	800	400	800	3,200	800	1,600	1,600	80	160	320	160
	K (野　口)	800	800	1,600	3,200	800	1,600	1,600	80	160	320	160
	K (小　澤)	800	400	800	3,200	400	1,600	1,600	80	160	320	160
	K S. 36	800	400	800	3,200	800	1,600	1,600	80	160	320	160
	K S. 37	800	1,600	1,600	3,200	800	800	1,600	80	40	320	160
豚チフス	S. 38	800	800	800	3,200	400	1,600	1,600	80	160	320	160
	g.v. 75	800	800	800	3,200	400	1,600	1,600	80	160	320	160

備考　K.S.36　S. cholerae suis var Kunzendorf 1350 Ⅵ₁ Ⅶ—1.5

K.S.37　S. cholerae suis var Kunzendorf 5210 Ⅵ₂ Ⅶ—1.5

度ヲ見ルニ「パラ C 菌、第1群ハ他群ニ比シ高度ノ類屬凝集ヲ見ルノ特徴トシ，其他ノ群相互ニ於テハ殆ド同一態度ナリ。第 1 群中ニ於テモ P.C9 號株ハ何等ノ類屬凝集ヲモ示サズ (50倍稀釋以下)1又「パラ C 菌各群ハ「アバーディン菌 O 血清ニ對シテモ類屬凝集ヲ呈スルコト第 14 表ニ見ルガ如シ。

之ヲ要スルニP.C 9 赤痢株ヲ除ク「パラ C 菌各群間ニ於テハ O 凝集反應上殆ド同一態度ヲ示シ唯僅ニ腸チフス菌、A 型パラチフス菌「リーディング菌 O 血清ニ對スル態度ニ於テ「パラ C 菌、第 1 群ガヤヽ特異ノ感ヲ與ヘシムルガ如キ凝集態度ヲ示スノミナリ。

第 2 項 凝集素吸收試驗

1) H 凝集素吸收

a. 特異相非特異相ノ檢出

余ハ「レツエブトール」ノ關係ヲ究ムルタメ特ニ Androus ニヨリ發見セラレ、Savage (10) B.White (9) Kauffmann (7)、(8) 青木等 (19)、(38)、(39)、(40) ニヨリ詳細研究セラレタル特異相、非特異相ノ檢出ニ努メタルニ分離菌 13 株中 1 例ノ R 型變異ノ除キ他ノ凡テハ特異相及非特異相ノ兩相ヲ檢出シ得タリ。業害バシ C 菌ニツキ兩相ノ檢出セントシ努メタルニ 24 株中 13 株ハ兩相ヲ檢出シ得タレドモ他ノ 11 株ハスベテ O 型變異ヲ起シ、物體板上特異相、非特異相ノ何レノ血清ニテ凝集セザリキ。相檢出ノタメ使用シタル血清ハ豚コレラ、アメリカ型特異血清ヨリ豚コレツ・クンツエンドルフ型菌ヲ吸收シタル C 因子血清ト豚コレラ・クンツエンドルフ型菌 H 血清ノ 100 倍稀釋血清ヲ使用セリ。

b. 特異相凝集素吸收試驗

「パラ C 菌 4 群ノ各特異相血清 6 種竝ニ豚コレラ・アメリカ型特異相血清 2 種及豚チフス特異相血清 1 種ヲ調製シ吸收試驗ニヨリ相互間ノ差違ヲ研究セルニ、第 15、16、17 表ニ示スガ如シ。

第 15 表 特異相凝集素吸收試驗（其ノ 1）

血清	吸收菌			凝集菌 C 21 sp	凝集菌 吸收菌	凝集菌 S.suip. Kunzendorf
S. suipestifer. America (C.21) Spezifisch sp. 12,800 unsp. 800	S. paratyphi C Ⅰ	P.C.3 sp	S. suip. Kunzendorf	400	(—)	(—)
		P.C.9 sp	〃	400	(—)	(—)
		P.C.11 sp	〃	400	(—)	(—)
	S. paratyphi C Ⅱ	H.5 sp	〃	400	(—)	(—)
		H.8 sp	〃	400	(—)	(—)
	S. paratyphi C Ⅲ	P.C.1 sp	〃	400	(—)	(—)
		P.C.2 sp	〃	400	(—)	(—)
		P.C.10 sp	〃	400	(—)	(—)
	S. paratyphi C Ⅳ	H.12 sp	〃	400	(—)	(—)
		E.6 sp	〃	400	(—)	(—)
	S. suip. America	C.21 sp	〃	(—)	(—)	(—)
		C.77 sp	〃	(—)	(—)	(—)
		C.32 sp	〃	(—)	(—)	(—)
	S. typhi Suis	S.38 sp	〃	400	(—)	(—)

備考 1) 判定ハ血溫 2 時間後實施ス。
2) (—) トハ 50 倍稀釋以下ナリ。
3) 本吸收試驗成績ハ 1 回吸收時ノ成績ナルモ 2 回吸收及 3 回吸收スルモ同一成績ヲ得タリ。
4) 別ニ S. suip. America (C 77) Spezifisch 血清ヲ用ヒテ同樣ノ實驗ヲナシタルモ同樣ノ成績ヲ得タリ。

第16表　特異相凝集素吸収試験（其ノ2）

血清	吸	收		菌	凝集菌 當該菌 sp	吸收菌	S.suip Kunzendorf
S. paratyphi C (Spezifisch) I 群 P.C.3 sp sp. 12,800 un. 800 P.C.9 sp sp. 6,400 un. 200 II 群 H.5 sp sp. 6,400 un. 400 III 群 P.C.1 sp sp. 12,800 un. 800 P.C.10 sp sp. 6,400 un. 1,600 IV 群 H_{12} sp sp. 6,400 un. 800	S. paratyphi C	I	P.C. 3 sp	S.suip Kunzendorf	(—)	(—)	(—)
			P.C. 9 sp	〃	(—)	(—)	(—)
			P.C. 11 sp	〃	(—)	(—)	(—)
		II	H.5 sp	〃	(—)	(—)	(—)
			H.8 sp	〃	(—)	(—)	(—)
		III	P.C. 1 sp	〃	(—)	(—)	(—)
			P.C. 2 sp	〃	(—)	(—)	(—)
			P.C. 10 sp	〃	(—)	(—)	(—)
		IV	H.12 sp	〃	(—)	(—)	(—)
			E.6 sp	〃	(—)	(—)	(—)
	S.suip America		C.21 sp	〃	(—)	(—)	(—)
			C.77 sp	〃	(—)	(—)	(—)
			C.32 sp	〃	(—)	(—)	(—)
	S.typhi suis		S.38 sp	〃	(—)	(—)	(—)

備考　1）各血清トモ同一成績ヲ示シタルニヨリ1表トナセリ。
2）判定ハ血温2時間後實施ス。
3）（—）トハ50倍稀釋ニ於テナリ。

第17表　特異相凝集素吸収試験（其ノ3）

血清	吸	收		菌	凝集菌 S. 38 sp	吸收菌	S.typhi suis Voldagsen
S. typhi suis (s.38) 1,347	S. paratyphi C	I	P.C. 3 sp	S.typhisuis Voldagsen	(—)	(—)	(—)
			P.C. 9 sp	〃	(—)	(—)	(—)
			P.C. 11 sp	〃	(—)	(—)	(—)
		II	H_5 sp	〃	(—)	(—)	(—)
			H_8 sp	〃	(—)	(—)	(—)
		III	P.C. 1 sp	〃	(—)	(—)	(—)
			P.C. 2 sp	〃	(—)	(—)	(—)
			P.C. 10 sp	〃	(—)	(—)	(—)
		IV	H.12 sp	〃	(—)	(—)	(—)
			E. 6 sp	〃	(—)	(—)	(—)
sp. 6,400 unsp. 1,600	S.suip America		C. 21 sp	〃	(—)	(—)	(—)
			C. 77 sp	〃	(—)	(—)	(—)
			C. 32 sp	〃	(—)	(—)	(—)
	S.typhi suis		S. 38 sp	〃	(—)	(—)	(—)

備考　1）判定ハ血温2時間後實施ス。
2）（—）トハ50倍稀釋ニ於テナリ。

即、豚コレラ・アメリカ型特異相ヨリ「パラC菌特異相又ハ豚チフス菌特異相ヲ3回ニ亘リ吸收スルモ完全ニ吸收スルコト能ハズ（第15表）逆ニ「パラC菌特異相又ハ豚チフス菌特異相血清ヨリ豚コレラ・アメリカ型特異相ヲ吸收スレバ完全ニ吸收スルヲ得（第16、17表）又「パラC菌各群特異血清ヨリ「パラC菌各群菌、豚コレラ・アメリカ型菌又ハ豚チフス菌ノ特異相ヲ吸收スルニ完全ニ吸收スルヲ得（第16表）又豚チフス菌特異相血清ヨリ「パラC菌各群豚コレラ・アメリカ型菌又ハ豚チフス菌各ミノ特異相ヲ吸收スルニ完全ニ吸收シ盡クサル（第17表）。

之ヲ要スルニ「パラC菌　　相互間ニハ特異相ニ差違ヲ認メズ、即、全ク同一ナリ、又「パラC菌ト豚チフス菌トノ間ニ　　異相ニ於テ差違ナク全ク同一ナリ。之ニ反シ豚コレラ・アメリカ型特異相ト「パラC菌及　　フス菌特異相ノ間ニハ明カナル差違アリ。

C因子ニ就テ

Kauffmann-Wgite-Schema 中 C 因子ナル記號數個アリ、Kauffmann (4b) ガ、同一記號必ズシモ全ク同一ナラザルコトヲ記シアルモ余ノ研究ノ結果上述ノ如ク豚コレラ・アメリカ型ノ有スル C 因子ト「パラ C 菌ノ有スル C 因子トノ間ニハ量的差違ナラザル質的差違アルコト明トナレリ。即「パラ C 菌ノ C 因子ハ豚コレラ・アメリカ型菌ノ C 因子中ニ包含セラル、モ豚コレラ・アメリカ型菌 C 因子ハ「パラ C 菌ノ C 因子以外ノ特異ナル C 因子ヲ含メルコト前述ノ成績ニヨリテ明カナリ。依テ余ハ便宜上「パラ C 菌ノ有スル C 因子ヲ C_1 因子ト名付ケ豚コレラ・アメリカ菌 C 因子中「パラ C 菌ノ有スル C 因子ト異ナル因子即「アメリカ型菌特異ノ因子ヲ C_2 因子ト名付クベシ。之ニ從ヘバ、豚コレラ・アメリカ型 C 因子ハ C_1 C_2 因子ヨリナリ「パラ C 菌及豚チフス菌 C 因子ハ C_1 因子ヨリナルト考ヘラル。

余ハ豚コレラ・アメリカ型菌 73 株「パラ C 菌 25 株（分離菌 12 株某室菌 13 株）豚チフス菌 1 株ニツキ C_1、C_2 因子ヲ物體板上檢定凝集反應竝ニ凝集セザルモノハ定量的凝集反應ヲ實施シ調査セルニ下記ノ如クニシテ概ネ以上ノ事實ヲ證スルニ足ルモノト思考ス。

Typen		Stämme	C_1	C_2
S. suipestifer America	Spezifisch.	73	+	+
S. paratyphi. C.	Spezifisch.	25	+	−
S. typhi suis	Spezifisch.	1	+	—

黒田 (22) ハ豚コレラ・アメリカ型特異相ヨリ「パラ C 菌特異相ヲ吸收スレバ豚コレラ・アメリカ型菌ヲ凝集スル「レツェプトール」ノ殘存スルヲ報告シアリ。同時ニ「パラ C 菌特異相ヨリ豚コレラ・アメリカ型特異相ヲ吸收スレバ「パラ C 菌特異相ヲ凝集スル「レツェプトール」ノ殘存スルコトヲ報ジアルモ、余ノ實驗ニ於テハ前者ハ認メ得ルモ後者ハ認メ難シ、但シ、黒田ノ言ヘル「パラ C 菌ニ特異ナル「レツェプトール」トハ現今言ヘル Vi 抗元ナリシト考ソレバ諒解シ得ルモノナリ。

c. 非特異相凝集素吸收試驗

「パラ C 菌非特異相血清 5 種及豚コレラ・アメリカ型菌、非特異相血清 1 種、豚コレラ・クンツェンドルフ型菌血清 1 種豚チフス (Voldagsen 型) 菌血清 1 種ヲ調製シ吸收試驗ヲ實施スルニ第 18 表及第 19 表ニ示スガ如シ。

第 18 表　非特異相凝集素吸收試驗（其ノ 1）

血清：
1) S. suipestifer America un-spezifisch (C 21)　sp. 1,600　unsp. 12,800
2) S. suipestifer kunzendorf　12,800
3) S. typhi suis var Voldagsen　6,400

吸收菌			凝集菌 血清同名菌 unsp	凝集菌 吸收菌 unsp	凝集菌 S.suip. America. sp
S. paratyphi C	Ⅰ	P.C. 3 un	×	(−)	(−)
		P.C. 9 un	×	(−)	(−)
		P.C. 11 un	×	(−)	(−)
	Ⅱ	H. 5 un	×	(−)	(−)
		H. 8 un	×	( )	(−)
	Ⅲ	P.C. 1 un	×	( )	(−)
		P.C. 2 un	×	(−)	(−)
		P.C. 10 un	×	(−)	(−)
	Ⅳ	H. 12 un	×	(−)	(−)
		E. 6 un	×	( )	(−)
S. suip America		C. 21 un	( )	(−)	(−)
		C. 77 un	(−)	(−)	(−)
		C. 32 un	( )	(−)	(−)
S. suip Kunzendof		1	(−)	(−)	(−)
		2	( )	(−)	(−)
S. typhi suis		C. 38 un	(−)	(−)	(−)
		C. 75 un	(−)	(−)	(−)

備考　×……血清 2). ノ場合　400×
　　　1). 3) ノ場合 200×　ナリ

（34）

第 19 表　非特異相凝集素吸收試驗（其ノ 2）

血清	吸收菌				凝集菌 當該菌 un	吸收菌	S. suip America sp
S. paratyphi C (unspezifisch)	S. paratyphi C	Ⅰ	P.C. 3 un	S. suip America Sp	(—)	(—)	(—)
			P.C. 9 un	〃	( )	( )	(—)
Ⅰ群 P.C.3 un sp. 100 un. 3,200			P.C. 11 un	〃	( )	(—)	(—)
P.C.9 un sp. 400 un. 6,400		Ⅱ	H_5. un	〃	( )	(—)	( )
			H_8. un	〃	( )	( )	( )
Ⅱ群 H_5. un sp. 200 un. 8,200		Ⅲ	P.C. 1 un	〃	(—)	( )	( )
			P.C. 2 un	〃	(—)	( )	(—)
			P.C. 10 un	〃	( )	(—)	( )
Ⅲ群 P.C.1 un sp. 800 un. 3,200		Ⅳ	H_{12}. un	〃	(—)	(—)	(—)
			E. 6 un	〃	( )	( )	(—)
Ⅳ群 H_{12}. un sp. 100 un. 3,200	S. suip. America		C. 21 un	〃	(—)	( )	(—)
			C. 77 un	〃	(—)	(—)	(—)
			C. 32 un	〃	(—)	(—)	( )
	S. suip. Kunzendorf		1	〃	( )	(—)	( )
			2	〃	(—)	( )	( )
	S. typhi suis		S. 38 un	〃	(—)	( )	( )
			C. 75	〃	(—)	( )	( )

即、豚コレラ・アメリカ型非特異相血清及豚コレラ・クンツエンドルフ型血清、並ニ豚チフス（Voldagsen 型）菌血清ヨリ「パラ C 菌非特異相ヲ吸收スルモ完全ニ吸收スルコト能ハズシテ凝集素ノ殘留スルヲ見ル、之ニ反シ豚チフス菌及豚コレラ・アメリカ型菌非特異相並ニ豚コレラ・クンツエンドルフ型菌ヲ吸收スレバ完全ニ吸收シ盡クサル。（第 18 表）

「パラ C 菌各群菌非特異相血清ヨリ豚コレラ菌非特異相「パラ C 菌非特異相豚チフス菌非特異相ヲ吸收スレバ完全ニ吸收シ盡クサル（第 19 表）

之ヲ要スルニ「パラ C 菌各群非特異相相互ノ間ニハ差違アルヲ認メズ、又豚コレラ菌非特異相ト豚チフス菌非特異相間ニハ差違ナク全ク同一ナルモ、「パラ C 菌非特異相ト豚コレラ菌非特異相又ハ「パラ C 菌非特異相ト豚チフス菌非特異相相互ノ間ニハ明カナル差違アリ。

（35）

以上ヲ Kauffmann White-Schema ヲ書從トシテ記述スレバ下記ノ如シ。

Typen	H 抗元 spezifisch	H 抗元 unspezifisch
S. paratyphi C	C_1	1、4、5
S. suipestifer America	C_1. C_2	1、3、4、5
S. suipestifer Kunzendorf	—	1、3、4、5
S. typhi suis (glässer)	C_1	1、3、4、5.
S. typhi suis var Voldagsen	—	1、3、4、5.

2）O 凝集素吸收

a. O 因子調査

余ハ Kauffmann (53) ニ從ヒ Ⅰ. Ⅳ. Ⅵ. ($Ⅵ_1$. $Ⅵ_2$). Ⅶ. Ⅷ. Ⅸ. Ⅹ. ノ O 因子血清ヲ調製シ主トシテ物體板上時ニ試驗管内凝集反應ノ以テ各菌ノ調査シタルニ「パラ C 菌ハスベテ Ⅵ. Ⅶ. 因子ヲ有シ、Ⅰ. Ⅳ. Ⅷ. Ⅸ. Ⅹ ノ因子ハ之ヲ有セザルヲ知リタリ。

尚 $Ⅵ_1$. $Ⅵ_2$. 因子ニツキ調査スルニ Kauffmann (6) ハ 14 株ノ「パラ C 菌ニテソノスベテニ兩因子ノ存在スルヲ認メタルモ、余ノ實驗ニ於テハ $Ⅵ_1$ 因子ハ P.C.9 赤痢株ヲ除キ他ノ全菌株ニ認メタルモ $Ⅵ_2$ 因子ノ有スルモノハ P.C.9 赤痢株及 H_{10} 株ノ 2 株ニシテ $Ⅵ_1$. $Ⅵ_2$ 因子ヲ共有スルモノハ H_{10} 株 1 株ナリキ。

更ニ余ハ豚コレラ・アメリカ型 68株 同クンツエンドルフ型 90 株及豚チフス菌 3 株ニツキ調査セルニ下記ノ如クニシテ「パラ C 菌ニ於テ Kauffmann (6) ノ成績ト異ナル成績ヲ得タル外略同一成績ノ得タリ。

Typen	總數	$Ⅵ_1$	$Ⅵ_2$	$Ⅵ_1$.$Ⅵ_2$
S paratyphi C	36	34	1	1
S. suipestifor America	68	68	—	—
S. suipestifor Kunzendorf	90	71	6	13
S. typhi suis	3	—	—	3

所謂 Ⅻ 抗元ニ就テ

A 型パラチフス菌「リーディング菌、腸チフス菌各 O 血清ニツキ「パラ C 菌ノ O 凝集反應ヲ實施スルニ第 14 表ニ示シタル如クニシテ「パラ C 菌第 1 群ヲ除ク他群ハ相當強度ニ凝集スルヲ見ル又「パラ C 菌第 1 群ニ於テモ P.C.9 赤痢株ヲ除ク以外ハ比較的輕度ナルモ凝集ス。

又、逆ニ「パラ C 菌 O 血清ハ或ル程度ニ A 型パラチフス菌「リーディング菌腸チフス菌ヲ凝集ス。

然ルニ「パラ C 菌ハ Ⅰ. Ⅱ.（A 型パラチフス菌）Ⅳ.（「リーディング菌）Ⅸ.（腸チフス菌）ノ因子ヲ有セザルハ O 因子調査ノ項ニ見ルトコロナリ。

之ヲ以テスルモコノ類屬凝集ハ Kauffmann ノ所謂 Ⅻ 抗元ニヨルモノト想像セラル；此ノ Ⅻ

抗元ニ於テ「パラ C 菌、第1群ガ他群トヤヽ異ナルハ注目ニ價ス。

赤峰株 (P.C.9) ニ就テ

茲ニ特記スベキハ分離菌ニシテ「パラ C 菌第 1 群ニ屬スル赤峰株ナリ。本菌ハ O 因子血清ニヨル調査ニ於テ M_1 因子ノ有セズ、又凝集反應ニ於テモ、所謂Ⅶ抗元ト認メラルベキモノヽ存在ヲ認メズ、從ツテ M_1. M_2. ナル O 抗元ノ有スルモノト推定セラル。斯クノ如キ菌株ハ未ダ文獻ニ見ザルトコロナリ。

b. O 凝集素吸收試驗

余ハ「パラ C 菌各群間ニ於テハ H 凝集素ニ於テハ認ムベキ差違ナク同一ナルコトヲ確カメ得タルニヨリ、O 抗元ニ於テ相互間ニ差違ヲ見出サンヨシテ O 凝集素交叉吸收試驗ヲ實施セリ。

吸收ノタメニハ 18～24 時間普通寒天平板培養ノ菌ノ生理食鹽水ヲ以テ浮游液トシ 100°C 60 分間加熱シタルモノヲ遠心沈降シソノ殘渣ヲ以テ菌液ヲ作リ血清ト混合シテ、所要稀釋トナシ之ヲ 4 時間血溫ノ保チタル後氷室ニ納メ翌朝之ヲ遠心沈降シテ上清ヲ得、之ニ 0.5% ノ割ニ石炭酸ヲ加ヘテ凝集反應ノ實施セリ。

O 凝集反應ハ型ノ如ク 2 時間血溫ニ保チタル後室溫ニ放置シ、翌朝之ヲ判定セリ。翌朝マデ血溫ニ保テタル場合ニ於テハ凝集ノ程度ヤヽ高度ナルガ如キモ雜菌ノ混入等ニヨリ成績不明トナルコトアリシヲ以テ之ヲ中止セリ。

余ハ「パラ C 菌各群及豚コレラ菌竝ニ豚チフス菌相互ノ間ニハ必ズ O 抗元ニ型獨特ノ差違アルナラント想像シ、數種ノ菌株竝ニ血清ニツキ數回反復調査セシニ血清ノ最低稀釋 100 倍トスルトキハ概シテ同一成績ヲ得各群間ニ差違ナキ如クナルモ血清稀釋倍數ヲ 20 倍 40 倍ヨリ始ムルトキハ吸收菌ニハ最早ヤ何等ノ凝集ヲモ呈セザル場合ニ於テ、全ク吸收シ盡クサルヽ場合又ハ低キハ20 倍、40 倍高キハ 80 倍時ニハ 160 倍マデ凝集素ノ殘存スルコトヲ試驗セリ。

余ハ「パラ C 菌群ノ差違ハコノ範圍內ニアルナランカト想像シ M_1. M_2. ノ因子竝ニ Kruuwiede 等 (41) ノ言ヘル吸收量ニモ注意シツヽ數回檢査ヲ反復セシモ常ニ一定セル成績ヲ得ル能ハズ、時ニハ殘存シ時ニハ吸收シ盡クサル。又同一型ト認メヲルヽ菌株間ニ於テモ菌株ニヨリソノ成績ヲ異ニセリ、余ハ遂ニ「パラ C 菌各群間及菌型間ノ微細ナル O 抗元構造ノ差違ヲ發見セントスルノ徒勞ナルヲ知レリ。

但「パラ C 菌、第1群中赤峰株ハ前述ノ因子調査ノ項ニ述ベタルガ如ク吸收試驗ニ於テモ常ニ他菌株ト異ナル成績ノ得タリ。即、赤峰株及「パラ C 菌相互竝ニ豚コレラ菌豚チフス菌トハ O 抗元ニ於テ明カナル差違アリ。唯、豚コレラ・クンツエンドルフ型菌中 S. 37 S. cholero suis var künzendorf 5210 (M_2. Ⅶ) (53) トヤヽ類似セルヲ認メタリ。即、第 20 表ニ示スガ如シ。

第 20 表　P. C. 9(赤峰株) O 凝集素吸收試驗

O 血 清	凝 集 價	吸 收 菌	凝集價 血清同名菌	凝集價 吸 收 菌
P. C. 9 (赤 峰)	1,280	P. C. 3 (Ⅰ)	320	(—)
		H. 1 (Ⅱ)	320	(—)
		P. C. 1 (Ⅲ)	320	(—)
		H. 12 (Ⅳ)	320	(—)
		S. cholerae suis America	640	(—)
		S. 36. S. cholerae suis v. kunz. 1,350	1,280	(—)
		S. 37. S. cholerae suis v. kunz. 5,210	(－)	(—)
P. C. 3 (Ⅰ)	2,560	P. C. 9 (赤峰)	2,560	(—)
H. 1 (Ⅱ)	1,280	〃	1,280	(—)
P. C. 1 (Ⅲ)	640	〃	640	(—)
H. 12 (Ⅳ)	1,280	〃	1,280	(—)
S. cholerae suis America	1,280	〃	1,280	(—)
S. 36. S. cholerae suis v. kunz. 1,350	1,280	〃	1,280	(—)
S. 37. S. cholerae suis v. kunz. 5,210	1,280	〃	320	(—)

備考 1) Ⅰ—Ⅳ ハ P. C. ノ各菌群ヲ示ス。

2) S. 36—M_1. Ⅶ, S. 37—M_2. Ⅶ ノ O 抗元ヲ有ス。

第3項　Vi 抗元ニ就テ

「パラ C 菌ニ於テモ腸チフス菌同樣 Vi 抗元ノ存在スルコトハ Kauffmann (5), (45) ノ既ニ認メタルトコロニシテ青木等 (24), (25) 正木 (50) モ亦之ヲ認メタルモノヽ如シ。

余ハ S.62. typhi Vi 1 S.32.S.paratyphi C East-Africa (Vi) ノ 2 菌株竝ニ分離菌小覺、中村赤峰ノ各菌株ノ生菌免疫ニヨリテ得タル血清ヲ以テ分離菌竝ニ標準「パラ C 菌ノ Vi 抗元ヲ調査セルニ第 21 表ノ如ク分離菌ニハ多量ノ Vi 抗元ノ存在スルヲ認メタリ、標準「パラ C 菌中ニハ Vi 抗元ノ存スルモノ又然ラザルモノアリ。又分離菌中赤峰株ハ Vi 抗元ノ存在割合ニ少ナク本菌株ハ「マウス」ヲ通過セシムルモ腹水寒天ニ培養スルモ Vi 抗元ヲ他菌株ト同程度ニ增多セシムルコトヲ得ザリキ。(5)

（58）

第 21 表　C 型パラチフス菌 Vi 凝集反應

菌液	Vi 血清 / 凝集方法 / 稀釋倍數		T Vi 血清 凝集價 800 S.62 tyohi Vi 1 T Vi—T 57 typhi H901W 50	100	200	400	800	1,600	P.C. 10 Vi 血清 凝集價 400 P.C. 10 Vi—H5 Hirschfeld 50	100	200	400	800	1,600
Ⅰ	P. C.	3	卌	卌	卌	廾	+	—	卌	卌	廾	+	—	—
	P. C.	4	卌	卌	卌	廾	+	—	卌	卌	廾	+	—	—
	P. C.	5	卌	卌	卌	廾	+	—	卌	卌	廾	+	—	—
	P. C.	9	卌	廾	—	—	—	—	廾	+	—	—	—	—
	P. C.	11	卌	卌	卌	廾	+	—	卌	卌	廾	+	—	—
Ⅱ	H.	1	—	—	—	—	—	—	—	—	—	—	—	—
	H.	2	—	—	—	—	—	—	—	—	—	—	—	—
	H.	3	—	—	—	—	—	—	—	—	—	—	—	—
	H.	4	—	—	—	—	—	—	—	—	—	—	—	—
	H.	5	—	—	—	—	—	—	—	—	—	—	—	—
	H.	6	—	—	—	—	—	—	—	—	—	—	—	—
	H.	7	—	—	—	—	—	—	—	—	—	—	—	—
	H.	8	卌	卌	卌	廾	+	—	卌	卌	廾	+	—	—
	H.	9	卌	卌	卌	廾	+	—	卌	卌	廾	+	—	—
	H.	13	—	—	—	—	—	—	—	—	—	—	—	—
	H.	14	—	—	—	—	—	—	—	—	—	—	—	—
	E.	1	—	—	—	—	—	—	—	—	—	—	—	—
	E.	3	—	—	—	—	—	—	—	—	—	—	—	—
	E.	4	—	—	—	—	—	—	—	—	—	—	—	—
	E.	5	—	—	—	—	—	—	—	—	—	—	—	—
	E.	7	卌	卌	卌	廾	+	—	卌	卌	廾	+	—	—
	E.	8	—	—	—	—	—	—	—	—	—	—	—	—
	E.	9	—	—	—	—	—	—	—	—	—	—	—	—
	E.	10	—	—	—	—	—	—	—	—	—	—	—	—
	E.	11	—	—	—	—	—	—	—	—	—	—	—	—
Ⅲ	P. C.	1	卌	卌	卌	廾	+	—	卌	卌	廾	+	—	—
	P. C.	2	卌	卌	卌	廾	+	—	卌	卌	廾	+	—	—
	P. C.	6	卌	卌	卌	廾	+	—	卌	卌	廾	+	—	—
	P. C.	7	卌	卌	卌	廾	+	—	卌	卌	廾	+	—	—
	P. C.	8												
	P. C.	10	卌	卌	卌	廾	+	—	卌	卌	廾	+	—	—
	P. C.	12	卌	卌	卌	廾	+	—	卌	卌	廾	+	—	—
	P. C.	13	卌	卌	卌	廾	+	—	卌	卌	廾	+	—	—
Ⅳ	H.	10	卌	卌	卌	廾	+	—	卌	卌	廾	+	—	—
	H.	11	卌	卌	卌	廾	+	—	卌	卌	廾	+	—	—
	H.	12	卌	卌	卌	廾	+	—	卌	卌	廾	+	—	—
	E.	6	卌	卌	卌	廾	+	—	卌	卌	廾	+	—	—
對照	S.suip Ame		—	—	—	—	—	—	—	—	—	—	—	—
	S.suip Kunz		—	—	—	—	—	—	—	—	—	—	—	—
	S.typhi Suis		—	—	—	—	—	—	—	—	—	—	—	—

備考　判定ハ血温 2 時間後翌朝マデ室温ニ放置後判定ス。

（59）

「パラ C 菌ニ於ケル Vi 抗元ト毒力トノ關係ハ既ニ文獻（45）。（53）ニ示サル、トコロナルガ本分離菌ニ於テモ Vi 抗元ヲ多量ニ有スル菌株ト Vi 抗元ノ僅少ナル赤痢株トノ間ニ於テモ「マウス」ニ對スル毒力ニハ認ムベキ差違ナカリキ。（第 9 表）

又 Vi 抗元ヲ有スル「パラ C 菌生菌ノ O 血清ニ對スル態度ハ腸チフス菌ノ場合ト異ナリ何等難凝集性ヲ示スコトナシ、Kauffmann（45）ノ言ハルガ如シ。

又、分離菌ノ有スル Vi 抗元ト腸チフス菌ノ Vi 抗元ノ血清學的差違ニツキ吸集試驗ニヨツテ調査スルモ何等ノ差違ノモ認メズ互ニ完全ニ吸收シ盡クサル、其ノ成績 Kauffmann（45）ノ記載ニ一致スルヲ見ル。

又「パラ C 菌 Vi 抗元ノ熱及藥物ニ對スル變化ヲ見ルニ、第 22 表及第 23 表ニ示スガ如クニシテ腸チフス菌 Vi 抗元（66）ト同樣態度ヲ示シ、熱ニ對シテハ 60°C 60 分ニテハ尚多量ノ Vi 抗元ノ有スルモ 60° 90 分ニテハ殆ド全ク消失シ、又 70° 60 分、80° 10 分ニテ殆ド消失スルノ見ル、藥物ニ對シテハ 0.5% 石炭酸ニテ既ニ多少ノ變化ヲ示シ、1.0% ニテハ殆ド消失スルモ、「フオルマリン」ニテハ 2.0% ニ於テモ全ク變化ナシ。

第 22 表　加熱ニヨル P.C. Vi 抗元ノ Vi 血清ニ對スル變化

加熱溫度	加熱時間	P.C. Vi 血清（400×） P.C. 党井	P.C. 中村	T. 井深	T Vi 血清（800×） P.C. 党井	P.C. 中村	T. 井深
60°	30分	400	400	400	800	800	800
	60分	400（弱）	400（弱）	400（弱）	800（弱）	800（弱）	800（弱）
	90分	（—）	（—）	（—）	（—）	（—）	（±）
70°	30分	50	50	50	50	50	100
	60分	（±）	（±）	（±）	（±）	（±）	（±）
80°	10分	（±）	（—）	（±）	（—）	（—）	（—）
非加熱菌		400	400	400	800	800	800

備考　1）菌液ハ食鹽水 1.c.c 中 1.mg ヲ含ム。
2）（—）トハ Vi 血清 50 倍稀釋ニテ凝集セザルモノ。
3）（±）トハ「アグルチノスコープ」ニヨルトキ 50 倍ニテ僅ニ凝集スルモノ。
4）判定ハ 2 時間血温後翌朝マデ室温ニ放置シタル後實施ス。

第 23 表　**藥物作用ニ ヨル P.C. Vi 抗元ノ Vi 血清ニ對スル變化**

藥液 / 濃度 % / 菌株 / 血清		P.C. Vi 血清 (400×)			T Vi 血清 (800×)		
		P.C. 荒井	P.C. 中村	T. 井深	P.C. 荒井	P.C. 中村	T 井深
石炭酸	0.3	400	400	400	800	800	800
	0.5	200	400 (弱)	200	400	800 (弱)	400
	1.0	(±)	(±)	(—)	(—)	(·)	(±)
	2.0	(—)	(—)	(·)	(·)	(—)	(—)
フォルマリン	0.3	400	400	400	800	800	800
	0.5	400	400	400	800	800	800
	1.0	400	400	400	800	800	800
	2.0	400	400	400	800	800	800
無處置菌		400	400	400	800	800	800

備考　1) 菌液ハ食鹽水 1c.c 中 1mg ヲ含ム。
2) 藥物作用ハ 18　20 時間ナリ。
3) 判定ハ 2 時間血温後翌朝マデ室温ニ放置シタル後實施ス。

余ハ更ニ「パラ C 菌 Vi 抗元ト腸チフス菌 Vi 抗元ノ「マウス」ニ於ケル感染防禦上ニ於ケル差違ニツキ知ラントシテ實驗セリ、本研究ニ就テハ別ニ報告セントス。

第 4 項　本　節　總　括

余ハ血清學的研究ニ於テ「パラ C 菌 H 抗元ニ於テハ各菌群相互間ニ差違ヲ認メズ、更ニ豚コレラ・アメリカ型特異相ハ「パラ C 菌特異相豚チフス菌特異相トハ質的ニ異ナルモノアル事實ヲ知リ。O 抗元ニ於テハ「パラ C 菌ニハ所謂 Ⅻ 抗元ニソノ量ニ於テ多少ノ差違アルモノノ如キ事實、然レドモ「パラ C 菌群相互並ニ豚コレラ菌豚チフス菌ノ間ニ於テ Kauffmann ノ所謂 Ⅵ$_1$.Ⅵ$_2$ 因子ノ差違ノホカ何等カノ差違ヲ見出サントシテ失敗ニ終リ、唯 1 株ノ武漢附近分離「パラ C 菌株ニ於テ其ノ O 抗元ハ從來ノ菌株トハ明ニ差違アル變株ナルコト、及ビ分離菌ニハスベテ Vi 抗元ノ存在スルコト並ニ此ノ Vi 抗元ハ血清學的ニ又熱及藥物ニ對スル態度ニ於テ腸チフス菌 Vi 抗元ト全ク同一態度ヲトルコトヲ知レリ。

以上ニヨリ Suipestifer-C 群ノ血性學的性狀ヲ Kauffmann-White Schema ヲ基礎トシテ記述スレバ第 24 表ノ如シ。

第 24 表　**Suipstifer-C 群抗元構造**

菌名 / 抗元	O—抗元 O	O—抗元 Vi	H—抗元 sp	H—抗元 nusp
S. paratyphi C (Orient)	Ⅵ$_1$ Ⅶ・(Ⅻ)	+	C_1	1. 4. 5.
	Ⅵ$_2$ Ⅶ	±1	C_1	1. 4. 5.
	Ⅵ$_1$ Ⅵ$_2$ Ⅶ (Ⅻ)	—	C_1	1. 4. 5.
S. suipestifer America	Ⅵ$_1$ Ⅶ (Ⅻ)	-	C_1 C_2	1. 3. 4. 5.
S. suipestifer Kunzendorf	Ⅵ$_1$ Ⅶ (Ⅻ)	—	—	1. 3. 3. 5.
	Ⅵ$_2$ Ⅶ (Ⅻ)		—	1. 3. 4. 5.
	Ⅵ$_1$ Ⅵ$_2$ Ⅶ (Ⅻ)	—	—	1. 3. 4. 5.
S. typhi suis (glässer)	Ⅵ$_1$ Ⅵ$_2$ Ⅶ (Ⅻ)	—	C_1	1. 3. 4. 5.
S. typhi suis var. Voldagsen	Ⅵ$_1$ Ⅵ$_2$ Ⅶ (Ⅻ)	—	—	1. 3. 4. 5.

第 4 章　結　論

1. 余ハ武漢附近ニ於テ熱性病患者ヨリ C 型パラチフス菌 10 例ヲ檢出セリ。

Ⅱ. 尙今次事變中、中支ニ於テハ分離セラレタル C 型パラチフス菌 3 株並ニ從來ノ教室保存 C 型パラチフス菌 24 株、合計 37 株ニツキ生物學的並ニ血清學的研究ヲ實施シテ次ノ如キ成績ヲ得タリ。

1) C 型パラチフス菌ハ培養性狀ニヨリ 4 群ニ區別スルコトヲ得。

2) 武漢附近ニ於ケル C 型パラチフス菌ハ 2 群ニ分類セラレ而モコノ 2 群ハ從來報告セラレタル C 型パラチフス菌トハ多クノ點ニ於テ性狀ヲ異ニス。

3) C 型パラチフス菌ノ培養上 4 群ノ鑑別ニ必要ナル培地ハ「シモンスグルコーゼ寒天、有機酸ムカート培地、「アラビノーゼ・ペプトン水、「ラムノーゼ・ペプトン水 及醋酸培地ノ 5 培地ナリ。

4) 豚コレラ菌、豚チフス菌竝ニ C 型パラチフス菌相互ノ鑑別ハ「シモンスグルコーゼ寒天、有機酸ムカート培地、「ラクムス乳糖及醋酸鉛培地、糖加ペプトン水 (「アラビノーゼ」、「ヅルチツト」「ラムノーゼ」「ソルビツト」「マンニツト」) ヲ以テ明ニナシ得。

5) 一般ニビツター氏培地成績ハ分離直後ノ菌ニ於テ意義ヲ有シ分離後長時日ヲ經タルモノニ於テハ意義ナキモノト思考ス。

6) C 型パラチフス菌ハ「カタラーゼ作用ヲ有ス。

7) 分離菌ノ熱及消毒藥ニ對スル抵抗ハ一般「サルモネラ菌ト異ナラズ。

(42)

8) 「マウス」「モルモツト」ニ對シ分離 C 型パラチフス菌ハ經口並腹腔内ニ感染セシメテ 100% ニ感染セシメ得、又家兎ニ對シテ經口感染セシムルコトヲ得。

9) C 型パラチフス菌ハ血清學的ニハ培養ニヨル分類ニ一致シタル分類ヲナスヲ得ズ。

10) C 型パラチフス菌ノ有スル H 抗元ニ於ケル C 因子ハ豚コレラ菌ノ有スル C 因子トハ全ク同一ノモノニハアラズ、即、C 型パラチフス菌ハ特異相ニ於テモ非特異相ニ於テモ明ニ豚コレラ菌トヲ識別セラル。

11) C 型パラチフス菌ニハ菌株ニヨリ O 抗元ノ異ニスルモノアリ。

12) 余ハ武漢附近分離菌ニ M_2. Ⅶ. C. 1. 3. 5. ナル抗元構造ヲ有シ從來報告セラレタル菌株トハ O 抗元ニ大ナル差違ヲ有スル一變種（赤畔株）ヲ發見セリ。

13) 中支ニ於ケル C 型パラチフス菌ハスベテ Vi 抗元ヲ有ス。

14) 本Vi抗元ハ血清學的並ニ熱及藥物ニ對スル態度ニ於テ腸チフス菌Vi抗元ト全ク同一ノ態度ヲ示ス。

附　　記

余ハ其後中支西村部隊長ノ厚意ニヨリ主トシテ北支地方ヲ行動シタル瀧田部隊ニ於テ分離シアリタル所謂 C 型パラチフス菌 12 株ノ送付ヲウケ培養性狀並ニ血清學的性狀ヲ檢シタルニスベテ豚コレラ菌ニシテソノ菌型別並ニ由來ヲ示スハ下記ノ如シ。

由來　菌名	豚コレラ・アメリカ型	豚コレラ・クンツエンドルフ型
人	7	3
豚　肉	1	0
野　菜	1	0

以上合計 12 株

即、北支、中支ニ於ケル所謂 C 型パラチフス菌ノ分布ニ關シテ一示唆ヲ與フルモノタルヲ信ズ。

稿ヲ終ルニ臨ミ主幹石井教官殿ニ敬意ヲ表シ、終始御懇切ナル御指導ト御校閲ノ勞ヲ賜リタル菊地教官殿ニ深謝シ貴重ナル菌株ヲ讓ラレタル島津前教官殿並ニ西村（盛暢）部隊長殿 東北帝大細菌學教室及駒込病院ニ對シ感謝ス。　（昭 15. 9）

(43)

文　　獻

1) **Kauffmann.** Zbl. ges. Hyg. Vol. 25 273. 1931. 2) **Kauffmann** Ergeb. Hyg. Bd. 15. 1934. 3) **Kauffmann.** Z. f. Hyg. 110. 1929. 4) a) **Kauffmann.** Z. f. Hyg. 118. 425. 1936. b) **Kauffmann.** Z. f. Hyg. 119. 356. 1937. 5) **Kauffmann.** Z. f. Hyg. 116. 617. 1935. 6) **Kauffmann.** Z. f. Hyg. 120. 1937-1938. 7) **Kauffmann.** Zbl. f. Bak. lovy. 119. 1930. 8) **Kauffmann.** Z. f. Hyg. 109. 110 (1929) 111 (1930) 9) **B. White. Meb. Res. Coun.** Sp. Rep. Ser. No. 103. 1926. (n. Topley a. Wilson.(1936) 10) **Savage a. White.** Med. Res. Coun. Sp. Ren. Ser. No. 91. 1925. (n. Topley a Wilson) 11) **Hirschfeld.** Lancet. 1919. 12) **Giglioli.** Jl. Hyg. Vol. 29. 273. 1930. 13) **Nabih.** Jl. Hyg. Vol. 39. 1939. 14) **Bosch.** Ref. Zbl. Hyg. 20. 816. 1929. 15) **Meleny.** Ref. Zbl. Hyg. 20. 309. 1929. 16) **Hick. u. Robertson.** Ref. Zbl. Hyg. 16. 821. 1928. 17) **Ten Brock.** J. of. exp. Med. Vol. 53. 307. 1931. 18) **Hayaschi** Zbl. f. Bak. Iorig. 89. 1926. 19) **Aoki.** Ztsch. f. Immün-forsch. Bd. 50. 1927. 20) **Hayaschi.** Ibid. Bd. 54. 1927-1928. 21) **Aoki-Kuroda.** Ibid. Bd. 60. 1929. 22) **Kuroda.** Ibid. Bd. 72. 1931. 23) **Kameta** Ibid. Bd. 75. 1932. 24) **Ohashi** Ibid 89. 1936. 25) **Ohashi** Ibid. Bd. 90. 1937. 26) **Weil u Saxl.** W. kl. Wschi. 1917 (919-521) (u. Tpleyd Wilson 1936) 27) **Weil.** W. Kl. Wsch. 1917 (1061-1063) (u. Topley. u. Wilson. 1936) 28) **Neukirch.** Z. f. Hyg. 85. 1918. 29) **Mac. Adam.** Lancet ii 189. 1919. 30) **Mackie. u. Bowen.** T. of. R. Army. Med. Coyp. vol. 33 1919. (u. Topley. u. Wilson. 1936) 31) **Schistz.** Lancet. i. 93. 1920. 32) **Garrow** Lancet. i. 1920. S. 1221. 33) **Andrews u. Neave.** Brit. J. exp. path 2. 157 1921. 34) **Dudgeon. u. Nrquart.** Lancet ii. 15. 1920. 35) **Weigmann.** Zbl. f. Bak. Oniy. 97. 290. 1926. 36) **Iwaschenzoff.** Arch. Schiffs. u. Tropen Hyg. 30. 1. 1926. 37) **Todorowich.** Ref Zbl. Hyg. 12. 463. 1926. 38) **Aoki.** Ztsch. f. Immün.-forsch. Bd. 63. 1929. 39) **Aoki.** Zbl. f. Bak. Iorig. 105. 1928. 40) **Aoki. Kuroda.** Ztsch. f. Immün.-forsch. Bd. 66. 68. 1930. 41) **Krumwiede.** etc. II of Immun. vol, 10. 1925. 42) **Stieben. u. Maksisuowitch.** Z. f. Hyg. 111. 1930. 43) **Bunius.** Korschinsknja. Zeiss. Zbl. f. Bak. Iorig. 117. 1930. 44) **Hohn. u. Hermann.** Z. f. Hyg. 117. 1936. 45) **Kauffmann.** Z. f. Hyg. 117. 1936. 46) **Bitter. Weigmann. u. Hals.** munch. Med. Wich. 78. 1926. 47) **Stern.** Zbl. f. Bak. Iorig. 78. 1916. 48) **Pesch. u. Korteühaus.** Zbl. f. Bak. 115. 89. 1829-1930. 49) **寺邑、松本** 細菌學雜誌 445（昭 8） 50) **正木** 日本傳染病學界雜誌 9 卷 10 號 1935. 51) **瀧田** 細菌學雜誌 307. 363（昭 10） 52) **常岡** 京都府立醫大誌 16 卷（昭 11） 53) 小

（44）

島、八田　食物中毒菌（昭15）　54）丸山　東京醫學界雜誌 107, 258（明治45）　55）會田、窪田、土持　東京醫事新誌 2987（昭11）　56）下條　日本傳染病學界雜誌 11卷7號　57）岸川　海軍々醫界雜誌 46號（大14）15卷5號（大15）　58）瀧田　軍醫團雜誌 P. 139（大14）　59）村瀬　東京醫事新誌 2932號 1444　60）永田林　滿洲醫學界雜誌 20卷4號（昭9）　61）中黒　軍醫團雜誌 277號（昭11）　62）粟田　軍醫團雜誌 300號 302號（昭13）　63）北野　第14回聯合微生物學會演說要旨（昭15）　64）大坪　細菌學雜誌 329（大12）　65）渡邊　日本獸醫學雜誌 13卷3號（昭9）　66）竹中　京都府立醫大誌 23卷（昭13）

5. C型副伤寒菌Vi抗原及肠伤寒菌Vi抗原的感染防御相关研究

资源：溝上三郎「C型パラチフス菌Vi抗元並ニ腸チフス菌Vi抗元ノ感染防禦ニ關スル研究」、『陸軍軍醫學校防疫研究報告』第2部第55号。

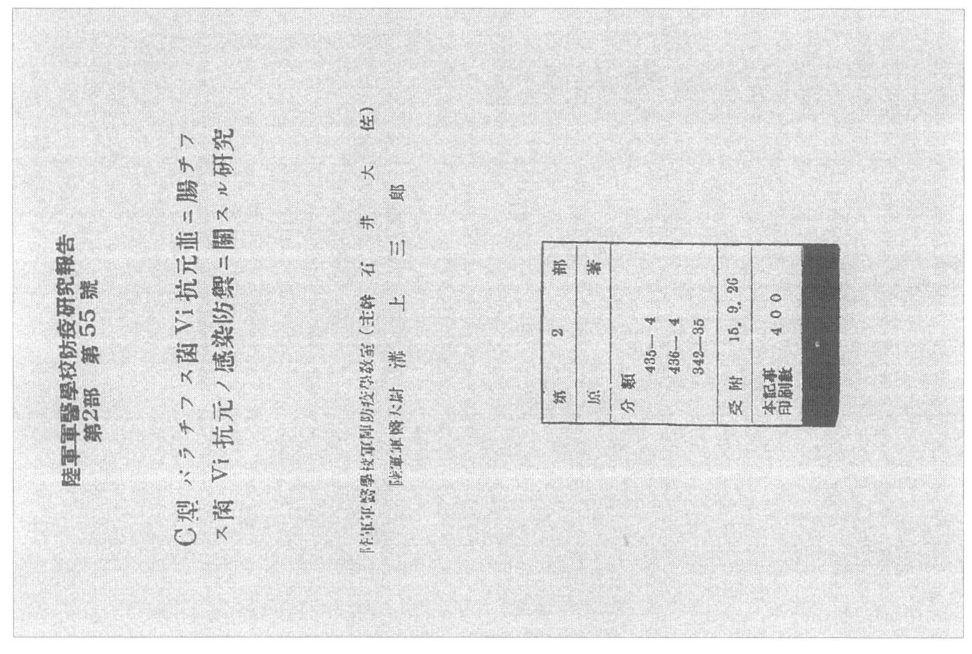

陸軍軍醫學校防疫研究報告
第2部　第55號

C型パラチフス菌Vi抗元並ニ腸チフス菌Vi抗元ノ感染防禦ニ關スル研究

陸軍軍醫學校軍陣防疫學教室（主幹　石井大佐）
陸軍軍醫大尉　溝上三郎

第 2 部
原著
分類 435—4 436—4 342—35
受附 15. 9. 26
本記事印刷數 400

(2)

目　　次

第1章　緒　　言

第2章　實　驗　方　法

第3章　實　驗　成　績

第1節　腸チフス菌注射感染防禦

第1項　血清ノ注射感染防禦

第2項　自動免疫＝ヨル注射感染防禦

第2節　C型パラチフス菌感染防禦

第1項　血清ノ感染防禦

第2項　自動免疫＝ヨル感染防禦

第4章　總括竝ニ考察

第5章　結　　論

文　　獻

第1章　緒　　言

1,934年 Ferix. u. Pitt (1), (2) ガ腸チフス菌ノ抗元構造ニ關シ O 及ビ H 抗元以外ニ Vi 抗元ノ存在ヲ提唱シタル以來, 腸チフス菌ノ Vi 抗元竝ニ抗體ニ關スル研究ハ漸次多數ノ研究者ニヨリ研究報告セラレ、外國及本邦ニ於テモ多數ノ業績アリテ枚擧ニ遑アラズ。

更ニ Kauffmann (3), (4) ハ C 型パラチフス菌ニ於テ Vi 抗元ヲ證明シ, 腸チフス菌ノ Vi 抗元ガ動物ニ對スル毒性ニ關係スルニ反シ, C 型パラチフス菌ノ Vi 抗元ハ「マウス體内ニ於ケル毒力ニハ無關係ナルコトヲ認メ, Neufeld. u. Kuhn (5) モ之ヲ確認セリ。Kauffmann (4) ハ C 型パラチフス菌 Vi 抗元ハ血清學的ニハ腸チフス菌 Vi 抗元ト全ク同一ナルモ, C 型パラチフス菌ニ於テハ腸チフス菌ニ於ケルガ如キ O 凝集ナル性質ハナク, 從ツテ腸チフス菌ニ於ケルガ如キ V. VW. W. ノ型ヲ區別スルヲ得ズ。強ヒテ言ヘバ C 型パラチフス菌ハ腸チフス菌ノ V. W. 型ノ如シト言ヘリ。

而シテ腸チフス菌ニ於テハ Vi 抗元ヲ有スル菌株ハ然ラザルモノニ比シ O 抗元ノ共存ニ於テ「マウス」ニ對スル毒力強ク(必ズシモVi抗元ト菌ノ毒力ガ一致スルモノニアラズト言ヘ), 且ツ Vi抗元ヲ有スル菌株ヲ以テ免疫スルトキハ然ラザル菌株ヲ以テ免疫シタル場合ニ比シ, 感染致死ヲ防禦スルコト遙ニ大ナルコトハ, 多數ノ業績アリテ一般ニ認メラルヽトコロナリ。

之ニ反シ C 型パラチフス菌 Vi 抗元ニ關シ腸チフス菌ニ對スル感染防禦試驗ヲ行ヒタル實驗報告ハ僅少ニシテ, 唯僅ニ Bieling u. Oelrichs (6) ニヨリテ Vi 抗元ヲ有スル C 型パラチフス型ヲ以テ自動免疫シタル後腸チフス菌ノ注射感染ニ對シ防禦效果アリタル極少數ノ實驗成績ノ報告セラルヽノミナリ。又 Wohlfeil (7) ノ報告ニヨレバ Kauffmann (4) ハ C 型パラチフス菌 Vi 血清ヲ以テ Vi 抗元ヲ有スル腸チフス菌ニ對スル感染致死ヲ防禦シタリト報ジアルモ、之ニ

(8)

ツキ原著ニ於テ見ルモ詳細ナル實驗報告ヲ認ムルコト能ハズ。

余ハ C 型パラチフス菌 Vi 抗元ガ果シテ腸チフス菌 Vi 抗元ノ如クニ腸チフス菌ノ注射感染防禦上有效ナリヤ否ヤヲ知ラントシテ下記實驗ヲナシ, C型パラチフス菌 Vi 抗元モ亦腸チフス菌ノ注射感染ニ對シ腸チフス菌 Vi 抗元ト同様ニ防禦力アルコトヲ認メ, 且ツ腸チフス豫防接種ノ問題ニ於テモ C 型パラチフス菌 Vi 抗元ノ混合ガ何等カノ有效ナル意味ヲ有スルナラントノ推測ノ根據ニ至レリ。

第2章　實　驗　方　法

第1節　實　驗　動　物

白色「マウス」ヲ使用セリ, 同一體重ノモノノ多數ニ得ルコトハ困難ナリシニヨリ體重 9—10g及 11—12g ノモノヲ主トシテ使用セリ。又免疫完了後ハ體重ノ不同ヲ來タシ小ナルハ 8g, 大ナルハ 16—18g ニマデ達スルニ至リタルモ, 概シテ 9—12g ノモノ多數ヲ占メタリ。

第2節　使　用　菌　株

使用シタル菌株ニハ充分ノ注意ヲ以テシ, Vi抗元ヲ有スルモノ及ビ之ヲ有セザルモノ並ニ其他ノ對照菌株ヲ使用セリ, 即下記ノ如シ。

Vi 抗元ヲ有スルモノ

菌　名	菌株名	抗元構造		由來
腸チフス菌	春山株	IX. (XII)	Vi. d.	軍醫學校分離
	S. 62 T₆₂ typhi Vi 1	(XI)	Vi (d)	u. Kauffmann
C型パラチフス菌	S. 32 POH₁₂ Para C Eastafrica	VI. VII. (XII)	Vi. C. 1.5…	u. Kauffmann
	荒井株	〃		武漢附近分離菌
	中村株	〃		武漢附近分離菌
	小墅株	〃		武漢附近分離菌
	赤峯株	VI₂. VII(—)	Vi. C. 1.5…	武漢附近分離菌

Vi 抗元ヲ有セザルモノ

菌　名	菌株名	抗元構造		由來
腸チフス菌	S. 57 T₅₇ typhi H 901 W	IX. (XII)	d.	u. Kauffmann
C型パラチフス菌	S. 33 H₃ Para C Hirschfeld	VI. VII. (XII)	C. 1.5…	u. Kauffmann
	H₄ Para C Hirschfeld	VI. VII. (XII) (R型)	C. 1.5…	

對照菌株

S. 1	S. paratyphi A 105	I II.	a.	u. Kauffmann
S. 9	S. typhi murium 1,405	IV. V.	i. 1.2…	u. Kauffmann
S. 3	S. Paratyphi B 8,006	IV. V.	b. 1.2…	u. Kauffmann
S 64	S. enteritidis 1,891	IX.	g m.…	u. Kauffmann

（4）

第3節 使用血清

血清ノ致死防禦ニ於テハ所要菌株ノ生菌免疫ニヨリ得タル血清ヲ非動性トナシ、ソノ0.2c.c及ビ0.1c.cヲ食塩水ヲ以テ稀釈シ、全量0.5c.cトナシテ「マウス」腹腔内ニ注射シタル後直チニ感染菌ヲ腹腔内ニ注入スル如クナセリ。尚2種ノ血清ノ混合シタル場合ニ各血清各ヽ0.2c.c及ビ0.1c.cヲ含有スル如ク調製セリ。

第4節 「マウス」ノ免疫

第1項 他動免疫

血清ニヨル免疫ハ前項ニ之ヲ述ベタリ。

第2項 自動免疫

1）使用菌液

a、加熱菌液　食塩水浮游液ノ60°C 30分加熱シタルモノナリ。

b、「フォルマリン」加菌液　食塩水浮游液ニ0.5%ノ割ニ「フォルマリン」ヲ加ヘ1夜放置シタルモノ。

c、生菌液　食塩水浮游液ヲソノ儘トス。

尚以上ノ処置ノ加ヘタル菌液ニツキVi抗元ノ有無ヲ検スルモ「フォルマリン」加菌液ハ勿論加熱菌液ニ於テモ生菌液ト同様ニ多量ノVi抗元ヲ有スルコトヲ確カメ得タリ。

2）菌液濃度

a、加熱菌非ニ「フォルマリン」加菌液ニテハ食塩水1.0c.c中1.0mgノ菌量ノ含ム如ク調製セリ。尚2種ノ菌混合ニ際シテハ同ジク各ヽ1.0c.c 1.0mgノ菌量ヲ含ムガ如ク調製セリ。

b、生菌免疫ノ際ハ腸チフス菌ニアリテハ食塩水0.5c.c中ニ0.04mgヲ、C型パラチフス菌ニアリテハ0.5c.c中$\frac{1}{10^2}$mgヲ含有スル如ク調製セリ。

3）免疫方法

a）加熱菌及「フォルマリン」加菌ヲ以テ免役スル場合ハ0.05mg、0.1mg、0.2mgヲ5日間ノ間隔ヲ以テ3回「マウス」腹壁皮下ニ注射シ最終免疫後7日ニテ感染セシムル如クナセリ。

b、生菌免疫ノ際ハ各菌液0.5c.cヲ1回注射シ、注射後2週間ニシテ感染試験スル如クナセリ。

第5節 感染方法

腸チフス菌ノ感染ニハ保山株$\frac{4}{10}$mgヲ食塩水0.5c.c中ニ含マシメテ之ヲ腹腔内ニ注入セリ。保山株ハ最少致死量$\frac{1}{10}$mgニシテ感染ニ用ヒタルハソノ4倍ナリ。

C型パラチフス菌ノ感染ニハ武漢附近ニテ分離セル中村株ヲ用ヒ、「チフス」用疾患ヲ起セシムル場合ハ$\frac{1}{10^4}$mgヲ、一次性敗血症死ヲ起サシムル場合ニハコノ場合ノ最少致死量0.5mgノ2倍タル1.0mgヲ食塩水0.5c.c中ニ含有セシメテ腹腔内ニ注入セリ。

腸チフス菌感染ノ際ハ観察期間ヲ1週間トシ、C型パラチフス菌感染ノ際ハ観察期間ヲ2週間トナセリ。

（5）

第6節 其他

實験ニ際シテハ誤差ノ範囲ヲ可及的少ナカラシムルタメ、小数宛ヲ数回ニ亘リテ反覆シテ實験スル如ク努メタリ。

第3章 實験成績

第1節 腸チフス菌注射感染防禦

第1項 血清ノ注射感染防禦

血清注射量ノ異ナルモノ（即0.2c.c、0.1c.c）及同一實験ノウチ「マウス」ノ關係上缺ケタルモノアルモ假ニ之ノ1表トシテ實験成績ヲ示スニ第1表ノ如シ。

第 1 表　Vi 血清（P. C 及 T）ノ腸チフス菌（Vi＋）注射感染防禦

（感染菌量　春山株 $\frac{4}{10}$ mg 腹腔内注射）

實驗回數	マウス體重	注射血清量	P.C H5 Hirschfeld	P.C H4 Hirschfeld	P.C H12 Enstafrica	P.C 小野 武八	P.C 赤嶺 武八	T57 S.57 typhi H901W	T62 S.62 typhi Vi1	T. 春山	T57＋P.C 小野	T57＋P.C H5	T62＋P.C H5	T62＋P.C H12	對照 健康家兎血清	對照 Breslau	對照 P.B.	對照 P.A.	對照 Gaertner	對照 前處置ナシ
Vi ノ有無			(−)	(−)	(+)	(+)	(+)	(−)	(+)	(+)	(−)(+)	(−)(−)	(+)(−)	(+)(+)						
凝集價 H			6,400	12,800	6,400	12,800	12,800	25,600	1,600	6,400										
凝集價 O			3,200	200	3,200	3,200	400	3,200	(−)	3,200										
凝集價 Vi			(−)	(−)	200	400	50	(−)	1,600	200										
			總數生存	總數生存	總數生存	總數生存	總數生存	總數生存	總數生存	總數生存	總數生存	總數生存	總數生存	總數生存	總數生存	總數生存	總數生存	總數生存	總數生存	總數生存
1	9—10	0.2	5 : 2		5 : 3	5 : 3	5 : 5		5 : 4				5 : 4	5 : 5						5 : 2
		0.1	5 : 4		5 : 4	5 : 4	5 : 5		5 : 4				5 : 5	5 : 5						
2	8—9	0.2	5 : 1		5 : 3	5 : 4	5 : 5	5 : 1	5 : 4		5 : 5	5 : 1	5 : 5	5 : 4						5 : 0
		0.1	5 : 1		5 : 4	5 : 3	5 : 4	5 : 1	5 : 4		5 : 4	5 : 1	5 : 4	5 : 5						
3	11—12	0.2	5 : 0		5 : 2	5 : 3		5 : 2	5 : 1	5 : 4										5 : 0
		0.1	5 : 0		5 : 1	5 : 1		5 : 0	5 : 2	5 : 3										
4	9—10	0.2	5 : 3		5 : 1	5 : 2	5 : 3	5 : 2	5 : 0	5 : 4					5 : 0					5 : 0
		0.1	5 : 0		5 : 0	5 : 2	5 : 1	5 : 0	5 : 1	5 : 3					5 : 1					
5	11—12	0.2	5 : 3	5 : 1		5 : 3		5 : 2		5 : 4					5 : 1					5 : 1
		0.1	5 : 0	5 : 0		5 : 1		5 : 2		5 : 2					5 : 0					
6	9—10	0.2				5 : 3		5 : 0		5 : 4						5 : 3	5 : 2	5 : 1	5 : 1	5 : 1
		0.1				5 : 0		5 : 0		5 : 3						5 : 2	5 : 2	5 : 0	5 : 2	
7	9—10	0.2		10 : 2							15 : 12	15 : 5				5 : 1	5 : 1	5 : 0	5 : 2	5 : 0
		0.1		10 : 3							15 : 12	15 : 3				5 : 1	5 : 1	5 : 1	5 : 2	
合計			50 : 14	30 : 6	40 : 18	60 : 29	30 : 23	50 : 10	40 : 20	40 : 27	40 : 31	40 : 10	20 : 18	20 : 19	20 : 2	20 : 8	20 : 6	20 : 2	20 : 6	35 : 4
百分率（%）標準偏差（參考）			28.0±6.3	20.0	45.0±7.9	48.3±6.4	76.6	20.0±1.8	50.0±2.5	67.5	77.5±6.6	25.0±6.8	90.0	95.0	10.0	40.0	30.0	10.0	30.0	11.4±5.4

（ 7 ）

即之ニヨリテ見ルニ Vi 抗體ヲ有セザル血清ヲ以テシテハ C 型パラチフス菌血清（以下「パラ C 菌血清ト略略ス）ニ於テハ生存ノ百分率ハ 28.0%、或ハ 20.0% ニシテ、腸チフス菌血清ニ於テハ 20.0%、「パラ C 菌血清及腸チフス菌血清ノ混合ニ於テモ 25.0% ノ低率ナリ。

然ルニ Vi 抗體ノ有スル血清ノ以テスルトキハ「パラ C 菌血清ノ場合 45.0%、48.3%、76.6% ノ生存率ニシテ腸チフス菌血清ノ場合ハ50.0%、67.5% ノ高率ナリ、又腸チフス菌血清及「パラ C 菌血清ノ混合ニ於テ何レカニ Vi 抗體ヲ有スル場合ハ 77.5% 又ハ 90.0%ノ生存率ヲ示ス。又兩者ノ Vi 抗體ヲ有スル場合ハ 95.0% ノ生存率ナリ。

第 2 項　自動免疫ニヨル注射感染防禦

1）加熱ワクチン免疫

加熱ワクチン」ヲ以テ免疫シタル場合ノ成績ハ第 2 表ニ示スガ如シ。

第 2 表　P. C 及 T「ワクチン」ニヨル腸チフス（Vi＋）菌注射感染防禦

（感染菌量　春山株 $\frac{1}{10}$ mg 腹腔内注射）

1）加熱ワクチン（60°C30′）

實驗回數	P.C. H5 Hirschfeld	P.C 荒井 武八	T57 S.57 typhi H901W	T. 春山	T57＋P.C 荒井	T.春山＋P.C 荒井	對照 Breslau	對照 P. B	對照 P. A	對照 Gaertner	對照 前處置ナシ
Vi ノ有無	(−)	(+)	(−)	(+)	(−)(+)	(+)(+)					
	總數生存	總數生存	總數生存	總數生存	總數生存	總數生存	總數生存	總數生存	總數生存	總數生存	總數生存
1	15 : 3	9 : 3	10 : 0	10 : 5	10 : 6						15 : 1
2	1 : 0	3 : 2	3 : 2	4 : 4	6 : 4	6 : 5					5 : 0
3	10 : 4	6 : 6	7 : 6	11 : 8	9 : 9	10 : 9					10 : 1
4	6 : 2	8 : 8	8 : 2	9 : 8	7 : 7						5 : 1
5	10 : 1	12 : 8	14 : 7		8 : 7		8 : 2	7 : 3	9 : 2	6 : 2	10 : 1
合計	42 : 10	32 : 27	42 : 17	34 : 25	40 : 33	16 : 14	8 : 2	7 : 3	9 : 2	6 : 2	45 : 4
百分率（%）標準偏差（參考）	23.8±6.6	71.0±7.4	40.9±7.6	73.5±7.6	82.5±6.0	87.4					8.8±4.2

即 Vi 抗元ヲ有セザル菌株ヲ以テ免疫シタル場合パラ C 菌株ニテハ 23.8% ノ生存率ニシテ腸チフス菌株ヲ以テシテハ 40.9% ナリ。

之ニ反シ Vi 抗元ヲ有スル菌株ヲ以テスルトキハ「パラ C 菌ノ場合ハ 71.0% ニシテ腸チフス菌ノ場合ハ 73.5% ノ高率ヲ示シアリ。

又 Vi 抗元ヲ有スル「パラ C 菌株ト Vi 抗元ヲ有セザル腸チフス菌株トノ混合ワクチン」ニヨル場合ニ於テモ 82.5% ノ成績ヲ示シアリ。

Vi 抗元ヲ有スル腸チフス菌並ニ「パラ C 菌ノ混合ワクチン」ニヨル場合ハ 87.4% ノ生存率ナリ。

2）「フオルマリン加ワクチン免疫

第 3 表ニ示ス如シ。

第3表　P. C及T「ワクチン」ニヨル腸チフス（Vi+）菌注射感染防禦

（感染菌量　春山株 $\frac{4}{10}$ mg 腹腔内注射）

2)「フオルマリン加ワクチン」

菌株 / Vi ノ有無 / 生存 / 實驗回數	P.C.H5 Hirschfeld (−)	P.C荒井 武門 (+)	P.C赤峯 武門 (+)	T57 S.57 typhi H901W (−)	T. 春山 (+)	T57+P.C荒井 (−)(+)	T.春山+P.C荒井 (+)(+)	對照 Breslau	對照 P.B P.A	對照 Gaertner	對照	對照 菌處置ナシ
	總數生存	總數生存	總數生存	總數生存	總數生存	總數生存	總數生存	總數生存	總數生存	總數生存	總數生存	總數生存
1	3:1	11:6		12:7	11:7	15:6						15:1
2	6:3	6:4		8:4	9:9	4:4	6:6					5:0
3	9:2	9:8		9:8	11:10	6:6	4:3					10:1
4	3:2	6:4		5:3	6:5	9:9						5:1
5	11:4	6:5	8:8	9:5		14:13		9:4	8:5	9:4	12:5	10:1
合計	32:12	38:27	8:8	43:27	37:31	48:38	10:9	9:4	8:5	9:4	12:5	45:4
百分率(%) 標準偏差(參考)	37.5±8.5	71.0±7.3		62.7±7.4	81.0±6.4	79.1±5.9						8.8±4.2

3) 生菌「ワクチン

菌株 / Vi ノ有無 / 生存 / 實驗回數	P.C.H5 Hirschfeld (−)	P.C荒井 武門 (+)	T57 S.57 typhi H901W (−)	T. 春山 (+)	T57+P.C荒井 (−)(+)	春山+P.C荒井 (+)(+)	對照 菌處置ナシ
	總數生存	總數生存	總數生存	總數生存	總數生存	總數生存	總數生存
1	3:1		5:2	4:1	2:1	2:2	5:0
2	8:1	1:1	5:3	6:4		3:2	5:0
8	10:5	8:5	11:6	11:8	5:3	6:5	5:1
合計	21:7	9:6	21:11	21:13	7:4	11:9	15:1
百分率(%)	33.3	66.6	52.6	61.9	57.1	81.8	6.6

卽 Vi 抗元ヲ有セザル菌株ヲ以テスルトキ「パラ C 菌ニ於テハ 37.5%，腸チフス菌ニ於テハ 62.7% ノ生存率ニシテ Vi 抗元ヲ有スル菌株ヲ以テスルトキハ「パラ C 菌ノ場合 71.0% 強，腸チフス菌ノ場合 81.0% ナリ，又 Vi 抗元ヲ有スル「パラ C 菌ト之ヲ有セザル腸チフス菌ノ混合ワクチン」ノ場合ハ 79.1% ノ生存率ニシテ兩者トモ Vi 抗元ヲ有スルトキハ 90% ノ生存率ナリ。

3) 生菌ヲ以テ免疫シタル場合

生菌免疫ニ使用シタル「パラ C 菌中 H₅ 株ハ食塩水ニ自然凝集ヲ起スコトナキモ，集落ノ構造不整ニシテ R 型集落ノ呈シアリ。又荒井株ハ累代寒天斜面培養ノ結果毒力ノ低下ヲ來タシ，何レモ $\frac{1}{10^{3}}$ mg 注射ニヨルモ 2 週間以内ニ感染死亡スルコトナシ。然レドモ種々ノ原因ニヨリ免疫途中死亡スルモノ多ク，生菌ヲ以テスル免疫ハ僅少ノ例ニ止メタルヲ以テ論ズル能ハザルモ此ノ第 3 表ニ示ス如ク，Vi 抗元ヲ有スル方ガ腸チフス菌ノ注射感染ニ於テ高率ノ生存率ヲ示セリ。

第2節「パラ C 菌感染防禦

第1項　血清ノ感染防禦

Vi 抗體ノ「パラ C 菌感染ニ對スル防禦ノ如何ヲ見タルニ第 4 表ノ如シ。

第4表　T. P. C. Vi 血清ノ P. C 菌感染防禦（感染菌　中村株　腹腔内注射）

「マウス體重　9—10g

血清	Vi ノ有無	血清量	$\frac{1}{10^{4}}$ mg 生存日數	平均日數	生存率	1.0mg 生存日數	平均日數	生存率
P.C.H5 Hirschfeld	(−)	0.2	5 6 8 8 9	7.2	0/10	1 1 1 1 1	1	0/10
		0.1	7 7 8 8 8	7.6		1 1 1 1 1	1	
P.C.H12 Eastafrica	(+)	0.2	5 5 6 8 10	6.8	0/10	1 1 1 1 1	1	0/10
		0.1	6 6 7 8 10	7.4		1 1 1 1 1	1	
P.C 小柴 武井	(+)	0.2	8 8 8 9 9	8.4	0/10	1 1 1 1 1	1	0/10
		0.1	6 6 8 8 9	7.4		1 1 1 1 1	1	
P.C 赤峯 武井	(+)	0.2	7 7 8 8 8	7.6	0/10	1 1 1 1 1	1	0/10
		0.1	7 6 8 8 8	7.5		1 1 1 1 1	1	
T57 S.57 typhi H901W	(−)	0.2	5 5 6 7 8	6.2	0/10	1 1 1 1 1	1	0/10
		0.1	5 6 8 8 8	7.0		1 1 1 1 1	1	
T62 S.62 typhi Vi 1	(+)	0.2	5 6 7 7 10	7.0	0/10	1 1 1 1 1	1	0/10
		0.1	5 5 6 7 7	6.0		1 1 1 1 1	1	
對照 無處置			6 8 8 8 8	7.6	0/5	1 1 1 1 1	1	0/5

卽感染菌量 $\frac{1}{10^{4}}$ mg ヲ以テシ「チフス様感染ヲ起サシムルニ平均 6—8 日ニテスベテ死亡シ，ソノ心血中ニ感染菌ヲ證明セリ。而シテソノ感染ハ Vi 抗體ノ有無ニ無關係ナルモノノ如シ。

（10）

又1日ニテ「マウス」ヲ斃シ得ル感染菌量ノ2倍タル 1.0mg ヲ以テ第1次性敗血症死ヲ起サシムルニ Vi 抗體ノ有無ニ關係ナクスベテ1日ニテ死亡セリ。

余ハ本問題ニツキ更ニ詳細ナル實驗ヲ行フ要アルヲ認メタレドモ、本研究ニテハ此ノ程度ニ止メタリ。

第2項　自動免疫ニヨル感染防禦

加熱菌並ニ「フォルマリン加菌ヲ以テ免疫シタル場合ニ於ケル成績第5表ノ如シ。

第5表　**T. P. C「ワクチン」ヲ以テスル P. C 菌感染防禦**

（感染菌量　中村株 $\frac{1}{10^4}$ mg 腹腔内注射）

1）加熱「ワクチン

菌　株	Vi ノ有無	生　存　日　數	平均生存日數	生存率
P. C. H_5 Hirschfeld	（－）	3 3 3 4 4 6 6 6 6 6 7 7	5.0	$\frac{0}{12}$
P. C 石井 武円	（＋）	3 5 5 5 6 6 6 6 7 7 9	5.9	$\frac{0}{11}$
T_{57} S. 57 typhi H 901 W	（－）	2 4 4 5 5 6 6 6 6 6 7	5.1	$\frac{0}{11}$
T. 春山	（＋）	4 5 6 6 6 6 6 7 7 7 8 8	7.3	$\frac{0}{12}$
T_{57} P. C 石井	（－）（＋）	3 4 4 5 5 6 6 7 7 9	5.6	$\frac{0}{10}$
對照 無處置		6 8 8 8 8	7.6	$\frac{0}{5}$

2）「フォルマリン加ワクチン」

菌　株	Vi ノ有無	生　存　日　數	平均生存日數	生存率
P. C. H_5 Hirschfeld	（－）	3 3 4 5 5 5 5 6 6 8 8 10 11	6.0	$\frac{0}{13}$
P. C 石井 武円	（＋）	3 4 5 5 5 5 5 6 8 9 11 12	6.5	$\frac{0}{12}$
T_{57} S. 57 typhi H 901 W	（－）	2 5 5 5 6 6 6 6 7 8 8 8 11	6.3	$\frac{0}{13}$
T. 春山	（＋）	3 4 5 5 5 5 5 6 6 6 7 7 7 7	5.5	$\frac{0}{14}$
T_{57} P. C 石井	（－）（＋）	1 3 3 5 5 5 5 5 7 7 8 8	5.5	$\frac{0}{11}$
對照 無處置		6 8 8 8 8	7.6	$\frac{0}{5}$

即　パラC菌ノ $\frac{1}{10^4}$ mg 注射ニヨリ「チフス様感染ヲ起サシムルニ平均5—7日ニテ死亡シ

（11）

Vi 抗元ノ有無ニハ無關係ナルモノノ如シ。

第4章　總括並ニ考察

以上ノ成績ヲ總括スルニ、血清ノ感染防禦並ニ「ワクチン」ノ感染防禦上 Vi 抗元抗體ヲ有スルモノヲ以テスルトキハ腸チフス菌ノ Vi 抗元抗體タルト「パラ C 菌ノ Vi 抗元抗體タルトヲ問ハズ何レモ腸チフス菌ノ注射感染ニ對シテ Vi 抗元抗體無キモノニ比シテ常ニ防禦效果大ナルガ如キ成績ヲ示セリ。

今此等ノ成績ニ對シ客易トシテ統計學的吟味ヲ施スモ、各實驗成績表ニ見ル如ク「パラ C 菌及腸チフス菌ノ如何ノ間ハズVi抗元抗體ノ有無ニ於テソノ差ヲ有意的ナリト解シ得ル程度ノ數値ノ差異アルノミナラズ、各實驗毎ノ比較ニ於テモ殆ド常ニVi抗元抗體ノ無キ方ヨリ之ヲ有スルモノノ方ノ生存率ノ並行シテ大ナルガ如キ數値ノ配列ノ見ル點等ヨリ判斷シテ、明カニ Vi 抗元抗體ノ有スルモノガ腸チフス菌ノ注射感染ニ對シテ防禦效果ヲ有スルヲ知ル、卽換言セバ「パラC菌 Vi 抗元モ亦腸チフス菌 Vi 抗元ト同様ニ腸チフス菌ノ注射感染ニ對シ防禦效果アルモノト言フヲ得ベシ。

又 Wohlfeil (7) ハ「パラ C 菌ト腸チフス菌ハ共同ノ O 抗元（XII抗元）ヲ有スルガ故ニ、感染防禦上 Vi 抗元ノ效果判定上 XII 抗元ノソレヲ除外スルヲ得ズトナシアルモ、本實驗ニテ使用セシ「パラ C 菌赤峯株ハソノ抗元構造ニ於テ XII 抗元ノ存在ヲ殆ド認メラレザル菌株ニシテ、之ヲ以テスルモ尚 Wohlfeil ノ言フガ如シトモ言ヘザル事實アルヲ知ルヲ得ン。

更ニ本實驗成績ヲ見ルニ腸チフス菌 Vi 抗元抗體並ニ「パラ C 菌 Vi 抗元抗體ノ混合ガ腸チフス菌ノ注射感染ニ對シ實驗數僅少、注射菌量並ニ血清量ノ差違等ノ問題アリト雖モ、兎モ角甚ダ良好ナルガ如キ成績ヲ示ス點ヨリシテ、腸チフス豫防接種ノ問題ニ於テモ「パラ C 菌 Vi 抗元ガ將來何等カノ有意ナル意義ヲ有スルニ至ランコトヲ推測スルヲ得ベシ。將來ノ研究ニ俟タントス。

次ニ腸チフス菌並ニ「パラ C 菌ノ Vi 抗元抗體ノ「パラ C 菌ノ第1次性敗血症死並ニ「チフス様感染ニ對スル感染防禦ニ關シテハ全ク效果ナキガ如キ成績ヲ得タルモ、本實驗ハ實驗數僅少ニシテ更ニ研究ノ要スル點アリ。特ニ「パラ C 菌ノ大量注射ニ於テ Vi 抗元抗體ガ第1次性敗血症死ヲ防禦スルヤ否ヤニ關シテハ尚研究スベキモノアリ。將來實驗研究シテ報告スルトコロアラントス。

第5章　結　　論

C 型「パラチフス菌 Vi 抗元抗體モ腸チフス菌 Vi 抗元抗體ト同様ニ V 型腸「チフス菌ノ注射感染ニ對シテ防禦效果アリ。

稿ヲ終ルニ臨ミ、主幹石井教官殿ニ敬意ヲ表シ、終始御懇切ナル御指導ヲ賜リ且ツ御校閲ノ勞ヲ賜リタル菊地教官殿ニ深謝シ、且統計學的見地ヨリ御教示ヲ仰ギタル防研勝矢先生ニ對シ感謝ス。（昭 15. 9）

（13）

主要文献

1)	Felix. a. Pitt.	J. Path Bac.	38	409	1,934
2)	Felix. a. Pitt.	Lancet.	11	186	1,934
3)	Kauffmann.	Z. f. Hyg.	116	617	1,935
4)	Kauffmann.	Z. f. Hyg.	117	728	1,936
5)	Neufeld. u. Kuhn.	Z. f. Hyg.	118	653	1,936
6)	Bieling. u. Oelrichs.	Zsch. f. Immunn.	Bd	95	1,939
7)	Wohlfeil.	Zbl. f. Bak. Orig.	140	148	1,937
8)	Kauffmann.	Z. f. Hyg.	119	65	1,937
9)	Kauffmann.	Z. f. Hyg.	120	31	1,937—1,938
10)	Oelrichs.	Zbl. f. Bak. I Orig. Bd	140	94	1,937
11)	Henderson	Brit. Jekp. Path.	20	1—10	1,939
12)	小　林	日本醫事新報 No. 544、545（昭8）			
13)	伊　川	細菌學雜誌（昭12）			
14)	越後貫	同　上			
15)	竹　中	京都府立醫大誌 23 卷（昭13）			
16)	谷　口	日本微生物病理學雜誌 32 卷（昭13）			
17)	小　川	實驗醫學雜誌（昭14）			
18)	内　藤	長崎醫學界雜誌 18 卷 2 號（昭15）			

6. 关于在日本国内及中国华中地区分离得到的鼠伤寒菌

资料：溝上三郎「余ノ本邦及中支ニ於テ分離セル『ネヅミ・チフス』菌ニ就テ」、『陸軍軍醫學校防疫研究報告』第 2 部第 57 号。

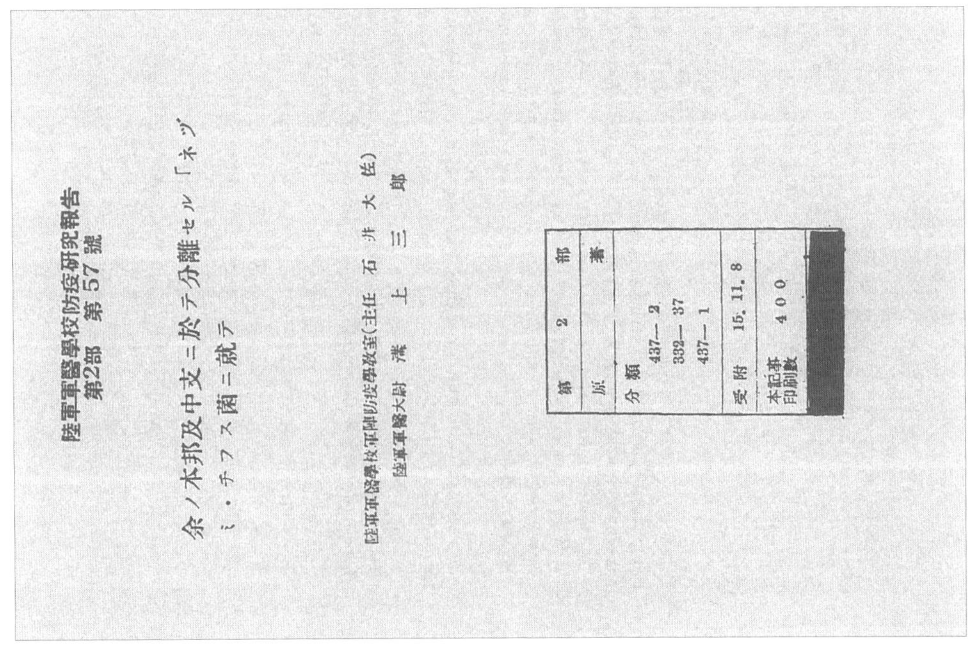

陸軍軍醫學校防疫研究報告
第2部　第 57 號

余ノ本邦及中支ニ於テ分離セル「ネヅミ・チフス菌ニ就テ

陸軍軍醫學校軍陣防疫學教室（主任　石　井　大　佐）
陸軍軍醫大尉　溝　上　三　郎

第　2　部	
原　　著	
分類	437— 2 332— 37 437— 1
受附	15. 11. 8
本記事印刷數	400

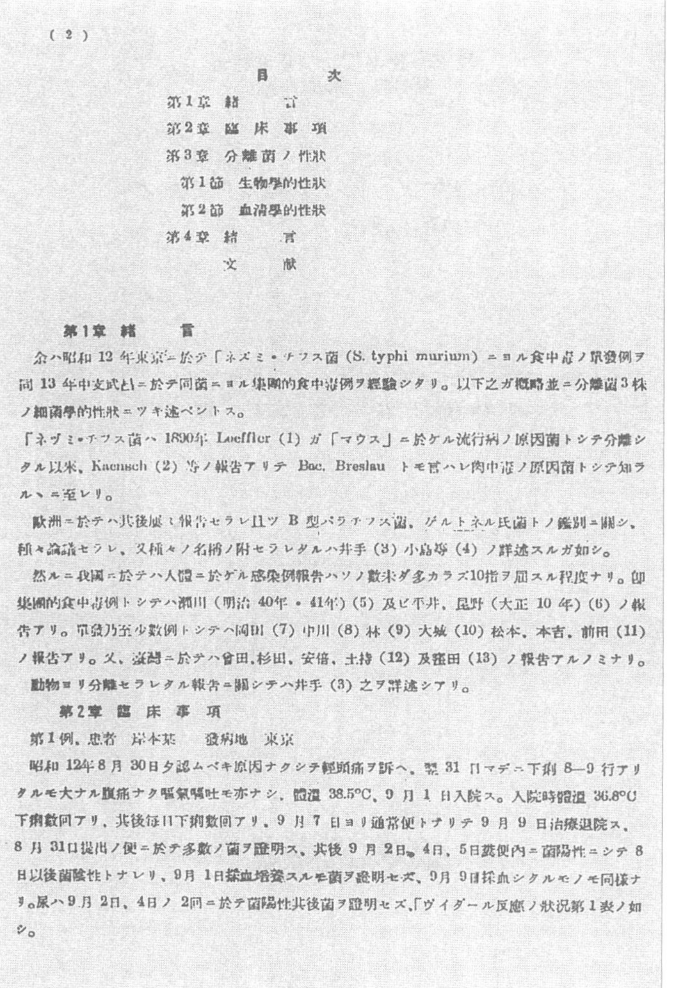

目　次

第1章　緒　　言
第2章　臨　床　事　項
第3章　分離菌ノ性狀
　第1節　生物學的性狀
　第2節　血清學的性狀
第4章　結　　言
　　文　　獻

第1章　緒　　言

余ハ昭和 12 年東京ニ於テ「ネズミ・チフス菌 (S. typhi murium) ニヨル食中毒ノ單發例ヲ同 13 年中支武昌ニ於テ同菌ニヨル集團的食中毒例ヲ經驗シタリ。以下之ガ概略並ニ分離菌3株ノ細菌學的性狀ニツキ述ベントス。

「ネヅミ・チフス菌ハ 1890年 Loeffler (1) ガ「マウス」ニ於ケル流行病ノ原因菌トシテ分離シタル以來、Kaensch (2) 等ノ報告アリテ Bac. Breslau トモ言ハレ肉中毒ノ原因菌トシテ知ラルヽニ至レリ。

歐洲ニ於テハ其後屢〻報告セラレ且ツ B 型パラチフス菌、ゲルトネル氏菌トノ鑑別ニ關シ、種々論議セラレ、又種々ノ名稱ノ附セラレタルハ井手 (3) 小島等 (4) ノ詳述スルガ如シ。

然ルニ我國ニ於テハ人體ニ於ケル感染例報告ハソノ數未ダ多カラズ10指ヲ屈スル程度ナリ。卽集團的食中毒例トシテハ瀰川（明治 40年・41年）(5) 及ビ平井、昆野（大正 10 年）(6) ノ報告アリ。單發乃至少數例トシテハ岡田 (7) 中川 (8) 林 (9) 大城 (10) 松本、本吉、前田 (11) ノ報告アリ。又、滿洲ニ於テハ會田、杉田、安倍、土持 (12) 及窪田 (13) ノ報告アルノミナリ。

動物ヨリ分離セラレタル報告ニ關シテハ井手 (3) 之ヲ詳述シアリ。

第2章　臨　床　事　項

第1例、患者　岸本某　　發病地　東京

昭和 12年8月 30日夕認ムベキ原因ナクシテ輕頭痛ヲ訴ヘ、翌 31 日マデニ下痢 8—9 行アリタルモ大ナル腹痛ナク嘔氣嘔吐モ亦ナシ、體溫 38.5°C、9 月 1 日入院ス。入院時體溫 36.8°C下痢數回アリ、其後每日下痢數回アリ、9 月 7 日ヨリ通常便トナリテ 9 月 9 日治療退院ス。8 月 31日提出ノ便ニ於テ多數ノ菌ヲ證明ス、其後 9 月 2日。4日、5日糞便內ニ菌陽性ニシテ 8日以後菌陰性トナレリ、9月 1日採血培養スルモ菌ヲ證明セズ、9月 9日採血シタルモノモ同樣ナリ。尿ハ9月 2日、4日ノ 2回ニ於テ菌陽性其後菌ヲ證明セズ、「ヴイダール反應ノ狀況第1表ノ如シ。

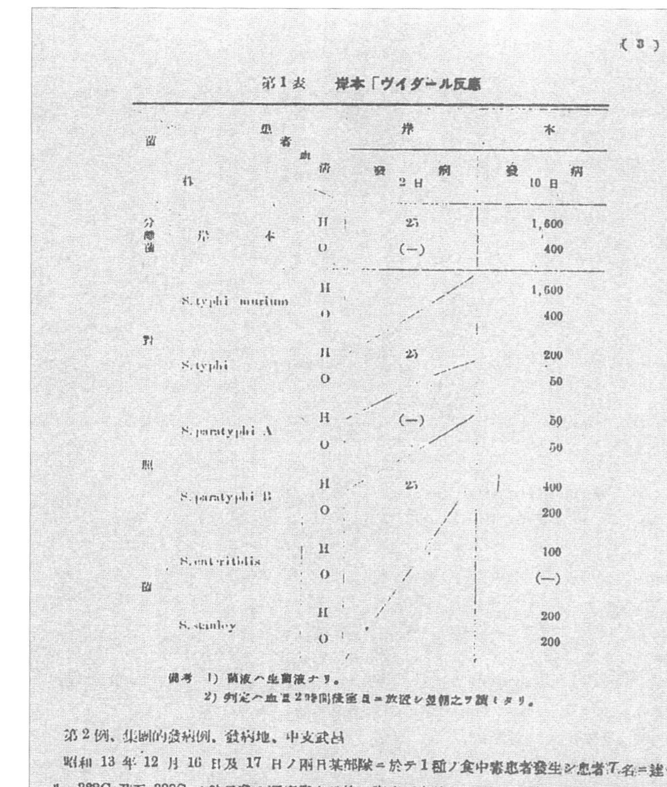

第1表　岸本「ヴイダール反應

菌	菌　株	患者血清	岸本 發病 2日	岸本 發病 10日
分離菌	岸　本	H	25	1,600
		O	(—)	400
對照菌	S. typhi murium	H		1,600
		O		400
	S. typhi	H	25	200
		O		50
	S. paratyphi A	H	(—)	50
		O		50
	S. paratyphi B	H	25	400
		O		200
	S. enteritidis	H		100
		O		(—)
	S. stanley	H		200
		O		200

備考　1) 菌液ハ生菌液ナリ。
　　　2) 判定ハ血清2時間後室温ニ放置シ翌朝之ヲ讀ミタリ。

第2例、集團的發病例、發病地、中支武昌

昭和 13 年 12 月 16 日及 17 日ノ兩日某部隊ニ於テ1種ノ食中毒患者發生シ患者7名ニ達セリ。38°C 乃至 39°C ノ熱ヲ發シ頭痛倦怠ヲ作ヒ腹痛下痢數回アリ、嘔氣嘔吐アルモノ、又無キモノアリ。其後體溫ハ多クハ 1—2 日ニシテ平溫ニ復シ下痢回數モ亦減少シ 19 日ニ至リテ全員平溫トナリ、僅ニ頭痛、腹痛、下痢ヲ存スル程度トナレリ、患者並ニ部隊全員ニツキ 12月18日及 20 日ノ2回ニ亘リ糞便內菌檢索ヲナシタルニ患者2名（關澤某、小西某）ニ於テ however ヲ檢出、爾後ノ調査ノ結果「ネズミ・チフス菌ナルコト判明セリ。患者7名ニツキ 12月18日採血培養シタルモ菌陰性ニ終レリ。原因全ク不明ナリキ。

第3章　分離菌ノ性狀

第1節　分離菌並ニ對照菌株

分離菌　岸木株　東京ニ於ケル分離菌

闕澤株　中支武昌ニ於ケル分離菌

小西株

對照菌トシテ下記ノモノヲ使用セリ。

番號	菌名	抗元構造
S. 9.	S. typhi murium. 1406.	IV. V. i. 1. 2. ……
S. 10.	S. typhi murium. 4066.	I. IV. V. i. 1. 2. ……
S. 11.	S. typhi murium. var copenhagen. 659.	IV. i. 1. 2. ……
S. 12.	S. typhi murium. var copenhagen. 3146.	I. IV. i. 1. 2. ……
S. 3.	S. paratyphi B. 8006.	
S. 15	S. stanley. 7855.	
S. 1.	S. paratyphi A. 1015.	
S. 64.	S. enteritidis. 1891.	

以上　Kauffmann. (4)

第2節　生物學的性狀

第1項　一般培養性狀

分離菌ハ「グラム陰性ノ短桿菌ニシテ運動活潑ナリ、「アニリン色素ニ好染ス。

分離菌ハ「インドール」ヲ形成セズ、中性紅寒天ニテ著明ニ瓦斯ヲ形成シ螢光ヲ放ツ、醋酸鉛培地ニテハ1日ニテ陽性成績ヲ示ス、牛乳ハ約1週間ニテ之ヲ透化スルモ凝固スルコトナシ、「リクムス乳糖ハ培養第1日ハ赤變スルモ2—3日ニテ青變スルニ至ル。粘液堤ハ定温放置ニヨルニ之ヲ形成セザレドモ中黑、淺見氏法ニヨルトキハ之ヲ形成ス。

「ネヅミ・チフス菌トB型パラチフス菌トハ粘液堤形成ノ有無ニ於テ區別サルヽハ一般ニ認メラルヽトコロナルモコノ際中黑、淺見氏法ニヨルトキハ對照菌タル「ネヅミ・チフス菌モ亦粘液堤ヲ形成スルヲ以テ鑑別ノタメニハ室温放置法ニ依ラザルベカラズ。

第2項　含水炭素分解

分離菌ノ糖分解ノ性狀下記ノ如シ。

分解（培養1日）	非分解（培養30日）
Dextrose. Mannit. Maltose.	Sacchalose. Laktose.
Xylose. Arabinose. Rhamnose	Dextrin.
Dulsit. Sorbit. Laevulose.	
Galaktose. Inosit.	

一般ニ「ネヅミ・チフス菌ハ「イノジツト分解ノ點ニ於テ區々ニシテ遲延シテ分解スルモノ、又非分解ノモノノ存スルコト文獻（14）ニ見ルトコロナルモ分離菌3株ハ何レモ「イノジツト」ヲ培養1日ニテ分解シ、2日ニテ Umschlagen ス。

又「ラムノーゼ」ノ分解ニ關シテ Kauffmann (15) ハ時間的ニ之ヲ觀察シテ分解ノ遲速ニヨリ培養型ヲ區別セリ。又「ラムノーゼ陰性ナル菌株ノ存スルコト文獻 (16) ニ見ルトコロニシテ之ニヨリ培養型ノ區別セラルヽハ一般ニ知ラルヽトコロナルモ分離菌ハ16時間ニシテ既ニ分解シアリ、速ニ分解スル菌株ナリト言ソベシ。

H. Habs (14) ハ「ネヅミ・チフス菌ハ「イノジツト」、「ヅルチツト」、「アラビノーゼ」ニ於テ分離ノ種々ナルヲ報告セリ、Edward u. Rottgor (17) ハ「キシローゼ」ノ分解ニ遲速アルヲ見テ之ニヨリ培養型ノ區別セリ。

第3項　特種培地

(1)　有機酸鹽培地

D―タルタラート培地、分離菌中岸木株ハ培養2日ニテ陽性、闕澤、小西株ハ1日ニテ陽性成績ヲ示シ、對照菌タルB型パラチフス菌トハ明瞭ニ區別セラル。然レドモB型パラチフス菌ニシテD―タルタラート陽性ノモノノ存スルコト Kauffmann (15) ノ認メタルトコロナリ。

分離菌ハ「ナトラート」、「ムカート」ハ培養1日ニテ分解ス、Kauffmann u. Burou (18) ハ有機酸培地其他ニヨリ「ネヅミ・チフス菌ヲ4群ニ區別セリ。

(2)　ビツター氏培地

分離菌ノ「ビツター培地ニ於ケル成績下記ノ如シ。

	Maltose	Xylose	Rhamnose
岸木	+	+	+
闕澤	+	—	+
小西	+	—	+
P. B.	+	+	—

P. Edward (19) ハビツター氏培地「マルトーゼ」、「キシローゼ」、「ラムノーゼ」ノ3倍地ニヨリ「ネズミ・チフス菌ヲ4群ニ區別セリ、之ニ從ヘバ分離菌岸木株ハ第1群ニ、闕澤、小西株ハ第3群ニ相當スルガ如シ。

一般ニ「ネヅミ・チフス菌トB型パラチフス菌トハ「ビツター・ラムノーゼ培地ニ於テ前者ハ陽性ニシテ後者ハ陰性ナル點ニ於テ區別セラレタルモ Kristensen u. Kauffmann (20) ハ「ラムノーゼ陽性ナルB型パラチフス菌ヲ多數分離シ、又 Edward (21) ハ鳩ヨリ分離セル「ネヅミ・チフス菌ハ「ラムノーゼ」陰性ナリト言ヘリ。Hermann (16) 亦「ビツター・ラムノーゼ陰性ナル「ネヅミ・チフス菌ヲ多數報告シ正常ノ「ネヅミ・チフス菌トノ差違ニワキ4ツノ點ヲ舉ゲタリ。

(3)　「アンモン培地（シモンス培地）.

分離菌ノ「アンモン培地上ノ性狀下記ノ如シ。

（6）

	Glukose	Arabinose	Rhamnose	Dulcit	Citrat
岸本	+	+	+	+	+
關澤	+	+	+	+	+
小西	+	+	+	+	+
P. B.	+	+	+	+	+
Stanley	+	+	+	+	+

Hohn. u. Hermann (22) ハ「アンモン培地ノ性状ニヨリ「ネヅミ・チフス菌ヲ 3 群ニ分チアリ、分離菌ハ「アンモン陽菌ニシテ彼等ノ所謂 Volltype ニ属ス。

(4)　ステルン氏グリセリンフクシン・ブイヨン」

分離菌ハ培養 1 日ニテ何レモ陽性成績ヲ示ス。

(5)　「ラフイノーゼ寒天平板上娘集落ノ形成有無。

B 型パラチフス菌ト「ネヅミ・チフス菌トノ鑑別上 2% ラフイノーゼ寒天平板上ニ於テ B型パラチフス菌ハ娘集落ヲ形成スルニ反シ、「ネズミ・チフス菌ハ之ヲ形成セザルヲ以テ區別セラルヽハ古ク文献 (23) ニ見ルトコロナリ。

余ハ分離菌岸本株及對照トシテ「ネヅミ・チフス菌、B 型パラチフス菌及ビゲルトネル氏菌ニツキ娘集落形成ノ如何ヲ檢シタルニ　B 型パラチフス菌及ゲルトネル氏菌ニテハ培養 2 日ニシテ 1 —數個ノ集落上ニ數個ノ娘集落ヲ「ルーペ」ニテ認メ得爾後漸次多數ノ集落上ニ多數ノ娘集落發生シ、4 日ニテ肉眼ニテ著明ニ認ムル程度トナル。

岸本株及「ネヅミ・チフス菌ニテハ培養 4—5 日ニテ「ルーペ」ニテ 1—數個ノ集落上ニ數個ノ娘集落ノ形成セラルヽヲ見、7—8 日ニテ肉眼ニテモ之ヲ認ムル程度トナルモ B 型パラチフス菌及ゲルトネル氏菌ニ比シ遙ニ不著明ナリ。

之ヲ要スルニ娘集落形成ノ狀況モ程度ノ差ナルモノノ如シ。

第 4 項　抵抗力試驗

(1)　熱ニ對スル抵抗力

分離菌ノ中試驗管ブイヨン」18—20 時間培養 (3 回反覆) ノモノヲ所要時間所要溫度ニ保チソノ 1白金耳ヲ中試驗管ブイヨン中ニ培養、4 日間觀察シタル後、之ヲ遠藤培地ニ分離培養シテ菌ノ生否ヲ確カメタルニ 50°C ニテハ 3 時間ニテモ尚生存シ、60°C 10分ニテハ生存スルモ30分ニテ死滅、70°C 2 分間ニテハ生存スルモ 5 分ニテ死滅、80°C ニテハ 1分以内ニ死滅セリ。

「ネヅミ・チフス菌ハ「サルモネラ菌屬中抵抗力強キ菌株ナルコト一般ニ認メラルヽトコロナルモ本試驗ニテモ一般「サルモネラ菌ヨリ強キ抵抗力ヲ示セリ。

(2)　消毒藥ニ對スル抵抗力

20°C ノ浴槽中ニ於テ小試驗管ニ所要藥液 5.0cc ヲ入レタルモノニ、分離菌「ブイロン培養18時間ノモノ 0.1cc ヲ加ヘ所要時間ノ後コノ 1 白金耳ヲ中試驗管ブイヨン」中ニ培養シ 4 日間觀察後遠藤培地ニ分離培養シソノ生否ヲ確カメタルニ 1.0% 石炭酸ニテハ 30 分ニテモ尚生存シ60分

（7）

ニテ死滅セリ、5.0% 石炭酸及 0.1%昇汞水ニテハ15秒以內ニ死滅セリ。

第 5 項　動 物 試 驗

(1)　腹腔內感染試驗

「マウス」

分離菌、岸本株ヲ以テ分離直後 11—12g ノ「マウス」ニテ試驗シタルニ第 2 表ノ如ク $\frac{1}{10^8}$ mgニテ 8—10 日ニテスベテ「マウス」ヲ斃セリ。

中支ニ於ケル分離菌、小西株ハ分離後相當日數ヲ經タルタメカ數回「マウス」ヲ通過セシメタルモ第 2 表ノ如クソノ毒力岸本株ニ劣レルモノノ如シ。

第 2 表　腹腔內感染試驗（マウス）

菌量 Mg ＼ マウス ＼ 菌株		岸本		小西		
		1	2	1	2	3
$\frac{1}{10}$	A	1	1	1	1	1
	B	+	+	+	+	+
$\frac{1}{10^2}$	A	1	1	1	6	8
	B	+	+	+	+	+
$\frac{1}{10^3}$	A	1	3	6	7	9
	B	+	+	+	+	+
$\frac{1}{10^4}$	A	3	5	5	8	8
	B	+	+	+	+	+
$\frac{1}{10^5}$	A	1	2	6	6	8
	B	+	+	+	+	+
$\frac{6}{10^6}$	A	8	8	6	9	9
	B	+	+	+	+	+
$\frac{1}{10^7}$	A	8	10	10	12	12
	B	+	+	+	+	+
$\frac{1}{10^8}$	A	8	10	9	10	12
	B	+	+	+	+	+

備考　A. 生存日數。
B. 心血中菌ノ有無。
C. 「マウス」體重ハ 11—12g.

（８）

「モルモツト」

體重 400—500g ノモノ＝腹腔内注射セル＝ $\frac{1}{10}$ mg 以内＝テハ１日＝テ之ヲ斃シ、$\frac{1}{10^2}$ 及 $\frac{1}{10^3}$ mg ＝テハ 8—10 日＝テ之ヲ斃セリ。

(2)　食餌試驗

「マウス」

分離菌ノ 24 時間普通寒天斜面培養ノモノヲ食塩水浮游（1.0c.c 1mg）液トナシ野菜＝浸シテ體重 11—12g ノ「マウス」各 10匹宛＝食セシメタル＝岸本株＝テハ 4—12 日＝テ死亡シ、中支分離菌小西株＝テハ 16—20 日＝テ死亡シソノ心血中＝菌ヲ證明セリ。

家　兎

中支分離菌小西株ヲ約 2kg ノ家兎２匹＝空腹時２白金耳宛與ヘ３週間觀察シタルモ熱其他ノ症狀＝變化ナク屠殺後モ諸臟器＝菌ノ検出スルコト能ハザリキ。

第３章　血清學的性狀

第１項　凝　集　反　應

(1)　H 凝集反應

分離菌１分離菌血清並＝對照血清＝對スル、H凝集反應ハ第 3 表ノ如クニシテ分離菌相互並＝「ネヅミ・チフス菌＝ハ最終凝集價又ハソノ近クマデ凝集シ、豚コレラ・クンツエンドルフ血清＝モ菌株＝ヨリ相當高度＝凝集スルヲ見ル、其他ノ血清＝ハ凝集セザルカ又ハ低度ナリ。

第３表　H凝集反應

H血清＼菌液		岸　本	關　澤	小　西	S. typhi murium	S. paratyphi B
分離菌	岸　本	12,800	6,400	6,400	6,400	800
	關　澤	12,800	12,800	12,800	6,400	200
對照血清	S. typhi. murium	12,800	12,800	12,800	12,800	800
	S. paratyphi. B	400	400	400	200	3,200
	S. typhi	400	200	(—)	200	(—)
	S. paratyphi. A	(—)	(—)	(—)	(—)	(—)
	S. suipestifer America	(—)	400	400	(—)	200
	S. suipestifer Kunzendorf	(—)	1,600	1,600	(—)	400
	S. enteritidis	(—)	50	(—)	(—)	(—)

備考　1) 菌液ハブイヨン培養 18—20 時間ノモノ＝ 0.5% ノ割＝「フオルマリン」ヲ加ヘタルモノナリ。
2) 判定ハ血温２時間後トス。

（９）

(2)　O 凝集反應

分離菌ハ分離菌血清ナラビ＝「ネヅミ・チフス菌血清及 B 型パラチフス菌血清＝ハ高度ノ凝集ヲナシ、其他ノ對照血清＝ハ低度ノ凝集ヲナスノミナリ。

第２項　凝集素吸收試驗

(1)　H 凝集素吸收試驗

a.　特異相、非特異相ノ検出

分離菌３株＝ツキ、特異相（sp）非特異相（unsp）ヲ検出セシ＝何レモ兩相ヲ検出セリ。使用血清ハ i 因子血清（4）ト豚コレラ・クンツエンドルフ血清ノ 100倍稀釋ナリ。

b.　Sp. 凝集素吸收試驗

B 型パラチフス菌（P.B ト略稱）並＝「ネヅミ・チフス菌（Breslau ト略稱）ヲ對照トシ分離菌２株＝ツキ吸收試驗ヲ實施シタル＝第４、第５表ノ如クニシテ分離菌 Sp ハ Breslau 菌ノソレ＝一致シ、P.B 菌 Sp トハ明＝區別セラル。

第４表　特異相凝集素吸集試驗（其ノ 1）

凝集菌＼血清・吸收菌		血清：1) 岸本 Sp（sp 12,800 / un 800） 吸收菌：1) 關澤　2) 岸本　3) 岸本	血清：2) 關澤 Sp（sp 25,600 / un 800） 吸收菌：1) typhimu　2) typhimu　3) 關澤	血清：3) S. typhi murium sp（sp 25,600 / un 1,600） 吸收菌：1) P.B　2) P.B　3) P.B
菌		sp un	sp un	sp un
岸　本	sp	(—)	(—)	×
	un	(—)	(—)	(—)
關　澤	sp	(—)	(—)	×
	un	(—)	(—)	(—)
S. typhi murium	sp	(—)	(—)	×
	un	(—)	(—)	(—)
S. paratyphi B	sp	(—)	(—)	(—)
	un	(—)	(—)	(—)

備考　1) 血清 1) 2) 3) ノ場合ヲ１表トナセリ。
2) 判定ハ血温２時間後ナリ。
3) (—) トハ血清稀釋 50× 以下ナリ。
4) × {1) ノ場合　800×　2) 〃　1,600×　3) 〃　3,200×} ナリ。

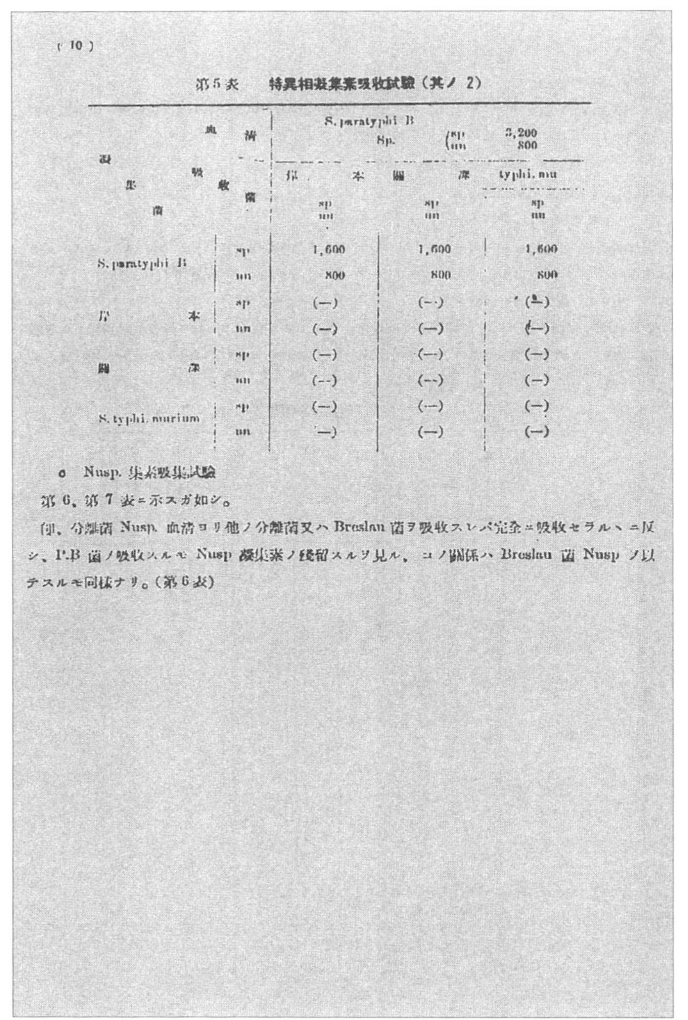

（10）

第5表　特異相凝集素吸收試験（其ノ2）

凝集素 \ 血清・吸收菌		S. paratyphi B Sp. (sp 3,200 / un 800) 岸本 sp/un	關澤 sp/un	typhi. mu sp/un
S. paratyphi B	sp	1,600	1,600	1,600
	un	800	800	800
岸本	sp	(—)	(—)	(±)
	un	(—)	(—)	(—)
關澤	sp	(—)	(—)	(—)
	un	(—)	(—)	(—)
S. typhi. murium	sp	(—)	(—)	(—)
	un	(—)	(—)	(—)

o　Nusp. 集素吸集試験

第6、第7表ニ示スガ如シ。

即、分離菌Nusp. 血清ヨリ他ノ分離菌又ハBreslau菌ヲ吸收スレバ完全ニ吸收セラルヽニ反シ、P.B菌ノ吸收スルモNusp凝集素ノ残留スルヲ見ル。コノ關係ハBreslau菌Nuspノ以テスルモ同様ナリ。（第6表）

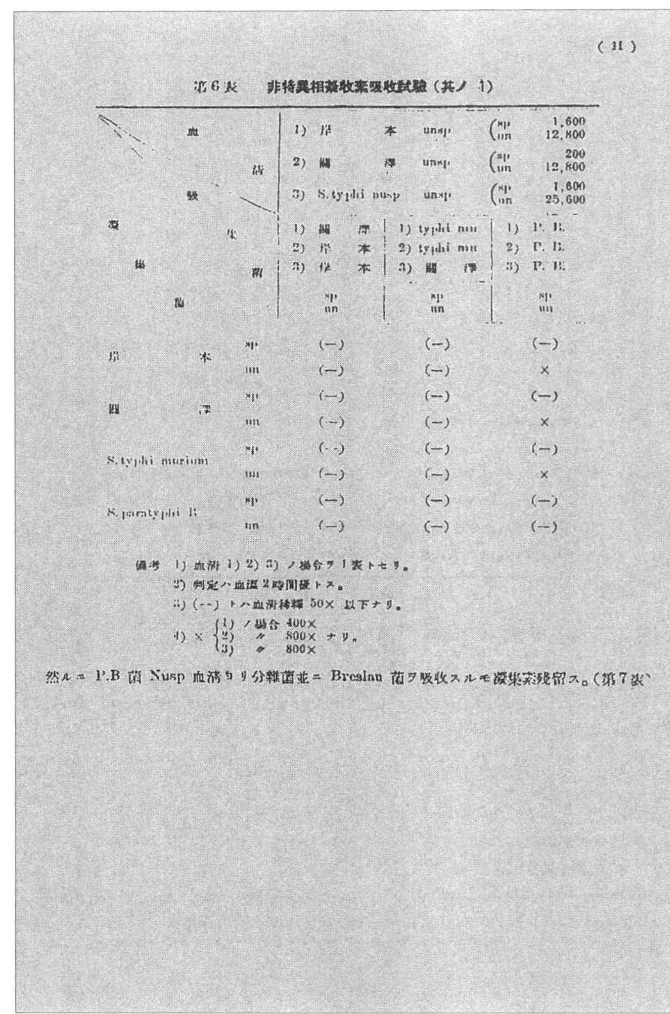

（11）

第6表　非特異相凝集素吸收試験（其ノ1）

	血清	1) 岸本 unsp (sp 1,600 / un 12,800)	2) 關澤 unsp (sp 200 / un 12,800)	3) S.typhi musp unsp (sp 1,600 / un 25,600)
凝集素	吸收菌	1) 關澤 2) 岸本 3) 岸本	1) typhi mu 2) typhi mu 3) 關澤	1) P. B. 2) P. B. 3) P. B.
		sp / un	sp / un	sp / un
岸本	sp	(—)	(—)	(—)
	un	(—)	(—)	×
關澤	sp	(—)	(—)	(—)
	un	(—)	(—)	×
S.typhi murium	sp	(—)	(—)	(—)
	un	(—)	(—)	×
S. paratyphi B	sp	(—)	(—)	(—)
	un	(—)	(—)	(—)

備考　1) 血清1) 2) 3) ノ場合ヲ1表トセリ。
2) 判定ハ血温2時間後トス。
3) (—) トハ血清稀釋50× 以下ナリ。
4) × {1) ノ場合 400× / 2) 〃 800× / 3) 〃 800×} ナリ。

然ルニP.B菌Nusp血清ヨリ分離菌並ニBreslau菌ヲ吸收スルモ凝集素残留ス。（第7表）

第7表　**非特異相凝集素吸收試驗（其ノ 2）**

凝集菌 ＼ 吸收菌 ＼ 血清		S. paratyphi B Nuspezifisch sp 400 nn 6,400 岸本 sp nn	關澤 sp nn	typhi. mu. sp nn
S. paratyphi B	sp	(—)	(—)	(—)
	nn	200	200	100
岸本	sp	(—)	(—)	(—)
	nn	(—)	(—)	(—)
關澤	sp	(—)	(—)	(—)
	nn	(—)	(—)	(—)
S. typhi murium	sp	(—)	(—)	(—)
	nn	(—)	(—)	(—)

即、分離菌 Nusp. ハ P.B 菌 Nusp トハ異ナリ Breslau 菌 Nnsp ニ一致ス。

又 P.B 菌 Nusp. ハ Breslau 菌 Nusp ノ有セザル P.B 菌獨特ノ Nusp. アルコト明瞭ナリ念ノタメコノ關係ヲ數株ノ菌株ニツキ調査シタルニ下記ノ如クニシテ概ネコノ事實ヲ證スルニ足ルモノト思考ス、コノ關係ハ Kauffmann-White-Schema ニ於テハ説明セラレズ。

菌株 ＼ 菌株數 ＼ 吸收菌 ＼ 凝集價 ＼ 血清		P.B. Nusp
	吸收菌	Breslau. Nusp+P. B. sp.
	凝集價	200×
P.B. Nusp.	6	×
P.B. sp.	6	(—)
Breslau. Nusp	10	(—)
Breslau. sp.	10	(—)

(2)　O 凝集素吸收試驗

a.　O 因子調査

Kauffmann (4) ニ從ヒ、I. IV. V. VI. VII. VIII. IX. X. ノO因子血清ヲ調製シ分離菌ヲ檢スルニ下記ノ如クニシテ I. IV. V. ノ因子ノホカ他ノ因子ヲ認メズ、岸本株ニハ I 因子ノ存スルヲ知ル。

菌株 ＼ O因子	I	IX	V
岸本	+	+	+
關澤	−	+	+
小西	−	+	+

b.　O 凝集素吸收試驗

Kauffmann (4)、(15) ハ O 抗元ノ差違ニヨリ「ネヅミ・チフス菌ヲ 4 型ニ分類セリ。

余ハ分離菌ニツキ Kauffmann (4) ノ使用セル菌株ヲ對照トシテ O 凝集素吸收試驗ヲ實施シタルニ第8表、第9表ノ如クニシテ岸本株ノ O 抗元ハ I. IV. V. ヨリナリ、中支分離菌タル關澤、小西株ハ IV. V. ヨリナルヲ知レリ。

第8表　**O 凝集素吸收試驗（其ノ 1）**

O 血清	吸收菌	凝集菌	血清同名菌	吸收菌
岸本 1,280×		S. 10. typhi. m. I. IV. V.	(—)	(—)
		S. 9. typhi. m. IV. V.	40	(—)
		S. 12. typhi. m. I. IV.	40	(—)
		S. 11. typhi. m. IV.	80	(—)
S. 10. typhi. m. I. IV. V.	岸本		(—)	(—)
S. 9. typhi. m. IV. V.			(—)	(—)
S. 12. typhi. m. I. IV.			(—)	(—)
S. 11. typhi. m. IV.			(—)	(—)

備考　1) 判定ハ血温 2 時間後翌朝マデ室温ニ放置シタル後實施ス。

2) 凝集價 血清 S. 10. 640×, S. 9. 1,280×, S. 12. 1,280×, S. 11. 2,560×

第9表　O 凝集素吸收試驗（其ノ 2）

O 血清 \ 吸收菌	凝集菌	血清同名菌	吸收菌
関澤 1,280×	S.10、typhi.m. I.Ⅳ.V.	(−)	(−)
	S, 9. typhi.m. Ⅳ.V.	(−)	(−)
	S,12. typhi.m. I.Ⅳ.	80	(−)
	S,11. typhi.m. Ⅳ.	80	(−)
S.10. typhi.m. I.Ⅳ.V.	関澤	80	(−)
S. 9. typhi.m. Ⅳ.V.		( )	( )
S.12. typhi.m. I.Ⅳ.		40	(−)
S.11.typhi.m. Ⅳ.		(−)	(−)

第3項　沈降反應

余ハ分離菌岸本株 H 血清ニツキ沈降反應ヲ實施シタルニソノ成績第10表ノ如クニテ分離菌ハ「ネヅミ・チフス菌、B 型パラチフス菌「スタンレイ菌ニ近似シ、A 型パラチフス菌、ゲルトネル氏菌トハ明ニ區別セラル、コノ關係ハ O 血清ヲ以テスルモ同樣ナリキ。

第10表　沈降反應

沈降元 \ 血清	岸本（H）血清 原液	2.5	5	10	20	40	80	160
岸本	卌	卌	卌	卄	卄	卄	±	−
S.typhi.murium	卌	卌	卌	卄	卄	+	−	−
S.paratyphi.B	卌	卌	卌	卄	+	−	−	−
S.stanley	卌	卌	卌	卄	卄	卄	−	−
S.paratyphi.A	卄	−	−	−	−	−	−	−
S.enteritidis	+	−	−	−	−	−	−	−

備考　1）成績判定ハ 30 分後トス。

2）卌 Kornig　卄 Ring　+ Trubung

3）O 血清ヲ以テシタルモ略同様ノ成績ヲ得タリ。

使用シタル沈降元ハ 18—24時間普通寒天斜面（中試驗管）ヲ食鹽水 1.0c.c. ノ割合ニ菌液ヲ作リ、之ヲ 60°C 30 分加熱後振盪器ニテ 1 日間振盪シタル後、之ヲ遠心沈降シテ上清ヲ得，原液トナセリ。實驗方法ハ免疫血清 0.1c.c ヲ沈降反應用試驗管ニトリソノ上ニ所要稀釋ノ沈降元ヲ重

積シ、30 分室溫ニ放置シテ成績ヲ判定セリ。

第4章　結　言

以上ヲ總括スルニ下記ノ如シ。

（1）余ハ本邦及中支ニ於テ食中毒患者ヨリ「ネヅミ・チフス菌3株ヲ分離セリ。

（2）分離菌中本邦ニ於ケル分離菌ハ I. Ⅳ. V. ナル O 抗元構造ヲ有シ，中支分離菌ハ Ⅳ. V. ナル O 抗元構造ヲ有シ兩者ハ明ニ區別セラル、增殖性狀ニ於テモ兩者ハヤヽ異ナルモノアリ

（3）分離菌ハ「マウス」ニ對シ經口並ニ腹腔內ニ感染セシメテ之ヲ斃シ得。

（4）B 型パラチフス菌非特異相ハ「ネヅミ・チフス菌ノ有スル非特異相以外ノ特有ナリ非特異相ヲ有ス。

稿ヲ終ルニ臨ミ石井主幹殿ニ敬意ヲ表シ終始御懇切ナル御指導ト御校閲ノ勞ヲ賜リタル菊池教官殿ニ深謝ス。　（昭 15. 9.）

文　　獻

1）Loeffler. Zbl. Bak. Iorig. 11. 1,892.　2）Kaensch. Z. f. Hyg. 22. 1,896.

3）井手　細菌學雜誌 479－482（昭. 11）　4）小島、八田　食物中毒菌（昭. 15）

5）瀨川　細菌學雜誌 147. 161.（明治 41—42）　6）平井、昆野　東北醫學雜誌 5 卷 5 號（大 10）　7）岡田　細菌學雜誌 196.（大元）　8）中川　衛生學傳染病學會雜誌 8 卷 1 號（大、元）　9）林　十全會雜誌 30 卷 11 號（昭 14）　10）大城　東京醫事新誌 2,981（昭 11）　11）杉本、本吉、前田　日本傳染病學會雜誌 13 卷（昭 13—14）

12）會田、杉田、安積、土持　泰緖醫學雜誌 36 卷 3 號 641.　13）鹽田　東京醫事新誌 299 號 2,316（昭 11）　14）Habs. Z. f. Hyg. 116. 537. 1,935.　15）Kauffmann Z. f. Hyg. 116. 1,935.　16）Hermann. Zbl. Bak. Orig. 113. 1,929.　17）Edward u. Rettger. J. of. Bac. 13. 73. 1,927.　18）Kauffmann u. Buron. Z. f. Hyg. 117. 1,935.　19）P. Edward. J. inf. dis. 58 1,936.　20）Kristensen. u. Kauffmann. Z. f. Hyg. 120. 1,937.　21）Edwards. J. of. Bac. 30. 1,935.　22）Hohn. u. Harmann. Z. f. Hyg. 119. 1,937.　23）R. Müller. M. m. W. 1,914.

二、细菌实验

近喰秀太论文

资料1:近喰秀太「鼠族のペスト菌に對する感受性に就て（第1報）　二三の鼡類のペスト菌に対する感受性試験」、『昭和医学会雑誌』1949年9巻3号。

昭和24年9月1日　　23

鼠族のペスト菌に對する感受性に就て（第1報）

二三の鼡類のペスト菌に対する感受性試験

近　喰　秀　太

鼡類のペスト（以下Pと略）菌に対する感受性実験は，この方面の研究にたづさわる学者等によつて，危險性を考慮して温和で活動性の鈍いダイコクネズミを主体としている．

しかしながら腺ペストに重要な役割を演ずるのは衆知のようにエヂプトクマネズミ（R. r. Alexandrinus）；ドブネズミ（R. Noruegicus）；クマネズミ（R. rattus）等であるから，この鼡類とダイコクネズミ；海猽とに就てP菌感受性試験を行う必要があるので，これらの比較檢討を試みることも無意義なことではないように思われる．

この実験は浙江省金華周辺に於いてペスト防疫作業に従事中[1]行つたもので，野外にペスト室を仮設置したため温度の調節は意の如くならず，試験動物の輸送，鼡類の蒐集の如きも斃死したものが多く捕獲飼育には相当の努力を傾注しなければならなかつた．

P感染方法は左大腿内側に菌力10^{-5}[2][3]1.0 cc或は0.5 ccを注射してドラム罐内に投入し，鼡類が飛び出さぬように罐上部に蓋を取り付け，中央に金網で張つた5 cm^2の窓を設けて観察に便ならしめた．罐内感染鼡類の食餌は1頭につき1日穀類（大麦，大豆，玉蜀黍）15 g,

第1表　ドブネズミ，エヂプトクマネズミ，クマネズミ，ダイコクネズミ，海猽のP菌感受性試験（第2実験）

接種菌株菌力・量	ドブネズミ		エヂプトクマネズミ		クマネズミ		ダイコクネズミ		海猽	
	動物数	生存数	動物数	生存数	動物数	生存数	動物数	生存数	動物数	生存数
松山株 10^{-5}　10 cc	84	12 (14.29%)	66	5 (7.58%)	92	18 (19.57%)	50	32 (21.33%)	30	13 (43.33%)
対　照	10	10	10	9 (90.00%)	10	9 (90.00%)	90	83 (92.22%)	10	10

第2表　ドブネズミ，エヂプトクマネズミ，クマネズミ，ダイコクネズミのP菌感受性試験(第2実験)

接種菌株菌力・量	ドブネズミ		エヂプトクマネズミ		クマネズミ		ダイコクネズミ	
	動物数	生存数	動物数	生存数	動物数	生存数	動物数	生存数
松山株 10^{-5} 0.5 cc	39	8 (20.51%)	36	5 (13.89%)	45	9 (20.00%)	80	29 (36.25%)
対　照	10	10	10	9 (90.00%)	10	9 (90.00%)	10	10

青菜15gとし毎日 a.m 7時に投與した．斃鼠はすべて剖見，培養等験素によつてP死であることを確認した．

その成績は第1表，第2表に示すように感受性の順は，第1実験地(金華周辺地域)ではエヂプトクマネズミ→ドブネズミ→クマネズミ→ダイコクネズミ→海猽で，第2実験地（義鳥，松山村附近―：この地域は当時腺ペストの流行中であつた：―）ではエヂプトクマネズミ→クマネズミ→ドブネズミ→ダイコクネズミであるが，このクマネズミとドブネズミの優劣の比較は殆ど判定の出來ぬ位いの差である．

即ち実験に供した鼡類はP菌に比較的感受性の強い65～150 gr のもののみを選定した[4]が，勿論年峇，毛色の度合，溫濕度―：このことは抵抗性に関係がある：―等や少数の実験例とによつて卽断することは許されないが，一般に人家に棲息したり出入したりする鼡類はP菌の感受性に著しい差異が認められぬようである．

以上の実験は英國ペスト調査委員会の報告による印度地方に於ける流行時の有菌鼡見出率と，かつての我國での調査のそれとを比較することにより，又更に中國に於ける著者の経験による概観を通じて，このキョウイすべきペスト感受性動物撲滅指針上の一参考ともなるであろう．

註 1）この期間は昭17.11.1～昭18.3.10である．
2）この菌株に就ては，近喰：医学と生物学，第13巻，第5号，昭23に詳細に掲載しておいたから参照せられたい．
3）尙，近喰は同誌第13巻，第6号，昭23，第14巻，第1号；第2号；第3号；第4号；第5号，昭24にも参考となる問題を掲載しておいた．
4）この事項に就ては近く発表する．

（受付：昭和24年9月16日）

资料2:近喰秀太「鼠族のペスト菌に対する感受性に就て(第2報)二,三の鼡類の体重別によるペスト菌感染実験」、『昭和医学会雑誌』1949年9巻4号。

昭和24年12月1日 1

鼠族のペスト菌に対する感受性に就て (第2報)

二,三の鼡類の体重別によるペスト菌感染実験

近 喰 秀 大

著者は先に二,三の鼡類のペスト(以下Pと略)菌に対する感受性について報じ,その結論としてこの実験が鼡族撲滅上補助的意義のあることを強調したが,今回更に体重別による感受性について研究を進めることもP疫学上取りあげられねばならぬ問題であると思考した.この問題については,これまで実験的に確定的な結論を得ていない許りでなく,殆ど詳細な報告に接していないし,なお今後当分の間我が國の研究者によつて実験の機会が與えられないように思われる.ところが,幸い著者は外地に於てこの方面の防疫にたずさわつていた関係上,かなり多数の実験を重ねることが出来たので,此処にその概要を一括して報告する次第である.

×

先づダイコクネズミに対する予備実験を試みた.前報と同様の方法により 10^{-5} P菌液[1]を大腸内側に1.0 cc注射し,亜鉛引試験箱1 m³に放置した.その結果第1表に掲ぐる如き成績を得た.即ち70 gr 以下のダイコクネズミは比較的早期に斃死し(この菌力では感受性あまりに強きためか?)—:24〜48時間のものが多い.勿論50〜60時間のものもあるが:—,151 gr.以上のものは症状軽易に経過し,慢性化し,遷延性の傾向を示し,経過後治癒するもの 死亡するもの等区々であるが,このものは一般に永く生命を維持し得られた.之に反し85〜120 gr.のものが感染発症率極めて良く,121〜150 gr.までのものは之に次ぎP菌に対し感受性が強いようである.

次に二,三の鼡類ドブネズミ,エヂプトクマネズミ,クロクマネズミに就て実験を施行した*ところ,第2表に掲示する結果を得た.

即ち80 gr.以下のものはダイコクネズミの場合と同様比較的早く斃死し(これも予備実験と同様と考えられる)85〜150 gr.は一般に感受性極めて強く,凡そ151 gr.以上のものは慢性遷延性の病型をとるものが多いように見受けられた.斃鼡については剖見,染色,培養を行つたが,心,肝,脾のうちより定型的P菌を証明することが出来た.又耐過したものについては致死しすべて細菌学的検査を試行したところ,72%のP菌陽性成績を得たのである.

×

今,鼡族の個性的差異を考慮に入れるならば,著者の今日までの成績の結果のみからでは明言することを避けなければならないが,凡そ次の如き要約が得られる.

即ち腺ペスト防疫上鼡族と鼡蚤との関係[5-2]について考察を試みるならば,成鼡は感受性極めて強く危険性大であり,老鼡は成鼡に劣るも有菌鼡として慢性の経過をとる恐れがある.之に反して幼鼡は感染後早期に斃死するため鼡間の共喰による感染が重要な誘因となるけれども,前二者に比ぶれば危険性が少いように窺はれる.

しかし何れも蚤の刺螫によつて腺ペストの流行を惹起

第1表 ダイコクネズミの体重別によるP感染実験

体重別(g)	実験動物	P罹患数		対照	
		実数	%	実数	%
40〜50	89	78	87.6	5	100
51〜60	90	63	70.0	5	100
61〜70	252	235	93.2	5	100
71〜80	450	378	84.0	5	100
81〜90	361	354	98.1	5	100
91〜100	405	402	99.3	5	100
101〜110	445	394	88.5	5	100
111〜120	262	238	90.8	5	100
121〜130	310	242	78.1	5	100
131〜140	185	97	52.4	5	100
141〜150	282	202	71.6	5	100
151〜160	193	78	40.4	5	100
161〜170	252	102	40.4	5	100
171〜180	195	68	34.9	5	100
181〜190	145	87	51.0	5	100
191〜200	150	51	34.0	5	100
計	4066	3069		80	

* 実験前鼡類捕獲後直ちに麻酔缶中に於て外部寄生吸血性昆虫殊に蚤類の分離を行い,体重を測定し,覚醒後P感染実験を実施した.

第2表　ドブネズミ，エヂプトクマネズミ，クロクマネズミの体重別によるP感染実験

実験回数ならびに年月日	鼠の種類 / 体重	ドブネズミ 供試数	ドブネズミ 死亡数	ドブネズミ %	エヂプトクマネズミ 供試数	エヂプトクマネズミ 死亡数	エヂプトクマネズミ %	クロクマネズミ 供試数	クロクマネズミ 死亡数	クロクマネズミ %	摘要
第1実験 (昭17. 10 ～ 昭17. 12)	40～ 60	5	4	80.0	23	19	82.6	14	12	85.7	当実験地域は金華で，昭和16年夏季より昭和17年春季にかけてペスト流行があり死亡者481名(?)を出したところである実類室は多季の気温低下のため保温保濕意の如くならずドラム缶を利用し，薪，撒水により辛うじて温度12～16°C，濕度65～75%に保持せしめるを得たのである
	61～ 80	17	12	70.6	28	22	78.5	19	12	63.2	
	81～100	27	23	85.2	67	63	94.0	21	18	85.7	
	100～150	16	11	63.8	31	23	74.2	9	7	77.8	
	151～200	14	9	64.3	27	22	81.5	21	15	71.4	
	201～250	20	12	60.0	19	10	52.6	11	6	54.6	
	計	99	71		195	159		95	70		
第2実験 (昭17. 10 ～ 昭18. 1)	40～ 60	2	2	100.0	17	14	82.4	9	6	66.7	当実験地区は義鳥であるが第1実験地域金華と同時季にペストの流行があつた．本実験を実施した時期に於て義鳥より約4 Km. 距つた松山部落にペスト小流行があり，著者は当地に位置しペスト防疫に任した．死亡者82名を出した．当時の温濕度は20～13°C，70%前後である．
	61～ 80	11	8	72.7	73	63	93.2	16	14	87.5	
	81～100	18	18	100.0	44	43	97.7	24	24	100.0	
	100～150	25	21	84.0	15	12	80.0	31	30	96.8	
	151～200	27	21	77.8	18	16	83.9	20	15	75.0	
	201～250	17	11	64.7	24	18	75.0	19	12	63.2	
	計	100	81		191	171		119	101		
第3実験 (昭18. 3 ～ 昭20. 3)	40～ 60	221	217	98.2	238	21[illegible]	89.1	126	111	88.1	供試鼡頭数は2カ年間連日南京周辺地域に於て1週間毎に捕鼡場所を変えて蒐集したもので2カ年を通じ3月～5月，9月～10月に捕獲数が多かつた．温濕度の維持は流送蒸気にて行い 11月～2月は20～25°C，70～60% 3月～4月は22～27°C，70～85% 5月～8月は25～30°C，80～90% 9月～10月は20～27°C，70～85% etc である．
	61～ 80	429	399	93.0	277	243	87.7	441	408	91.9	
	81～100	587	518	88.3	293	290	99.0	481	458	95.2	
	100～150	289	267	94.3	271	234	86.4	227	205	90.3	
	151～200	282	251	89.0	201	183	91.0	192	166	86.5	
	201～250	162	121	74.7	157	118	75.2	148	112	75.7	
	計	1970	1773		1437	1280		1618	1460		

させる端緒となるから，鼡族の駆除に当つてP流行病学的見地より此等についこ充分愼重を期さなければならない．

註

1) 近喰：医学と生物学，第13巻，第5号，昭23. 11. 10参照．

2) 近喰：医学と生物学，第14巻，第2号，昭24. 2. 10. を参照されたい．

(受付：24年10月3日)

资料3:近喰秀太「ケオピスネズミノミ(Xenopsylla cheopis Rothschild)のペスト感染能に関する研究」、『昭和医学会雜誌』1953年13巻2号。

特別掲載

ケオピスネズミノミ (Xenopsylla cheopis Rothschild) のペスト感染能に関する研究

保安大学校衛生課
近喰秀大

第1章 緒言

緒方[1)]による蚤のペスト媒介説は Simond,[2)] Tidswell, Liston[3)] その他によつて相次いで追証され，1905年に始まつた Indian Plague Commission[4)] による広範な研究がこの説を決定的なものにしたことは周知のことである．Commisson は印度に於ては蚤種の内でも X. cheopis が鼡及び人ペストの傳撥に主役を演ずることを明かにすると共に，X. cheopis 体内に入つた菌の体内分布，排泄，增殖と自然消滅，感染能の持続期間等を明かにしたが，これ等のことは Bacot and Martin[5)6)] (1914) による蚤の傳撥機轉の研究，更に近年に於ける Eskey[7)8)] 等の補遺的研究によつて，感染能獲得迄の日数や感染能の持続日数等が一層明かになつて来た．

C. Y. Wu[8)] (1934)[9)] によると中華民國のペスト流行地雲南，広東，広西，福建，上海等に於いてもペスト流行に主役を演ずる蚤は印度に於けると同樣 X. cheopis であつて，これ等の地方のペスト流行の季節は（広東4〜6月）（福建5〜8月）（上海7〜9月）概ね X. cheopis の季節的消長と一致すると云われる．

C. Y. Liu (1940) によると Canton, Hsuchow, Shanghai 等に於ける X. cheopis の宿主は Mus musculus, R. norvegicus 及び R. rattus であつて人家附近及び屋内に居住する鼡族であり人間生活と密接な関係があると云う．

福建省では嘗て廈門 (1894年)，福州 (1901年) に海路侵入したペストが省内各地に定着し1930年以後に於いても石碼(1931年)，漳州(1931年)，同安 (1933年)，竜岩及び Yeng-Ping (1934〜1935年) 等の激しい腺ペストの流行を見ている (1936年以後は報告がなく不明である)．

1939年10月及び1940年10月には福建省に隣接する浙江省金華及び義鳥地方に腺ペストの流行があつた．

Commission, Bacot and Martin, Eskey 等の研究の結果はペスト敗血症を起している鼡を吸血した X. cheopis が感染能を獲得する割合や感染能を発揮する迄の所要日数，更に感染能を失う迄の日数等は温度や濕度その他各地の環境と密接な関係を有するものである故それぞれの流行地の諸條件で研究される可きであることを教えている．

中國に於いては各地にペストの流行を見るのであるが，それ等の流行地の諸條件に於ける X. cheopis のペスト感染能に関する研究報告は未だなされていない様である．

私は1940年の金華及び義鳥地方のペスト防疫に従事中及びその後に亘つて中國中部の環境下に於ける X. cheopis のペスト感染能に関する研究を行つて若干の知見を得たのでここに報告する．

第2章 実験材料並に実験方法

第1項 実験材料

1) 実驗室

本実驗室は約100坪の木造コンクリート造りであつて，室の外部は深さ幅ともおのおの約1米の水壕と煉瓦塀によつて外界と遮断せられている．内部は9室に仕切られて居り，ボイラー調節機(本実驗室の温濕度調節用)兼動物焼却室及び記錄室，脱衣所等を除いた6室は周囲に深さ幅ともにおのおの約半米の水壕によつて囲まれている．それ等の構造の概略は第1図に示すごとくである．但し健常動物は別個の動物室に於いて飼育管理した．すべての実驗はこの実驗室で行つた．

2) 菌 株

ペスト菌松山株を使用す．

本菌株は中華民國浙江省義鳥の松山村に於いてペスト樣疾患が発生したので，その防疫に從事中昭和16年11月初旬，中國人某男のペスト屍体の脾臟より普通寒天及びペスト用寒天培養基に分離培養した定型的のペスト菌である．即ち寒天平板48時間培養に於いて中央部隆起した灰白色の円形集落で透明であるが，薄く辺縁は不規則で鉤菌すると粘稠で糸を牽くようである。ギムザ及びマンソン染色標本に於いて定型的のビポラールの染色性を示し，グラム陰性の両端鈍円の太く短かい桿菌である。ペスト菌の免疫血清に高度に凝集し，又各種の糖類を分解して酸のみを産生する。グリセリンは非分解性である。

本菌株の毒力：—

本菌株を以つて大黒鼠と蚤の所謂交互通過を行い毒力の増強を計り，最後の斃屍動物よりペスト用寒天培養基に培養し，生理的食塩水の菌浮游液を作成して動物実験を行つた。

大腿内側皮下接種に於いて，マウスに於いては 10^{-8}，大黒鼠に於いては 10^{-6} に於いて試験動物の約半数を感染斃屍せしめた。その斃屍数は時によつて多少の変動があつた。又斃屍しなかつたものは下記病状の著明なものと然らざるものとがあつた。

生残者の屠殺所見としては，ペスト膠様変化，淋巴腺の腫脹，発赤，脾腫，灰白色の斑点様等の所見が見られた。

大黒鼠が本菌株の接種によつて感染発病すれば概ね56～72時間前後に於いて，ペスト症状即ち発熱，発汗，跛行（接種部側），起毛，注射局所の発赤腫脹，該部の接触に対する敏感性等の所見が見られる。

斃屍体の剖見所見は[10][11]に述べられた如く局所及び両側の鼠蹊淋巴腺の腫脹発赤と出血性変化，腸間膜の充血及出血性変化，腹膜の膠様滲着性変化，肝脾の腫大充血，肺の出血斑等が見られる。これ等の各種組織，臓器等よりペスト菌を証明する。

3) 実 験 動 物

軍医学校由来の大黒鼠を使用した。使用に先だつて麻酔缶中に於いて外部寄生吸血性昆虫の分離除去を行い，体重を測定し覚醒後ペスト感染実験を実施した。

4) 実 験 蚤

野鼠より分離した X. cheopis を大黒鼠を以つて累代飼育して実験に供した。尚お，蚤の幼虫飼育には主として牛馬乾燥血粉を蚤床に投入し発育を計つた。

これ等蚤に関する実験は分離操作等の場合を除いて太陽光線をさけ赤色電光を使用した。又窓は赤色セロファン紙を以つて遮光した。蚤に関しては成書[23][24]を参考とした。

第2項　験実方法

1) 実 験 準 備

ペスト菌松山株のペスト寒天 37°C 48時間培養の菌を生理的食塩水に浮游し，その 10^{-3} の 1.0～0.5 cc を大黒鼠の大腿内側皮下に接種し，ペストの症状を発現するに至つたものを即ち尾血の直接染色及び培養によつてペスト菌を証明したもの（通常菌接種後 60～80 時間経過）を直接又は 12 cm×20 cm×20 cm の金網籠の中に収容し，更に石油缶に入れて（小ペスト毒化缶と称す）

第1図　ペスト実験室（総面積10，坪）

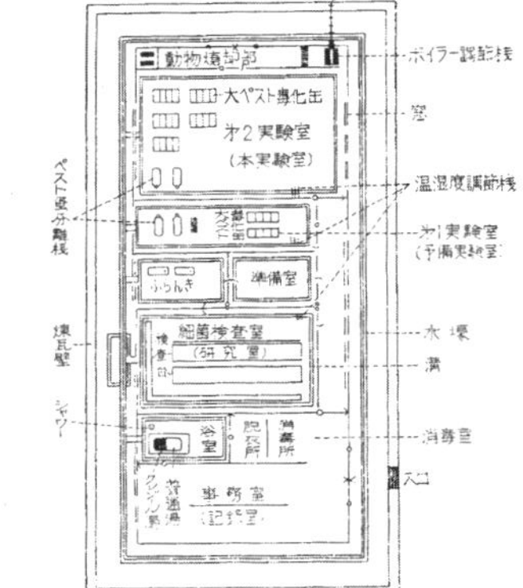

第2図　吸血用器

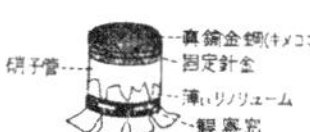

金網の蓋をたし，約半坪大の大型トタン箱（大ペスト毒化缶と称す）の中に煉瓦を敷いて置いた。この大ペスト毒化缶を四方に深さ半米，幅半米の水濠のあるコンクリートの床の上に煉瓦を敷いて置いた。即ち小ペスト毒化缶には主としてモミガラその他に木屑等を約1リットル敷いて蚤床となした。次にこの中に 100 匹の雌及び雄（その比は場合によつてまちまちであつた）の飼育した X. cheopis を放つて数日放置し吸血を計つた。かかる場合に蚤は通常吸血して大きさ及び色調の変化を来た

し，又その胃中に赤血球並にガフキー4号～7号程度のペスト菌を証明する。即ちかかる蚤を分離して前記の小ペスト毒化缶に移し健常大黒鼠を入れて飼育しペストに自然感染させた。尚お，健常蚤或はペスト感染蚤を1匹乃至必要数だけ特定の時間吸血させる目的には次のような吸血用具におさめ固定した大黒鼠の背部脱毛部に密着して吸血させた。（第2図参照）

鼠がペスト症状を呈するに到れば，蚤分離機及びクロロホルム麻酔法によつて既存の蚤を可急的に分離除去し，生存し得た発病状況の大黒鼠を新な小ペスト毒化缶に収容し，数時間を経た後健常饑餓蚤を 100 匹加うること第1回の実験の如くである。

かくの如き方法によつて所謂鼠体蚤体交互自然毒力増強法を計つては感染実験を行うこととした。

2) 蚤の分離方法。

野鼠より蚤を分離する場合には捕鼠機のままクロロホルム容器を置いた石油缶の中に入れ硝子の蓋をして外部より観察に便なるように蚤の分離除去を行つた。（第3図参照）。即ち時をみはからつて白金耳を水につけたも

第3図　麻 酔 缶

のを以つて，麻酔蚤体を捕捉し水をもつた別の硝子容器中に移し，このものより再び白金耳を以つて適当な蚤保管器に分離投入するごとくした。

大黒鼠よりペスト感染蚤を分離するためには主として西洋バス分離装置を使用した。即ち生存鼠をバスの一端に小ペスト毒化缶の内容共に移しあけ，附設の 100 ワットの電光を照射した。蚤はバスの他端に移行し底部の開口より収集され容器中に滑り落つる仕組になつている。又更にその鼠を麻酔缶（石油缶使用）に移し，主としてクロロホルムを使用して残余の蚤を麻酔分離するごとくした。

斃鼠の場合には尾端をつり上げ硝子管にて鼠体より吹き落すごとくした。西洋バス分離機の構造は第4図に示すごとくである。

3) 蚤の幼虫，蛹及び成虫の分離

野鼠より記述の麻酔法によつて分離した X. cheopis を大黒鼠を以つて飼育しおき約4週間後より採集することとした。即ち分離機（前掲）の基部にその内容を移し電光を照射すれば成虫は陰性趨性反應によつて末梢部に遁走する。このものは末梢部の開口より収集し雌雄を選別して次の培養材料その他に使用した。基部の残渣は第5

第4図　蚤 分 離 機

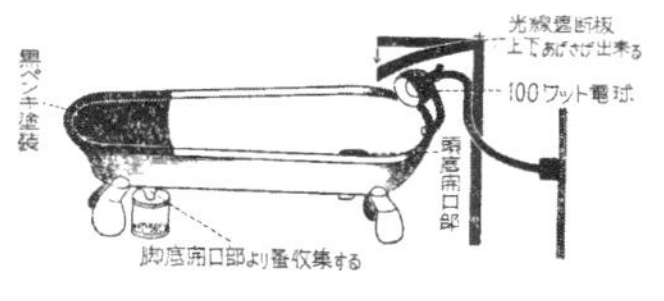

第5図　幼 虫 分 離 機

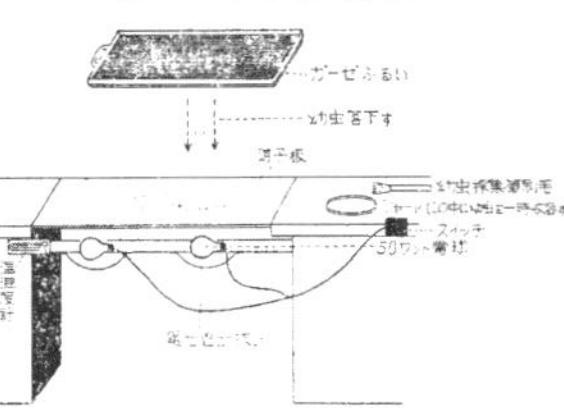

図のごとき幼虫分離機即ち 60 cm×30 cm の溝枠附きのガーゼふるい上に薄くひろげ直下に硝子板を置いて下部より 50 ワット電球2個を照射した。然る時は幼虫は硝子板の上に落下しふるいの中には蚤床及び繭のみとなる。このものを直ちに第6図のごとき分離機に移しおき連日朝7時，夕19時に電光を照射した。成虫あれば趨性反應によつて収集することが出来るのでその羽化日を判定することが容易である。かようにして実験に用うる

第6図　成虫羽化日数判定機（縦断面図）

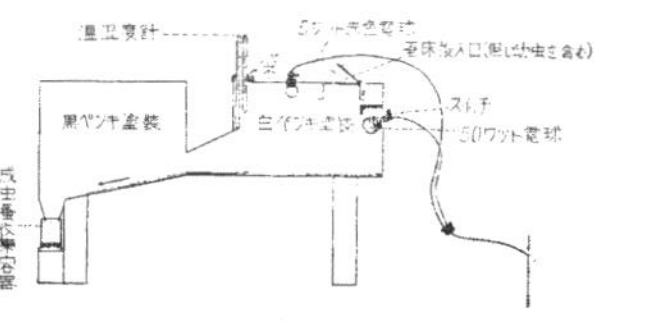

第1表　厦門（福建省）

統計年度		1	2	3	4	5	6	7	8	9	10	11	12 月
	平均気温	13.8	13.3	15.6	19.6	23.4	27.0	28.8	28.7	27.8	24.4	20.3	16.3
	平均最高気温	17.1	16.4	18.4	21.6	25.3	29.0	30.9	31.4	30.7	27.8	23.0	19.5
1920—1927	平均最低気温	10.6	10.9	12.8	16.7	20.3	24.4	26.2	26.3	25.1	21.7	17.6	13.7
	平均湿度	76	80	80	82	82	82	78	78	72	71	74	74

Qurt. J. of the Roy. Met. Soc. 1924. p 79

Seasonal distribution of X. cheopis and Plagus in Amoy.

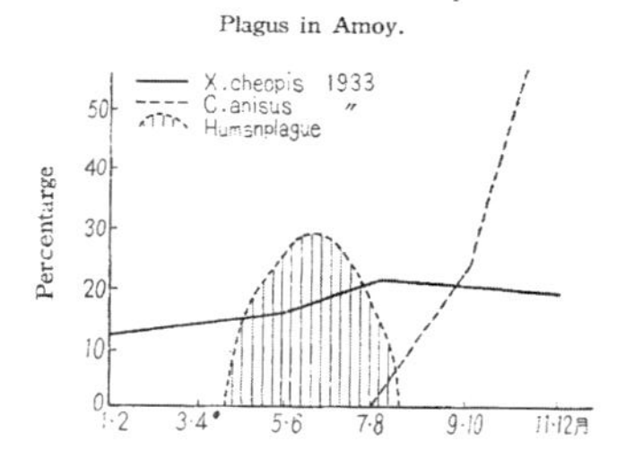

Seasonal distribution of X, cheopis and Plague in Canton

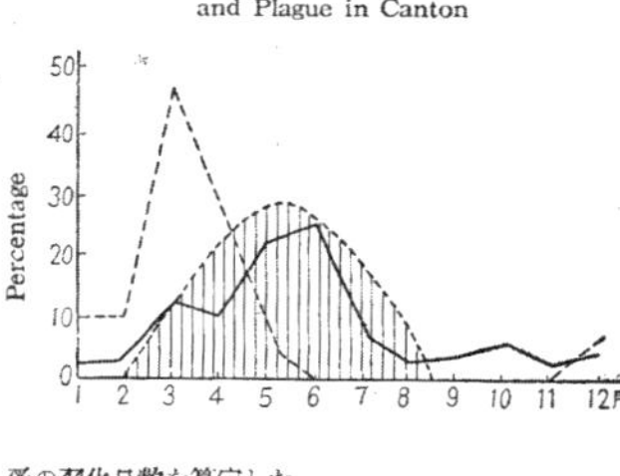

蚤の羽化日数を算定した.

尙お硝子板上に落下した幼虫は筆刷毛を以つて採集し所要の実驗に供した.

第 3 章　実驗とその成績

第1項　蚤体内ペスト菌の溫度による消長.

C. Y. Wu[9] (1934) によると福建省内に於ける流行は概ね初夏に発生し8月以降に及んだものは是迄ない. 廈門における 1920～1927 年の月別平均溫濕度は第1表12のごとくであつて印度に於ける実驗結果からすれば X. cheopis のペスト流行に必要な繁殖は年間を通じて行われてよい筈であり, また実際に C. Y. Wu[9] の調査の結果も第7図に示す様に X. cheopis index は年間を通じ極めて高い. それにもかかわらず流行が初夏迄に限られているのはこの省内の夏期溫度が X. cheopis の感染能を低下させることが一つの原因ではなかろうかと考えられる.

広東の例も同様と思われる. 敗血症を起している鼡に吸着した蚤は鼡の斃死と共に鼡体を離れて遊離し, [9)13)14)21)] 自然の溫度にさらされて新たな宿主を持つ訳である. 從つて鼡体に付着して居る間は蚤の体内菌の消長は比較的外気溫の影響を受けることは少ないが, 鼡体を離れてからの外界の影響は大きいものと解されている. [3)10)15)16)17)18)19)] そこで私はペスト敗血症鼡を2日間吸血させた X. cheopis を種々の溫度に保つて体内菌の保有狀態を調べた.

実驗 1. 10°C～32°C の場合.

実 驗 方 法

羽化5日目の X. cheopis 雌雄各100匹とペスト敗血症大黒鼡1頭を単位とし, 小ペスト毒化缶に收容し溫度22.5°C, 濕度 80,5％の條件下で43時間吸血させた. かような25單位の吸血実驗を行つて所要の吸血蚤を用意し, 饑餓48時間後10°C より 32°C, に到る6種について溫度別に1週間蚤を保存した. 蚤は100匹づつ硝子チリンデルに分けておき保存第1日より100匹づつ鏡検培養することによつてペスト菌の有無を調べた.

実 驗 成 績

以上の成績は第2表に示すごとくである. この実驗では実驗中に死亡した蚤を除き, 生存蚤だけについて菌檢索を行つた. 敗血症鼡を2日間吸血させた X. cheopis は吸血後殆んど100％に保菌して居り, これを饑餓狀に置くとき10°C では7日目迄は殆んど保菌率は低下しないが, 15～20°C では6日頃から15％内外の蚤体から菌が消失した. 25～32°C では保存溫度の上昇につれて菌の消失するものが多く殊に32°C では3日目頃から急

第2表　溫度別10°C, 15°C, 20°C, 25°C 30°C, 32°C, による蚤胃中における菌Pの消長

日別＼溫度別	10°C	15°C	20°C	30°C	32°C	対照 25°C
1 日	100*	100	98	79	91	96
2 日	100	99	100	82	97	100
3 日	98	100	92	64	61	97
4 日	95	93	97	79	56	100
5 日	100	90	93	65	43	98
6 日	98	82	84	59	20	94
7 日	100	87	86	69	19	90

* 供試蚤数, 各溫度別区100匹宛

備考, 本実驗区内の濕度は 10°C 区 70.4～75.2％, 15°C 区 91.0～100％, 20°C 区 80.2～85.0％, 30°C 区 82.2～84.5％, 32°C 区 72.0～76.5％, 25°C 区 76.0～80.5％等である.

第3表　溫度別10°C, 25°C, 32°C による蚤胃中に於けるP菌の消長（7回実驗の綜合平均成績）

日別＼溫度別	10°C	25°C	32°C
1 日	100	100	98 (†2)
2 日	100	100	89 (†9)
3 日	100	96(†4)	72 (†17)
5 日	100	79(†17)	61 (†11)
7 日	96(†4)	71(†8)	42 (†20)

備考（ ）内は死亡匹數

** 本実驗は昭19, 4, 中旬—昭19, 10下旬の間に施行した.

激な保菌率の低下が見られ, 7日目では半数以下になつた. また25°C 以上の溫度では死亡する蚤も多くなつた.

次に10°C, 25°C 及び32°C の3種溫度について上記と同様の実驗を7回繰返して行つた成績を一括したものは第3表に示すごとくである. 本実驗に於いても吸血蚤は概ねペスト菌を保有しているが, 32°C の場合には保存日数が長くなるにつれて蚤の死亡数も多く, 又ペスト菌を保有しているものが減少していて, 前記の成績と近似の結果を示している.

以上の実驗の結果はペスト菌を保有している饑餓蚤は30°C 以上の比較的高溫度にある場合は時間の経過につれて斃死するもの多く, 又体内のペスト菌が速かに減少することを示している.

実驗 2. 10°C～ −10°C の場合.

実 驗 方 法

実驗に使用する蚤は実驗1に述べたと同様の方法によつて得た. かようなペスト菌保有蚤約400匹を用意し, 50匹を單位として1cm 四方のセルロイド小箱におさめ, 10°C より−10°C 並に25°C の対照を含めて6群に分けてそれぞれの溫度に保存し, 72時間観察した. 又かような蚤の一部分を実驗後健康大黒鼡の容器に投入して吸させた後解剖して蚤体のペスト菌の有無を調べた.

実 驗 成 績

成績は第4表に示すごとくである. 即ち蚤は5°—0°C の低溫では斃死数多く, 0°C 以下では1～2日以内にすべて斃死し, 斃死蚤体にペスト菌の証明せられないものが多くなつている. 各溫度に抵抗して72時間生残し得た蚤は殆んどすべてが菌を保有しまた大黒鼡刺螫実驗によつて感染能力を示した. 即ち大黒鼡は2週間の観察に於いて何れも病理細菌学的にペスト感染を証明している.

実驗 3. 夏季自然環境の蚤体はペスト菌に及ぼす影響.

先に実驗1に於いてペスト菌保有蚤は比較的高溫度(30°C 前後)にある場合は時間の経過につれて蚤の死亡数が増加し, 又体内のペスト菌が減少することを認めた. かような溫度は夏季野外に於いて経驗せられるので, ここに諸種の自然狀況を考慮して本実驗を行つた.

実 驗 方 法

ペスト保有蚤の製造は実驗1に述べたごとくペスト敗血症大黒鼡に吸血させて得たものである. かようなペスト菌保有蚤を使用して5組の実驗を行つた.

蚤保存場所（実驗場）:—

所所に少量の雜草の生えている乾燥地面に2m² の壕を掘り2m×1m×1m の亞鉛箱の底部の一隅に直徑10cm の蓋のついた穴を有するものを埋めた. この亞鉛箱中に5m の高さに次の5組の條件をつくつて蚤床とした. 更に壕の四方に約20cm の幅を隔てて25cm² の溝を掘つた.

第1実驗に於いては亞鉛箱に砂質の土壤を敷きこの中に雌雄混合のまま100匹のペスト菌保有蚤（大黒鼡吸血蚤以下同じ）を投入したものを1組とし8組用意した. (以下各実驗に於いて同じ). 即ち投入後10分, 30分, 1時間, 3時間, 6時間, 12時間, 24時間後蚤を前記のごとく分離し, その10匹についてペスト菌保有の有無

第 4 表　低温 10°C, 5°C, 0°C, −5°C, −10°C に時間別 1 st〜72 st 間保存せる蚤体内に於けるＰ菌の生死並有毒性

温度別 / 時間別	10° C	5° C	0° C	−5° C	−10° C	対照 25° C
1 st	50	50	50	50（仮死）	50（仮死）	10
2 st			47（3.P）（仮死）			
3 st			43（4.P+）	45（3.P+）	47（3.P+）	
6 st					22（20.P+ 5.P−）	9（1.P+）
12 st		39（10.P+ 1.P−）	32（9.P+ 2.P−）	28（14.P+ 3.P−）	11（7.P+ 4.P−）	
24 st		34（5.P+）	20（12.P+）	15（9.P+ 4.P−）	0（5.P+ 6.P−）	
48 st	49（1.P+）	31（3.P+）	10（8.P+ 2.P−）	0（7.P+ 8.P−）		
72 st	43（6.P+）	25（5.P+ 1.P−）	7（3.P+）			
残存Ｐ蚤の致死成績	43（全部 P+）100 %	25（全部 P+）100 %	7（6.P+ 1,P−）85.7 %	※※※		9（全部P.+）100 %
同保存Ｐ蚤	♂ 3　♀ 3	♂ 3　♀ 3	♂ 3　♀ 3			♂ 2　♀ 2
大黒鼠感染試験成績	P 死　P 中等症	P 軽症　P 死	P 軽症　P 重症			P 死　P 中等症

※※※　刺螫実験後の蚤の解剖成績を含む．

☆☆　本実験は昭和 19．6—昭 9，12 の間に施行した．

を鏡検培養した．

第 2 実験に於いては亜鉛箱内に普通土壌を撒布し，雑草を所所に植えたものの中に 100 匹のペスト菌保有蚤を投入した．

第 3 実験に於いては普通土壌を使用したものに 10 分，30 分及び対照は 100 匹づつのペスト菌保有蚤を投入，他は 200 匹づつ投入した．

第 4 実験に於いては大豆大乃至栗大の砂礫を主とした土壌を敷き，この中に 200 匹づつのペスト菌保有蚤を投入した．

第 5 表実験に於いては第 3 実験と同様であるが，使用ペスト菌保有蚤は各組 100 匹づつであることと天候気象の相違があるだけである．

以上はすべて屋内の対照実験を並行して行つた．

実験に使用する蚤はこの亜鉛箱中に於いて光線，温湿度，風雨等の自然環境の影響を直接こうむることとなる．第 5 表に示した温湿度は午前 10 時より午後 5 時迄の平均温湿度である．午後 6〜8 時には 4°C，内外．午後 10〜12 時では 6°C 内外の下降を示した．

蚤の採集：—

観察終了後の蚤を採集検査するためにはこの亜鉛箱を抜き出し実験室に持参し第 2 章第 2 項の 2）に述べた蚤分離機内に底部の穴を通じて少量づつ内容を落して行くとごくして蚤を分離収集した．

実験成績

これ等の 5 実験を通じてペスト菌保有蚤は夏季屋外の自然の状況に於いて鼡体を離れていても，24 時間以内に於いては大部分が生残しペスト菌を保有している結果を得た．

第 2 項鼡蚤によるペスト菌の動物感染について，

実験 1．ペスト敗血症大黒鼡吸血直後の蚤の刺螫による感染実験．

第 5 表　夏期野外におけるＰ蚤の運命

実験月日（実験対照物）		昭 17．6．1（砂上）	昭 17．6．17（雑草処々に密性）	昭 17．6．21（土上）	昭 17．8．5．（砂利）	昭 18．8．10（土上）
天候気象 平均温湿度		晴天，微風 25.2° C 84.3 %	晴天，炎天下，無風 29.3° C 65.5 %	曇天，驟雨晴天 28.3° C 68.3 %	小雨，晴天 34.0° C 72.5 %	晴天，無風 30.5° C 80.2 %
実験回数		1	2	3	4	5
供試Ｐ菌保有蚤数ならびに條件		800 匹（各実験区 100 匹宛）羽化 5 日目の活力蚤（羽化 3 日間無吸血Ｐ化は 4〜5 日目）	800 匹（各実験区 100 匹宛）羽化 10 日目の無気力蚤（羽化 8 日まで 1 回健康大黒鼡に吸血，爾後 9〜10 日目にＰ化）	1300 匹（10-30 分と対照は各実験区 100 匹宛，他は各 200 宛），羽化 2 週間目の老蚤（12 日間 10° C 内外の冷房に保存した無吸血のもので 13-14 日目にＰ化）	1600 匹（各実験区 200 匹宛）羽化 5 日目の幼若蚤，前代幼虫期獣血粉にて飼育しなかつた為供試蚤は極めて活力に乏しい（Ｐ化は 4〜5 日目）	800 匹（各実験区毎 100 匹）羽化 1 週間目にして隔日健康大黒鼡に吸血せしめ（6〜7 日目にＰ化したもの）
検定時間生存数（ならびに陽性率） 10 分間	生存数	100	100	100	200	100
	陽性数	+ 10	+ 10	+ 9	+ 10	+ 10
30 分間	生存数	100	99	99	179（89.50 %）	100
	陽性数	+ 10	+ 10	+ 10	+ 10	+ 10
1 時間	生存数	100	96	195（97.50 %）	200	93
	陽性数	+ 10	+ 10	+ 10	+ 10	+ 10
3 時間	生存数	97	100	184（92.00 %）	182（91.00 %）	100
	陽性数	+ 9（90.00 %）	+ 10	+ 10	+ 9	+ 10
6 時間	生存数	82	98	192（96.00 %）	197（98.50 %）	97
	陽性数	+ 10	+ 10	+ 10	+ 10	+ 10
12 時間	生存数	95	87	173（86.50 %）	165（82.50 %）	100
	陽性数	+ 10	+ 8（80.00 %）	+ 10	+ 10	+ 10
24 時間	生存数	90	94	168（84.00 %）	191（95.50 %）	94
	陽性数	+ 10	+ 9（90.00 %）	+ 9（90.00 %）	+ 8（80.00 %）	+ 10
24 時間（対照）	生存数	99	92	97	195（97.50 %）	98
	陽性数	+ 10	+ 10	+ 10	+ 10	+ 10

時間制によるＰ菌 {（+），（−）} 検定数は各区 10 匹宛とした．

予め培養ペスト菌を接種して敗血症を起した大黒鼡を用意し，第 2 章第 2 項の 1）に述べた吸血用具に 1 匹の X. cheopis を入れて大黒鼡の剃毛部位に密着，吸血を始めてより，1—5 分後クロロホルム綿花によつて麻酔し，直ちに新たな吸血用具に移し健康大黒鼡の剃毛部位に密着した．蚤は覚醒後暫時の後再び吸血を始める．吸血せざるに至つて再び前回のごとく麻酔によつて蚤を分離し，解剖に附して塗抹並に培養によつてペスト菌を証明することとした．かよう蚤の 40 %にペスト菌を証明した．50 頭の大黒鼡について行つたこの実験を通じて，刺螫により 2 週後屠殺解剖して塗抹並に培養を行つたが，ペスト菌は陰性であつた．但し 3 頭に於いて吸血後約 1 週目に病感を認め，内 1 頭に於いては，肝，脾の肥大と各種淋巴腺の腫脹を認めたがペスト菌は陰性でつた．

以上の結果から敗血症鼡を吸血した僅少の蚤のペスト菌の刺螫によつて傳染の原因となり得ることはあつてもそう多いものではなかろう．

また敗血症鼡を吸血した蚤の中で吸血直後に体内に菌

の存在を私の方法で証明し得るものは 40 %以下ではあつたが，この様な敗血症鼠を吸血した直後の蚤は，仮令胃内にペスト菌があつても刺螫による感染能は少い様であつた。3)7)20)

実験 2. 蚤の吸血実験.

饑餓状態にある蚤が宿主に寄生した際の吸血の強さは温濕度に影響されることが大きいと云われる．ここでは福建省のペスト流行期と略ゝ等しい温濕度に於ける饑餓蚤の吸血状態を調べた．

1) 健常蚤についての実験.

第2章第2項の 3) に述べたごとき方法によつて得た羽化5日目と7日目の蚤を第2章第2項の 1) に述べたごとく健康大黒鼠を固定して入れた飼育缶（小ペスト毒化缶に同じ）に雌雄 50 匹づつ分離投入し，約3時間後分離機（第4図）及び麻酔缶によつて分離した．この蚤は大きさ及び色調の変化を来たすのみならずその10%は鏡検によつて赤血球を証明しているので吸血したものと認めた．かかる蚤を薄く蚤床を敷いた約2リットルの硝子容器に凡そ 300 匹宛分離しおき，饑餓1日より7日までの蚤について吸血時間の長短を測定した．即ちそれぞれの饑餓日に上記の硝子容器より分離機によつて分離した蚤を感つた容器に受け，白金耳によつて吸血容器中に

第 6 表　饑餓日数別による最大吸血時間（その 1）

饑餓日数別	最大吸血時間(分)
1	5—15
2	22—32
3	30—44
4	48—70
5	33—52
6	12—34
7	18—35

実験室内の温度 24—30°C，濕度 71—85 %で♂♀混合 1452 匹についての総合成績である．

1〜3匹を入れ，大黒鼠の剃毛部に吸着された．かような操作を約 200 匹について5回に分けて繰返して行つた．その最小及び最大吸血時間を測定した結果は第6表に示すごとくである．即ち饑餓実験の何ずれの日に於いても蚤は吸血しているが，その時間の比較的永いものは4日前後である．このことに饑餓が長期に亘つたものが必ずしも吸血時間の永いことを示してはいない．

2) ペスト敗血症鼠吸血蚤についての実験.

本項目の実験方法は 1) に於いて述べたとほぼ同様である．培養ペスト菌を大腿内側皮下に接種して敗血症を証明するに到つた大黒鼠を小ペスト毒化缶に入れ，これに羽化3日目の蚤を約 100 匹投入し 12 時間放置した．かような方法で 10 組の吸血操作を行つた．即ち 10 匹の大黒鼠より得た 1000 匹の蚤の内 50 匹についてペスト菌の培養を試みたところ内 45 匹に於いて菌を証明した．この蚤を5箇の硝子容器に約 160 匹づつ收容した．2日より7日に到る饑餓日についてこの蚤を健常大黒鼠に吸血用具（第2図に示す）によつて吸血せしめた．1〜3匹の蚤を1回の吸血単位とし1匹の大黒鼠を平均 10 回使用した．かようにして1饑餓日について 10 匹の大黒鼠を吸血に供した．各実験終了4〜5日後解剖培養してペスト菌を証明し得た蚤は全実験を通じて 682 匹であつた．他のものは菌を証明し得なかつたもの及び未検査の死亡蚤であつた．これらの実験成績は第7表に示すごとくで

第 7 表　饑餓日数別による最大吸血時間（その 2）

饑餓日数別	最大吸血時間(分)
2	7—22
3	28—48
4	23—56
5	15—29
7	5—32

実験室内の温度 25°C 前後，濕度 80—85%で♂♀混合 682 匹についての総合成績である．

ある．本実験の成績によると，敗血症鼠を吸血して後7日目迄の蚤の中には胃及び前胃に菌が増殖して半閉塞又は閉塞を起している蚤がかなり有ると思われるのであるが，吸血時間の上からは正常蚤と変りなかつた．

第3項　ペスト菌保有蚤の饑餓日数別による大黒鼠の感染試験.

実験 1. ペスト蚤5匹を吸血させた実験.

この実験は福建省に於けるペスト流行期と略ゝ等しい温濕度で行つた．第2項実験 2. の 2) に示したごとき方法によつて本実験を行つた．羽化3日目の X. cheo-をペスト菌敗血症大黒鼠に 12 時間附着吸血させた．かような蚤を用意し 10 箇の硝子容器に 300 匹宛收容した．体重 90〜120 gr. の大黒鼠1頭入れたペスト毒化缶に前記の蚤5匹を投入し，12 時間附着吸血させた．斃死鼠は

第 8 表　P 蚤 饑 餓 日 数 別 に よ る 感 染 試 験（P蚤5疋による実験）

吸血後の時日	饑餓経過日数別	供試P蚤数	実験動物数	3週後の感染斃死数 実数	%	対照 供試無感染蚤数	動物数	生存数	%
1.5 日	H 1 日	250	50	29	58	125	25	24	96
2.5 日	H 2 日	250	50	43	86	125	25	25	100
3.5 日	H 3 日	250	50	45	90	125	25	22	88
4.5 日	H 4 日	250	50	48	96	125	25	25	100
5.5 日	H 5 日	250	50	47	94	125	25	24	96
6.5 日	H 6 日	250	50	49	98	125	25	25	100
7.5 日	H 7 日	250	50	45	90	125	25	25	100
10.5 日	H 10 日	250	50	35	70	125	25	25	100
14.5 日	H 14 日	250	50	36	72	125	25	24	96
21.5 日	H 21 日	250	50	25	50	125	25	22	88
計		2500	500	402		1250	250	241	

備考　実験室内の温度は 20〜25°C，で濕度は 80〜85 %である．

第 9 表　P ♂♀蚤の饑餓日数別による感染能（第2試験・P蚤3匹による実験）

饑餓日数別	H 4 日		H 5 日		H 6 日		H 7 日		H 14 日		無感染対照蚤 H 4 日		H 5 日		H 6 日		H 7 日		H 14 日	
供試P蚤性別・数	♂ 15	♀ 15	♂ 15	♀ 15	♂ 15	♀ 15	♂ 15	♀ 15	♂ 15	♀ 15	♂ 15	♀ 15	♂ 15	♀ 15	♂ 15	♀ 15	♂ 15	♀ 15	♂ 15	♀ 15
動物数	10		10		10		10		10		10		10		10		10		10	
斃死数	5	5	4	5	5	5	5	4	5	5	0	0	0	0	0	0	0		0	
生存数	0	0	1	0	0	0	0	1	0	0	5	5	5	5	5	5	5	5	5	5

備考　実験室内の温度は 20〜25°C で濕度は 70〜85 %である．

解剖してその病理学的並に細菌学的検査によつて感染死なりや否やを決定することとした．饑餓等1日より第7日まで及び 10 日，14 日，21 日の各饑餓日に於いてそれぞれ 50 頭の大黒鼠を使用した．観察期間を3週間とした．大黒鼠の感染，発病の有無と感染斃死数を以つて表はした成績は第8表に示すごとくである．即ち饑餓1日目の蚤の感染能は低いが，2日目より7日目迄のペスト蚤の感染能は大であり，10 日目以後特に 21 日目の蚤の感染能は著しく低下している．

実験 2. ペスト蚤3匹を吸血させた試験.

大黒鼠1頭に対しペスト蚤3匹宛を附着せしめた同様の実験成績を第9表に示した．この場合の饑餓4乃至14日目の感染能は殆んど 100 %であつた．

実験 3. ペスト蚤1匹を吸血させた試験.

前項に述べたように羽化3日目の X. cheopis をペスト菌接種による大黒鼠に 12 時間附着して吸血せしめた後，これを饑餓日別に硝子容器中に各 50 匹宛收容した．次いで吸血用具に1匹の吸血饑餓蚤を收容し，大黒鼠の剃毛部に6時間固定して連続吸血するに任せた．饑餓日数は第4，第5，第6，第7及び第14日の5種類であつてこれ等の蚤が感染能を有して居ることは(13)によつても想像せられる．各饑餓日数のものについて実験動物 10 頭とし，内5頭は雌蚤，5頭は雄蚤に吸血せしめた．3週間の観察に於いて，その間に斃死及び生存した大黒鼠については，これを解剖して組織学的に及び細菌学的にペスト感染の有無を調べた．この成績は第 10 表に示した．

即ち第3実験に於いて生残つた9頭の大黒鼠の内2頭は屠殺解剖の結果，病理学的に並に細菌学的にペスト感染体であることを証明し，他は未感染者であつた．

実験2並に3に使用した後の各蚤はそれぞれ分離收容して置いた．かくのごとく生残すべき運命にあつた大黒

第 10 表　P♂♀蚤の饑餓日数別による感染能（第1試験．P蚤1疋による験実）

饑餓日数別	H 4 日		H 5 日		H 6 日		H 7 日		H 14 日		無感染対照蚤									
											H 4 日		H 5 日		H 6 日		H 7 日		H 14 日	
供試P蚤性別・数	♂ 5	♀ 5	♂ 5	♀ 5	♂ 5	♀ 5	♂ 5	♀ 5	♂ 5	♀ 5	♂ 5	♂ 5	♀ 5	♀ 5	♂ 5	♀ 5	♂ 5	♀ 5	♂ 5	♀ 5
動物数	10		10		10		10		10		10		10		10		10		10	
斃死数	3	4	5	4	5	5	4	4	3	4	0	0	0	0	0	0	0	0	0	1
生存数	2	1	0	1	0	0	1	1	2	1	5	5	5	5	5	5	5	5	5	4

備考　実験室内の温度は 22～27°C で湿度は 70～83 ％である．

鼠を吸血せしめた蚤は，果してペスト菌を保有していたかどうかを確かめるため，数時間後に吸血用具を用いて新たな大黒鼠1頭につき1匹の蚤を3日間吸血せしめた．3日後蚤は解剖，培養してペスト菌の有無を検索した結果，13匹の内12匹に於いてペスト菌を保有していた．ペスト菌保有蚤によつて3日間刺螫を受けた12頭の大黒鼠はペストに罹患したものが5頭であつて，他の7頭は3週間の観察に於いてペスト菌陰性であつた．即ち饑餓4日乃至14日目のペスト蚤1匹を6時間大黒鼠に附着させた時の感染能は80％内外に及ぶ強大さであつて，蚤の性には無関係であつた．この範囲の饑餓日数では感染能にあまり差はなかつたが，強いて云えば，4日目及び14日目では多少低い様であつた．

約20％の蚤は6時間の附着で感染せしめなかつたが，培養の結果は唯1匹を除きペスト菌を保有して居つたこと，及びそれ等の蚤が3日間附着せしめることによつて12匹中5匹が感能を発揮したが，7匹はあくまで感染せしめ得なかつた．

第4項　蚤の繁殖とペスト菌の子孫への移行．

ペスト菌を保有している蚤は大黒鼠を刺螫罹患せしめる危険が極めて大であつたが，この蚤は云わばペスト大黒鼠を使用した初代のものである．この前記初代の親蚤より得た直接ペスト罹患動物を刺螫していない次代の蚤にペスト菌を継承せしめることが出来るかどうかを実際に近い動物実験法で試みた．

即ち羽化5日目の X. cheopis を飼育缶より収集し，雌雄各100匹計200匹につき1頭の割合でペスト敗血症大黒鼠を約6時間自然に吸血せしめた．かような風にして50組用意したものの中から雌雄5000匹づつの所謂ペスト菌保有蚤を準備した．次に同じくペスト血症の大黒鼠を25缶の飼育缶に1頭づつ收容し，前記の蚤を分投し，鼠の斃死したものは別に用意したペスト敗血症大黒鼠を以つて更新することとした．かようにして10日間吸血するに任せた．然る後大黒鼠は除去し，蚤分離機によつて成虫を分離し，約250匹について鏡検並に培養によつてペスト菌を証明し得たものは約70％であつた．

又該蚤床より幼虫分離機を用い，時間を異にして分離した幼虫は，3回の実験によつて1732匹を鏡検培養したが，ペスト菌陰性であつた．

かの吸血に使用した供試大黒鼠は，検査の結果病理学

第 11 表　P蚤の次第継承可否試験

試験材料	試験回数	幼虫期 第1齢	幼虫期 第2，3齢	成虫期
供試蚤数	第1回	483	124	253
	第2回	308	241	461
	第3回	417	159	387
結果		陰性	陰性	陰性

第 12 表　P蚤の3代継承可否試験

試験回数	幼虫（第1，2，3齢混在）	成虫	動物感染試験
1	42 {♂ 20 ♀ 22}	53 {♂ 22 ♀ 31}	発症せず
2	38 {♂ 21 ♀ 17}	30 {♂ 12 ♀ 18}	発症せず
結果	陰性	陰性	

本実験は昭18，7，13—19，4，12の間に実施した．試験室内の温度22—26°C，湿度75—82％とした．

的並に細菌学的にペスト感染発症体であることを証明したことは勿論である．これ等の成績は第11表に示すごとくである．

又前実験に於ける幼虫の一半を蛹化せしめた成虫を材料とし同一研究を行つた成績は第12表に示すごとくであつて，結果は陰性であつた．但し本実験に於いては成虫のペスト動物吸血期間が5日の場合と7日の場合とがあつた点が相違する．

即ち X. cheopis はペスト菌を連続吸飲し得る状況にあつても，その子孫に自己のペスト菌を継承せしめ難い結果を示し，従つてペスト傳播に意義ある蚤はペスト感染動物を吸血した蚤であることが分つた．

第 4 章　総　括

1) 蚤の生活に最も好條件である気温22°C内外湿度80％内外に於いて，敗血症を起している鼠に12時間附着させた X. cheopis は90％，2日間附着吸血させた蚤では殆んど100％にペスト菌を保有するに至る．このペスト蚤を種々の温湿度で饑餓状態に置くとき10°Cでは7日目迄保菌率は殆んど低下しないが，15～20°C，と25～30°Cと温度の上昇に従つて5～6日目から保菌率が低下し，特に32°Cでは3日目頃から急激な保菌率の低下即ち蚤体内の菌の消失が見られた．また25～32°Cでは保存日数の経過につれて死亡する蚤が多くなつた．

同様のペスト蚤を5°Cに保存するとき時間の経過に従つて死亡するが，3日目迄生存したものはすべて保菌し，死亡したものも大部分保菌していたが，0°～−10°Cでは温度の低下に従つて速かに死亡し，死亡した蚤体にペスト菌の証明されないものが30％にも及んだ．

2) 鼠体を離れたペスト菌保有蚤は夏季屋外の自然の状況に於いて24時間以内では大部分が生存し，ペスト菌を保有していた．

3) ペスト敗血症を起している大黒鼠を1～5分間吸血した X. cheopis は吸血直後に40％内外菌の保有することを証明し得たが，この蚤の刺螫によつては大黒鼠を発症せしめ得なかつた．

4) ペスト菌を保有する X. cheopis を25°C，湿度80～85％に於いて饑餓状に保存して，饑餓日数と吸血慾との関係を見るに，饑餓4日前後の蚤に於いて1回の吸血時間が長く，饑餓の長期に亘つたものが必ずしも吸血時間が長くなかつた．またその関係は正常の饑餓蚤と変りなかつた．

5) ペスト敗血症を起している鼠に12時間附着して吸血させた X. cheopis を20～25°C，湿度80～85％に於いて饑餓状態に保存し，各饑餓日に於ける大黒鼠への感染能を見るに (a) 5匹のペスト蚤を12時間附着し吸血せしめるも，饑餓1日目の蚤感染能は58％に過ぎないが，饑餓3～7日の蚤は90％以上の感染能を示し，それより饑餓日の経過に従つて低下し，21日目には50％に低下した．(b) 3匹のペスト蚤を6時間附着し吸血せしめても饑餓4～14日目では90％以上に発症せしめ得た．その感染能は雌雄に関係はなかつた．

6) 蚤体内に確実にペスト菌を保有することの証明された X. cheopis を，饑餓4～14日目に1匹宛大黒鼠に6時間附着して吸血させた際には，凡そ80％の感染能を示した．饑餓5～7日目の蚤の感染能は4日目及び14日目より大きい様な結果であつた．6時間の附着によつて大黒鼠を発症せしめ得なかつた12匹のペスト蚤は，3日間の附着によつて5匹は大黒鼠を発症せしめ得，7匹は尚お発症せしめ得なかつた．

7) ペスト菌を保有する X. cheopis は次代の幼虫，成虫にペスト菌を継承しなかつた．

第 5 章　考　按

1) 蚤が感染能を発揮するには先づ前胃及び胃内で増殖し半栓塞乃至栓塞を起すことが必要である．(Swellengrebel, Bacot and Martin 1914[6], Joannidès, Eskey[7] Sautet Jacques[22] 1938)．

然しペスト菌を含む血液を吸血した蚤の中には，増殖を来さず逆に消滅するものがかなりあることが報ぜられている．

Indian Commission, Bacot, Eskey, Sautet 等によると半栓塞の状態の時に最も感染能が大きいと云う．一度半栓塞乃至栓塞を起した蚤は一部は饑餓によつて死亡し，一部は吸血した血液に喰菌されるか，自家融解によつて所謂 Purification されて無菌の正常蚤になる．この蚤体内で増殖して感染を獲得する蚤の％や感染能を発揮する迄の日数，饑餓死，自然消滅して感染能を失う時期等は個体の相違のほか気温，湿度の影響が最も大であると云われる．この結果が腺ペストの季節的消長を左右する重大な因子と解されている．私の実験では蚤体内の菌の量的関係や栓塞の状態等は調べられなかつたが，敗血症を起している鼠に6時間以上附着させて自由に吸血させた蚤は，90％以上にペスト菌を保有し，20～0°Cでは7日間饑餓状に保存しても菌の消失したものが少なかつたが，25～30°Cでは3日目頃から除々に菌の消失した蚤が多くなり，32°Cでは急激に多くなつている．この様に比較的高温のときは速かに蚤体内の菌が消滅することは古く Indian Commision の証明していることと一致する．福建省に於いて夏を境として腺ペストの流行

が起らないのは，当地の 7．8 月の気温が 30°C 以上に及ぶため X, cheopis の傳搬能の著しい低下が原因しているものと思われる．

2) 福建省のペスト流行期である 4,5 月の気温は 19～23°C，濕度 82 %であつて，X. cheopis の增殖に最も好條件であるのみでなく，蚤体内の菌が增殖し栓塞を起すに最も好適である．私の成績ではこの溫度に於ける蚤体内の菌の消滅は徐々であり，且つ保菌蚤の吸血も慾も極めて旺盛で，大黒鼠への感染能も饑餓 2 乃至 7 日の間は極めて高いことが証明された．

3) 溫濕度 22°C 前後，80 %内外の條件下でペスト敗血症を起している鼠を吸血した直後の蚤では，全く大黒鼠を発症せしめ得たかつたし，また約 1.5 日後の鼠では 5 匹を附着させても 58 %しか発症せしめなかつたこと，3.5 乃至 7.5 日目の蚤では 5 匹の蚤の場合も 3 匹の蚤の場合も 90～98 %に感染せしめ得たに係らず，10 日以後は再び感染能が低下して，21 日目には 5 匹の蚤を以つてしても 50 %しか感染せしめなかつたこと等は Swellengrebel, Bacot, Eskey 等の栓塞說，自然淨化說とよく一致する結果であつた．Eskey は X. cheopis が毒血吸血後感染能を獲得するのは，早いもので 5 日後であつたと云うが，私の実驗した様に敗血症鼠に 12 時間も附着し繰返し毒血を吸血して大量の菌を取入れている蚤体では，1,5 日後に既に感染能を獲得するものがかなりあることが判明した．

4) 1 匹のペスト蚤を 6 時間附着して吸血させた場合に，饑餓 4～14 日目の蚤 50 匹中 12 匹は確実にペスト菌を保有したにかかわらず感染能を有さなかつた．然しそれ等の感染能のなかつた蚤 12 匹を 3 日間大黒鼠に附着し吸血させたところ，5 匹は感染能を現すに至つた．

第 6 章 結　論

1) ペスト敗血症を起している鼠を吸血して後饑餓状態にある X. cheopis は福建省のペスト流行期である初夏の溫度濕度に於いては

蚤体内に菌が長期間保有される率が最も高く，ペスト菌保有蚤の吸血慾が旺盛であり，大黒鼠への感染能が極めて高い．

2) この地の盛夏の溫度である 30°C 内外に於いては一度保菌したペスト蚤も饑餓 3，4 日頃から急激な菌保有率の低下を来し，感染能を失うに至るものが極めて多い．

3) 以上の結果は福建省内のペスト流行が初夏に限られ盛夏以後に及ばない一つの因子をなすものと思われる．

4) 繰返し毒血を吸血した蚤では 1～2 日内に感染能を獲得するものがかなり見られた．　　　　以上．

本研究の整理に当つて示された北里研究所部長春日忠善博士の御忠言を深謝する．

文　献

1) Ogata, M.: Ueber die Pestepidemie im Formosa. Centralblatt f. Bakteriologie, I Abt. Orig. 21, 769-777. 1897.
2) Simond, P. L.: La Propagation de la Peste. Ann. Inst. Pasteur, 12, 625-687. 1898.
3) Liston, W. G.: The Milroy Lectures on the Plague. Brit. Med. Jour. 1, 950, 997, 1924.
4) Reports on Plague Investigations in India: Jour. Hyg. 6, 422-536, 1906.
5) Topley, W. W. C. and Wilson, G. S.: Priciples of Bacteriology and Immunity. 2 nd Ed., 1285, 1938.
6) Bacot, A. W. and Martin, C. J.: Observations on the Mechanism of the Transmission of Plague by Fleas. Cit. in Centbl. f. Bakt. I. Abt. Ref. 62, 228-229, 1914.
7) Eskey, C. R.: Fleas as Vetors of Plague. Am. J. Publ. Health, 28, 1305, 1938.
8) Eskey, C. R. and Haas, V. H.: Plague in the western Part of the United States. Infection of Rodents, experimental Transmission by Fleas and Inoculation-Test for Infection. Publ. Health Rep., 54, 1467-1481. 1939.
9) Wu, C. Y.: The Occurrence, Distribution and seasonal Prevalence of Rat-Fleas in China. Far-Eastern Association of Tropical Medicine. Transaction of the Ninth Congress, Nanking China, 2, 761-771, 1934.
10) Eastwood, A. and Grifith, F.: Report to the Local Government Board on an Enquiry into Rat-Plague in East Anglia During the Period July October. Jour. Hyg. 14, 285-315. 1914.
11) Macalister, G. H. and Brooks, J.: Report upon the Postmortem Examination of Rats at Ipswich. Jour. Hyg., 14, 316-330. 1914.
12) Quart. J. of the Roy. Met. Soc. 50, 79. 1924.
13) Tiflov V. E.and Potapov, V. D.: Migrations of Fleas of Ground Squirrels. Rev. Microbiol. Epid. et Parasit. Saratov, 16, 436, 1937.
14) Schwellengrebel, N. H.: Versuche und Beobachtungen uber die Biologie von Xenopsylla Cheopis im Ost-Java. Centbl. f. Bakt. 1. Abt. Orig., 74, 456-466. 1914.
15) Bacot, A. W. and Martin, C. J.: The respective Influences of Temperature and Moisture upon the Survival of the Ratfleas (Xenopsylla Cheopis) away from its Host. Jour. Hyg. 23, 98-105. 1924-1925.
16) Lerson, H. S.: The Effect of Temperature and Humidity upon the Survival of certain unfeed Ratfleas. Parasitology 24, 196-209. 1932.
17) Hopkins, G. H. E.: Some observations on the Bionomics of Fleas in east Asrica. Parasitology, 27, 408-488, 1935.
18) Schwellengrebel, N. H.: Beitrag zur Kenntnis der Biologie der europaeschen Floeche (Ceratophyllus fasciatus Bosc.). Arch. Schiffs und Tropen Hyg., 16, 13-182, 1912.
19) Buxton, P. A.: Quantitative Studies on the Biology of Xenopsylla Cheopis (Siphonaptera). Ind. Jour. Med. Res., 26, 505-530. 1938.
20) Schwellengrebel, N. H. und Otten, L.: Beitraege zur Kentoniss der Uebertragung der Pest durch Floeche und Laeuse. Centbl. f. Bakt. 1. Abt. Orig., 74, 592-603, 1914.
21) Eskey, C. R.: Epidemiological Studies of Plague in the Hawaian Iland, Publ. Health Rep. 50-255. 1935.
22) Sautet Jacques: Various Arthropods in the Transmission of Plague, Arch. Me'd, Ge'n. Colon 7, 42, 1938.
23) David, L. Belding: Textbook of Clinical Parasitology Charpter XLV The Siphonaptera of Fleas, 707-710, 1942.
24) Charles, Franklin. Craig and Ernest Carroll Faust, Clinical Parasitology, Chapter XLVI The Fleas or Siphonaptera, 708-703, 1949.

STUDIES ON THE INFECTIVE ACTIVITY OF PLAGUE BY XENOPSYLLA CHEOPIS ROTHSCHILD

By

Shuta Konjiki

Sanitation Officer of the Safety Academy

1) At the temperature and humidity in Fukken Province in early summer, which is the epidemic season in this area, the *X. cheopis* under starving condition after sucking blood from the rat suffering from plague bacillus septicemia:

a. demonstrates the highest % of long term bacterial carrier in the body.

b. has a vigorous desire of blood sucking.

c. is markedly and highly infectious to guinea pigs.

2) At the temperature of approximately 30°C, which is the midsummer temperature in this area, a sudden drop in the rate of carriers is noted among those fleas which once became plague bacillus carriers beginning from 3-4 days after starvation, and quite a good number of them lose the infectivity.

3) The above described results are considered to be a major factor to the fact that the epidemic of plague in Fukken Province is limitted within the early summer not being extended to the midsummer or later.

4) Among the fleas which had repeatedly sucked the infected blood, a fair number was found acquired the infectivity within 1-2 days.

A deepest appreciation is due to the kind advice given by Dr. Tadayoshi Kasuga of the Kitasato Institute for Infectious Diseases at the time the results of this work were consolidated.

第四章　日军荣一六四四部队的解散

一、"化整为零"

关于荣一六四四部队汉口支部利根部队的秘密解散

资料:「山口伊典致青木義勇函」(時間未載)、收入『青木义勇文书』、日本国会国立图书馆宪政资料室藏。

237

再度の御書簡を頂きつつ、御返事も差上げず、失礼致しました。小生御承知の如く在漢時代及びそれ以前の資料を、漢口碼頭の爆撃と、中日事変の引揚、更に中日両での革命の嵐とにより全く消失してしまいました。唯一冊、引揚に際しリュックの中に入れて来ました日記帳が残っていましたので、これを参考にして記憶をしぼり出すより他ありませんでした。依りまして間違いだらけのものと考へますので、先生の御調査に照し、大者に御修正御訂正を頂き度いことと願ひます。

以上返事にお詫びと御報告を申し上げます。

先生の御健康を御祈り致します。

山口伊典

238

憶の案本書迄はこれで終了しました。お身体早く本願をかなえます様。
お問合せの件、別にまとめて後を追って申上ます。

1' 米軍の長江上の船や、民間施設等に対する攻撃中、被害と言ってよいのは（十七年）より、此の様な話をよく聞きました。米軍の艦砲中の事は、国に今から数名の被掩護者をつれて確に来て居ります。タラップから船の甲板下に入った所、中口傷人が、たくさんいて、死んでいましたので、驚きもあり、又、顔をみて、診察をし様とした所、銃の衝撃で治療もなく死亡していたそうで、これを思い出します。船内には主に中口人の負傷者が一杯で、これは両王艦隊、国に今に収容したと思います。

此の頃、ハノイ民間施設等にも爆撃が軍役であった様でした。此の頃は新聞等で主に報道ではありませんでした。

239

2' 小生が生まれた時代は揚子に着いた時（S.15）頃から長江航行で、夜は船の移動をし西岸のみ必要な事を行っていました。昼間（S.17）頃は爆撃は余りありませんでしたが、機雷の心配から、昼間航行でした。
また、昼間の攻撃が盛んになって夜間航行になったと考えます。時間的には航行は二〜三昼夜でついたと中口人に聞いた事があります。小生は五〜六日かかっていました。尚、あの揚子江を溯った小さな船は、長い間にわたる鉄舶は重慶までも往った船だそうです。
重慶に往った時は四日で帰り時は下りなので早かった記憶があります。

3' 日本軍中区の病院・療は揚子江の大航行は記憶しますが、飛行機は見ませんでしたが、大航行というのかどうか、
当所は相当大規模になりました。尚、軍の病院に流行があったか、
記憶はありません。

2カて

4、第一陸軍病院とは龍泉寺（日本租界側）の裏の、先生が講演されました所です。尚、宮井氏達が訪問した時に、彼に一応、講演が有名のものと一緒に行って紹介したとの話は、小生も聞いています。

5、ゴルフ講習の話は確な話は知りません。

6、南京への出張は総て[illegible]職員で、同じ合同保存は一[illegible]の程度と思っています。業務関係は人多く任されたと思っています。

7、小生学生時代（学徒出陣）に渡支の際、同じ会にいって見学をしました。が（5・15）当時今村は北原所長で、実に、よーく日本軍駐在所から来った時も北原所長だったと思います。父が[illegible]の印を北原所長親友で小生が手伝ったものです。其なに北原所長の記憶がありません。（[illegible]）

1カて

村上所長の記憶が全く明確でありませんが、同じ会が話でしばしば変わると思います。時に事件だったので一しょうに北原所長と村上所長とのイメージがダブったのです。（[illegible]）

242

漢口

(A) 漢口に於ての防疫は、日本のものは、小生が天然痘に倒れた以降は軍（日本軍）が主体となっています。従いまして、天然痘后に発疹チフスがどの程度出たのか、小生は明確にしません。ただ、街頭での予防活動があったのは確かで、患者は前記陸軍病院へ収容したと思います。

小生の収容所は、此の頃は、[illegible]（一B）[illegible]患者を中心に収容診療しています。

(B) ~~[illegible]~~、利根部隊は、終戦后（の事故で）中支那でも防疫給水部隊の名は消滅、なくなって、多くの部隊は（多くは陸軍病院に）吸収解散しています。（増井先生にお伺い下さい）

これは増井、上海の本部での~~[illegible]~~戦化的活動に関係しているかと思います。小生の知る範囲では、漢口の利根部隊には此の様な（組織的）活動はありませんでした。（小生に、或る時期、再度、部隊長が、実験をすゝめた事があり、小生からきらわれ、中止になった事も

243

あります。）従って、終戦后に日軍防疫部隊の活動が明確でなくなる訳です。

終戦后、小生の母が、内地で終戦連絡部にゆき、漢口利根部隊の小生の消息を調査した事がありますが、連絡部では、漢口にその様な部隊はなく、その様な士官の記録がないといわれ、驚いて帰ったとの事があります。

此事から、日軍防疫給水部隊の解散は正式に高層の計画に従って行はれたものと[illegible]ます。

(C) 片岡軍医（中尉）大尉の手紙（[illegible]）は小生が古屋野教授から一時借用して同じ会に見せていた時の事で、当時はまだ[illegible]ではありませんでした。其后、[illegible]に[illegible]った訳です。

(D) 村上軍医と片岡軍医とのイメージが重っていますが、小生、別の機会に村上軍医と対話をしばらくした様でもあります。其の時、[illegible]の様の授業を行っています。

二、罪行揭露

1. 国民政府出版物对日军细菌战的揭露

资料：The Chinese Ministry of Information，*China Handbook 1937 – 1943: A Comprehensive Survey of Major Developments in China in Six Years of war*（《战时中国志》），New York：The Macmillan Company，1943，pp. 679 – 682.

BACTERIAL WARFARE

Dr. P. Z. King's statement released on April 9, 1942, and reports submitted by Chinese and foreign medical experts definitely prove that at least on five occasions Japan resorted to bacterial warfare in China.

Yet a sixth attempt was made on the morning of August 30, 1942, when three Japanese planes dropped a large quantity of "kaoliang" and corn in Nanyang, in Honan province. The grain was analyzed by local medical offices and found to contain bubonic plague bacteria.

The first Japanese attempt was made on October 27, 1940, when a quantity of wheat was dropped by Japanese planes over Ningpo. An epidemic broke out soon afterward and lasted 34 days, claiming 99 victims. Diagnosis of plague was definitely confirmed in laboratory tests. On October 4, 1940, a Japanese plane scattered rice and wheat and fleas over Chuhsien, Chekiang. Bubonic plague appeared 38 days later, causing 21 deaths. Kinhwa was attacked by three Japanese planes on November 28, 1940, when a large quantity of translucent granules like shrimp-eggs were dropped. Microscopic examination revealed the presence of plague bacilli though no epidemic resulted. On November 4, 1941, a Japanese plane visited Changteh, western Hunan, dropping rice, paper, and cotton wads on which bacilli were found. Later nine cases of plague were reported. Numerous circumstantial evidence, including infected rats, proved beyond doubt the origin of the epidemic. Lastly, a serious attack of plague broke out in Suiyuan, Ningsia, and Shensi. Six hundred cases were reported. A communique from local military authorities stated that a large number of sick rodents was set free by the enemy there.

The full text of Dr. King's statement reads as follows:

"Up to the present time the practicability of bacterial warfare has been little known to the public because applicable experimental results, if available, are usually kept a military secret.

"In the past the artificial dissemination of disease germs has been done for military purposes. The pollution of drinking water supplies by the introduction of diseased animals or other infected materials into the wells has been practiced by retreating armies with the intention of causing epidemics of gastro-intestinal infections among the troops in pursuit. Fortunately such water-borne infections can be controlled with relative ease by boiling of all drinking water and disinfection by chemical means.

"Whether or not infectious diseases could be widely and intentionally spread by artificial means with deadly results had not been demonstrated prior to the outbreak of the Sino-Japanese war. However, in the last two years sufficient circumstantial evidence has been gathered to show that the Japanese have been using our people as guinea pigs for experimentation on the practicability of bacterial warfare. They have tried to produce epidemics of plague in Free China by scattering plague-infected materials from airplanes. The facts thus far collected follow:

"1. On October 29, 1940, bubonic plague for the first time occurred in Ningpo in Chekiang province. The epidemic lasted 34 days and claimed 99 victims. It was reported that on October 27, 1940, Japanese planes raided Ningpo and scattered a considerable quantity of wheat over the port city. Although it was a curious fact to find 'grain from heaven' yet no one at the time seemed to appreciate the enemy's intention and no thorough examination of the grain was made. All the plague victims were local residents. The diagnosis of plague was definitely confirmed by laboratory tests. There was no excessive mortality among rats noticed before the epidemic and, despite careful examination, no exogenous sources of infection could be discovered.

"2. On October 4, 1940, a Japanese plane visited Chuhsien, Chekiang province. After circling over the city it scattered rice and wheat mixed with fleas over the western district of the city. There were many eye-witnesses among whom was a man named Hsu, who collected some grain and dead fleas from the street outside of his own house. He sent them to the local air-raid precautionary corps for transmission to the provincial hygienic laboratory. The laboratory examination result was that 'there were no pathogenic organisms found by bacteriological culture methods.' However, on November 12, 38 days after the Japanese plane's visit, bubonic plague appeared in the same area where the grain and fleas were found in abundance. The epidemic in Chuhsien lasted 24 days, resulting in 21 deaths.

"Available records show bubonic plague never occurred in Chuhsien before. After careful investigation it was believed that the strange visit of the enemy plane was the cause of the epidemic and the transmitting agent was rat fleas, presumably infected with plague and definitely dropped by the enemy plane. As plague is primarily a disease of rodents, the grain was probably used to attract the rats and expose them to the infected fleas mixed therein. It was regrettable that the fleas collected were not properly examined. Owing to deficient laboratory facilities, an animal inoculation test was not performed.

"3. On November 28, 1940, when the plague epidemic in Ningpo and Chuhsien was still in progress, three Japanese planes came to Kinhwa, an important commercial city situated between Ningpo and Chuhsien, and there dropped a large quantity of small granules about the size of shrimp-eggs. These strange objects were collected and examined in a local hospital.

"The granules were more or less round, about one millimeter in diameter, of whitish-yellow, somewhat translucent with a certain amount of glistening reflection from the surface. When brought into contact with a drop of water on a glass slide the granule began to swell to about twice its original size. In a small amount of water in a test tube with some agitation it would break up into whitish flakes and later form a milky suspension. Microscopic examination of these granules revealed the presence of numerous gram-negative bacilli with distinct bipolar staining in some of them and an abundance of involution forms, thus possessing the morphological characteristics of B. Pestis, the positive organism of plague. When cultured in agar medium these gram-negative bacilli showed no growth and because of inadequacy of laboratory facilities animal inoculation tests could not be performed.

"Upon the receipt of such a startling report from Kinhwa the National Health Administration dispatched Dr. W. W. Yung, director of the Department of Epidemic Prevention; Dr. H. M. Jettmar, epidemiologist, formerly of the League of Nation's Epidemic Commission, and other technical experts to investigate the situation. Arriving in Kinhwa early in January, 1941, they examined 26 of these granules and confirmed the previous observations, but inoculation tests performed on guinea pigs by Dr. Jettmar gave negative results. It is difficult to say whether or not the lapse of time and the method of preservation of the granules had something to do with the negative results from the animal inoculation test, which is a crucial test for B. Pestis. At all events no plague occurred in Kinhwa and it indicated that this particular Japanese experiment on bacterial warfare ended in failure.

"4. On November 4, 1941, at about 5 a.m., a lone enemy plane appeared over Changteh, Hunan province, flying very low, the morning being rather misty. Instead of bombs, wheat and rice, pieces of paper, cotton wadding, and some unidentified particles were dropped. After the all-clear signal had been sounded some of these strange gifts from the enemy were collected and sent by the police to a local missionary hospital for examination which revealed the presence of micro-organisms reported to resemble B. Pestis.

"On November 11, seven days later, the first clinical case of plague came to notice, followed by five more cases. The diagnosis of bubonic plague was definitely confirmed in one of the six cases in November by bacteriological culture method and animal inoculation test.

"According to the investigation of Dr. W. W. Chen, bacteriologist, who has had special training in plague work in India, and Dr. R. Pollitzer, epidemiologist of the National Health Administration and formerly of the League of Nation's Epidemic Commission, the Changteh plague epidemic was caused by enemy action because of the following strong circumstantial evidence:

"A—That Changteh has never been, as far as is known, afflicted by plague. During previous pandemics and severe epidemics elsewhere in China this part of Hunan (as a matter of fact this part of Central China in general) has never been known to come under the scourge of the disease.

"B—That the present outbreak may have been due to direct contiguous spread from neighboring plague-infected districts is also untenable on epidemiological grounds. Epidemiologically plague spreads along transport routes for grain on which the rats feed. The nearest epidemic center to Changteh is Chuhsien in Chekiang, about 2,000 kilometers away by land or river communication. Furthermore, Changteh being a rice producing district, supplies rice to other districts and does not receive rice from other cities. Besides, all the cases occurring in Changteh were native inhabitants who had not been away from the city or its immediate environs at all.

"C—That all the cases came from the areas within the city where the strange objects dropped by enemy planes were found, and that among the wheat and rice and cotton rags were the most probable included vectors, probably fleas. The fleas were not noticed on the spot because they were not looked for and because the air raid alarm lasted some twelve hours with the result that the fleas must have in the meantime escaped to other hiding places.

"D—That there was no apparent evidence of any excessive rat mortality before and for sometime after the 'aerial incident.' About 200 rats were caught and examined during the months of November and December but no evidence of plague was found. However, toward the end of January and the first part of February of this year, among 78 rats examined there were eighteen with definite plague infection. As plague is primarily a disease of rodents the usual sequence of events is that an epizootic precedes an epidemic but that did not take place in the present case. The infected fleas from the enemy planes must have first attacked men and a little later, the rats.

"E—That all the first six human cases were infected within fifteen days after the 'aerial incident' and that infected fleas are known to be able to survive under suitable conditions for weeks without feeding. The normal incubation period of bubonic plague is three to seven days and may occasionally be prolonged to eight or even fourteen days. The time factor is certainly also a strong circumstantial evidence.

"5. A serious epidemic of plague occurring in Suiyuan, Ningsia and Shensi provinces has recently been reported. From the last week of January this year to date there have been some 600 cases. Those cases were reported in a recent communique from the local military in the northwestern part of the epidemic area. However, considering the fact that plague is known to be enzootic among the native rodents in the Ordos region in Suiyuan one must wait for confirmation of the reports that probably the plague was caused there by enemy action.

"Technical experts, including Dr. Y. N. Yang, Director of the National Health Administration's Northwest Epidemic Prevention Bureau, have been sent there to investigate and help control the epidemic.

"The enumeration of facts thus far collected leads to the conclusion that the Japanese army has attempted bacterial warfare in China. In Chekiang and Hunan they had scattered from the air infective materials and succeeded in causing epidemic outbreaks of plague. Aside from temporary terrorization of the general population in the afflicted areas this inhuman act of our enemy is most condemnable when one realizes that once the disease has taken root in the local rat population it will continue to infect men for many years to come. Fortunately the mode of infection and the method of control of plague are known and it is possible to keep the disease in check by vigorous control measures. Our difficulty at present is the shortage of anti-epidemic supplies required. The recent advance in chemotherapy has given us new drugs that are more or less effective for the treatment of plague cases. These are sulfathiazole and allied sulphonamide compounds which China cannot as yet produce herself.

"For prevention, plague vaccine can be produced in considerable quantities by the National Epidemic Prevention Bureau in Kunming and the Northwest Epidemic Prevention Bureau in Lanchow, provided the raw materials required for

682　PUBLIC HEALTH AND MEDICINE

vaccine production such as peptone and agar agar are available.

"Rat proofing of all buildings and eradication of rats are fundamental control measures but under war conditions they cannot be satisfactorily carried out.

"If rat poisons such as cyanogas and barium carbonate can be obtained from abroad in large quantities deratization campaigns may be launched in cities where rats are a menace."

2. 美国调查官费尔博士（Norbert H. Fell）对曾任日军荣一六四四部队第二任部队长的增田知贞的讯问记录（1947 年 4 月 22 日）

资料：Technical Library，Fort Dugway Proving Grounds，Utah，US.

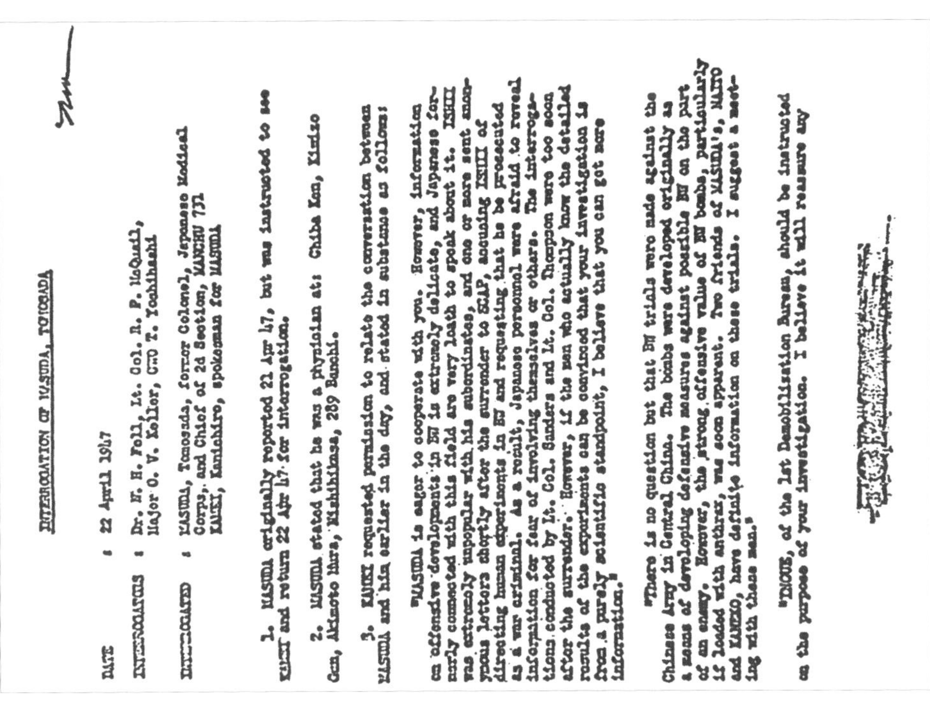

INTERROGATION OF MASUDA, TOMOSADA

DATE : 22 April 1947

INTERROGATORS : Dr. N. H. Fell, Lt. Col. R. P. McQuail, Major O. V. Keller, CWO T. Yoshihashi

INTERROGATED : MASUDA, Tomosada, former Colonel, Japanese Medical Corps, and Chief of 2d Section, MANCHU 731
KANEI, Kanichiro, spokesman for MASUDA

1. MASUDA originally reported 21 Apr 47, but was instructed to see KAMEI and return 22 Apr 47 for interrogation.

2. MASUDA stated that he was a physician at: Chiba Ken, Kimizo Gun, Akimoto Mura, Nishihikasa, 289 Banchi.

3. KAMEI requested permission to relate the conversation between MASUDA and him earlier in the day, and stated in substance as follows:

"MASUDA is eager to cooperate with you. However, information on offensive developments in BW is extremely delicate, and Japanese formerly connected with this field are very loath to speak about it. ISHII was extremely unpopular with his subordinates, and one or more sent anonymous letters shortly after the surrender to SCAP, accusing ISHII of directing human experiments in BW and requesting that he be prosecuted as a war criminal. As a result, Japanese personnel were afraid to reveal information for fear of involving themselves or others. The interrogations conducted by Lt. Col. Sanders and Lt. Col. Thompson were too soon after the surrender. However, if the men who actually know the detailed results of the experiments can be convinced that your investigation is from a purely scientific standpoint, I believe that you can get more information."

"There is no question but that BW trials were made against the Chinese Army in Central China. The bombs were developed originally as a means of developing defensive measures against possible BW on the part of an enemy. However, the strong offensive value of BW bombs, particularly if loaded with anthrax, was soon apparent. Two friends of MASUDA's, NAITO and KANEKO, have definite information on these trials. I suggest a meeting with these men."

"INOUE, of the 1st Demobilization Bureau, should be instructed on the purpose of your investigation. I believe it will reassure any personnel whom you have reported to be assured from the start that you are not investigating "war crimes"."

4. MASUDA was queried as to his assignments since 1937 and his answer coincided with the information in previous reports. During his tour at the Army Medical College in Tokyo from 1941-43, he was in contact with MANCHU 731. He returned to the unit in 1945 from BURMA, and spent the last month of the war as Chief of 3rd Section supervising the destruction of the installation and records. MASUDA stated that he had the remnants of a note book which he would bring to the next meeting.

5. Out of hearing of MASUDA, and in a whisper to Dr. Fell, KAMEI stated in substance:

"MASUDA admitted to me that experiments were carried out on humans. The victims were MANCHURIAN criminals who had been condemned to death. The personnel involved in carrying out these human experiments took a vow never to disclose information. However, I feel sure that if you handle your investigation from a scientific point of view, you can obtain detailed information."

2

TOP SECRET

3. 美国调查官费尔博士对曾任日军荣一六四四部队部队长的大田澄的讯问记录(1947年5月10日)

资料:Technical Library, Fort Dugway Proving Grounds, Utah, US.

cc under YP439

INTERROGATION OF OTA, KIYOSHI

DATE : 10 May 1947

INTERROGATORS : Dr. N. H. Fell, Lt. Col. R. P. McQuail, CWO T. Yoshihashi

INTERROGATED : OTA, Kiyoshi, former Colonel, Japanese Medical Corps, and Chief of 4th Section, Manchu 731 Unit

1. OTA identified himself as OTA, KIYOSHI, identical to the Ota, Akira, listed in the Japanese Army register. "Akira" is sometimes mistakenly read as "Sumi", thus leading to the confusion as to his identity. He gave his present occupation as a physician at Yamaguchi Ken, Hagi Shi, Chinto, Funatsu 2502.

2. OTA was confronted with the following facts:

a. Kawashima and Karasawa revealed to the Russians information on human experiments and field trials against the Chinese Army.

b. Dr. Fell's investigation was for the purpose of learning the technical and scientific data of the experiments and was not concerned with war crimes.

c. Masuda was cooperating with Dr. Fell and wrote a letter to OTA and others. (Letter was shown to OTA.)

3. OTA stated in substance as follows:

"I was assigned to Kwantung Army Water Purification Unit during periods 1936-1941 and 1943-1945. As Chief of the 4th Section, I was principally engaged in executive and administrative duties. General Ishii frequently directed members of my section without going through me, and thus I do not know exactly what went on. I can try to contact my former subordinates who were directly in charge of the experiments. I recall four field trials at Anda about 1941, but the bombs were ineffective due to faulty design and missed the target area. I would like to think over and refresh my memory about trials against Chinese Army before I make any statements."

4. Mr. Yoshihashi explained to OTA the fact that he was to be interrogated by the Russians in a few days and he must not reveal information on:

a. Human experiments.
b. Field trials on Chinese Army.
c. Mass production of fleas.
d. Chain of command of the Unit.
e. Instructions by United States personnel.

5. OTA replied:

"I appreciate your help. I do not believe that Kawachima and Karasawa were in a position to know much about the experiments. Most of what they know is probably hearsay and perhaps witnessing a few experiments at Anda. I have not thought of Pingfan since I returned to Japan and need a few days to prepare myself mentally for interrogation. I will think and confer with Masuda and return for another talk with you."

6. OTA appeared to be an intelligent, cooperative professional man. He answered questions directly and appeared sincere in his statements.

7. OTA received final instruction 14 May as to his conduct during interrogation by the USSR.

2

4. 南京大学生物学系助教朱洪文的证明

资料:《人民日报》,1950 年 2 月 10 日,第四版。

人民日報　一九五〇年二月十日　星期五　第四版

法學專家梅汝璈談話

擁護審判日細菌戰犯

華北人民擁護蘇聯提議

要求嚴懲細菌戰犯

解放軍各部人員一致要求速審裕仁等戰犯

二野後勤工作人員

指控日寇散播病菌 毒害華北各地人民

細菌戰犯的滔天罪行 朝鮮人民決不能容忍

石家莊各界堅決要求

務將細菌戰犯緝拿法辦

抗議美帝包庇裕仁等犯

南京大學生物學助教證明

日寇曾在寧設廠養菌

偉大的人道主義的號召

何思敬

確立建設社會主義的穩固基礎

匈超額完成三年計劃

去年工業產量平均較前年增加百分之四十二點四，農業已達戰前水平

保發表去年經濟計劃執行結果

工業總產量超過計劃

農業生產合作社和耕地面積均大大增加

南朝鮮人民游擊隊

痛擊李承晚僞軍進犯

好好掌握這把武器

爲慶祝蘇聯電影事業三十週年紀念而作

京文教局確定今年教育方針

提高廣大人民文化 創立新型工農中學

首都中小學教師及大中學學生

通過各種方式 展開寒假學習

京各界代表會協商委員會

昨開第三次全體會議

清華師生利用寒假

進行系統政治學習

北大工學院同學將參觀各廠

今開始第一次講座

慶祝蘇聯電影三十週年

蘇影片今起展覽

便利市民用水

京自來水公司

設市民共用水站

【新华社南京九日电】此间人士已证实:日寇在南京也曾有一个大工厂,制造细菌武器。该厂原设南京城内北角九华山下,为了伪装隐蔽,称为“血清疫苗制造所”,平时极为机密。日寇于投降时即加以破坏。据当地居民说:日本人在时,里面都是木板盖的白铁围的小房子,从来不准一个中国人进去。谁也不知里面做什么,只当是制药的。据在一九四五年十一月协助国民党政府接收该处的现任南京大学生物学系助教朱洪文说:在接收时,那里还有一座像一间房子一样大的高压消毒器残体,其旁装置一座大锅炉,用以供给蒸气。里面有铁轨。一切培养细菌的材料先用车子载进去消毒,可见其制造规模的庞大。朱洪文说:当时还接收了不少残余的东西。在试验动物方面有两千多只小白鼠和几百只天竺鼠,但不久就全部死掉了。在培养细菌用的仪器方面有试管、平板各数十万只,温箱(孵卵箱)、冰箱各数十个,铝质培养箱数百个。在培养基方面有东洋菜(琼脂)三十余吨,鱼肉精膏百余箱。据大略推算,每二至三公分琼脂可制造细菌悬液二十至三十西西,则仅就日寇所余的这一批培养基,就足以制造绝灭人性的细菌武器三万万西西。

同时,战犯佐藤在苏联滨海军区军事法庭上供称的南京“荣部队”,现亦已证实其当时驻地就是南京中山北路,即后来国民党的联勤总部所在地。一九四三年朱洪文在日寇的华中防疫处任技士时,曾进去过一次。据朱洪文说,日寇内部称该部为“科学部队”。官兵都是细菌学专家和大学生,但他们为了隐蔽起见,并无若何特别标志,除了没有枪而外,全和普通日本兵一样。

第五章　战后各界对荣一六四四部队的揭露

一、中俄审判

1. 伯力审判公开材料中关于荣一六四四部队的内容

资料:『細菌戦用兵器ノ準備及ビ使用の廉デ起訴サレタ元日本軍軍人ノ事件ニ関スル公判書類』、外国語図書出版所、1950年。

八、佐藤俊二。本人ハ、一九四一年ヨリ一九四三年ニ至ル迄、「波」及ビ「榮」兩部隊ノ長デアッタシ、一九四四年以降ハ、日本關東軍第五軍軍醫部長トシテ、第七三一部隊第六四三支部ノ業務ヲ指導シタ。

被告佐藤ハ、「波」及ビ「榮」兩部隊ノ長トシテ、細菌兵器ノ研究及ビ製造ニ、積極的ニ參加シタ。

其後、第五軍軍醫部長ノ地位ニ在ッテ、被告佐藤ハ、細菌戦用材料ノ増産ニツキ、第六四三支部ヲ積極的ニ支援シタ。亦同支部用齧齒類ノ捕捉ニ關スル特別命令ヲ、第五軍ノ各部隊ニ發シタ。

被告トシテ訊問ヲ受ケタ佐藤ハ、次ノ如ク供述シタ——

「……「榮」部隊長ノ職ニ在ッテ、私ハ、細菌兵器ノ研究及ビ大量生産ニ關スル部隊業務ヲ統轄シタ。 其ノ爲、南京「榮」部隊ハ、強力ナ設備並ビニ細菌專門家ヲ擁シ、大規模ニ殺人細菌ヲ製造シテイタ。

私ノ指揮下ニ……教育部ハ、毎年、三〇〇名迄ノ細菌專門家ヲ細菌戦ニ利用セシムベク養成教育シタ」(第九册一五〇頁、一五四——一五七頁)。

佐藤ノ罪状ハ、彼ノ供述ノ外、被告尾上、證人三品其ノ他ノ供述ニヨッテモ、實證サレテイル(第二册二五一頁及ビ第一七册五九——六四頁)。

45

被告佐藤俊二ノ訊問調書

一九四九年十二月六日、ハバロフスク市

訊問ハ通譯官コルニーロフヲ通ジテ行ワル。通譯官ハ、ロシア連邦共和國刑法第九五條ニ基ク責任ニ就キ警告セラル。

署名　コルニーロフ

（問）。被告ハ、一九四三年四月一九日付ノソ同盟最高ソヴェト常任委員會法令第一條ニ基ク一九四九年十二月五日付ノ決定書ニ依リ告發セラレタ。被告ハ告發事項ヲ理解スルカ、又告發ニ對シテ有罪ト認メルカ？

（答）。私ニ對シテ提起セラレタル告發事項ハ明瞭デアリマス。一九四三年四月一九日付ノソ同盟最高ソヴェト常任委員會法令第一條ニ基イテ爲サレタ告發ニ對シ、自己ノ有罪ヲ全面的ニ認メマス。私ノ罪狀ハ次ノ通リデアリマス。即チ、事實私ハ一九四一年十二月ヨリ一九四三年二月ニ至ル間廣東「波」第八六〇四部隊ノ業務ヲ指導シ、其ノ後一九四三年

二月ヨリ一九四四年三月ニ至ル迄南京「榮」第一六四四部隊ノ業務ヲ同様ニ指導シマシタ。以上ノ兩部隊ハ、中國軍及ビ中國ノ平和的住民ニ對シテ使用スベキ殺人細菌ノ研究及ビ大量生産ニ從事シタノデアリマス。……南京ノ「榮」第一六四四部隊ハ日本關東軍ノ第七三一細菌戰部隊ト共ニ、日本軍ノ戰鬪行動ニ於ケル中國軍及ビ中國住民ニ對スル細菌兵器ノ使用ニ直接參加シマシタ……

私ハ、「榮」第一六四四部隊長トシテ、同部隊ニヨル細菌兵器ノ研究及ビ其ノ大量生産ヲ指導シマシタ。此ノ業務ヲ遂行スル爲、南京ノ「榮」第一六四四部隊ハ強力ナル設備並ビニ細菌專門家ヲ有シ、各種ノ殺人細菌ヲ多量ニ培養シタノデアリマス。南京ノ「榮」第一六四四部隊内ニ在ツタ教育部ハ、事實私ノ指導ノ下ニ、細菌戰ノ遂行ニ任ズベキ細菌專門家ヲ毎年約三〇〇名養成シタノデアリマス。私ハ一九四四年三月ヨリ日本關東軍第五軍ノ軍醫部長トシテ、第七三一部隊ノ第六四三支部ノ細菌增産ヲ積極的ニ支援シマシタ。

此ノ目的ヲ以テ、一九四五年五月私ハ第五軍各部隊ニ對シ、細菌兵器ノ製造ニ必要ナル齧齒類ヲ捕獲シ、之ヲ第七三一部隊第六四三支部ニ送致セヨトノ特別命令ヲ發シマシタ。

（問）。南京「榮」第一六四四部隊ノ生産能力及ビ同部隊ノ有スル技術的設備ニ關スル貴方ノ供述ヲ精確ニシテ貰イタイ。

(答)。南京「榮」第一六四四部隊ノ殺人細菌生産能力ハ、一製造周期間ニ約一〇キログラムデアリマシタ。此ノ細菌量ヲ製造スル爲、「榮」第一六四四部隊ニ次ノ如キ技術的設備ガアリマシタ。石井式培養鑵約二〇〇個、培養室(容積五・五・三米)一、圓筒形自閉器(直徑一米半、長サ二米半)二個、培養器約四〇——五〇個、蒸氣殺菌器約四〇——五〇個、コッホ式釜約四〇——五〇個。而シテ夫レ以外ニ、培養基煮沸用ノガラス製大形フラスコガアリマシタガ、其ノ數量ハ今記憶シテ居リマセン。

訊問調書ハ正ニ私ノ言葉通リニ書キ取ラレ、私ノ爲ニ日本語デ讀ミ上ゲラレマシタ。

佐藤

訊問者 軍事檢事法務中佐 ブシユエフ

仝 內務省ハバロフスク地方管理局勤務員少佐 アグルイズコフ

通譯官 コルニーロフ

十二月二五日午後ノ公判

被告川島ノ訊問

國家檢事——貴方ガ第七三一部隊ニ勤務シテイタノハ何時カ?

被告川島——私ハ第七三一部隊ニハ一九三九年四月カラ一九四三年三月迄勤務シマシタ。

(問)。如何ナル職務ニツイテイタカ?

(答)。日本陸軍大臣ノ命令デ、私ハ第七三一部隊庶務部長及ビ第七三一部隊第四部長ヲ兼任シテイマシタ。

一九四一年六月カラ、私ハ庶務部長ノ職務ヲ辭任シ、第七三一部隊第四部、所謂製造部ノ長トシテ勤務シマシタ。

此ノ全期間ヲ通ジテ、第七三一部隊長ノ命令ニヨッテ定期的ニ第一部長及ビ第三部長ノ職責モ遂行シナケレバナリマセンデシタ。

(問)。ソウスルト、事實上貴方ハ、此ノ部隊ノ殆ドスベテノ主要ナ部デ勤務シテイタ

308

(問)。コノ實驗ニ關スル命令ヲ作成シタノハ誰カ？

(答)。コレニ關スル命令ヲ作成シタノハ第二部長デアリマス。庶務部長、即チ部隊ノ書記部長トシテ私ハコノ命令ヲ閲覽シ、裁決ヲ受ケル爲メ部隊長ニ提出シマシタ。部隊長ハ命令ヲ裁決シマシタ。

(問)。特設實驗場ノ條件下デハ如何ナル細菌ガ最モ屢々實驗サレテイタカ？

(答)。ペスト菌デアリマス。

(問)。貴方ハ、中國ニ對スル細菌兵器ノ使用ニ關シテ豫審ニ於ケル自分ノ供述ヲ確認スルカ？

(答)。確認シマス。

(問)。中國派遣隊ニツイテ述ベテ貰イ度イ。

(答)。先ズ私ガ第七三一部隊ニ勤務シテイタ時期ニツイテ述ベマス。コノ期間ヲ通ジテ第七三一部隊ノ派遣隊ガ中國中部ニ於ケル中國軍ニ對シテ兵器トシテ殺人細菌ヲ使用シタコトガ一九四一年ニ一度、一九四二年ニモ一度アリマシタ。

(問)。貴方ノ供述ヲ續ケテ貰イ度イ。

(答)。第一回目ハ、私ガ述ベマシタ様ニ、一九四一年ノ夏デシタ。第二部長太田大佐ガ何カノ拍子ニ中國中部ニ行クト語リ、其ノ時私ニ別レヲ告ゲマシタ。歸ツテ來テ間モ無

309

ク、彼ハ私ニ中國中部洞庭湖近邊ニアル常德市附近一帶ニ飛行機カラ中國人ニ對シテペスト蚤ヲ投下シタ事ニツイテ語リマシタ。斯様ニシテ、彼ガ述ベタ様ニ、細菌攻擊ガ行ワレタノデアリマス。其ノ後太田大佐ハ、私ノ臨席ノ下ニ第七三一部隊長石井ニ、常德市附近一帶ニ第七三一部隊派遣隊ガ飛行機カラペスト蚤ヲ投下シタ事及ビ此ノ結果ペスト傳染病ガ發生シ、若干ノペスト患者ガ出タトイウ事ニ關シテ報告シマシタガ、サテ其ノ數ガドノ位カハ私ハ知リマセン。

(問)。此ノ派遣隊ニ第七三一部隊ノ勤務員ハ何人位參加シタカ？

(答)。四〇人——五〇人位デス。

(問)。一九四一年ニ於ケル此ノ派遣當時ノペスト菌ニヨル地域ノ汚染方法如何？

(答)。ペスト蚤ヲ非常ナ高空カラ飛行機デ投下スル方法デアリマス。

(問)。コレハ細菌爆彈ノ投下ニヨツテ行ワレタノカ、ソレトモ飛行機カラ蚤ヲ撒布スル方法ニヨツテカ？

(答)。撒布ニヨツテデアリマス。

(問)。一九四二年ニ第七三一部隊ガ中國ヘ送ツタ派遣隊ニツイテ貴方ノ知ツテイルコトヲ全部述ベテ貰イタイ。

(答)。一九四二年六月第七三一部隊長石井中將ハ、部隊ノ幹部ヲ集メテ、近ク中國中

部派遣隊ガ編成サレ、コレハ細菌兵器ノ最良ノ使用方法ノ研究ニ當ル筈デアルト吾々ニ語ッタノデアリマス。此ノ派遣隊ハ、日本軍參謀本部ノ命令ニヨッテ編成サレ派遣サレタモノデ其ノ主要ナ目的ハ、所謂地上汚染方法、即チ地上ニ於ケル細菌ノ傳播方法ノ研究デシタ。ツイデ、中國中部ニ特別隊ヲ派遣スルコトヲ命ジタ關東軍司令官ノ命令ガ出マシタ。

此ノ命令ニ基イテ、第七三一部隊長石井中將ハ、部隊ノ幹部ヲ集メテ、實際上如何ニ此ノ派遣ヲ行ウカニツイテ打合セヲシ、其ノ際此ノ派遣隊工作ノ實施計畫ノ作成ハ、第二部長村上中佐ニ命ゼラレマシタ。コノ特別隊ノ人數ハ、一〇〇名カラ三〇〇名迄ニナル筈デアリマシタ。ソシテ、ペスト菌、コレラ菌、パラチブス菌ガ使用サレルコトニ決マリマシタ。

六月ノ末カラ七月ノ初メ迄、該派遣隊ハ數カ班ニ分レテ、飛行機及ビ汽車デ南京「榮」部隊ニ派遣サレマシタ。

該派遣隊ノ細菌工作ハ、中國中部ニ於ケル日本軍ノ浙贛作戰ト平行シテ行ワレル筈デシタ。作戰ノ時期ハ七月ノ末ト指定サレマシタ。シカシ、日本軍ノ戰略的退却ヲ意味シテイタ浙贛作戰ノ實施ガ若干遲レタコトニ鑑ミ、此ノ細菌作戰ハ、八月ノ末ニ行ワレマシタ。第七三一部隊ノ此ノ中國中部派遣隊ハ「榮」部隊ヲ基地トシ、同部隊ニ據點ヲ創設シマシタ。

細菌作戰ハ、玉山、金華、浦江ノ諸都市附近一帶デ行ワレル筈デアリマシタ。此ノ作

戰ガ終了シタ後、中國人ニ對シテペスト菌、コレラ菌、パラチブス菌ガ撒布法ニヨッテ使用サレタ事ヲ私ハ知ル樣ニナリマシタ。ペスト菌ハ蚤ニヨッテ傳播サレ、他ノ細菌ハ其儘ノ型デ貯水池、井戸、河川等々ノ汚染ニヨッテ傳播サレマシタ。細菌作戰ガ全ク計畫的ニ實施サレ、完全ニ成功シタコトヲ知ッテイマスガ、此ノ作戰ノ結果ニ關スル詳細ハ、私ニハ不明デアリマス。作戰ガ成功シタコトハ石井中將ノ言ニヨッテ知ッテイマス。

（問）。一九四二年ノ派遣隊準備ニ關連シテ第四部ハ如何ナル任務ヲ受ケタカ？

（答）。第四部ハ第七三一部隊ノ派遣隊ニ細菌ノ供給ヲ確保セヨトイウ任務ヲ受ケ、此等ノ細菌ハ一三〇キログラム準備サレ、飛行機デ中國中部ニ送ラレマシタ。

（問）。第四部デ如何ナル細菌ガ製造サレタカ明確ニシテ貰イタイ。

（答）。吾々ハパラチブス菌ト炭疽菌ノミヲ製造シマシタ。

（問）。一九四二年ノ中國派遣隊ノ派遣ニ關スル梅津大將ノ命令ヲ貴方ハ自分デ讀ンダカ？

（答）。ハイ、讀ミマシタ。

（問）。一九四〇年ノ中國派遣隊ニ關シテ貴方ハ何ヲ知ッテイルカ？

（答）。石井中將ハ私ニ中國ノ醫學雜誌ヲ見セテ呉レマシタガ、ソレニハ一九四〇年ニ於ケル寧波附近一帶ノペスト流行ノ原因ニツイテ述ベラレテイマシタ。彼ハ私ニ此ノ雜

312

誌ヲ見セタ後、寧波附近一帯デ第七三一部隊ノ派遣隊ガ飛行機カラペスト菌ヲ投下シ、之ガ傳染病流行ノ原因トナツタ事ヲ話シマシタ。

（問）。當時貴方トノ話デ石井ハ一九四〇年ノ派遣隊ノ工作ノ結果ヲ如何ニ評價シテイタカ？

（答）。彼ハコノ派遣隊ノ工作ハ成功シタト考ヘテイマシタ。

國家檢事――地圖ノアル本件ノ記録第二〇冊ヲ頂キタイ、裁判官側ノ許可ヲオ願イスル。

（國家檢事ハ第二〇冊ヲ受取リ、検分ノタメ記號附キノ地圖ヲ被告川島ニ手渡ス）。

貴方ノ手許ニ中國ノ地圖ガ渡ツテイルガ、貴方ハ此ノ地圖ノ中デ細菌攻撃ノ行ワレタ地區ニ陰影ヲツケタ。中國ノ正ニ此ノ地區デ中國住民ニ對スル細菌攻撃ガ實施サレタ事ヲ貴方ハ確認スルカ？

被告川島――ハイ、確認シマス。

（問）。コレハ確カニ貴方ガ記號ヲツケタ地圖デアルカ？

（答）。正ニ其ノ通リデアリマス。

（問）。確カニ此ノ地域デ、中國ニ對スル攻撃ガ行ワレタ事ヲ確認スルカ？

（答）。確認シマス。

316

十二月二六日午前ノ公判

被告柄澤ノ訊問

國家檢事――被告、貴方ハ第七三一部隊デ何時カラ何時迄、ソシテ、イカナル職責ヲツトメテイタカ？

被告柄澤――第七三一部隊ニハ私ハ一九三九年十二月カラ一九四四年八月迄、主トシテ第四部、即チ製造部デ初メハ部ノ普通ノ勤務員トシテ、ツイデ製造係長トシテ勤務シテイマシタガ、製造課長鈴木少佐ガ轉任シタ後（コレハ一九四二年末或ハ一九四三年始メデアリマシタガ、正確ニ述ベルコトハ出來マセン）私ハ彼ニ代ツテ製造課長ノ地位ニツキマシタ。

（問）。斯クシテ、貴方ハ第七三一部隊ニ平均シテ、五年間勤務シタワケカ？

（答）。ハイ、大體五年デアリマス。

（問）。デハ、貴方ハ部隊ノ機構及ビ製造部ノ業務ヲヨク承知シテイルワケカ？

（答）。ソウデアリマス。第七三一部隊第四部ノ業務ハ、ヨク知ツテ居リマス。第七三一部隊ニ永ク勤務シタ關係上部隊ノ他ノ部ノ任務ヤ機能モ私ハ概略知ツテ居リマス。

(問•)。中國ヘノ第七三一部隊派遣隊ニツイテ、貴方ノ知ッテイルコトヲ全部述ベテ貰イタイ。

(答•)。私ノ知ッテイル限リデハ、第七三一部隊カラノ中國派遣隊ハ、一九四〇年マタ一九四二年ノ二回派遣サレマシタ。

第一回目ノ派遣隊ハ一九四〇年デシタ。コレハ同年ノ後半デシタ。私ノ直接上官デアル製造課長鈴木少佐ハ、腸チブス菌七〇キログラム、コレラ菌五〇キログラムヲ製造スル様、命令シマシタ。鈴木少佐ノ言葉カラ私ハ、此等ノ細菌ガ石井中將ノ指揮スル中國特殊派遣隊ノタメニ製造サレテイルコトヲ知リマシタ。

私ハ、第四部製造課班長トシテ、コノ派遣隊ヘノ所要量ノ細菌確保ニ當リマシタ。之レト同時ニ、私ハ派遣隊ガペスト蚤ノ五キログラムヲ携行シタコトヲ知リマシタ。石井中將ヲ長トスル派遣隊ハ、私ノ記憶スル所デハ、中國中部ノ漢口市附近ニ出動シ、ソコデペスト蚤及ビ細菌ヲ兵器トシテ實用シマシタ。

此等ノ實驗ガ敵領内ニ於テ行ワレタ以上、ソノ正確ナ結果ハ不明デアリマス。シカシ、工作ノ結果ニ關スル情報蒐集ノタメ、野崎少佐ヲ長トスル特別班ガ殘リ、野崎少佐ハ、寧波市附近ニ於ケル傳染病蔓延ノ事實ヲ報道セル新聞ヲ手ニ入レルコトニ成功シマシタ。

(問•)。ソノ新聞ニハ何ント書カレテアッタカ?

(答•)。私ノ記憶スル限リデハ、コノ新聞ニハ、寧波市附近デ此ノ傳染病ノ流行ガ發生スル前ニ、日本ノ飛行機ガ飛翔シ、高空カラ何カヲ投下シタトイウコトニツイテ書イテアリマシタ。

(問•)。貴方ハ此ノ記事ヲ自分デ見タカ?

(答•)。ハイ、自分デ見マシタ。

第二回目ノ派遣隊ノ工作ハ一九四二年、大體一九四二年ノ中頃實施サレマシタ。私ノ直接上官鈴木少佐ハ、パラチブス菌ト炭疽菌ヲ製造スル様、私ニ命令シマシタ。個別的ニ、パラチブス菌ガ幾ラ、炭疽菌ガ幾ラトイウコトハ記憶シテイマセンガ、總量ハ、一三〇キログラムデ、吾々ノ製造シタ細菌ハ、飛行機及ビ一部汽車デ部隊派遣隊ノ基地ガアッタ南京ニ發送サレマシタ。

(問•)。コノ派遣隊ノ基地ハ、南京「榮」部隊ニ在ッタノカ?

(答•)。正ニ其ノ通リデアリマス。「榮」部隊ガコノ派遣隊ノタメニ若干量ノ細菌ヲ製造シテイタコトヲ私ハ知ッテイマスガ、果シテドレダケノ量ヲ、又如何ナル細菌ヲ製造シテイタノカハ、記憶シテイマセン。此ノ外、「榮」部隊ガ派遣隊援助ノタメ自隊ノ衛生兵若干名ヲ派遣シテイタコトヲ知ッテイマス。

326

(問)。中國派遣隊ノコトヲ語リ乍ラ、貴方ハ何故一九四一年ノ派遣隊ニツイテ沈默シテイルカ？

(答)。コレニツイテハ、昨日ノ軍事裁判ノ法廷デ明ラカニサレテイマシタ。一九四一年ノ、コノ作戰ニ際シテハペスト蚤ダケガ使用サレマシタガ、之ニ直接關係ヲ有タナイ吾々ニハ、コレニツイテ何モ話サレマセンデシタ。

(問)。一九四二年ノ中國派遣隊ノ長ハ、誰ダッタカヲ述ベテ貰イタイ。

(答)。此ノ派遣隊ノ長ハ、部隊長石井中將デアリマシタ。

(問)。派遣ニ當ッテハ、石井中將自ラ、中國ニ赴イタノカ？

(答)。ハイ、赴キマシタ。

(問)。彼ノ外ニ、部隊ノ幹部中、誰ガ中國ニ赴イタカ？

(答)。私ハコノ派遣隊ニハ、又、碇中佐、田中研究員及ビ其ノ他ノモノガ參加シタコトヲ知ッテイマス。

(問)。生キタ人間ヲ使用スル石井ノ實驗開始ニ關シ、貴方ハ何ヲ知ッテイルカ？何時カラ實驗ガ行ワレタカ？

(答)。私ハ、正確ニハ知リマセンガ、コレラノ實驗ハ、所謂柳條溝事件ノ後、直チニ始メラレタト思イマス。

332

(問)。第七三一部隊ノ業務ニ關シ石井少將ガ貴方ニ報告シタノハ、職責柄ノコトカ、或ハ、コレハ面談ト言ウ性質ノモノデアッタカ？

(答)。是レハ面談ノ形式デ行ワレマシタ。

(問)。議長ノ質問ニ對シテ貴方ハ學位及ビ學位論文ヲ有シテイルト答エタ。貴方ハ醫師・專門家トシテノ貴方ノ職務ト、貴方ガ細菌戰提唱者達ト意見ヲ同ジクシテ來タコトハ兩立シ得ルト考エテイルカ？

(答)。私ガ石井ト意見、思想ヲ同ジクシテ來タノハ、防疫勤務ノ必要トイウ觀點カラデ、此ノ部隊ノソレ以外ノスベテノ活動ハ兇惡行爲デアルト考エテ居リ、私自身此ノ活動ニ關係シ、ソレニ參加シテ來タ事ニヨッテ私自身モ此ノ極惡行爲ニ關與シテイルト看做シ、コレヲ悔悟シテイマス。

被告佐藤俊二ノ訊問

國家檢事——被告佐藤、貴方ハ何時「波」第八六〇四部隊長ニ任ゼラレ、又此ノ職ニドレ程ノ期間勤務シタカ？

被告佐藤——私ガ廣東「波」第八六〇四部隊長ニ任ゼラレタノハ、一九四〇年十二月カラ一九四三年二月迄デアリマシタ。

383

(問)。廣東「波」第八六〇四部隊カラ如何ナル職ニ轉任セシメラレタカ?
(答)。私ハ南京「榮」第一六四四部隊長ニ轉任セシメラレマシタ。
(問)。南京「榮」第一六四四部隊長トシテドレ程ノ期間勤務シタカ?
(答)。一九四四年二月迄ノ丁度一カ年デアリマス。
(問)。「波」第八六〇四部隊及ビ「榮」第一六四四部隊ハ何時編成サレタカ?
(答)。一九三九年デアリマス。
(問)。南京ノ「榮」第一六四四部隊ハ支部ヲ幾ツ持ツテイタカ?
(答)。一二支部アリマシタ。
(問)。南京ノ「榮」部隊ハ其ノ支部共勤務人員ハ何人デアツタカ?
(答)。約一五〇〇名デアリマス。
(問)。石井四郎ハ、南京ノ「榮」第一六四四部隊ニ如何ナル關係ヲ持ツテイタカ?
(答)。部隊創設當時石井ハ部隊長デアリマシタ。
(問)。石井四郎ガ最モ積極的ニ細菌戰用兵器ノ研究ヲ行ツテイタコトヲ貴方ハ知ツテイタカ?
(答)。ハイ、知ツテイマシタ。

384

(問)。石井ノ後、「榮」第一六四四部隊長ハ誰カ?
(答)。次ノ南京部隊長ハ、同ジク石井部隊ニ勤務シテイタ太田大佐デアリマシタ。
(問)。小野寺中佐ハ如何ナル職ニ在ツタカ?
(答)。「榮」第一六四四部隊庶務課長デアリマシタ。
(問)。デハ、貴方ノ隷下ノ「榮」第一六四四部隊ガ持ツテイタ設備ニ關スル問題ニ移ル。「榮」第一六四四部隊ニ在ツタ細菌ノ大量生產用ノ設備ヲ說明シテ貰イタイ。
(答)。細菌ノ大量生產用設備ノ中、私ハ五米・五米・二米半ノ大キサノ細菌培養室、直徑一米半、長サ二米半ノ圓筒形ノ二ツノ自閉罐、ソノ外「石井式」培養器約二〇〇ヲ強調スル必要ガアルト思イマス。
(問)。南京ノ「榮」第一六四四部隊ハコツホ式釜ヲ持ツテイタカ?
(答)。コツホ式釜ハ「榮」第一六四四部隊ニハ五〇アリ、又ソノ外更ニ一〇アリマシタ。其ノ中ノ一部ハ本部ニアリ、各支部ニモ釜ガアリマシタ。
(問)。部隊ノ設備ハ、幾何ノ細菌製造量ヲ豫定シテイタカ?
(答)。全設備ヲ使用セル場合、細菌製造量ハ一製造周期ニ一〇キログラムデアリマシタ。
(問)。貴方ガ指揮シタ南京ノ「榮」第一六四四部隊ハ、防疫給水ニ當ツテイタノミナラズ、亦細菌兵器ノ大量生産研究ニモ従事シテイタトイウコトニ関スル（第一四卅三〇二頁ニ收メラレテイル）一九四九年十二月九日ノ自分ノ供述ヲ貴方ハ重ネテ確認スルカ？（コノ供述ハ日本語デ讀上ゲラレル）。

（答）。ハイ、確認シマス。

（問）。南京ノ「榮」第一六四四部隊ハ蚤ノ繁殖ニ従事シテイタカ？

（答）。ハイ、従事シテイマシタ。

（問）。蚤ノ繁殖ガ如何ニ行ワレテイタカ話シテ貰イ度イ。

（答）。蚤ノ繁殖ハ、私ガ「榮」第一六四四部隊ノ勤務ニナル迄ニ既ニ行ワレテ居リ、コノタメニガソリン罐ガ百箇許リアリマシタ。

（問）。被告佐藤、中國住民ニ對スル細菌攻撃ニ於テ、「榮」第一六四四部隊ガ第七三一部隊ニ與エタ援助ニツイテ貴方ノ知ッテイル事ヲ全部述ベテ頂キタイ。

（答）。私ハ「榮」第一六四四部隊ニイタ時、太田大佐及ビ小野寺中佐カラ一九四〇年ニ寧波市、一九四一年ニ常德市、一九四二年ニ浙贛作戰デソレゾレ細菌兵器ガ實用サレタコトヲ聞キマシタ。尙飛行機カラ撒布サレルペスト蚤ガ利用サレマシタ。

浙贛作戰中「榮」第一六四四部隊ノ一部ノ人員ハ、此ノ作戰ノ實施ヲ援助シマシタ。

385

コノ外、當時第七三一部隊カラ非常ニ多數ノ軍人ガ出張シテ來マシタ。具體的ニ、作戰ガ

386

如何ニ行ワレタカ私ハ知リマセンガ、「榮」第一六四四部隊本部デハ特ニ蚤ノ繁殖ニヨッテ、此ノ作戰ノ實施ヲ促進シマシタ。

（問）。換言スレバ、「榮」第一六四四部隊ハ、石井部隊派遣隊ニペスト感染用ノ蚤ヲ若干量供給シタコトニナルガ間違イナイカ？

（答）。ソウデアリマス。

（問）。第七三一部隊派遣隊ガ南京ニ到着シタ時、派遣隊ハ何處ニ配置サレテイタカ？

（答）。南京「榮」第一六四四部隊デアリマス。

（問）ッ。従テ、「榮」第一六四四部隊ハ石井部隊ノ中國中部ヘノ此ノ派遣當時、派遣隊ノ基地トナッタデアロウ？　間違イナイカ？

（答）。ソウデアリマス。

（問）。貴方ガ「榮」第一六四四部隊長在職中、ペスト菌ノ培養、蚤ノ繁殖ニ當ッテイタノハ誰カ？

（答）。村田大尉デアリマス。

（問）。此ノ爲、部隊ノ細菌部ニ蚤ノ繁殖及ビペスト菌培養ノ特別ナ課或ハ特別ナ班ガ設ケラレテイタカ？

387

(答•)。ハイ、設ケラレテイマシタ。

(問•)。南京「榮」第一六四四部隊カラ貴方ハ如何ナル職ニ轉任セシメラレタカ?

(答•)。私ハ第五軍軍醫部長ニ轉任セシメラレマシタ。

(問•)。第五軍ガ駐屯シテイタ地區ニ基地ヲ置イテイタノハ第七三一部隊ノ如何ナル支部カ?

(答•)。第五軍配置地域ニハ二ツノ支部ガアリ、一ツハ海林ニ、他ハ林口ニアリマシタ。

(問•)。被告尾上ハドノ支部ノ支部長デアッタカ?

(答•)。海林驛ノ第六四三支部長デアリマシタ。

(問•)。蚤ノ繁殖ノタメノ支部援助トシテ貴方ハ被告尾上ノ要請ニヨリ鼠ノ捕捉命令ヲ出シタカ?

(答•)。コレハ命令デナク、各部隊長宛ノ依頼デアリマシタ。何故ナラバ、軍ノ軍醫部長ハ軍各部隊ニ命令ヲ出スコトハ出來マセンデシタカラ。

(問•)。從ッテ、コレニ關スル各部隊長宛ノ特別ノ書簡ハ貴方ガ書イタノカ?

(答•)。ソウデアリマス。

388

(問•)。貴方ガ各部隊長宛ノ此ノ書簡ヲ書イタノハ如何ナル事情ノ下ニカ?

(答•)。私ハ鼠ヲ貰イタイトイウ要請ヲ尾上少佐カラ受取リマシタ。從ッテ、私ハ部隊デ捕捉サレテイタ鼠ヲ殺サズ、尾上少佐ノ許ニ送ル事ガ肝要デアルトイウ書簡ヲ書キマシタ。更ニ説明シタイト思イマス。卽チ鼠ノ捕捉ニ從事スル樣、各部隊ニ要望スルノハ工合ガ惡カッタノデ、書簡ニハ部隊ガ捕捉シタ鼠ヲ殺サズ、ソレヲ第六四三支部ニ納メル樣ニ書キマシタ。

(問•)。細菌專門醫トシテ、又コノ外、元南京「榮」第一六四四部隊長トシテノ貴方ニハ、コノ齧齒類ガ第七三一部隊デソレニ蚤ヲ培養スル爲ニ使用サレルトイウ事ハ恐ラク明ラカデアッタノデアロウ?

(答•)。尾上少佐ハコレニツイテハ私ニ語リマセンデシタガ、私ハコレヲ推測出來マシタ。

(問•)。南京ニハ細菌戰部隊ガ幾ツアッタカ?

(答•)。細菌戰部隊ニ關シテ言ウナラバ、「榮」第一六四四部隊ノ外ニハアリマセンデシタ。

(問•)。南京「榮」第一六四四部隊ガ曾テ「タマ」部隊トイウ假稱ヲ有シテイタコトヲ貴方ハ承知シテイルカ?

389

（答）。承知シテイマス。

（問）。被告佐藤、デハ、貴方ノ隷下ノ南京「榮」第一六四四部隊ハ、如何ナル人體實驗ヲ行ッテイタカ？

（答）。部隊ハ人體實驗ヲ行ッテイマセンデシタ。

國家檢事——被告ニヨル此ノ事情ノ否定ニ關シテ私ニハ被告ニ對シテ之以上質問ハナイガ、裁判官側ニ要請ガアル。東京ニ於ケル極東國際軍事裁判ノ一九四六年八月二九日ノ公判速記錄ノ拔萃ヲ朗讀スルコトヲ裁判官側ニ要望スル。東京ニ於ケル國際軍事裁判ノ公判デ、南京ニ於ケル日本側ノ野獸行爲、特ニ「タマ」或ハ「榮」第一六四四部隊ノ犯罪行爲ノ調査ヲ行ッタ南京市地方檢事ノ報告ガ朗讀サレタ。此ノ結果、石井部隊デ行ワレタト同樣ノ野獸行爲ガ判明シタ。東京ニ於ケル極東國際軍事裁判ノ公判速記錄カラノ此ノ拔萃ハ第二二冊三六頁ニアル。コノ拔萃ノ朗讀ヲ軍事裁判ニ要請スル次第デアル。

裁判長——軍事裁判ハ、東京ニ於ケル極東國際軍事裁判ノ公判速記錄カラノ上記拔萃ヲ朗讀スルコトヲ決定シタ。

（裁判長ハ極東國際軍事判ノ公判裁速記錄カラノ拔萃ヲ朗讀スル。此ノ文書ハ日本語デモ朗讀サレル）（證據書類ノ部參照）。

390

ボガチョフ辯護士——被告佐藤、貴方ハ如何ナル社會的階級出身デアルカ？

被告佐藤——士族出身デアリマス。

（問）。醫學ノ如何ナル部門ヲ專門トシテイルカ？

（答）。病理學デアリマス。

（問）。如何ナル學位ヲ持チ、又何時ソレヲ受ケ、如何ナル學術論文ニ對シテ受ケタカ？

（答）。一九三一年「葡萄糖液ノ實驗」トイウ論文ニ對シ醫學博士ノ學位ヲ受ケマシタ。

（問）。細菌學部門ノ研究ヲ行イ、其ノ專門ヲ受ケタカ？

（答）。受ケマセン。

（問）。何時、何ニ對シテ勳章デ表彰サレタカ？

（答）。滿洲事變參加ニ對シテ第四級「旭日章」ヲ受ケ、中國事變ニ對シテ「金鵄勳章」及ビ第三級「旭日章」デ表彰サレマシタ。

（問）。一九四一年以後ノ期間ニ如何ナル勳章ヲ持ッテイタカ？

（答）。受ケ取リマセンデシタ。

456

十二月二八日午後ノ公判

證人古都ノ訊問

裁判長——證人古都、貴方ハ虚僞ノ供述ニ對スル刑法上ノ責任ヲ警告サレタ。貴方ハ法廷ニ於テ、眞實ノミヲ語ラネバナラナイ。

證人古都——分リマシタ。

（問）。證人古都、何時貴方ハソヴエト軍ニヨッテ俘虜ニサレタカ話シテ頂キ度イ。

（答）。一九四五年八月一七日デアリマス。

（問）。當時、貴方ハ何處ニ居ッタカ？

（答）。横道河子驛デアリマス。

（問）。如何ナル職責ニアッタカ？

（答）。當時、私ハ第六四三支部衛生兵デ、病原菌研究班デ勤務シテイマシタ。

國家檢事——證人古都、貴方ガ第七三一部隊ニ初メテ勤務スルニ至ッタ状況ト時ヲ話シテ貰イ度イ。

457

證人古都——私ハ、一九四一年七月ニ、第七三一部隊ニ入隊シマシタ。私ハ、鳥取縣出身デアリマス。同部隊入隊前、私ハ職業紹介所ノ斡旋デ、求職シテイマシタ所、關東軍軍屬ノ職ヲ求メマシタ。吾々ハ、下關市迄送ラレ、下關デ私ハ、第七三一部隊ニ送ラレル班ニ加エラレマシタ。

（問）。貴方ハ、第七三一部隊ノ何部デ、ドレダケノ間勤務シタカ？

（答）。私ハ、一九四一年七月ヨリ一九四五年二月迄、第一部第一課デ勤務シマシタ。

（問）。第七三一部隊全體ガ何ニ從事シテイタカニ就イテ、貴方ハ何カ言イ度イコトガ有ルカ？

（答）。第七三一部隊ハ、外見デハ、防疫給水部デアリマシタモノノ、實際ニハ細菌謀略ヲ準備シテイマシタ。

（問）。貴方ハ、部隊デ勤務シ始メタ時、何ヲ警告サレタカ？

（答）。山下軍醫大尉ガ、第七三一部隊デノ勤務中私ニ知ラレル様ニナル一切ノコトハ、軍機保持ノ見地カラ極秘ニシ、私ガ何時、何處デ、他ノ仕事ヲヤル様ニナッテモ、第七三一部隊ノ秘密業務ニ就イテハ口外シナイ様ニト私ニ警告シマシタ。

（問）。貴方ハ、第七三一部隊ノ派遣隊ニ參加シタコトガアルカ？

458

（答）。ハイ、私ハ一九四二年ニ、中國中部派遣隊ニ參加シマシタ。

（問）。派遣隊ガ如何ナル目的ヲ持チ、派遣隊ノ現地工作中、貴方自身ハ何ヲシタカ話シテ貰イ度イ。

（答）。中國中部派遣隊ノ最モ主要ナ目的ハ、玉山市附近ノ中國軍及ビ平和的住民ニ對スル謀略實施デアリマシタ。

一九四二年七月ニ、一二〇名ノ將校及ビ軍屬カラナル第七三一部隊別班ガ汽車デ哈爾濱市ヲ出發シマシタ。吾々ハ、日本ノ中國中部派遣軍防疫給水部ガ所在シタ中國中部、南京市ニ到着シマシテ、其處ノ防疫給水部カラ將校、兵ノ一團ガ吾々ニ加ワリマシタ。吾々ノ派遣隊ノ人員ハ結局、一五〇—一六〇名デアリマシタ。

（問）。貴方ハ、南京ニ到着シタト言ツタネ？

（答）。其ノ通リ、南京ニデス。

（問）。其處デ南京「榮」一六四四部隊カラ一團ノ軍人ガ貴方ガタト合流シタカ？

（答）。其ノ通リデアリマス。

（問）。ツマリ、南京「榮」一六四四部隊ガ石井部隊ノ中國デノ現地工作ヲ援助シテイタノカ？

（答）。其ノ通リデアリマス。

（問）。第七三一部隊ノ派遣隊ヲ指揮シタノハ誰カ？

（答）。第七三一部隊ノ派遣隊ハ、石井少將ガ指揮シマシタ。

（問）。派遣隊ハ、中國中部デ何ニ從事シテイタカ？

（答）。私ガ參加シタ派遣隊ノ業務ハ、何カト言イマスト、其レハ、貯水池、河川、井戸、建物ヲチブス菌及ビパラチブス菌ニヨツテ汚染スル方法ニヨル細菌攻撃デアリマシタ。第七三一部隊ハ、同部隊第四部デ大量製造シタ前述細菌ヲ、此ノ派遣隊ノ爲ニ送リマシタ。細菌ハ、ペプトン用ノ罎ニ詰メラレテイマシタ。此等ノ罎ハ、「給水」ト表書キシタ箱ニ詰メラレテイマシタ。ソシテ、此等ノ箱ハ、飛行機デ南京ニ送ラレマシタ。

（問）。所デ、此等ノ箱ニ詰メラレテイタ物ヲ貴方ガタハドウシタカ？

（答）。南京部隊ニ到着次第、罎ニ詰メラレタ細菌ノ一部ハ、是レヲ通常、飲料水用ノ金屬製水筒ニ入レ替エ、殘リノ部分ハ、罎ノ中ニ殘シマシタ。罎ト一緒ニ、水筒ハスベテ是レヲ、箱詰メニシ、次イデ飛行機デ攻撃豫定地ニ送リマシタ。攻撃ハ、水筒及ビ罎ヲ井戸、濕地、村落ノ民家ニ投込ム方法ニヨツテ行ワレマシタ。ペプトン用罎ノ一部ハ、特製ノ肉汁デ細菌ヲ繁殖スルノニ利用サレマシタガ、此ノ肉汁ノ成分ハ、記憶シテイマセン。

（問）。此等ノ謀略工作中貴方自身ハ何ヲシテイタカ？

459

（答）。私ハ、細菌ヲ充塡シタ水筒ヲ井戸、湿地、平和的住民ノ住居ニ投込ムコトニ參加シマシタ。

當時、其處ニハ、總數約三〇〇〇人カラナル中國軍ノ俘虜ノ收容所ガ二ツアリマシタガ、三〇〇〇個ノ特製ノ饅頭ガ製造サレマシタ。饅頭ノ製造ニハ、派遣隊員ガ參加シ、暫クシテ此等ノ饅頭ニハ、注射器デ細菌ガ注入サレマシタ。

（問）。注射器ヲ使ッテ此等ノ饅頭ヲ汚染シタノハ誰カ？

（答）。其レハ、派遣隊ニ參加シタ第一部第一課ノ勤務員全員ガ行イマシタ。

（問）。貴方自身モ、其レニ參加シタカ？

（答）。ハイ、參加シマシタ。

（問）。此等三〇〇〇個ノ饅頭ハ、如何ナル細菌デ汚染サレタカ？

（答）。チブス菌トパラチブス菌ガ使用サレマシタ。

（問）。ソレカラ、此等三〇〇〇個ノ饅頭ハ、ドウシタカ？

（答）。饅頭ハ、細菌デ汚染シタ後、收容所ニ送リ、其處デ、中國語ヲ知ッテイタ通譯春日ガ此等ノ饅頭ヲ中國軍ノ俘虜ニ配布シマシタ。

此等ノ饅頭ガ中國人ニ配ラレタコトハ、饅頭ヲ手ニシタ中國人ヲ撮シタ寫眞ヲ私自身ガ見タコトニヨッテモ確カデアリマス。

（問）。卽チ、パラチブス菌デ汚染シタ饅頭ヲ中國人ノ俘虜ニ食ベサセタ時、是レヲ善行トシテ同時ニ寫眞ニ撮ッタノカ？

（答）。其ノ通リデアリマス。

（問）。細菌デ汚染シタ饅頭ヲ食ベサセタ後、中國軍ノ俘虜ハドウ處置シタカ？

（答）。チブス及ビパラチブスノ流行ヲ惹起スル爲、收容所カラ全員ヲ出シテヤリマシタ。

（問）。石井ノ命令デ製造シタビスケットノ事ニツイテ話シテ貰イ度イ。

（答）。其レハ、卵形ノモノト細長イ形ノ二種ノビスケットデアリマシタ。其レハ、小麥粉デ作ラレ、饅頭同様、細菌デ汚染サレマシタ。其ノ後、此ノビスケットハ、是レガドンナビスケットデアルカヲ豫メ警告サレタ日本軍兵士ニ引渡サレ、日本軍兵士ハ、垣根ノ下、木ノ下、休憩地等ニ、彼等ガ置忘レタカノ様ニ此等ノビスケットヲ撒キマシタ。其ノ數ハ、三〇〇乃至四〇〇個デアリマス。

（問）。是レモ、細菌謀略ノ方法デアッタノカ？

（答）。其ノ通リデアリマス。

（問）。石井部隊ノ此ノ派遣隊現地工作ノ結果ニ就イテ、貴方ハ何ヲ知ッテイルカ？

（答）。工作完了後、私ハ、第七三一部隊ノ基地デ、研究員カギカラ、チブス菌トパ

527

細菌戰兵器ノ準備及ビ使用ノ廉デ起訴サレル元日本軍軍人——山田乙三、梶塚隆二、高橋隆篤、川島清、佐藤俊二、柄澤十三夫、西俊英、尾上正男、平櫻全作等ニ對スル刑事裁判ニ於テ、軍事裁判所ガ規定シタ諸問題ニ關スル法醫學鑑定人側ノ鑑定

鑑定人

ソ同盟醫學學士院會員ジューコフ・ヴエレジユニコフ・エヌ・エヌ・、軍醫大佐クラスノフ・ヴエ・デ、ハバロフスク醫科大學微生物學講座主任教授コサレフ・エヌ・エヌ、ハバロフスク醫科大學微生物學講座助教授リヴキナ・エ・ゲ・、獸醫中佐アレクサンドロフ・エヌ・ア・、寄生虫學専門家コズロフスカヤ・オ・エル・

右記署名シタ鑑定人一同ハ、一九四九年十二月二八日付ノ軍事裁判所ノ判定ヲ根據トシ且ツ直接、法廷ノ審理ニ立會イ、冒頭ニ列擧セル者ニ對スル事件ノ豫審資料ヲ閲覧シタ後、上記判定ニ記載サレタ諸問題ニ關シ、左ノ如キ鑑定ヲ下ス者デアル。

528

一、問。日本關東軍第七三一部隊及ビ第一〇〇部隊並ニ日本ノ中國派遣軍第一六四四部隊——「榮」部隊ノ實驗及ビ生産業務ノ目的如何？

答。第七三一部隊及ビ第一〇〇部隊並ニ第一六四四部隊ノ實驗及ビ生産業務ハ、其ノ特定ノ性格及ビ特殊ノ内容ニ於テ、細菌戰用兵器ノ研究及ビ製造並ニ其ノ實用方法ノ研究ヲ目的トシタモノデアル。

此ノ鑑定ハ、次ノ如キ諸事實ヲ根據トスル——

一、第七三一部隊及ビ第一〇〇部隊並ニ第一六四四部隊ノ業務ハ、病原菌ノ極メテ旺盛ナ繁殖力及ビ人間、動植物間ニ於ケル其ノ蔓延力ヲ、侵略的軍事目的ニ利用スルコトヲ基調トシタ。此等ノ諸部隊ノ研究業務ノ全方針ハ、人道的ナ科學ノ諸任務ト兩立シ得ズ、且ツ此等ノ任務ト全ク相對立スル特殊ノ性格ヲ有シテイタ。

微生物醫學ノ努力ハ、免疫性ノ創出及ビ細菌ノ有毒性ノ弱化ニ傾注サレテイルノニ對シ、日本軍ノ上記諸部隊ハ、微生物ノ病毒ノ強化ニ沒頭シテ來タ。

幾世紀ニモ亘ツテ、傳染病學ハ、傳染病ノ豫防及ビ撲滅ノ諸方法ヲ研究シ、完成シ來ツタノニ對シ、此等ノ諸部隊ハ、此等ノ傳染病ノ人工的觸發及ビ傳播ノ諸方法ヲ完成シ來ツタ。

衛生事業ノ本領ハ、疾病ノ發生及ビ蔓延ヲ助長スル諸要因ノ排除デアルノニ對シテ、

此等ノ諸部隊ハ、ペスト媒介體タル蚤ヲ研究シ且ッ此等ヲ幾千萬トナク繁殖シ、傳播シ來ッタ。

農業科學及ビ獸醫學ハ、莫大ナ努力ヲ拂ッテ、有用植物ノ收穫及ビ有用動物ノ頭數ノ増大ヲ確保シテイルノニ對シテ、此等ノ諸部隊ハ、ライ麥及ビ小麥ノ播種地並ニ牛、馬及ビ羊ヲ撲滅シ、一掃スル諸方法ヲ研究シテ來タシ、土地其物迄、人間ガ之ヲ利用スルノヲ困難ナラシメントシテ、炭疽病ニヨル土壤ノ持久的汚染スラ自己ノ任務トシテイタノデアル。

二、此等ノ諸部隊デハ、細菌戰ニ最モ有効ナ細菌ヲ選擇スル目的ヲ以テ、種々ナル細菌ノ病毒性ガ研究サレテ來タ。

此ノ研究過程ニ於テ、生キタ人間ヲ使用スル非人道的實驗ガ廣範ニ行ワレテ來タ。尚此ノ實驗ノ犠牲者ハ、此ノ目的ノ爲特設サレタ監獄ニ收容サレ、「研究員」ナル者ガ其ノ典獄デアッタ。

三、此等ノ諸部隊デハ、大量ノ諸病原菌ヲ迅速ニ培養スル諸方法ガ研究完成サレテ來タ。而シテ、此等ノ方法ハ、細菌兵器ノ製造過程ニ於テ、大規模ニ細菌ヲ繁殖スル爲ニ應用サレテ來タ。

此等ノ細菌體ヲワクチン製造ニ供シウル可能性ハ、皆無デアッタ。注目スベキハ、石井四郎式培養器ナル特製ノ培養器ヲ使用スル際ニハ、諸被告ガ供述シタ如ク、若シモ、此

ノ器具ガワクチン製造用デアッタナラバ、絶對ニ具備スベキ條件タル殺菌ノ確保ガ困難デアッタ。此等ノ諸部隊ニ於ケル細菌體製造ノ他ノ諸特色モ、其レガ細菌戰ノ諸目的ノ達成ヲ期スルモノデアッタコトヲ、爭論ノ余地ナク立證シテイル。此等ノ特色ノ中、最モ注目スベキハ、製造ノ最終過程デアル。一製造周期ハ、有毒細菌ノ摘出ヲ以テ終了シタガ、若シワクチン製造ヲ例ニトレバ、此等ノ有毒細菌ハ殺菌サレタ筈デアルニモ拘ラズ、活キタ儘有毒細菌ガ摘出サレ、人間ニ對スル人工的大規模感染ニ使用サレテ來タ。

四、蚤ノ培養及ビ其ノペスト汚染ノ分野ニ於ケル第七三一部隊ノ研究及ビ生產業務ハ、其ノ極メテ巨大ナ規模ト性格其ノモノニ於テ、何等カノ科學的醫學研究ト關係ヲ有シ得ズ、且ッ人間ノ非人道的大量殺戮ヲ行ウ爲ノ細菌兵器ノ製造ノミヲ其ノ目的トスルノデアッタ。

ペスト菌ガ蚤ノ體內デ長期ノ生存力ヲ有シ、繁殖スラ行ウガ如キ順應力ヲ有スルト言ウ生物現象ハ、科學ノ知ル所デアル。而シテ此ノ現象ヲバ、此等ノ諸部隊ハ、侵略的軍事目的ニ利用シタノデアル。審理ノ資料ニ徵シテ、第七三一部隊及ビ第一六四四部隊ハ、細菌戰提唱者石井四郎ノ「理論」ニ基イテ蚤ヲ利用シテイタモノデ、此ノ「理論」ニ依レバ、此ノ際ニハ、蚤ガペスト菌ヲ外界ノ諸要因ノ影響カラ保護スル役目ヲ果シタ。コノ「理論」ニ依レバ、細菌ハ、蚤ノ體內ニ寄生スルコトニ依ッテ言ワバ、生キタ保護膜內ニ

保護サレル。斯クテ、ペスト蚤ハ、血ヲ吸ウ爲ニ人間ヲ襲イ、皮膚面ヲ刺スト同時ニ人間ヲペストニ感染サセル。斯クノ如ク、蚤ハ、細菌ノ保存、ソノ媒介及ビ人間ニ對スル直接感染用ニ供サレテイタノデアル。

鑑定人側ハ、石井四郎ノ指導下ニ第七三一部隊ガ蚤ノ大量繁殖、其ノペスト感染及ビ軍事目的ノ爲ノ利用ノ諸方法ヲ完成シテイタトノ鑑定ヲ下ス。

五、第七三一部隊及ビ第一〇〇部隊ノ實驗業務ノ目的ガ那邊ニ在ルカニ就イテハ、細菌爆彈、細菌砲彈、細菌及ビ蚤ノ飛行機雨下用器具ノ製造研究並ニ貯水池、食糧、馬糧及ビ土壌汚染方法ノ研究ノ如キ諸業務モ亦是レヲ充分明確ニシテイル。

六、第一〇〇部隊ハ、家畜及ビ農業用植物ノ最モ有効ナ汚染方法ノ研究分野ノ諸業務ヲ行ッテ來タ。之レガ爲、同部隊ハ、炭疽病菌、鼻疽病菌並ニ動植物ニ對スル他ノ諸病原菌ヲ利用シタ。而シテ、同部隊ハ、土壌ヲ經濟的利用ニ不適ナラシメル目的ヲ以テ、炭疽病菌ニヨル土壌汚染ノ實驗ヲ行ッテ來タノデアル。

七、上記諸項目ニ列擧サレタ研究ハスベテ、イズレカノ細菌兵器ノ有効程度又ハ其ノ實用方法ノ判定ヲ期スル特設實驗場內實驗ニカケラレタ。此等ノ實驗ノ實施中ニハ、實驗室ニ於ケル場合ト全ク同樣、「被實驗材料」トシテ、生キタ人間ガ使用サレタ。而シテ、一定ノ細菌兵器ヲ特設實驗場デ使用シタ結果、人間ノ強制感染ト慘死ト言ウ犯罪的目的ヲ

達成シタ後、此ノ細菌兵器ハ、實戰ニ於ケル試驗ニ適スルモノト看做サレタ。ペスト菌ト炭疽病菌ヲ充塡シタ爆彈ハ、斯クノ如ク試驗サレ、ペスト蚤ヲ充塡シタ爆彈ノ効力ハ、斯クノ如ク研究サレタ。特設實驗場內實驗ノ後認可サレタ細菌兵器ハ、實戰ニ於テ試驗サレテイタ。

斯クノ如ク、此等ノ部隊ノ生產及ビ實驗業務ノ所期ノ目的ハ、細菌兵器ノ研究及ビ製造並ニ侵略的細菌戰ノ實行ヲ目的トスル其ノ實用方法ノ研究デアッタ。

二、問。此等ノ部隊ガ日本軍ヲ細菌兵器ニヨッテ裝備スル爲ニ有シタ生產能力ハ如何？

答。日本軍ヲ細菌兵器ニヨッテ裝備スル爲ニ、此等ノ部隊ハ、強大ナル生產能力ヲ有シテイタ。

此ノ鑑定ハ、次ノ如キ諸事實ヲ根據トスル——

一、諸病原菌ノ大量培養ノ爲、第七三一部隊ハ、ペスト菌、コレラ菌、腸チブス菌、炭疽病菌等ノ如キ病原菌ヲ短期間ニ極メテ多量ニ培養シ得ル強大ナル細菌培養特殊設備ヲ有シテイタ。

第七三一部隊ガ有シタ細菌培養設備ノ主要ナ器具、即チ培養基製造罐ノ生產能力ニ關スル被告柄澤ノ供述カラシテ、鑑定人側ハ、同部隊ニアッタ之レ及ビ他ノ設備ハ、僅カ數日

ニ過ギナイ通常ノ一製造周期間ニ、中程度ノ繁殖速度ヲ有スル種類ノ最少限三百萬兆ノ細菌ノ製造ヲ確實スルコトヲ可能ナラシメタコトヲ判定シタ。鑑定人側ハ、製造期間ガ短時日ナルコト及ビ此ノ生産ノ「製品」ノ終極ノ用途ヲ考慮シテ、細菌ノ斯ル量ハ、極メテ尨大デアルト看做スベキコトヲ強調スル者デアル。同部隊ハ、培養基製造鑵ヲ一〇〇%利用シ、製造過程ヲ促進スレバ、一周期間ニ四百萬兆或ハ、病原菌ノ種類ニヨッテハ其レ以上ノ細菌ヲ培養シ得ルノデアッタ。

細菌兵器製造用ノ莫大ナ細菌體ヲ製造シテイタ關係上、此等ノ部隊ノ勤務員ハ、此ノ細菌體ノ量ヲキログラムデ計ッテイタ。尙、茲ニ細菌體ト稱スルノハ、堅イ培養基ノ表面カラ直接掻取ッタ濃厚ナ乳様狀ノ細菌體デアル。因ミニ、豫審ニ於テ、被告柄澤ハ、第七三一部隊ノ生産能力ヲ判定シテ、此ノ能力ヲ一カ月間ニ三〇〇キログラム迄ノペスト菌ヲ製造スベク増大セシメ得タ旨供述シタ。他ノ被告川島モ、同部隊ハ、「……毎月、三〇〇キログラム迄ノペスト菌ヲ製造シ得ルモノデアッタ」ト供述シタ。兩被告ハ、法廷審理ニ於テモ、亦其ノ供述ノ中デ、コレラノ數字ヲ重ネテ確認シ、此ノ際更ニ、同部隊ガ毎月八〇〇——九〇〇キログラムノ炭疽病菌及ビ一〇〇〇キログラムノコレラ菌ヲ製造シ得ルモノデアッタコトヲモ供述シタ。同部隊ノ一カ月生産能力ヲ分析シタ結果、設備ヲ完備スレバ、一定ノ期間ニ製造速度ヲ著シク高メルコトガ可能デアッタコトガ判明シタ。生産シス

テムノ此ノ特徴ハ、疑イノ余地ナク、第七三一部隊ノ業務ガ軍事的特殊性ヲ有シテイタコトト關連シテイタ。斯クノ如クシテ、第七三一部隊ハ、其ノ設備ノ構造ト規模ニ基ズイテ同時ニ數製造周期ノ製造ヲ實施シ得ルモノデアッタシ、此ノ際ノ同部隊ノ一カ月生産能力ハ、中程度ノ繁殖速度ヲ有スル病原菌デスラ、幾千萬兆トナク製造シ得ル如キモノデアッタ。

第一六四四部隊—「榮」部隊ノ生産能力ハ、若干コレヨリ小規模デアッタ。被告佐藤ノ供述ニヨレバ、同部隊ハ、一製造周期間ニ、最少限一〇キログラムノペスト菌ヲ製造シ得ルモノデアッタト看做シ得ル。第一〇〇部隊モ亦、動植物ノ疾病ヲ惹起セシメル細菌ヲ繁殖スル爲ノ充分強力ナ設備ヲ有シテイタ。

二、第七三一部隊ガ蚤ヲ培養スル生産能力ハ、蚤ノ繁殖ニ使用サレテイタ「蚤ノ飼育器」（培養器）ガ四五〇〇有ッタコトニヨリ推定サレタ。此等ノ培養器ヲ使用シテ、同部隊ハ、短時日間ニ、數一〇キログラムノ蚤ヲ培養シ得ルモノデアッタ。是レハ、幾千萬匹ノ蚤ニ相當シ、此等ノ蚤ハ、細菌戰用兵器トシテ利用スル爲ニ、ベスト菌ヲ以テ汚染サレテイタ。

第七三一部隊ノ實際ノ「生産能力」ハ、三——四カ月間ニ蚤ノ繁殖量四五キログラムデアッタ。特記スベキハ、四五キログラムノ蚤ハ、平均約一億四千五百萬匹ノ蚤ニ相當シ

タコトデアル。併シ乍ラ、同部隊ノ有シタ潜在的生産能力ハ、更ニ大デアッタ。何故ナラバ、同部隊長石井四郎ハ、一九四五年ニ、ペスト蚤ノ繁殖ヲ三——四カ月間ニ六〇キログラム迄ニ擴大シ、更ニ、二〇〇キログラム迄ニ増加セシメル計畫ヲ樹テテイタカラデアル。第一六四四部隊モ亦、蚤ノ繁殖ニツキ、相當ナ能力ヲ有シテイタ。此等ノ兩部隊ハ、數百名ノ勤務員ヲ有スル支部網ヲ有シ、此等ノ勤務員ハ、寄生虫ノ飼育及ビ繁殖用ニ使用サレタ齧歯類ノ捕捉ニ從事シタ。

三、製造サレタ細菌兵器ノ効力検定ノ爲ニ、諸部隊ハ、特設實驗場、飛行場、飛行機ヲ利用シ且ツ實驗業務ヲ圓滑ニ進行セシメル爲莫大ナ金額ヲ使用スルコトガ出來タ。

此等ノ部隊ハ、關東軍統帥部ノ認可ニヨリ、幾百幾千ノ「實驗用ノ人間」ニ對スル「實驗」ヲ、言語同斷ノ慘虐サデ實施スル廣範ナ機會ヲ有シタ。尙此等ノ「實驗用ノ人間」ハ、第七三一部隊ノ監獄ニ收容サレテイタモノデ、此ノ監獄ト特設實驗場ニ於テ、強制的感染其他ノ方法ニヨリ、約三〇〇〇名ガ慘殺サレタ。

斯クノ如ク、第七三一部隊、第一〇〇部隊及ビ第一六四四部隊ガ細菌兵器ノ製造ト試驗ノ分野ニ於テ有シテイタ可能性ハ、甚大ナモノデアリ、此等ノ可能性ハ、日本軍ヲ細菌兵器ニヨッテ最モ完全ニ裝備スル目的ヲ以テ此等ノ部隊ニ與エラレテイタノデアル。

三、問。第七三一部隊ガ一九四〇、一九四一、一九四二年ニ於テ、中國中部諸地區ニ對シ行ッタ細菌攻撃ノ危險性ノ程度ハ如何？

答。一九四〇、一九四一及ビ一九四二年ニ於テ、第七三一部隊ガ中國中部諸地區ニ對シテ行ッタ攻撃ノ危險性ハ、極メテ大キク、其レハ、使用サレタ細菌ノ種類（危險ナル流行病ノ病原菌）並ニ細菌攻撃ニ際シテノ此等ノ細菌ノ傳播方法ノ性格ニヨルモノデアッタ。

此ノ鑑定ハ、次ノ如キ諸事實ヲ根據トスル——石井四郎ヲ長トスル第七三一部隊ノ多年ニ亘ル細菌戰準備ハ、純然タル實驗業務ノ域ヲ脱シ、同部隊ハ、細菌兵器ヲ實戰ニ使用シ得ルニ至ッタ。斯クテ、第七三一部隊ハ、中國ノ一連ノ地區ニ細菌兵器ヲ使用セシムベク數回ニ亘ッテ派遣部隊ノ派遣ヲ實施シタ。

一九四〇年、大量ノ腸チブス菌及ビコレラ菌並ニ多量ノペスト蚤ヲ供給サレタ第七三一部隊派遣隊ガ石井四郎ノ直接指揮下ニ、中國ノ寧波方面ニ送ラレタ。飛行機雨下法ニヨリ、ペスト蚤ヲ使用シタ結果、寧波方面デペスト病ガ突發シ流行スルニ至ッタ。同派遣隊ノ組織及ビ行動ノ技術上ノ諸特徴ハ、人間ノ大量感染ガ廣範ナ規模デ實施サレタコトヲ示スノデアル。斯ル大量感染ガ、戰時ニ行ワレタコト及ビ戰時條件ト關連シテ住民ノ移動ガ激シカッタ事實ヲ考慮スル時、同派遣隊ノ工作ハ、特ニペスト流行ノ點ニ於テ、寧波地區ノミニ止マラズ、之レト隣接スル中國各地域ノ住民ニトッテモ極メテ危險ナモノデアッタコトヲ認定セザルヲ得ナイ。

一九四一年ニモ、同様ノ派遣隊ガ常徳市方面ニ派遣サレ、該方面ヲ飛行機雨下ニヨリ、ペスト蚤ヲ以テ汚染シタ。此ノ派遣隊ノ工作ハ、前回ニ劣ラズ、危険ナモノデアッタ。

一九四二年ニハ、第一六四四部隊ノ援助下ニ、同様ニ石井四郎ヲ長トスル派遣隊ガ新タニ第七三一部隊カラ中國中部ニ送ラレタ。今回ノ主要目的ハ、進撃シ來ル中國軍ニ對シテ流行病菌ニヨル汚染地帯ヲツクル爲ニ實施サレタ地上汚染デアッタ。此ノ際ニハ、腸チブス菌及ビパラチブス菌ニヨル水源地、井戸及ビ食糧ノ汚染並ニペスト蚤ノ傳播ガ實施サレタ。同派遣隊ノ工作ノ諸特徴ヲ分析シテ、鑑定人側ハ、今回ニ於テモ大キナ危険ヲ孕ンデイタシ、シカモ是レハ、中國ノ平和的住民ニトッテ、特ニ然リデアッタコトヲ強調スル。日本軍ノ退却ニ際シテ、水源地及ビ共同井戸、當地住民ノ住居ガ汚染サレ、腸チブス菌及ビパラチブス菌ヲ以テ汚染シタ食糧品ガ流布サレタ。從ッテ、細菌兵器ヲ斯ル方法ニヨリ使用シタ際、最先ニ大被害ヲ蒙ッタノハ、平和的住民デアリ、次イデ、コノ住民ト接觸スルニ至ッタ進撃中ノ中國軍デアッタ。

斯クノ如ク、第七三一部隊ノ數次ノ攻撃ノ危険性ハ、住民ト軍隊ノ移動ノ狀況下ニ、最急性流行病ノ病原菌ガ大量傳播サレ、且ツ此ノ兵器ノ使用方法ガ多種多樣デアッタコトニ鑑ミ甚大ナモノデアッタ。

四、問。第七三一部隊、第一〇〇部隊及ビ第一六四四部隊——「榮」部隊ガ製造シタ細菌兵器ノ使用ハ如何ナル結果ヲ生ジ得ルデアロウカ？

答。第七三一部隊、第一〇〇部隊及ビ第一六四四部隊——「榮」部隊ガ製造シテイタ細菌兵器ノ使用ハ、軍隊ノミデハナク、平和的住民、就中婦女子、幼兒及ビ老人ニ對スル脅威タル流行病ヲ惹起セシメ得ルノデアッタ。而シテ、此等流行病ノ流行ノ規模ハ、他ノ諸要因ヲ暫ク措イテモ、攻撃對象ノ衛生保健ノ狀態及ビ醫療ノ水準ニヨッテ左右サレタデアロウ。

此ノ鑑定ハ、次ノ如キ諸事實ヲ根據トスル——

ペスト及ビコレラノ如キ人間ノ傳染病ハ、其ノ傳染病學上ノ諸特徴ヨリシテ、傳播ガ急速且ツ大規模ニ亘リ、病氣ノ經過ガ苦痛ヲ齎シ、流行地域内ノ都市、農村ノ住民ニ高度ノ死亡率ヲ伴ウ點ヲ特異點トスル。牛ペスト及ビ、一定ノ條件下ニ於テハ、炭疽病ノ如キ動物ノ危険ナ疫病モ其ノ急速ナル流行傾向ニ於テ類似シテイル。此等ノ部隊ハ、經濟的損害ヲ與エル目的ヲ以テ、家畜殺戮用ノ細菌兵器ト共ニ、農作物ノ收穫ヲ絶滅スル諸方法ヲモ研究シ完成シテ來タ。過去ニ於ケル流行病ノ自然發生的蔓延ノ實例ニ徴スレバ、殲滅的流行病ハ、日本軍ノ部隊ガ細菌兵器トシテ選擇シタ傳染病ノ病原菌、正ニ此等ノ病原菌ニヨッテ誘發サレタノデアッタ。

此等ノ部隊ガ使用シタ若干ノ病原菌ハ、自然條件下ニ於テ一定ノ狀況ノ下デハ、相當持久力ノアル傳染病發源地ヲ創出スル能力ヲ有スルコトヲ強調セザルヲ得ナイ。現在デハ、科學ノ進步ニヨリ、傳染病發源地ハ一掃サレ、或ハ狹イ地域ニ局限セシメラレテイルニモ拘ラズ、被告等ハ、此等ヲ新タニ創出セント試ミタ。

斯クノ如ク、日本ノ細菌戰部隊タル第七三一部隊、第一〇〇部隊及ビ第一六四四部隊ハ、細菌兵器ヲ研究シ製造シツツ、此ノ兵器ノ使用ニヨッテ、殲滅的傳染病ノ廣範ナ傳播及ビ人間ノ大量殺戮ヲ齎スコトヲ期シタ。若シモ、此ノ意圖ガ實現サレタナラバ、傳染病ノ本性其ノモノ及ビ其ノ傳播ノ性格カラシテ、中立國ニ對シテモ脅威ガ惹起サレタコトデアロウ。

ソ同盟醫學學士院會員ジューコフ・ヴェレジュニコフ・エヌ・エヌ・

軍醫大佐クラスノフ・ヴエ・デ・

ハバロフスク醫科大學微生物學講座主任教授コサレフ・エヌ・エヌ・

ハバロフスク醫科大學微生物學講座助教授リヴキナ・エ・ゲ・

獸醫中佐アレクサンドロフ・エヌ・ア・

寄生虫學專門家コズロフスカヤ・オ・エル・

一九四九年十二月二九日

ルコトニ依ッテ、傳染病ノ媒介體トシテノ役割ヲ果サシメントシタ。此ノ犯罪的目的ノ爲ニ、強大ナ特殊設備ガ設置サレ、第七三一部隊第四部ハ「一製造」周期間ニ數十キログラムノ細菌卽チ數萬兆ノ細菌ヲ培養シテイタシ、此等ノ細菌ハ、貯水池、河川、井戸及ビ牧地ノ汚染ニ使用サレ、都市及ビ農村ニ撒布サレ、幾百萬ノ平和ナ人々ヲ死ニ至ラシメルノニ使用サレル筈デアッタ。

此ノ犯罪的目的ノタメニ、手錠ヤ足錠ヲハメラレ、鬼畜ノ如キ實驗者共ノ手中ニ陥ッタ無防備ノ中國愛國者及ビソヴエト人ハ、石井部隊ノ構內監獄デ、生地獄ノ責苦ニ遭イ、慘死シテ行ッタノデアル。

此ノ犯罪的目的ノ爲ニ、中國ノ婦女子及ビ子供ガ石井部隊ノ中國派遣中コレラ及ビペストニ感染セシメラレテ、慘殺サレタノデアル。

二、日本帝國主義者共ニヨル細菌戰ノ準備及ビ實行ノ爲ノ特殊部隊ノ編成

本事件ノ審理ニヨッテ、滿洲內ニ於ケル日本軍特殊細菌戰秘密部隊ガ編成サレルニ至ッタ經緯ガ餘蘊ナク究明サレ、該部隊ノ機構、任務及ビ實力ガ完全ニ判明シタ。

日本軍ガ細菌戰ノ準備ヲ開始シタノハ、滿洲奪取直後デアッタ。

555

當初、日本軍閥ハ、小規模ナ細菌實驗所ヲ創設シ、其ノ所長ニハ、從來陸軍軍醫學校ニ於テ、細菌兵器ノ研究ニ從事シ、軍部筋デハ、細菌戰ノ熱烈ナ提唱者トシテ知ラレテイタ日本軍細菌專門家石井四郎ヲ任命シタ。被告梶塚ノ供述ニヨッテ、石井ガ、其ノ犯罪的活動ノ當初カラ日本參謀本部作戰部ノ支援ヲ受ケテイタコトガ明ラカニナッタ。石井ノ一切ノ研究ハ、極秘ニ附サレテイタ。彼ノ苗字ノミニヨッテモ、實驗所ノ業務方針ヲ推定スルノニ十分デアッタ關係上、彼ハ、東鄕ト改名シ、其ノ施設ハ「東鄕部隊」ト稱サレルニ至ッタ。

被告柄澤ノ供述ニヨレバ、既ニ當時石井ハ、日本側ノ捕虜ニサレタ中國ノパルチザンヲ使用シテ細菌ノ効力ヲ試驗スルガ如キ、生キタ人間ヲ使用スル犯罪的實驗ヲ行ッテイタコトガ明白デアル。

一九三六年ニハ、日本參謀本部ノ指令ト天皇裕仁ノ勅令ニヨッテ、彼ラノ兇惡ナル企圖ヲ實現シ、從來、石井ガ實驗所ノ條件下デ實施シテイタ犯罪的實驗ヲ續行スル爲ニ、強大ナ諸基地ガ設定サレタ。大規模ノ二ツノ細菌戰部隊ガ滿洲內ニ編成サレ、關東軍ニ配屬セシメラレタ。此等ノ部隊ハ、日本軍ガ大規模ニ細菌戰ヲ實行スルノニ充分ナ量ノ細菌戰兵器ノ大量製造ヲ確保スベキモノデアッタ。

數年間ニ細菌戰部隊ハ、一再ナラズ其ノ名稱ヲ變更シタ。勿論、日本軍統帥部トシテ

556

ハ全世界ノ人々ノミデナク、自國人民ノ憤激ヲ呼起サナイタメニモ此等ノ部隊ヲ本名デ呼稱出來ナカッタノデアル。コノ故ニ、コレラノ細菌戰用ノ死ノ工場ハ、通常ノ醫療機關乃至獸醫機關トシテ、常ニ僞裝サレテイタ。斯クテ、「東鄕部隊」ト呼バレタ石井實驗所ハ、「關東軍防疫給水部」ナル當リ觸リノナイ名稱ノ下ニ巨大ナ細菌戰研究所ニ擴張サレタ。

時ニ、此ノ部隊ハ、「加茂部隊」ト呼稱サレタ。後ニ、同部隊ハ、通常ノ部隊番號ヲ附サレ、「滿洲第七三一部隊」ト呼バレルニ至ッタ。第二ノ細菌戰部隊ハ、初メ、「關東軍軍馬防疫廠」ト呼バレ、後ニ「第一〇〇部隊」ト呼稱サレルニ至ッタ。

兩部隊共、夫々多數ノ支部ヲ有シタ。日本軍統帥部ハ、ソヴエト同盟ニ對スル戰爭ノ日本側ノ計畫ニ豫定サレタ攻擊重點ト一致スル最モ重要ナ戰略的方面ニ一定ノ計畫ニ基ズイテ此等ノ支部ヲ配置シタ。此ノ證據文書トシテハ、本件ノ書類ニ含マレテイル一九四〇年十二月二日付ノ海林、林口、孫吳、海拉爾ニ第七三一部隊ノ四ツノ支部ヲ新設スルコトニ關スル日本關東軍司令官梅津大將ノ命令—「關作命甲第三九八號其一」ガ有ル。

併シ、諸軍事計畫ニヨッテ豫定サレタソヴエト同盟ニ對スル攻擊ノ重點的方面ニ秘密細菌戰部隊ノ主ナル支部ヲ集中セシメツツ、日本軍閥ハ、本件ノ審理ニヨッテ完全ニ判明セル如ク、ソ同盟ニ對シテノミ細菌戰ヲ準備シテイタノデハナイ。

一九四〇年以降、石井部隊ハ、中國軍ニ對シテ細菌攻撃ヲ實施シ來ッタ。此等ノ攻撃中、アラユル種類ノ細菌兵器ガ試驗サレ、就中、飛行機ニヨルペスト蚤ノ撒布、細菌雨下、貯水池、河川、井戸、食糧、住民地點ニ對スル謀略ノ方法ニヨル汚染等ガ實施サレタ。

蒙古人民共和國ニ對スル細菌戰モ系統的ニ準備サレテイタ。

本件ノ審理ニ於テ、被告山田ハ、他ノ諸國家ノ人民、就中日本ト交戰狀態ニアッタ米國及ビ英國ノ人民ト軍隊ニ對シテモ殺人細菌ヲ雨霰ノ如ク降ラソウトスル意圖ヲ日本軍ガ有シタコトヲ確認シタ。

是レニ關シテハ、亦、裁判ニ提示セラレタ他ノ證據モアル。一九四五年四月、細菌兵器準備ノ活潑化ニ關スル日本參謀本部ノ秘密命令ヲ受ケタ石井中將ハ、第七三一部隊ノ高級將校團ノ作戰會議ノ席上、米國及ビ英國ニ對スル細菌戰ノ必至ナルコトヲ公然ト放言シタ。

南洋方面ノ情勢判斷ヲ行イツツ、石井ハ、一九四五年ヲ細菌戰開始ノ時機ト稱シタ。彼ハ其時、「戰局ヲ我ガ方ニ有利ナル如ク轉換セシガ爲、吾々ハ、細菌兵器ヲモ含ム最後的手段ヲ使用スルニ至ルデアロウ」ト言明シタ。

既ニ、一九四三年第七三一部隊ノ研究員達ハ、アメリカ兵ノ血液ノ特質及ビ傳染病ニ對スル免疫性ノ研究ノタメ捕虜收容所ニ派遣サレタ。

557

日本軍ノ主要ナ細菌戰秘密部隊タル石井中將ノ部隊ハ、斯クノ如キモノデアッタ。

第一〇〇部隊ノ機構モ、概ネ斯クノ如キモノデアッタ。同部隊各部ノ一連番號ハ異ナッテイタトハ言エ、決シテ、之レニヨッテ部隊ノ從事シタ業務ノ本質ハ變更サレテイナカッタ。ココデモ、最モ有効ナ細菌兵器ノ研究ガ行ワレ、此處デモ、一定ノ細菌ノ培養ノ有用性ヲ試驗スル目的デ實驗ガ行ワレ、此處デモ、試驗ニ合格シタ種類ノ細菌ガ大量繁殖サレルニ至リ、ココデモ亦、細菌兵器ノ使用法ニ習熟セル要員ガ養成サレテイタノデアル。

全業務ヲ、殺人ニ集中シテイタ石井部隊ト異ナッテ、第一〇〇部隊ハ、亦動植物ノ感染方法ノ研究ニモ從事シ且ツ此ノ方針ニ副ッテ、細菌兵器ヲ製造シテイタ。併シ、更ニ、本件ノ審理ニ於テ立證サレタ如ク、第七三一部隊ニ於ケルト全ク同樣ニ第一〇〇部隊デモ生キタ人間ヲ使用スル實驗ガ行ワレテイタ。第一〇〇部隊ガ培養シテイタ鼻疽及ビ炭疽病ノ如キ流行獸疫ノ大量ノ病原菌ハ、細菌攻撃ヲ受ケタ諸地域ノ住民ニ對スル極メテ重大ナ危險トナッテイタ。

裁判ニヨッテ其ノ業務ヲ究明サレタ第三ノ日本軍細菌戰秘密部隊ハ、南京「榮」一六四四部隊デアッタ。日本ノ他ノ細菌戰秘密部隊ノ如ク、「榮」一六四四部隊ハ、其ノ名稱ヲ數回變更シ、一時、「タマ」部隊ト呼稱サレタコトモアル。

569

裁判ニ提示サレタ諸證據ハ、南京部隊モ亦、細菌戰ノ諸目的ノ爲ノ強大ナ細菌培養設備ヲ有シテイタコトヲ明ラカニシテイル。

一定期間、南京部隊ハ、前記石井ニ指揮サレテイタガ、此ノ事ハ、既ニ、同部隊ノ業務方針ヲ豫メ決定シタ。何故ナラバ、本件ノ資料ニヨリ明白ナル如ク、石井ノ全活動ハ、細菌戰準備ノ諸目的ヲ追求シテイタカラデアル。其後、南京部隊ハ、被告佐藤ニ指揮サレテ來タ。

南京部隊デ行ワレタ非人道的人體實驗ニ就イテハ、後程述ベル。

「榮」一六四四部隊ガ、中國軍ニ對シ細菌攻撃ヲ實行スル上ニ、石井部隊ヲ援助シタコトハ、充分立證サレテイル。

斯クシテ、南京部隊ハ、其ノ生產能力ニ於テ劣ルトハ言エ、石井部隊ト同樣ノ細菌戰秘密部隊デアッタ。

第七三一部隊ニ關シテ言ウナラバ、裁判ニヨッテ蒐集、究明サレタ一切ノ證據ハ、日本帝國主義者共ニヨッテ大陸ニ創設サレ、細菌兵器關係ノ研究ヲ系統的ニ行イ、細菌戰ヲ準備シ且ツ此ノ目的ノ爲ニ、極メテ尨大ナ技術能力ヲ有シタ主要ナ細菌戰秘密中心機關トシテ同部隊ヲ特徵ズケル根據ヲ與エテイル。

一連ノ供述ハ、細菌戰準備ノ主要ナ中心機關トシテ第七三一部隊ヲ特徵ズケテイル。

ソヴエト同盟ニ對スル戰爭ガ勃發シタ場合、ペスト蚤ヲ充塡シタ爆彈ヲ以テ極東ノソヴエト側諸都市ヲ爆撃シ、飛行機ニヨル細菌雨下ノ方法ニヨリ、ソヴエト側ノ銃後ノ諸地域ノ汚染ヲ行ウト言ウ決定ガ、日本參謀本部ノ指令ニ從ッテ、關東軍司令部ニヨッテ採擇サレテイタ。

此ノ犯罪的、非人道的計畫ノ創案者元關東軍司令部作戰部長松村少將ハ、「ソヴエト同盟ニ對スル戰爭ノ際ニハ、ヴオロシロフ、ハバーロフスク、ブラゴヴエシチンスク及ビチタ市一帶ニ對シテ細菌兵器ガ使用サレル筈デアッタ」ト供述シタ。

第七三一部隊ガ殊更ニ滿洲内ニ展開サレタ第一ノ最モ主要ナ原因ハ、ソヴエト同盟ノ國境ガ近イコトデアッタ。

併シ、被告川島ハ、第二ノ原因ヲモ擧ゲタ。細菌戰實行ニ關スル犯罪的研究ハ、多數ノ人的犧牲ヲ要シタ。生キタ人間ヲ使用スル、全ク道德ヲ蹂躙シタ慘酷ナ實驗ハ、極秘ニ附サルベキデアッタ。

此ノ故ニコソ、滿洲内ニ石井部隊ガ展開サレタ第二ノ原因トシテ被告川島ハ、（以下本人ノ供述カラ引用スル）「人體細菌實驗ヲ行ウ爲ノ多數ノ人的材料ヲ日本人以外ノ民族ニ屬スル者ノ中カラ得ルコトガ出來、亦、滿洲ノ領土ガ廣大デアルコト」ヲ擧ゲタノデアル。

585

人間ノ血ガ惨ミ込ンダ此等ノ防彈巾及ビ金屬製ノ防楯ハ、消毒ノ後、次ノ實驗迄部隊ノ器材倉庫ニ保管サレタ。諸君ハ、證人堀田良一郎ノ供述ニヨッテ此等ノ物件ヲ承知シテイル。

安達特設實驗場デハ、數種類ノ、生キタ人間ヲ使用スル實驗方法ガ利用サレテイタ。最モ屢々用イラレタ方法ハ、細菌彈ノ投下並ビニ低空飛行中ノ飛行機カラノ、細菌及ビペスト菌ヲ以テ汚染シタ寄生虫ノ雨下デアッタ。

或ル場合ニハ、細菌彈ハ、人間ヲ縛リツケタ柱カラ、豫メ算定シタ一定距離ノ地點ニ配置サレ、爆彈ノ爆破ハ、實驗者共ガ隱レテイタ掩蔽部カラ電氣爆破器ニヨッテ之ヲ行ッテイタ。

實驗ノ犧牲者等ハ、實驗開始後一時間半乃至二時間ヲ經テ、捕縄ヲ解カレ、特殊ノ密閉サレタ囚人護送車ニ乘セラレテ、部隊ノ構内監獄ニ送致サレ、其處デ經過ノ觀察ニ使用サレタ。

殆ンドスベテノ場合、特設實驗場デ實驗ニ使用サレタ人々ニハ、何等ノ手當治療モ行ワナカッタ。特設實驗場ノ條件下デハ、セン滅ヲ目的トスル兵器ガ試驗サレテイタ關係上、實驗ノ結果、實驗ニ使用サレタ犧牲者全員ガ悶死スル場合、實驗者共ハ、此ノ實驗ヲ最モ好成績ナリト看做シタ。

586

特設實驗場ノ條件下デハ、第一部ガ研究シタ大多數ノ殺人細菌ノ効力ヲ生キタ人間ヲ使用シテ試驗シテイタ。

併シ乍ラ、特設實驗場ニ於ケル實驗ノ際、主要ナ注意ヲ拂ッタノハ、日本側ガ大規模ナ細菌戰ノ諸目的ニ最モ適シタモノト看做シタ細菌、卽チ、ペスト菌、炭疽菌、コレラ菌等ニ對シテデアル。

一九四五年一月ニ被告西ハ、斯ル實驗ノ一ツニ立會ッタガ、此ノ實驗ノ目的ハ、零下二〇度以下ノ氣温ニ於ケルガス壞疽感染ノ可能性ヲ究明スルコトデアッタ。實驗ヲ指導シタノハ、第二部長碇大佐及ビ研究員二木デアッタ。

一〇名ノ囚人ガ半圓狀ニ鐵柱ニ縛リツケラレ、犧牲者ノ頭部ト背部ハ、鐵製ノ防楯及ビ綿入レノ防彈巾デ保護サレ、細菌ヲ以テ汚染シタ爆彈ハ、電流ニヨッテ爆破サレタ。

此ノ實驗ノ結果、犧牲者全員ガ數日後苦悶ノ末、遂ニ死亡シタ。

裁判ハ、特設實驗場デ、最モ頻繁ニ行ワレタペスト感染ノ人體實驗ノ夥シイ實例ノ詳細ナ狀況ヲモ承知シテイル。

スベテ此等ノ實驗ノ結果、犧牲者等ハ悶死シタ。

私ハ、特設實驗場デ行ワレタ個々ノ人體實驗ノ狀況ニハ言及シナイ。此等ノ犯罪的實驗ハ、裁判官一同ノ良ク承知シテイルトコロデアル。

生キタ人間ニ對スル非人道的ナ強制實驗ハ、第一〇〇部隊ニ於テモ實施サレテイタ。被告三友及ビ證人畑木、櫻下及ビ畑木ハ、同部隊ニ於テ、囚人ヲ使用シテ、種々ノ毒藥ノ効力ガ試驗サレテイタコトヲ確認シタ。被告三友ガ供述シタ如ク、犯罪的實驗ノ不幸ナ犧牲者等ガ衰弱ノ極ニ達シ、最早實驗ノ役ニ立タナクナレバ、彼等ハ殺害サレ、死體ハ家畜墓地ニ埋葬サレテイタ。三友自身、民族ハロシア人ノ被實驗囚人一名ニ對シテ青酸加里ノ注射ヲ行ッテ、彼ヲ致死セシメタ。日本ノ憲兵共ハ、三友ノ立會ノ下ニ、應次ノ實驗ノ結果、體力ヲ完全ニ消耗シツクシタ三名ノロシア人ヲ銃殺シタ。

第七三一部隊及ビ第一〇〇部隊ノ勤務員ハ、日本ノ憲兵隊及ビ日本陸軍特務機關ト緊密ニ共謀シテ生キタ人間ニ對スル此等未聞ノ野獸的行爲ヲ行ッテ來タ。而シテ、細菌戰部隊モ、在滿憲兵隊モ、特務機關モスベテ同一ノ人物、卽チ、日本關東軍司令官被告山田ノ直轄下ニアッタシ、斯クテ被告山田ハ、細菌戰部隊内ニ於テ、殘忍ナ實驗ノ犧牲者等ニ對シテ行ワレタ野獸的行爲、幾百、幾千ノ人々ガ故意ニ殺戮サレタコトニ對シ全責任ヲ負ウベキデアルコトハ、裁判官一同ノ前ニ立證サレタ。第七三一部隊及ビ第一〇〇部隊ノ業務ヲ夫々指導シタ被告梶塚及ビ被告高橋ハ、被告山田ト共ニ此ノ責任ヲ分擔スベキデアル。

生キタ人間ヲ使用スル實驗ハ、日本支配閥及ビ其ノ雇イノ殺人犯共ノ惡質極リナイ野獸的行爲ニ對スル本件ノ恐ルベキ一頁デアル。

此等ノ野獸的行爲ニ於テハ、人道主義者タル學者―人類ノ幸福ノ爲死ト闘ッタ闘士ノ偉大ナ努力ト犧牲ニヨッテ達成サレタ現代科學ノ成果ガ、殘忍ナ人間殺戮ニ役立テラレテイタ。

良心ヲ失イ、日本帝國主義ニ媚ビ諂ウ墮落シ切ッタ人間嫌ノ惡黨共ノミガ、人間ノ本性ニ反スル此等ノ犯罪ヲ犯シ得タノデアル。石井部隊デハ、殺戮用トシテ送致サレタ人々ヲ人間トハ看做シテイナカッタ。彼等ノ爲ニハ、「丸太」ナル特殊ノ秘匿名稱ヲ作ッテ、人間ヲ冒瀆シ愚弄シテイタノデアル。

四、蒙古人民共和國ニ對スル攻撃ノ際及ビ對中國戰ニ於ケル細菌兵器ノ使用

裁判官同志諸君！

私ハ、既ニ一九三九年頃日本軍細菌戰部隊ガ細菌兵器ノ研究ノ域ヲ脫シ、實驗室及ビ特設實驗場ニ於ケル此ノ兵器ノ人體試驗ノ域ヲ脫シ、當時日本軍ガ種々ナル戰場ニ於テ實行シテイタ戰闘行動ニ於テ彼等ガ製造シタ兵器ヲ實用スル道ニ入ッタコトヲ確證スルモノトシテ裁判ニ提示サレタ諸證據ニ言及スル。

被告西ノ供述ニヨレバ、最モ慘酷ナ人體實驗者ノ一人デアッタ、殆ンドスベテノ細菌攻

擊ニ参加シタ砿.中佐指揮下ノ所謂「決死隊」ナル石井部隊謀略班ガ初メテ、實戰ノ狀況下ニ於テ、ソヴエト・蒙古軍隊ニ對シ、細菌戰兵器ヲ使用シタコトガ明白デアル。コレハ、一九三九年ハルハ河方面ニ於テ日本ガ蒙古人民共和國ニ對シ背信的攻擊ヲ行ッタ時ノ事デアル。特別ノ宣誓ヲシ、之レヲ血デ綴ッタ（西ハ、書類受理ノ際、此ノ血書ヲ直接見タ）「決死隊」ハ、日本軍隊ノ退却ニ際シテ壞滅セシメラレタ日本軍隊ノ最後尾ニ附イテ退却シツツ、急性胃腸病菌ヲ以テハルハ河水ヲ汚染シタ。ソヴエト・蒙古軍隊ニヨッテ散々打チノメサレ、本人モ辛ウジテ逃ゲノビタハルハ河方面日本軍司令官荻洲中將ハ、此ノ犯罪的「勳功」ニ對シテ石井部隊ニ賞狀ヲ授ケ、砿.ノ大佐進級ヲ申請シタ。

併シ乍ラ、部隊ノ實驗室ニ於テ、無防備ノ人々ヲ處罰サレルコトナク殺害スルコトニ慣レタ砿.ノ所謂決死隊員共ガ行ッタソヴエト・蒙古軍隊ニ對スル細菌攻擊ハ、石井部隊ガ一九四〇年以來移行シタ實戰ノ狀況下ニ於ケル細菌兵器ノ廣汎ナ使用ノ端緒ニ過ギナカッタ。

中國ノ平和的住民ニ對スル細菌攻擊ノ時ニハ、日本戰爭犯罪人共ガ彼等ノ計畫シテイタ細菌戰ニ於ケル主要ナルモノト看做シタ種類ノ細菌兵器ガ廣汎ニ使用サレタ。例エバ、此等ノ細菌攻擊ノ時ニハ、ペスト菌ヲ以テ汚染サレタ蚤ガ特ニ廣汎ニ使用サレ、特殊器具ヲ利用シテ、飛行機カラ之ヲ投下シタ。

第一次中國中部派遣隊ハ、一九四〇年ニ派遣サレタ。而シテ、石井自身ガ此ノ派遣隊ヲ指揮シタ。同部隊ノ現地工作中、寧波市附近一帶ガペスト蚤ニヨッテ汚染サレ、中國住民間ニ、ペストノ蔓延ガ惹起サレタ。

此ノ派遣隊ガ中國中部ニ派遣サレタ事實ハ、被告及ビ證人ノ供述ニヨルノミデナク、亦、ソヴエト軍ガ日本側ノ記錄カラ押收シタ公文書ニヨッテモ、完全ニ立證サレテイル。

此ノ事ニ關連シテ、私ハ、日本側ノ二ツノ公文書ニ、裁判ノ注意ヲ喚起シ度イ。其ノ中ノ一ツハ、「加茂」部隊カラ派遣サレル「奈良」部隊ノ輸送ヲ野戰鐵道司令官ニ命ズル一九四〇年七月二五日付、日本關東軍司令官梅津ノ命令——關作命丙第六五九號デアル。第二ノ文書ハ、一九四〇年七月二六日付關東軍野戰鐵道司令官草場中將ノ命令——關鐵司後命第一七八號デアル。此ノ命令ニハ、此ノ輸送經路ヲ、平房驛—哈爾濱—新京—奉天—山海關—天津—上海トスル旨決定サレテイル。命令ノ備考ニハ、（以下原文ヨリ引用スル）「材料等ハ、機密ヲ要スル特別ノモノニ付、記入セサルモノトス」ト述ベラレテイル。

此等ノ文書中デ、「加茂」部隊（當時、石井部隊ガ斯ク呼稱サレタコトヲ吾々ハ既ニ承知シテイル）及ビ平房驛ヨリノ「奈良」部隊ノ發送ニ言及シテイルコトハ、一九四〇年七月ニ第七三一部隊カラ、一團ノ勤務員ガ秘密貨物ヲ携行シテ中國中部ニ派遣サレタコ

591

ト、此ノ一團ハ、被告川島、柄澤、西、梶塚等ガ裁判ニ於テ供述シタ當該派遣隊デアルコト、此ノ派遣隊ハ、『奈良』部隊ノ名稱ヲ以テ秘匿サレテイタコトヲ争論ノ餘地ナク明確ニシテイル。

亦吾々ハ、如何ナル貨物ガ「機密ヲ要スル特別ノモノ」ト言ウ言葉デ秘匿サレテイタカヲモ承知シテイル。

部隊ノ中國派遣前、被告柄澤ハ、派遣隊用トシテ、腸チブス菌七〇キログラム及ビコレラ菌五〇キログラムヲ準備スベシトノ命令ヲ受ケタ。加之、部隊第二部ハ、ペスト菌ヲ以テ汚染サレタ蚤五キログラム、即チ、ペスト菌ヲ以テ汚染サレタ寄生虫約千五百萬匹ヲ、飛行機上ニ装置サレル特別ノ空中撒布用器具ニ梱包シテ、之レヲ派遣隊ニ提供シタ。

此ノ殺人器材コソ、石井派遣隊ガ中國ニ携エテ行ッタ「秘密貨物」デアッタ。

派遣隊員ガ腸チブス及ビコレラノ細菌ヲ必要トシタノハ、貯水池、河川及ビ井戸ヲ汚染スル爲デアッタ。ペスト菌ヲ以テ汚染サレタ蚤ハ、諸都市及ビ住民地點ニ對シ、飛行機デ投下サレタ。

歸隊後、派遣隊員ハ、汚染サレタ寄生虫ヲ利用シテ傳播シタペスト菌ノ殺人効力ヲ最モ高ク評價シテイタ。

592

直接、中國派遣隊ヲ指揮シタ第七三一部隊ノ犯罪的指導者石井四郎自身モ、此ノ意見ヲ持シテイタ。

一九四一年、當時部隊ノ庶務部長デアッタ被告川島ハ、石井ノ事務室ニ立寄ッタ時、石井ガ中國ノ醫學雜誌ヲ丹念ニ讀ンデイルノヲ見タ。石井ハ、自分ノ關心ヲ引イタ論文ノ若干ノ拔萃ヲ音讀シタ。中國ノ醫師等ハ、上海南方ノ寧波市附近ニ於ケルペスト流行ノ激發ノ狀況ヲ記シテイタノデアルガ、人間ハ罹病シタガ、通例ヲ破ッテ、齧齒類面ノ蔓延ヲ伴ワナイト言ウ此ノペスト流行ノ發生ノ異常ナ性格ガ特記サレテイタノデアル。

中國ノ筆者ガ書イタ此ノ論文ヲ論評シツツ、石井ハ、一九四〇年、ペスト菌ヲ以テ汚染シタ蚤ノ飛行機撒布ノ方法ニヨッテ彼ガ實施シタ中國住民ニ對スル細菌攻撃ノ成功ガ此ノ論文ニヨッテ確認サレテイルコトヲ滿足シテ指摘シタ。

斯クノ如ク、既ニ一九四〇年第七三一部隊ハ、其ノ犯罪的指導者ノ意見ニヨレバ、細菌攻撃ノ主要ナ兵器選擇ノ課題ヲ解決シ、敵ノ後方攪亂並ビニ攻撃サレタ國ノ平和的住民間ノ殺人流行病ノ蔓延ヲ目的トシテ、軍事行動中ニ此ノ兵器ヲ使用シ始メタノデアル。

石井ハ、一九四〇年ノ派遣隊ノ工作ニ極メテ重大ナ意義ヲ認メ、此レニ關スル特別映畫ノ製作ヲ命ジタ程デアル。

此ノ映畫ニ關シテハ、被告西ガ法廷ニ於テ供述シタ。映畫フイルムニハ、ペスト菌ヲ以テ汚染シタ蚤ノ特殊撒布器具ノ飛行機着裝及ビペスト蚤ノ飛行機撒布ノ實況其ノモノノ如キ、細菌攻擊ノ準備及ビ實施ノ種々ノ場面ガ撮影サレテイタ。フイルムハ、「工作ノ結果」ト言ウ特別ノ部ヲ以テ終ツテイタ。スクリーンニハ、寧波市附近ニ於ケルペストノ發生ヲ記述シタ中國ノ雜誌新聞ノ論文ガ上映サレタ。此ノ映畫ハ、關東軍司令官山田、日本ノ皇族竹田宮及ビ三笠宮、關東軍ノ高級參謀及ビ日本參謀本部カラノ代表者ノ如キ「高貴」ノ訪問者ガ部隊ヲ訪問シタ場合ニ、觀覽セシメタ。

平和的住民ニ對スル細菌攻擊ノ實施ヲ目的トスル派遣隊ノ中國派遣ハ、石井部隊ガ一再ナラズ行ツタ所デアル。

一九四一年夏、部隊ノ一部長太田大佐ノ指揮スル第二次派遣隊ガ中國ニ派遣サレタ。派遣隊ハ、ペスト流行病ノ蔓延ト言ウ特殊目的ヲ以テ派遣サレタ。日本軍統帥部ハ、常德市ヲ重要地點トスル中國軍隊ノ交通路ノ遮斷ヲ主要任務トシテ派遣隊ニ課シ、常德市ノ住民間ニペスト流行ヲ惹起スベキコトヲ命ジタ。派遣隊ニ參加セシメル爲三〇名ノ細菌專門家ガ割出サレ、參加者總數ハ一〇〇名ニ達シタ。派遣先カラ歸還シタ太田大佐ハ、部隊庶務部長被告川島ノ立會ノ下ニ、石井ニ報告ヲシタ。太田ハ、常德市及ビ洞庭湖附近ノ他ノ住民地點ニ對シ派遣隊ガペスト菌ヲ以テ汚染シタ蚤ヲ大量投下シタコトヲ石井ニ報告シタ。

太田、石井ノ兩人ハ、此ノ派遣隊ノ工作ノ結果ヲ極メテ高ク評價シタ。尚此ノ工作中、常德附近ノ中國住民間ニ猛烈ナペスト流行ガ突發シタ。

中國中部ヘノ第三次派遣ハ、一九四二年ノコトデアル。此ノ派遣隊ハ、特ニ綿密ニ準備サレテイタ。

一九四二年五月、東京カラ歸隊シタ石井中將ハ、全部長ノ秘密會議ヲ開キ、其ノ席上、彼ガ日本參謀本部カラ受領シタ指令ニ從ツテ、部隊ハ、中國軍隊ニ對シ細菌攻擊ヲ實施スル爲、中國中部ニ大派遣隊ヲ派遣セントスル旨公言シタ。細菌攻擊ハ、日本軍ノ所謂「戰略的退却」中、鐵道線路附近デ行ワレル筈デアツタ。

此ノ派遣準備中石井ハ、流行病ノ蔓延觸發用細菌ノ選擇問題ニ關シ數回、部長會議ヲ行ツタ。此等ノ會議ノ結果、ペスト菌、コレラ菌、膓チブス菌、パラチブス菌、炭疽菌ヲ利用スルコトガ決定サレタ。

一九四二年ニ於ケル中國住民ニ對スル細菌攻擊ニ積極的ニ參加シタノハ、南京「榮」一六四四部隊デアル。

石井ノ命令ニヨリ被告川島ハ、派遣隊用トシテ、パラチブス菌及ビ炭疽菌計一三〇キログラムヲ「製造」部デ製造シタ。此ノ派遣隊ノ工作中使用サレタ爾餘ノ殺人細菌ハ、南京部隊ニヨッテ培養サレタモノデアル。部隊第二部ハ、ペスト流行病ノ蔓延ニ使用サレルベキ大量ノ蚤ヲ派遣隊ニ供給シタ。

此ノ第三次中國派遣中、石井部隊ハ、主ニ所謂地上細菌謀略ナル卑劣ナ方法ニヨッテ、中國ノ平和的住民及ビ中國軍ニ對スル工作ヲ行ッタ。日本軍隊ノ退却ニ際シテ、石井部隊員ハ、貯水池、河川、池、耕作地ノ汚染ヲ行ッタ。種々ノ食料品ノ細菌汚染モ廣範ニ實施サレ、此等ノ食料品ハ、偶然ヲ裝ウテ、住宅内ニ放置サレタ。

本裁判ニ於ケル證人ノ一人古都良雄ハ、此ノ中國派遣隊員デアッタ。彼ノ證言ハ、第三次中國派遣隊ノ工作中石井部隊ノ人非人共ガ使用シタ卑劣ナ人間殺戮方法ヲ詳細ニ明ラカニシテイル。古都ハ、一九四二年夏石井中將ノ指揮スル班員ニ編入サレ、此ノ班ハ、浙贛方面ニ於テ、チブス菌、パラチブス菌、コレラ菌及ビペスト菌ヲ中國住民ニ對シテ使用シタコトヲ法廷ニ於テ供述シタ。

古都ハ次ノ如ク供述シタ——

「私自身、前述ノ方面ニ於テ、第七三一部隊ノ飛行機デ屆ケラレタチブス菌及ビパラチブス菌ヲ以テ、貯水池、住居、井戸ヲ汚染シマシタ……。當時少將デアッタ石井ノ命令デ、三千個ノ饅頭ガ製造サレタノデアリマス。此等ノ饅頭ハ、チブス菌及ビパラチブス菌デ汚染シマシタ後、中國軍ノ捕虜ニ配給シマシタ。尚、感染後、彼等ハ、流行病ヲ蔓延セ

595

596

シメル目的デ收容所カラ釋放サレマシタ。亦、石井ノ命令デ、特製ノビスケット三〇〇〇——四〇〇〇個ガチブス菌デ汚染サレマシタ。私ハ、此ノビスケットニチブス菌ヲ注入シマシタ。而シテ此ノビスケットハ謀略班員ニ分配サレ、班員ハ、置忘レノ食物ノ如ク之レヲ現地住民ノ家屋内ニ放置シマシタ…。私ガ承知シテイル所デハ、吾々ガ行ッタ汚染ノ結果、浙贛方面デハチブスノ流行ガ突發シマシタ」。

私ガ既ニ一言シタ如ク、一九四二年ノ現地工作中所謂南京「榮」一六四四細菌戰部隊ガ第七三一部隊ヲ積極的ニ援助シタ。此ノ日本軍秘密細菌戰部隊ハ、生キタ人間ヲ使用スル殘忍ナ實驗ヲ行ッタ「タマ」部隊ナル名稱ノ下ニ南京市民ニ良ク知ラレテイタ。「タマ」部隊ニ關シテハ、日本主要戰爭犯罪人ニ對スル東京裁判ノ資料デモ言及シテイル。

東京國際軍事裁判所ニハ、南京市裁判所ノ檢事ノ報告ガ提出サレタ。此ノ報告ニハ、「タマ」部隊ガ、生キタ人間ヲ使用スル陰慘ナ實驗ヲ系統的ニ實施シタ日本軍内ノ最秘密部隊ノ一ツデアリ、生キタ人間ニ有毒血清ヲ注射シテイタコトガ特記サレテイル。報告ニハ、同部隊ニヨル犧牲者ハ無數デアッタコトガノベラレテイタ。

日本侵略者共ノ野獸的行爲ニ關スル此ノ通報ハ、國際軍事裁判所ノ注意ヲ喚起シ、國際軍事裁判所ハ、國民黨支配下ノ中國ノ利益ヲ東京裁判デ代表シタアメリカ側告發人ニ、「タマ」部隊ノ犯罪的業務ニ關スルヨリ詳細ナ證據ノ提示ヲ要請シタ。

597

其後間モナク、國際軍事裁判ニ於ケルソヴエト側検事ハ細菌戰用兵器ノ試驗ニ際シテ、生キタ人間ヲ使用スル極惡非道ノ實驗ヲ實施シタト言ウ日本支配閥ノ犯罪ヲ充分完全ニ暴露シタ川島及ビ柄澤ノ供述書ヲアメリカ側主席検事ジョゼフ・ビ・キーナンニ傳達シタ。

併シ、日本軍閥ノ瞠目スベキ犯罪ノ暴露ヲ妨害スルコトニ或ル有力ナ人物等ガ利益ヲ感ジテイタ模様デ、「タマ」部隊ノ業務及ビ石井部隊内デ實施サレタ類似ノ實驗ニ關スル諸文書ハ、軍事裁判ニ提示サレナカッタ。

併シ乍ラ、「榮」一六四四部隊ガ一九四二年ノ現地工作ニ參加シタ事實ハ、元同部隊長被告佐藤、被告川島及ビ被告柄澤ノ供述、元日本軍大佐三品ノ供述並ビニ他ノ一連ノ證據ニヨッテ、完全ニ判明シテイル。

一九四二年中國派遣終了後、石井中將ハ、部隊幹部ノ作戰會議ノ席上、浙贛方面ニ於ケル細菌兵器ノ使用ガ顯著ナ結果ヲ齎シ、悲慘ナ流行病ガ數回蔓延セシメラレタコトニ關シ公式言明ヲ行ッタ。石井ノ此ノ言明ハ、實情ト一致シテイタ。此ノ事ハ、當時、日本ノ第一三軍ガ押收シタ中國軍統帥部ノ文書——日本側ガ其ノ放棄シタ領域ニ於テ惹起セシメタペスト流行ノ突發ニ就イテ述ベラレテイル文書ニヨッテモ明白デアル。

620

樣、陸軍軍醫學校ノ特殊講習ヲ二回ニ亘ッテ受ケ、相當ノ期間、軍醫トシテ種々ナル職務ニ歴任シ、軍醫學校教官トシテモ勤務シタ。

一九四一年、佐藤ハ「波」ナル秘匿名稱ヲ有シタ第八六〇四細菌戰部隊長ノ地位ニ任命サレ、大佐ノ階級デ廣東ニ赴キ、一九四三年二月ニハ、「榮」一六四四細菌戰部隊長ノ地位ニ任命サレテ、南京ニ轉勤シタ。

既ニ私ハ、「榮」一六四四南京部隊ノ業務ニツイテ詳細ニ叙述シ、其ノ性格ヲ明ラカニシタ。第七三一部隊及ビ第一〇〇部隊ト同樣、南京部隊ハ、侵略的ナ細菌戰ノ諸目的ノ爲ニ編成サレタ日本軍細菌戰秘密部隊デアッタ。

正ニ「榮」一六四四部隊コソ、石井部隊ト共ニ、中國ノ平和的住民ニ對スル細菌攻撃ヲ實施シタコトガ立證サレテイル。亦、「榮」一六四四部隊ニ於テ、生キタ人間ヲ使用スル殘忍ナ實驗ガ實施サレテイタコトモ證明サレテイル。佐藤ヲ、「榮」一六四四南京部隊長ノ地位ニ任命シタト言ウ事實自體、既ニ、彼ガ侵略的ナ細菌戰ノ積極的參加者デアルコトヲ裏書シテイル。

是レハ、細菌ノ大量培養用タル同部隊特殊機械器具ノ生産能力ニ關スル資料ニヨッテモ確證サレテイル。

多量繁殖サレテイタ此等ノ細菌ハ、細菌戰ノ諸目的ニ利用サレルベキデアッタ。何故

621

ナラバ、南京部隊ガワクチン製造ニハ殆ンド従事シテイナカッタコトガ本件ノ審理ニヨッテ判明シテイルカラデアル。

佐藤ハ、長イ間、頑張ニ自分ノ有罪ヲ否定シタ。提示サレタ諸證據ノ前ニハ如何トモシ難ク、彼ハ細菌戰ノ實施ヲ目的トシタ細菌戰特殊部隊デアッタ諸部隊ヲ指揮シタコトヲ餘儀ナク承認スルニ至ッタ。

本件ノ審理ニ於テ、佐藤ハ亦、「榮」一六四四部隊ガ所謂浙贛作戰中一九四二年、中國中部ノ中國軍隊ニ對スル細菌攻撃ニ參加シタコトヲ自分ガ充分承知シテイルコトモ承認シタ。

彼ハ亦、彼ガ指揮シタ此ノ部隊ガ日本軍ノ細菌兵器庫デアッタコトヲモ認メタ。

一九四四年以降、關東軍第五軍軍醫部長デアッタ佐藤ハ、石井部隊海林支部ニ實際的ナ援助ヲ與エタ。

彼ハ、齧齒類ノ捕捉及ビ第七三一部隊海林支部ヘノ其ノ送致ノ爲ノ特殊班ノ編成ニ關スル命令ヲ發シタ。

佐藤ハ、細菌戰準備ノ積極的參加者ノ一人デアッタシ、私ハ、彼ノ有罪ハ本件ノ資料ニヨリ立證サレタモノト看做ス。

被告菊池及ビ被告久留島ハ實驗手トシテ、前者ハ第七三一部隊ノ第六四三支部ニ於

711

ス。醫者デアリ、人道的職業ノ代表者デアル私ガ、其ノ神聖ナ義務、醫師ノ義務ヲ果ス代リニ、他ノ道ニ、病菌ガ兵器トシテ使用サレテイル細菌戰準備ノ道ヲ進ンダコトハ私ニトッテ恥辱デアルト考エマス。私ハ、コレガ醫師トシテノ自分ニトッテ恥辱デアルト見做シテイマス。私ハカカル惡事ニ關係シタコトヲ後悔シテ居リマス。

私ハ、自分ガ犯シタ犯罪ニツイテ諸人民ニ對シテ自分ガ罪人デアルコトヲ痛感スルモノデアリマス。

裁判長——着席シテ頂キ度イ。

被告佐藤、マイクノ前ニ立ッテ頂キ度イ。貴方ニ最後ノ陳述ヲ許可スル。

被告佐藤

一九四一年以來、私ハ二ツノ細菌戰部隊ノ部隊長デアリ、細菌戰準備ヲ直接ニ指導シテ來マシタ。ノミナラズ、第五軍軍醫部長トナリ、私ハ細菌戰ノ準備ニ協力シマシタ。

自分ガ犯シタ犯罪ハ、醫師ノ本分ニ悖リ、醫師ノ倫理ニモトルモノデアリマス。コレラノ犯罪ハ人類ニ反對シテ向ケラレテイマシタ。私ノ活動ハ總テノ善ナルモノニ反對シテ向ケラレテイマシタ。

712

今、法廷ニ於テ、私ハ、自分ガ犯シタ犯罪ヲ全ク悔悟シテイマス。私ハ、辯護人ニ感謝スルト共ニ、私ノ如キ犯罪人ヲ辯護士ガ辯護スルトイウコトハ、自分ニトッテ恥シイ限リデアッタコトヲ申上ゲナケレバナリマセン。私ハ、自分ガコレニ値シナイト思ッテイマス。

現在私ハ、自分ガ犯シタ犯罪、自分ノ罪ニ完全ニ應ズルヨウナ正シイ判决ヲ願ッテイマス。

裁判長——着席シテ頂キ度イ。

被告平櫻、マイクノ前ニ立ッテ頂キ度イ。貴方ニ最後ノ陳述ヲ許可スル。

被告平櫻

オ許シヲ得テ、自分ノ最後ノ陳述ヲ述ベサセテ頂キマス。

先ズ、此ノ裁判ニ於テハ細菌戰準備ニ關スル國際反動ノ犯罪的計畫ガ徹底的ニ暴露サレマシタ。斯ル事ガ起リ得タノハ、一ツニ、細菌戰ヲ準備シテイタ日本軍國主義ノアラユル計畫ヲ、ソヴエト軍ガ適時ニ粉碎シタガ故ニ外ナラナイノデアリマス。

吾々細菌戰準備ノ參加者ニ對スル嚴重ナ懲罰コソハ、今モッテ第二ノ細菌戰準備ヲ試

721

ソヴエト社會主義共和國同盟ノ名ニ於テ

一九四九年十二月二五—三〇日間ニ亘ッテ、沿海州軍管區軍事裁判所ハ、次ノ構成、即チ、

議長——法務少將チエルトコフ・デ・デ・
委員——法務大佐イリニツキー・エム・エル・
仝　法務中佐ヴオロビヨフ・イ・ゲー・
書記——中尉コルキン・エヌ・ア・
國家檢事——國家三等法務官スミルノフ・エル・エヌ・
辯護人——辯護士同志ボロヴイク・エヌ・カ・
同　ベロフ・エヌ・ベ・
同　サンニコフ・エス・エ・
同　ズヴエレフ・ア・ヴエ・
同　ボガチヨフ・ベ・ヤ・

同　プロコペンコ・ゲ・カ・

同　ルキヤンツエフ・ヴエ・ベ・

同　ボルホヴイチノフ・デ・エ・

ノ參加ノ上、ハバロフスク市ニ於ケル公判ニ於テ、日本戰爭犯罪人ニ關スル件ヲ審理シタ。

本件ノ被告——

一、山田乙三、一八八一年生、出生地—東京市、日本人、大將、元日本關東軍司令官、

二、梶塚隆二、一八八八年生、出生地—田尻町、日本人、軍醫中將、醫學博士、元日本關東軍軍醫部長、

三、川島清、一八九三年生、出生地—千葉縣山武郡蓮沼村、日本人、軍醫少將、醫學博士、元日本關東軍第七三一部隊製造部長、

四、西俊英、一九〇四年生、出生地—鹿兒島縣薩摩郡樋脇村、日本人、軍醫中佐、醫師・細菌學專門家、元日本關東軍第七三一部隊教育部長、

五、柄澤十三夫、一九一一年生、出生地—長野縣小縣郡豐里村、日本人、軍醫少佐、醫師・細菌學專門家、元日本關東軍第七三一部隊製造部課長、

六、尾上正男、一九一〇年生、出生地—鹿兒島縣出水郡米ノ津町、日本人、軍醫少佐、醫師・細菌學專門家、元日本關東軍第七三一部隊第六四三支部長、

七、佐藤俊二、一八九六年生、出生地—愛知縣豐橋市、日本人、軍醫少將、醫師・細菌學專門家、元日本關東軍第五軍軍醫部長、

八、高橋隆篤、一八八八年生、出生地—秋田縣由利郡本ジョウ町、日本人、獸醫中將、生理・化學者、元日本關東軍獸醫部長、

九、平櫻全作、一九一六年生、出生地—石川縣金澤市、日本人、獸醫中尉、獸醫、元日本關東軍第一〇〇部隊研究員、

十、三友一男、一九二四年生、出生地—埼玉縣秩父郡原谷村、日本人、軍曹、元日本關東軍第一〇〇部隊員、

十一、菊池則光、一九二二年生、出生地—愛媛縣、日本人、上等兵、元日本關東軍第七三一部隊第六四三支部衞生兵見習、

十二、久留島祐司、一九二三年生、出生地—香川縣小豆郡苗羽村、日本人、元日本關東軍第七三一部隊第一六二支部衞生兵・實驗手。

上記ノ一二名ノ者ハ、一九四三年四月一九日附、ソ同盟最高ソヴエト常任委員會法令第一條ニ該當スル犯罪ノ廉デ起訴サレタ者デアル。

豫審及ビ法廷審理ノ資料ニヨリ、管區軍事裁判所ハ、左ノコトヲ究明シタ——

帝國主義日本ノ支配閥ハ、多年ニ亘ツテ、ソヴエト社會主義共和國同盟ニ對スル侵略戰爭ヲ準備シテ來タ。

一九四八年東京デ終了シタ日本主要戰爭犯罪人ニ對スル裁判ニ於テハ、ソ同盟ニ對スル侵略戰爭ガ、ソヴエト領土ノ奪取ヲ目的ニシタ日本支配グループノ政策ノ主要ナ要素ノ一ツデアツタコトガ究明サレタ。

日本民族ノ優越性及ビ日本ヲ「盟主」トスル「大東亞」建設ノ妄想ニ憑レ、侵略戰爭ノ挑發ニヨツテ、ヒトラー・ドイツト共ニ世界征覇ヲ樹立スルコトヲ目的トシタ日本軍國主義者共ハ、此ノ目的ノ達成ノタメニハ、人類ニ對スル如何ナル驚クベキ犯罪ヲモ敢テ躊躇セズ犯シテ來タ。

平和愛好諸人民ニ對スル、ソノ犯罪的侵略戰爭計畫ノ中ニ、日本帝國主義者共ハ、軍隊及ビ、加ウルニ老人、婦女子、子供ヲ含ム平和的住民ノ大量殺戮ノタメ、ペスト、コレラ、炭疽病ノ如キ殺人傳染病及ビ其他ノ重イ疾病ノ蔓延ニヨツテ細菌兵器ヲ使用スルコトヲ豫定シテイタ。

是等ノ目的ノタメ、日本軍デハ、細菌兵器ノ製造ヲ任務トスル特別部隊ガ編成サレテイタシ、且ツ、日本ノ侵略ヲ受ケタ諸國家ノ領土內ニ在ル都市、農村、貯水池、河川、井

戸、家畜及ビ作物ヲ細菌ヲ以テ汚染スルタメ特殊支隊及ビ謀略團ガ準備サレテイタノデアル。

既ニ、一九三一年、日本側ガ滿洲ヲ奪取シ、是レヲソヴエト同盟ニ對スル攻撃ノタメノ軍事基地ニシタ後、日本關東軍內ニ細菌戰準備ノ目的ヲモツテ「東鄉」部隊ノ秘匿名稱デ非人道的細菌戰ノ提唱者及ビ組織者ノ一人、石井四郎ヲ長トスル、細菌研究所ガ設置サレテイタ。

對ソ戰ヲ目指ス日本ノ戰爭準備ニ拍車ガカケラレタ一九三六年ニ、天皇裕仁ノ軍令ニヨツテ、日本軍參謀本部ハ、細菌戰實行方法ノ研究ノミデハナク、日本軍ニ十分供給スルニ足ル規模デ、細菌兵器ヲ製造スルコトヲ目的トシタ二ツノ大細菌戰部隊ヲ滿洲ノ領土內ニ展開シタ。

是等ノ部隊ハ、極秘ニ附サレ、僞裝ノ目的ヲ以テ「關東軍防疫給水部」及ビ「關東軍軍馬防疫廠」ト言ウ名稱ヲ附サレタ。後ニ、兩部隊ハ夫々「第七三一部隊」、「第一〇〇部隊」ト改稱サレタ。

兩部隊ハ、多數ノ支部ヲ有シタガ、是等ハ、關東軍ノ部隊及ビ兵團ニ附設サレ、日本ノ對ソ戰作戰計畫ニ豫定サレタ攻撃重點ノ方面ニ配置サレテイタ。

是等ノ支部ハ、事實上、統帥部ノ命令一下、何時デモ細菌兵器ヲ使用スル用意ノアル戰鬪部隊デアツタ。

第七三一部隊及ビ第一〇〇部隊ハ、ソノ支部ト共ニ、關東軍司令官ノ隷下ニ在ツタ。此ノコトハ、本件ノ一證據文書——第七三一部隊ノ四支部ノ新設ニ關スル一九四〇年十二月二日附、元關東軍司令官梅津美治郞大將ノ命令ニヨツテ確證サレテイル。

第七三一部隊ハ、哈爾濱市ヲ去ル二〇粁ノ地點、平房驛附近ニ特ニ建設サレ、嚴重ニ警備サレテイタ軍事村落ニ配置サレ、約三〇〇〇人ノ研究員及ビ技師・技手ノ定員及ビ最新式ノ技術、高性能ノ器具類デ裝備サレタ研究室ヲ有スル細菌準備強大ナ研究所トナツテイタ。

此ノ部隊ノ任務及ビ其ノ實際的業務ハ、ソノ機構ニヨツテ制約サレ、同部隊ハ若干ノ部カラ成ツテイタガ、但シ、哈爾濱市内ニ配置サレテイタ第三部ノミガ軍ノ給水問題ニ從事シテイタ。

第一（研究）部ノ職能ハ、細菌攻擊兵器トシテ利用スル上ニ最モ有効ナ殺人細菌ノ研究及ビ培養デアツタ。

第二（實驗）部ハ、研究ノ結果選擇サレタ細菌ノ効力ヲ、生キタ人間ノ身體ヲ利用シテ檢査シ、敵方ニ細菌ヲ投入スル媒介物タル砲彈及ビ特殊撒布器ノ見本ヲ作リ、且ツ、敵ノ領土内ニペスト傳染病ヲ流行サセル媒介體タルペスト菌ヲ以テ汚染シタ蚤ヲ繁殖シテイタ。同部ニハ嚙齒類ヲ利用シテ蚤ヲ繁殖スルタメノ四五〇〇ノ飼育器（培養器）ガアツ

タ。コレ等ノ飼育器ヲ以テスレバ、短期間ニ幾千萬匹ノペスト蚤ヲ繁殖スルコトガ出來タ。第二部ハ、犯罪的實驗ヲ行ウタメニ安達驛附近ニ特設實驗場ヲ有シ、且ツ特殊器具ヲ設備シタ飛行機ヲ有スル飛行隊ヲ持ツテイタ。

第四（製造）部ハ、實驗的方法ニヨツテ選擇サレタ細菌ノ繁殖ヲソノ任務トシ、恰モ急性流行病菌ノ工場ノ觀ヲ呈シテイタ。

コノ部ハ、細菌戰ノ實行ニ必要ナ規模デ細菌ヲ大量繁殖スル爲ノ強大ナ技術設備ヲ有シテイタ。

同部ノ生產能力ヲ以テスレバ、一カ月間ニペスト菌三〇〇キログラム迄ヲ繁殖スルコトガ可能デアツタ。

第五（「教育」）部デハ、細菌戰用兵器ヲ使用スルコトガ出來、細菌ヲ傳播スル方法ニヨツテ、ペスト、コレラ、炭疽病、其他ノ重イ疾病ノ流行ヲ惹起スルコトガ出來ル要員ガ養成サレテイタ。

斯クテ、第七三一部隊ハ、廣大ナ地域ノ荒廢及ビ非交戰住民ノ殺戮ノタメノ細菌兵器トシテ利用サレルベキ極メテ多量ノ急性流行病菌ヲ培養繁殖シテイタ。

法醫學鑑定人側ノ鑑定ニヨレバ、斯ル規模ノ細菌繁殖ハ、積極的細菌戰ノ實行ヲ目的トシタモノデアツタ。

728

第一〇〇部隊ハ、長春市南方一〇粁ノ地點、孟家屯ニ配置サレ、第七三一部隊ト同様ノ犯罪的業務ニ從事シテイタ。

第一〇〇部隊ノ製造部ハ、六ツノ課ヲ有シ、第一課ハ炭疽病菌、第二課ハ鼻疽菌、第三、第四課ハ他ノ流行性獸疫ヲ惹起スル細菌ヲ夫々培養繁殖シ、第五部ハ穀物ヲ汚染シ、ソレヲ根絶スルタメノ細菌ノ培養ニ從事シ、第六課ハ牛疫病原菌ノ培養ニ從事シテイタ。

豫審及ビ法廷審理ニ於テ判明シタ如ク、中國中部及ビ中國南部ノ領域デ行動シテイタ日本軍ニモ亦「榮」部隊及ビ「波」部隊ノ名稱ニヨッテ秘匿サレタ細菌兵器準備ヲ目的トスル二ツノ秘密部隊ガ編成サレテイタ。ソレ等ノ業務ハ、第七三一部隊及ビ第一〇〇部隊ノ業務ト類似シテイタ。

細菌兵器ヲ使用スル際ニハ、自國軍ヲ感染サセル危險ガ生ズルコトヲ考慮シテ、日本軍統帥部ハ、各大隊及ビ連隊ニ防疫隊ヲ設置シ、コレラヲ各軍軍醫部長ノ隷下ニ置イタ。コレハ、細菌戰準備ノ一般計畫ノ構成部分デアッタ。

第七三一部隊及ビ第一〇〇部隊デ行ワレテイタ細菌戰實施ノ方法及ビ手段ノ研究ハ、生キタ人間ヲ使用シテ細菌兵器ノ效力ヲ檢査スル犯罪的非人道的實驗ヲ伴ッテイタ。斯ル實驗中日本ノ狂信者共ハ、彼等ノ手中ニ落チタ幾千人ノ犧牲者ヲ野獸的方法ニヨッテ虐殺シタ。

729

數年間ニ亘ッテ第七三一部隊及ビ第一〇〇部隊デハ、研究室デ繁殖サレタペスト菌、コレラ菌、チブス菌、炭疽病菌、瓦斯脫疽菌ニヨル人間ノ感染實驗ガ行ワレタ。感染サレタモノハ大部分、恐ルベキ苦悶ノ裡ニ死亡シタ。健康ヲ回復シタ者ハ、次々ト實驗ニ使用サレ、果テハ虐殺サレテイタノデアル。

虐殺用ノ人間ハ、日本憲兵隊ニヨッテ第七三一部隊ニアッタ特殊構內監獄ニ送致サレテイタ。尚日本憲兵隊ハ斯ル業務ニ、「特移扱」ノ秘匿名稱ヲ附シテイタ。日本ノ鬼畜共ノ此等ノ犧牲者トナッタノハ、反日活動ノ嫌疑ヲ受ケ、殺戮ニ運命ヅケラレタ中國愛國者及ビソヴェト市民デアッタ。日本ノ殺人犯共ノ瞠目スベキ厚顏無恥性ハ、就中、監獄ニ收容サレ、犯罪的實驗ニ使用サレルベキ人々ヲ彼等ガ「丸太」ト假稱シテイタコトニモ現ワレテイタ。

被告川島ノ供述ニヨッテ判明シタ如ク、第七三一部隊ノミデモ年々六〇〇名ヲ下ラナイ囚人ガ殺戮サレ、一九四〇年カラ一九四五年ノ日本軍ノ降伏ノ日マデ、三〇〇〇人ヲ下ラナイ人間ガ虐殺サレタ。

犯罪的實驗ハ、多人數ノ組ニサレタ囚人ニ對シテモ實施サレテイタ。安達驛附近ノ特設實驗場デハ、人々ヲ鐵柱ニ縛リツケ、而ル後彼等ヲ感染サセル目的ヲ以テペスト菌、ガス脫疽菌及ビ其他ノ重病菌ヲ充塡シタ細菌彈ヲ彼等カラ近距離ノ地點デ爆破シタ。

斯クテ一九四三年ノ末、被告柄澤ノ參加ノ下ニ特設實驗場ニ於テ一〇人ノ中國市民ニ對スル炭疽病感染實驗ガ行ワレタ。一九四四年春ニハ、同ジク彼ノ參加ノ下ニ一組ノ人間ガ特設實驗場ニ於テペスト菌ニ感染サセラレタ。一九四五年一月ニハ、同ジ特設實驗場ニ於テ被告西ハ一〇人ノ人間ニ對スルガス脫疽感染ニ參加シタ。

人間ヲ使用スル類似ノ非人道的實驗ハ、被告高橋ノ統轄下ニアッタ第一〇〇部隊デモ行ワレテイタ。

例エバ一九四四年八—九月ニハ、第一〇〇部隊デ八人ノ中國及ビソ同盟市民ニ對スル、食物ヲ媒介體トスル感染ガ行ワレ、彼等ハ其後間モナク死亡シタ。

第七三一部隊ハ、急性流行病菌ヲ以テ人間ヲ感染サセル犯罪的實驗ト並行シテ、囚人ノ手足ノ凍傷實驗ヲ實施シテイタ。殘虐ナ實驗ノ不幸ナ犠牲者ノ大部分ハ脫疽及ビ手足ノ切斷ノ後死亡シタ。

細菌兵器ノ試驗ハ、第七三一部隊及ビ第一〇〇部隊內デ實施サレタ實驗ノミニ止マラナカッタ。日本帝國主義者共ハ、對中國戰爭及ビ對ソ謀略工作ニ細菌兵器ヲ使用シテ來タ。

一九四〇年石井中將指揮下ノ第七三一部隊特別派遣隊ガ中國中部ノ戰鬪地區ニ派遣サレ、ソコデ同派遣隊ハ、ペスト菌ヲ以テ汚染シタ蚤ヲ飛行機カラ特殊器具ヲ利用シテ投下スルコトニヨッテ寧波附近ニペストノ流行ヲ惹キ起シタ。

平和的中國住民間ニ幾千人ノ犠牲者ヲ出シタコノ犯罪的工作ハ、映畫ニ撮影サレ、後ニコノ映畫ハ第七三一部隊內デ被告山田ヲ含ム日本軍最高統帥部ノ代表ニ見セラレタ。

同樣ノ派遣隊ガ、一九四一年常德市附近ニ、第七三一部隊ニヨッテ派遣サレ、同市モ亦ペスト菌ニヨッテ汚染サレタ。

一九四二年細菌兵器ハ再ビ中國ノ領土內デ使用サレタ。今回ノ第七三一部隊派遣隊(ソノ準備ニハ被告柄澤及ビ川島ガ參加シタ)ハ、一時被告佐藤ノ指揮下ニアッタ「榮」部隊ト協同シテ行動シ、日本軍部隊ガ中國軍ノ進擊下ニ放棄スルコトヲ餘儀ナクサレタ地域ヲ、急性傳染病菌ヲ以テ汚染シタ。

第一〇〇部隊ハ、數年間ニ亘ッテ細菌謀略隊ヲソ同盟國境方面ニ派遣シテイタ。被告平櫻及ビ三友ハ、ソノ隊員デアッタ。コレ等ノ隊ハ、例エバ三河方面ノ國境附近ノ貯水池、河川、井戸ノ汚染ニヨッテソヴエト同盟ニ對スル細菌謀略ヲ行ッテイタ。

斯クテ、日本帝國主義者共ガ、ソ同盟及ビ他ノ諸國家ニ對シテ侵略戰爭ヲ開始シテ、細菌兵器ヲ廣汎ニ使用シ、コレニ依ッテ人類ヲ新シイ災厄ノ坩堝ニ引込ム準備ヲシテ來タコトガ豫審及ビ法廷審理ニヨッテ判明シタ。

細菌戰ノ準備ヲ實施シテイタ彼等ハ、如何ナル野獸的行爲ヲモ敢テ躊躇セズ行イ、細

782

菌兵器使用關係ノ其ノ犯罪的實驗中、彼等ハ、幾千人ノ中國及ビソヴエト市民ヲ虐殺シ、中國ノ平和的住民ノ間ニ重イ流行性ノ疾病ヲ蔓延サセテ來タ。

本件ノ被告各々ニ關シ軍事裁判所ハ左ノ事ガ判明シタモノト見做ス——

一、山田乙三ハ、一九四四年ヨリ日本ノ降伏ノ日マデ、日本關東軍司令官トシテ、隷下第七三一部隊及ビ第一〇〇部隊ノ細菌戰準備ノ犯罪的業務ヲ統轄シ、コノ際、コレ等ノ部隊デ細菌兵器使用關係ノアリトアラユル實驗ノ實施ニ件ウ幾千人ノ人間ノ野獸的殺害ヲ奬勵シタモノデアル。

山田ハ、第七三一部隊及ビ第一〇〇部隊ガ細菌戰ノ準備態勢ヲ完全ニ整備シ、ソノ生産能力ガ細菌兵器ニ對スル軍ノ需要ヲ完全ニ充タシ得ル如ク措置ヲ講ジテイタモノデアル。

二、川島清ハ、一九四一年ヨリ一九四三年マデ、第七三一部隊製造部長トシテ、部隊幹部ノ一人デアツタ。彼ハ細菌戰ノ準備ニ參加シ、部隊ノ各部ノ業務ヲ知悉シ且ツ細菌兵器ヲ日本軍ニ充分供給スルニ足ル量ノ殺人細菌ノ繁殖ヲ直接指導シテ來タ。

一九四二年川島ハ、中國中部ノ領域ニ於ケル實戰ニ細菌兵器ヲ使用スルタメノ組織活動ニ參加シタ。第七三一部隊勤務ノ全期間ヲ通ジテ川島ハ、重イ流行性疾病ノ細菌ニヨル犯罪的感染實驗中部隊附屬ノ構內監獄ニ於ケル囚人ノ大量虐殺ニ直接參加シテイタ。

三、柄澤十三夫ハ、第七三一部隊製造部課長ノ地位ニアツタ。彼ハ、細菌兵器製造業務ノ積極的ナ組織者ノ一人、細菌戰準備ノ參加者デアツタ。

一九四〇年及ビ一九四二年ニ柄澤ハ、中國ノ平和的住民間ニ傳染病ヲ蔓延セシメルタメノ現地工作ノ準備活動ニ參加シタ。

柄澤ハ、細菌兵器使用實驗ニ一再ナラズ、直接ニ參加シタガ、コノ實驗ノ結果、中國及ビソヴエト市民タル囚人ガ殺戮サレテイタ。

四、梶塚隆二ハ、既ニ一九三一年以來、細菌兵器使用ノ支持者デアツタ。一九三六年、日本陸軍省軍醫部課長デアツタ彼ハ、細菌戰特殊部隊ノ創設及ビ補充ヲ促進シ、同部隊長ニハ彼ノ紹介ニヨツテ石井中將（當時大佐）ガ任命サレタ。

一九三九年以降梶塚ハ、關東軍軍醫部長ニ任命サレ、第七三一部隊ニ細菌兵器製造上必要ナスベテノモノヲ供給シテ、同部隊ノ業務ノ直接的統轄ヲ行ツテ來タ。

梶塚ハ、第七三一部隊ヲ系統的ニ視察シ、ソノ一切ノ業務ヲ完全ニ承知シ、細菌ニヨル人間感染實驗ノ實施ニ件ツテ行ワレテイタ兇惡ナ犯罪ヲ知リ且ツコレラノ惡事ニ贊同シタ。

五、西俊英ハ、一九四三年一月ヨリ日本降伏ノ日マデ、孫呉市ノ第七三一部隊第六七三支部長ノ地位ニアツテ、細菌兵器ノ製造ニ直接カツ積極的ニ參加シテ來タ。

783

第七三一部隊第五部長ヲ兼任シテイタ西ハ、一般部隊付特別隊ノタメニ細菌戰實行專門要員ヲ養成シテイタ。

彼ハ、急性流行病菌ヲ利用スル感染ニヨッテ、中國及ビソヴエト市民ノ囚人ノ虐殺ニ直接參加シテイタ。第七三一部隊及ビ支部ノ犯罪的業務ヲ秘匿スル目的ヲ以テ、西ハ、一九四五年、ソヴエト軍部隊ノ孫呉市ヘノ接近ニ際シテ、支部ノ一切ノ造營物、設備及ビ文書ノ燒却ヲ命ジ、コノ命令ハ實行サレタ。

六、尾上正男ハ、海林ノ第七三一部隊第六四三支部長トシテ細菌兵器ノ新シイ種類ノ研究及ビ第七三一部隊用ノ材料ノ準備ニ從事シテイタ。

彼ノ指導下ニ細菌戰專門要員ガ養成サレテイタ。

尾上ハ、第七三一部隊ニ於ケル囚人ノ大量殺害ヲ承知シ、ソノ活動ニヨッテ、コノ極メテ重イ犯罪ヲ幇助シテイタ。

一九四五年八月一三日、支部ノ犯罪的業務ノ跡ヲ湮滅スルタメニ尾上ハ、支部ノ一切ノ建物、在庫材料及ビ文書ヲ自ラ燒却シタ。

七、佐藤俊二ハ、一九四一年以降、「波」ノ秘匿名稱ヲ有シテイタ廣東市細菌部隊長デアッタシ、一九四三年ニハ、南京市ノ同種ノ「榮」部隊長ニ任命サレタ。コレラノ部隊ノ指揮中、佐藤ハ、細菌兵器ノ製造及ビ細菌戰ノ準備ニ參加シテイタ。

下ッテ、關東軍ニ包含サレテイタ第五軍軍醫部長トシテ佐藤ハ、第七三一部隊第六四三支部ヲ統轄シ、更ニ部隊及ビ支部ノ業務ノ犯罪的性格ヲ承知ノ上デ、ソノ細菌兵器製造業務ニ援助ヲ與エテイタ。

八、高橋隆篤ハ、關東軍獸醫部長トシテ細菌兵器製造ノ組織者ノ一人デアッタ。彼ハ、第一〇〇部隊ノ犯罪的業務ヲ直接統轄シテ來タモノデ、急性流行病菌ニヨル囚人ニ對スル非人道的感染實驗ノ實施ニ對シ責任ヲ負ウベキデアル。

九、平櫻全作ハ、第一〇〇部隊員トシテ、細菌兵器ノ製造及ビ使用關係ノ研究ヲ直接行ッテイタ。

彼ハ、ソ同盟ニ對スル細菌攻撃ノ最モ有効ナ方法ヲ研究スル目的ヲ以テ、ソヴエト同盟國境線ノ特殊偵諜ニ一再ナラズ參加シ、コノ際例エバ三河附近デ、貯水池、河川、井戸ノ汚染ヲ實施シタ。

十、三友一男——第一〇〇部隊員——ハ、細菌兵器ノ製造ニ直接參加シ、且ツ、生キタ人間ヲ使用シテ自ラ細菌ノ効力ヲ實驗シ、コノ慘虐ナ方法ニヨッテ彼等ヲ殺害シテイタモノデアル。

三友ハ、三河附近ニ於ケル對ソ同盟細菌謀略ノ參加者デアッタ。

十一、菊池則光——衛生兵見習——ハ第七三一部隊第六四三支部ノ實驗室ニ勤務シテ、細菌兵器ノ新シイ種類ノ研究及ビ腸チブス菌、赤痢菌ノ培養ニ關スル業務ニ直接參加シテイタ。一九四五年菊池ハ、細菌戰實行要員ヲ養成シテイタ教習會デ、特殊再教育ヲ受ケタモノデアル。

十二、久留島祐司ハ、第七三一部隊支部實驗手トシテ勤務シ、且ツ特殊教育ヲ受ケタモノデ、コレラ菌、發疹チブス、及ビ他ノ流行病菌ノ培養並ビニ細菌戰ノ試驗ニ參加シテイタ。

上記ニ基キ管區軍事裁判所ハ、一九四三年四月一九日付ソ同盟最高ソヴェト常任委員會法令第一條ニ該當スル犯罪ノ構成ニ於ケル、前記全被告ノ罪狀ハ證明サレタモノト認定シ、且ツロシア・ソヴェト連邦社會主義共和國刑事訴訟法第三一九條及ビ第三二〇條ノ各條ニ準據シ、各被告ノ罪ノ程度ヲ考慮シテ茲ニ左ノ如ク

判決ス——

山田乙三——一九四三年四月一九日付ソ同盟最高ソヴェト常任委員會法令第一條ニヨリ、二五年間ヲ期限トシテ、矯正勞働收容所ニ收容スベシ。

梶塚隆二——一九四三年四月一九日付ソ同盟最高ソヴェト常任委員會法令第一條ニヨリ、二五年間ヲ期限トシテ、矯正勞働收容所ニ收容スベシ。

高橋隆篤——一九四三年四月一九日付ソ同盟最高ソヴェト常任委員會法令第一條ニヨリ、二五年間ヲ期限トシテ、矯正勞働收容所ニ收容スベシ。

川島清——一九四三年四月一九日付ソ同盟最高ソヴェト常任委員會法令第一條ニヨリ、二五年間ヲ期限トシテ、矯正勞働收容所ニ收容スベシ。

西俊英——一九四三年四月一九日付ソ同盟最高ソヴェト常任委員會法令第一條ニヨリ、一八年間ヲ期限トシテ、矯正勞働收容所ニ收容スベシ。

柄澤十三夫——一九四三年四月一九日付ソ同盟最高ソヴェト常任委員會法令第一條ニヨリ、二〇年間ヲ期限トシテ、矯正勞働收容所ニ收容スベシ。

尾上正男——一九四三年四月一九日付ソ同盟最高ソヴェト常任委員會法令第一條ニヨリ、一二年間ヲ期限トシテ、矯正勞働收容所ニ收容スベシ。

佐藤俊二——一九四三年四月一九日付ソ同盟最高ソヴェト常任委員會法令第一條ニヨリ、二〇年間ヲ期限トシテ、矯正勞働收容所ニ收容スベシ。

平櫻全作——一九四三年四月一九日付ソ同盟最高ソヴェト常任委員會法令第一條ニヨリ、一〇年間ヲ期限トシテ、矯正勞働收容所ニ收容スベシ。

三友一男——一九四三年四月一九日付ソ同盟最高ソヴェト常任委員會法令第一條ニヨリ、一五年間ヲ期限トシテ、矯正勞働收容所ニ收容スベシ。

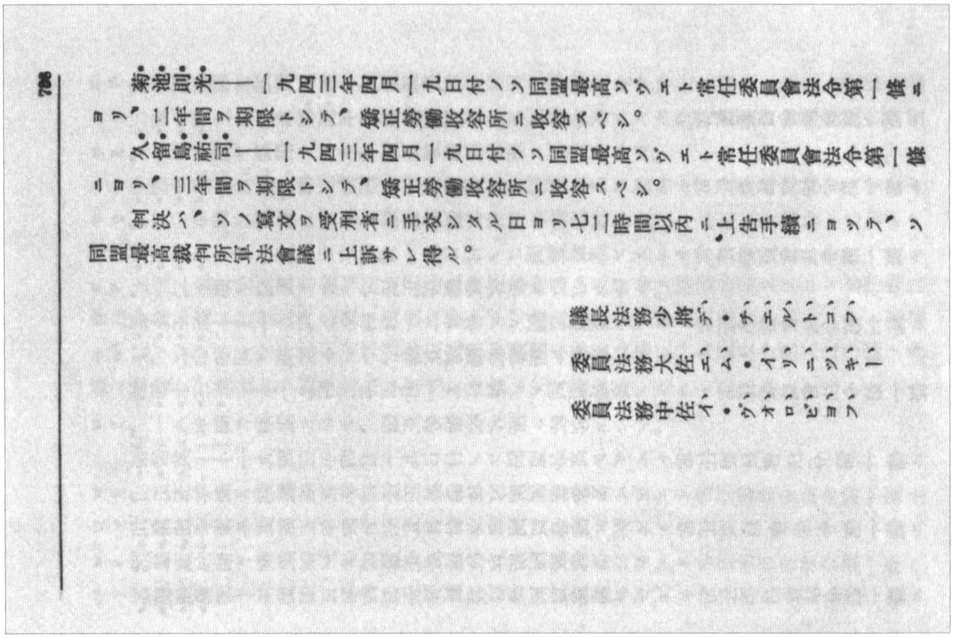

786

菊池則光——一九四三年四月一九日付ノソ同盟最高ソヴェト常任委員會法令第一條ニヨリ、二年間ヲ期限トシテ、矯正勞働收容所ニ收容スベシ。

久留島祐司——一九四三年四月一九日付ノソ同盟最高ソヴェト常任委員會法令第一條ニヨリ、三年間ヲ期限トシテ、矯正勞働收容所ニ收容スベシ。

判決ハ、ソノ寫文ヲ受刑者ニ手交シタル日ヨリ七二時間以内ニ、上告手續ニヨッテ、ソ同盟最高裁判所軍法會議ニ上訴サレ得ル。

議長法務少將デ・チェルトコフ

委員法務大佐エム・イリニツキー

委員法務中佐イ・ヴォロビヨフ

2. 国民政府战争罪犯处理委员会档案中榛叶修笔供及日军罪行证明书

资料：中国第二历史档案馆编：《日军罪行证明书》，南京出版社 2015 年版，第 4—5、9、12—13、190—191、194—195 页。

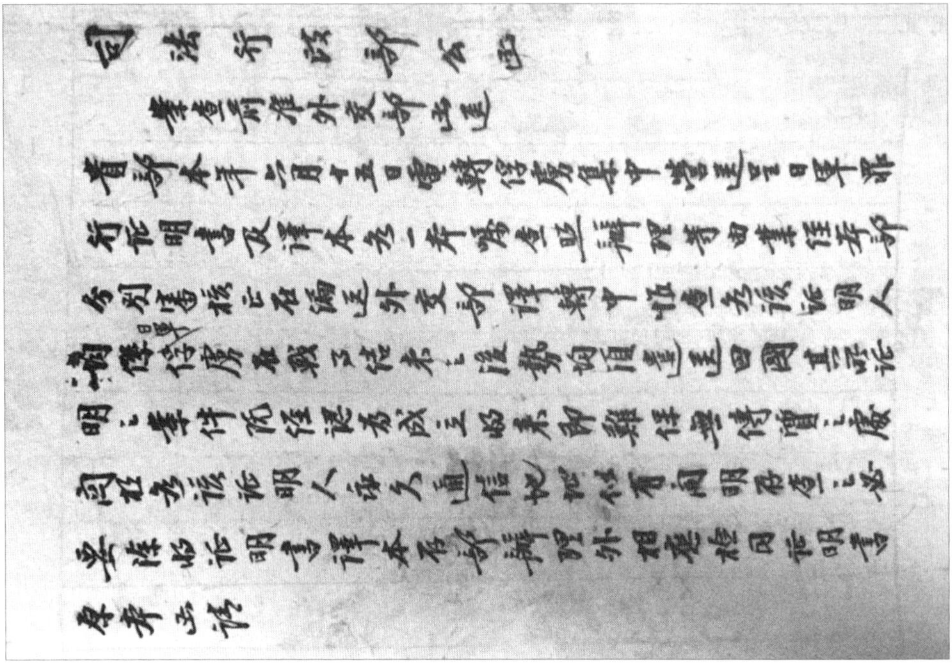

司法行政部公函

奉查前准外交部函送

贵部本年六月十五日电称俘虏集中营送呈之日军罪

行证明书及译本各一本，嘱查照办理等由，当经本部

分别迳函核正后函送外交部译转[illegible]各该证明人

[illegible]日俘俘虏[illegible]了结[illegible]后[illegible]迳呈回国再行证

明之事件而经证明各点之必要时[illegible]

询据各该证明人[illegible]通信地址[illegible]必

要准此[illegible]证明书译本各部办理外相应检同证明书

[illegible]

貴部查照轉飭該俘虜等中營迅將該証明人[illegible]
各通信地址查明開列連同原証明書一併補送過
部以備查考為荷此致
軍政部
計送日軍罪行証明書原本一本（共九十一件）

日軍罪行證明書

內容計　證明書九十一件
罪行二百八十二案

苗營管字第694號

日軍罪行証明書

首題ノ件ニ関スル本人自身見聞セル日軍暴行事實ヲ左記ニ述ベン。

一、昭和十七年六月中旬ヨリ八月末マデ浙贛作戦ニ際シ、中支派遣軍直属榮一六四四部隊多摩部隊（防疫給水部本部）ハ飛行機ニ各種（コレラ、赤痢、チフス）ノ黴菌ヲ積載シ金華、蘭谿方面、中国軍陣地後方一帯ニ撒布傳染病ノ發生ヲ企圖セシ為ニ中国良民、兵士等多數悪疫ニ罹レタリト云フ。

一、昭和十八年十一月二十日江蘇省武進縣常州駐屯ノ独立歩兵第四十九大隊第三中隊中隊長中尉上杉某ハ中国人男女十三名（女二名）ヲ密偵ノ嫌疑ノ下ニ殴打、翌日夜常州駅東南方五百メートルノ無名墓地ニ於テ自己ノ指揮スル中隊ノ新兵ニ命ジ銃剣ニ依リテ刺殺セシメタリ。

一、防疫給水部九江支部（榮一六四四部隊天作隊）兵長西川宇太吉上等兵吉野新作兵長植原一雄ノ三名ハ昭和十八年十一月五日常德作戦ノ為徴發セシ中国良民五名ガ病氣ノタメ歩行困難トナルヤ洞庭湖畔ノ空屋ニ拘禁家屋ニ放火シテ五名ヲ焼殺シタ。

以上各項相違無キ事ヲ証明ス

中支派遣第十一軍六十八師直属榮一六四四部隊
防疫給水部九江支部天作隊
榛葉 修

一九四五年一月八日

本籍
永久連絡地 静岡県小笠郡河城村

日軍罪行證明書譯文

日軍罪行證明書

內容計 證明書九十一件
罪行二八二案件

日軍罪行証明書

茲將本人親自見聞日軍暴行事實記述於下

一、自昭和十七年六月中旬至八月末，在浙贛作戰中，中支派遣軍直屬榮第一六四四部隊多摩部隊（防疫給水部隊本部）用飛机積載各種虎疫、赤痢、氣疫等病菌，向金華蘭谿方面中國軍陣地與後方一帶撒布，全國傳染病發生蔓延，因之死亡中國良民和軍人染患疫而死

二、昭和十八年十月二十日江蘇省武進縣常州駐屯防疫給水部九大隊第三中隊中隊長陸軍中尉上杉柔，對於中國人男女十五名（女二名）以盜探嫌疑痛加毆打，此日夜在常州車站東南方五百米之元名墓地中命令所指揮之中隊新兵用刺刀全部刺殺

三、防疫給水部九江支部（榮一六四四部隊支作隊）兵長秋川等三名於昭和十八年十二月五日常德作戰中，強拉中國良民五名中途因病患行困難擱置洞庭湖畔荒屋中放火燒殺

以上完全皆是証明

一九四五年一月八日

中支派遣第一軍六八師直屬第一六四四部隊

防疫給水部九江支部支作隊

榛葉修（指印）

3. 战后远东国际军事法庭国际检察局对荣一六四四部队九江支队卫生兵榛叶修的讯问记录及其亲笔供述

资料 1：National Archives of the United States，R331，M690，#271.

INTERNATIONAL PROSECUTION SECTION

EVIDENTIARY DOCUMENT NUMBER 1896

TITLE: Affidavit of HATABA, Osamu, on Bacterial Warfare carried on byy EI 1664 Force in China, 1943.

SOURCE: HATABA, Osamu

MICROFILMING

Document 1896 Source: HATABA, Osamu
has been microfilmed on 21 Oct 1948 for
permanent historical record.

(None) (Part) of this document had been extracted for court use.

F. MATTISON
File Unit
Document Division

Translated by: T. YAMAMOTO.

Testimony regarding crimes committed by a
Japanese Force.

The organization of the "EI" 1644 force, in Central China, a Water Supply and Purification Unit was as follows:-

1. General Affairs Bureau.
2. Epidemic Prevention Section.
3. Material Section.
4. Physics and Chemistry Section.
5. Intendance Section.

The General Affairs Bureau was in charge of the office work, personnel affairs, education, instruction, etc. of the unit in general.

Epidemic Prevention Section was dealing with the examination and culture of microbes, prevention of contagious diseases and other general epidemic prevention work.

The Material Section was in charge of the various medical supplies, water supply materials and other work regarding material in general.

The Physics and Chemistry Section was working on the examination of poison, the culture of vaccines, examination of drinking water and on other scientific research.

The intendance Section was managing the accounts, supplies, etc. of the Unit.

The principal officers of the unit in September, 1943, were as follows:-

The Commander of the unit at Nanking, H.Q.:
Col. SATO Shunzo, Army Medical Corps.
The chief of the General Affairs Bureau at Nanking H.Q.:
Maj. AWAYA Ippo, Army Medical Corps.
The chief of the Epidemic Prevention Section at Nanking H.Q.:
Capt. OKOCHI Masao, Army Medical Corps.
The Comdr. of the detachment at Chimchiang : Maj. OKURA, A.M.C.
The chief of the Epidemic Prevention Section at Chiuchiang:
Lieut. SAITO Shichiro, A.M.C.

I do not remember the names of the others.

The original duties of this unit were to look after the health of Japanese soldiers, the prevention of the contagious diseases, the preventive examination and vaccination of the Japanese nationals. The unit was established for the purpose of preventing diseases. In operations they also supplied drinking water to the forces engaged in the operations by organizing water supply sections.

It is a fact that this unit cultured the microbes such as those mentioned below. However, even in the unit only the officers directly

Testimony regarding crimes committed by a Japanese Force (cont'd).

concerned with the matter knew and the matter was kept secret from the other officers, and men. It is a fact, though, that the following microbes were cultured during June, 1942. (1) Cholera, (2) Typhus, (3) Plague, (4) Dysentery.

All members of the Epidemic Prevention Section participated in culturing the microbes.

The diffusion of the microbes took place during June and July of 1942, but the number of times the diffusion took place or the quantity diffused is unknown. Microbes were spread in the area around Kinhwa of Chekiang prefecture, but as the withdrawal of Chinese Armies from the area was so rapid, the advancing Japanese Army entered the contaminated area. And as the Japanese made short rests or camped in the area and used the nearby water for drinking and cooking purposes, a large number of cases of contagious disease resulted.

A great number of Chinese inhabitants also suffered from the epidemics and died. It is not clear how the command for the culture of microbes was issued, but as I do not believe that the unit would take such measures at its own discretion, I believe that the orders came from some one like the Commander of the Army, (The Comdr. of the 11th Army SHIMOMURA Sadamu) or the Comdr. of the Division (Divisional Commander - SAKUMA Tameto). The object of such an operation is to diffuse the malignant microbes in the rear of the enemy and to spread the epidemics artificially in order to kill and to demoralize the enemy. It is an inhumane act which also badly affects the inhabitants. When I visited the Hangchow Military Hospital about the middle of September, 1943, it was overcrowded by Japanese soldiers suffering from contagious diseases and every day three to five men were dying. I was told that about August of the same year they accommodated thousands of cases by laying straw mats in the open yard of the Hospital.

According to the words of TATSUZAWA Tadao of Tokyo, a lance corporal of the Army Medical Corps of "EI" 1644 Force, he flew to the front lines to scatter the microbe from the aircraft. The unit had two or more aeroplanes for its own use.

I am one who was attached to the Epidemic Prevention Section of the Water Supply and Purification Corps, from May, 1942 to March, 1943, but who deserted from the unit upon discovering that under the name of "Sacred War" inhuman acts, such as I mentioned, were being committed. The Physics and Chemistry Dept. was also making researches on poisons.

Former member of Epidemic Prevention Section of "EI" 1644 Force.

April 17, 1946.

(Signed) HATABA Osamu.

Address: Shizuoka-ken, Ogasagun,
Kawashiro-mura, Kurezawa, 358.

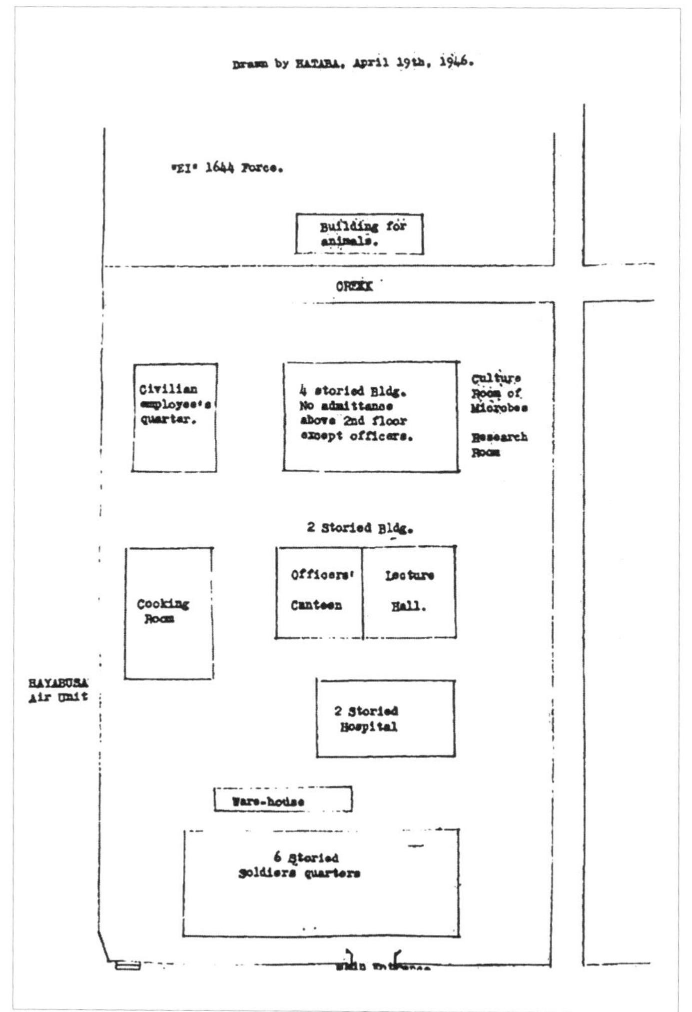

128 KUNSHAN Road, Shanghai.

A Committee for culture movements against Japan.

SHIZUOKAKEN, Ogasagun, Kawashiromura, Kurasawa, 358.

c/o TAKAFUJI Genjiro.

Tokyo-to, Hongo-ku, Nishikatamachi, Tono 10

OKADA Yoshihoko.

Tokyo-to, Koishikawa-ku, Tanaka Bunkyo Do.

(Book store).

GENERAL HEADQUARTERS SUPREME COMMAND ALLIED POWERS
INTERNATIONAL PROSECUTION SECTION

Not used

CHARGE OUT SLIP

DATE 5 Nov 1946

EVIDENTIARY DOC. NO. 1896

TRIAL BRIEF________

EXHIBIT NO.________

BACKGROUND DOC. NO.________

SIGNATURE [illegible]

ROOM NO. [illegible]

Never reproduced

INTERNATIONAL PROSECUTION SECTION

Doc No 1896 14 June 1946

ANALYSIS OF DOCUMENTARY EVIDENCE

DESCRIPTION OF ATTACHED DOCUMENT

Title and Nature: Affidavit of HATABA, Osamu, on Bacterial Warfare carried on by EI 1664 Force in China, 1943.

Date: 17 Apr 46 Original (x) Copy ( ) Language Jap

Has it been translated? Yes (x) No ( )
Has it been photostated? Yes ( ) No (x)

LOCATION OF ORIGINAL: Document Division

SOURCE OF ORIGINAL: HATABA, Osamu

PERSONS IMPDICATED: Col. SATO, Shunzo; Maj. AWAYA, Ippo; Capt OKOCHI, Masao.

CRIMES TO WHICH DOCUMENT APPLICABLE: Violation Hague Convention.

SUMMARY OF RELEVANT POINTS:

Affiant was member of the above Water Supply and Purification Unit in China. Charges germ cultures were spread by plane and other means in Sept 1943 near KINHWA, CHEKIANG Prefecture. Some killed many Japanese soldiers as well as Chinese civilian population.

Analyst: W. F. Wagner Doc. No. 1896

GENERAL HEADQUARTERS, SUPREME COMMAND ALLIED POWERS
INTERNATIONAL PROSECUTION SECTION

Document No. 1896　　12 June 1946

CERTIFICATE

I, William Kaw, hereby certify that I am associated with the International Prosecution Section, General Headquarters, Supreme Command Allied Powers and that the attached document, consisting of [illegible] pages and described as follows: Testimony regarding Crimes committed by a Japanese [illegible]

and dated ~~13 June, 1946~~ 17 April, was obtained by me on the date above set forth in my above capacity and in the conduct of my official business and in the following manner, to wit (place and from whom obtained, including specific Japanese archives, records and files involved, if any): from Hatabo Osamu, a Japanese, at [illegible] Ogasagun, Kawachira-mura, Kurigawa, [illegible]

William Kaw
NAME

Capt.
RANK OR CAPACITY

ASN

INTERNATIONAL PROSECUTION SECTION

Doc. No. 1896　　Date. [illegible] June

ANALYSIS OF DOCUMENTARY EVIDENCE

DESCRIPTION OF ATTACHED DOCUMENT

Title and Nature: Affidavit of HATABA, Osamu on Bacterial Warfare [illegible]

Date: 17 April 46　Original (x) Copy ( )　Language [illegible]

Has it been translated? Yes (x) No ( )
Has it been photostated? Yes ( ) No (x)

LOCATION OF ORIGINAL (also WITNESS if applicable):

Doc Div

SOURCE OF ORIGINAL: HATABA, Osamu

PERSONS IMPLICATED:

Col. SATO, Shunzo; Maj. AWAYA, [illegible] Col. OKOCHI, [illegible]

CRIMES TO WHICH DOCUMENT APPLICABLE:

Violation Hague Convention.

SUMMARY OF RELEVANT POINTS (with page references):

Affiant was member of the above Water Supply and Purification Unit [illegible] cholera germ cultures were spread by [illegible] and other members in Sep 1943 near KIN[illegible] CHEKIANG Prefecture. [illegible] killed many Japanese soldiers as well as Chinese civilian [illegible]

Analyst: [illegible]　　Doc. No.

日軍罪業證明書

中支那派遣日軍榮一六四四部隊即チ防疫給水部ノ構成ハ次ノ通リデアッタ。

一、總務部　一、防疫科

一、教務科　一、理化學科

一、経理科

總務部ハ部隊全般ノ事務、人事、教育、指導等ノコトヲ管理シテイタ。

防疫科ハ細菌ノ檢索、培養、傳染病ノ防疫其他一般防疫業務ヲ管掌シテイタ。

教務科ハ各種衛生教科、給水用器具、其

古茂

他一般資材業務ヲ管掌シテイタ。

理化學科ハ毒物檢査、豫防注射液製造、水質調査、其他ノ理化學的研究ヲ主トシテイタ。

経理科ハ部隊内ノ経理ヲ主管シテイタ。

當時昭和十八年九月ノ部隊ノ主要ナル責任者ハ次ノ如クデアッタ。

南京本部 部隊長　陸軍軍醫大佐　佐藤俊三

同 總務部長　同　軍醫少佐　粟屋一歩

防疫科長　同　軍醫大尉　大河内雅夫

九江支部部隊長　軍醫少佐　大隈

九江支部 防疫科長　軍醫中尉　齋藤七郎

其他ノ者ハ忘却シテ記憶ガナイ。

古茂

三

此ノ部隊ノ主要ナル原來ノ任務ハ、一、一般日
軍人ノ健康維持ノ為メ、傳染病ノ豫防トカ
居留民ニ対シテ防疫檢查トカ豫防注射ヲ行フト
カ總テ疾病防止ノ為ニ設置サレタモノデアリ、
又作戦中ハ給水班ヲ組織シテ作戦部隊ニ淨
水補給ヲ行ヒタリ。
此ノ部隊ニ於テ左記ノ如キ傳染病黴菌ヲ製
造セシコトハ確實ナレドモ、部隊内ニテモ一般士
兵ニハ秘密トサレテオリテ、直接関係セル將校
ノミ之ヲ知レリ。然シ乍ラ昭和十七年六月中
二種類ノ黴菌ヲ製造セルコトハ事実ナリ。
一、コレラ　二、チブス　三、ペスト　四、赤

春茂

四

痢。　　製造
関係者ハ防疫科員全員ナリ。
撒布セル時期ハ昭和十七年六月ヨリ七月マデ
ノ間ナリシテ、回數、數量等ハ不明ナリ。
撒布区域ハ浙江省金華ヲ中心トセル地域ナリ。
此ノ結果ハ中国軍ノ撤退急ナリシ為、進軍セ
ル日本軍ガ撒布地域ニ進出シ、小休止又ハ宿泊
セル結果、飲料水、炊事等ニ附近ノ水ヲ使用シ、
將兵多數ノ傳染病患者ヲ出シタリ。
又中国住民中ニモ多數ノ患者ヲ出シ、仆レタリ。
黴菌製造ノ命令系統ノ詳細ハ不明デアルガ、
部隊ガ自動的ニ右ノ行為ヲ行フモノデハナク、

春茂

五

軍司令官、師團長等ノ要求ニ依リテ行フモノ（師団長 佐久間為人）

ト思フ。

此ノ目的ハ悪性猛烈ナル病原菌ヲ敵軍陣地後方ニ撒布シテ、人工的ニ傳染病ヲ猖獗セシメ、敵軍ヲ斃シ、士気ヲ沮喪セシムルヲ目的トシテ居ルモノデ、一般住民ニ対シテモ頗ル悪結果ヲ及ボス非人道的行為デアル。

昭和十八年九月中旬ニ自分ハ杭州陸軍病院ニ赴イタガ、當時ニ於テモ同病院ハ傳染病患者（日軍兵士）デ充満シテ居リ、毎日五乃至三名ノ死亡者ガアッタ。同年ノ八月頃ハ同病院ノ営舎ニ席ヲ敷イテ、數千ノ患者ヲ收容シタト

六

云ッテ井タ。

榮一六四四部隊ノ衛生兵長 立澤忠夫（東京出身）ノ言ニ依レバ、彼ハ飛行機ニ依リテ前線ニ病原菌撒布ニ出動シタト話シタ。

部隊ニハ専用機ガ最少ニ[illegible]台以上アッタ。

自分ハ昭和十七年五月ヨリ十八年三月マデ防疫給水部防疫科ニ勤務シテ井タガ、聖战ナリト云フ美名ノ下ニ、右ノ如キ非人道的行為ヲ行フヲ知リテ、部隊ヲ脱走セル者デアル。

尚理化學科デハ毒薬ノ研究ナドモ行ナッテ井タ。

元榮一六四四部隊防疫科員

民國卅五年四月十七日　榛葉 修

[illegible]小笠郡河城村倉澤 三五八

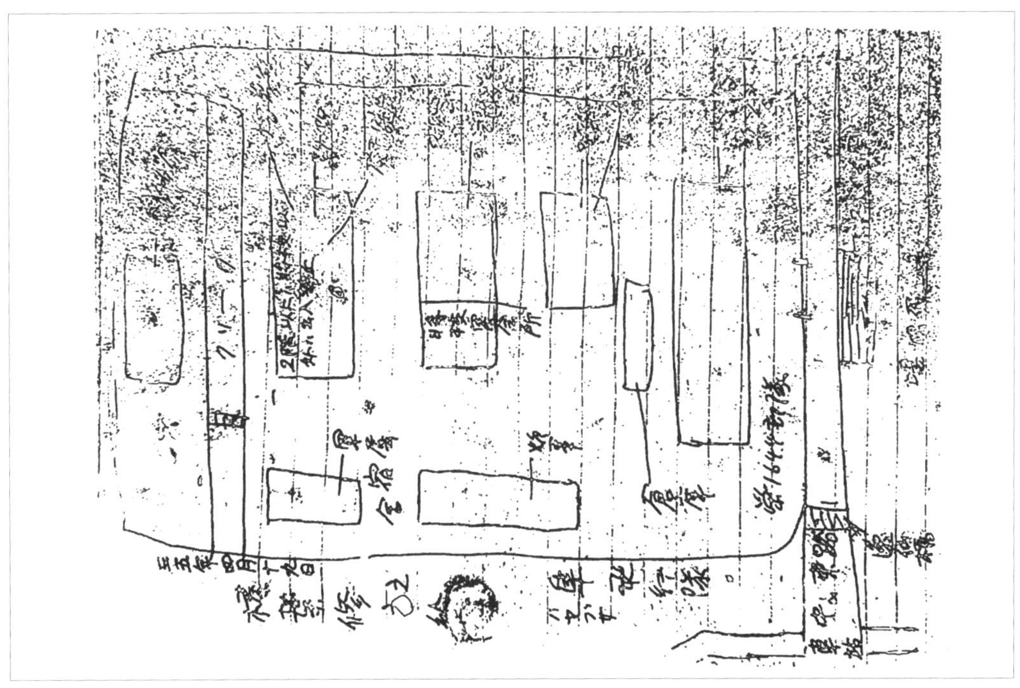

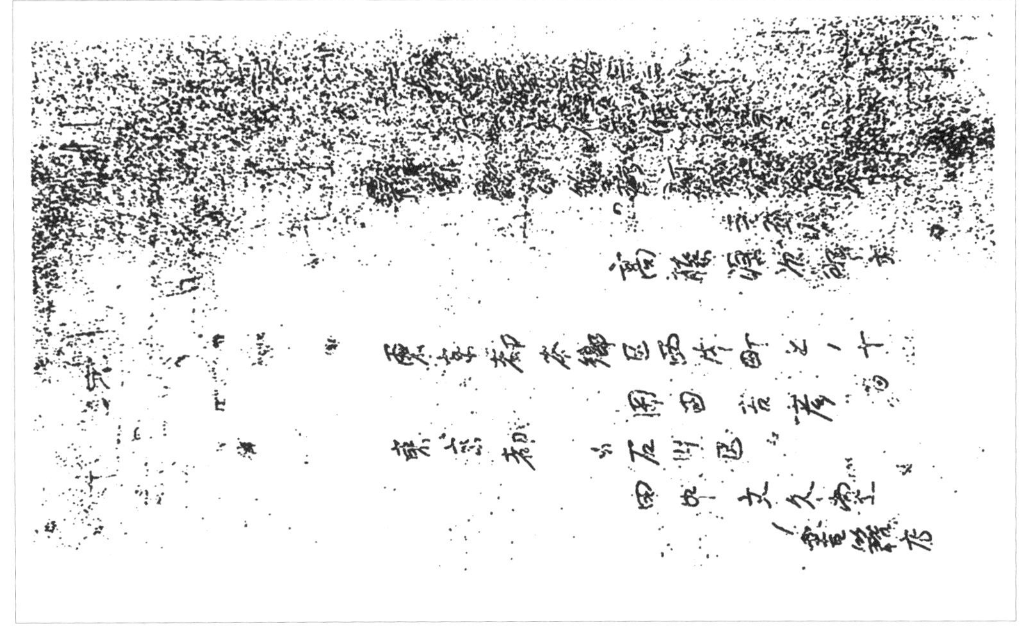

资料 2:National Archives of the United States, R112, E295A, B11.

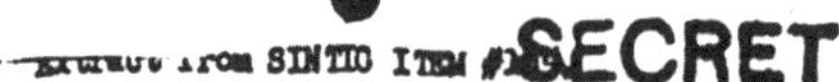

SECRET

HEADQUARTERS
UNITED STATES ARMY FORCES
CHINA THEATER
OFFICE OF THE ASST. C. OF S, G-2
APO 879

SINTIC ITEM #185 3 December 1944.

SUBJECT: Prisoner of War Interrogation.

RE: Water Supply and Purification Dept., etc.

SOURCE: POW#229, CHIMBA Isamu, Lance Cpl. Water Supply and Purification Depts at Nanking and Kiukiang; captured Mar. 1944 near Kiukiang, Preliminary interrogation at TUCHIAO, Szechwan, 29 Nov to 2 Dec 1944.

RATING: B-2

NOTE: Remarks contained in square brakets / / were not made by POW, but are our own comments and additions.

Prisoner's History:

POW #229, CHIMBA Isamu ( ), Lance Cpl.
Age 30; born Shizuoka-Ken; residence Nagoya City.
Graduate X-Ray Section, Medical College of Nagoya Imp. University.
Profession: X-Ray Specialist (physician)
Last Unit: Water Supply and Purification Dept., attached to 68 Div.
Captured March 1944.

Conscripted and trained as medical soldier (eiseihei) in Nagoya Army Hosp., attached to 3 Div., in 1936/37 (before graduating from Med. Coll.) No foreign service at this time.

Recalled June 1943, as first replacement (Dai-ichi hoju-hei), (phys. class B-2), to NAGOYA Army Hospital. Was there 10 days, along with 420 men called up as Med. Troops (eiseihei) at same time. These other men were mostly also replacement men, and with the exception of about seven, none had ever received any training.

From Nagoya, POW traveled to HANGCHOW, Chekiang Province, as follows:

All (about) 420 draftees left in one group, under command (transport commander) of 2 Lt. (Med) KOBAYASHI of Nagoya Army Hospital. From Nagoya by train to SHIMONOSEKI; ferry boat to FUSAN; train (freight — cars) by way of MUKDEN, SHANGHAIKUAN, TIENTSIN, HSUCHOW, to P'UKOW. Freight-cars each

held

SECRET

SECRET

G-2 Comment:

1. There is a greater variety of materials, and other materials named, than would be required for the manufacture of the vaccines specifically mentioned.

2. There is a greater variety, and other kinds of animals, than the manufacture of the stated vaccines would require. These animals may have been used in experimental work.

3. There is nothing in the report, except the PWIs (SINTIC Rating B-2) statment, "The bacteria used in the CHEKIANG campaign in 1942 were produced at NANKING in building A, etc.", which is inconsistant with this institution being a large regional vaccine institute and central general laboratory for routine and perhaps for research purposes.

4. The facilities described could and may be used for the production of BW agents, but there is no conclusive evidence in this report xx that they were employed for this purpose. Investigation of this report is continuing.

Note: The CHEKIANG campaign was the largest undertaken in China in 1942 involved approximately 70,000 Jap troops and took place May - August. It followed the Doolittle raid of 18 April 1942. Items 187 and 188, noted in basic communication, have never been received.

SECRET

资料 3：National Archives of the United States，R112，E295A，B11.

SECRET

MILITARY INTELLIGENCE DIVISION W. D. G. S.

MILITARY ATTACHE REPORT

Subject: Water Supply and Purification Unit, Japanese Army　I. G. No.

From MA Chungking　Report No. 10,595　Date 6 December 1944

Source and degree of reliability: Japanese prisoner of war
Evaluation: B-2
Ref: G-2, China Theater rpt. JICA #10,596

SUMMARY.—Here enter careful summary of report, containing substance succinctly stated, including important facts, names, places, dates, etc.

Primarily order of battle on above-named organization but much information pertaining to the functions thereof are included. This report should be consulted with JICA Report No. 10,596, pertaining to BACTERIAL WARFARE. For the immediate attention of Chief, Chemical Warfare Service and the Surgeon General.

JOSEPH K. DICKEY,
Colonel, GSC,
G-2, China Theater,
U. S. Army Forces.

MIS NOTE: This report will not be reproduced in whole or in part, or distributed to any agency or person other than those listed on the left hand margin without the approval of the Chief, MIS.

DISTRIBUTION: War Department

Unnumbered
and master
Dir Int 3
CNS 2
Med 2

Distribution by originator

Routing space below for use in M. I. D. The section indicating the distribution will place a check mark in the lower part of the recipients' box in case one copy only is to go to him, or will indicate the number of copies in case more than one should be sent. The message center of the Intelligence Branch will draw a circle around the box of the recipient to which the particular copy is to go.

AGF	AAF	ASF	AC of S G-2	Chief IG	Est. Adv.	For Liai	N. Amer.	Air	Dissem.	AIO	FLBA	OSS
MA Sec.	CIC	Res. Sec.	ONI	BEW	CWS	ENG.	OPD	ORD	Sig.	State	QMG	

Enclosures:

1 copy to Dr Hudson.

SECRET

SOURCE: P.O.W. 229, CHIBA Isamu, Lance Cpl, Water Supply and Purification Depts at Nanking and Kiukiang; captured Mar. 1944 near Kiukiang. Preliminary interrogation at TUCHIAO, Szechwan, 29 Nov to 2 Dec 1944.

RATING: B-2

NOTE: Remarks contained in square brackets / / were not made by POW, but are our own comments and additions.

Prisoner's History:

PO. 229, CHIBA Isamu (　　), Lance Cpl.
Age 30; born Shizuoka-Ken; residence Nagoya City.
Graduate X-Ray Section, Medical College of Nagoya Imp. University.
Profession: X-Ray specialist (physician)
Last unit: Water Supply and Purification Dept., attached to 68 Div.
Captured March 1944.

Conscripted and trained as medical soldier (eiseihei) in Nagoya Army Hosp., attached to 3 Div., in 1936/37 (before graduating from Med. Coll.) No foreign service at this time.

Recalled June 1943, as first replacement (Dai-ichi hoju-hei), (phys.class A-2), to NAGOYA Army Hospital. Was there 10 days, along with 420 men called up as Med. Troops (eiseihei) at same time. These other men were mostly also replacement men, and with the exception of about seven, none had ever received any training.

From Nagoya, POW traveled to HANGCHOW, Chekiang Province, as follows:

All (about) 420 draftees left in one group, under command (transport commander) of 2 Lt (Med) KOBAYASHI of Nagoya Army Hospital. From Nagoya by train to SHIMONOSEKI; ferry boat to FUSAN; train (Freight cars) by way of MUKDEN, SHANHAIKUAN, TIENTSIN, HSUCHOW, to P'UKOW. Freight-cars each held about 40 men. Train traveled mostly at night only, and trip took about one week. Soldiers were allowed outside cars, on platforms only, at stations, where prepared food ("bento") was handed them; no cooking on train.

About 16 medical troops left at HSUCHOW (　　), Kiangsu Prov., to enter hospital there; about 40 (for NANKING #1 and 2 Army Hosp), at NANKING. Others left at NANKING to proceed to HANKOW, to LUSHAN, etc.

As far as P'UKOW, same train also carried about 300 Transport Troops (unit unidentified) from GIFU, destined for YINGSHAN (　　), Hupeh Province; as well as about 300 infantry of C-3 unit from NAGOYA, apparently destined for HANKOW. Entire train, carrying about 1020 men, had about 30 cars. (Med. troops, inf. and transport traveled as separate groups however; each under its own transport commander).

From NANKING POW traveled to SHANGHAI by train, thence by train to HANGCHOW. About 60 medical troops off at SHANGHAI (for #1 and #2 Army Hosp. there); others at SOOCHOW (　　). Some traveled on from HANGCHOW TO KINHWA (　　).

Arrival at HANGCHOW, on 15th June 1943; where POW and 12 others of group (all untrained except POW) entered HANGCHOW Army Hospital.

POW and 4 others (untrained) of same group were transferred beginning of July 1943 to Water Supply and Purification Headquarters (Boeki Kyusuibu Hombu), NANKING.

In Feb (10/2/44), POW only was transferred to Water Supply and Purification Dept. Branch, attached to 68 Div. at KIUKIANG (　　). POW was captured in March 1944 near KIUKIANG.

From G-2, China Theater, Chungking　　Rpt. #10,595　　Date: 6 December 1944

DAG:gae　　Page 2

SECRET

PURIFICATION DEPT., HQ., NANKING
Hombu).

...ber 1943:　　SAKAE (　　) 1644
...c. 1943:　　NOBORI (　　) 1644

/Note: OB book carries code 1644 as "Central China Water Supply & Purification Dept./

Change of code-name in December 1943 entailed a curtailment of jurisdiction of the Hq at Nanking. In February 1944 it was rumored that this Hq might be transferred to SHANGHAI.

C.O.: Col. (Med) SATO Shunji (　　)　　(- 2/44 -)
/1942 AL: C.O. S.China Water Pur.Dept (11/41)/

Gen. Affairs Dept (Somubu)
C.O.: Major (Med) AMAYA Ippo (　　)　　(- 2/44 -)
/1942 AL translation: Maj. AMAYA Kazuo, mistake for AMAYA Ippo in original. Position: Army Cent Met Sec (7/41)/

Atchd: Capt (Med) OKAWACHI (Or OKOCHI) Masao (　　)　　(- 2/44 -)

2nd Lt (Med) SUZUKI (　　)　　(- 2/44 -)

2nd Lt (Med) WATANABE (　　)　　(- 2/44 -)

Sanitation Section (Boeki-Ka)
/Above is standardized translation, which however seems unsuitable in this case. Epidemic Prevention Section more closely represents both Japanese name and purpose of the section/

C.O.: Capt (Med) OTA Yoshizo (　　)　　(- 2/44 -)
/Not in 1942 AL/

Attached: 2nd Lt (Med) YAMAGUCHI Wataru (　　)　　(- 2/44 -)
/Not in 1942 AL/

Water Supply Section (Kyusui-Ka)

C.O.: 1 Lt (Med) SAISHO Atsushi (　　)　　(- 2/44 -)
/1942 AL: Atchd NANTO Army Hosp (7/41)/

Atchd: 2 Lt (Med) HIRATA Takeo (　　)　　"
/Not in 1942 AL/

Materials Section (Zaimu-Ka, 　　)

C.O: 1 Lt (Med.)　　(name unknown)

Attchd: 2 Lt (Med). KAWAMOTO (　　)　　"

Physico-Chemical Section
(Correct name may be Physico-Chemical Research Laboratory, i.e. Rikagaku Kenkyusho, but it was generally known as "Rikagaku" only)

C.O.: 1 Lt (Med) AKITA Torao (　　)　　(- 2/44 -)
/Not in 1942 AL/

Atchd: 1 Lt (Med) INUKAI (　　)　　"

Total strength of Hq in Nanking: military personnel, about 400.

Gunzoku (Jap. civilians) about 200.

Chinese employees: about 40 (male and female; for menial work)

Total: Approximately 640 (Feb. 1944).

From: G-2. China Theater. Chungking　　Rpt. #10.595　　Date ... 1944

SECRET

FUNCTIONS OF WATER SUPPLY & PURIFICATION DEPT. HQ:

(1) General Affairs Section (Somuka)

Administration, general and of personnel in Water Supply & Purification Units under Hq jurisdiction.

(2) Sanitation Section (Boeki-Ka) (Epidemic Prevention Section)

a. Manufacture of vaccines and serums for preventive injections. Quantity produced is sufficient to supply Japanese troops (and probably Japanese civilians) in Central China.

b. Laboratory examination of excreta. Both excreta of local Japanese military units as well as of civilian (Chinese) population is examined for indications of contagious diseases, etc.

c. Cultivation of bacteria. The principal categories of bacteria cultivated are cholera, typhus, and dysentery bacilli. PW stated that large quantities of animals (guinea pigs, rats, etc) were used for experiments in this section, access to which was strictly forbidden to all unauthorized personnel.

d. Giving injections to population in case of epidemics.

e. Inspection of food and food stores in Nanking (possibly also adjacent localities)

(3) Water Supply Section (Kyusui-ka)

To purify water and supply it to Army units. /See SINTIC item 138 regarding details of water purification equipment used/

(4) Materials Section (Zairyoka)

Procures and supplies materials and repairs equipment for all sections of Water Supply & Purification Dept.

(5) Physico-Chemical (Laboratory) (Rikagaku..)

a. Examination of water characteristics in Central China.

b. Manufacture poisons and drugs. (Purpose not definitely known).

c. Organizes Kendokuhan (検毒班) for active operations. These sections, usually consisting of 3 men, test water found in operations zones to ascertain whether or not it contains poison or other injurious elements.

d. Organizes Dendodo Sokutei - han (電導度測定班 Electric Conductivity Measuring Sections). These sections, usually consisting of a out 3 men, go ahead of Kendokuhan and, by means of electric conductivity tests, investigate water, other liquids, foods, etc.) tests should indicate whether or not matter tested is pure. Elements found to contain impurities are turned over to Kendokuhan for analysis.

These two types of sections are organized for active campaigns.

(6) A nursery or garden (Koen 農園) is attached to the Physico-Chemical Section in Nanking. This is located adjacent to the building housing the Water Supply & Purif. Dept. Hq. In it are cultivated poisonous (alkaloid) plants. Supervision is in the hands of a corporal, who commands five Japanese soldiers and about 10 Chinese employees (gardeners). Area covers about 1000 square plus. / ore than 4000 sq. yds/.

From G-2, Chungking, China. Rpt. 10,596 Date: 8 December 1944

D.S.: ms Page 4

SECRET

KIUKIANG BRANCH, WATER SUPPLY & PURIFICATION DEPT., NANKING HQ, attached to 68 Div.
(Boeki Kyusui-bu, Shibu; 68 Shidan Haizoku)

Location: KIUKIANG (九江) (- 3/44 -)

Code: HINOKI (檜) 1644.

C.O.: Maj (Med) HISHIMOTO Kunio (隅本邦雄) (- 3/44 -)
/1942 (Lt Capt (12/40), Chief ChSec,Water Pur Dept; 3/34/

Adj: 2 Lt (Med) KOBAYASHI Shintaro (小林新太郎)
/Not in 1942 AL/
This officer also has the concurrent job of C.O. of the Physico-Chemical Section.

Shomuka (General Affairs Section) (corresponding to Somu-ka of Hq in Nanking),

C.O.: 2 Lt (Med) SUZUKI Hideya (鈴木秀也) (- 3/44 -)
/Not in 1942 AL/

Personnel & Awards Subsection (Jinji-Koseki):

W/O SHIBAHIO; Tomishiro (柴賀富四郎)

Sanitation Section (Bokieka)

C.O.: 1 Lt (Med) SAITO Shichiro (齋藤七郎)
/Not in 1942 AL/

Water Supply Section (Kyusuika) } combined in one section
Materials Section (Zaimuka) } called Shibuka (Materials Section)

Physico-Chemical Section

C.O.: 2 Lt (Med) KOBAYASHI Shintaro; concurrently also adjutant.

This Branch Dept (Shibu), attached to the 68 Div, and taking its code name (Hinoki), receives its orders not from the 68 Div, but from the Water Supply & Purification Dept., Hq., Nanking. PW states that apparently all such departments attached to divisions at least in the area under the jurisdiction of the 13 Army (and possibly all of Central China), were under jurisdiction of Nanking Hq rather than the divisions etc. to which they might be attached. They all had the code number 1644, preceded by the code name of the division to which they are attached.

Strength of the Kiukiang Branch Dept (Hinoki 1644): 80 men and officers
15 gunzoku (drivers etc).

Equipment (Vehicles) of Kiukiang Branch Dept., Water Supply & Purif. Dept:

1 passenger car (for C.O.)
1 water filtering and supply car (Kyusuisha; see SINTIC item 138)
5 trucks.

Interrogator's Remarks:

P.W. 329 is considered trustworthy. He is well educated; his intelligence is above average, and it is believed he is sincere.

From G-2, Chungking, China Rpt. 10,596 Date: 8 December 1944

Page 5

SECRET

SECRET

1. [illegible] underlined [illegible] that previously known to us.

2. Dates indicated in round brackets are the last date on which P.W. knew respective officers to hold job described. Dashes (-) before and after dates indicate that officers concerned held jobs before date indicated, and still held them when P.W. last knew of them.

SOURCE: P.W. 229, Lance Cpl., Water Supply & Purification Depts at Nanking (Hq) and Kiukiang (Branch); captured Mar. 1944 near Kiukiang. For background see SINTIO Item 188, Interrogated at Tuchiao, Szechwan, 29 Nov to 2 Dec 1944.

RATING: B-2.

NOTE: Remarks contained in square brackets / / are our own.

The basic filtration equipment which the Japanese Army in Central China (and probably elsewhere) uses is an apparatus which utilises no chemical agents. It was supposedly invented by Maj. Gen. Ishii Katsuya (石井勝也) /not listed in 1943 Army List/.

It consists of a steel cylinder closed at both ends; a pump (operated either by hand or over a chain drive), a revolving brush shafts running the length of the cylinder, and about six porcelain tubes of porous texture built lengthwise into the cylinder around the brush shaft, and revolving in opposite direction to the latter.

Water is sucked into the cylinder at one end and held at a pressure of about 45 lbs. It penetrates the walls of the porcelain tubes. These tubes are made of a porcelain called HODOGAYA Yakimono (保土ケ谷焼物); possibly this material is produced in HODOGAYA, Yokohama, or by a company of that name, (or both). This is a grayish material and although it is porous, no pores are apparently visible to the naked eye.

The impurities that are deposited on the outer walls of these porcelainware tubes are brushed off by the central rotating brush, the porcelain tubes themselves rotating in opposite direction. A tightly covered opening at the side of the cylinder can be opened to remove dirt periodically; one end of the cylinder can be opened for thorough cleaning and change of tubes.

See attached sheet for sketch of apparatus.

Models: These filtration machines (rokuki 濾水器) come in four different sizes, viz:

(A) (甲) Largest size. 18 or 20 of these apparatuses are mounted on a special truck (Water supply car - 給水車). Motive power for the pumps and revolving brushes and tubes is supplied from the automobile engine when the car is not in motion.
One such automobile will filtrate and supply about 40 metric tons of drinking water per hour.

(B) (乙) Second size, somewhat smaller than (A). Six filter tubes only. It weighs about 90 kgs; is normally operated by hand (by means of a handle pushed left and right); and supplies about 1700 litres of water per hour. Usually carried on trucks.

From: G-2, China Theater, Chungking　Rpt. 10,595　Date: 6 December 1944

DMG:gas　Page 5

SECRET

(C) (丙) Third size. Weighs about 70 kgs, and can be carried by four men. Maximum capacity 1200 litres per hour. Usually hand-operated.

(D) (丁) Fourth size. For individual use. Length about 30 centimeters (one foot); capacity about 5 litres per hour. Not much used.

Cleaning: Model (A) requires "minor" cleaning at least once every 90 minutes. For this purpose a small door on the side of the cylinder is opened.

For period thorough cleaning and overhauls one end of the cylinder is opened.

Limitations: Although normally these filtration apparatuses operate very satisfactorily even on dirty creek water, and filter out all bacteria, they do not filter out poison.

Water pressure in cylinder must be watched. Normal operating pressure is 45 lbs / per square inch ?/. If pressure increases substantially, there is danger of fracture of filtering tubes.

Equipment of Japanese Army Units (Central China):

Each Japanese battalion usually has 1 or 2 Model (B) apparatuses (normally called "Suiki-Otsu" - 水器乙). Smaller units have 1 Model (C). These are normally hand-operated.

Water Supply & Purification Depts normally have one water supply truck with 18 - 20 Model (A) apparatuses (engine operated).

Interrogator's Remarks: P.W. 229 who supplied above information is considered trustworthy and fairly well informed.

Interrogator: J.S

Attcht: Sketch of SUIKI-OTSU.

From: G-2, China Theater, Chungking　Rpt. 10,595　Date: 6 December 1944

NOTE: This document contains information affecting the national defense of the United States within the meaning of the Espionage Act, 50 U.S.C., 31 and 32, as amended. Its transmission or the revelation of its contents in any manner to an unauthorized person is prohibited by law. It may not be reproduced in whole or in part, by other than War Dept. Agencies, except by permission of the A C of S, G-2, W.D.G.S.

SECRET

Sketch of Water Filtration Apparatus Model (B) ("SUIKI-OTSU")

Capacity: 1700 litres per hour (hand operated or power operated)

Explanations:

A - steel cylinder, length about 100 cm., dia. about 45 cm
B - inlet tube (end of flexible hose attached to this can be dropped into creek etc.; i.e. into source of water supply)
C - outlet tube (for filtered water)
D - covered opening for frequent removal of impurities
E - removable end wall (removed for overhauls etc.)
F - pressure gauge
G - revolving brush, rubbing against outside walls of tube H.
H - porcelainware (Hodogaya-yukimono) tubes (porous), into which water filters. Rotate in opposite direction to G.

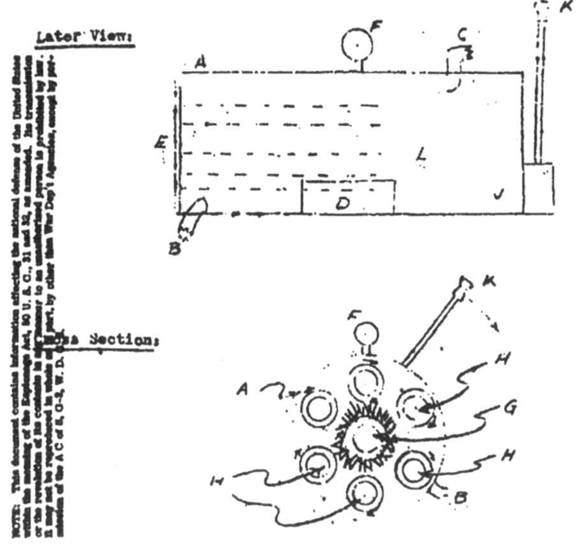

J - pump (with chain wheel for power drive, and handle K for hand operation.
L - gears for rotation of revolving brush and tubes

From: G-2, China Theater, Chungking Rpt. 10,596 Date: 6 December 1944

DMC:gas　　Page 8

SECRET

4. 美军中国战区司令部战略情报局情报《日军防疫给水部队和细菌战——日军战俘榛叶修的讯问报告》(1945年3月5日)

资料：National Archives of the United States，R112，E295A，B11.

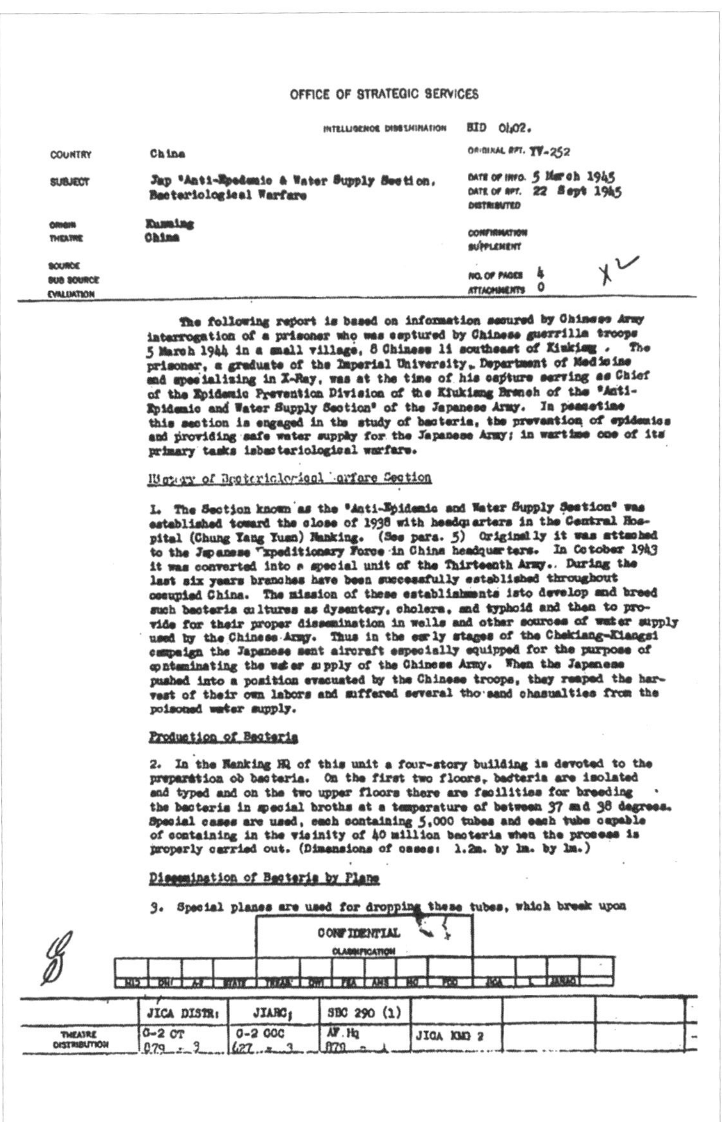

OFFICE OF STRATEGIC SERVICES

INTELLIGENCE DISSEMINATION BID 0402.

COUNTRY	China	ORIGINAL RPT.	YV-252
SUBJECT	Jap "Anti-Epedemic & Water Supply Section, Bacteriological Warfare	DATE OF INFO.	5 March 1945
		DATE OF RPT. DISTRIBUTED	22 Sept 1945
ORIGIN	Kunming	CONFIRMATION	
THEATRE	China	SUPPLEMENT	
SOURCE			
SUB SOURCE		NO. OF PAGES	4
EVALUATION		ATTACHMENTS	0

The following report is based on information secured by Chinese Army interrogation of a prisoner who was captured by Chinese guerrilla troops 5 March 1944 in a small village, 8 Chinese li southeast of Kiukiang. The prisoner, a graduate of the Imperial University, Department of Medicine and specializing in X-Ray, was at the time of his capture serving as Chief of the Epidemic Prevention Division of the Kiukiang Branch of the "Anti-Epidemic and Water Supply Section" of the Japanese Army. In peacetime this section is engaged in the study of bacteria, the prevention of epidemics and providing safe water supply for the Japanese Army; in wartime one of its primary tasks isbacteriological warfare.

History of Bacteriological Warfare Section

1. The Section known as the "Anti-Epidemic and Water Supply Section" was established toward the close of 1938 with headquarters in the Central Hospital (Chung Yang Yuan) Nanking. (See para. 5) Originally it was attached to the Japanese Expeditionary Force in China headquarters. In October 1943 it was converted into a special unit of the Thirteenth Army. During the last six years branches have been successfully established throughout occupied China. The mission of these establishments isto develop and breed such bacteria cultures as dysentery, cholera, and typhoid and then to provide for their proper dissemination in wells and other sources of water supply used by the Chinese Army. Thus in the early stages of the Chekiang-Kiangsi campaign the Japanese sent aircraft especially equipped for the purpose of contaminating the water supply of the Chinese Army. When the Japanese pushed into a position evacuated by the Chinese troops, they reaped the harvest of their own labors and suffered several thousand chasualties from the poisoned water supply.

Production of Bacteria

2. In the Nanking HQ of this unit a four-story building is devoted to the preparation ob bacteria. On the first two floors, bacteria are isolated and typed and on the two upper floors there are facilities for breeding the bacteria in special broths at a temperature of between 37 and 38 degrees. Special cases are used, each containing 5,000 tubes and each tube capable of containing in the visinity of 40 million bacteria when the process is properly carried out. (Dimensions of cases: 1.2m. by 1m. by 1m.)

Dissemination of Bacteria by Plane

3. Special planes are used for dropping these tubes, which break upon

CONFIDENTIAL

CLASSIFICATION

	JICA DISTR:	JIARC;	SBC 290 (1)			
THEATRE DISTRIBUTION	G-2 CT 079 - 3	G-2 CCC 627 - 3	AF. Hq 079 - 1	JICA KMD 2		

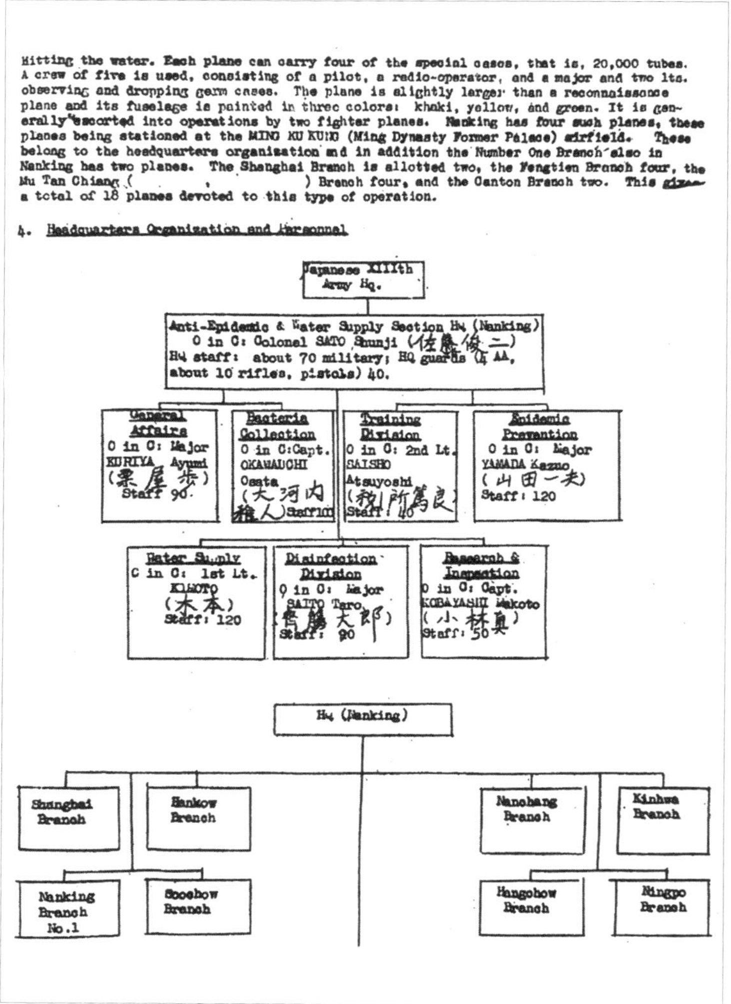

Hitting the water. Each plane can carry four of the special cases, that is, 20,000 tubes. A crew of five is used, consisting of a pilot, a radio-operator, and a major and two lts. observing and dropping germ cases. The plane is slightly larger than a reconnaissance plane and its fuselage is painted in three colors: khaki, yellow, and green. It is generally escorted into operations by two fighter planes. Nanking has four such planes, these planes being stationed at the MING KU KUNG (Ming Dynasty Former Palace) airfield. These belong to the headquarters organization and in addition the Number One Branch also in Nanking has two planes. The Shanghai Branch is allotted two, the Fengtien Branch four, the Mu Tan Chiang (,) Branch four, and the Canton Branch two. This gives a total of 18 planes devoted to this type of operation.

4. Headquarters Organization and Personnel

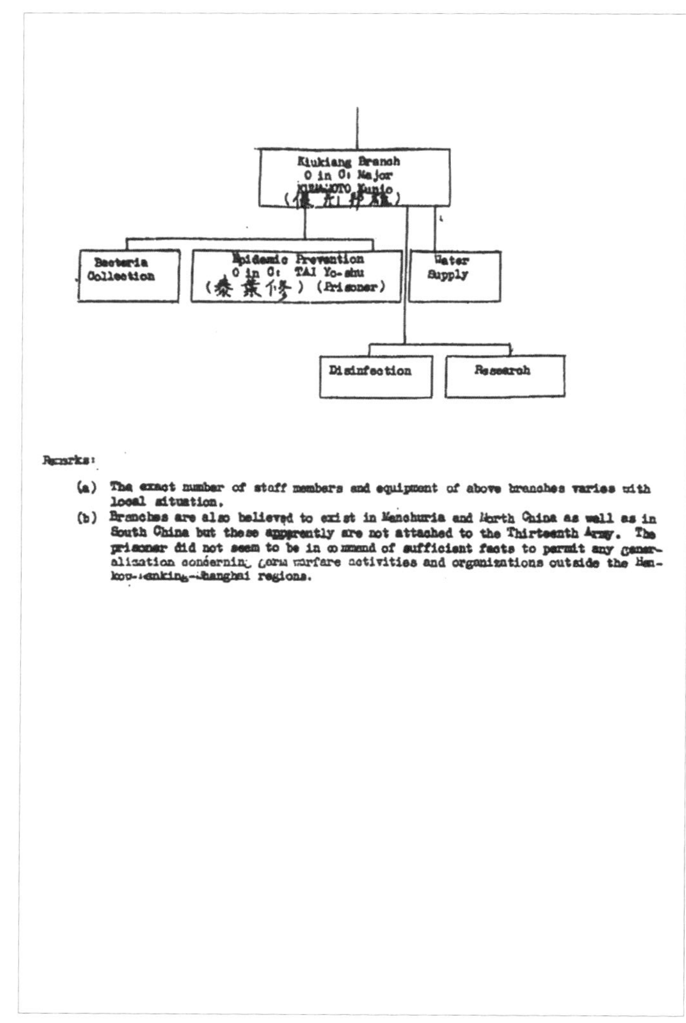

Remarks:

(a) The exact number of staff members and equipment of above branches varies with local situation.

(b) Branches are also believed to exist in Manchuria and North China as well as in South China but these apparently are not attached to the Thirteenth Army. The prisoner did not seem to be in command of sufficient facts to permit any generalization concerning germ warfare activities and organizations outside the Hankow-Nanking-Shanghai regions.

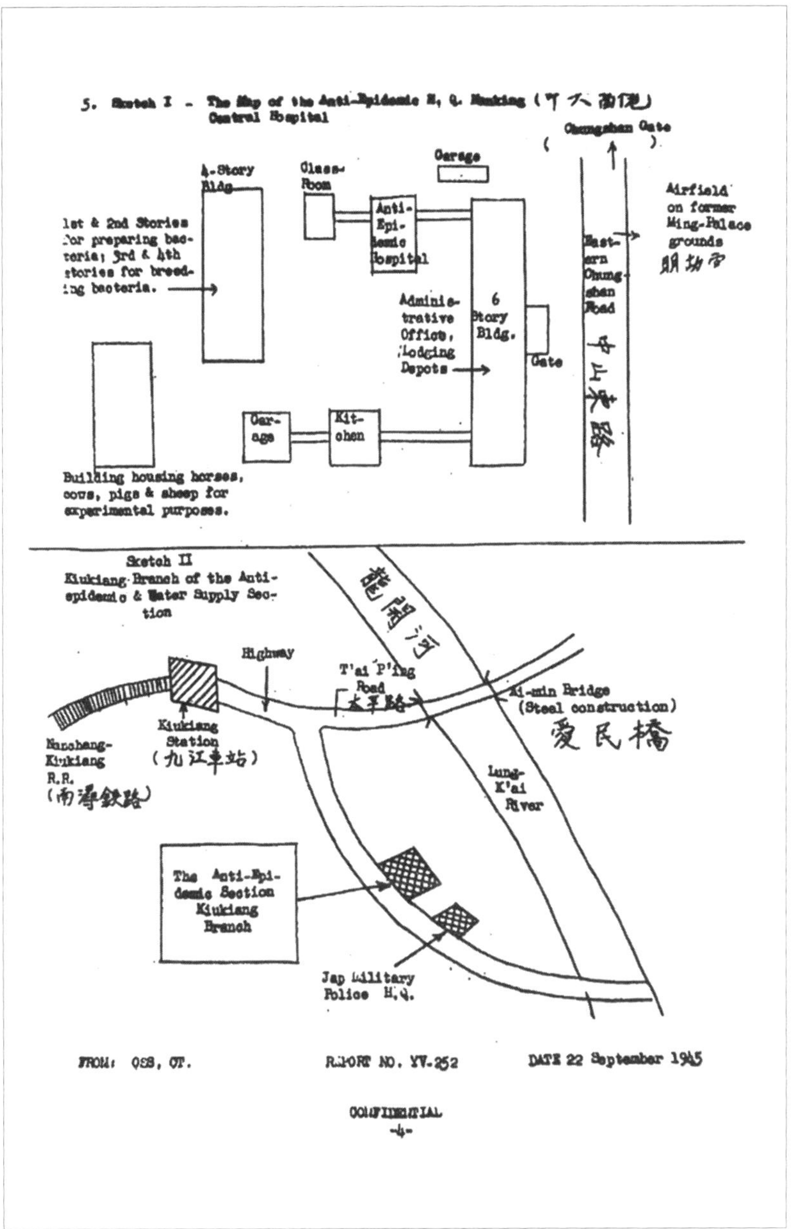
5. Sketch I - The Map of the Anti-Epidemic H. Q. Nanking
Central Hospital
Chungshan Gate
Garage
4-Story Bldg.
Class-Room
Anti-Epi-demic Hospital
Airfield on former Ming-Palace grounds
1st & 2nd Stories for preparing bacteria; 3rd & 4th stories for breeding bacteria.
Eastern Chungshan Road
6 Story Bldg.
Administrative Office, Lodging Depots
Gate
Garage
Kitchen
Building housing horses, cows, pigs & sheep for experimental purposes.
Sketch II
Kiukiang Branch of the Anti-epidemic & Water Supply Section
Highway
T'ai P'ing Road
太平路
Ai-min Bridge (Steel construction)
爱民橋
Kiukiang Station
(九江車站)
Nanchang-Kiukiang R.R.
(南潯鉄路)
Lung-K'ai River
The Anti-Epidemic Section Kiukiang Branch
Jap Military Police H.Q.
FROM: OSS, CT.
REPORT NO. YV-252
DATE 22 September 1945
CONFIDENTIAL
-4-

二、士兵证词

1. 日本下级医官中西义雄的声明

资料:《人民日报》,1950 年 2 月 26 日,第四版。

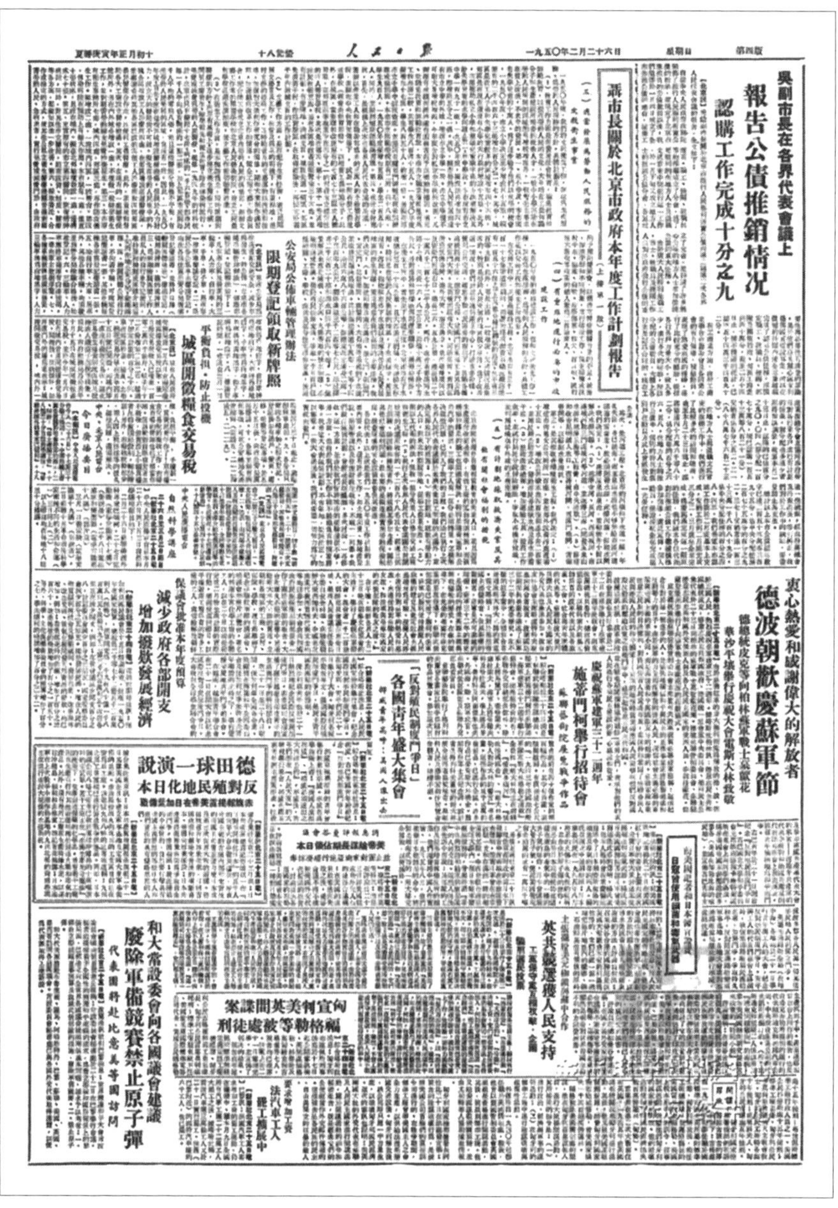

人民日報 一九五〇年二月二十六日 星期日 第四版

吳副市長在各界代表會議上
報告公債推銷情況
認購工作完成十分之九

聶市長關於北京市政府本年度工作計劃報告

公安局公佈車輛管理辦法
限期登記領取新牌照

平衡負担・防止投機
城區開徵糧食交易稅

衷心熱愛和感謝偉大的解放者
德波朝歡慶蘇軍節

減少政府各部開支
增加撥款發展經濟

各國青年盛大集會

德田球一演說
反對殖民地化日本

和大常設委會向各國議會建議
廢除軍備競賽禁止原子彈

英共號召人民支持

【新华社北京二十五日电】据法新社纽约讯：前美国战地记者杨氏二十日在美国红十字会的宴会上发表演说，证实日军曾大量制造并使用细菌和毒气武器。杨氏驳斥美国国务院否认日军曾使用细菌武器的声明。杨氏说：他本人战时曾在重庆医院目睹中了日本飞机所散布的细菌及毒气的毒的病人。杨氏在演说中强调指出：日本广岛居民在一九四五年八月所患的火伤和永久性的疾病，并非由于原子弹的爆炸，而是由于日本高级统帅部储藏在广岛的毒气中的一种芥子气的爆炸。日本曾储备大量芥子气，仅经美国发现尚未动用的就有一万四千吨之多。

另据电通社东京二十日讯：现住京都附近的前日本下级医官中西义雄在《赤旗报》发表声明，证实日军曾在南京设驻一支和在“满洲”一样的细菌战部队。中西在驻在南京金陵大学内一个日本陆军医疗队服务时，曾与所谓“华中疾病预防和给水供应部队”的人员交往。这些人员后来告诉中西说：该部队的工作是从事培养传布疾病的细菌，他们还曾用中国人作实验。一九四五年八月，他们根据日本统帅部的命令，将制造细菌武器的一所大楼完全摧毁，以便灭迹。

2. 日本军医关于其与汉口防疫给水部队合作的回忆

资料：刈谷影嘉『一个应召軍医の手记』、未刊本、1979 年、127－130 頁。

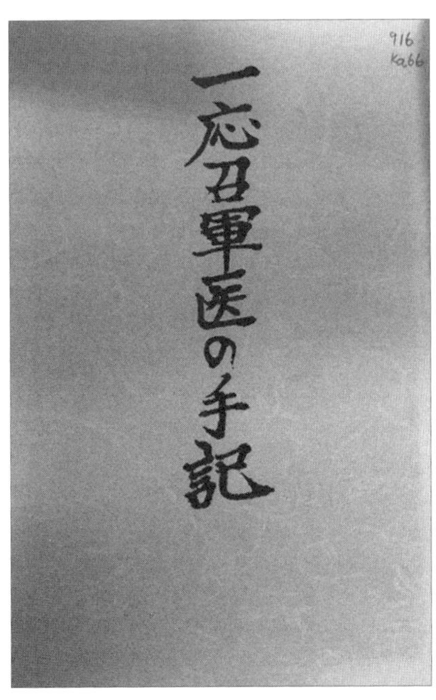

闘に参加することのない軍医は、戦闘中敵弾でも戦死しないかぎり、コレラ患者を診療する以外は感状を貰うことは不可能である。

開業医で応召の私には、軍隊の階級のきびしさはあまりピンとこない。医者は実力次第と信じていたし、事実軍医ばかりになると、星の数より卒業年次が優先していった。

私は、庶務の准尉から規則の記載してある書類を借りて、隊長室に行った。

部隊長の顔色が変った。

明らかに手落ちであったのだ。このことが上層部に知れると、まずいことになるらしい。

「この埋合わせは必ずするから内密にしてくれ」といわれた。私は万事諒承して引きさがった。

このためか、当初三十名いた同期の仲間は、次々と転属になって出て行くのに最後まで残り、帰還まで部隊と行動を共にした。しかも、一番最初に、患者輸送指揮官として内地に帰還させて貰ったのかも知れない。

本来、七月末に帰還するはずが、一月末に内地の土を踏むことが出来た。

十一、発疹チフス

中支武昌陸軍病院の患者は、七、八割が赤痢と腸チフスである。

武漢地区には、日本軍が駐留して以来、発疹チフスは出たことがない、といい伝えられていた。ペスト以外すべての伝染病があるのに、このことは神話的にさえなっていた。

なかったのではなく、あまりに膨大な数の腸チフス患者の中に混って、しかも、少数の軍医は多忙に過ぎ、とてもこまかい観察は出来かね、見落されていたのだ。臨床所見は、一、二の点を除けばほとんど同じであるためもあったろう。

なにしろ一日、五百人近い患者を診、その病床日誌も整理しなければならず、また患者には全く無関係な軍務が一杯ある。要するに、軍人である方が先きで、軍医の仕事は

その次ぐらいの比重である。二日も三日も病室に行かず軍務につかねばならぬこともしばしばある。

三月はじめ、分院へ十日間応援に行かされた。分院の軍医が、チフスで二名倒れたためである。ただちに五百人近いチフス患者を受け持たされた。廻診しているうちに、五、六名手掌足蹠に、薄い暗紫色不定型の斑がある者を発見した。

応召前、横浜水上署の留置場から数名の発疹チフス患者が出て、市立避病院に入院させられていた時、日本内地ではごく稀れな例であったので、見学に行き、特徴を細かく説明して貰ったことがある。

分院の患者の紫斑はあまりにもよく似ている。早速調べることにしたが、参考書もろくにない戦地の病院では、実に困難なことであった。

幸い、武昌防疫給水部隊長富井大尉は、大学六年後輩で、母校の細菌学教室員でもあったので、相談してみた。その結果、すべての検索物を二分し、防疫給水部と本院の検査室とでやることになった。その成績を較べてみて、違う答えが出たら何回でもやりなおす、ということで一致した。

まず、腸チフスを否定しなければならない。十日間毎日、屎・尿・血液および胃液からのチフス菌検出、および血清反応をみる。さらにワイル・フェリックス反応を調べる。ワッセルマン反応や村田氏反応はどうか。その他紫斑の出る病気を調べてみる。

これらのことは、他の患者を診療し、病床日誌の整理をしながら、その間にやるよりしかたがない。

これは、一面非常にやりがいのあることではあったが、同時に体力の限界に挑むことでもある。

まだ若い分院長は毎日激励してくれた。分院長の理解がなければ出来ないことである。診察以外の軍務は免除して貰わなければ、時間がない。この点、分院長はよく理解し、全面的に協力してくれた。

病院長もわざわざ来られて、「どうだ、しっかりやれよ」と、激励してくれた。

十日目の午後、すべてのデータは揃った。腸チフスも、梅毒等も皆否定された。ワイル・フェリックス反応のみ高い反応値を示していた。

両方の検査成績は完全に一致していた。これは、臨床所見と検査成績から発疹チフス

としか考えられない。

夕方までかかって、病床日誌に臨床所見および検査データを克明に記入し、「右を総合し病名を発疹チフスと決定す」と記載し、分院長に提出、本院に帰参した。

その後、武昌陸軍病院からも、対岸の漢口陸軍病院からも、しばしば報告されるようになった。

こうした苦心の末、病名を決定した所で、腸チフスにしろ発疹チフスにしろ、特効薬はなく、対症療法による以外はなかった。要は余病の出るのを防ぎ、自然治癒を待つのみであった。それだけに医者としては経過を見守るのに細心の注意が必要であった。

虱が媒介することはすでにわかっていても、無数にいる虱を撲滅する方法はなかった。衣類・寝具等を煮沸消毒しても、毎日虱だらけの入院患者が持ち込むのは防ぎようもなかった。二、三日もたつと、もとのもくあみである。

胡麻をまいたほどいる虱に食い殺されたとしか思えぬ患者も、しばしばあった。

- 130 -

十二、回帰熱

突然高熱を発する患者がある。マラリアのようなひどい悪感戦慄は伴わない。

採血、検鏡して見ると、からみあった細い毛髪のようなスピロヘーターが、視野を一杯に埋めている。よく血管が詰らぬものだと、感心する。特効薬はサルバルサンである。一号サルバルサンを静注する。幾何もなく、熱はストンと見事に平常になる。ただちに採血検鏡してみても、スピロヘーターは全く見えない。

あまりに急激な解熱のため、心臓が停止し、死亡してしまう者がある。しかし古参の軍医にはほとんどそういうことはないようだ。

どこが違うのか。

これは、恥を忍んで聞いてみるよりしかたがない。こういう内地ではお目にかかった

- 131 -

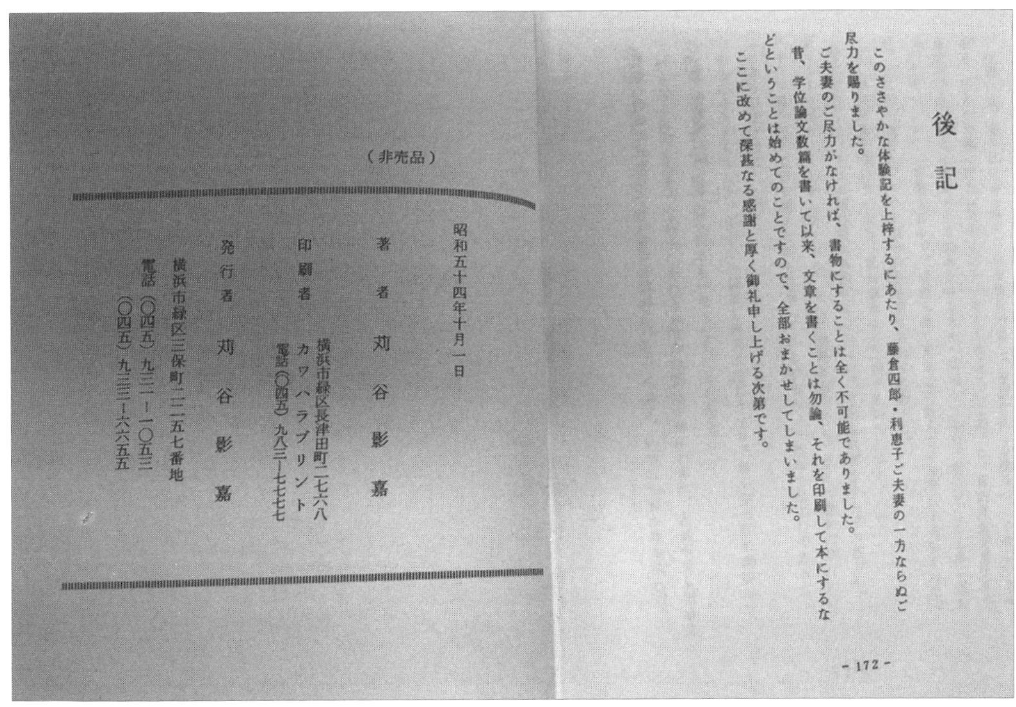

後　記

このささやかな体験記を上梓するにあたり、藤倉四郎・利恵子ご夫妻の一方ならぬご尽力を賜りました。

ご夫妻のご尽力がなければ、書物にすることは全く不可能でありました。

昔、学位論文数篇を書いて以来、文章を書くことは勿論、それを印刷して本にするなどということは始めてのことですので、全部おまかせしてしまいました。

ここに改めて深甚なる感謝と厚く御礼申し上げる次第です。

- 172 -

（非売品）

昭和五十四年十月一日

著　者　刈　谷　彰　嘉

印刷者　横浜市緑区長津田町二七六八
カワハラプリント
電話（〇四五）九八二—七七七

発行者　刈　谷　彰　嘉
横浜市緑区三保町二一五七番地
電話（〇四五）九三一—一〇五三
（〇四五）九三三—六六五五

3. 日军七三一部队航空班成员松本正一在东京地方法院细菌战诉讼法庭上的证言

资料:「元七三一部隊員 松本正一『陳述書』」(2000 年 11 月 15 日)、731・細菌戰裁判キャンペーン委員會『裁かれる細菌戰』資料集シリーズ No. 2:『特集:元 731 部隊員の初の法廷証言—隠蔽されてきた日本軍の細菌戰を暴く歴史的證人尋問始まる』、2001 年、63 - 64 頁。

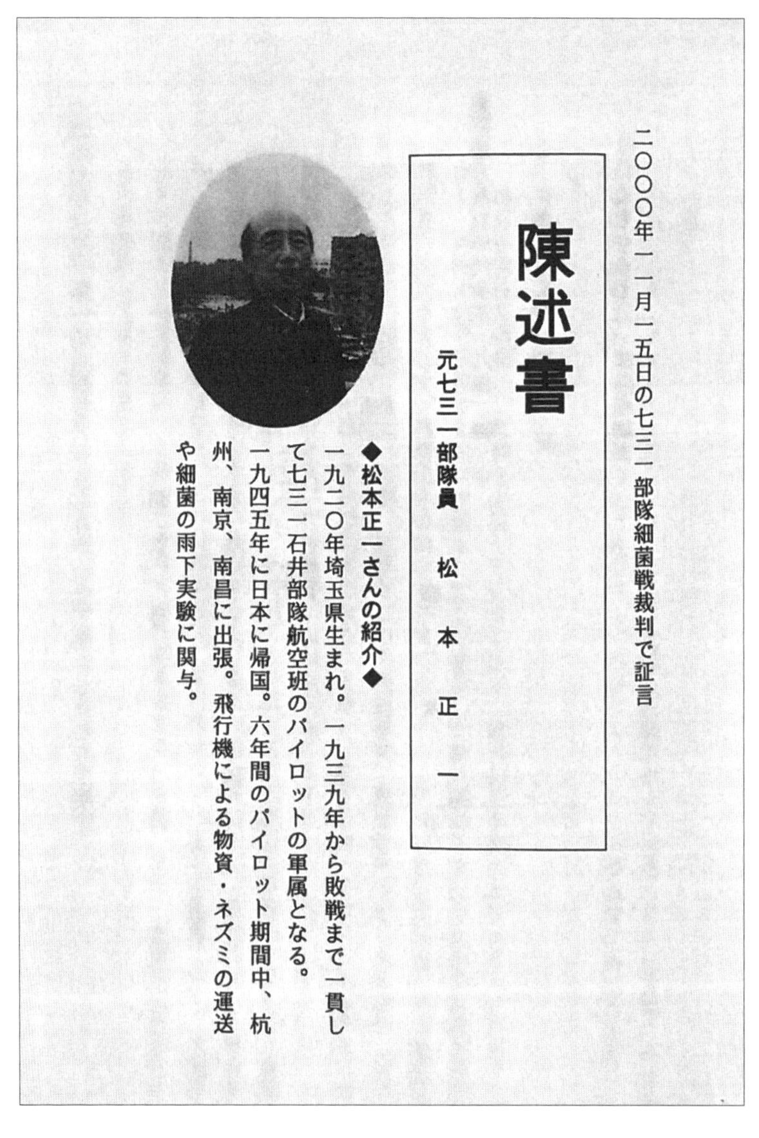

二〇〇〇年一一月一五日の七三一部隊細菌戦裁判で証言

陳述書

元七三一部隊員　松本正一

◆松本正一さんの紹介◆

一九二〇年埼玉県生まれ。一九三九年から敗戦まで一貫して七三一石井部隊航空班のパイロットの軍属となる。一九四五年に日本に帰国。六年間のパイロット期間中、杭州、南京、南昌に出張。飛行機による物資・ネズミの運送や細菌の雨下実験に関与。

四　杭州における細菌作戦

1　私は、一九四〇年（昭和一五）夏か秋にかけて三ヶ月間ほど、杭州への出動を命じられました。航空班は、増田班長以下少なくとも班の三分の二にあたる二〇名ほど（操縦士五名、整備士など一五名ほど）が出動しましたが、その他に細菌兵器を担当していた山口班の隊員や七三一部隊所属の憲兵二名や通訳人も杭州へ赴いたと思います。航空班は飛行機でハルビンから杭州へ移動しました。使用した飛行機は九七式重爆撃機や九七式単発軽爆撃機です。山口班の隊員は船で行く人もいました。

七三一部隊の幹部たちはこの杭州への出動を「杭州作戦」と呼んでいましたが、作戦の内容は私たち下級の隊員には教えられませんでした。

2　杭州での任務

私の杭州での任務は、飛行機による資材や器材の運搬、東京、南京、ハルビン間の七三一部隊幹部らの搬送が主でした。飛行場は当時の中国国民党が建設した筧橋にあった飛行学校の跡地を利用しました。

杭州では、細菌作戦が実施されたようです。私は直接細菌作戦に参加はしませんでしたが、作戦の前後にその内容を幹部やその他の隊員から聞きました。

その一つは、一九四〇年（昭和一五）の秋頃、単発の九七式軽爆撃機で、増田さんが操縦し、衛生兵の今村さんが爆撃手として同乗し、ペストに感染した蚤を二つの箱の中に入れ、飛行機の翼の下に設置し撒布しました。攻撃地は衢州で、「衢州作戦」と呼ばれていました。この攻撃では、装置した二つの箱のうち、一つは衢州上空で開き、蚤を散布したとのことですが、もう一つは不発で蚤が残り、終了後、箱は途中で捨てたと聞きました。

その後も、増田さん、平沢さんや佐伯さんらが単発の軽爆撃機で細菌攻撃に出動しました。この細菌戦の目的地は衢州、寧波（この時は「寧波作戦」と呼ばれていました）、杭州だと聞きました。前の失敗に基づいて、蚤を入れる箱を小さくし流線型のものを使いました。これは五段位の蚤が入った平たい箱が重ねてあり、投下時に電磁石で箱の前と後ろが開き、風で蚤が箱から飛び出し落下する仕組みになっていました。この箱を九七式単発軽爆撃機の翼の下に取り付けるのです。

ある日の実験では、八八式二型で、ペストに感染した蚤を散布しました。操縦は抜原さん、爆撃手として衛生兵の今村さんが同乗しました。箱の着装は、航空隊ではなく専門の技師である山口班が行いました。この実験は、地上に検知板を置き、地上にどの位散布したかを調べるものです。高度三百から五百メートル位を低空飛行して散布しました。実験地は、杭州の銭塘江辺りでした。私は、この実験そのものには直接参加しませんでしたが、銭塘江に散布した後その効果を調べるということで現地へ行ったことはあります。

また、ある攻撃作戦の際、ペストに感染した蚤を飛行機から散布しようとしたときに箱の後ろが開かず、中で蚤が渦巻いてしまいうまく落ちなかった状態で、寛城の飛行場に引き返して来たことがありました。ところが、飛行場の草むらの中で箱が開いてしまい、中の大量の蚤が出てきてました。慌てて消毒しましたがうまくいかず、結局飛行機ごと燃やしたことがあります。

3　この「杭州作戦」の後、杭州に派遣されていた七三一部隊員は全員ハルピンへ戻りました。

五　南京における細菌作戦

1　私は、一九四一年（昭和一六年）の秋から翌年にかけて六ヶ月くらいの間、ハルピンから南京に出動になります。この時の出動はかなり大がかりなものでした。私の所属する航空班だけでほぼ三〇人を超える隊員が南京に移動しました。その他山口班の隊員もかなりの人数の者が出動しました。この時南京へ出動した七三一部隊は「奈良部隊」と呼ばれていました。この出動の際は、航空班所有の九七式単発重爆撃機、同型双発の重爆撃機、それに同型の双発軽爆撃機などと一緒に移動しました。南京では、一六四四部隊（中支那防疫給水部：通称多摩部隊）と合流しました。航空班は、南京城壁内にあった航空隊の飛行場を利用していました。南京の飛行場には、九七式（重爆機）が三機、ＡＴ（軽爆機）、ドンリュウ（重爆機）がありました。

2　南京では、私が覚えている限りで、二回の細菌攻撃が行われました。航空班の平沢さんが操縦する九七式単発の爆撃機で、ジュラルミンの箱にペストに感染した大量の蚤を入れて出撃しました。この蚤はハルピンから搬送されたものです。
攻撃地は常徳と聞いています。常徳市街の上空約二〇〇メートルの地点から蚤を散布したとのことです。
この攻撃は、かなり効果があったということを後から聞きました。